Bettina Effner

Der Westen als Alternative

BEITRÄGE ZUR GESCHICHTE VON MAUER UND FLUCHT

Herausgegeben von der Stiftung Berliner Mauer

Inhalt

Einleitung: Migration als komplexer Prozess der De- und Replatzierung

Prolog: Von Ost- nach West-Berlin

> [...] uns hat eigentlich och keener begrüßt, würde ick sagen. Man hat sich immer vorgestellt, dass die Leute staunen würden (lacht), wenn man ankommt vielleicht, ja. War doch so, wenn man über die Grenze kam, so der Mauerbrecher noch mal, irgendwie sone Sachen, und jetzt ist man hier. Man hatte – es ist naiv. Trotzdem hatte ick irgendwat gedacht, es wäre wat Besonderet, ja. Es war nichts. Man ging unter eigentlich. Man war, man war plötzlich inner großen Stadt. Die Leute denken was weiß ich von einem, und man war mit all seinem Staunen und mit dem, mit dem großen Erlebnis, nach, nach so und so vielen Jahren jetzt endlich hier rüber-, stand man plötzlich im, im Nichts, inner Luft, ja.[1]

Im Interview 1990 schilderte der Ost-Berliner Reiner Fölz, wie er im März 1984, damals 34-jährig, das Eintreffen im Westteil der Stadt erlebte. Er umriss eine gravierende Diskrepanz zwischen dem, was er subjektiv als angemessene Reaktion auf sein Ankommen empfunden hätte, und dem tatsächlichen Verhalten seiner

1 Reiner Fölz (Pseudonym), Interview geführt von Manfred Gehrmann, 8.1.1990, Stiftung Berliner Mauer. Zu dem in dieser Untersuchung verwendeten Interviewbestand und seiner Genese siehe Kap. IV.

Passanten am U-Bahnhof Schlesisches Tor in Kreuzberg, West-Berlin, 1979. In der Nähe fand Reiner Fölz übergangsweise eine erste Unterkunft.

Umgebung. Mit allem, was ihn umtrieb, Erleichterung, Ängsten und Plänen, stand er auf einen Schlag allein – wie auch mit seiner Vergangenheit und allen unternommenen Anstrengungen. Fölz hatte sich schon als Kind und Jugendlicher der DDR-Gesellschaft nicht zugehörig gefühlt, die Schule als bevormundend erfahren, bei FDJ und Jugendweihe »nicht mitgemacht«. Den aufgezwungenen Beruf des Schleifers ließ der junge Mann, der eigentlich künstlerische Ambitionen hegte, um den Preis gesellschaftlicher Randständigkeit hinter sich. 1975 wurde er Hilfspfleger in einem kirchlich getragenen Altersheim und stellte im selben Jahr einen Ausreiseantrag. Die 1978 aufgenommene Arbeit als Friedhofsgärtner verschaffte ihm einige Zeit innere Ruhe, doch erschöpfte sich auch dieses Leben in der Nische: »Es war hoffnungslos, dieset Land.« Ab 1982 betrieb Reiner Fölz sein Ausreisebegehren wieder intensiver, besetzte Ende Januar 1984 sogar für eine Nacht die bundesdeutsche Vertretung in Ost-Berlin, um sein Anliegen durchzusetzen. Rund sieben Wochen später durfte er mit seiner Frau ausreisen.

Im Interview legte der Übergesiedelte dar, wie diese für ihn höchst bedeutsame – im persönlichen Erfolg der Grenzüberwindung gipfelnde – Entwicklung bei seiner Ankunft mit der Nichtwahrnehmung durch die Umwelt gleichsam verpuffte. In seiner Erzählung klingt das Motiv der anonymen, gleichgültigen Großstadt an, die den Einzelnen verschwinden lässt. Neben diesem Auseinanderklaffen von außen und innen beschrieb Reiner Fölz eine weitere, mit dem Wechsel von Ost nach West verbundene markante Erfahrung: die eines tiefgreifenden biografischen Umbruchs. So beobachtete er, dass auch seine eigenen Gefühle sich anders darstellten als angenommen:

> [...] und denn stiegen wa ein und fuhren über die Grenzbefestigungsanlagen hier am Humboldthafen, hinter der Friedrichstraße, und dann sah man plötzlich Tiergarten, Siegessäule, und da plötzlich spürte ick, wie wat abriss, was aus ist. Und det war schmerzhaft. [...] Ich erwartete, dass ich ... Riesenfreude, aber die Freude, die stellte sich nicht ein. Immer 'nen Schmerz, obwohl ick det Ganze, wat ick verlassen hatte, nicht geliebt habe, obwohl ick dann da 'ne Auseinandersetzung hatte und ... Wut und allet hatte, war plötzlich Schmerz zu empfinden, ja.

Diese Zäsur musste er verarbeiten – und stellte im Folgenden fest, dass der Wechsel nicht nur ein unwiderrufliches Zurücklassen des alten Lebens mit sich brachte, sondern auch die Konfrontation mit einer »fremden Welt«. »Wie gesagt, man muss ja erst leben lernen hier«, konstatierte Fölz unter anderem im Hinblick auf differente Sprachprägungen, Lebensgeschwindigkeiten und -stile. Was diese Verschiebungen für ihn bedeuteten und welche Aneignungen des

Neuen und Anderen ihm möglich wären, beschäftigte ihn sechs Jahre nach seiner Ausreise noch immer intensiv. Eine besondere Schwierigkeit stellte der Kampf mit dem Arbeitsamt dar, das ihn, der künstlerisch als Zeichner tätig sein wollte, beharrlich und unbelehrbar als Schleifer zu vermitteln suchte. »Und denn wurde man hier ebend eingegliedert, wie von 'ner großen Walze, von 'ner großen Maschine wurde man eingegliedert«, beschrieb Fölz diese Erfahrung.

Der begrifflich-konzeptuelle Rahmen der Untersuchung

Für die in den 1970er und 80er Jahren aus der DDR Kommenden ist die zuletzt zitierte Negativwertung nicht typisch – von Eingliederung betroffen waren sie allerdings alle. Überhaupt bietet Reiner Fölz' Beschreibung der vollzogenen Bewegung und mit ihr verbundener Erfahrungen über seinen Fall hinausreichende Anhaltspunkte für eine Analyse: Migration wird als Prozess verstanden, bei dem man sich im Zuge eines dauerhaften Ortswechsels aus einem gesellschaftlichen Zusammenhang hinaus- und in einen anderen hineinbegibt. Das Sichhinausbewegen besteht dabei nicht allein im Überschreiten der Grenze zwischen diesen beiden Entitäten, vielmehr kann es sich, aus mehreren Ablösungsschritten bestehend, über einen längeren Zeitraum erstrecken, wie das Beispiel Fölz' zeigt.[2] Das Gleiche gilt für das Sichhineinbewegen in die neue Gesellschaft. Kennzeichnend für diesen Abschnitt des Migrationsprozesses ist überdies, dass die Gewanderten ihn einerseits selbst aktiv gestalten, andererseits vielfachen Zuweisungen, Zuschreibungen und Wahrnehmungen begegnen. Diese bestimmen mit, auf welche Weise die Betreffenden sozial und politisch Teil der neuen Gesellschaft werden – angefangen damit, ob sie sich hinsichtlich ihrer Vorerfahrungen verstanden fühlen können, bis hin zu der Art und Weise, wie man für sie berufliche Anschlüsse organisiert.[3] Es ist diese zweite Phase der Migration, die hier interessiert: Das

2 Den Begriff Migration und mögliche Definitionen diskutiert Sylvia Hahn: Historische Migrationsforschung, Frankfurt am Main 2012, S. 25–26. Die Herauslösung aus einer Herkunfts- und Annäherung an eine Ankunftsgesellschaft akzentuiert Roswitha Breckner: Migrationserfahrung – Fremdheit – Biografie. Zum Umgang mit polarisierten Welten in Ost-West-Europa, Wiesbaden 22009, S. 13, 26, 66, dort S. 75, 404, auch der Hinweis auf Distanzierungs- und längere Ablösungsprozesse im Vorfeld der Wanderung.

3 Die »Begegnung mit Menschen, die sich für die Lebensgeschichte der Zuwanderer und für die Verhältnisse in der DDR interessierten«, zählt laut Laura Wehr zu den »weichen« Faktoren, die ein Ankommen befördern. Laura Wehr: Vergessene Migrationsgeschichte/n? Die Ausreise aus der DDR in der Erinnerung von Übersiedler-Eltern und -Kindern, DA,

Buch beschreibt Aspekte des komplexen Prozesses des gesellschaftlich (wieder) Teilwerdens mit Blick auf das Agieren der Aufnehmenden und der Gewanderten.[4]

Behelfsweise, das heißt ohne den Anspruch eines konzisen theoretischen Konzepts, wird dieser Prozess als *Replatzierung* bezeichnet. Identifiziert und analysiert werden im Folgenden drei Komponenten von Replatzierung, und zwar: erstens *Positionierung* durch staatliches (sowie verwaltungsmäßiges und institutionelles) Handeln; zweitens *Adressierung* im Rahmen öffentlicher Debatten und Wahrnehmungen; sowie drittens seitens der Gewanderten ein *Wiederheimischwerden* und seine Hindernisse auf der Ebene individueller Erfahrungen. Die Ausführungen dazu sind zunächst allgemein auf Migrantinnen und Migranten bezogen, um im nächsten Schritt den Untersuchungsgegenstand Zuwanderung aus der DDR näher abzustecken.

Wie Gewanderte politisch und sozial Teil der neuen Gesellschaft werden, liegt keineswegs allein bei ihnen. Vielmehr setzt sich der Staat – im hier betrachteten historischen Fall als nationaler Wohlfahrtsstaat – zu ihnen in Beziehung und definiert die Aufgaben, die er speziell diesen Neulingen gegenüber wahrnehmen will. Der Staat bestimmt, in welchem Verhältnis die Hinzugekommenen zum existierenden staatlichen Verband stehen sollen. Entscheidend in diesem Kontext ist, wie Staatsangehörigkeit konzipiert wird und welche Rechte an den formalen Status des Staatsbürgers gebunden sind.[5] In der Bundesrepublik blieben im Untersuchungszeitraum politische Partizipationsrechte ausschließlich Staatsangehörigen vorbehalten, Ausländern war das Wahlrecht selbst auf kommunaler Ebene verwehrt. Auch hinsichtlich des Zugangs zum Arbeitsmarkt zeigten sich gravierende Unterschiede: Während das Grundgesetz allen Deutschen das Recht auf freie Wahl von Beruf, Arbeitsplatz und Ausbildungsstätte einräumte, erteilte die Bundesanstalt für Arbeit Asylbewerbern in den 1980er Jahren im ersten Jahr ihres Asylverfahrens keine Arbeitserlaubnis.[6]

14.12.2016 (http://www.bpb.de/238655) (2.6.2020); siehe auch Laura Wehr: Ihre Verbindung wird gehalten?! Die Ausreise aus der DDR als transnationales Familienprojekt, in: Spektrum Migration. Zugänge zur Vielfalt des Alltags, hg. von Matthias Klückmann und Felicia Sparacio, Tübingen 2015, S. 235–252.

4 Teilwerden ist an dieser Stelle offen, d. h. nicht bereits im Sinne von Partizipation oder Inklusion gemeint.

5 Jürgen Mackert: Die Steuerung staatlicher Inklusion: Staatsbürgerschaftsregime im Vergleich, in: Governance und gesellschaftliche Integration, Bd. 2, hg. von Stefan Lange und Uwe Schimank, Wiesbaden 2004, S. 111–127.

6 Klaus J. Bade: Europa in Bewegung. Migration vom späten 18. Jahrhundert bis zur Ge-

Allerdings besitzt der Staat auch im Umgang mit jenen, die rechtlich voll anerkannte Mitglieder des politischen Gemeinwesens sind, erhebliche Gestaltungsmöglichkeiten. So modifizierte die Bundesrepublik bei DDR-Übersiedlern und Aussiedlern, obwohl sie als Deutsche zuwanderten, den Bundesbürgern eigentlich zustehenden staatsfreien Raum, indem die Freizügigkeit dieser Migranten gesetzlich teilweise eingeschränkt wurde. Andererseits konnten die Gewanderten einiger sonst gültiger Rechtsvorschriften enthoben, ihre individuellen Handlungsspielräume also vergrößert werden: Wurden Aus- und Übersiedler nach dem Bundesvertriebenengesetz als Vertriebener oder Sowjetzonenflüchtling anerkannt, war zum Beispiel eine erleichterte Eintragung in die Handwerksrolle möglich.[7] Von besonderer Bedeutung für alle neu in der Bundesrepublik Ansässigwerdenden war es, welche »Ansprüche an staatliche Institutionen bzw. auf öffentliche Leistungen« man ihnen zubilligte. Dazu zählte vorrangig, in welchem Umfang sie an den Sozialversicherungssystemen teilhaben konnten. Andere relevante Leistungen waren Hilfen in Not- und Bedarfslagen (Sozialhilfe, Kinder- und Wohngeld, Ausbildungsförderung) oder auch Unterstützung durch Arbeitsvermittlung. Wie der »Anspruch auf Interessenbefriedigung und Interessenberücksichtigung« jeweils abgesteckt wurde, differierte sowohl zwischen Einheimischen und Zugewanderten als auch zwischen den verschiedenen Immigrantengruppen stark.[8]

Wie lässt sich das hier als Positionierung Umrissene mit dem Prozess, Teil einer neuen Gesellschaft zu werden, konzeptuell vermitteln? Die neuere Migrationsforschung benutzt die Kategorie Inklusion (mit dem Komplementärbegriff Exklusion), um die Auswirkungen divergierender Status- und Rechtspositionen sowie Leistungsansprüche zu fassen. Der Ansatz zielt darauf, die »Einbindung über die Teilhabe an materiellen, politischen und kulturellen Ressourcen und Beziehungen, aber auch die Ausgrenzung aus denselben« nachzuvollziehen.[9]

genwart, München, durchges. Sonderausg. 2002, S. 336–338; Horst Dreier und Fabian Wittreck (Hg.): Grundgesetz. Textausg. mit sämtl. Änderungen und anderen Texten zum deutschen und europäischen Verfassungsrecht, Tübingen, 4., durchges. und aktual. Aufl. 2009, S. 21 (Art. 12 Abs. 1 GG); Asma Sarraj-Herzberg: Arbeitsverbot für Geflüchtete, 29.9.2014 (https://heimatkunde.boell.de/2014/09/29/arbeitsverbot-fuer-gefluechtete) (22.6.2020).

7 Von der Meisterprüfung als Voraussetzung wurde dann abgesehen. Hubert Heinelt und Anne Lohmann: Immigranten im Wohlfahrtsstaat. Rechtspositionen und Lebensverhältnisse, Opladen 1992, S. 55, Anm. 14, S. 36.

8 Ebd., S. 32 (Zitat), 37–39, 35, 36 (Zitat).

9 Ilker Ataç und Sieglinde Rosenberger: Einleitung, in: Politik der Inklusion und Exklusion, hg. von Ilker Ataç und Sieglinde Rosenberger, Göttingen 2012, S. 9–17, hier S. 10.

Insbesondere die Wirkungen, die mit der Zuweisung oder Verweigerung von an Staatsangehörigkeit gebundenen Rechten einhergehen, werden diskutiert – einschließlich solcher Effekte, die sich gleichsam an Staatsmitgliedschaft vorbei einstellen, etwa wenn nationale Sozialsysteme durch die wirtschaftliche Globalisierung unter Druck geraten, sich auch »Beitragszahlern ohne Staatsbürgerstatus zu öffnen«.[10]

Über diesen Fokus hinausgehend hat es Michael Bommes unternommen, den Zusammenhang von Migration und National- und Wohlfahrtsstaat im Rückgriff auf Niklas Luhmann umfassend systemtheoretisch zu fundieren. »Migration in der modernen Gesellschaft« versteht Bommes als »eine Form der geographischen Mobilität zur Realisierung von Inklusionschancen in Funktionssysteme und ihre Organisationen«. Für dieses Bestreben werde der nationale Wohlfahrtsstaat zu einem Filter, da er Inklusionschancen moderiere und vermittle. Dies geschieht laut Bommes unter anderem, indem der Staat Zuwanderungs- und Aufenthaltsbedingungen festlegt und im Zusammenspiel mit Organisationen bestimmt, wer auf welche Weise partizipiert, also etwa »Leistungsrollen« übernimmt.[11] Auch Bommes sieht in diesem Kontext Staatsangehörigkeit zentral: Innerhalb einer politischen Organisationsform, die nach innen auf Gleichheit unter den Mitgliedern des Volks ausgerichtet ist und im selben Zug »Ungleichheitsschwellen« nach außen schafft, organisiert »der Begriff des Staatsbürgers [...] im Verhältnis zum Migranten [...] multiple Ausgrenzungsleistungen«.[12]

10 Gianni D'Amato: Vom Ausländer zum Bürger. Der Streit um die politische Integration von Einwanderern in Deutschland, Frankreich und der Schweiz, Münster 2001; Tatjana Baraulina: Staatsbürgerschaft als Ressource. Eine Fallstudie zur kommunalen Integrationspolitik, in: Grenzen der Gesellschaft? Migration und sozialstruktureller Wandel in der Zuwanderungsregion Europa, hg. von Anne Walter, Margarete Menz und Sabina de Carlo, Göttingen 2006, S. 179–200, hier S. 180 (Zitat).

11 Michael Bommes: Migration und nationaler Wohlfahrtsstaat. Ein differenzierungstheoretischer Entwurf, Opladen 1999, S. 14 (Zitat), 17. Dass der Wohlfahrtsstaat auf diese Weise soziale Inklusions- und Exklusionsprozesse in Organisationen moderiere, sei zugleich Ergebnis und Instrument der Etablierung eines Lebenslaufregimes; siehe Michael Bommes: Migration und Lebenslauf: Aussiedler im nationalen Wohlfahrtsstaat, Sozialwissenschaften und Berufspraxis 23 (2001) 1, S. 9–28, hier S. 11–12. Zum Konzept des Lebenslaufregimes siehe Martin Diewald: Lebenslaufregime: Begriff, Funktion und Hypothesen zum Wandel, in: Neue Lebenslaufregimes – neue Konzepte der Bildung Erwachsener?, hg. von Axel Bolder et al., Wiesbaden 2010, S. 25–41.

12 Bommes, Migration und nationaler Wohlfahrtsstaat, S. 16–17 (Zitate); siehe auch Michael Bommes: Migration in der modernen Gesellschaft, IMIS-Beiträge 38/2011, S. 53–72, hier S. 64–66.

Thomas Faist und Christian Ulbricht zeigen, dass in der Diskussion um Inklusionsbedingungen neben der rechtlich-sozialstrukturellen Positionierung Gewanderter Weiteres zu beachten ist – was sich gerade an dem sowieso als entscheidend angesehenen Konzept Bürgerschaft (»als Idee und Praxis voller Mitgliedschaft in einem Gemeinwesen«) offenbare. Denn Bürgerschaft *(citizenship)* garantiere neben gleicher politischer Freiheit sowie gleichen Rechten und Pflichten aller Mitglieder ein drittes Gleichheitselement: »die Zugehörigkeit zu einem Kollektiv von gleichen Bürgern, welches das politische Gemeinwesen bildet, also etwa eine Nation«.[13] Dadurch verweist Bürgerschaft laut Faist und Ulbricht auf zwei Dimensionen des Teil-einer-Gesellschaft-Werdens, die analytisch zu trennen sind. Es wird zum einen, wie die Autoren im Rekurs auf Begrifflichkeiten Max Webers erläutern, »Vergesellschaftung über Rechte und Pflichten betont«. Neben dieser Dimension »der vertraglichen, rechtsbasierten und interessegeleiteten Beteiligung« der Bürger existiere als eine zweite die der Vergemeinschaftung. Dabei handele es sich um die Herstellung sozialer Beziehungen auf Basis von Gefühlen der Zusammengehörigkeit, was zugleich mit Grenzziehungsprozessen einhergehe. Ohne Vergemeinschaftung, so die Kernthese der Autoren, sei auch der Inklusionsbaustein Teilhabe nicht zu haben, vielmehr »durch Zuschreibungen und Wahrnehmungen von Zugehörigkeiten« mit bedingt.[14]

Dies bedeutet, Staatsangehörigkeit auch unter dem Gesichtspunkt zu betrachten, welche Vorstellungen von Nation und nationaler Identität mit ihr verbunden waren. Auf welcher Basis und wie weitreichend wurden übersiedelnde DDR-Bewohner als Mitglieder derselben gedachten nationalen Gemeinschaft adressiert? In Rechnung zu stellen ist zudem Rogers Brubakers Überlegung, dass bei Zugehörigkeit formelle und informelle Aspekte zu unterscheiden sind: Mitgliedschaft in einer nationalen Gemeinschaft sei nicht etwas nur offiziell Deklariertes und formell Vermitteltes. Daneben existiere ein Alltagsverständnis davon, wer dazugehöre und wer nicht. »These everyday membership practises of identification and categorization, and of inclusion and exclusion, may well be at variance with codified forms of official, formal membership.«[15] Doch nicht

---

13 Thomas Faist und Christian Ulbricht: Von Integration zu Teilhabe? Anmerkungen zum Verhältnis von Vergemeinschaftung und Vergesellschaftung. COMCAD Arbeitspapiere Nr. 130, Bielefeld 2015 (https://www.uni-bielefeld.de/soz/ab6/ag_faist/downloads/WP_130.pdf) (12.6.2020), S. 16–17.

14 Ebd., S. 17, 4, 7. Teilhabe, so das Postulat der Autoren, S. 7, »benötigt Grundlagen sozialmoralischer Art, um überhaupt Ressourcen durch staatliche Regulierung bzw. Redistribution bereitstellen zu können«.

15 Rogers Brubaker: Migration, Membership, and the Modern Nation State: Internal and

allein der Kontext nationaler Zugehörigkeit zählt, wenn es um für Gewanderte jenseits ihres Rechtsstatus bedeutsame Kategorisierungen und Zuschreibungen geht. Peter Gatrell hat für das 20. Jahrhundert herausgearbeitet, wie insbesondere Mitarbeiterinnen und Mitarbeiter von Hilfsorganisationen Geflüchtete mit speziellen Eigenschaften belegten und sie so auf bestimmte Rollen verwiesen: Die Betreffenden wurden als passive, verängstigte und niedergedrückte Menschen beschrieben; verbesserte man die Lage dieser zu Opfern der Umstände gewordenen Hilfsbedürftigen, sollten sie mit Dankbarkeit reagieren.[16]

Außerdem betont Gatrell die Bedeutung der Bezeichnungen, mit denen Gewanderte qualifiziert wurden: »Labels have consequences.« Gerade der Flüchtlingsbegriff, politischen wie kulturellen Vorstellungen unterworfen und hart umkämpft, erfuhr vielfache Verschiebungen. »States, international organizations and NGOs, and refugees too, invested in the term.« Nicht zuletzt, so Gatrell, lenke die Geschichte den Blick darauf, wie Nichtmigranten über Gewanderte sprachen, deren Verhalten bewerteten und welches Bild sie von den Ankömmlingen zeichneten: Waren diese Teil eines Nutzen- oder eines Problemdiskurses? Waren sie willkommen oder unerwünscht?[17] Und wurde, wäre ergänzend zu Gatrell zu fragen, überhaupt über sie geredet, oder lagen ihr Schicksal und ihre Anwesenheit außerhalb öffentlicher Aufmerksamkeit? Auch diese zuletzt angesprochenen Aspekte der Perzeption und Rezeption Gewanderter spielten für die Frage, wie sie Teil der neuen Gesellschaft wurden, eine Rolle. Die Wahrnehmung, die sie erfuhren, konnte beispielsweise bedeuten, dass sie in ein (zumindest anfängliches) Unterlegenheitsverhältnis gegenüber Einheimischen versetzt wurden. Wie man sie kategorisierte, bestimmte, ob sie Solidarität verdienten, Leistungen gerechtfertigt oder (vermeintlich) ungerechtfertigt in Anspruch nahmen. War es nicht nur rechtens, sondern in den Augen der Allgemeinheit auch legitim, dass sie sich in diesem Land aufhielten und hier ansässig werden wollten? Durften sie sich zugehörig fühlen? Wichtig für die Gewanderten war zudem, ob sie »gesehen« wurden, es eine Bereitschaft zum Nachvollzug ihres Erlebens gab und die Chance bestand, mit den eigenen – hergebrachten und aktuellen – Erfahrungen von den neuen Mitbürgern verstanden zu werden.

External Dimensions of the Politics of Belonging, Journal of Interdisciplinary History XLI (2010) 1, S. 61–78, hier S. 64, 65 (Zitat).

16 Peter Gatrell: The Making of the Modern Refugee, Oxford 2013, S. 8–9, 285, 293; empirisch unterlegt Gatrell diese Thesen beispielsweise S. 35–36, 40 im Blick auf die Zeit des Ersten Weltkriegs.

17 Ebd., S. 284 (Zitat), 285.

Migrantinnen und Migranten waren nicht passive Adressaten solcher verschiedenen Wahrnehmungen und Zuschreibungen, sondern gestalteten diese mit und setzten sich zu ihnen positiv, ablehnend oder modifizierend ins Verhältnis: je nach Maßgabe ihrer Möglichkeiten zum Beispiel, indem sie sich als Intellektuelle in öffentlichen Debatten äußerten, in privaten Gesprächen ihre DDR-Herkunft offen ansprachen oder bewusst verschwiegen – oder auch, indem sie durch die Wahl ihres Ansiedlungsorts darauf Einfluss zu nehmen suchten, wie viel Nähe im Sinne von Verständnis und Anteilnahme sie erwarten konnten. Mit Replatzierung sind also, um dies noch einmal zu betonen, keineswegs allein fremd-, sondern auch vielfach selbstbestimmte Prozesse gemeint.

Positionierung und Adressierung bildeten – nicht ausschließlich, aber in wichtigen Teilen – den Rahmen dafür, wie die Gewanderten in der Ankunftsgesellschaft heimisch werden konnten. Sie wirkten sich darauf aus, ob man sich der neuen Lebensumwelt zuordnete und sich positiv an sie gebunden fühlte, den Eindruck hatte, hierherzugehören und nach den eigenen Maßstäben und Bedürfnissen am richtigen Platz zu sein. Zur Debatte steht in diesem Zusammenhang kein Katalog objektiver Eigenschaften, die eine Umgebung gleichsam automatisch zu einem Zuhause machen. Vielmehr sind die Anknüpfungspunkte für eine solche Anbindung in ihrer Auswahl, Bedeutung und Gewichtung individuell.[18] Anthropologische, psychologische und soziologische Untersuchungen bieten empirisch fundierte Hinweise, welche Voraussetzungen Beheimatung begünstigen und welche Umstände ein »Territorium« Heimat sein lassen. Es gehe, erläutert die Kulturanthropologin Ina-Maria Greverus, um »die emotionale Bezogenheit der Subjekte auf einen soziokulturellen Raum, in dem ihnen Identität, Sicherheit und aktive Lebensgestaltung möglich ist oder scheint. Und dieser Raum ist eben nicht für alle Bürger der gleiche«, so dass die je *erfahrene* Heimat in den Blick zu nehmen sei.[19]

Identität steht bei Greverus gegen Anonymität und Fremdheit und bedeutet neben anderem, dass dem Individuum »Sich-Erkennen, Erkannt- und Anerkanntwerden« zuteilwerden. Schutz, Angstfreiheit und die Möglichkeit der Identifikation zu bieten, sind weitere Qualitäten, die Greverus einem Territorium als Heimat zuschreibt. Als Identitätsraum zeichne es sich zudem dadurch aus, dass die hierin lebenden Menschen verbindliche Werte und allen verständliche

18 Beate Mitzscherlich: »Heimat ist etwas, was ich mache«. Eine psychologische Untersuchung zum individuellen Prozeß von Beheimatung, Pfaffenweiler 1997, S. 44–45.

19 Ina-Maria Greverus: Auf der Suche nach Heimat, München 1979, S. 23 (Begriff Territorium), 13 (Zitat).

Symbole teilten, woraus ein »naives Handelnkönnen« resultiere.[20] Mit teilweise anderen, doch in ähnliche Richtung weisenden Begriffen charakterisiert die Psychologin Beate Mitzscherlich »Heimat als aktuelle Lebenswelt« (die für sie eine von mehreren verschiedenen Konzepten von Heimat ist). Ausschlaggebend in diesem Zusammenhang seien »sozialpsychologische Phänomene wie Zugehörigkeit, Anerkennung, Vertrauen und Verantwortung«. Soziale Identität sei hier ein wesentlicher Faktor, das Handeln in »(sozialen) Kontexten, die Heimat konstituieren«.[21]

Mit solchen Kennzeichnungen korrespondieren Befunde, die Sozialwissenschaftler um Karl F. Schumann 1989 unter DDR-Zuwanderern erhoben. Gefragt, ob sie sich an ihrem Wohnort bereits heimisch fühlten, hoben die Betreffenden »befriedigende soziale Kontakte« – zu Nachbarn, Arbeitskollegen, alten und neuen Bekannten, Freunden und Verwandten – als bestimmend hervor. Auch das Moment, vertraut geworden zu sein mit »Gegend, Stadtbild und Leuten«, sich auszukennen und orientieren zu können, spielte für sie eine Rolle. »Sich-Heimisch-Fühlen beschreibt also«, folgern Gerhard-Uhland Dietz und Karl F. Schumann, »die mittlerweile gefundene Einbettung in das neue soziale Netzwerk« – deren Ausbleiben umgekehrt Beheimatung behinderte.[22] »Es ist schwer möglich, einen Ort als Heimat zu empfinden, wo man sozial isoliert ist«, bemerkt auch Mitzscherlich.[23] In Form von Ausgrenzung oder Diskriminierung erfahrene Nichtzugehörigkeit kann zu einer solchen Isolierung beitragen. Der Sicherheit des sich Auskennens wiederum und einer Identifikation steht Unvertrautheit entgegen, beispielsweise als Gefühl, Verhaltensroutinen eingebüßt zu haben und Reaktionen anderer nicht richtig einschätzen zu können. Beide Phänomene, Nichtzugehörigkeit wie Unvertrautheit, lassen sich als Fremdheitserfahrungen qualifizieren.[24]

Auch in dieser Perspektive auf das sich Einfinden in eine neue Gesellschaft rücken die Gewanderten als Akteure in den Blick: Berichte von DDR-Zuwande-

20 Ebd., S. 14, 31 (Zitat), 24, 97, 32, 37. Siehe auch Ina-Maria Greverus: Wem gehört die Heimat?, in: Wem gehört die Heimat? Beiträge der politischen Psychologie zu einem umstrittenen Phänomen, hg. von Wilfried Belschner et al., Opladen 1995, S. 23–40, hier S. 24, 28.

21 Mitzscherlich, Heimat, S. 89 (Zitate), siehe auch S. 114–120.

22 Karl F. Schumann et al.: Private Wege der Wiedervereinigung. Die deutsche Ost-West-Migration vor der Wende, Weinheim 1996, S. 303–304, 288.

23 Mitzscherlich, Heimat, S. 118.

24 Horst Stenger: Soziale und kulturelle Fremdheit. Zur Differenzierung von Fremdheitserfahrungen am Beispiel ostdeutscher Wissenschaftler, Zeitschrift für Soziologie 27 (1998) 1, S. 18–38, hier S. 18, 23–25.

rern zeigen, dass einige auf Abweisung und Distanzierung in ihrem Umfeld etwa mit einem Milieuwechsel reagierten; oder, so ein anderes Beispiel, sie eigneten sich das Land, in dem sie nun lebten, durch Reisen unter bewusster Beachtung von Ost-West-Unterschieden und -Gemeinsamkeiten aktiv an.[25]

Drei Untersuchungsstränge

Anschließend an diese Überlegungen verfolgt die Untersuchung, fokussiert auf den Zeitraum 1972 bis 1989/90, drei Stränge. Einen ersten Bereich bilden *rechtliche Regelungen*, die jeweils mit bestimmten politischen Vorstellungen oder Programmatiken verbunden waren. Dazu zählt zunächst die Definition der deutschen Staatsangehörigkeit, 1949 nicht als bundes-, sondern als gesamtdeutsche konzipiert. Als weitere zentrale Regelung lässt sich das 1950 für DDR-Zuwanderer erlassene sogenannte Notaufnahmegesetz ausmachen. Außerdem rücken eine Reihe unter dem Begriff Eingliederung zu bündelnde, in Grundzügen in den 1950/60er Jahren ausgestaltete Gesetze und Unterstützungsinstrumente in den Blick. Diese drei Komplexe sind – insbesondere hinsichtlich konkurrierender Festlegungen – daraufhin darzustellen, welcher Status und welche Leistungsansprüche DDR-Zuwanderern eingeräumt wurden. Zugleich stehen die *politischen Kategorisierungen* infrage, die mit den rechtlichen Regelungen – bei ihrer Etablierung sowie bei späteren Diskussionen über ihre Beibehaltung, Veränderung oder eventuelle Abschaffung – verknüpft waren: Auf welcher Grundlage galten DDR-Bewohner als Deutsche, und welche Rolle sollte dieser Umstand für ihre Zuwanderung spielen? Inwiefern blieb es wichtig, ob sie als »echte«, also politische Flüchtlinge in die Bundesrepublik kamen? Unter welchen Bedingungen erschien eine Regulierung ihres Zuzugs vertretbar, warum und bis zu welchem Punkt rechtfertigte ihre Ost-West-Migration besondere Hilfen? Zu beachten ist dabei, in welchem Verhältnis zu einheimischen Bundesbürgern und zu anderen Migranten die Politik DDR-Zuwanderer sah beziehungsweise welches Verhältnis man anstrebte.

25 Zum Stichwort Milieuwechsel s. u. das Beispiel Christian Vogtsberg. Von Reisen »in Westdeutschland« berichtete Anke Onardt: »[…] und da merkt man eben wie, für mich machen sich dann die Unterschiede so bemerkbar, die kann man dann herausarbeiten, und die Gemeinsamkeiten auch, also dis is schon schön, und deswegen entsteht so was wie 'n Heimatgefühl, also irgendwie, dass man denkt, ja, hier bist du zu Hause […].« Anke Onardt (Pseudonym), Interview geführt von Heidi Kaspras, 13.12.1989, Stiftung Berliner Mauer.

Die Untersuchung überschneidet sich an dieser Stelle mit einem in der Migrationsforschung etablierten konzeptionellen Zugriff. Wanderungsbewegungen sind »durch ein Geflecht von Normen, Regeln, Konstruktionen, Wissensbeständen und Handlungen institutioneller Akteure mitgeprägt, das als Migrationsregime gefasst werden kann«. Die damit einhergehenden »Kontroll-, Steuerungs- und Regulierungsanstrengungen [...] beschränkten oder erweiterten die Handlungsmacht (Agency) von Individuen und Kollektiven, mit Hilfe von Bewegungen zwischen geografischen und sozialen Räumen Arbeits-, Erwerbs- oder Siedlungsmöglichkeiten, Bildungs- und Ausbildungschancen zu verbessern beziehungsweise sich neue Chancen zu erschließen«.[26] Das Interesse dieses Buches besteht darin, die bisherige monolithische Sicht der Aufnahme von DDR-Zuwanderern, die als privilegiert und in ihren Grundlinien seit den 1960er Jahren kaum verändert gilt, zu differenzieren. Aufzuzeigen ist, in welcher Hinsicht und vor allem aus welchen Gründen Prinzipien der Aufnahme zur Diskussion gestellt wurden, sich Praxis und Verständnis veränderten – diesseits des Umstands, dass gesamtdeutsch gefasste Staatsangehörigkeit und Aufnahmegesetz formal bis 1990 bestehen blieben. So geht es nicht darum, das seit Mitte der 1970er Jahre mehrfach modifizierte Eingliederungsinstrumentarium mit sämtlichen staatlicherseits gebotenen Leistungen und Hilfen detailliert aufzufalten.[27] Vielmehr soll in Grundzügen nachvollzogen werden, wie sich Aufgaben, die der Staat bezüglich DDR-Zuwanderern sah, über die Zeit veränderten. Zu fragen ist überdies, inwieweit Leistungen an übergesiedelte Ostdeutsche politisch und in der Öffentlichkeit unter Legitimationsdruck gerieten.

Die naheliegende Ausgangsthese lautet, dass das bundesrepublikanische Migrationsregime bezüglich ostdeutscher Zuwanderer von dem Verhältnis zur DDR

---

26 Jochen Oltmer: Einleitung: Staat im Prozess der Aushandlung von Migration, in: Handbuch Staat und Migration in Deutschland seit dem 17. Jahrhundert, hg. von Jochen Oltmer, Berlin 2016, S. 1–42, hier S. 20.

27 Ebenso wenig wird verfolgt, wie sich unter diesen Voraussetzungen die Inklusion der DDR-Zuwanderer etwa auf dem Arbeitsmarkt im Einzelnen gestaltete. Dazu liegt eine Reihe von Untersuchungen vor, z. B. Hans Hofbauer, Maria Billmeier und Ingeborg Warnhagen: Die berufliche Eingliederung von Übersiedlern aus der DDR und Berlin (Ost), MittAB 18 (1985) 3, S. 340–355; Barbara Koller: Integration in die Arbeitswelt im Westen. Zur beruflichen Eingliederung von Übersiedlern aus der ehemaligen DDR, MittAB 25 (1992) 2, S. 168–191; Kristina Pratsch und Volker Ronge: Arbeit finden sie leichter als Freunde. DDR-Übersiedler der 84er Welle nach einem Jahr im Westen, DA 18 (1985) 7, S. 716–725; Bundesarbeitgeberverband Chemie e. V. (Hg.): Aussiedler, Übersiedler und Ausländer: drei Arbeitnehmergruppen und ihre Integration in die Betriebe, Heidelberg 1990.

bestimmt, ja selbst Ausdruck dieses Verhältnisses war – und dass die Idee einer deutschen Nation, die es künftig in *einem* Staat neu zu konstituieren gelte, einen zentralen Bezugspunkt bildete. Zu fragen bleibt jedoch, wie weit die Dominanz des Nationalen reichte und inwiefern anderes zum Tragen kam. Insbesondere ist zu prüfen, ob sich Wechselwirkungen ausmachen lassen, wenn man den Umgang mit Gewanderten anderer Herkunft und den darauf bezogenen Migrationsdiskurs in der Bundesrepublik betrachtet. Überdies stellte sich die Bewältigung der Folgen des Zweiten Weltkriegs – ein Rahmen, in den die auf DDR-Zuwanderer bezogene Praxis in der Phase ihrer politisch-rechtlichen Ausformulierung normativ eingebettet war – inzwischen möglicherweise verändert dar. Schließlich gilt es auch zeitgenössische Einschätzungen des Ost-West-Systemgegensatzes als Bestimmungsgröße zu berücksichtigen. So sind Faktoren zu ermitteln, die bedingten, wie die Aufnahme von DDR-Zuwanderern gestaltet wurde. Zudem sollen die aufgezeigten, teils konkurrierenden Erklärungskontexte in ihrer Gültigkeit und Gewichtung überprüft und ausgelotet werden. Hingegen besteht nicht der Anspruch, das Ostdeutschen geltende Migrationsregime umfassend in der Perspektive einer Verflechtungsgeschichte von Bundesrepublik und DDR herauszuarbeiten. Ein solches Vorgehen hätte den Rahmen der Arbeit gesprengt und kann im Übrigen der Habilitationsschrift des Osnabrücker Migrationshistorikers Frank Wolff überlassen werden.[28]

Mit dem Stichwort *politische Kategorisierungen* ist neben der Positionierung der Gewanderten bereits ihre Adressierung angesprochen.[29] Diesen Aspekt vertieft ein zweiter Untersuchungsstrang, der ihrer *Perzeption und Rezeption* nachgeht. Herübergewechselte Ostdeutsche betreffende Wahrnehmungen und Zuschreibungen werden dabei als Feld von Aushandlungen begriffen, in dem beide Seiten, Aufnehmende wie Gewanderte, sich äußerten und Stellung bezogen. Untersucht werden Beispiele öffentlichen Sprechens über DDR-Zuwanderer in Form von Presseberichten und Publikationen sowie Einstellungen in der westdeutschen Bevölkerung gegenüber diesen Migranten. Zu fragen ist, in welchen Rollen, etwa als Hilfsbedürftige oder Deutschlandexperten, man die Gewanderten sah, welche Interessen sich mit diesen Adressierungen verbanden und welche

28 Frank Wolff: Die Mauergesellschaft. Kalter Krieg, Menschenrechte und die deutsch-deutsche Migration 1961–1989, Berlin 2019.

29 Zur Kategorisierung von Migranten bzw. ihrer Figurierung als soziale Typen siehe Armin Nassehi: »Die arbeiten nichts«. Eine kleine Polemik gegen den »Wirtschaftsflüchtling«, Kursbuch 183 Wohin flüchten? (2015), S. 101–110; Breckner, Migrationserfahrung, S. 11.

Sichtweisen sie selbst vertraten. Außerdem geht es um die Aufnahmebereitschaft der Bundesbürger und um von Gewanderten formulierte Aufnahmeerfahrungen. Auch hier sind unterschiedliche Erklärungskontexte zu prüfen. Wie weit trägt etwa ein Rekurs auf den möglicherweise schwächer gewordenen nationalen Zusammenhalt, um Befunde zu interpretieren?

Ein dritter Untersuchungsstrang erweitert diesen Ansatz. Aufgegriffen wird die bisher nur ansatzweise berücksichtigte Frage der gesellschaftlichen Einbindung der Gewanderten in einer bestimmten Perspektive: Anknüpfend an das Konzept von *Beheimatung* wird untersucht, inwieweit Herübergewechselte sich in biografischen Erzählungen als in der neuen Gesellschaft angekommen oder fremd schilderten. Dieser Zugang erlaubt es, Migration als »Erfahrungsphänomen« zu untersuchen und personenbezogene Prozesse zu analysieren.[30] Wie gut gelang es Ostdeutschen, sich in der Bundesrepublik neu zu beheimaten, sich hier an einem für sie passenden, »richtigen« Ort zu fühlen? Welche Hürden in Form von Nichtzugehörigkeit, Unvertrautheit oder anderer Art hatten sie zu überwinden? Wie DDR-Zuwanderer aufgenommen wurden, gerät so hinsichtlich individueller Auswirkungen in den Blick. Handlungsfähigkeit und soziale Anbindung zu gewinnen, wird als ein Aspekt des Hineinfindens in die neue Lebensumgebung und insofern einer *Replatzierung* begriffen. So lässt sich »Integration« als Zustand verstehen, in dem sich jemand »in der neuen Gesellschaft sicher bewegen und sie als Heimat, als ›Ort seines Vertrauens‹ annehmen kann«.[31] Zu berücksichtigen bleibt allerdings, dass Beheimatung ein vielschichtiger, facettenreicher Prozess ist, der sich einer umstandslosen Qualifizierung als »gelungen« oder »gescheitert« entzieht.

Mit dieser Herangehensweise wird das Verständnis von Wanderungen in dem speziellen deutsch-deutschen Migrationsfeld der 1970er und 80er Jahre erweitert. Was Erfahrungen der Gewanderten angeht, ist es ein wichtiges Ziel, sie durch erste Ergebnisse anschlussfähig für künftige Forschungen zu machen, etwa dahingehend, die Migration in einen gesamtbiografischen Zusammenhang zu stellen. Weitere Fortschreibungen könnten darauf zielen, über einen diachronen Vergleich mit den 1950er und 60er Jahren eine mögliche Zeitspezifik solcher Erfahrungen herauszuarbeiten. Schließlich wäre es aufschlussreich, in einem synchronen Vergleich Erfahrungen von DDR-Zuwanderern mit jenen anderer

30 Breckner, Migrationserfahrung, S. 43.

31 Volker Ackermann: Integration – Begriff, Leitbilder, Probleme, in: Zur Integration der Flüchtlinge und Vertriebenen im deutschen Südwesten, hg. von Mathias Beer, Sigmaringen 1994, S. 11–26, hier S. 21.

Migranten, etwa von Aussiedlerinnen und Aussiedlern, in Verbindung zu setzen. Der letzte Punkt verweist auf das übergeordnete Erkenntnisinteresse dieser Untersuchung, das Spezifische der deutsch-deutschen Migration zu fassen.

Manche der gestellten Fragen werden erst auf lokaler Ebene fassbar, weshalb ein besonderer Blick auf West-Berlin geworfen wird. So war es die Politik vor Ort, die sich unmittelbar mit den Ankömmlingen befasste, Aufgabenstellungen definierte, Eingliederungsmaßnahmen umsetzte und aufgrund eigener Interessen und Problemdiagnosen entschied, inwieweit Zuwanderung erwünscht war. Am Beispiel West-Berlins lassen sich Entwicklungen in diesem Handlungsfeld konzentriert verfolgen. Überdies war dort mit dem zentralen Durchgangsheim Marienfelde einer der zwei Standorte angesiedelt, an denen das Aufnahmeverfahren für DDR-Übersiedler durchgeführt wurde.[32] Das Eintreffen der Zuwanderer, ihre Weiterleitung oder Ansiedlung in der Stadt beschäftigte den Senat und war auch in der Öffentlichkeit präsent, wenn die Zuzugszahlen ausreichend Anlass für mediale Berichterstattung boten. Für die Untersuchung ist es daher sinnvoll, neben der staatlichen Makroebene und der Mikroebene der Individuen diese lokale Mesoebene einzubeziehen.

In anderer Weise spielte das *Wo* des Ankommens auch für die Migrationserfahrungen eine Rolle. Heimischwerden und Fremdsein besitzen eine auf den konkreten Ankunftsort bezogene Dimension, dieser ist somit kein beliebiger Schauplatz, sondern eine analytische Kategorie. Bedeutsam sind zum Beispiel die Ähnlichkeiten oder Unterschiede, die genau dieser Ort im Vergleich zum Vertrauten der Herkunftsgegend, in Architektur und Landschaft oder der technischen und sozialen Infrastruktur, bereithält. Zu welchen sozialen Bezugssystemen (oder gesellschaftlichen Teilgruppen) sich Zugänge bieten oder verstellt sind, welches Potenzial für Ein- oder Ausschlüsse sich folglich ergibt, ist ebenfalls ein relevanter Faktor. Schaut man auf solche Charakteristika, so wies West-Berlin etwa hinsichtlich der geografischen Lage und durch die Existenz einer Ehemaligenszene im Vergleich zu westdeutschen Orten einige Besonderheiten auf. Deswegen erscheint der Fokus auf die Teilstadt geeignet, um die aufgeworfenen Fragen zu Beheimatungsprozessen und Fremdheit genauer zu verfolgen.

32 Das Pendant in der Bundesrepublik war, nachdem das Notaufnahmelager Uelzen 1963 geschlossen worden war, Gießen. Siehe dazu Jeannette van Laak: Einrichten im Übergang. Das Aufnahmelager Gießen (1946–1990), Frankfurt am Main 2017.

Periodisierung und Quellen

Um 1970 hatten sich Faktoren, die Aufnahme und Wahrnehmung der DDR-Übersiedler beeinflussten, im Vergleich zu den vorausgegangenen Jahrzehnten entscheidend verändert oder begannen gerade sich zu wandeln. Die Zahl Ostdeutscher, die in die Bundesrepublik gelangten, war deutlich zurückgegangen. Bis Anfang der 1960er Jahre häufig bei über 150 000, nicht selten über 250 000 Menschen im Jahr liegend, sank sie nach dem Mauerbau drastisch: Knapp über 17 000 Ausgereiste und Geflüchtete hatte man 1972 zu verzeichnen, in den Folgejahren noch weniger.[33] Eine weitere wichtige, den zeitlichen Zuschnitt der Untersuchung begründende Veränderung setzte Ende der 1960er Jahre hinsichtlich des deutsch-deutschen Verhältnisses infolge der neuen sozialliberalen Ostpolitik ein. Kontakte auf regierungsoffizieller Ebene wurden nun möglich, persönliche Beziehungen der Menschen diesseits und jenseits des Eisernen Vorhangs ließen sich durch Reisen und Besuche in eng abgesteckten Grenzen wieder intensiver pflegen. Der während der Hochzeit des Kalten Kriegs verbreitete scharfe Antikommunismus war nicht mehr zeitgemäß. Diese Entwicklungen erfuhren mit der Unterzeichnung des Grundlagenvertrags im Dezember 1972 eine Manifestation, die zeitlich zum Ausgangspunkt der Untersuchung genommen wird.[34] Zugleich schienen die Gesellschaften der beiden deutschen Teilstaaten in anderer Hinsicht immer weiter auseinanderzurücken: Als die neue Ostpolitik 1972 einen wesentlichen Erfolg erzielte, existierten Bundesrepublik und DDR bereits seit über 20 Jahren, war ihre jeweilige Blockintegration vorangeschritten und hatte das SED-Regime mit dem Mauerbau zehn Jahre zuvor Verbindungen radikal zerschnitten. Angehörige jüngerer Geburtenjahrgänge beiderseits der Grenze

33 Schumann, Private Wege, S. 19, 25 (Angaben orientiert an der Zahl der Antragsteller im Notaufnahmeverfahren); zur Problematik einer korrekten Ermittlung der Zuzugszahlen siehe Frank Wolff: Deutsch-deutsche Migrationsverhältnisse: Strategien staatlicher Regulierung 1945–1989, in: Oltmer, Handbuch Staat und Migration, S. 773–814, hier S. 779–780.

34 Einen Überblick geben u. a. Heinrich Potthoff: Im Schatten der Mauer – Deutschlandpolitik 1961–1990, Berlin 1999; Frank Fischer: »Im deutschen Interesse« – Die Ostpolitik der SPD von 1969 bis 1989, Husum 2001; Stefan Creuzberger: Westintegration und Neue Ostpolitik. Die Außenpolitik der Bonner Republik, Berlin 2009. Zum Grundlagenvertrag siehe Jan Kusber: Ostverträge 1970/72. Überwindung oder Zementierung der Teilung Europas?, in: Deutschland in der Welt. Weichenstellungen in der Geschichte der Bundesrepublik, hg. von Andreas Rödder und Wolfgang Elz, Göttingen 2010, S. 47–65.

kannten kein ungeteiltes Deutschland mehr und waren deutlich stärker jeweils ost- oder westsozialisiert.[35]

Ein anderer Wandel vollzog sich auf dem Feld der allgemeinen Einwanderung in die Bundesrepublik einschließlich diesbezüglicher Debatten. Während sich der westdeutsche Migrationsdiskurs bis in die 1960er Jahre hinein um die Eingliederung der in der Folge des Zweiten Weltkriegs aus Ost-, Mittel- und Südosteuropa geflüchteten und vertriebenen Deutschen gedreht hatte, galt die Aufmerksamkeit in den 1970er Jahren vornehmlich den sogenannten Gastarbeitern. Zudem wurde nach Abschluss entsprechender Verträge zuerst mit Polen ab 1971 die Zuwanderung von Aussiedlern zur politischen Aufgabe und zum medialen Thema. Etwa seit 1980 verschärften sich die Debatten um eine dritte Gruppe von Zuwandernden, die Asylsuchenden. Über die gesamten 1980er Jahre hinweg blieb es eine umstrittene Frage, auf welcher normativen Grundlage und wie weitreichend Migranten Aufnahme gewährt werden sollte. Die Jahre 1989/90 brachten eine unerwartete Dynamisierung. Die bundesrepublikanische Politik und Öffentlichkeit erlebten die stark anwachsende Zuwanderung aus unterschiedlichen Regionen als eine regelrechte »Migrationskrise«.[36] Überdies brach das Verhältnis zur DDR infolge der sich dort rasant vollziehenden innenpolitischen Veränderungen auf, die Herstellung der deutschen Einheit wurde zum politischen Programm. Nicht zuletzt sah man sich seit Sommer 1989 mit einer im Schnittpunkt dieser beiden Entwicklungen liegenden Flucht- und Übersiedlungsbewegung aus der DDR konfrontiert, welche die aus den 1950er Jahren bekannten Größenordnungen überschritt.[37]

---

35 Maren Möhring: Mobilität und Migration in und zwischen Ost und West, in: Geteilte Geschichte. Ost- und Westdeutschland 1970–2000, hg. von Frank Bösch, Göttingen 2015, S. 369–410, hier S. 377–378, betont die »frühzeitig einsetzende Auseinanderentwicklung beider Staaten«.

36 Matthias Jung, Thomas Nier und Karin Böke: Ausländer und Migranten im Spiegel der Presse. Ein diskurshistorisches Wörterbuch zur Einwanderung seit 1945, Wiesbaden 2000, hier v. a. S. 22–24, 53–55, 142–143; Karen Schönwälder: Migration und Ausländerpolitik in der Bundesrepublik Deutschland: öffentliche Debatten und politische Entscheidungen, in: Migrationen 1500–2005, hg. von Rosemarie Beier-de Haan, Wolfratshausen 2005, S. 106–119; Duncan Cooper: Immigration and German Identity in the Federal Republic of Germany from 1945–2006, Münster 2012, S. 26–27, 143, 224–225, 227–228, 233, 245–246.

37 Zum Umbruch in der DDR siehe neben anderen Ilko-Sascha Kowalczuk: Endspiel. Die Revolution von 1989 in der DDR, München 2009; Andreas Rödder: Deutschland einig Vaterland. Die Geschichte der Wiedervereinigung, München 2009. Zu Flucht und Abwanderung aus der DDR in dieser Phase siehe Siegfried Grundmann: Außen- und

Für die Untersuchung individueller Erfahrungen stellen retrospektiv geführte Zeitzeugeninterviews, die im Archiv der Stiftung Berliner Mauer aufbewahrt werden, eine zentrale Quelle dar.[38] Aus diesem umfangreichen Bestand wurden 23 Interviews für die Analyse herangezogen, die – bei einem durchgängig inhaltsanalytischen methodischen Zugriff – unterschiedlich intensiv genutzt wurden. Teils waren lediglich bestimmte Eindrücke, so zur Aufnahme durch die Eingesessenen, interessant. Beim Thema Wiederbeheimatung und Fremdheit dagegen ging es um längerfristige, weiter ausgreifende Erfahrungskomplexe. Wie die Auswahl und Auswertung der Interviews erfolgte, wird in Kapitel III gesondert dargestellt. Um Erfahrungen Gewanderter sowie ihre Stellungnahmen in Debatten zu untersuchen, wurden überdies publizierte Selbstzeugnisse sowie weitere Texte beziehungsweise mündliche Berichte mit autobiografischen Bezügen verwendet – im Falle ausgereister Künstlerinnen und Künstler aus der DDR auch Presseinterviews und Zeitungsartikel.[39] Da mehrere Sammelbände mit entsprechenden Texten vorliegen und zudem Anhörungen von Ostdeutschen vor Ausschüssen und Kommissionen des Deutschen Bundestags stattfanden, existiert eine recht breite Quellenbasis. Was speziell den Bereich der Aufnahmeerfahrungen angeht, konnte eine 1989 durchgeführte repräsentative Fragebogenerhebung unter DDR-Zuwanderern für eine Zweitauswertung genutzt werden.[40]

In Bezug auf rechtliche Regelungen zur Aufnahme und Eingliederung von DDR-Zuwanderern, dahinterstehende politische Programme und Kategorisierungen der Übersiedelnden wurden Verhandlungen und Unterlagen des Deutschen Bundestages sowie seines Innerdeutschen Ausschusses ausgewertet. Auch unveröffentlichte sowie publizierte Berichte des für diese Thematik zuständigen Bundesinnenministers fanden Beachtung. Für die Phase 1989/90, als die Grundlagen des auf Ostdeutsche bezogenen Migrationsregimes in Bewegung gerieten,

Binnenmigration der DDR 1989. Versuch einer Bilanz, DA 22 (1990) 9, S. 1422–1432; Nikolaus Werz: Abwanderung aus den neuen Bundesländern von 1989 bis 2000, APuZ B 39–40, 21.9.2001, S. 23–31, hier S. 23–25.

38 Die Stiftung Berliner Mauer wurde 2008 als Stiftung des Landes Berlin errichtet und übernahm Bestände, die an ihren damaligen beiden Standorten, der Gedenkstätte Berliner Mauer und der Erinnerungsstätte Notaufnahmelager Marienfelde, entstanden waren.

39 Zur Kategorie der Selbstzeugnisse siehe Anke Stephan: Erinnertes Leben: Autobiographien, Memoiren und Oral-History Interviews als historische Quellen, in: Virtuelle Fachbibliothek Osteuropa. Digitales Handbuch zur Geschichte und Kultur Russlands und Osteuropas. Themen und Methoden, 2004 (https://epub.ub.uni-muenchen.de/627/) (11.8.2018), S. 2–3.

40 Zu dieser Erhebung siehe Schumann, Private Wege, S. 54–55. Die Fragebögen sind gleichfalls bei der Stiftung Berliner Mauer archiviert.

wurden außerdem Verhandlungen des Bundesrates sowie öffentliche Stellungnahmen der Parteien und einzelner Politiker – auch in West-Berlin – einbezogen.[41] In Hinblick auf die West-Berliner Politik wurden überdies die Verhandlungen des Abgeordnetenhauses von Berlin gesichtet. Als besonders ergiebig für die Stadtstaats-Perspektive erwies sich der Bestand Der Regierende Bürgermeister von Berlin/Senatskanzlei im Landesarchiv Berlin, über den Positionen und Handeln des Senats und der Behörden erschlossen werden konnten.

Eine weitere wichtige Quellengrundlage der Untersuchung auf überregionaler wie auf lokaler Ebene waren Presseartikel. Sie wurden primär über Presseausschnittssammlungen erschlossen, die ein breites Spektrum an Artikeln in Tages- und Wochenzeitungen boten. Darüber hinaus wurden *Der Spiegel* und *Die Zeit* für den gesamten Untersuchungszeitraum systematisch ausgewertet.[42] Die Zeitungsberichte beleuchten den politischen und gesellschaftlichen Umgang mit den Ankömmlingen, zeigen, wie diese wahrgenommen und wie bereitwillig sie aufgenommen wurden – und repräsentieren selbst ein öffentliches Sprechen über die Zugewanderten. Um Haltungen in der Bevölkerung gegenüber den Neubürgern zu eruieren, wurden als zusätzliche Quelle schließlich Meinungsumfragen berücksichtigt, soweit diese zugänglich waren.

Forschungsstand

Umfassende historische oder soziologische Untersuchungen, die sich mit der Aufnahme von DDR-Zuwanderern in der Bundesrepublik, ihrer Wahrnehmung und spezifischen Erfahrungen des Ankommens auf Seiten der Gewanderten in den 1970er/80er Jahren befassen, liegen nicht vor.[43] Gleichwohl gibt es eine Reihe von Arbeiten, die wichtige Anknüpfungspunkte bieten. Was das Notaufnahmeverfahren und die Eingliederungsgesetze für ostdeutsche Übersiedler angeht, baut dieses Buch auf der grundlegenden Studie Helge Heidemeyers zur

41 Die politischen Stellungnahmen waren gut über das Zentrale Dokumentationssystem des Presse- und Informationsamtes der Bundesregierung (BPA-Dok) zugänglich.

42 Eine umfangreiche Presseausschnittssammlung fand sich im genannten Bestand des Landesarchivs Berlin, eine weitere in der soeben angeführten BPA-Dokumentation. Die Zeitungen, aus denen Artikel zitiert werden, sind im Anhang gelistet.

43 Einen ausführlichen Überblick über Forschungsarbeiten, die sich in einem weitgefassten Sinn mit der Integration von DDR-Zuwanderern beschäftigen, gibt für den Zeitraum von Ende der 1940er bis Mitte der 1990er Jahre Schumann, Private Wege, S. 37–45.

Flüchtlingspolitik der Bundesrepublik bis 1961 auf.[44] Heidemeyer legt zentrale Funktionsprinzipien dieser in der Nachkriegszeit entwickelten Verfahren und Instrumentarien dar und erläutert, welche politischen Ziele mit ihnen verbunden waren. So bietet seine Dissertation eine Folie, auf der spätere Veränderungen nachgezeichnet werden können. Das Gleiche gilt für die begriffsgeschichtlich orientierte Studie Volker Ackermanns zum »echten« Flüchtling, die Aufnahmeverfahren und Eingliederungsgesetze hinsichtlich der durch sie vorgenommenen Kategorisierung der Zuwandernden betrachtet.[45] Eine ausführliche Darstellung der deutsch-deutschen Migration 1961 bis 1989 in der Perspektive einer Verflechtungsgeschichte zwischen Ost und West hat jüngst Frank Wolff vorgelegt. Er thematisiert die Aufnahme der Ausreisewelle 1984 vor dem Hintergrund einer Arbeitslosigkeitskrise im Westen. Vor allem aber zeichnet er detailliert nach, was DDR-Flucht und Übersiedlung für die bundesrepublikanische Deutschlandpolitik bedeuteten und welche Strategien des Beschweigens oder offensiven Thematisierens man verfolgte. Wolff liefert damit einen wichtigen Deutungsrahmen, auf den sich Ergebnisse dieser Untersuchung beziehen lassen.[46]

Hinsichtlich des Themas Staatsangehörigkeit ist gut dokumentiert, wie diese bei Gründung der Bundesrepublik als gesamtdeutsche formuliert wurde und welche politischen Konflikte sich in den 1980er Jahren aus der Forderung der SED ergaben, eine DDR-Staatsbürgerschaft anzuerkennen.[47] Bezüge zur Auf-

44 Helge Heidemeyer: Flucht und Zuwanderung aus der SBZ/DDZ 1945/1949–1961, Düsseldorf 1994. Siehe auch Helge Heidemeyer: Das Notaufnahmeverfahren für die Zuwanderer aus der SBZ/DDR 1945/49–1961, in: Migration steuern und verwalten. Deutschland vom späten 19. Jahrhundert bis zur Gegenwart, hg. von Jochen Oltmer, Göttingen 2003, S. 323–341. Aufnahmeprozedur und Kategorisierungen der Zuwanderer vor dem Mauerbau beleuchtet auch Eric C. Limbach: Unsettled Germans: The Reception and Resettlement of East German Refugees in West-Germany, 1949–1961, Michigan State University 2011 (https://d.lib.msu.edu/etd/1605) (12.6.2020).

45 Volker Ackermann: Der »echte« Flüchtling. Deutsche Vertriebene und Flüchtlinge aus der DDR 1945–1961, Osnabrück 1995. Grundlegende Hinweise bietet Ackermann auch zum Leitbegriff Eingliederung, siehe Volker Ackermann: Integration: Begriff, Leitbilder, Probleme, in: Neue Heimat im Westen: Vertriebene, Flüchtlinge, Aussiedler, hg. von Klaus J. Bade, Münster 1990, S. 14–36.

46 Wolff: Mauergesellschaft. Die Grundlinien im Überblick siehe Wolff: Deutsch-deutsche Migrationsverhältnisse.

47 Umfassende Gesamtdarstellungen bieten u. a. Ingo von Münch: Die deutsche Staatsangehörigkeit. Vergangenheit – Gegenwart – Zukunft, Göttingen 2007, und zuletzt Dieter Gosewinkel: Schutz und Freiheit? Staatsbürgerschaft im Europa des 20. und 21. Jahrhunderts, Berlin 2016. Die Diskussion 1948/49 rekapituliert Günter Hinken: Die Rolle der Staatsangehörigkeit bei der Konzeption des Grundgesetzes, in: Einwanderung und

nahme von Ostdeutschen in der Bundesrepublik wurden jedoch noch kaum hergestellt.[48] Jürgen Haberland ediert aus einem anwendungsbezogenen Interesse heraus eine Textsammlung, in der er für die Aufnahme und Eingliederung der Übersiedelnden einschlägige Regularien zusammenstellt. Außerdem erläutert er Neuerungen, die sich in den 1980er Jahren ergaben, überblicksartig in verschiedenen Artikeln.[49] Einige Beobachtungen zur sich verändernden Praxis des Aufnahmeverfahrens finden sich in Jeannette van Laaks Institutionengeschichte des Aufnahmelagers Gießen. Außerdem existieren knappe juristische Darstellungen.[50]

Einbürgerung in Deutschland. Jahrbuch Migration – Yearbook Migration 1997/98, hg. von Dietrich Thränhardt, Münster 1998, S. 179–264. Zur umstrittenen Frage der Anerkennung einer DDR-Staatsbürgerschaft siehe zeitgenössisch aus juristischer Sicht Erich Röper: Deutsche und andere Deutsche?, Der Staat 26 (1987), S. 31–56; Erich Röper: Die Bundesrepublik kann die Staatsangehörigkeit nicht definieren – Das Bundesverfassungsgericht verbietet eine Verfügung über Deutschland als Ganzes, Die öffentliche Verwaltung 12/1988, S. 488–491; weitere Literaturangaben bei Wolff: Migrationsverhältnisse, S. 797–798, Anm. 99. Fundstellen zur Diskussion des Themas im BT bietet Hellmuth Hecker: Die Behandlung von Staatsangehörigkeitsfragen im Deutschen Bundestag seit 1949, Baden-Baden 1990. Zu den kontroversen politischen Positionen in der Bundesrepublik siehe (mit teils schwacher Analyse) Margit Roth: Innerdeutsche Bestandsaufnahme der Bundesrepublik 1969–1989. Neue Deutung, Wiesbaden 2014.

48 Positionen der westdeutschen Parteien zur Frage der Staatsangehörigkeit beschreibt kursorisch Wolff: Mauergesellschaft, S. 746–748. Michael Kubina gibt Hinweise auf einen bröckelnden Konsens hinsichtlich der gesamtdeutschen Staatsangehörigkeit und auf Veränderungen in der Eingliederungsgesetzgebung. Michael Kubina: Das Recht auf Freizügigkeit. Die Aufnahmepolitik Westdeutschlands gegenüber den DDR-Zuwanderern, Zeitschrift des Forschungsverbundes SED-Staat 28/2010, S. 75–89; Michael Kubina: Vom Sowjetzonenflüchtling zum DDR-Übersiedler, Horch und Guck: Zeitschrift zur kritischen Aufarbeitung der SED-Diktatur 19 (2010) 67, S. 4–7. Kubina referiert im Wesentlichen die Ergebnisse Heidemeyers zur Entwicklung der Aufnahme- und Eingliederungspolitik bis zum Mauerbau.

49 Jürgen Haberland: Eingliederung von Aussiedlern und Zuwanderern. Sammlung von Texten, die für die Eingliederung von Aussiedlern aus den osteuropäischen Staaten und von Zuwanderern aus der DDR und Berlin (Ost) von Bedeutung sind, Leverkusen, 4., überarb. und erw. Aufl. 1988. Jürgen Haberland: Eingliederungshilfen für Zuwanderer aus der DDR und aus Berlin (Ost), Zeitschrift für Sozialhilfe und Sozialgesetzbuch 23 (1988) 8, S. 344–353; Jürgen Haberland: Die Eingliederung von Aussiedlern und Übersiedlern, ibv Nr. 24, 14.6.1989, S. 1195–1204; Jürgen Haberland: Das Eingliederungsanpassungsgesetz. Änderungen im Recht der Eingliederung von Aussiedlern und Übersiedlern, ibv Nr. 17, 25.4.1990, S. 733–738. Siehe auch Willi Albers: Die soziale und wirtschaftliche Eingliederung von Aussiedlern und Übersiedlern, Wirtschaftsdienst 70 (1990) 3, S. 139–145.

50 Van Laak, Einrichten im Übergang, Kap. 4. Wolfgang Fritz: Erläuterungen zum Gesetz

In der Frage der Perzeption und Rezeption ostdeutscher Zuwanderer in der Bundesrepublik spiegelt die Forschung, soweit man auf die 1970er Jahre schaut, die vorherrschende öffentliche Unsichtbarkeit der Betreffenden. Es existieren keine Arbeiten zur Wahrnehmung der Herübergewechselten, auch andere Aspekte wurden für diese Phase nicht untersucht.[51] Wie etwa über die Ausgereisten als Dissidenten gesprochen wurde und wie diese sich positionierten ist nahezu unbekannt.[52] Eine Ausnahme stellen ausgereiste und ausgewiesene Künstlerinnen und Künstler dar. Bezüglich der um sie kreisenden Exildebatte kann auf mehrere Untersuchungen zurückgegriffen werden, die allerdings vornehmlich literaturwissenschaftlich interessiert sind.[53] Für die 1980er Jahre stellt sich die Lage anders dar, weil das nach dem Mauerbau abgerissene Forschungsinteresse mit der sogenannten Ausreisewelle 1984 eine Belebung erfuhr.[54] Zu den wie-

über die Aufnahme von Deutschen in das Bundesgebiet (Aufnahmegesetz – AufnG), Das Deutsche Bundesrecht, 569. Lieferung, Jan. 1987, S. 3–12; Wolfgang Fritz: Zum Aufnahmegesetz – Beseitigung der Not und was jetzt?, Recht im Amt (1988), S. 85–87.

51 Einen der seltenen Beiträge zu diesem Zeitraum liefert Norbert Nail: Zwischen Verlegenheit und Manipulation. Bezeichnungen für Deutsche, die die Deutsche Demokratische Republik verlassen haben, Muttersprache: Vierteljahresschrift für deutsche Sprache 85 (1975), S. 273–277; er thematisiert den westdeutschen Sprachgebrauch bezüglich DDR-Zuwanderern einschließlich seiner politischen Konnotationen.

52 So befassen sich die Beiträge in Hans-Joachim Veen, Ulrich Mählert und Peter März (Hg.): Wechselwirkungen Ost-West. Dissidenz, Opposition und Zivilgesellschaft 1975–1989, Köln 2007, zwar mit Sichtweisen auf die DDR und dortige Oppositionelle, aber nicht damit, wie Ausgereiste als Dissidenten im Westen wahrgenommen wurden. Einige Hinweise finden sich in Betrachtungen zu einzelnen Personen, z. B. Ernest Kuczyński (Hg.): Im Dialog mit der Wirklichkeit. Annäherungen an Leben und Werk von Jürgen Fuchs, Halle (Saale) 2014 (Beiträge von Lukas Beckmann, György Dalos und Jay Julian Rosselini); Rhys W. Williams: »Ich bin kein Emigrant, ich bin kein Dissident«. Sarah Kirsch und die DDR, in: Deutsch-deutsches Literaturexil. Schriftstellerinnen und Schriftsteller aus der DDR in der Bundesrepublik, hg. von Walter Schmitz und Jörg Bernig, Dresden 2009, S. 385–400.

53 Jörg Bernhard Bilke: Auf schreckliche Weise in der Fremde? DDR-Autoren im »westdeutschen Exil«, Der Monat 31 (1979) 2, S. 85–96, als einer derjenigen, die sich bereits zeitgenössisch mit dem Exodus ostdeutscher Künstler und Intellektueller in der Folge der Biermann-Ausbürgerung zu beschäftigen begannen. Wichtige jüngere Beiträge, die die Mannigfaltigkeit der unter dem Rubrum Exil verhandelten deutsch-deutschen und künstlerischen Selbstverständnisse aufzeigen, sind Andrea Jäger: Schriftsteller aus der DDR. Ausbürgerungen und Übersiedlungen von 1961 bis 1989. Studie, Frankfurt am Main 1995; Schmitz/Bernig, Deutsch-deutsches Literaturexil.

54 Volker Ronge formulierte rückblickend, was die soziologische Forschung an der 1984er Ausreisewelle reizte: »Zum ersten Mal seit dem Mauerbau kamen in größerer Zahl vollständig in der DDR sozialisierte Deutsche in den bundesdeutschen Westen. Sie repräsen-

der verstärkt unternommenen Studien zählen die Volker Ronges, Anne Köhlers und Richard Hilmers. Sie bedienen sich demoskopischer Methoden und liefern Einsichten, wie Bundesbürger die in dieser Zeit übersiedelnden Ostdeutschen sahen und aufnahmen.[55] Anregende Thesen, wie eine teils zu beobachtende Distanziertheit bei Westdeutschen erklärt werden kann, formuliert Heidemeyer in einem Sammelbandbeitrag.[56]

Köhler und Hilmer schlossen 1989, als der Zuzug aus der DDR durch Fluchten über Ungarn und bundesdeutsche Botschaften eine neue Dimension erhielt, an die Umfragen von 1984/85 an.[57] Im Blick auf die Jahre 1989/90 wendet sich auch die jüngere Untersuchung Duncan Coopers zu Einwanderung und bundesdeutscher Identität DDR-Übersiedlern zu.[58] Während sie in der Demoskopie laut Cooper zuvor keine Rolle spielten, trägt er für diese Phase mehrere Erhebungen zusammen. Cooper macht deutlich, dass die zunächst positive Stimmung

tierten nicht, wie in den fast drei Jahrzehnten Westwanderung zuvor, nur eine bestimmte Teilpopulation (von Älteren bzw. Rentnern), bei der sich die sozialistische Weltanschauung und Gesellschaft noch nicht intensiv ausgewirkt hatte, sondern tendenziell den soziodemographischen Querschnitt der DDR-Bevölkerung.« Zudem habe der quantitative Umfang der Ausreisewelle Integrationsprobleme erwarten lassen. Volker Ronge: Übersiedler, in: Handbuch zur deutschen Einheit, hg. von Werner Weidenfeld und Karl-Rudolf Korte, Frankfurt am Main 1993, S. 643–647, Zitat S. 645–646.

55 Anne Köhler und Volker Ronge: Ein Test auf die Wiedervereinigung? Die Reaktion der Bundesdeutschen auf die Übersiedlerwelle aus der DDR vom Frühjahr 1984, DA 18 (1985) 1, S. 52–59; wiederveröffentl. in Volker Ronge: Von drüben nach hüben. DDR-Bürger im Westen, Wuppertal 1985, S. 31–46; Anne Köhler und Richard Hilmer: Ein Jahr danach: Wie sehen die Bundesdeutschen die Übersiedlerfrage heute?, DA 19 (1986) 1, S. 41–46.

56 Helge Heidemeyer: »Antifaschistischer Schutzwall« oder »Bankrotterklärung des Ulbricht-Regimes«. Grenzsicherung und Grenzüberschreitung im doppelten Deutschland, in: Das doppelte Deutschland. 40 Jahre Systemkonkurrenz, hg. von Udo Wengst und Hermann Wentker, Berlin 2008, S. 87–109.

57 Richard Hilmer und Anne Köhler: Die DDR im Aufbruch: Was halten die Bundesdeutschen Ende Oktober 1989 von Flüchtlingswelle und Reformen?, DA 22 (1989) 12, S. 1389–1393. Die Befunde Mitte und Ende der 1980er Jahre rekapituliert Hilmer kurz in: Die Flucht- und Ausreisebewegung in verschiedenen Phasen der DDR-Geschichte. Protokoll der 69. Sitzung, in: Materialien der Enquete-Kommission »Aufarbeitung und Folgen der SED-Diktatur in Deutschland«, Bd. VII/1, hg. vom Deutschen Bundestag, Baden-Baden 1995, S. 314–449, hier S. 327. Siehe auch Bernd Rudolph: Der Massenexodus der Deutschen. Anmerkungen zur öffentlichen Stimmungslage, Materialien zur politischen Bildung (1990) 1, S. 14–18.

58 Cooper, Immigration and German Identity. Ebenfalls erst 1989/90 sieht die Dokumentation von Jung, Migranten im Spiegel der Presse, DDR-Zuwanderer im Untersuchungszeitraum zum Thema werden.

gegenüber den Herüberwechselnden 1990 umschlug, und zeigt, wie sich ihre Wahrnehmung im Vergleich zu der von Aussiedlern und Asylsuchenden darstellte. Hinweise zur Perzeption und Rezeption ostdeutscher Übersiedler finden sich überdies in medienanalytischen Untersuchungen zur Presse- und Fernsehberichterstattung in dieser Zeit.[59] Schließlich beziehen auch einige Studien zur Herstellung der deutschen Einheit DDR-Flüchtlinge und Übersiedler in die Darstellung ein.[60]

Für den Untersuchungsstrang Migrationserfahrungen bieten mehrere Arbeiten, die aus einem sozialwissenschaftlichen Forschungsprojekt an der Universität Bremen zur sozialen und beruflichen Integration von DDR-Zuwanderern hervorgegangen sind, Anknüpfungspunkte.[61] So umreißen die Forscher um Karl F. Schumann auf Basis einer von ihnen durchgeführten Fragebogenerhebung negative Aufnahmeerfahrungen, die ein Teil der ostdeutschen Übersiedler in Form von Diskriminierung machte. Auf der anderen Seite geben die Antworten

---

59 Lars Brücher: Das Westfernsehen und der revolutionäre Umbruch in der DDR, Magisterarbeit, Universität Bielefeld 2000 (http://www.lars-bruecher.de/ddr_westmedien.htm) (2.6.2020); Thomas Großmann: Fernsehen, Revolution und das Ende der DDR, Göttingen 2015; Jens Hüttmann: Medien und Bevölkerung in der Bundesrepublik angesichts der DDR-Krise, in: Revolution und Vereinigung 1989/90. Als in Deutschland die Realität die Phantasie überholte, hg. von Klaus-Dietmar Henke, München 2009, S. 374–385; Elke Kimmel: Die ostdeutschen Ungarn-Flüchtlinge des Sommers 1989 in der westdeutschen Presse, DA 40 (2007) 4, S. 638–647; Elke Kimmel: Vertraute Brüder – entfernte Verwandte? Die bundesdeutsche Presseberichterstattung über die DDR-Flüchtlinge in Ungarn vom Juli bis September 1989, in: Die Ostdeutschen in den Medien: Das Bild von den Anderen nach 1990, hg. von Thomas Ahbe, Rainer Gries und Wolfgang Schmale, Leipzig 2009, S. 37–58.

60 Siehe z. B. Konrad H. Jarausch: The Rush to German Unity, New York 1994; Gerhard A. Ritter: Der Preis der deutschen Einheit. Die Wiedervereinigung und die Krise des Sozialstaats, München, 2., erw. Aufl. 2007; Hartmut Zwahr: Umbruch durch Ausbruch und Aufbruch. Die DDR auf dem Höhepunkt der Staatskrise 1989. Mit Exkursen zu Ausreise und Flucht sowie einer ostdeutschen Generationsübersicht, in: Sozialgeschichte der DDR, hg. von Hartmut Kaelble, Jürgen Kocka und Hartmut Zwahr, Stuttgart 1994, S. 426–465. In einigen neueren Beiträgen geht es weniger um die Wahrnehmung der Übergesiedelten im Westen als vielmehr um die durch ihre Abwanderung beförderte Zusammenbruchs- bzw. Vereinigungsdynamik; siehe Marion Detjen: Permanente Existenzbedrohung: Abwanderung, Flucht, Ausreise, in: Henke, Revolution, S. 67–80. Tim Schanetzky: German Reunification and the Dynamics of Migration, in: From Revolution to Uncertainty. The Year 1990 in Central and Eastern Europe, hg. von Joachim von Puttkamer, Włodzimierz Borodziej und Stanislav Holubec, London und New York 2020, S. 202–211.

61 Das Projekt wurde 1989/90 unter Leitung von Karl F. Schumann am Sonderforschungsbereich 186 durchgeführt. Einbezogen waren Ostdeutsche, die zwischen 1983 und 1986 in die Bundesrepublik und nach West-Berlin übergesiedelt waren.

Hinweise, welche Umstände eine Beheimatung in der neuen Umgebung beförderten.[62] Die Beobachtungen bleiben jedoch skizzenhaft. Lohnenswert erscheint deshalb, die summarischen Befunde zur Diskriminierung hinsichtlich der Qualität der dahinterstehenden Erfahrungen zu differenzieren. Dies ist auch für die seitens der Aufnehmenden zu diskutierende Frage interessant, inwieweit sich die Sicht auf die DDR in den 1980er Jahren verändert hatte und DDR-Bewohner als »Ausländer« gesehen wurden. Zudem unternehmen es Schumann und sein Team aufgrund ihres anders gerichteten Erkenntnisinteresses nicht, die Erfahrungen der Aufnahme und des Ankommens in einen übergreifenden Zusammenhang zu stellen. Beheimatungsprozesse und Fremdheitserfahrungen werden nicht in Beziehung gesetzt, welche Faktoren das eine oder das andere begünstigten, bleibt weitgehend offen. Nicht berücksichtigt wird außerdem, welche Rolle der Ankunftsort für ein Wiederheimischwerden spielte.

Anlage der Untersuchung

Die Arbeit ist im Großen und Ganzen chronologisch angelegt, wobei sich das vierte erfahrungsgeschichtliche Kapitel vom Zugriff her abhebt. Das erste Kapitel bietet eine Skizze der juristisch-politischen Grundlagen des Umgangs mit DDR-Zuwanderern in Form der Staatsangehörigkeitsregelung, des Notaufnahmegesetzes und zentraler Maßnahmen zur Eingliederung. Diese drei Paradigmen gilt es darzustellen, um vor diesem Hintergrund spätere Veränderungen nachzeichnen zu können. Im zweiten Kapitel werden die Jahre bis zur Ausreisewelle aus der DDR 1984 beleuchtet, die in der innerdeutschen Migrationsgeschichte

62 Gerhard-Uhland Dietz und Heidi Kaspras: Biographische Konstruktionen und Bilanzierungen bei Zuwanderern aus der DDR, in: Biographien in Deutschland. Soziologische Rekonstruktionen gelebter Gesellschaftsgeschichte, hg. von Wolfram Fischer-Rosenthal und Peter Alheit, Opladen 1995, S. 310–327; die umfangreichste Darstellung der Projektergebnisse bei Schumann: Private Wege; siehe außerdem Karl F. Schumann: Weggang in den Westen und Marginalität, in: Grenzöffnung, Migration, Kriminalität, hg. von Arno Pilgram, Baden-Baden 1993, S. 101–113. Einige Beobachtungen finden sich auch bei Manfred Gehrmann: Die Überwindung des »Eisernen Vorhangs«. Die Abwanderung aus der DDR in die BRD und nach West-Berlin 1949–1989 als innerdeutsches Migranten-Netzwerk, Berlin 2009; die Studie greift ebenfalls auf die Empirie des Bremer Forschungsprojekts zurück. Außerhalb davon thematisiert Fremdheit Torsten Flögel: Alltagserfahrungen und Identitätskonflikte von DDR-Zuwanderern in der Bundesrepublik. Eine Analyse acht problemzentrierter Interviews zur Bedeutung des gesellschaftlichen Wechsels, unveröffentlichte Diplomarbeit, Universität Hamburg 1990.

eine Zäsur markiert. Gewichtige Veränderungen der Aufnahme- und Eingliederungspraxis sind in dieser Zeit nicht zu konstatieren. Die Politik beschäftigte sich zwar mit DDR-Zuwanderern, nicht selten kontrovers, wie sich an Debatten des Deutschen Bundestags ablesen lässt. Doch ging es in diesen Diskussionen vorrangig darum, wie Übersiedlungswillige aus der DDR herauskamen. Wie weitreichend konnte und sollte man gegenüber dem SED-Regime Freizügigkeit einklagen?[63] Da diese Verflechtungsgeschichte hier nicht Thema ist, fokussiert das Kapitel auf die Wahrnehmung der Herübergekommenen.[64] Ausgangspunkt ist die Beobachtung, dass übergesiedelte Ostdeutsche in der bundesrepublikanischen Öffentlichkeit in dieser Phase weitgehend übersehen wurden.

Das dritte Kapitel widmet sich dem Zeitraum von 1984 bis 1988. Durch das Eintreffen ungewohnt vieler und jüngerer Ostdeutscher stellte sich die Frage, wie sie in ihr neues Leben hineinfanden und was ihr Zuzug für die Gesellschaft bedeutete, der westdeutschen Politik und Öffentlichkeit drängender. Darzustellen ist zunächst, wie die Übergesiedelten von der Bevölkerung aufgenommen wurden, während im Folgenden Diskussionen und Veränderungen in Bezug auf das Eingliederungsinstrumentarium, das Aufnahmeverfahren und die gesamtdeutsche Staatsangehörigkeit nachvollzogen werden. Bei all diesen Entwicklungen steht infrage, wie weit das nationale Argument bezüglich herüberwechselnder Ostdeutscher in der zweiten Hälfte der 1980er Jahre noch trug.

Das vierte Kapitel wendet sich Erfahrungen des Ankommens am Beispiel West-Berlin zu. Einführend wird der erwähnte Zeitzeugeninterview-Bestand als Quellenbasis charakterisiert. Im Zentrum des Kapitels stehen zwei Ankerfälle, von denen ausgehend Strategien und Prozesse von Beheimatung sowie dieser

63 Vgl. etwa die kritischen Bemerkungen der CSU-Abg. Dionys Jobst und Matthias Engelsberger bezüglich »Stockungen« bei der Familien- und Kinderzusammenführung, die auf der BT-Sitzung Mitte März 1973 zur Sprache kamen. Jobst fragte nach, ob sich hier nicht »das Versäumnis der Bundesregierung« räche, humanitäre Zusagen der DDR vertraglich abzusichern; BT – PLPR 7/19, 14.3.1973, S. 895 (B [Zitate FN]/D), 896 (A). Ebenso die Anmerkungen Alois Rainers (CSU) und Claus Jägers (CDU) zu den Erläuterungen zum Briefwechsel zur Familienzusammenführung, zu Reiseerleichterungen und Verbesserungen des nichtkommerziellen Warenverkehrs als Bestandteil des Grundlagenvertrags, besprochen auf der BT-Sitzung Anfang Dez. 1974; die Abg. meinten, dass sich daraus Erleichterungen bei der Genehmigung von Eheschließungen seitens der DDR ergeben müssten; BT – PLPR 7/133, 4.12.1974, S. 9039 (B/C/D). Zum zwischen Regierung und Opposition umstrittenen Thema Freizügigkeit siehe Wolff, Mauergesellschaft, S. 410, 416, 541–542, 552–553.

64 Diesbezügliche Debatten werden punktuell bis in das Jahr 1984 hinein verfolgt, so dass als Begrenzung der ersten Untersuchungsphase 1983/84 angegeben wird.

entgegenstehende Fremdheitserfahrungen beleuchtet werden. Ein abschließender Abschnitt wechselt die Perspektive und nimmt den Ankunftsort West-Berlin in den Blick, um dessen spezifische Qualitäten als neue Heimat herauszuarbeiten Die betrachteten Erfahrungen erstrecken sich über den gesamten Untersuchungszeitraum und bilden insofern eine Klammer zwischen den übrigen chronologischen Teilen.

Das fünfte Kapitel beschäftigt sich mit den Jahren 1989/90, die aufgrund des dynamischen Migrationsgeschehens und veränderter deutschlandpolitischer Vorzeichen als eigene Phase zu verstehen sind. Staatsangehörigkeits- und Aufnahmeregelung gewannen angesichts einer stark anwachsenden Flucht- und Übersiedlungsbewegung aus der DDR neue Brisanz. Prinzipien der Eingliederung wurden vor allem hinsichtlich der mit ihnen verbundenen sozialstaatlichen Leistungen nun zur Diskussion gestellt. Das Kapitel untersucht die politischen Reaktionen auf die Zuwanderung und zeichnet die schwankende Aufnahmebereitschaft in der Bevölkerung nach. Den Schlusspunkt markiert das Ende des Aufnahmeverfahrens, das zum 1. Juli 1990 eingestellt wurde.

Abschließend ist noch kurz auf die verwendeten Begrifflichkeiten einzugehen. Die Kategorien, mit denen aus der DDR Kommende bezeichnet und statistisch erfasst wurden, waren keineswegs objektiv und statisch. Vielmehr wurde, wie Frank Wolff feststellt, »je nach Zeitschicht [...] unterschiedlich konstruiert, welcher Auswanderer im Westen als legal ausgereist, als ›politisch Verfolgter‹ oder als ›Wirtschaftsflüchtling‹ galt«.[65] Dem Rechnung tragend, ist die Frage, wie Ostdeutsche in den 1970/80er Jahren in politischen und öffentlichen Debatten kategorisiert wurden, Teil der Untersuchung. In Absetzung von zeitgenössischen Bezeichnungen, die oft politisch konnotiert waren, gebraucht die Arbeit eine Reihe von neutral zu verstehenden Begriffen: Die Benennung als DDR-Zuwanderer, Gewanderte, Übersiedler, Herübergewechselte etc. impliziert keine Statuszuschreibung, abstrahiert von der Art der Grenzüberquerung und ist auch von den Selbstdeutungen der Migranten (zum Beispiel einem Selbstverständnis als »Flüchtling«) zu unterscheiden.

65 Wolff, Migrationsverhältnisse, S. 778.

I. Grundlagen: Staatsangehörigkeit, Notaufnahme und Eingliederung

1. Die Konstruktion einer gesamtdeutschen Staatsangehörigkeit

Die Basis für den Eintritt der DDR-Zuwanderer in die Bundesrepublik und ihre gesellschaftliche Position bildete das Grundgesetz von 1949, das in Artikel 116 Absatz 1 definierte: »Deutscher im Sinne dieses Grundgesetzes ist vorbehaltlich anderweitiger gesetzlicher Regelungen, wer die deutsche Staatsangehörigkeit besitzt [...].«[1] Die Bestimmung der Eigenschaft »Deutscher sein« knüpft in diesem Passus an die Staatsangehörigkeit an, die wiederum als einheitliche, Bewohner des Ost- und Westteils umschließende deutsche Staatsangehörigkeit gefasst war.[2] Juristisch möglich wurde dies durch die Konstruktion einer rechtlichen Identität der Bundesrepublik Deutschland mit dem Deutschen Reich; sie erlaubte es, im Grundgesetz davon auszugehen, dass Rechtsvorschriften des Deutschen Reiches

1 Dreier/Wittreck, Grundgesetz, S. 120–121.

2 Zur generellen Bestimmung von Staatsangehörigkeit als äußerer Seite von Staatsbürgerschaft, die »über Ein- oder Ausschluss mit Blick auf die staatsbürgerliche Gemeinschaft der Staatsbürger« entscheidet und »eine wirksame und politische hart umkämpfte Grenzziehung hinsichtlich staatsbürgerlicher Rechte« repräsentiert siehe Gosewinkel, Schutz und Freiheit, S. 19.

fortgelten – so auch das Reichs- und Staatsangehörigkeitsgesetz von 1913.[3] Für die Einwohner Ostdeutschlands bedeutete dies, von Seiten der Bundesrepublik demselben *einen* deutschen Staatsvolk zugerechnet zu werden: »Soweit die auf dem Gebiet der DDR lebenden Deutschen nach dem Reichs- und Staatsangehörigkeitsgesetz [...] die deutsche Staatsangehörigkeit besitzen, unterscheidet sich diese durch nichts von der deutschen Staatsangehörigkeit der im Gebiet der Bundesrepublik lebenden Deutschen.«[4]

Hinter dieser rechtlichen Setzung stand eine politische Absicht: Weil die bundesrepublikanischen Verfassungsgeber die Teilung Deutschlands nicht akzeptieren wollten, verzichteten sie darauf, eine eigene westdeutsche Staatsangehörigkeit einzuführen. Stattdessen suchten sie mit dem Festhalten an einer gesamtdeutschen Regelung den Anspruch zu untermauern, dass Ost- und Westdeutschland als Ganzes zusammengehörten. Damit entsprach das bundesdeutsche Staatsangehörigkeitsrecht dem Wiedervereinigungsgebot, wie es in der Präambel des Grundgesetzes festgeschrieben war.[5] Dieses Vorgehen hatte zugleich den Effekt, dass die grundlegenden Prinzipien, nach denen die deutsche Staatsangehörigkeit zugeschrieben wurde, nach 1945 in der Bundesrepublik keiner Revision unterzogen wurden. Es blieb bei den strikten Abstammungskriterien ohne Elemente eines *ius soli*, die das Reichs- und Staatsangehörigkeitsgesetz von

---

3 Die Identitätstheorie erläutert Otto Kimminich: Fluchthilfe und Flucht aus der DDR in die Bundesrepublik Deutschland. Staats- und völkerrechtliche Beurteilung von Maßnahmen der Bundesrepublik Deutschland nach den Vereinbarungen mit der DDR, insbesondere nach dem Grundvertrag und dessen Beurteilung durch das Bundesverfassungsgericht, Hamburg 1974, S. 1–8. Ebenso verweist Rogers Brubaker: Staats-Bürger. Deutschland und Frankreich im historischen Vergleich, Hamburg 1994, S. 292, Anm. 16, darauf, dass, um auf der fortdauernden Gültigkeit *einer* deutschen Staatsangehörigkeit zu beharren, eine komplizierte Kontinuitätskonstruktion nötig gewesen sei – wobei Brubaker sich auf Dieter Schwartze: Die Staatsangehörigkeit der Deutschen. Eine Untersuchung über den staatsangehörigkeitsrechtlichen Status der in der BRD und in der DDR lebenden deutschen Staatsangehörigen unter Einbeziehung der Bewohner Berlins, Marburg 1975, S. 29–30, 47–48, 68–69, 137–138, bezieht. Eine detaillierte, über den Entstehungszusammenhang des GG hinausreichende Darstellung der juristischen und politischen Debatten um die Diskontinuitäts- versus Kontinuitätsthese nach 1945 bietet Shida Kiani: Wiedererfindung der Nation nach dem Nationalsozialismus? Konfliktlinien und Positionen in der westdeutschen Nachkriegspolitik, Wiesbaden 2013, S. 47–77; Kiani, S. 48, weist kritisch darauf hin, dass die sich durchsetzende Kontinuitätsthese »zentral auf einem vorstaatlichen und vorkonstitutionellen, nicht zuletzt auf in der NS-Zeit etablierte volksgemeinschaftliche Vorstellungen rekurrierenden Volksbegriff [basierte]«.

4 Kimminich, Fluchthilfe, S. 11.

5 Von Münch, Deutsche Staatsangehörigkeit, S. XXII; Brubaker, Staats-Bürger, S. 220.

1913 fixiert hatte.[6] Dies hieß auf die Einwohner der DDR bezogen, dass sie »vom westdeutschen Staat während der gesamten Zeit [bis 1990] als deutsche Staatsbürger *iure sanguinis* betrachtet wurden«.[7]

In der Folge existierte für diejenigen Ostdeutschen, die als Flüchtlinge oder Übersiedler in die Bundesrepublik gelangten, eine offene Tür: Als Deutsche aufgrund ihrer Staatsangehörigkeit konnten sie das in Artikel 11 des Grundgesetzes zugesicherte Grundrecht auf Freizügigkeit in Anspruch nehmen. Das Freizügigkeitsrecht zählt zu den sogenannten Deutschenrechten des Grundgesetzes, welche die Verfassungsgeber im Gegensatz zu den Jedermannrechten den Staatsbürgern der Bundesrepublik vorbehielten; diese waren dadurch gegenüber Ausländern privilegiert. Freizügigkeit wurde demnach nicht als Menschenrecht gefasst, sondern national fundiert.[8] Während diese Grundsatzentscheidung im Parlamentarischen Rat nicht zur Debatte stand, wurde eine andere Frage durchaus diskutiert: ob nämlich Freizügigkeit allen Deutschen oder nur Bundesangehörigen gewährt werden sollte. Gegen die Sorge vor übergroßer Belastung setzte sich schließlich das grundsätzliche Argument durch, an der Einstaatlichkeit inklusive einer deutschen Staatsangehörigkeit festhalten zu wollen, für das Carlo Schmid eingetreten war. Er warnte davor, durch eine Einengung des Kreises der Grundrechtsträger eine »Zäsur zwischen den Deutschen, die im Osten leben, und den Deutschen, die im Westen leben« zu setzen, »die verfassungsrechtliche Festigkeit bekomme«. Weil der Parlamentarische Rat diesen gesamtdeutschen Erwägungen folgte, war nun tatsächlich zumindest prinzipiell »den 16 Millio-

6 *Ius soli* bezeichnet das Geburtsortprinzip, wonach ein Staat die Staatsangehörigkeit allen Kindern verleiht, die auf seinem Territorium zur Welt kommen. Demgegenüber spielt der Geburtsort beim *ius sanguinis* keine Rolle: Diesem Abstammungsprinzip zufolge erhält ein Kind die Staatsangehörigkeit, die seine Eltern besitzen.

7 Brubaker, Staats-Bürger, S. 220 (Zitat); Brubaker, S. 219, vertritt die These, dass das »Selbstverständnis der Deutschen als ethnisch-kulturelle Nation« durch die Umstände bei und nach Kriegsende (Zusammenbruch, Vertreibungen, Teilung) nicht infrage gestellt, sondern vielmehr verstärkt und zusätzlich legitimiert worden sei. Das Reichs- und Staatsangehörigkeitsgesetz von 1913 konnte beibehalten werden, weil die Alliierten es nicht als von nationalsozialistischem Gedankengut durchdrungen einschätzten; von Münch: Deutsche Staatsangehörigkeit, S. 78. Ausführlich zu diesem Gesetz siehe Dieter Gosewinkel: Einbürgern und Ausschließen. Die Nationalisierung der Staatsangehörigkeit vom Deutschen Bund bis zur Bundesrepublik Deutschland, Göttingen 2001, S. 278–327, mit dem Fazit, S. 324: »Das Reichs- und Staatsangehörigkeitsgesetz vom 22. Juli 1913 kodifizierte das exklusive *ius sanguinis* zu einer gleichermaßen rechtlichen wie politischen Institution der deutschen Staatsangehörigkeit.«

8 Angelika Siehr: Die Deutschenrechte des Grundgesetzes. Bürgerrechte im Spannungsfeld von Menschenrechtsidee und Staatsmitgliedschaft, Berlin 2001, S. 7, 126.

nen Deutschen östlich unserer Grenzen die Möglichkeit [ge]geben, ohne weiteres von dem Recht der Freizügigkeit und der freien Wahl des Aufenthalts und Wohnsitzes im Bundesgebiet Gebrauch zu machen«.[9] Auch über alle weiteren Bürgerrechte, die das Grundgesetz Deutschen als Zugehörigen des bundesrepublikanischen Staates garantiert, verfügten DDR-Zuwanderer vollumfänglich, ebenso wie für sie die gleichen Bürgerpflichten bestanden.[10]

Nach 1945, so lässt sich bis hierher resümieren, fielen in Deutschland Nation und Staat wieder einmal auseinander. Dass DDR-Zuwanderer als Deutsche in die Bundesrepublik kamen und deren Gebiet zugleich als nicht Ansässige von außen betraten, war Ausdruck dieser Situation. Das Streben nach Wiedervereinigung wäre nach damaliger Auffassung untergraben worden, hätte man die Vorstellung eines überkommenen und überdauernden (gesamt)deutschen Staatsvolks aufgegeben, deren Manifestation die aufrechterhaltene eine deutsche Staatsangehörigkeit war.[11] Einwohner der DDR, die in die Bundesrepublik wechselten, waren durch ihre Staatsangehörigkeit so gesehen nicht allein formal gleichberechtigte Mitglieder des Staates, sondern darüber hinaus als Angehörige der gleichen nationalen Gemeinschaft qualifiziert. Diese Gemeinschaft war gerade im Hinblick auf die DDR nicht beliebig vorstellbar. Vielmehr akzentuierte das Bestreben, trotz Teilung auf der Zusammengehörigkeit der Menschen in Ost und West (und auf der Zugehörigkeit der Vertriebenen) zu bestehen, ein bestimmtes Konzept von Nation: Während das Grundgesetz durchaus auch die Idee einer Staatsbürgernation enthält, trat im hier umrissenen Zusammenhang der Typus einer Kultur- und Volksnation hervor.[12]

Um in diesem Sinne das damals drängende Problem der Inklusion von Menschen außerhalb der eigenen staatlichen Reichweite zu lösen, schien ein ethnisch-kulturelles Konzept besser geeignet als das eines *body politic*: Letzteres gründet

9 Ebd., S. 174 (Zitat Schmid), S. 173 (Zitat Hermann von Mangoldt: Erläuterung, warum sich der Unterausschuss des Grundsatzausschusses skeptisch gezeigt hatte, das Recht der Freizügigkeit allen Deutschen zu gewähren). Siehe dazu auch Detlef Merten: § 94 Freizügigkeit, in: Handbuch der Grundrechte in Deutschland und Europa, Bd. IV, hg. von Detlef Merten und Hans-Jürgen Papier, Heidelberg 2011, S. 417–511, hier S. 489.

10 Siehr, Deutschenrechte, S. 179, 240.

11 Brubaker, Staats-Bürger, S. 219–221; Gosewinkel, Schutz und Freiheit, S. 367; Douglas B. Klusmeyer und Demetrios G. Papademetriou: Immigration Policy in the Federal Republic of Germany. Negotiating Membership and Remaking the Nation, Oxford 2009, S. 23–24. Siehe auch Merten, Freizügigkeit, S. 467, mit dem Hinweis, dass die Begriffe Bundesgebiet und Inland, zu dem die DDR i. S. des GG rechtlich gehörte, territorial nicht deckungsgleich waren.

12 Siehr, Deutschenrechte, S. 240–241, 246, 253.

die Identität der Nation auf die gemeinsame Praxis der Bürgerinnen und Bürger in Gestalt der aktiven Wahrnehmung ihrer demokratischen Teilhaberechte – eine Vorstellung, die an eine Verfassung und deren Wirkungsradius gebunden ist.

> Auch wenn sich die Vereinigung selbst dann zu gegebener Zeit der Idee der Staatsbürgernation entsprechend »in freier Selbstbestimmung« vollziehen sollte, konnte diese [...] Konzeption der Nation doch im Vorfeld jenes politischen Selbstbestimmungsaktes aus eigener Kraft keine über den räumlichen Geltungsbereich des Grundgesetzes hinausgreifende Brücke zum anderen Teil Deutschlands schlagen.

Die Vorstellung einer Kultur- und Volksnation dagegen konnte eine solche Verbindung (in einem geistig-ideellen Sinne) durchaus begründen.[13] Vor dem gleichen Hintergrund spezifischer Kriegsfolgeprobleme wurde auch das genannte Abstammungsprinzip bei der Vergabe der Staatsangehörigkeit favorisiert; ebenfalls ethnisch-kulturell fundiert, erlaubte das *ius sanguinis*, Probleme der Zuordnung nicht Ansässiger zu umgehen.[14]

2. Das Notaufnahmegesetz

Die Staatsangehörigkeitsregelung des Grundgesetzes bildete im Hinblick auf DDR-Bewohner und -Zuwanderer ein Paradigma, das rechtlich und politisch eine Zusammengehörigkeit beziehungsweise Zugehörigkeit unterstrich. Diesem Verständnis stand die zweite wesentliche Rechtsvorschrift, die es hier vorzustellen gilt, zwar nicht entgegen; das am 22. August 1950 in Kraft getretene

13 Klusmeyer/Papademetriou, Immigration Policy, S. 24; Siehr, Deutschenrechte, S. 240–241, 246–247 (Zitat), 248–249.

14 Gleichwohl bewertet die Forschung die Weitergeltung des Reichs- und Staatsangehörigkeitsgesetzes nicht völlig einmütig. Brubaker und ihm folgend etwa auch Cooper betonen, dass die Nachkriegssituation insbesondere hinsichtlich der Vertriebenen dem Prinzip des *ius sanguinis* eine neue starke Legitimation verschafft hätte. Brubaker, Staats-Bürger, S. 219; Cooper, Immigration and German Identitiy, S. 6, 48; zur Festschreibung des Abstammungsprinzips 1949 siehe S. 68. Siehr dagegen urteilt nüchterner, indem sie feststellt, dass es in der spezifischen Lage nach 1945 angesichts »Deutsche[r] außerhalb des Geltungsbereichs der Verfassung, die es einzubeziehen galt«, nicht unklug gewesen sei, »die Frage danach, inwieweit ein neues nationales Selbstverständnis sich in Änderungen des Staatsangehörigkeitsrechts niederschlagen sollte, der Zukunft und dem offenen politischen Prozeß zu überlassen«. Siehr, Deutschenrechte, S. 257.

Gesetz über die Notaufnahme von Deutschen in das Bundesgebiet belegte den Wechsel von Ost- nach Westdeutschland jedoch mit speziellen Anforderungen und etablierte auf diese Weise ein eigenes, in wichtigen Punkten konkurrierendes Deutungsmuster. Festgelegt wurde hier, dass DDR-Zuwanderer für den ständigen Aufenthalt in der Bundesrepublik »einer besonderen Erlaubnis« bedurften; diese durfte denjenigen »Personen nicht verweigert werden, die wegen einer drohenden Gefahr für Leib und Leben, für die persönliche Freiheit oder aus sonstigen zwingenden Gründen« die DDR verlassen hatten.[15] Das Notaufnahmegesetz entstand aus dem Bestreben, die damalige massenhafte Zuwanderung aus der DDR zu steuern. Doch befand sich die bundesdeutsche Politik von vornherein in einem Dilemma: Angesichts der schwierigen Nachkriegsverhältnisse, Wohnraummangels und eines darniederliegenden Arbeitsmarkts erschien es als kaum tragbare Belastung, alle potenziellen Flüchtlinge und Übersiedler aufzunehmen – demnach wären wirksame Hürden zu errichten; auf der anderen Seite galt es, den Zuflucht suchenden Landsleuten aus Ostdeutschland zu helfen.[16]

Diese beiden in Spannung zueinander stehenden Ansprüche wurden kontrovers diskutiert. So brachten Abgeordnete des Deutschen Bundestags gesamtdeutsche Argumente vor, die in verschiedene Richtungen wiesen. Eine »nationalpolitische Aufgabe« sah der SPD-Abgeordnete Karl Bielig in dem zu verabschiedenden Gesetz, insofern es darum gehe, den »Menschen drüben« die Zuversicht zu vermitteln, »dass wir sie nicht abgeschrieben haben«. Wer aus dem »ostzonalen Terrorsystem« herüberkomme, müsse daher, selbst wenn keine dezidiert politischen Gründe anzunehmen seien, unterstützt werden. Demgegenüber traten Politiker von CDU und FDP gegen eine fortschreitende »Entleerung« der DDR ein; sie gefährde eine zukünftige Wiedervereinigung, die nicht allein auf westdeutschem Gebiet vollzogen werden sollte. Auch könne das Regime in der DDR daraus Vorteile ziehen, da es so seine Gegner verliere.[17]

Bei der Endfassung des Notaufnahmegesetzes setzten sich die gesamtdeutschen Begründungen der Regierungsparteien, verknüpft mit ökonomischen Argumenten, durch: Der Kreis der Aufzunehmenden wurde wesentlich enger

---

15 Gesetz über die Notaufnahme von Deutschen in das Bundesgebiet vom 22. August 1950, Bundesgesetzblatt Teil I, 26.8.1950, Nr. 36, S. 367 (Zitate § 1 Abs. 1 und 2), 368.

16 Siegfried Bethlehem: Heimatvertreibung, DDR-Flucht, Gastarbeiterzuwanderung. Wanderungsströme und Wanderungspolitik in der Bundesrepublik Deutschland, Stuttgart 1982, S. 81–84; Heidemeyer, Notaufnahmeverfahren, S. 323–325.

17 BT – PLPR Nr. 1/27, 18.1.1950, S. 843 (Zitate Bielig); Ackermann, Echter Flüchtling, S. 97–98; Heidemeyer, Flucht und Zuwanderung, S. 97–98, 111; zu der Debatte anlässlich der ersten Lesung des Gesetzentwurfs im BT siehe ebd., S. 103–104.

abgesteckt, als die SPD gefordert hatte, die lediglich Straftäter davon ausnehmen wollte. Seiner Intention nach war das Gesetz daher auf Abschließung gerichtet. Aufgrund dessen interpretiert Erich Röper es rückblickend als Indiz für »die staatliche Abgrenzung Westdeutschlands zur der SBZ/DDR«, während Helge Heidemeyer in diesem Zusammenhang vorsichtiger argumentiert: Das auf Konsolidierung gerichtete Bestreben der Regierung konnte »auch im gesamtdeutschen Sinne positiv bewertet« werden; dass die Belastung damit weg von der Bundesrepublik hin zu den Menschen verschoben wurde, die – soweit nicht unmittelbar bedroht – in der DDR »ausharren« sollten, traf sich gleichwohl mit westdeutschem Eigennutz.[18] Um also nicht allen Zuwanderern gleichermaßen Aufnahme in Westdeutschland zu gewähren, setzte die Regelung von 1950 bei der Freizügigkeit an. Diese wurde, insofern der ständige Aufenthalt der Zuziehenden nun eine besondere Erlaubnis voraussetzte, eingeschränkt. Da sich jedoch mittlerweile alle Parteien einig waren, dass eine Rückführung Abgelehnter aus menschlichen und politischen Gründen nicht infrage kam, konnte das Notaufnahmegesetz auf der Ebene des Zugangs zum Bundesgebiet nicht wirksam werden. Stattdessen sollte eine Steuerung darüber erzielt werden, dass nur den Aufgenommenen Hilfe und Unterstützung in Aussicht standen. So gesehen handelte es sich von Anfang an nicht um ein »wirkliches Aufnahmegesetz, sondern faktisch [um] ein Gesetz über die Gewährung von Sonderleistungen«.[19]

Sollte demnach, wen man aufnahm, dadurch bestimmt werden, wem man half, galt es zu unterscheiden. Indem es festlegte, wer eine Aufenthaltserlaubnis und damit Vergünstigungen erhielt, definierte das Notaufnahmegesetz die Kriterien für den »echten« Flüchtling – ein Begriff, der seit Ende des Zweiten Weltkriegs diejenigen vertriebenen oder geflohenen Deutschen bezeichnete, die Anspruch auf Aufnahme und Hilfe haben sollten. Der »echte« Flüchtling war der politische, so viel stand fest, doch wie sollte man ihn spezifizieren? Laut Notaufnahmegesetz wies er sich durch seine besonderen Gründe aus, hier für DDR-Zuwanderer eng als solche gefasst, die aus einer Bedrohungs- oder zumindest Zwangslage erwuchsen. Auf dieser Basis ließen sich durch Eruierung ihrer Motive »echte« politische Flüchtlinge und unpolitische Wirtschaftsflüchtlinge

18 Heidemeyer, Flucht und Zuwanderung, S. 101, 105, 112 (Zitat); Erich Röper: Die Mauer in westdeutschen Köpfen, DA, 10.2.2015 (http://bpb.de/200452) (10.6.2020), S. 3–10, hier S. 3 (Zitat), 4.

19 Bethlehem, Heimatvertreibung, S. 89–90; Heidemeyer, Notaufnahmeverfahren, S. 323, 328; Heidemeyer, Flucht und Zuwanderung, S. 105, 111; Ackermann, Echter Flüchtling, S. 102; Kubina, Recht auf Freizügigkeit, S. 78 (Zitat).

nun voneinander abgrenzen.[20] Ein solches differenzierendes Vorgehen bei der Aufnahme von Deutschen aus der DDR verschaffte der bundesrepublikanischen Politik in mehrfacher Hinsicht Legitimation und Beglaubigung: Innenpolitisch konnte man die Leistungen für Neuankömmlinge aus Ostdeutschland als Hilfe für Verfolgte rechtfertigen. Innerdeutsch und außenpolitisch gewendet, erlaubte die Hervorhebung der Fluchtgründe, die DDR zu diskreditieren und zugleich die Anziehungskraft der eigenen Politik und Gesellschaftsordnung im Wettkampf der Systeme zu betonen.[21]

In dieser Perspektive teilten DDR-Zuwanderer, die »echte« Flüchtlinge waren, mit anderen politischen Flüchtlingen das Kriterium der Verfolgung. Insofern wäre es denkbar gewesen, eine bereits vor dem Notaufnahmegesetz existierende Rechtsvorschrift ebenso auf sie anzuwenden: das Asylrecht des Grundgesetzes. Tatsächlich wurde der Asylgedanke von verschiedener Seite explizit mit den ostdeutschen Geflüchteten in Verbindung gebracht, und die Formulierung des entsprechenden Artikels 16, »Politisch Verfolgte genießen Asylrecht«, hätte sich, wie Volker Ackermann feststellt, »durchaus auch auf Personen aus der SBZ bzw. DDR beziehen lassen«.[22] Das Asylrecht des Grundgesetzes war als universalistisches, auf den Einzelnen gerichtetes Menschenrecht gefasst, das die Zugehörigkeit zu einem bestimmten Staatsvolk gerade nicht voraussetzte, sondern gleichsam nivellierte. Hätte man den Wechsel von DDR-Einwohnern in die Bundesrepublik diesem Paradigma subsumiert, wäre noch deutlicher als durch die Notaufnahme die Zuordnung zu Deutschland durch eine andere Legitimation ersetzt worden. Doch trat in diesem Zusammenhang wiederum die Eigenschaft der Co-Nationalität in den Vordergrund: Als Deutsche verfügten DDR-Zuwanderer, wie oben dargelegt, über Freizügigkeit und somit über Zugang zum Bundesgebiet; so setzte das für sie geschaffene Notaufnahmegesetz an dieser Stelle an, während das Asylrecht nur bei Ausländern zur Anwendung kam.[23]

---

20 Ackermann, Echter Flüchtling, S. 67–69, 74–75, 91, 94–96; Bethlehem, Heimatvertreibung, S. 89–90; Heidemeyer, Notaufnahmeverfahren, S. 323, 332, 337–338; Limbach, Unsettled Germans, S. 50, 52.

21 Heidemeyer, Flucht und Zuwanderung, S. 192; Heidemeyer, Notaufnahmeverfahren, S. 340–341. »Somit erhielt das Verfahren für die Bundesrepublik also auch eine Funktion im Kalten Krieg«, folgert Heidemeyer ebd., S. 341.

22 Klaus J. Bade: Zur Karriere und Funktion abschätziger Begriffe in der deutschen Asylpolitik, APuZ 25, 15.6.2015, S. 3–8, hier S. 2. Ackermann, Echter Flüchtling, S. 79, 90, 94–95 (Zitat).

23 Ackermann, Echter Flüchtling, S. 95; Heidemeyer, Flucht und Zuwanderung, S. 105; siehe auch Patrice G. Poutrus: Zuflucht im Nachkriegsdeutschland. Politik und Praxis der

Für die Immigranten aus der DDR hatte das Notaufnahmegesetz den Effekt, sie – obwohl sie alle als deutsche Staatsangehörige in die Bundesrepublik kamen – sowohl untereinander als auch im Hinblick auf die Einheimischen ungleich zu machen. Dies begann mit dem Notaufnahmeverfahren selbst, das eine Praxis des Unterscheidens darstellte, der die Zuwanderer sich unterziehen mussten. Im Zentrum des Verfahrens standen zahlreiche Befragungen und Überprüfungen durch verschiedenste Dienststellen und Behörden, bis ein Aufnahmeausschuss schließlich darüber befand, ob der Antragsteller die Aufenthaltserlaubnis für die Bundesrepublik und West-Berlin erhielt. Durch diese Entscheidung wiederum wurden die Chancen, sich im Westen ein neues Leben aufzubauen und hier mit Wohnung und Arbeit ansässig zu werden, ungleich verteilt. So wurden die Aufgenommenen den Bundesländern zugewiesen, wo sie Anspruch auf angemessene temporäre Unterbringung und anschließende Versorgung mit bewirtschaftetem Wohnraum hatten; auch konnten sie sich unverzüglich beim Arbeitsamt um Vermittlung einer Stelle bewerben.[24]

Demgegenüber sahen sich die Abgelehnten insbesondere in West-Berlin mit zahlreichen Hindernissen konfrontiert. Um den Arbeitsmarkt dort nicht weiter zu verengen, wurden ihnen weder Arbeitserlaubnis noch Gewerbegenehmigung erteilt; überdies erhielten sie keine Zuzugsgenehmigung mit der Folge, dass betroffene Familien, ohne Aussicht auf Wohnungszuweisung und auf Fürsorge angewiesen, oft jahrelang in sogenannten Dauerlagern lebten. Dass diese Menschen als Illegale bezeichnet wurden, verweist auf eine weitere Auswirkung, die das Notaufnahmegesetz für DDR-Zuwanderer hatte: Ihr Wechsel in die Bundesrepublik wurde nun offiziell mit einer zusätzlichen Legitimationsanforderung versehen. Herüberkommen sollten sie nicht allein aufgrund ihrer Eigenschaft als Deutsche, sondern nur, wenn sie überdies im sozialistischen Teil des Landes unter Repression gelitten hatten – war dies nicht der Fall, blieben sie besser, um Zusammengehörigkeit einzulösen, indem sie drüben das Deutschtum aufrechterhielten. Nicht ein Umzug an Orte mit besseren Lebensbedingungen sollte ihre Wanderung demnach sein, sondern eine Flucht, deren politischer Charakter

---

Flüchtlingsaufnahme in Bundesrepublik und DDR von den späten 1940er Jahren bis zur Grundgesetzänderung im vereinten Deutschland, in: Oltmer, Handbuch Staat und Migration, S. 853–894, hier S. 854.

24 Ausführlich zu den Befragungen Ackermann, Echter Flüchtling, S. 149–170; Heidemeyer, Notaufnahmeverfahren, S. 328–332; Heidemeyer, Flucht und Zuwanderung, S. 112–113; Limbach, Unsettled Germans, S. 47–48.

einer »Abstimmung mit den Füßen« in zwei Richtungen wirkte: als Absage an die DDR und als Votum für die Bundesrepublik.[25]

In der Praxis erwies sich allerdings bald, dass die Intention des Notaufnahmegesetzes nicht durchsetzbar war. Deren psychologische Hürde wirkte nicht dahingehend, Menschen ohne starke politische Fluchtmotive tatsächlich von einer Zuwanderung abzuhalten. Weil vielmehr zahlreiche Flüchtlinge die Notaufnahme durchliefen, die den strengen Kriterien nicht genügten, brachte das Verfahren ein Heer von Abgelehnten hervor, ohne dass es klare und einheitliche Vorstellungen zum Umgang mit ihnen gab. Mit der Massenflucht 1952/53 wurde die Situation vor allem in West-Berlin, wo sich die Abgelehnten regelrecht stauten, unhaltbar. Spätestens Mitte der 1950er Jahre gab es also viele Gründe, die Notaufnahme in ein reines Registrierverfahren umzuwandeln, wie es die SPD im Dezember 1956 im Bundestag forderte. Gleichwohl sträubte sich die Bundesregierung vehement gegen eine Entpolitisierung des Verfahrens: Es sollte als Zeichen und Beleg für den besonderen, gegen die DDR und für die Bundesrepublik sprechenden Charakter der Ost-West-Wanderung erhalten bleiben. So überdauerten Notaufnahmegesetz und -verfahren die Zäsur des Mauerbaus.[26]

3. Was bedeutet Eingliederung?

Über die vollen Bürgerrechte im westdeutschen Staat verfügten übergesiedelte DDR-Bürger als Deutsche laut Grundgesetz umstandslos. Das Notaufnahmegesetz hingegen postulierte, dass nur jene Ostdeutschen in der Bundesrepublik aufgenommen und in besonderer Weise unterstützt werden sollten, die in den politischen Verhältnissen der DDR wurzelnde Fluchtgründe hatten. Wie interpretierte der Staat im Weiteren seine Aufgabe speziell gegenüber diesen neu hinzukommenden Bürgern, was ihr Hineinfinden in die bundesrepublikanische Gesellschaft anging? Das Ankommen der aus Ostdeutschland Herübergewechselten wurde staatlicherseits begleitet – zumindest ein Stück weit, wie Volker Ackermann anhand des Begriffs *Eingliederung* herausarbeitet, der das politische

25 Ackermann, Echter Flüchtling, S. 97–98, 102–104; Heidemeyer, Flucht und Zuwanderung, S. 113, 143–144; Heidemeyer, Notaufnahmeverfahren, S. 341; Limbach, Unsettled Germans, S. 53, 83.

26 Ackermann, Echter Flüchtling, S. 110–111; Bethlehem, Heimatvertreibung, S. 95–97; Heidemeyer, Flucht und Zuwanderung, S. 182, 190–192; Heidemeyer, Notaufnahmeverfahren, S. 334, 338–339, 341; Möhring, Mobilität, S. 375–376.

Handeln gegenüber Vertriebenen und aus der DDR Geflüchteten seit Ende der 1940er Jahre anleitete: Flüchtlinge sollten unterstützt werden, um erlittene Schäden, Besitzverluste und Abbrüche von Bildungs- und Berufswegen zu kompensieren und sie insofern hinsichtlich ihrer Voraussetzungen den Eingesessenen gleichzustellen. Zentral war demnach, dass die Bundesrepublik, ihrem »Selbstbild [...] als einem Sozial- und Rechtsstaat entsprechend«, den Zugewanderten *Chancengleichheit* ermöglichte – nicht weniger, aber eben auch nicht mehr, denn die junge Bundesrepublik begriff diese Aufgabe als eine begrenzte: Der »Sozial- und Rechtsstaat [...] zieht sich zurück und überläßt das Feld anderen Integrationsagenten, sobald die Flüchtlinge ein nicht mehr hervortretender Teil des wirtschaftlichen und sozialen Lebens Westdeutschlands geworden sind«.[27]

In der Pflicht gegenüber geflüchteten Ostdeutschen sah sich die Bundesrepublik nach Ende des Zweiten Weltkriegs jedoch nicht allein, weil sie es mit ins Hintertreffen geratenen und daher unterstützungsbedürftigen Bürgern zu tun hatte. Vielmehr ging es um Ausgleich und Wiedergutmachung für Menschen, die unter der vom Deutschen Reich, dem Rechtsvorgänger der Bundesrepublik, verursachten Situation besonders litten: Deutsche, die, von kommunistischer Herrschaft betroffen, zur Flucht genötigt waren und insofern eine Hauptlast der Teilung trugen. Diktatur- und Kriegsfolgenbewältigung war demnach der Kontext, in dem die Unterstützungsmaßnahmen für ostdeutsche Zuwanderer und die ihnen zugrunde liegenden Rechtsvorschriften standen.[28] Als zentrale Regelung in diesem Zusammenhang trug das Gesetz über die Angelegenheiten der Vertriebenen und Flüchtlinge (Bundesvertriebenengesetz) dem Rechnung, indem es Leistungen

27 Volker Ackermann: Integration von Aussiedlern und Flüchtlingen in der Bundesrepublik Deutschland und der DDR in der Nachkriegszeit. Ein Überblick, in: Integration von Aussiedlern. Eine Herausforderung für die Weiterbildung, hg. von Hans-Peter Baumeister, Weinheim 1991, S. 78–90, hier S. 84–85, 86 (Zitat); Ackermann, Integration (in Bade), S. 16 (Zitat).

28 Ackermann, Integration (in Beer), S. 12; Wolfgang Rüfner und Constantin Goschler: Ausgleich von Kriegs- und Diktaturfolgen, soziales Entschädigungsrecht, in: 1949–1957. Bundesrepublik Deutschland. Bewältigung der Kriegsfolgen, Rückkehr zur sozialpolitischen Normalität, hg. von Günther Schulz, Baden-Baden 2006, S. 687–802, hier S. 690–691. Siehe auch Der Bundesminister des Innern (Hg.): betrifft: Eingliederung der Vertriebenen, Flüchtlinge und Kriegsgeschädigten in der Bundesrepublik Deutschland, Bonn 1982, S. 20. »Vielmehr sind als der Eingliederung dienend alle Maßnahmen zu betrachten, die das Ziel hatten, den durch Krieg und Kriegsfolgen besonders schwer Getroffenen [...] wieder ein menschenwürdiges, gesichertes Leben im beruflichen wie im persönlichen Bereich zu ermöglichen und auch den mit der Schädigung verbundenen sozialen Abstieg aufzufangen oder wenigstens zu mildern.«

nicht unbesehen allen DDR-Zuwanderern zubilligte.[29] Voraussetzung für Hilfen war der Nachweis einer speziellen Flüchtlingseigenschaft. Hier formulierte das sogenannte Bundesvertriebenengesetz 1953 im Vergleich zum Notaufnahmegesetz sogar noch etwas enger: Als »Sowjetzonenflüchtling« wurde ein deutscher Staatsangehöriger oder Volkszugehöriger definiert, der die SBZ/DDR verlassen hatte, »um sich einer *von ihm nicht zu vertretenden* und durch die politischen Verhältnisse bedingten politischen Zwangslage zu entziehen«.[30] Auf diese Weise band das Bundesvertriebenengesetz das zu gewährende Gut an den Status des »echten« Flüchtlings und legitimierte so die zugestandene Unterstützung.[31]

Die Bedeutung des Bundesvertriebenengesetzes lag wesentlich »in der Festlegung der Begriffe des Vertriebenen und des Sowjetzonenflüchtlings«, durch die ein einheitlicher »Anknüpfungspunkt für alle Vergünstigungen« geschaffen wurde. Dabei war der Umfang der unmittelbar aus dem Gesetz abzuleitenden Hilfen nicht sehr groß.[32] Zu dem, was geboten wurde, zählte Unterstützung bei der beruflichen Eingliederung insbesondere von Bauern in die Landwirtschaft, die unter anderem Darlehen in Anspruch nehmen konnten. Anderen Erwerbstätigen wurde die Zulassung zur Berufs- und Gewerbeausübung erleichtert, so Ärzten und Zahnärzten zur Kassenarztpraxis. Selbständige konnten steuerliche Vergünstigungen in Anspruch nehmen.[33] Bereits während der Beratungen zum Bundesvertriebenengesetz wie auch bei nachfolgenden Novellierungen stand, forciert von der SPD, immer wieder infrage, ob der Kreis der Begünstigten nicht auszuweiten sei. Dazu kam es letztlich nicht, was »vor allem daran lag, daß die politischen Entscheidungsträger hierbei politischen Überlegungen größeres

29 Ein eigenständiger, komplexer Bereich im Zusammenhang der Ausgleichs- und Entschädigungsleistungen war zudem der sogenannte Lastenausgleich, der hier nicht dargestellt werden soll. Siehe dazu ausführlich Der Bundesminister des Innern, betrifft: Eingliederung, S. 36–54; Heidemeyer, Flucht und Zuwanderung, S. 262–272; siehe ebd., S. 136–137, 164–179, 188–189, außerdem zur Einbeziehung der DDR-Zuwanderer in den Wohnungsbau.

30 Gesetz über die Angelegenheiten der Vertriebenen und Flüchtlinge vom 19. Mai 1953, Bundesgesetzblatt Teil I, 22.5.1953, Nr. 22, S. 203–221, hier S. 203 [Hervorhebung BE]; Heidemeyer, Flucht und Zuwanderung, S. 212, Anm. 58. Diese Version wurde auf Paragraf 1 Abs. 2 des Notaufnahmegesetzes übertragen. Rüfner/Goschler, Ausgleich, S. 715.

31 Zu der Problematik, wie ökonomische Fluchtmotive mit der Vorstellung des »echten« Flüchtlings zu verbinden waren und der Begriff des Politischen ausgeweitet wurde, siehe Ackermann, Echter Flüchtling, S. 116–117.

32 Rüfner/Goschler, Ausgleich, S. 716.

33 Heinelt/Lohmann, Immigranten im Wohlfahrtsstaat, S. 72–73; Rüfler/Goschler, Ausgleich, S. 716–717.

Gewicht einräumten als sozialen«. Jedoch einigte man sich um 1960 darauf, auch jenen DDR-Zuwanderern, die nicht unter die enge Definition des Bundesvertriebenengesetzes fielen, materielle Hilfen zu gewähren.[34] So eröffnete das Flüchtlingshilfegesetz von 1965 den Zugang zu Leistungen allen, die im Notaufnahmeverfahren aufgenommen worden waren. Sie konnten Einrichtungshilfe, Eingliederungsdarlehen sowie laufende Beihilfe in Anspruch nehmen. Wichtig war außerdem, dass die Festlegung des Bundesvertriebenengesetzes, außerhalb der Bundesrepublik erbrachte Prüfungen und Befähigungsnachweise bei Gleichwertigkeit anzuerkennen, nun auf diesen größeren Kreis ausgedehnt wurde.[35]

Anders als die Gewährung von Entschädigungsleistungen und Hilfen, die begrenzt und an Voraussetzungen geknüpft blieben, gestaltete sich seit Anfang der 1950er Jahre die Einbeziehung der DDR-Zuwanderer in die sozialen Sicherungssysteme der Bundesrepublik: Wie Heidemeyer darstellt, erfolgte die Einbindung sowohl in die Renten-, Unfall- und Krankenversicherung als auch in die Arbeitslosenversicherung vollumfänglich und bedingungslos – das heißt, es wurden keine Unterscheidungen innerhalb der Gruppe der Gewanderten vorgenommen, und sie wurden den Einheimischen tatsächlich gleichgeordnet.[36] Hinsichtlich dieser sozialen Leistungen seien Deutsche aus der DDR regelmäßig »nicht schlechter gestellt als Bürger der Bundesrepublik in vergleichbarer Lage, die immer hier gelebt und gearbeitet haben«, resümierte Bundesinnenminister Friedrich Zimmermann 1984. Diese Gleichstellung wertet Michael Kubina ihrer Wirkung nach bedeutsamer als die Spezial- und Sonderleistungen.[37] Mit der Einbindung der ostdeutschen Zuwanderer in die Sozialversicherungssysteme waren die wesentlichen Gesetze zur Eingliederung ostdeutscher Zuwanderer in der Bundesrepublik Anfang der 1960er Jahre ausgestaltet. Zwar gab es Anpassungen und Novellierungen, auch Diskussionen, ob das bestehende Instrumentarium durch Sondermaßnahmen zur ergänzen sei, doch behielten die Regelungen im Kern bis Ende der 1980er Jahre Gültigkeit.

34 Heidemeyer, Flucht und Zuwanderung, S. 204–205, 209, 212, 225–227, 231 (Zitat).

35 Der Bundesminister des Innern: Bericht zur Aufnahme und Eingliederung von Zuwanderern aus der DDR und Berlin (Ost), 2.5.1984, LAB, B Rep. 002, Nr. 17683, S. 18–19; Haberland, Eingliederung, S. 1203.

36 Heidemeyer, Flucht und Zuwanderung, S. 232–241.

37 Der Bundesminister des Innern, Bericht zur Aufnahme (1984), LAB, B Rep. 002, Nr. 17683, S. 14; Kubina, Recht auf Freizügigkeit, S. 83.

II. Vereinnahmt und doch aus dem Blick geraten – Wahrnehmungen der Ost-West-Migration 1972 bis 1983/84

1. Wer schafft es noch über die Grenze?

»Gibt es denn immer noch Flüchtlinge?«, zitierte Ruth Herrmann Ende 1970 in der *Zeit* Bundesbürger, die dem Hamburger Verein Flüchtlings-Starthilfe geschrieben hatten, und betonte: »Es gibt sie.«[1] Gleichwohl hatte sich die Zuwanderung aus der DDR nach 1961 nicht nur hinsichtlich ihres Umfangs grundlegend gewandelt. Ein junges Ehepaar mit Baby etwa, von Herrmann angeführt, um die Notwendigkeit privater Hilfe zu verdeutlichen, war unter den Zuziehenden untypisch geworden. Mittlerweile kamen ganz überwiegend Ältere, die zudem nicht eigentlich Flüchtlinge waren: Einzig für Rentner, die wirtschaftlich nichts mehr einbrachten und die Sozialkassen beanspruchten, hatte die SED 1963/64 ihre Praxis der Erteilung von Übersiedlungsgenehmigungen gelockert. Sie durften legal ausreisen, in den erwähnten beiden Jahren jeweils rund 30 000 Menschen. So machte die Altersgruppe der über 60-Jährigen in den 1960er Jahren 70 bis 80 Prozent aller DDR-Zuwanderer aus. Auch im folgenden Jahrzehnt, als eine Vielzahl der übersiedlungswilligen Rentner die Umzugsmöglichkeit bereits

1 Ruth Herrmann: Im Schatten staatlicher Hilfe. Warum die Flüchtlingsstarthilfe »Barbara« auch heute noch notwendig ist, Die Zeit Nr. 50, 11.12.1970.

genutzt hatte und ihre Zuwanderung rückläufig war, stellten sie noch einen erheblichen Anteil.[2] 1975 beispielsweise wurden im Bundesnotaufnahmeverfahren 10 274 Übersiedler registriert, unter ihnen knapp 5000 Personen im Rentenalter.[3] Die übrigen mehr als 5000 waren Jüngere, die infolge besonderer Bemühungen der Bundesregierung im Rahmen von Familienzusammenführungen ausreisen durften – dies ein deutlicher Anstieg verglichen mit 1970, als nur rund 500 Menschen in dieser Rubrik zu verzeichnen gewesen waren. 1975 kamen zu diesen Legalen noch 6011 *Flüchtlinge* hinzu.[4] Versuche zur Überwindung der Sperr- und Grenzanlagen der DDR oder anderer sozialistischer Staaten wurden in der Regel ebenfalls von eher jüngeren Menschen unternommen. Außerdem fielen unter diese Kategorie in den 1970er Jahren freigekaufte Häftlinge, die gegen westdeutsche Warenlieferungen aus DDR-Gefängnissen in die Bundesrepublik entlassen worden waren. Ihre Anzahl beziffert die Forschung für 1975 auf 1158; die amtliche Statistik wies diese Gruppe als *Sonstige* erst seit 1980 getrennt von den *Flüchtlingen* aus.[5]

Wie stark das Bild des Rentner-Übersiedlers die damalige Wahrnehmung und Routine prägte, schilderten rückblickend zwei Freigekaufte: Die Lehrerin Dagmar Suckert, geboren 1944, kam im März 1975 zusammen mit ihrem Ehemann aus DDR-Haft frei; sie berichtete, wie beide an ihrem westdeutschen

2 Zur Übersiedlung von Rentnern siehe Schumann, Private Wege, S. 27, mit dem Hinweis, dass nicht alle Rentner ausreisten, sondern ein gewisser Anteil nach (ab 1964 gestatteten) Besuchsreisen im Westen verblieb; Gehrmann, Überwindung, S. 104–105 (dort weitere Literaturhinweise); Zahlenangabe 1963/64 mit Erläuterung der Entwicklung: Antwort des Bundesaußenministers Genscher vom 25.4.1974 auf die Frage der Abg. Frau Schleicher, BT – PLPR 7/96, 26.4.1974, S. 6513* (In den Plenarprotokollen des Deutschen Bundestages sind die Seiten, auf denen die Anlagen zum Protokoll abgedruckt sind, mit einem Stern gekennzeichnet.) Prozentangaben zu Altersgruppen bei Hartmut Wendt: Die deutsch-deutschen Wanderungen: Bilanz einer 40-jährigen Geschichte von Flucht und Ausreise, DA 24 (1991) 4, S. 386–395, hier S. 391.

3 Zur Problematik der Bezifferung der Zuwanderung generell sowie der Einordnung der Gewanderten in Rubriken siehe Wolff, Migrationsverhältnisse, S. 781–783.

4 Antwort des Parl. StS Herold auf die Frage des Abg. Schröder, BT – PLPR 7/225, 20.2.1976, S. 15 720* (Zahl der Flüchtlinge); Antwort dess. auf die Frage des Abg. Jahn, BT – PLPR 7/228, 12.3.1976, S. 15 956* und 7/250, 10.6.1976, S. 17 764 (übrige Zahlen); siehe auch die Übersicht Legale und illegale Übersiedlung aus der DDR (13.8.1961–30.6.1990) bei Schumann, Private Wege, S. 25.

5 Zu Flüchtlingen nach 1961 siehe Gehrmann, Überwindung, S. 102–105, 113–114; Schumann, Private Wege, S. 24, dort S. 26 Anm. zur Statistik; zum Häftlingsfreikauf siehe Jan-Philipp Wölbern: Der Häftlingsfreikauf aus der DDR 1962/63–1989. Zwischen Menschenhandel und humanitären Aktionen, Göttingen 2014; Zahlenangabe für 1975 ebd., S. 542.

Ankunftsort Stunden und Tage »auf den verschiedensten Ämtern verbrachten und von Zimmer zu Zimmer geschickt wurden, weil man mit ›so jungen‹ DDR-Bürgern ja überhaupt keine Erfahrungen hatte«.[6] Ähnliche Erlebnisse verband der damals ebenfalls 31-jährige Schriftsteller Siegmar Faust 1976 mit seiner Ankunft im Westen, als er, aus Dresden kommend, »in Frankfurt am Main aus dem Zug stieg – das war ja der Rentnerzug, wo bloß die Rentner mitfuhren – und da verloren auf dem großen Bahnhof stand«. Auch mit ihm wusste man zunächst nichts anzufangen (»Wie kommen Sie denn hierher [...]?«) und schickte ihn nach einer Nacht im Caritas-Heim zunächst auf das Sozialamt.[7] In den folgenden Jahren setzte sich der Trend einer Verjüngung der Abwanderungsbewegung fort; 1983 betrug der Anteil der Altersrentner nur mehr rund 28 Prozent. Unter allen Zuwanderern machten die Übersiedler zwischen 1963 und 1983 mit jahresweise je etwa 60 bis 70 Prozent den Hauptanteil gegenüber den *Flüchtlingen* und *Sonstigen* aus. Jenseits dieser internen Differenzierungen war der Umstand, dass Betroffene sich zeitweise wie Exoten fühlten und man die Öffentlichkeit an ihre Existenz gemahnen musste, der generellen Entwicklung der Ost-West-Migration geschuldet: Nachdem die Phase massenhafter Flucht und Abwanderung aus der DDR durch den Mauerbau 1961 gewaltsam beendet worden war, folgte für mehr als zwei Jahrzehnte bis zur sogenannten Ausreisewelle 1984 eine Periode weitgehend sehr geringen Zuzugs. Die jährliche Zahl der Zuwanderer, die in der ersten Hälfte der 1960er Jahre zumindest noch bei über 20000, 1963/64 infolge des Rentnerzustroms sogar bei mehr als 40000 gelegen hatte, sank ab 1967 auf unter 20000, ab 1977 dann auf unter 15000 Menschen.[8]

Etwas Besonderes war ab Mitte der 1970er Jahre die Ausreise von Künstlern in den Westen. Am 16. November 1976 bürgerte die SED den Liedermacher

6 Tina Österreich [d.i. Dagmar Suckert]: Luftwurzeln. Ein »Umzug« von Deutschland nach Deutschland, Böblingen 1987, S. 18; ähnlich Tina Österreich: Flugversuche, europäische ideen (1982) 54/55, S. 99–108, hier S. 100: »Überall bekamen wir unverständliche, staunende Blicke. Wie das denn möglich sei, wir, als junge Leute, hier für immer im Westen, das ginge doch nur mit Rentnern, niemand wußte Bescheid.« Kurzbiografie Suckerts bei Andrea Jäger: Schriftsteller aus der DDR. Ausbürgerungen und Übersiedlungen von 1961 bis 1989. Autorenlexikon, Frankfurt am Main 1995, S. 479.

7 Siegmar Faust. Würzburg, den 3. Dezember 1999, in: Literaturlandschaft im Wandel. Gespräche zur literarischen Kultur in Sachsen und Ostdeutschland 1990 bis 2005, hg. von Jörg Bernig und Walter Schmitz, Dresden 2006, S. 47–62, hier S. 51–52. Faust wurde am 22. März 1976 aus der Haft in Cottbus entlassen und Anfang Sept. in den Westen abgeschoben; biografische Angaben bei Jäger, Schriftsteller (Autorenlexikon), S. 163–164.

8 Zahlen nach Schumann, Private Wege, S. 27, 25; Wendt, Die deutsch-deutschen Wanderungen, S. 390–391.

Wolf Biermann aus der DDR aus; in Reaktion auf die einsetzenden Proteste »entließ« sie zudem zahlreiche weitere Künstler und Intellektuelle in den Westen.[9] Zu denen, die infolge der Biermann-Ausbürgerung in die Bundesrepublik gelangten, gehörten mit dessen Ehefrau Christine Barg, Eva-Maria und Nina Hagen sowie Sibylle Havemann dem Liedermacher privat nahestehende Menschen.[10] Zugleich kamen Künstler, die öffentlich für ihn eingetreten waren. Gegen sie ging die SED forciert mit einem »gestaffelte[n] Instrumentarium an Sanktionen« vor, das von Rüge, Organisationsausschluss und Berufsverbot über Bespitzelung und Bedrohung bis zu Inhaftierung reichte. Sich vieler der missliebigen, derart unter Druck gesetzten Kritiker schließlich durch Erteilung einer Ausreisegenehmigung oder Abschiebung in den Westen zu entledigen, war Kalkül und Bestandteil dieser Politik.[11]

Ihre Maßregelungen beschränkte die SED nicht auf prominente Künstler wie Reiner Kunze und Manfred Krug; vielmehr nutzte sie »die Biermann-Affäre zugleich auch zur Disziplinierung von damals noch unbekannten Schriftstellern«, wie Hans Joachim Schädlich zu spüren bekam. Er reiste im Dezember 1977 aus, ohne dass er einen seiner nonkonformen Texte in der DDR hatte veröffentlichen können. Auch gegen Jürgen Fuchs, als Autor bis dato wenig gedruckt, in oppositionellen Kreisen jedoch bestens bekannt und vernetzt, ging man nun verschärft vor. Am 19. November 1976 festgenommen, wurde er nach neun Monaten Untersuchungshaft am 26. August 1977 zwangsweise nach West-Berlin entlassen.[12] Überhaupt war das Eintreten für Biermann kein reiner Künstler-Protest, wie

9 Zu den Vorgängen um Wolf Biermann und ihren Effekten siehe Peter Roos (Hg.): Exil. Die Ausbürgerung Wolf Biermanns aus der DDR. Eine Dokumentation, Köln 1977 (v. a. zu den westlichen Reaktionen); Roland Berbig et al. (Hg.): In Sachen Biermann. Protokolle, Berichte und Briefe zu den Folgen einer Ausbürgerung, Berlin 1994; Robert Grünbaum: Wolf Biermann 1976: Die Ausbürgerung und ihre Folgen, Erfurt 2006.

10 Jörg R. Mettke: »Gleicher Abstand zu beiden Seiten«. Über DDR-Emigranten in der Bundesrepublik, Der Spiegel Nr. 29, 17.7.1978, S. 141–146, hier S. 142.

11 Zwölf Schriftstellerinnen und Schriftsteller unterschrieben am 17.11.1976 einen offenen Brief an die Parteiführung, in dem sie um Rücknahme der Ausbürgerung baten. Dieser Erklärung, von den Westmedien verbreitet, schlossen sich in den folgenden Tagen mehr als 100 Künstler in der DDR an oder traten mit eigenen Solidaritätsbekundungen hervor. Der Brief mit den Namen der Unterzeichner in Berbig, In Sachen Biermann, S. 70–71; dazu und zu den Reaktionen der SED siehe Ehrhart Neubert: Geschichte der Opposition in der DDR 1949–1989, Bonn 1997, S. 228–230; Wolfgang Emmerich: Kleine Literaturgeschichte der DDR, Leipzig, erw. Neuausg. 1997, S. 254, 255 (Zitat). Eigene Protestschreiben verfassten Bernd Jentzsch (aus der Schweiz) und Reiner Kunze am 21. bzw. 20.11.1976; Jäger, Schriftsteller (Autorenlexikon), S. 250, 354.

12 Neubert, Geschichte der Opposition, S. 229 (Zitat), S. 245.

Jürgen Fuchs (rechts) und die zur selben Zeit ausgebürgerten Musiker Christian Kunert (links) und Gerulf Pannach (zweiter von links) mit Wolf Biermann, West-Berlin, Ende August 1977.

etwa eine Solidaritätsaktion junger Oppositioneller am 18. November 1976 in Jena zeigte.[13]

Überblickt man die Geschichte von Flucht und Ausreise aus der DDR, bedeutete die Biermann-Ausbürgerung eine wichtige Zäsur, sowohl für die weitere Entwicklung in Ostdeutschland als auch für die Wahrnehmung der Zuwanderung in der Bundesrepublik.[14] Hier tauchte der Fall des Liedermachers die Ausbürgerungspraxis der SED, die es (so bei Siegfried Heinrichs und Helga M. Novak) sporadisch auch zuvor gegeben hatte, nun in grelles Licht.[15] Die

13 Die Staatsgewalt reagierte mit einer umfassenden Strafaktion; acht Beteiligte wurden anschließend verhaftet und (mit einer Ausnahme) 1977 nach West-Berlin abgeschoben. Vgl. Henning Pietzsch: Jugend zwischen Kirche und Staat. Geschichte der kirchlichen Jugendarbeit in Jena 1970–1989, Köln 2005, S. 98, 101.

14 Schumann, Private Wege, S. 28–29.

15 Jäger, Schriftsteller (Studie), S. 1, 33, 56. Zur öffentlichen Wahrnehmung vgl. z. B. Dieter E. Zimmer: Ausgestoßen in Deutschland, Die Zeit Nr. 49, 26.11.1976. Er urteilte, die DDR habe sich mit ihrer Ausbürgerungspraxis »der unmenschlichen Tradition des

Übersiedlungen weiterer Künstler, teilweise offiziell als freiwillige Ausreisen deklariert, zeigten, dass die Verdrängung Unbequemer sich nicht auf Einzelfälle beschränkte, sondern eine längerfristige und systematische politische Strategie darstellte.[16] So verließen zwischen 1976 und 1983 laut der Dokumentation Andrea Jägers 44 Schriftstellerinnen und Schriftsteller die DDR; im selben Zeitraum übersiedelten 77 bildende Künstlerinnen und Künstler in die Bundesrepublik, allerdings mit etwas anderen Konjunkturen, die ihre Zahl nicht 1976, sondern ab 1980 ansteigen ließen.[17] Durch herüberwechselnde Musiker und Schauspieler noch verstärkt, erlebte der Westen somit die Zuwanderung einer spezifischen Gruppe von DDR-Migranten, wie sie so dicht und – bei in dieser Phase ansonsten unspektakulären Zahlen – gut sichtbar bisher nicht stattgefunden hatte: Anders als Arbeiter, Handwerker, Angestellte, auch Ärzte oder Ingenieure, beschäftigten sich diese Ausgereisten und Ausgebürgerten qua Profession in besonderer Weise mit der Gesellschaft, die sie umgab, indem sie künstlerisch darauf Bezug nahmen; überdies befanden sich zumindest unter den Schriftstellern dieser Abwanderungswelle mehrere, die auch im Westen bekannt und angesehen waren.[18]

Bei den zwischen 1972 und 1983 ausgereisten Künstlerinnen und Künstlern interessieren zwei Deutungsrahmen, innerhalb derer über sie verhandelt und in den Medien mit ihnen diskutiert wurde: »Exil« und »Dissident«. Diese Begriffe dienten den Herübergewechselten und den westdeutschen Kommentatoren dazu, den vollzogenen Ortswechsel zu interpretieren sowie Rollen einzunehmen beziehungsweise zuzuschreiben. Auffällig und erklärungsbedürftig ist überdies, warum gerade diese Übersiedelnden auf so reges und kontroverses öffentliches Interesse stießen. In der zeitgenössischen Diskussion über diese spezielle Form der Ost-West-Migration waren allerdings nicht alle Protagonisten gleicherma-

---

›Dritten Reiches‹ angeschlossen«. Dass NS-Vergleiche in diesem Kontext typisch waren, beobachtet Wolff, Mauergesellschaft, S. 375.

16 Andrea Jäger: »In einer Fremde Die meine Sprache spricht«. Ausbürgerungen und Übersiedlungen von DDR-Schriftstellern in den 70er Jahren, in: Deutsch-deutscher Literaturaustausch in den 1970er Jahren, hg. von Monika Estermann und Edgar Lersch, Wiesbaden-Erbenheim 2007, S. 130–139, hier S. 130–132. Zu bildenden Künstlern siehe Werner Schmidt: Ausgebürgert, in: Ausgebürgert. Künstler aus der DDR 1949–1989, hg. von Werner Schmidt, Berlin 1990, S. 11–15, hier S. 14.

17 Die Zahlen beruhen auf den Dokumentationen von Jäger, Schriftsteller (Autorenlexikon), und Schmidt, Ausgebürgert.

18 In die Bundesrepublik wechselten beispielsweise der Schauspieler Manfred Krug, die Musiker Gerulf Pannach und Christian Kunert und der Komponist Tilo Medek, siehe Mettke, Gleicher Abstand, Der Spiegel Nr. 29, 17.7.1978, S. 142; vgl. dazu mit weiteren Namen Emmerich, Kleine Literaturgeschichte, S. 257–258.

ßen präsent. Während sich etwa die zahlreich in die Bundesrepublik wechselnden bildenden Künstler kaum äußerten, traten als Deutungsinstanz vor allem Schriftsteller hervor.[19] Ausgehend von dem Hauptakteur Wolf Biermann werden zunächst Konturen der von ihm angestoßenen Exildebatte nachgezeichnet. Der Frage, warum die Beteiligten in dieser Diskussion bestimmte Positionen bezogen, geht das anschließende Teilkapitel vertiefend nach; unter der Annahme, dass es einigen von ihnen um die Betonung von Brüchen oder von Kontinuitäten ging, werden ihr künstlerisches Selbstverständnis und biografische Aspekte als Begründungsfaktoren diskutiert. Beobachtungen zu dem zweiten hier relevanten Begriff, dem des Dissidenten, können, da Literatur gänzlich fehlt, im Folgenden nur exemplarisch und vorläufig angestellt werden. Reaktionen und Bezugnahmen übergesiedelter Künstler auf die Qualifizierung Dissident werden unter dem Gesichtspunkt zusammengetragen, ob sich die Betreffenden diesem Paradigma generell entzogen, sich vom Sozialismus und teils auch von Positionen der westdeutschen Linken abwandten oder sich, wie an Jürgen Fuchs' Beispiel dargestellt, weiterhin grundsätzlich zum Sozialismus bekannten.

In einem zweiten Teil des Kapitels wird beleuchtet, wie jene DDR-Flüchtlinge und Übersiedler wahrgenommen wurden, die nicht den Status von Prominenten oder Intellektuellen hatten. Um der Sicht auf diese Zuwanderer und ihren Selbstdeutungen nachzugehen, werden zwei 1983 publizierte Sammlungen mit autobiografischen Berichten untersucht und mit zwei vor 1972 erschienenen, vergleichbaren Bänden kontrastiert. Zu prüfen ist, welche Interessen die Editoren beziehungsweise Interviewer verfolgten und inwiefern sich die Befragten in ihren Erzählungen davon abzusetzen suchten. Von den beiden genannten Veröffentlichungen abgesehen, waren übergesiedelte Ostdeutsche öffentlich und in den Medien in dieser Zeit kaum präsent. Zwei Kontexte, die sich aufspüren lassen, werden in einem abschließenden Abschnitt des Kapitels thematisiert: das Sprechen über die Ankömmlinge als Adressaten privater Hilfe, wie es in der *Zeit* wöchentlich unter der Überschrift »Barbara bittet« nachzuvollziehen ist; und eine immer wieder aufflammende Berichterstattung über Haftentlassene aus der DDR, die das Ankommen der Betreffenden in der Bundesrepublik in einer spezifischen Weise problematisierte.

---

19 Walter Schmitz: Literatur »zwischen den Staaten«. Deutsch-deutsche Exilerfahrung nach 1945, in: Schmitz/Bernig, Deutsch-deutsches Literaturexil, S. 15–106, hier S. 32, 33 (Zitat FN). Schmitz vermutet, dass »die Literatur mehr Raum für wechselseitige Anerkennung« bot, während der Kulturkampf zwischen Bundesrepublik und DDR am erbittertsten in der bildenden Kunst geführt wurde.

2. Künstler aus der DDR im Westen: »Nach Deutschland ins Exil?«[20]

Die Ausbürgerung Biermanns sowie nachfolgende Übersiedlungen fanden ein starkes Echo in der bundesdeutschen Medienöffentlichkeit. Intensiv wurde diskutiert, wie die Gründe des Auszugs und die Situation der Weggedrängten in der neuen Gesellschaft einzuschätzen seien. Viele von ihnen, auch unbekanntere, erhielten in Fernseh-, Radio- und Zeitungsinterviews ein Forum, um sich unmittelbar zu äußern.[21] Dabei war Exil ein Terminus, den sowohl Gewanderte als auch Beobachter häufig verwendeten. Der Ausdruck wurde zu einem Schlüsselbegriff, anhand dessen Aufnehmende wie Ankommende Erwartungen, Erfahrungen und Positionen hinsichtlich DDR und Bundesrepublik klärten. Geeignet dafür war der Begriff Exil, weil er über vielschichtige Bedeutungsebenen und einen weiten historisch-literarischen Resonanzraum verfügte. Wer Exil hörte, lexikalisch als »in der Fremde weilend, verbannt« definiert, konnte ebenso an die Antike und ihre Autoren wie an das Mittelalter denken – als Deutscher jedoch vor allem an die Zeit des Nationalsozialismus, als zahlreiche Künstler und Intellektuelle bedroht, verfolgt und vertrieben wurden. Theo Stammen beschreibt Exil angesichts dessen als besonders aufgeladenes Wort, ein »Sprachsymbol«, das historische Erfahrungen verdichtet, mit Metaphern anreichert und ihnen eine Deutung verleiht.[22]

Prominent und provozierend in die Debatte gebracht wurde der Exilbegriff von Wolf Biermann, der darauf abhob, das Ankommenwollen und -können in der Bundesrepublik sowohl politisch als auch gesellschaftsbezogen zu problematisieren.[23] Exil sei, erklärte Biermann im *Spiegel* wenige Tage nach der Ausbürgerung, das exakte Wort zur Kennzeichnung seines momentanen Zustands. Dies bedeute

---

20 Nach Deutschland ins Exil? lautete die Überschrift eines Artikels von Hermann Rudolph in der FAZ, 27.8.1977.

21 Das Monatsmagazin pardon beispielsweise beschäftigte sich explizit mit »bei uns weniger bekannten ausgewiesenen DDR-Kritikern«, siehe den Beitrag Grenzfälle. Interviews mit zwei ausgebürgerten DDR-Autoren [Siegmar Faust und Gerald K. Zschorsch], pardon Nr. 12, Dez. 1977, S. 59–63. Zur Ankunft der Übergesiedelten in der westdeutschen kulturellen Öffentlichkeit siehe Schmitz, Literatur »zwischen den Staaten«, S. 72–73.

22 Lemma »Exil«, in: Meyers Großes Universallexikon in 15 Bden., Mannheim 1981, Bd. 4, S. 553; Theo Stammen: Exil und Emigration als universalhistorisches Problem, Zeitschrift für Ideengeschichte 2 (2008) II/1, S. 53–68, hier S. 55–57.

23 Der Verweis auf Biermann als Urheber etwa bei Rudolph, Ins Exil?, FAZ, 27.8.1977; Bilke, Auf schreckliche Weise, S. 85.

im Hinblick auf die DDR, dass diese ihn verstoßen habe, er aber zurückkehren wolle: in eine Gesellschaft, »die meine Gesellschaft ist, in der ich lebe, die ich kenne, in deren Prozeß ich mich einmischen will«, die zudem den Versuch des Sozialismus unternehme und somit die bessere und einzige Alternative darstelle. In der Bundesrepublik dagegen befinde er sich »in einem fremden Land«, wo er sich weder einrichten müsse noch wolle.[24] Die »BRD« qualifizierte der Liedermacher, hier ausdrücklich den DDR-Standpunkt einnehmend, als Ausland, nicht anders als Spanien oder Frankreich. Fremd war sie ihm als Land, mit dem er sich politisch nicht identifizierte, und als soziale Ordnung, deren Funktionsweise er nicht kannte, wo er sich also schwerlich »nützlich machen« könne. In Moskau wäre er heimischer gewesen, pointierte Biermann und hob so den Systemwechsel als Entscheidendes hervor, während er die Bewegung innerhalb eines Bezugsrahmens gleicher Sprache und Geschichte in den Hintergrund rückte. Fixpunkt blieb der Osten, die DDR.[25] Ein Leben im Wartestand also, im Nichtankommen verharrend und ausgerichtet auf Rückkehr in die Heimat, die ausdrücklich in politischen Begriffen gefasst war – diese Situation belegte der eben ausgebürgerte Kommunist Wolf Biermann mit dem Wort Exil[26]

In der westdeutschen Öffentlichkeit waren die Reaktionen auf Biermann gespalten und reichten von scharfen Attacken und Diffamierungen bis hin zu einer (teilweise) positiven Würdigung seiner Position.[27] Selbst wohlmeinende oder moderat kritische Kommentatoren waren kaum geneigt, die von ihm propagierte Distanz zur Bundesrepublik umstandslos zu akzeptieren, da sie ihnen entweder per se irreal oder zumindest nicht auf Dauer konservierbar schien. »Noch zwei, drei Lieder über den widersinnigen Zustand seines Exils: dann muß Biermann von vorn anfangen«, sich als politischer Dichter neu erfinden, weil er sicherlich

---

24 »Die wissen genau, wie sehr sie bedroht sind.« Wolf Biermann über seine Ausbürgerung und die DDR (Gespräch mit Jörg R. Mettke, Hellmuth Karasek und Karlheinz Vater), Der Spiegel Nr. 48, 22.11.1976, S. 36–46, hier S. 41 (Zitate), 38, 36 (Zitat).

25 Ein Jahr im Exil (Gespräch mit Wolf Biermann), zitty Nr. 16, Okt./Nov. 1977, S. 8–10, hier S. 9; Wolf Biermann: Ich bin kein Gerechter. »Die große Freiheit« im Westen: Nacht-Nepp oder Tag-Traum?, Die Zeit Nr. 37, 8.9.1978 (Zitat); Die wissen genau, Der Spiegel Nr. 48, 22.11.1976, S. 36.

26 In einem 1977 entstandenen, schnell bekannt gewordenen Text verschärfte Biermannn den Exil-Befund zudem durch eine polemische Wertung: »Vom Regen in die Jauche« habe ihn der Wechsel von Deutschland-Ost nach Deutschland-West geführt, so sein Fazit in Wolf Biermann: Deutsches Miserere (1977), in: Wolf Biermann: Alle Lieder, Köln 1991, S. 286–291, hier S. 286; siehe Schmitz, Literatur »zwischen den Staaten«, S. 77.

27 Jäger, In einer Fremde, S. 132–133; siehe auch die umfassende Dokumentation von Presse- u. a. Reaktionen bei Roos, Exil.

nicht in die DDR zurückkehren werde, prognostizierte Dieter E. Zimmer Ende November 1976 in der *Zeit*.[28] Der Publizist Jörg Bernhard Bilke hielt Biermanns Postulat, »trotz gemeinsamer Sprache, Kultur und Geschichte hier im Exil und nicht nach Hamburg zurückgekehrt« zu sein, von vornherein für eine »Fiktion«. Und noch in anderer Hinsicht galt der Ausgebürgerte in der Presse bald weithin als angekommen: »Seit dem DDR-Exodus im vergangenen November kassierte der Barde, der heute in einer Hamburger 350 000 Mark-Villa wohnt [...] rund eine halbe Million Mark. Er kann mühelos drei Frauen ernähren [...]«, befand der *Spiegel* im August 1977.[29] Was aber meinten jene, die selbst gegangen waren? Für viele von ihnen war der Liedermacher in der DDR eine Autorität oder gar ein Mentor gewesen, der im Westen Orientierungsgröße blieb – nicht nur in Zustimmung allerdings, sondern auch in Abgrenzung, wie sich unter anderem an divergierenden Exilvorstellungen zeigte. Hier gewann Biermanns Auslegung keine breite Gültigkeit. Zu verschiedenartig gestalteten sich Fremdheitserfahrungen und Auffassungen darüber, was es bedeutete, aus der DDR in die Bundesrepublik gekommen zu sein. Zu unterschiedlich waren demzufolge die Anliegen, über die die Übergesiedelten öffentlich sprechen wollten und denen gemäß sie die Angemessenheit des Exilbegriffs beurteilten.

Biermanns Herangehen in gewisser Hinsicht ähnlich waren Stellungnahmen Dagmar Suckerts und Ulrich Schachts, insofern sie ebenfalls primär in Systemgegensätzen argumentierten und Bundesrepublik und DDR dichotom aufeinander bezogen – im Ergebnis allerdings mit gegenteiliger Wertung: In der DDR waren beide inhaftiert gewesen, Suckert zwölf Monate, Schacht drei Jahre, nachdem er wegen »mehrfacher staatsfeindlicher Hetze« zu siebenjährigem Freiheitsentzug verurteilt worden war.[30] Entscheidend war für sie, in ein freiheitliches System gelangt zu sein und sich dazu zu bekennen: »Man kann in diesem Land gut leben. Man muß sich nicht einreden, im Exil zu sein«, meinte Suckert, und Schacht äußerte: »Ich kann kein Emigrant in Deutschland sein. [...] Die Demokratie hier ist mir zu wichtig, als daß ich mich persönlich ausgrenze.«[31] Auch Hans

28 Zimmer, Ausgestoßen, Die Zeit Nr. 49, 26.11.1976.

29 Bilke, Auf schreckliche Weise, S. 86–87; Ohne Netz, Der Spiegel Nr. 33, 8.8.1977, S. 118–119. Vgl. auch Rudolph, Ins Exil?, FAZ, 27.8.1977. Er meinte, wenn man die Frage nach dem Exil ernsthaft stelle, könne man Biermann mit seiner idealsozialistischen Privatideologie »getrost beiseite« lassen.

30 Jäger, Schriftsteller (Autorenlexikon), S. 479, 526 (Zitat).

31 Österreich, Flugversuche, europäische ideen (1982) 54/55, S. 108. hr [Autorenkürzel]: »Bauen auf Unzerstörbarkeit der Wörter«. Marburger Literaturtag: Gespräche der Autoren mit dem Publikum, Oberhessische Presse, 6.10.1982 (Zitat Schacht).

Joachim Schädlich lehnte es ab, den Wechsel in die Bundesrepublik als Gang in das Exil oder die Emigration zu bezeichnen. Seiner Ansicht nach bezogen sich diese Begrifflichkeiten auf rechtlich-politische Umstände, die er nicht gegeben sah. Mit einem unsicheren Aufenthaltsstatus und Hürden beim Zugang zum Arbeitsmarkt waren ausgereiste DDR-Bürger nicht konfrontiert; sie blieben aufgrund ihrer Staatsangehörigkeit »zuhaus in Deutschland«. Nichts gesagt war damit laut Schädlich indes über die subjektiven Folgen der Migration: »Trennung von Freunden und Verwandten«, Heimweh, »Herzängste, die ›nervösen Schrecken‹« und »Verstörungen« waren schmerzvoll und wirkten lange nach. Darüber hinaus konstatierte Schädlich ein Fremdsein infolge des Systemwechsels, ähnlich wie es Biermann angedeutet hatte: einen »Orientierungsverlust«, der daher rührte, dass man sich mit einer demokratischen Gesellschaft und ihren Anforderungen nicht auskannte, ihr Funktionieren erst erlernen musste.[32]

Biermann, dem es nicht wie Schädlich um eine sorgfältige Unterscheidung zwischen objektiven Faktoren und subjektiven Erfahrungen ging, brachte den Exilbegriff weiterhin ins Spiel – so noch 1984 auf einem Autorentreffen im Literarischen Colloquium Berlin.[33] Doch zeigte er nach einigen Jahren im Westen auch Grenzen des Begriffes auf. »Hamburg. Ja, ich bin auch wieder zu Hause hier in der Fremde«, schrieb er im September 1978 und bekundete, sich nun so »schnell wie möglich in einen Stoffwechsel mit dieser Gesellschaft« einlassen, die Tage nicht mit Warten auf Rückkehr vertun zu wollen. Er lebe mittlerweile auch deshalb gern im Westen, weil er sich zurechtfinde, erläuterte der Liedermacher einem Journalisten 1980.[34] Biermann bestätigte damit, was einige Beobachter im Blick auf ihn wie andere Ausgereiste als Eindruck und Erwartung formulierten: dass die Art und Weise, wie die Übergesiedelten ihre Situation im Westen

32 Hans Joachim Schädlich: Deutsche im deutschen Exil?, Kassel 1988, S. 23, 18–19 (Zitate). Schädlich bezog sich auf Thomas Mann und zitierte ihn mit den »nervösen Schrecken«, vgl. Manns Formulierung: »Aber das haben Sie nicht gekannt: das Herzasthma des Exils, die Entwurzelung, die nervösen Schrecken der Heimatlosigkeit [...].« Siehe Michael Krüger et al. (Hg.): Vaterland, Muttersprache. Deutsche Schriftsteller und ihr Staat von 1945 bis heute, Berlin 1980, S. 47–48. Zu Schädlich siehe auch Hans Joachim Schädlich: Ich bin nicht im Exil, Die Zeit Nr. 14, 30.3.1984.

33 Biermann bekräftigte wiederum, er befinde sich im Exil, »um diese Gesellschaft in eine Heimat zu verwandeln«. Dieter Hildebrandt: Wer spricht da von Exil?, Die Zeit Nr. 9, 24.2.1984.

34 Christian Rentsch: Ankommen oder Vom Exil in die Heimat. Versuch, Wolf Biermann zu verstehen, Die Neue, 6.5.1980, S. 7, hier zit. nach Ian Wallace: Ein Leben in der Fremde? DDR-Schriftsteller im Westen 1976–1989, in: Literatur und politische Aktualität, hg. von Elrud Ibsch und Ferdinand van Ingen, Amsterdam 1993, S. 179–192, hier S. 184.

qualifizierten, an die Dauer ihres Aufenthalts gebunden war. »Exil ist für diese Schriftsteller weniger ein *Ort* als eine *Zeit* der Fremdheit, eine Übergangsphase zumeist, die [...] länger oder kürzer befristet sein kann«, resümierte Andreas Roßmann, der 1984 als Journalist an einer Schriftstellertagung teilnahm.[35] Biermann wiederum relativierte den Exilbegriff nicht allein hinsichtlich seiner zeitlichen Gültigkeit; er machte überdies deutlich, dass er ihn nicht als sachliche Beschreibung, sondern in entschieden strategischer Absicht verwendet hatte. Schon in der DDR hatte der Liedermacher sich als fremd beschrieben; damit bezog er bewusst eine Position außerhalb der Gesellschaft, die er kritikwürdig fand.[36] Im Westen nutzte er, wie er rückblickend erklärte, das »böse [...] Wort« Exil als didaktisches Mittel der Distanzierung. Nur durch seinen Gebrauch sei es möglich gewesen, die Bundesrepublik, an den Dank der »Ostflüchtlinge« für Freiheit und Wohlstand gewohnt und sie automatisch zu ihren Bürgern machend, gleichsam auf Abstand zu halten, sich gegen ihre Vereinnahmungen zu wehren – und all jene »zu enttäuschen, die so taten, als würden Leute wie ich nun endlich nach Hause kommen, wenn sie in den Westen kommen«.[37]

Inwieweit die Bundesrepublik für die als verfemte Künstler und Oppositionelle Übersiedelnden ein Zuhause sein konnte, beschäftigte westdeutsche Beobachter, angeregt und herausgefordert durch Biermann, intensiv. »Nicht Deutschland hieß ihre Heimat, sondern Deutsche Demokratische Republik«, schrieb Marcel Reich-Ranicki im Oktober 1980 in der *FAZ*. »In diesem Staat sind sie aufgewachsen, an ihn haben sie geglaubt, ihm zu dienen und die Treue zu halten war für sie selbstverständlich.« Dass sie nun hier seien und nicht zurück-

35 Andreas Roßmann: Emigranten im eigenen Land? Schriftsteller führen »Flüchtlingsgespräche« in West-Berlin, DA 17 (1984) 4, S. 349–350, hier S. 350 [Kursivierungen i. O.]; ähnliche Beobachtungen bei Bilke, Auf schreckliche Weise, S. 90 (dass die »Scheu, sich eingliedern zu lassen«, mit einsetzendem Berufsalltag verschwinden werde) und Mettke, Gleicher Abstand, Der Spiegel Nr. 29, 17.7.1978, S. 142 (dass der Anspruch, »Fremdling bleiben zu wollen«, mittlerweile »bei den meisten verblaßt« sei).

36 Der Hinweis auf ein Gefühl der Entfremdung als »wesentliche Grunderfahrung Biermanns [...] auch im Osten« bei Wallace, Leben in der Fremde, S. 184, 185 (Zitat FN).

37 Biermann, Bin kein Gerechter, Die Zeit Nr. 37, 8.9.1978 (Zitate); Jürgen Serke: Wolf Biermann. Ein sozialistischer Sisyphos, in: Jürgen Serke: Das neue Exil. Die verbannten Dichter, Frankfurt am Main 1985, S. 34–53, hier S. 45 (Zitat). Vgl. die Ausführungen bei Wallace, Leben in der Fremde, S. 189: Biermann behauptete, dass er absichtlich darauf bestand, von Exil zu sprechen, weil er die seiner Meinung nach weitverbreitete Annahme, die Bundesrepublik könne einfach mit Deutschland gleichgesetzt und deshalb als nationale Heimat aller Deutschen betrachtet werden, infrage stellen wollte.

wollten, sei Versagen der DDR, nicht Verdienst der Bundesrepublik.[38] Ranickis Reflexionen zielten darauf, dass die Nach-Biermann-Abwanderung deutlicher, als man es bislang kannte, von Push- anstatt von Pull-Faktoren bestimmt war. Wie fanden sich diese Zuwanderer, die der DDR verbunden gewesen und wohl von ihr geprägt waren, im Westen ein – und welche Rolle spielte es, dass sie nicht in gleicher Weise freiwillig gekommen waren, wie man es von den Flüchtlingen vor 1961 annahm? Die Frage, ob sich die Betreffenden hier im Exil sähen, diente vor diesem Hintergrund als ein erster Lackmustest ihrer Haltung; denn wer sich auf dieses Wort bezog, offenbarte, wie viel Abstand oder Fremdsein er gegenüber der Bundesrepublik (noch) fühlte.[39]

Den westlichen Berichterstattern zeigte sich diesbezüglich insgesamt kein beunruhigendes Bild. Doch konstatierten sie angesichts der vielfältigen Bewertungen, Abstufungen und Begründungen eine große Variationsbreite, wenngleich mit gewissen Trends: Reiner Kunze und Hans Joachim Schädlich etwa, ebenso die Lyrikerin Sarah Kirsch galten als Nichtsozialisten, denen die Ausreise auch »Befreiungsakt« gewesen war und die im Westen ankommen wollten, selbst wenn einige DDR-Bindungen erhalten blieben.[40] Vor allem Kunze, der bereits kurz nach seiner Übersiedlung am 13. April 1977 begann, Interviews zu geben, erschien als Gegentypus zu Biermann:[41] Der Lyriker erteilte dem Sozialismus in der DDR als gesellschaftlicher Alternative eine klare Absage. Er sehe sich nicht als Emigrant, führte Kunze gegenüber dem Fernsehjournalisten Klaus Stephan am 18. April aus; vielmehr wollten seine Ehefrau und er durch zügige Wohnungs-

38 Denk ich an Deutschland in der Nacht. Sieben Schriftsteller, deren Heimat die DDR war, beantworten unsere Fragen [mit einer Einführung von Marcel Reich-Ranicki], FAZ, 18.10.1980.

39 Als ein Gegenbeispiel zu Biermann wurde Nina Hagen zitiert, die sich laut Bilke »sofort umstellte«; Bilke, Auf schreckliche Weise, S. 92; vgl. die dort wiedergegebene Aussage der Sängerin: »Ick bin nich im Exil! Ick wohn nu mal grade in Westberlin, morgen bin ich vielleicht schon wieder in London«, in: Peter Sager: »Dies Land ist nicht sehr bewohnbar«, ZEITmagazin Nr. 41, 30.9.1977, S. 6–51, hier S. 14.

40 Dieses Fazit bei Bilke, Auf schreckliche Weise, S. 85 (Zitat), 94–95; vgl. zudem z. B. »In der DDR könnte ich nicht mehr schreiben.« Plädoyer für eine persönliche und vielstimmige Literatur. Gespräch mit der Lyrikerin Sarah Kirsch, Kölner Stadt-Anzeiger, 17.1.1978; Mettke, Gleicher Abstand, Der Spiegel Nr. 29, 17.7.1978, S. 144–145 (zu Schädlich).

41 Neben den im Folgenden zitierten Interviews siehe z. B. Büchner als Zeitgenosse. Ein Interview mit Reiner Kunze, Der Tagesspiegel, 14.10.1977; Ich bin kein Emigrant. »Seit ich über die Grenze bin, habe ich frischen Lebensmut«. – Ein Gespräch mit dem Lyriker [Reiner Kunze], Die Zeit Nr. 44, 28.10.1977.

und Arbeitssuche alles daransetzen, das Gefühl, »hier in der Fremde zu sein«, gar nicht erst aufkommen zu lassen.[42] Genehmere, weil anschlussfähigere Deutungen als Biermann bot Kunze auch bezüglich eines Begriffs von Heimat, indem er ihn in persönlichen Beziehungen, Landschaft und vor allem der Sprache fundierte.[43]

Zu denjenigen, auf die Exil nicht anwendbar war, wurden – aus anderen Gründen – außerdem die Schauspieler Manfred Krug und Katharina Thalbach oder auch die Sängerin Nina Hagen gezählt. Sie wirkten in den bundesdeutschen oder internationalen Kulturbetrieb so rasch und erfolgreich integriert, dass niemand befürchtete, sie könnten vom Westen zu viel Abstand halten. »Na klar« sei er Sozialist, wurde Krug daher zitiert, ohne dass dies weiter problematisierungsbedürftig erschien.[44] Andere dagegen nahm man, bekräftigt durch ihre eigene Einschätzung, als randständiger, deutlicher als Emigranten-Existenzen wahr, so den Musiker Klaus Jentzsch und die Jazzsängerin Christiane Wunder. In der DDR vor der Zunahme staatlicher Repressionen erfolgreich und bekannt, sahen Journalisten sie nun mit der Gesellschaft hadern und beruflich im Abseits stehen. Presseartikel betonten ihre »Verstörtheit gegenüber den westlichen Markt- und Mediengesetzen« und das Bestreben, sich nicht zu »verkaufen«. Fremdsein stellte sich bei ihnen in den Augen der Kommentatoren insofern schärfer als bei dem prominenten Wolf Biermann dar; sie bewegten sich auf unbekanntem Terrain, wo man sie zudem als Künstler weder schätzte noch brauchte.[45] Mit besonders eigenwilligen Fällen waren Beobachter schließlich bei den Schriftstellern

42 Reiner Kunze: 18. April 1977 [Interview]. Deutsches Fernsehen/ARD, Report München (Moderation und Fragen: Klaus Stephan), in: Reiner Kunze: Wo Freiheit ist ... Gespräche 1977–1993, Frankfurt am Main 1994, S. 13–16, hier S. 15 (Zitat), 16; Abdruck auch in Die Welt, 20.4.1977. Zu Kunze siehe Jürgen Joachimsthaler: Reiner Kunze, in: Schmitz/Bernig, Deutsch-deutsches Literaturexil, S. 401–425.

43 Bin kein Emigrant, Die Zeit Nr. 44, 28.10.1977; Reiner Kunze: 16. Oktober 1989 [Interview]. Deutsches Fernsehen/ARD, Report Baden-Baden (Fragen: Hannelore Gaddatsch), in: Kunze, Wo Freiheit ist, S. 19–21.

44 Bilke, In der Fremde, S. 92; Mettke, Gleicher Abstand, Der Spiegel Nr. 29, 17.7.1978, S. 145; Weg gefunden, Der Spiegel Nr. 22, 29.5.1977, S. 224 (Zitat Krug).

45 Ohne Netz, Der Spiegel Nr. 33, 8.8.1977, S. 118 (Zitat) 119; Manfred Sack: Seiten und Saiten gewechselt, Die Zeit Nr. 34, 19.8.1977; Sager, Dies Land, ZEITmagazin Nr. 41, 30.9.1977, S. 8, 11, 14. Zu den Integrationserfolgen verschiedener übergesiedelter Künstler/-innen aus der DDR siehe Henrik Bispinck: Kulturelite im Blick der Stasi. Die Nachwehen der Biermann-Ausbürgerung im Spiegel der ZAIG-Berichte des Jahres 1977, DA online (2012) 10 (http://www.bpb.de/geschichte/zeitgeschichte/deutschlandarchiv/140052/aufarbeitung-10-2012) (2.6.2020).

Thomas Brasch und Jürgen Fuchs konfrontiert; der eine, Brasch, entzog sich jedem Versuch einer Einordnung und Kategorisierung seiner Position vehement, so auch der Frage, ob er Sozialist sei; der andere, Fuchs, beharrte auf Distanz, einem »Leben auf der Grenze« – darin Biermann ähnlich, aber sich selbst offensiver hinterfragend und an dem erzwungenen Ortswechsel, der Fremde, langwieriger leidend.[46]

Eine ungewöhnliche, da auf das Vorleben der Gewanderten in der DDR fokussierte Problematisierung lieferte Hermann Rudolph im August 1977 in der *FAZ*.[47] Auch er, 1959 selbst aus Ostdeutschland geflohen, setzte beim Exilbegriff an. Nehme man dieses Wort ernst, müsse es beunruhigen: Denn es hieße, dass die Betreffenden »hier nicht angekommen wären« – nicht ankommen *konnten*, was im Vergleich zur erfolgreichen Integration der vor dem Mauerbau Geflüchteten als wichtige Zäsur zu deuten wäre. Die zentrale Frage, die sich für den Journalisten daraus ergab, war die nach den heutigen Wirkungen einer DDR-Sozialisation.[48] Rudolph hatte dabei Prägungen durch Schule und Massenorganisationen im Kopf. Die Überlegung, ob diese im 28. Jahr der Teilung den »inneren Abstand« zwischen den Deutschen in Ost und West nunmehr unüberbrückbar machten, verfolgte der Autor allerdings nicht weiter in Richtung konkreter Einpassungsschwierigkeiten von Ausgereisten. Ihm ging es um eine mögliche allgemeine Folgerung: Sollten Lebensgefühl und Selbstverständnis der Bewohner von Bundesrepublik und DDR tatsächlich derart divergieren, könne von einer einheitlichen deutschen Nation »kaum mehr guten Gewissens die Rede sein«. In diesem Punkt waren Rudolphs Reflexionen typisch. Sie lassen ein Interesse erkennen, das viele Journalisten und Politiker in ihrer Beschäftigung mit DDR-Zuwanderern leitete: die Frage, wie es um die gedachte nationale Gemeinschaft der Deutschen bestellt war. Die Gewanderten galten auf diesem Feld quasi als Testpersonen beziehungsweise als Experten. Erschienen sie in der Bundesrepublik als Exilanten, konnte dies, wie Rudolphs Ausführungen deutlich machen,

46 Ich stehe für niemand anders als für mich. Schriftsteller Thomas Brasch über seine Emigration aus der DDR, Der Spiegel Nr. 1, 3.1.1977, S. 79–81; Für jeden Autor ist die Welt anders. Ein Zeit-Gespräch mit dem aus der DDR ausgewanderten Schriftsteller Thomas Brasch, Die Zeit Nr. 31, 26.7.1977. Jürgen Fuchs: Leben auf der Grenze. Ein Brief an den SED-Dissidenten Robert Havemann, Der Spiegel Nr. 20, 14.5.1979, S. 204–209; Sigrid Klinge: Hoffnungslosigkeit, Kölner Stadt-Anzeiger, 28.2.1980.

47 Rudolph, Ins Exil?, FAZ, 27.8.1977.

48 Ebd.: »Ist jemand, der zwei, drei Jahrzehnte im sozialistischen Druckkessel gesessen hat, so tief davon geformt, daß er in unserer Welt nie mehr ganz zu Hause sein wird?«

Zweifel an Grundlagen und Substanz dieser Gemeinschaft aufkommen lassen. Auf der anderen Seite ließen sich die Übergesiedelten als Beglaubiger von Gemeinsamkeiten heranziehen.[49]

Ein Beispiel für diese Art der Bezugnahme gab der Politiker Theo Waigel, als er im März 1984 während einer Bundestagsdebatte zur Lage der Nation auf das oben erwähnte West-Berliner Autorentreffen zu sprechen kam. Was das Vaterland ist, sei infolge der Teilung unsicher geworden, das Zusammengehörigkeitsgefühl brüchig, erläuterte der Vorsitzende der CSU-Landesgruppe im Bundestag. Die aus der DDR gekommenen Literaten sah er prädestiniert, hier Auskunft zu geben und Verbindendes beizusteuern. Sie könnten »noch am besten die Unterströmungen ausdrücken, die unsere gegenwärtige Identität ausmachen«, und so einen gemeinsamen Erfahrungshorizont umreißen. Sie seien es, die artikulierten, wo Deutschland zu finden ist – indem sie sich zur parlamentarischen Demokratie bekannten, als Heimat Wälder und märkischen Sand, nicht aber die DDR beschrieben und am »Wunsch nach Wiederherstellung eines deutschen Nationalstaates« festhielten. Namentlich berief Waigel sich auf Hans Joachim Schädlich, Helga M. Novak und Reiner Kunze; Fremdheitsgefühle, die zumindest die ersten beiden für sich beschrieben, thematisierte er nicht.[50]

Die Ausführungen des CSU-Politikers zeigen, in welcher Weise die Ausgereisten gefragt waren. Man trug an sie heran, sich als *Intellektuelle* zu äußern in dem Sinne, wie Michel Winock diese Figur definiert: als »Person, die Kompetenz und Bekanntheit in einem [...] künstlerischen oder literarischen Bereich erlangt hat und die gestützt auf diese Kompetenz sich in die Bereiche der Politik,

---

49 Zimmer, Ausgestoßen, Die Zeit Nr. 49, 26.11.1976, etwa beschrieb Wolf Biermann als jemanden, der zwar »weder dort noch hier einverständig dazugehören will«, aber als einer »der letzten Gesamtdeutschen« anzusehen sei. Die FAZ leitete ihre Befragung von ausgereisten Autorinnen und Autoren mit Reflexionen über Deutschland, Heimat und in die Fremde gehen ein und überschrieb sie mit dem bekannten Eingangsvers aus Heinrich Heines Gedicht »Nachtgedanken«, das er 1843 im Pariser Exil verfasste (vgl. Heinrich Heine: Sämtliche Gedichte in zeitlicher Folge, Frankfurt am Main, 51997, S. 446). Denk ich an Deutschland, FAZ, 18.10.1980. Redakteure der links-nationalen Zeitschrift wir selbst fragten Michael Sallmann, ob »es nicht doch so etwas wie Einheit der Kulturnation [gibt], die auch für Dich auf der Ebene der nationalen Identität einen Rückhalt gab oder gibt?«, vgl. Trauer worüber, Hoffnung worauf. Gespräch mit dem Ex-DDR-Liedermacher Michael Sallmann, wir selbst. Zeitschrift für nationale Identität und internationale Solidarität, Aug./Sept. 1983, S. 23, 24 (Zitat).

50 BT – PLPR 10/59, 15.3.1984, S. 4176 (D), 4177 (B) (Zitate). Gefühle des Fremdseins bei Schädlich und Novak berichtete z. B. Roßmann, Emigranten, S. 350.

des Sozialen, der Moral, der Öffentlichkeit usw. einmischt«.[51] Dabei war die Befähigung, die man ihnen als Literaten in Sachen deutsche Frage und Nation zugestand, eine besondere und reichte über Beobachtungsgabe und Diagnosefertigkeit hinaus. »Nachdem der rechtliche Deutschlandbegriff heute ohne *eine* effektive Staatlichkeit ist«, galten die Schriftsteller als Träger einer übergreifenden nationalen Kulturtradition, mit deren Hilfe ein »ideelles Substrat für die Identität und Einheit Deutschlands« gewonnen werden sollte: »die Texte einer Sarah Kirsch [...], eines Reiner Kunze, in dessen Übersiedlung von Deutschland nach Deutschland ebenso ein Stück Gesamtdeutschland liegt wie in seinen dichterischen Texten.«[52] Ob er »bei uns eine Heimat gefunden hat«, was sein Vaterland sei, was die Sprache ihm bedeute, wie stark in der DDR »noch das Festhalten an der deutschen Kulturnation sei«, fragten Journalisten daher vor allem Kunze, der am profiliertesten als gesamtdeutscher Schriftsteller auftrat.[53]

Einige westdeutsche Kommentatoren erwarteten über solche Beiträge hinaus konkrete politische Stellungnahmen im Kontext des deutsch-deutschen Verhältnisses. »Wie sollen wir es denn halten mit der DDR?« Auf diese Frage wünschte sich die *Zeit* im Oktober 1982 angesichts des kürzlich in Bonn vollzogenen Regierungswechsels von den ausgereisten Schriftstellern Antwort. Erst dann wären sie politische Avantgarde und »nicht länger Zweifelnde, Wartende im zwielichtigen Exil«.[54] Rolle und Deutungsautorität übergesiedelter Autoren, die sich tatsächlich engagierten, waren jedoch höchst umstritten. Dies offenbarten Anfang der 1980er Jahre Zerwürfnisse in den Reihen des westdeutschen Schriftstellerverbands, denen Streitigkeiten um die Kooperation mit DDR-Verbandsvertretern vorausgegangen waren. In diesem Zusammenhang bot der Exilbegriff ein Mittel,

51 Lothar Baier: Ich debattiere, also bin ich. Die Intellektuellen in Frankreich und Deutschland heute, Frankreich-Jahrbuch (1998), S. 65–78, hier S. 76 (Zitat Winock 1996), hier zit. nach: Friedhelm Boll und Stéphane Sirot: Deutsche und französische Intellektuelle und der Fall Solschenizyn, in: Deutschland – Frankreich – Rußland: Begegnungen und Konfrontationen, hg. von Ilja Mieck und Pierre Guillen, München 2000, S. 323–343.

52 Rudolf Bernhardt und Norbert Achterberg: Deutschland nach 30 Jahren Grundgesetz. Berichte und Diskussionen auf der Tagung der Vereinigung der Deutschen Staatsrechtslehrer in Berlin vom 3.–6. Oktober 1979, Berlin 1980, S. 116, 115.

53 Kunze, 16. Oktober 1989, in: Kunze: Wo Freiheit ist, S. 19; Bin kein Emigrant, Die Zeit Nr. 44, 28.10.1977; Reiner Kunze: 30. November/1. Dezember 1985. Passauer Neue Presse, Passau (Fragen: Franz Harrer), in: Kunze, Wo Freiheit ist, S. 69–74, hier S. 72.

54 Manfred Flügge: Falsche Fremde. DDR-Autoren in der Bundesrepublik: im Exil oder zu Hause? Beobachtungen auf dem Marburger Literaturtag, Die Zeit Nr. 42, 15.10.1982.

um sich zu Bundesrepublik und DDR ins Verhältnis zu setzen. Infrage stand bei diesen Auseinandersetzungen außerdem, wer mit einer aus dem eigenen Schicksal erwachsenen besonderen Legitimation sprechen durfte.

Symptomatisch dafür war eine Invektive Stephan Hermlins im März 1984, von der ausgehend sich die sich seit 1982 verschärfenden Konflikte aufzeigen lassen. In einem im *Neuen Deutschland* abgedruckten Interview zielte Hermlin darauf, die Weggegangenen abzuwerten, indem er die Zeit des Nationalsozialismus als Vergleichsfolie heranzog:

> Flüchtlinge sind wir. Nur wir, niemand sonst. Nur wir Antifaschisten. Diese Herrschaften sind Ausreiser. Ausreiser mit Sack und Pack, bei hellichtem Tage, mit schönen Papieren, auf ihre eigene Veranlassung und oft mit freundlicher Verabschiedung.[55]

Unter dem Titel »Flüchtlingsgespräche« im Februar 1984 mit bundesdeutschen Kollegen in West-Berlin zusammenzutreffen, dazu seien die Ausgereisten mangels Belegkraft ihres persönlichen Schicksals nicht berechtigt gewesen. Hermlin hatte 1976 zu den Hauptinitiatoren des Schriftstellerprotests gegen die Biermann-Ausbürgerung gezählt, ohne dass es in der Folge zum offenen Bruch mit dem SED-Regime gekommen war. 1981 organisierte der bekannte Lyriker und Erzähler, weiterhin überzeugter Kommunist, die »Berliner Begegnung zur Friedensförderung« – Auftakt mehrerer Treffen vornehmlich ost- und westdeutscher Schriftsteller, die einen Beitrag zur Entspannung leisten sollten.[56]

Vor dem Hintergrund dieser offiziösen Kontakte brachen Konflikte mit in den Westen gegangenen Autoren auf. Als Teilnehmer der »Flüchtlingsgespräche« benannte Hans Joachim Schädlich die Bruchlinien und positionierte sich Ende März 1984 auch öffentlich. Schädlich legte dar, warum einige der Übergesiedelten, so er selbst, an der »2. Berliner Begegnung – Den Frieden erklären« im April 1983 nicht teilgenommen hatten. Nicht an einem Tisch sitzen wollte man mit Vertretern des Schriftstellerverbandes der DDR, insbesondere dem Vorsitzenden Hermann Kant, angesichts des diffamierenden Verhaltens, das die-

55 »... denen kommt es ja nicht auf Frieden an«. Interview mit Stephan Hermlin, in: ND, 7.4.1984 (ursprünglich veröffentlicht in: Unsere Zeit, 27.3.1984).

56 Emmerich, Kleine Literaturgeschichte, S. 254; Neubert, Geschichte der Opposition, S. 228; Anne Dorn: Die Schriftstellertreffen in Berlin, Den Haag und Köln, in: Verfeindete Einzelgänger. Schriftsteller streiten über Politik und Moral, hg. von Renate Chotjewitz-Häfner und Carsten Gansel, Berlin 1997, S. 58–67.

se gegenüber ausgereisten Kollegen gezeigt hatten.[57] Auch in anderer Hinsicht hatten die parteinahen DDR-Verbandsschriftsteller laut Schädlich versagt und sich als Gesprächspartner diskreditiert: Für Frieden einzutreten konnte nicht bedeuten, die Unterdrückung der unabhängigen Friedensbewegung in der DDR hinzunehmen, wie man sie 1982/83 mit der Verhaftung des Regimekritikers Roland Jahn und weiterer Jenaer Aktivisten beobachten musste.[58] Zugleich wehrte sich Schädlich gegen die DDR-typische Strategie, Frieden als Knebelargument einzusetzen. »Denn denen kommt es ja nicht auf Frieden an«, hatte Hermlin verkündet und die Kooperationsverweigerung beziehungsweise das unter sich Sprechen der ehemaligen Kollegen im Westen als eine »Aktion des Kalten Krieges« bezeichnet. Dem hielt Schädlich sein Bekenntnis entgegen: »Ich bin nicht im Exil.« Dieses Votum beinhaltete für ihn, sich von ideologischen Vereinnahmungen nach Art Hermlins zu emanzipieren und, da von der SED offiziell zum »Feind« erklärt, auf die andere Seite bewusst zu stellen: als jemand, der die politische Ordnung der Bundesrepublik wertschätzt und es für notwendig hält, undemokratische Herrschaftssysteme zu bekämpfen.[59]

Indem er gegen Hermlins Friedensrhetorik auf Bürgerrechte pochte, zeigte Schädlich eine weitere Frontstellung an:[60] Bernt Engelmann, bis November 1983

57 Die Flüchtlingsgespräche fanden am 18.2.1984 im Literarischen Colloquium Berlin (West) statt. Beteiligt an der zweitägigen Zusammenkunft waren etwa 20 Schriftstellerinnen und Schriftsteller aus der DDR sowie rund ein Dutzend westdeutsche Kollegen. In der Diskussion um die Angemessenheit des Exilbegriffs positionierte Schädlich sich deutlich dagegen (»man muß sich nicht fremdhalten«), siehe Hildebrandt, Wer spricht da, Die Zeit Nr. 9, 24.2.1984. Zu dem West-Berliner Treffen am 22./23.4.1983 siehe Neubert, Geschichte der Opposition, S. 420; vgl. auch Jürgen Fuchs: Landschaften der Lüge. Jürgen Fuchs über Schriftsteller im Stasi-Netz (IV): »Aktion Gegenschlag« im Namen des Friedens, Der Spiegel Nr. 50, 9.12.1991, S. 103–121, hier S. 116 (Gründe für Schädlichs und Fuchs' Absage einer Teilnahme an der 2. Berliner Begegnung). Die erwähnte Positionierung: Schädlich, Bin nicht im Exil, Die Zeit Nr. 14, 30.3.1984.

58 Neubert, Geschichte der Opposition, S. 336.

59 Kommt nicht auf Frieden an, ND, 7.4.1984; Schädlich, Bin nicht im Exil, Die Zeit Nr. 14, 30.3.1984.

60 Zu dieser Haltung Schädlichs siehe Andrea Jäger: »... von Literatur als einem autonomen Feld«. Über Hans Joachim Schädlichs politische Wortmeldungen, Text + Kritik. Zeitschrift für Literatur (1995) 125, S. 78–84, hier S. 80. Rückblickend stellte auch Erich Loest: Als wir in den Westen kamen. Gedanken eines literarischen Grenzgängers, Leipzig 1997, S. 231–232, fest: In den »berühmten Friedensgesprächen, eingeleitet durch Stephan Hermlin und Bernt Engelmann, wurde versucht, hinter einem Nebelvorhang von Friedensworten die Menschenrechte auszuklammern unter dem Motto: Erst müssen wir den Frieden retten, dann können wir über manches andere reden.«

Vorsitzender des Verbands deutscher Schriftsteller (VS), hatte im Oktober desselben Jahres den Friedenspreisträger des deutschen Buchhandels Manès Sperber angegriffen, weil dieser für eine Aufrüstung Westeuropas eintrat. Schädlich hingegen verteidigte Sperber, wie auch andere Autoren Engelmanns Haltung ablehnten. Schon zuvor waren der VS-Funktionär und mit ihm sein Verband vor allem von aus der DDR stammenden Schriftstellern scharf kritisiert worden. Zu anbiedernd gegenüber Polens Militärregime und gegenüber Hermann Kant samt Verbandsgenossen, lautete der Vorwurf; auch dass sich unter Engelmanns Regie VS-Mitglieder mit ostdeutschen Kollegen bei den von Hermlin initiierten »Begegnungen« trafen, ohne dass man Kritiker dazu einlud, erzeugte Protest. Frank-Wolf Matthies, Reiner Kunze, Gerhard Zwerenz und Jürgen Fuchs erklärten im Laufe des Jahres 1982 ihren Austritt; auch auf dem »Marburger Literaturtag« Anfang Oktober waren die Konflikte dominierendes Thema.[61] »Wir scheißen auf Euren VS, wir scheißen auf Eure Ratschläge«, äußerte sich Helga M. Novak drastisch, nachdem der anwesende Bundestagsabgeordnete Freimut Duve den ausgereisten Schriftstellern nahegelegt hatte, in der Bundesrepublik keinen Exil-Verband zu gründen. Anders als Schädlich hob Novak ein besonderes, gemeinsames Schicksal der Weggegangenen hervor, um auf Autonomie in Abgrenzung von der Aufnahmegesellschaft zu bestehen: »[...] wir scheißen auf Euren Westen ... wir sind Emigranten. Hier sitzen 100 Jahre Knast auf der Bühne!«[62] »[...] ihr konkretes Leid ist ihre Legitimation, sich zu empören, zu fordern, herauszufordern, stellvertretend zu reden, zu bezeugen«, charakterisierte Manfred Flügge diesen Anspruch in der *Zeit*.[63]

Gingen die aus der DDR verdrängten Künstler nach Deutschland ins Exil? Weder die westdeutsche Politik und Öffentlichkeit noch die Ausgereisten selbst

61 Zu Engelmann und Sperber siehe Lärm um nichts, Der Spiegel Nr. 48, 28.11.1983, S. 231; Schlimmste Schreier. Hat die Stasi auch im Verband deutscher Schriftsteller mitgemischt?, Der Spiegel Nr. 7, 10.2.1992, S. 178–179; Schädlich, Bin nicht im Exil, Die Zeit Nr. 14, 30.3.1984. Zu den Debatten im und um den Schriftstellerverband siehe Jürgen Fuchs: Einmischung in eigene Angelegenheiten. Gegen Krieg und verlogenen Frieden, Reinbek bei Hamburg 1984, S. 96–97, 155–158, 159–166. Zu den Austritten siehe Ulrich Greiner: Nur noch lachen?, Die Zeit Nr. 36, 3.9.1982.

62 Auf dem Marburger Literaturtag versammelten sich am 5.10.1982 20 aus der DDR ausgereiste Autorinnen und Autoren, vgl. Jörg Bernig: Diesseits der Theorie. Siegmar Fausts literarisches Exil, in: Schmitz/Bernig, Deutsch-deutsches Literaturexil, S. 249–259, hier S. 253 (dort auch das Zitat Novak); hr: Unzerstörbarkeit der Wörter, Oberhessische Presse, 6.10.1982.

63 Flügge, Falsche Fremde, Die Zeit Nr. 42, 15.10.1982.

beantworteten diese Frage mehrheitlich mit »ja«.[64] Exil avancierte also nicht zu einem konsensfähigen Deutungsmuster, um die Wanderung der Betreffenden oder den Zustand, in den sie gerieten, zu kennzeichnen. Gerade die differierenden und kontroversen Bezüge sind jedoch aufschlussreich. Es erscheint charakteristisch für das deutsch-deutsche Migrationsfeld in den 1970er und 80er Jahren, dass sich sehr unterschiedliche Anknüpfungsmöglichkeiten boten, um den Status, den man als übergesiedelter Ostdeutscher in der Bundesrepublik einnahm, zu bestimmen: Man konnte die Mitgliedschaft eröffnende Staatsangehörigkeit akzentuieren oder den Umstand, dass die nach unvertrauten Prinzipien organisierte westdeutsche Gesellschaft einen hier zum Fremden werden ließ; sich als staatenlos Gewordener begreifen oder als jemand, der innerhalb derselben sprach- und geschichtsfundierten Nation verblieb.[65] Welche Aspekte die Gewanderten jeweils hervorhoben, hing unter anderem davon ab, wie sie sich politisch positionierten, wie sie als Künstler verstanden werden wollten und welche Vorerfahrungen in der DDR (etwa Haft oder Abschiebung) sie gemacht hatten.

Als ein Feld, auf dem die Ausgereisten auch dadurch Stellung bezogen, dass sie sich dezidiert als Exilanten oder eben nicht als solche bezeichneten, ist die Entspannungs- und Friedenspolitik sichtbar geworden. Dieser Themenkomplex reizte nicht nur deshalb zur Positionierung, weil die Frage, ob Ost und West hier zusammenwirken und vielleicht sogar ein gemeinsames deutsches Friedensinteresse international in die Waagschale werfen konnten, seit Beginn der 1980er Jahre hochaktuell war.[66] Vielmehr traten auf diesem Feld geradezu exemplarisch Konflikt- und Bruchlinien zutage, die sich zwischen westdeutschen Linksintellektuellen und den aus der DDR gekommenen Schriftstellern auftaten. Frieden oder Menschenrechte lautete zugespitzt die umstrittene Alternative, hinter der grundsätzlich verschiedene Sichtweisen und Haltungen standen: Wer in

64 Diese Einschätzung bestätigt in Bezug auf die ausgereisten Künstler René Granzow: Gehen oder Bleiben? Literatur und Schriftsteller der DDR zwischen Ost und West, Berlin 2008, S. 82.

65 Schädlich hob mehrfach auf die umstandslose Gewährung der Staatsangehörigkeit als objektivem Faktor ab, der es ungerechtfertigt erscheinen lasse, von einem Gang ins Exil zu sprechen, vgl. z. B. Schädlich, Im deutschen Exil, S. 22–23; Biermann hingegen wollte nicht »die BRD-Staatsangehörigkeit annehmen«, um seine »DDR-Staatsangehörigkeit nicht [zu] beschädigen«, vgl. Ein Jahr im Exil, zitty Nr. 16, Okt./Nov. 1977, S. 10.

66 Zur erstarkenden Friedensbewegung verbunden mit der Vorstellung einer gesamtdeutschen Verantwortung siehe Karl-Rudolf Korte: Der Standort der Deutschen. Akzentverlagerungen der deutschen Frage in der Bundesrepublik Deutschland seit den siebziger Jahren, Köln 1990, S. 84–86.

der DDR und im gesamten sogenannten Ostblock rückte überhaupt ins Blickfeld des eigenen Handelns, mit wem sprach man – mit den Funktionären oder mit Vertretern der oppositionellen Bewegungen außerhalb der Apparate? Identifizierte man sich mit dem »Sozialismus als Utopie und Wissenschaft« und darüber hinaus mit seinen »Realisierungsformen im Osten«?[67] Exil oder Emigration ließen sich in diesem Zusammenhang in unterschiedlicher Weise als politische Termini nutzen. Man konnte sich wie Hans Joachim Schädlich durch Ablehnung des Exilbegriffs für den eigenen Zustand zur Bundesrepublik bekennen und damit zugleich gegen die DDR stellen; man konnte sich aber auch wie Helga M. Novak umgekehrt selbst als Emigrant bezeichnen, um aus diesem Schicksal den Anspruch abzuleiten, Zeugnis abzulegen und damit gehört zu werden.

Der Aufnahmegesellschaft ermöglichte der Austausch über diese spezifische literarisch-politische Ost-West-Migration Selbstverständigung und -vergewisserung. Sich zu fragen, ob die Herüberwechselnden als Exilanten oder Emigranten kamen, brachte Begriffe wie Heimat, Vaterland und Nation ins Spiel, die geprüft werden konnten – ein Anliegen, das in dieser Zeit Virulenz besaß: Seit Ende der 1970er Jahre, konstatiert Jürgen Heß, sei eine Renaissance der deutschen Frage zu beobachten, die im Folgenden noch an Dringlichkeit gewann.[68] Wie ließ sich die Vorstellung von Deutschland angesichts fortdauernder Teilung konturieren? Ein wichtiges Konzept hierfür bildete die »Kulturnation«, die Willy Brandt nach seinem Amtsantritt als Bundeskanzler als systemübergreifendes »einigendes Band« zwischen Bundesrepublik und DDR vorgestellt hatte.[69] Mithilfe der Übergesiedelten konnte man dieses Konstrukt befragen, idealerweise auch in-

67 Dieter Lattmann: Grenzgänger in der Landessprache, in: Chotjewitz-Häfner/Gansel, Verfeindete Einzelgänger, S. 48–54, hier S. 52–53; Michael Schneider: Was hat den linken Blick nach Osten getrübt?, in: ebd., S. 31–42, hier S. 31 (Zitate).

68 Jürgen C. Heß: Westdeutsche Suche nach nationaler Identität (1986), in: Demokratisches Engagement. Beiträge aus drei Jahrzehnten, hg. von Jürgen C. Heß und Herman J. Angeveld, Münster 2003, S. 137–189, hier S. 137–138. Siehe auch Korte, Standort der Deutschen, S. 14–15, 66–67.

69 Wilhelm Bleek: Mentalitätsgeschichte der deutschen Vereinigung, in: Die Bundesrepublik Deutschland – Eine Erfolgsgeschichte?, hg. von Christina Oehrl, Sandra Sophia Schmidt und Thomas Terbeck, Münster 2000, S. 147–154, hier S. 148; zum Begriff der Kulturnation in dieser Zeit siehe Korte, Standort der Deutschen, S. 37–38, und mit Blick auf die Rolle der Schriftsteller/-innen Lutz Winckler: Vorwort, in: Mein Deutschland findet sich in keinem Atlas. Schriftsteller aus beiden deutschen Staaten über ihr nationales Selbstverständnis, hg. von Françoise Barthélemy und Lutz Winckler, Frankfurt am Main 1990, S. 7–15, hier S. 8.

haltlich füllen und bekräftigen, um so einer (gesamt-)deutschen Identität auf die Spur zu kommen. So wurde der

> Exilanten-Status der aus der DDR kommenden Autorinnen und Autoren [...] nicht nur von ihnen selbst als zweifelhaft wahrgenommen, sondern wird – in dieser Unbestimmtheit – zur Prämisse medialer Verhandlungen, die damit gleichsam stellvertretend die Position der beiden deutschen Staaten zu bestimmen versuchen.[70]

Eine zentrale Frage, die im Umfeld des Exilbegriffs verhandelt wurde, war die nach der Fremdheit der ostdeutschen Künstler/-innen in der Bundesrepublik. Wie die Gewanderten selbst sich dazu stellten, hing unter anderem davon ab, ob sie im Blick auf die Zeit vor der Migration eher einen Bruch oder vielmehr Kontinuität empfanden beziehungsweise strategisch betonen wollten. Eine Interpretation ihres Ortswechsels als ein mehr oder eben weniger interruptives Ereignis lässt sich mit bestimmten biografischen Konstellationen in Verbindung bringen: Ein wesentliches Moment ist, da es um Schriftstellerinnen und Schriftsteller geht, ihr Verständnis von Autorschaft einschließlich des Bezugsrahmens (etwa Sprache, Landschaft), in dem sie sich dabei verorteten; einen weiteren Faktor bilden Vorerfahrungen in der DDR, die dazu führten, dass Betreffende den Wechsel als tiefgreifend verunsicherndes *Displacement* erlebten. Wie diese unterschiedlichen Einflussgrößen die Deutung der Wanderung prägten, wird im Folgenden am Beispiel von je vier Übergesiedelten umrissen: Thomas Brasch, Sarah Kirsch, Günter Kunert und Reiner Kunze verfügten zum Zeitpunkt der Ausreise über schriftstellerische Praxis und ein ausgeprägtes künstlerisches Selbstverständnis, mit dem sie sich in der Bundesrepublik positionieren wollten. Jürgen Fuchs, Utz Rachowski, Michael Sallmann und Gerald K. Zschorsch dagegen waren bei ihrem Weggang als Autoren beziehungsweise Liedermacher kaum etabliert; darüber hinaus verband sie oppositionelles Engagement mit nachfolgender Haft in der DDR, die mit Abschiebung in den Westen endete.

Zunächst zu Erfahrungen der erstgenannten Gruppe: Reiner Kunze, der 1977 als 43-Jähriger ausreiste, beschrieb dies ausdrücklich nicht als einen Gang in die Fremde. Hingegen charakterisierte er seinen Umzug als Entscheidung, »die Heimat zu verlassen und dennoch im eigenen Land und in der Sprache

70 Schmitz, Literatur »zwischen den Staaten«, S. 32.

zu bleiben«.[71] Kunze hob damit auf sein Selbstverständnis – als Autor – ab, das er national, das heißt auf Vorstellungen von Deutschland bezogen akzentuierte.

> Ich bin ein Deutscher. [...] Und ich bin ein Schriftsteller, an dessen Arbeiten es abzulesen ist und in Zukunft vielleicht noch häufiger abzulesen sein wird, daß diese Grenze [die Deutschland teilt] durch mich hindurchgeht.

So zeigte er sich von der Spaltung zwar betroffen, dies aber in gleicher Weise in Ost wie in West, denn sein Bezugsrahmen war in jedem Fall ein größerer: sein Land, Deutschland. Als Faktoren, die diesen Rahmen konstituierten, benannte Kunze Mentalität, geistige Kultur und Tradition und vor allem die Sprache, in der sich Gemeinsamkeiten bewahrten.[72] Für ihn bedeutete dies, dass er in die Bundesrepublik nicht von außen, sondern als Gemeinschaftszugehöriger kam und seine Wanderung, wie er betonte, keinen Identitätswechsel erforderte; zudem blieb er als Autor, der sich in einer »kulturellen Tradition« bewegte, gleichsam in seinem Element, ebenso wie er weiterhin über sein Handwerkszeug, die deutsche Sprache verfügte: »Ich habe als Schriftsteller alles behalten, was ich als Schriftsteller im ureigensten Sinn brauche«, bilanzierte er entsprechend.[73]

Seine Wirkungsmöglichkeiten im Westen betreffend, positionierte sich Kunze auf diese Weise als Künstler, der hier Ankerpunkte fand und darüber hinaus, wie er an anderer Stelle deutlich machte, einen eigenen, besonderen Blick einbrachte: Er konnte sich auf Gemeinsames beziehen und zugleich »Phänomene im menschlichen Mit- und Gegeneinander wahrnehmen und thematisieren«, die westdeutsche Kollegen übersahen. Günter Grass' Diktum, die nach 1945 in Ost und West entstandene Literatur sei »mit das letzte Gesamtdeutsche, was wir haben«, stimmte Kunze zu.[74] Er kam also in diesem Sinne als ein deutscher Autor;

71 Zu Kunzes Biografie siehe Jäger, Schriftsteller (Autorenlexikon), S. 352–356; Reiner Kunze: Konsequenz leben – Schriftsteller sein im geteilten Deutschland, in: Reiner Kunze: Das weiße Gedicht. Essays, Frankfurt am Main 1989, S. 89–117, hier S. 109–110. Vgl. die Beobachtung bei Schmitz, Literatur »zwischen den Staaten«, S. 36: »Kontinuität der Autorschaft einerseits, Verlust von gelebter ›Heimat‹ andererseits [...] – dies macht eine Besonderheit des deutsch-deutschen Literaturexils aus.«

72 Büchner als Zeitgenosse, Der Tagesspiegel, 14.10.1977 (Zitat). Kunze, 16. Oktober 1989, in: Kunze: Wo Freiheit ist, S. 19.

73 Reiner Kunze: 16. Juli 1983 [Interview]. Deutschlandfunk, Kultur heute (Gespräch: Klaus Sauer), in: Kunze, Wo Freiheit ist, S. 43–47, hier S. 43.

74 »Wir fühlen uns hier von Liebe umgeben«. Spiegel-Redakteur Rolf Becker über den verfemten DDR-Dichter Reiner Kunze, Der Spiegel Nr. 50, 6.12.1976, S. 196, 198 (Zitat); Kunze, 16. Oktober 1989, in: Kunze: Wo Freiheit ist, S. 20 (Zitat). Kunze bezog sich auf

gegangen aber war er trotz eines mehrjährigen Ausgrenzungsprozesses und seiner Abkehr vom Sozialismus nicht freiwillig, sondern nur unter psychischem Druck und physischer Bedrohung. Kunze war es wichtig, das herauszustellen; gleichwohl trat dieses lange Beharren, das von Bindungen an die DDR zeugte, hinter seiner Erzählung gesamtdeutscher Identität und des Ankommenwollens zurück oder wurde von westdeutschen Journalisten zumindest nicht vertiefend problematisiert, so dass Reiner Kunzes Übersiedlung in die Bundesrepublik vergleichsweise bruchlos erschien.[75]

Bezogen auf ihr künstlerisches Selbstverständnis und ihre Autorenrolle, vermittelten auch Günter Kunert, Sarah Kirsch und der jüngere Thomas Brasch einen solchen Eindruck. Wie Kunze kennzeichnete Kunert seine Wanderung als »Umsiedlung« innerhalb derselben Nation; deren Fundamente fasste er mit »Traditionen« und »kultureller, historischer Basis« in nahezu die gleichen Begriffe. Den Wechsel des Gesellschaftssystems rückte auch er gegenüber dem Verbleiben in der Sprache in den Hintergrund – dies wiederum ein Berührungspunkt mit Sarah Kirsch, der es jedoch anders als Kunze und Kunert darauf ankam, deutsch-deutschen Festlegungen zu entgehen, weshalb sie hinsichtlich ihrer Wahrnehmung als Künstlerin weniger eine Nationalisierung als vielmehr eine Universalisierung anstrebte.[76] Darin mit Brasch übereinstimmend, wehrte Kirsch sich dagegen, auf einen »politisch-geografischen Nenner« gebracht zu werden. In Richtung ihrer Herkunft gewendet meinte dies, Prägungen zwar einzuräumen, sich jedoch keineswegs als »typisch sozialistisches DDR-Produkt« verstanden wissen zu wollen. Dass ihr das dortige besondere »Spannungsverhältnis zu Staat,

---

eine Erklärung Günter Grass' in Peking, vgl. FAZ, 2.10.1979, hier nach Bernhardt/Achterberg, Deutschland nach 30 Jahren, S. 115.

75 Die Vorgeschichte seines Weggangs schilderte Kunze rückblickend in Kunze, Konsequenz leben, S. 99–113, und, näher an den Ereignissen, in dem Gespräch mit Rolf Becker, vgl. Von Liebe umgeben, Der Spiegel Nr. 50, 6.12.1976, S. 196, 198. Dass Reiner Kunze das Ankommen im Westen leicht fiel und er rasch ein »überzeugter Bundesbürger« wurde, stellt auch Joachimsthaler, Kunze, S. 416, fest. Schmitz, Literatur »zwischen den Staaten«, S. 73, vermerkt, dass Kunze jedoch auch seine Verbundenheit mit den Menschen in der DDR, sein Dort-zu-Hause-Sein, bekräftigte.

76 Günter Kunert: Deutsch-deutsches Exil (Nachwort), in: Aus fremder Heimat. Zur Exilsituation heutiger Literatur, hg. von Günter Kunert, München 1988, S. 100–110, hier S. 100–101, 106. Außerdem beharrte auch Kunert auf der Möglichkeit künstlerischer Kontinuität auf der Basis seiner Erfahrungen: »Meine Erfahrungen sind mein unverlierbares ›Gut‹. Sie sind der ›reiche Schatz‹, aus dem ich immer schöpfe« – im östlichen wie im westlichen Gesellschaftssystem, wie Kunert ausdrücklich betonte, vgl. seine Antworten in: Denk ich an Deutschland, FAZ, 18.10.1980.

Gesellschaft und Publikum« als Schreibimpuls nun fehlen könnte, wie zwei niederländische Germanisten 1979 im Gespräch mit ihr vermuteten, sah die Lyrikerin daher nicht: »der Schriftsteller reibt sich immer an seiner gesellschaftlichen Umwelt – das ist universell«.[77] Mit gleicher Stoßrichtung argumentierte Thomas Brasch gegen Fritz J. Raddatz, der die Literatur der Übergesiedelten ähnlich Kirschs Interviewern aus der »Realitätserfahrung in der DDR« erwachsend begriff. Sowohl Kirsch als auch Brasch bestanden in einem Gestus der Autonomie auf dem Vorrang ihrer vielfältigen, das Politisch-Systemische weit überschreitenden subjektiven Erfahrung und Beobachtungsfähigkeit. Aus diesem Bestreben relativierten sie die Bedeutung des Übergangs von Ost nach West:

> Für mich war der Wechsel aus dem Leipziger Hörsaal in eine Berliner Werkhalle zum Beispiel ein wesentlich schärferer Bruch als die Übersiedlung aus der intellektuellen Szene der einen Hälfte Berlins in die der anderen Hälfte der Stadt. Das soziale Problem scheint mir dabei wichtiger als das geographische,

konstatierte Brasch.[78] Diese Relativierung betraf auch die Bundesrepublik, der beide Autoren besondere Qualitäten als Ankunftsort absprachen. »Ich könnte auch ganz woanders leben«, meinte Sarah Kirsch, ähnlich nivellierte Brasch die Unterschiede (»Mich interessieren die USA zum Beispiel, mich interessiert die Bundesrepublik«). Westdeutschland und andere Orte erschienen in dieser Lesart gleich nah oder, andersherum gewendet, gleich fern, indem sie alle Unbekanntes bereithielten. Gerade diesen Umstand, sich weiter und in Neues hineinzubewegen, charakterisierten Brasch und emphatischer noch Kirsch als Kontinuum ihres Arbeitens: »Ich lebe von der Entdeckung, von der Eroberung immer neuer Landschaften; ich erobere sie mir dann auch schreibend.«[79] In-der-Fremde-Sein

77 Für jeden Autor (Gespräch Brasch), Die Zeit Nr. 31, 26.7.1977 (Formulierung Nenner). Williams, Ich bin kein Emigrant, S. 391 (Zitat). Gespräch mit Sarah Kirsch (Hans Ester und Dick von Stekelenburg, 3.5.1979), in: Sarah Kirsch: Erklärung einiger Dinge. Dokumente und Bilder, Reinbek bei Hamburg 1981, S. 66–81, hier S. 74. Konfrontiert mit der Deutung des ostdeutschen Kritikers Adolf Endler, dass ihre Dichtung »nicht anders als unter den besonderen und sozialistischen Bedingungen unseres Landes« zu denken sei, bestritt die Lyrikerin eine solche Wirkung umgebender gesellschaftlicher Wirklichkeit. Ebd., S. 72.

78 Für jeden Autor (Gespräch Brasch), Die Zeit Nr. 31, 26.7.1977.

79 Ein Gespräch mit Schülern, in: Sarah Kirsch: Erklärung einiger Dinge (Dokumente & Bilder), Ebenhausen bei München 1978, S. 5–51, hier S. 48 (Zitat). Für niemand anders (Gespräch Brasch), Der Spiegel Nr. 1, 3.1.1977, S. 79 (Zitat). Gespräch Kirsch (Ester, Stekelenburg), S. 74. Siehe auch In der DDR könnte ich nicht mehr schreiben (Gespräch

wurde auf diese Weise dem deutsch-deutschen Kontext enthoben und bei Kirsch explizit zu einer allgemeinen, sogar gesuchten, positiv konnotierten Erfahrung. Rückblickend allerdings beschrieb Sarah Kirsch die erste Zeit nach der Ausreise gerade infolge des Systemwechsels als durchaus von Zweifeln bestimmt: Irritiert sei sie gewesen und unsicher, was sie nun hier schreiben könnte; erst durch ihre Reisen lernte sie, dass ihre Praxis der literarischen Aneignung der Umwelt auch im Westen möglich war, sie also »genau so weiterschreiben« konnte wie bisher.[80]

Aus dem Abstand von 16 Jahren und der Souveränität einer fortgesetzt erfolgreichen Autorinnenbiografie heraus thematisierte Kirsch hier Brüchigkeiten, die sie kurz nach ihrer Ankunft offenzulegen vermieden hatte.[81] Um sich nicht als spezifisch herkunftsgeprägte »DDR-Autorin in der Bundesrepublik« festlegen und problematisieren zu lassen, kennzeichnete die Lyrikerin die Ausreise damals ähnlich wie Thomas Brasch als einen für ihre Arbeit und ihr Selbstverständnis gerade nicht fundamentalen Einschnitt. Die Möglichkeit schriftstellerischer und damit auch persönlicher Kontinuität begründeten beide im Gegensatz zu Kunze und Kunert jedoch nicht vorrangig aus Gemeinsamkeiten zwischen Herkunfts- und Ankunftsraum; vielmehr definierten sie ihre künstlerischen Interessen unabhängig von den (politischen) Verhältnissen eines Landes beziehungsweise einer Nation und somit offen für Ortswechsel.[82] Adressiert an die westdeutsche Öffentlichkeit, unterliefen Kirsch und Brasch auf diese Weise sowohl die Annahme sie determinierender spezifischer Systemeigenschaften der DDR als auch einer potenziellen Verbundenheit mit der Bundesrepublik. Deutlich anders akzentuiert als alle diese Lesarten des Übergangs von Ost nach West war eine Haltung,

---

Kirsch), Kölner Stadt-Anzeiger, 17.1.1978: »Außerdem interessiert mich hier alles. Ich will das Neue und Fremde kennenlernen. Das brauche ich auch zum Schreiben.«

80 Selbstauskunft. Sarah Kirsch im Gespräch, in: Peter-Huchel-Preis. Ein Jahrbuch 1993: Sarah Kirsch. Texte – Dokumente – Materialien, hg. von Wolfgang Heidenreich, Baden-Baden 1993, S. 42–66, hier S. 51 (»Ich war ja doch ein von der DDR geprägter Mensch.«).

81 Dass Sarah Kirsch die Umstände ihrer Ausreise stark verallgemeinerte, die Auseinandersetzung des Schriftstellers mit seiner Umwelt universell, d. h. systemunabhängig verstanden wissen wollte und Erinnerungen an die Zeit in der DDR erst nach 1989/90 wieder verstärkt thematisiert wurden, beobachtet auch Wolfgang Bunzel: »... dankbar daß ich entkam«. Sarah Kirschs Autorexistenz im Spannungsfeld von DDR-Bezug und »Exil«-Erfahrung, Germanistische Mitteilungen (2003) 57, S. 7–27, hier S. 14–17.

82 »Für mich geht es jetzt darum, in einem anderen Teil Deutschlands oder in einem anderen Teil der Welt neue Erfahrungen zu machen«, hielt Brasch fest und betonte: »Das Thema eines Schriftstellers ist nicht das Land, in dem er lebt, sondern das Problem, das er hat.« Für niemand anders (Gespräch Brasch), Der Spiegel Nr. 1, 3.1.1977, S. 79 (Zitat), 80 (Zitat).

die einige jüngere Übergesiedelte, vor allem Jürgen Fuchs, auch Utz Rachowski, Michael Sallmann und Gerald K. Zschorsch formulierten. Sie beschrieben eine grundstürzend lebensverändernde Dislozierung im Sinne einer Erfahrung, die sowohl die »erzwungene Verdrängung« als auch die »folgende (De-)Platzierung an einem anderen, unpassenderen Ort und dessen Ersatzcharakter« umfasste.[83]

Am Anfang dieses Verschobenwerdens stand eine Situation, in der ein Persönlichkeitsrechte missachtender Staat ihnen jeden Handlungs- und Entscheidungsspielraum zu nehmen suchte: Alle vier Autoren wurden als politische Gegner und Biermann-Sympathisanten von der Staatssicherheit inhaftiert, verbrachten mehrere Monate im Gefängnis und wurden schließlich in den Westen abgeschoben.[84] Von individueller Autonomie, wie sie Sarah Kirsch und Thomas Brasch für ihr Verlassen der DDR (begrenzt) in Anspruch nahmen, war in ihrem Fall nichts geblieben: »Ich bin entkommen, aber auch verfrachtet worden, weggeschafft mit Druck und Häme. Der Schatten der Demütigung und des Versagens liegt über diesem hellen, blendenden Großstadtmittag«, äußerte Fuchs über seine ersten Stunden in West-Berlin. Über Jahre hinweg bildeten die Sätze »Ich wollte hier nicht her« und »Ich bin hier nicht gern« für ihn die Essenz seiner Anwesenheit im Westen.[85]

Während bei Kunze als weiterer Aspekt von Bedeutung war, dass er mit dem Projekt Sozialismus abgeschlossen hatte und für sich in der DDR keine Perspektiven mehr sah, fühlte Fuchs sich diesem Staat und den Menschen dort mit einer Aufgabe verpflichtet – und nahm die DDR daher für sich als den »richti-

83 Kathrin Kollmeier: Rezension zu Peter Gatrell: The Making of the Modern Refugee, Oxford 2015, in: H-Soz-Kult, 16.10.2015 (https://www.hsozkult.de/publicationreview/id/rezbuecher-24703) (2.6.2020). Rachowski beschrieb »Exil als Aggregatzustand von Menschen, die in ein anderes Leben übergegangen sind«. Utz Rachowski: Erinnerungen an eine Jugend. Essays/Akten/Tagebuch, Chemnitz 1995, S. 78–79 (Eintrag vom 22.5.1986).

84 Jäger, Schriftsteller (Autorenlexikon), S. 171–174 (Fuchs), 490–491 (Rachowski), 522 (Sallmann), 621 (Zschorsch).

85 Fuchs, Einmischung, S. 21; Mettke, Gleicher Abstand, Der Spiegel Nr. 29, 17.7.1978, S. 142. Vgl. zu dieser Haltung die Beobachtungen von Annabelle Lutz: Dissidenten und Bürgerbewegung. Ein Vergleich zwischen DDR und Tschechoslowakei, Frankfurt am Main 1999, S. 140. Lutz charakterisiert bestimmte Oppositionelle in der DDR als Rebellen, die im Land bleiben wollten, um für ihr Projekt zu kämpfen. Ihre Loyalität beschrieben sie dabei »nicht mehr gegenüber der DDR, sondern gegenüber ihrer eigenen oppositionellen Entwicklung zu ›besseren Sozialisten‹. Sie bewegten sich dabei in der Tradition ihrer Vorbilder um Robert Havemann.«

gen«, die Bundesrepublik als »falschen« Ort wahr.[86] Was dieses zwangsweise *Displacement* für sie persönlich und für ihr Leben bedeutete, kennzeichneten Fuchs wie ähnlich Rachowski, Sallmann und Zschorsch als umfassende Enteignung und nach mehreren Seiten wirkende Entfremdung. Der Verlust, der ihnen zugefügt wurde und sie einen »harten Bruch« erleiden ließ, betraf ihre Heimat, ihr Zuhause, das sie mit Menschen, Orten und daran geknüpften Erinnerungen verbanden.[87] Besondere Schärfe gewann der Verlust, weil den Verdrängten eine Rückkehr selbst besuchsweise versperrt war. »Wieder stehe ich vor einer Mauer, diesmal getrennt von meinem Zuhause, von den Freunden, den Straßen, den Landschaften der Kindheit«, bemerkte Fuchs, und auch Rachowski sah sich abgeschnitten von dem, »was mir vertraut und wichtig war und ist«.[88]

Diese letzte Äußerung verweist auf einen weiteren lebensgeschichtlich bedeutsamen Zusammenhang: Die Abschiebung aus der DDR riss die Betreffenden aus den für sie individuell relevanten Projekten und versetzte sie in eine Umgebung, in der ihre Vorhaben ihrer Wahrnehmung nach kaum ohne Weiteres anschlussfähig waren. Dabei ging es nicht primär um berufliches Fortkommen, sondern umfassender und grundlegender um ihr Selbstverständnis als linke kritische Engagierte, die Gesellschaft verändern wollten und dafür mit ihrer ganzen Person eintraten. So kämpfte Fuchs in der DDR für einen anderen, demokratischen Sozialismus und entwickelte in diesem Zusammenhang eine eigene Form widerständigen Schreibens: Um Strukturen offenzulegen und präzise darzustellen, bediente er sich einer besonderen dokumentarischen Methode, trat etwa 1973 in die SED ein und hielt was er sah und erlebte in Gedächtnisprotokollen fest; auch reflektierte er intensiv den Gebrauch von Sprache, den er in der DDR, bestimmt vom Parteijargon, als wirklichkeitsverstellend empfand.[89] Durch seine

86 Zur weitgehenden Abnabelung Kunzes vom Projekt Sozialismus und seiner Akzentuierung einer »Freiheit des Denkens und Schreibens« siehe Emmerich, Kleine Literaturgeschichte, S. 423.

87 Utz Rachowski. Berlin, den 3. März 2000, in: Bernig/Schmitz, Literaturlandschaft im Wandel, S. 165–177, hier S. 173 (Bruch). »Die Bundesrepublik ist nicht mein Zuhause«, bekundete Zschorsch. »Man hat mich gezwungen, etwas mir nahe Stehendes zu verlassen: nämlich die Menschen, denen ich meine Entwicklung verdanke.« Grenzfälle, pardon Nr. 12, Dez. 1977, S. 60.

88 Fuchs, Einmischung, S. 21, 76 (Rachowski).

89 Doris Liebermann: Landschaften der Lüge – Gespräch mit Jürgen Fuchs, in: Kuczyński, Dialog mit der Wirklichkeit, S. 20–43, hier S. 23–25. Holger Ehrhardt: Unbehagen. Exilerfahrung im Werk von Jürgen Fuchs, in: Schmitz/Bernig, Deutsch-deutsches Literaturexil, S. 254–269, hier S. 255–257.

Texte und Auftritte exponierte sich Fuchs, Überwachung und Schikane durch die Staatssicherheit wurden für ihn und seine Ehefrau zum Dauerzustand, doch wollte er sich, wie er rückblickend formulierte, den Anspruch seiner Mentoren Wolf Biermann und Robert Havemann zu eigen machen und Risiken eingehen: »Wir haben gesagt: Es muss jetzt weitergehen, jetzt weitergehen. Schonung gibt es nicht mehr. Hier würde ich sagen: Die erste Reihe geht dann ins Feuer.«[90]

Diese enorme, fokussierte Anspannung steigerte sich noch einmal im Gefängnis unter physisch und psychisch hoch belastenden Bedingungen. Dann erfolgte die Abschiebung. »Aber jetzt stehe ich auf der Bundesallee mit dem Gefühl, einer großen Gefahr entkommen zu sein. Und kann mich nicht freuen. Eine Leere fällt mich an, ein Zweifel. Was hat noch Sinn?«, fragte sich Fuchs.[91] Dem Wissen, wofür und gegen wen man stand, den Strategien, die man für dieses Engagement entworfen hatte, dem Mut und Entbehrungen abverlangenden Selbstkonzept, das man sich erarbeitet und für das man bezahlt hatte (standhalten, sich wehren) – all dem war abrupt buchstäblich der Boden entzogen:[92] Die, die gesellschaftsorientiert tätig sein wollten, kannten sich nicht mehr aus. Von vorn beginnen zu müssen in einer grundsätzlichen Weise, darauf sahen Fuchs und Sallmann sich zurückgeworfen. Er habe »alles neu lernen« und »[d]iese ganze DDR-Sozialisation«, die Prägungen seiner DDR-Jugend und -Erziehung abstreifen müssen, berichtete Sallmann, »weil die Gesellschaft hier einfach anders funktioniert«, pluralistisch sei mit »vielen Teilbereichen und Szenarien«. Wie hier Fuß fassen, wie überhaupt Teil dieser Gesellschaft werden, um in ihr politisch aktiv zu sein? Wie sich selbst dabei treu bleiben?[93]

Die Situation, in der sie sich im Westen wiederfanden, charakterisierte Rachowski vor diesem Hintergrund als Exil, definiert

> als Aggregatzustand von Menschen, die in ein anderes Leben übergegangen sind. Ein Zustand der Entfremdung des Menschen, nicht nur von Ort und Zeit, sondern auch seiner Seele, seine Existenz in einer [...] anderen Körperlichkeit: der Fremde.[94]

---

90 Liebermann, Landschaften, S. 23–24, 27 (Zitat).

91 Fuchs, Einmischung, S. 21; zur Situation in der Haft siehe Liebermann, Landschaften, S. 28–34.

92 »Bleiben, standhalten, Unmut produktiv machen, sich wehren«, beschrieb Fuchs seine Haltung in der DDR, siehe Fuchs, Leben auf der Grenze (Brief Havemann), Der Spiegel Nr. 20, 14.5.1979, S. 206.

93 Trauer worüber (Gespräch Sallmann), wir selbst, Aug./Sept. 1983, S. 23 (Zitat), 24.

94 Rachowski, Erinnerungen, S. 78.

Fuchs fühlte sich in eine »räumliche Zwischenexistenz«, ein »Niemandsland« versetzt, konfrontiert mit einer »fremde[n] Umwelt«. Zugleich beobachtete er wachsende Entfremdung auch gegenüber früher Vertrautem, von Eltern, Freunden und Orten in der DDR, wo das Leben ohne ihn weiterging – eine Verschärfung der Identitätsbedrohung. So bestanden Fuchs wie die übrigen Genannten vehement auf der schmerzvollen und unhintergehbaren Realität des Getrenntseins.[95] Was andere im deutsch-deutschen Kontext als Überwölbend-Verbindendes wahrnahmen, betrachteten sie nicht als hilfreich: Die Sprache sei keine Brücke, konstatierten Fuchs und Zschorsch, die Vorstellung einer Ost und West umspannenden Kulturnation »Unsinn«, meinte Ersterer. Gleichwohl war das Land, in das sie kamen, eine »deutsche Fremde«, kein fernab liegender, völlig andersartiger und unverbundener, »exotischer« Ort.[96] Diesen Umstand bewertete namentlich Fuchs jedoch nicht als erleichternd, sondern vielmehr als erschwerend: Dass der Westen »die eigene Sprache spricht«, raubte ihm, dem Emigranten, die Möglichkeit zur Abgrenzung und damit wiederum Identität; inwiefern er anders war, unvertraut, Dinge nicht verstand, konnte er nicht in eigenen, unterschiedenen Worten und Begriffen ausdrücken. Gerade weil in manchem Nähe gegeben schien – die DDR von West-Berlin aus in Sichtweite lag –, ihm Heimkehr aber verwehrt blieb, empfand Fuchs den deutsch-deutschen Fall als »pervers«.[97] Dass ein gesamtdeutscher Bezugsrahmen auch insofern keine Entlastung bot, als vom Herkunftsland gewaltsam abgeschnitten worden zu sein, bestimmend und quasi eine offene Rechnung blieb, verdeutlichte Fuchs im März 1990 in einem Gespräch: Er wünschte sich, dass ihm »die Staatsbürgerschaft« – gemeint war die der DDR – dort, wo man sie ihm entzogen hatte, im Gefängnis Hohenschönhausen, zurückgegeben und damit das Unrecht, das er als DDR-Bürger erfahren hatte, revidiert werde.[98]

95 Fuchs, Einmischung, S. 21 (Zitate); Fuchs, Leben auf der Grenze (Brief an Havemann), Der Spiegel Nr. 20, 15.5.1979, S. 206 (Zitat Umwelt), 209. Jürgen Serke: Jürgen Fuchs, in: Serke, Das neue Exil, S. 69–83, hier S. 82.

96 Serke, Fuchs, S. 71. »Das wirkliche Phänomen liegt darin«, meinte Zschorsch, »daß, obwohl die DDR und die BRD im gleichen Sprachraum liegen, in Ost und West verschiedene Sprachen gesprochen werden.« Grenzfälle, pardon Nr. 12, Dez. 1977, S. 60; Rachowski, Erinnerungen, S. 76 (Eintrag vom 17.8.1985) (deutsche Fremde).

97 Jürgen Fuchs: »Und dir möchte ich dringend raten, nicht weiter den Marxismus-Leninismus zu verdrehen« (Gespräch mit Claudia Kleinschmidt), in: Jetzt wohin? Deutsche Literatur im deutschen Exil. Gespräche und Texte, hg. von Frank Goyke und Andreas Sinakowski, Berlin 1990, S. 26–33, hier S. 33; siehe auch Serke, Fuchs, S. 71.

98 Fuchs, Und dir möchte ich dringend raten, S. 33.

Für Fuchs wie für Rachowski, Sallmann und Zschorsch bedeutete die Übersiedlung einen Bruch in der Gestaltung ihrer Lebenswege: ein gewaltsames Herausgerissenwerden aus ihren Biografien, das sie in die »tiefste Fremde« katapultierte. Den Staatenwechsel beschrieben diese Männer, die in ihren Zwanzigern vor die Notwendigkeit eines Neubeginns gestellt wurden, angesichts dessen als massive Identitätsgefährdung.[99] Auffällig ist im Vergleich dazu, dass einige der älteren, in ihren Vierzigern Übergesiedelten zwar von ähnlichen Fremdheits- und Verlusterfahrungen berichteten, dem aber Kontinuitätsmomente entgegensetzten, welche die Entwurzelung weniger radikal und umfassend erscheinen ließen. Als Beispiel dafür kann, wie oben angerissen, der 1933 geborene Reiner Kunze stehen. Er hob als Privileg hervor, trotz Ost-West-Umzugs als Deutscher in einem Kontinuum (seiner Sprache, seines Landes) verblieben zu sein, so dass sich bei ihm keine fundamentale Identitätsproblematik einstellte. Eine vergleichbare Position lässt sich für Günter Kunert und bezüglich der Sprache auch für Sarah Kirsch skizzieren.[100] Bei den genannten Jüngeren dagegen konnten solche Bezüge den Schock des Verschobenwordenseins nicht mildern: Die Eigenschaft deutsch trug in ihrem Fall nicht dazu bei, »eine Identifikation mit der Bundesrepublik Deutschland zu fördern und die Sozialisationserfahrung in der DDR auszugleichen«.[101]

Bei Kunze wiederum bestand ein weiteres Kontinuitätsmoment in der Fortsetzung seiner schriftstellerischen Arbeit. Als er die DDR verließ, war er als Autor gut etabliert: Er hatte vor allem als Lyriker seine Themen und eine eigene künstlerische Sprache gefunden; im Westen, wo bereits mehrere seiner Werke erschienen waren, war er bekannt und geschätzt und konnte – ähnlich wie Kirsch – darauf hoffen, weiterhin gedruckt zu werden.[102] Ebenso dürfte bei Wolf

99 Rachowski, in: Bernig/Schmitz, Literaturlandschaft im Wandel, S. 176 (»[...] ich habe es als tiefste Fremde empfunden, als Verschwinden.«). Sallmann sprach von einem »Identitätsverlust«, siehe Trauer worüber, wir selbst, Aug./Sept. 1983, S. 24, Fuchs von einer gefährdeten und bedrohten Identität, vgl. Fuchs, Einmischung, S. 76; Mettke, Gleicher Abstand, Der Spiegel Nr. 29, 17.7.1978, S. 142.

100 Schädlich hingegen ist in gewisser Weise ein Sonderfall: Er betonte, sich objektiv betrachtet nicht im Exil zu befinden, nicht zuletzt, um sich von der ungleich schwierigeren Situation der nach 1933 Exilierten abzusetzen; zugleich war bei ihm das Gefühl des Fremdseins, auch mit Folgen für sein Schreiben, stark ausgeprägt. Vgl. Jäger, Von Literatur, S. 79–80.

101 Wallace, Leben in der Fremde, S. 180.

102 Joachimsthaler, Kunze, S. 416, notiert, dass Reiner Kunze als Autor im Westen »sehr schnell anerkannt und erfolgreich« gewesen sei und in den folgenden Jahren »zahlreiche Preise und Auszeichnungen« erhalten habe.

Biermann der Umstand, als Prominenter mit Interview-, Auftritts- und Publikationsangeboten stark nachgefragt zu werden, eine Rolle gespielt haben; so zog es ihn, der in seiner Selbstdefinition als politischer Künstler Fuchs nahestand und die gleiche Problematik einer sinnhaften Übertragung des eigenen Wirkens auf westliche Verhältnisse formulierte, rasch ins »Getümmel«.[103] Auch Brasch fand als Autor im Westen viel Aufmerksamkeit; er beharrte auf künstlerischer Autonomie, die durch die politisch-gesellschaftlichen Verhältnisse in Ost und West nicht ausreichend tangiert war, um durch den Wechsel gefährdet zu sein. Fuchs hingegen, auch Rachowski und Zschorsch, standen zum Zeitpunkt ihrer Ausweisung aus der DDR als Schriftsteller noch am Anfang; sowieso notwendige Suchbewegungen mussten sie in der Bundesrepublik unter der schwierigen Bedingung fortsetzen, dass ihnen als unbekannten und unveröffentlichten Autoren Anknüpfungsmöglichkeiten real fehlten.[104]

Diese Beobachtungen treffen sich mit Beobachtungen Wolfgang Emmerichs, der Kirsch, Kunze und Kunert in seiner »Typologie der Weggegangenen nach Maßgabe ihrer Mentalität, Identitätskonstruktion und Habitus« zur Gruppe der »glücklich Angekommenen« zählt: jene, die dem »Projekt DDR« nicht mehr verbunden waren und denen es gelang, »sich eine neue Identität in zumindest partieller Kontinuität mit der bisherigen zu konstruieren und auch weiter als Autor zu reüssieren«. Rachowski, Zschorsch und (eingeschränkt) Fuchs rechnet Emmerich demgegenüber zu den »Ausgestoßenen oder durch spezifische biografische Umstände Ausgegrenzten«, die nach ihrem Weggang »im Dissidentenstatus« verharrten.[105] Welche weiteren Faktoren lassen sich, daran anknüpfend oder ergänzend, als für die Interpretation und Verarbeitung des Ortswechsels vermutlich bedeutsam festhalten? Unterschiedliche generationale Prägungen in den Vorstellungen und emotionalen Bindungen, die Deutschland betrafen, könnten eine Rolle gespielt haben; und inwiefern die Betreffenden ihrem Selbstverständnis nach *politische* Schriftsteller waren.[106]

103 Wolf Biermann: Mein halbes, mein doppeltes Land. Bilanz im Exil, zweiter Teil, Die Zeit Nr. 38, 15.9.1978.

104 Schmitz, Literatur »zwischen den Staaten«, S. 72, 82–83, 85–86.

105 Wolfgang Emmerich: Kleine Typologie der Weggegangenen, in: DDR-Literatur. Eine Archivexpedition, hg. von Ulrich von Bülow und Sabine Wolf, Berlin 2014, S. 36–52, hier S. 42–43 (Zitate). Brasch und den frühen Jürgen Fuchs sieht Emmerich als verzweifelte Melancholiker, ebd., S. 42.

106 So konstatiert Emmerich, Kleine Literaturgeschichte, S. 425–426, für Kunert und Kunze, dass sich hinsichtlich ihrer literarischen Produktion vor und nach dem Wechsel Kontinuität feststellen lasse, da es beiden nicht mehr um ein politisches Schreiben ging.

3. Dissidenten? Politische Deutungs- und Rollenkonflikte

Der Schriftsteller und Theologe Wolfgang Hegewald, 1983 in die Bundesrepublik übergesiedelt, verstand sich nicht als Emigrant. Stattdessen verwies er auf einen weiteren Terminus, unter dem über die Ausgereisten verhandelt wurde: »Da nun aber schlecht ohne eine Rubrik von uns die Rede sein konnte, gewöhnte man uns und eine respektvoll erschaudernde Öffentlichkeit daran, dass wir Dissidenten seien. Die Unschärfe des Begriffs förderte seine Beliebtheit.«[107] Ähnlich wie Exil besitzt auch der Ausdruck Dissident eine bis in die Antike zurückreichende Geschichte. Am Anfang stand ein politischer Gebrauch des Wortes, später verschob sich die Bedeutung hinein in kirchenrechtliche Zusammenhänge: Als Dissidenten galten nun Häresie-Verdächtige, später nicht zur Staatskirche oder zu einer staatlich anerkannten Religionsgemeinschaft Gehörende. Die hier entscheidende Rückübertragung in den politischen Bereich erfolgte in den 1960er Jahren im Blick auf Menschenrechtsaktivisten in der Sowjetunion. Englischsprachige Journalisten prägten für sie, die sich selbst Andersdenkende nannten, den multilingualen Begriff Dissidenten. Er ist in diesem Sinne also eine Schöpfung des Westens, die sich auf den Widerstand gegen sozialistische Regierungen der östlichen Hemisphäre bezog.[108]

Als von der offiziellen Doktrin Abweichende qualifiziert zu werden: diese Zuschreibung unterwarf sowohl die DDR-Vergangenheit der Übergesiedelten als auch ihren Weggang einer spezifischen Deutung. Angenommen wurde, dass die Betreffenden in Opposition zum sozialistischen System gestanden hatten und dieser Gegensatz in ihrer Ausreise seinen Ausdruck fand – woran sich wiederum positive Beurteilungen der westlichen Gesellschaft, in der sie nun lebten, anschließen ließen. Insofern ist der Dissident als »eine Beziehungsgestalt *zweier* Welten« zu verstehen: »Er erwirbt seinen Status dadurch, dass ihm von den Repräsentanten des einen – des für ihn *externen* – Systems Eigenschaften, Verhaltensweisen und Werte zugeschrieben werden, die sie als die eigenen oder ihnen ähnliche« wiedererkennen.[109] Vor dem Hintergrund der Blockkonfrontation

---

107 Wolfgang Hegewald: Zwei deutsche Fremdwörter, Ostragehege. Zeitschrift für Literatur und Kunst 3 (1996) 6, S. 5.

108 Sieglinde Geisel: Dissidenz – Ein Anachronismus?, NZZ, 10.11.2003 (http://www.nzz.ch/article96A8X-1.328153) (2.6.2020); Martin Dehli: Dissidenten. Die Geschichte eines Begriffs weltanschaulicher Pluralisierung, Archiv für Begriffsgeschichte Bd. 43 (2001), S. 173–198, hier S. 173–175, 195–197.

109 Zur Erfindung des Dissidenten siehe Sonja Hauschild: Propheten oder Störenfriede? Sowjetische Dissidenten in der Bundesrepublik Deutschland und Frankreich und ihre

stand der Dissidentenbegriff damit im Zentrum eines weiter abgesteckten Felds von Wahrnehmungen und Kategorisierungen der Herübergewechselten, die auf eine *politische*, Systembewertungen implizierende Interpretation ihrer Geschichte einschließlich ihrer Migration hinausliefen. Die Übergesiedelten reagierten auf diesen Deutungsrahmen unterschiedlich. Einige wehrten sich gegen politisierende Fremddeutungen und lehnten die Dissidentenrolle daher ab. Andere wollten sich dezidiert mit Bezug auf ihre DDR-Erfahrungen im Westen politisch äußern und waren einem Verständnis als Dissidenten aufgeschlossen; in ihrem Fall gilt es zwischen antikommunistisch eingestellten ehemaligen DDR-Bewohnern und solchen, die am Sozialismus festhielten, zu unterscheiden.

Zu denen, die bereits bei ihrem Eintreffen den politischen Blick der Öffentlichkeit antizipierten und sich ihm zu entziehen suchten, gehörte Hans Joachim Schädlich. Er ließ beinahe vier Monate bis zu einem ersten Interview verstreichen, weil er »aufgrund der Konstellationen in den beiden deutschen Staaten« das Interesse vorwiegend auf die persönliche Situation der Autoren aus der DDR gerichtet sah. Sein Anspruch aber sei, dass man sich *literarisch* mit ihm befasse; überdies lehnte Schädlich ab, als Autor zu gelten, der lediglich »im Widerstand gegen Verhältnisse« schrieb. Auch für Thomas Brasch ging es in diesem Zusammenhang um verfehlte Erwartungen des Westens an DDR-Literatur, die zu sehr nach ihrem »Tabu-Wert« beurteilt werde. Er sperrte sich, zum »politischen Fall« und durch Etikettierungen wie Exilschriftsteller, jüdischer Autor oder Dissident konsumierbar gemacht zu werden.[110] Insgesamt verwahrten sich Schädlich, Brasch, auch Kirsch und Kunert dagegen, als Künstler im Ost-West-Kontext politisiert zu werden und ihr Schreiben mit Dissidenz gleichgesetzt zu sehen. Um sich aus solchen Bezügen herauszunehmen, interpretierten sie ihren Weggang in einer bestimmten Weise: Einen von Uwe Johnson geprägten Topos gebrauchend, sprachen sie davon, umgezogen zu sein, oder verwendeten ähnli-

---

Rezeption bei den Intellektuellen (1974–1977), Diplomarbeit, Virtuelle Fachbibliothek Osteuropa 2007 (https://epub.ub. uni-muenchen.de/1359/) (14.6.2020), S. 1; Christian Schneider: Der unsichtbare Dritte, in: Identität und Macht. Das Ende der Dissidenz, hg. von Christian Schneider et al., Gießen 2002, S. 11–44, hier S. 11, 13–14 (Zitat).

110 »Ich bin mit den Un-Mächtigen«. Ein Zeit-Gespräch mit Hans Joachim Schädlich, Die Zeit Nr. 12, 17.3.1978 (Zitate). Das Hinauszögern des Interviews beobachtet auch Jäger, Schriftsteller (Studie), S. 106; dort S. 176 zu Brasch. Vgl. mit Akzent auf Schädlichs literarischem Selbstverständnis Jäger, Von Literatur, S. 78–79; Für niemand anders (Gespräch Brasch), Der Spiegel Nr. 1, 3.1.1977, S. 81 (Zitat); Für jeden Autor (Gespräch Brasch), Die Zeit Nr. 31, 26.7.1977. Zu Brasch siehe auch Bilke, Auf schreckliche Weise, S. 93.

che, das Geschehen neutralisierende und ins Private transformierende Wendungen. In »einem anderen Land einen neuen Anfang machen«, lautete Thomas Braschs Fassung; Günter Kunert fragte in Bezug auf seinen »neuen Wohnort« rhetorisch, ob Schleswig-Holstein mit »dem Westen« gleichzusetzen sei.[111]

Dieser Deutung entsprechend vermied Kirsch, ihren Weggang mit Repressionen des SED-Regimes in Verbindung zu bringen. Sie ließ sich in West-Berlin nicht als politischer Flüchtling anerkennen. Fragen von Schülern nach den Gründen ihrer Ausreise beantwortete sie im April 1978 ausweichend. Erst im Rückblick benannte die Lyrikerin den Druck, dem sie ausgesetzt gewesen war: »Ich hab manchmal gedacht, es ist die persönliche Situation, verkrachte Liebesgeschichten. Später habe ich gemerkt, es war die DDR, die mich kaputt gemacht hat, die meinen Stolz kaputt machen wollte.«[112]

Doch zunächst stellten Kirsch und die übrigen Genannten ihre Ausreise als »einen bloß individuellen Schritt dar, mit dem sie nicht beanspruchten, eine verallgemeinerbare und zwingende Konsequenz aus den politischen Verhältnissen gezogen zu haben«. Diese Position war zum einen ihrem Bestreben geschuldet, als autonome Künstler verstanden zu werden; zum anderen kam es ihnen darauf an, sich nicht für deutschland- oder blockpolitische Interessen der Medien und Parteien vereinnahmen zu lassen: nicht, wie Schädlich formulierte, einem schiefen DDR-Bild (eines Landes, in dem man nicht leben, nicht schreiben kann) als Beleg zu dienen. Insbesondere fürchteten sie laut Jäger, dass Kritik an der DDR unmittelbar instrumentalisiert würde, um deren nationale Souveränität oder gar

111 Die Deutung »ein Ortswechsel« kurz nach der Ausreise bei Hedwig Rohde: Rückenwind und Drachensteigen. Sarah Kirsch in der Bundesallee, Der Tagesspiegel, 13.11.1977; rückschauend: »Ich habe immer gesagt, wie Uwe Johnson: ›Ich bin umgezogen.‹«, in: Selbstauskunft Kirsch, S. 51. Für niemand anders (Gespräch Brasch), Der Spiegel Nr. 1, 3.1.1977, S. 79. Kunerts Äußerung in: Denk ich an Deutschland, FAZ, 18.10.1980. Ähnlich formulierte der gleich Kunert mit Visum ausgereiste Karl-Heinz Jakobs: »Ich bin von einer deutschen Stadt in eine andere deutsche Stadt umgezogen« [Interview], Westfälische Rundschau, 18.7.1981. Er habe »den Wohnsitz gewechselt«, sei »von Falkensee innerhalb Deutschlands umgezogen«. Zum Topos des Wohnortwechsels siehe Jäger, Schriftsteller (Studie), S. 104–106; dort auch der Hinweis, dass Kirsch eines gleichwohl deutlich machte: Sie habe in der DDR nicht mehr schreiben können, während sie nun wieder arbeiten und frei publizieren könne.

112 Selbstauskunft Kirsch, S. 51–52 (politischer Flüchtling; Zitat); Gespräch Kirsch mit Schülern, S. 48–49 (auf die Frage, wie sie zu ihrem Rauswurf stehe: »Na, ich bin freiwillig gegangen, ehe es zu anderen Sachen gekommen wäre. Ich kann Ihnen das ganz schwer erklären, weil das ein Lebensabschnitt ist. Ich will Sie nicht abwimmeln, aber Sie müssen das einfach akzeptieren, wenn ich Ihnen sage, daß ich dazu wenig sagen kann.«).

Existenzberechtigung infrage zu stellen. Eine solche Sorge war, wie Schneider nahelegt, nicht unbegründet. Bezogen auf den Begriff Sozialismus führt er aus, dessen Entmythologisierung durch Dissidenten sei im Westen »vorschnell mit der Übernahme einer antikommunistischen Position verwechselt [worden], die dem systemischen Antikommunismus des westlichen Bündnisses entsprach«.[113]

Für ihre »Verweigerungshaltung« ernteten die Betreffenden Kritik.[114] »Nein«, befand etwa Jörg Bernhard Bilke im Januar 1978 zu Kirschs Rede vom »Wohnungsumzug«, »das ist nicht mehr die geschickte Regie des West-Berliner Komitees ›Freiheit und Sozialismus‹«, dessen Sprachregelung in jeder ihrer Verlautbarungen aufscheine, »sondern das sind in weit stärkerem Maße die politischen Illusionen einer durch Jahrzehnte von ihrem Staat privilegierten Autorin, die im ›kapitalistischen Westen‹ noch nicht angekommen ist«. Bilke, im September 1961 als Bundesbürger in Leipzig wegen »Hetze« verhaftet und nach drei Jahren im Zuchthaus Waldheim freigekauft, vertrat und erwartete eine antikommunistische Einstellung. Kirsch unterstellte der Germanist und Journalist, von der westdeutschen Linken, hier in Gestalt des Schutzkomitees Freiheit und Sozialismus, erfolgreich beeinflusst worden zu sein; und er folgerte, dass sie, da nicht dissident, vom SED-Regime kompromittiert sei.[115] Geradezu verächtlich äußerte sich der konservative Autor und Springer-Publizist Hans Habe in einem Beitrag für das CSU-nahe *Deutschland-Magazin* 1977 über die Lyrikerin, der er literarische Bedeutungslosigkeit und, weil sie sich nach ihrer Ausreise nicht unmittelbar öffentlich erklären wollte, »Wichtigtuerei« attestierte. Den Vorwurf, sich einer politischen Stellungnahme zu entziehen, weitete Habe in demselben

113 Jäger, Schriftsteller (Studie), S. 103, 107 (Zitate), 108; Schädlichs Äußerung bei Mettke, Gleicher Abstand, Der Spiegel Nr. 29, 17.7.1978, S. 145; Schneider, Der unsichtbare Dritte, S. 25.

114 Gespräch Kirsch mit Schülern, S. 48 (Zitat); von Verweigerungshaltung spricht Jäger, Schriftsteller (Studie), S. 108. Für Kirsch beschreibt diese Haltung auch Williams, Ich bin kein Emigrant, S. 395.

115 Jörg Bernhard Bilke: Die Lesereise der Sarah Kirsch, Der Literat Nr. 1, 15.1.1978, hier zit. nach Jäger, Schriftsteller (Studie), S. 104; zum Lebenslauf Bilkes siehe die Kurzvita und seinen autobiografischen Text: Die Fleischtöpfe der herrschenden Klasse oder Warum ich nicht im Politbüro sitze, europäische ideen (1982) 54/55, S. 13–16. Zum Schutzkomittee Freiheit und Sozialismus s. u. Bilkes Position war typisch für die in zwei Schubladen sortierende bundesrepublikanische Wahrnehmung: Entweder »war man ein Anhänger des Regimes, mithin kompromittiert und angreifbar, oder man war Regimegegner und verwendbar für die Zwecke der Anti-DDR-Propaganda«. Diese »Extrempositionen charakterisieren gleichsam die zeitgenössische westdeutsche Kritik«, so Williams, Ich bin kein Emigrant, S. 390.

Artikel pauschal auf nahezu alle übergesiedelten Künstler aus der DDR aus und machte ihn zur Grundlage einer negativen Kategorisierung dieser Gruppe:

> Neunzig Prozent [...] sind nicht das, als was man sie bezeichnet. Vor allem sind sie keine Dissidenten. Dissidenten sind die Russen Solschenizyn, Amalrik, Bukowski, Maximow [...,] weil sie der Ideologie, die in ihrer Heimat herrscht, endgültig abgeschworen haben.[116]

Warum Fuchs, Pannach, Kunert, Medek und Kirsch nicht als Abtrünnige, vielmehr als »Danaer-Geschenke« der DDR einzuschätzen seien, führte Habe weiter aus: Als konstitutiv für einen Dissidenten betrachtete er, dass dieser das System, aus dem er kommt, bekämpft, die Gesellschaft, die ihn aufnimmt, dagegen bejaht. Ebendiese Haltung ließen die Betreffenden vermissen: Sie kritisierten die Bundesrepublik, nicht die DDR. »Das Bekenntnis jedenfalls, daß im Westen ganz einfach Freiheit herrscht, hat sich keines intellektuellen ›Dissidenten‹-Lippen entrungen, kein ›DDR‹-Auswanderer arbeitet an einem ›GULAG‹.«

Umso mehr begrüßten Habes Meinung nach die »ultralinken« Meinungsführer in *Spiegel, Stern* und *Zeit* die Neubürger, da sie von ihnen Stärkung der eigenen Position erhofften. So sorgten die herübergewechselten »›DDR‹-Dubčekisten« für einen Aufschwung des Kommunismus, der doch nach 1968 schon im Untergang begriffen gewesen sei – und bedeuteten für den Westen eine ernste Gefahr.[117] Dieses Szenario einer drohenden linken Unterwanderung der Bundesrepublik war nicht neu; Habe hatte es bereits im November 1976 in einer legendär gewordenen Kolumne über Biermann in der *Welt am Sonntag* skizziert, den er dort ebenfalls als »Danaer-Geschenk«, auch als »trojanisches Pferd« und »Wolf im Schafspelz« bezeichnet hatte: ein Marxist, der einnehme, weil

116 Tatsächlich verzichtete Kirsch zunächst auf Interviews und Stellungnahmen, siehe Karin Huffzy: Den Himmel beschreiben. Ein Gespräch mit Sarah Kirsch, Die Zeit Nr. 45, 4.11.1977 (einführende Redaktionsnotiz). Hans Habe: Danaer-Geschenke, Deutschland-Magazin 9 (1977) 5, S. 28, 29 (Zitat).

117 Habe, Danaer-Geschenke, Deutschland-Magazin 9 (1977) 5, S. 29. »Nicht der Kommunismus in seiner alten Form, sondern der Linksextremismus in seiner neuen ist unser Feind.« Aus Habes Position, den Künstlern aus der DDR einen Dissidentenstatus derart umfassend abzusprechen, ist nicht zu schließen, dass sich das christdemokratisch-konservative Lager durchgängig von allen Übergesiedelten distanzierte. Reiner Kunze etwa lud die CSU-Landesgruppe im BT Anfang 1984 als Vortragenden auf ihre alljährliche Klausurtagung nach Wildbad Kreuth ein, siehe Joachimsthaler, Kunze, S. 416. Vgl. auch unten die Erfahrungen Dagmar Suckerts und Siegmar Fausts.

er kabarettistisch-anarchisch daherkomme. Habes Artikel bündelte, was konservative Kommentatoren in einer regelrechten »Schlammschlacht« gegen den Liedermacher ins Feld führten, einhellig in ihrem Verdikt: »[…] eine Landesverweisung macht noch keinen Solschenizyn«.[118]

Die öffentliche Aufmerksamkeit, die der Liedermacher nach seiner Ausbürgerung erhielt, brandmarkten CDU/CSU-Politiker und ihnen nahestehende Medien daher als unangebrachte »publizistische Exzesse«.[119] Biermann und die anderen ausgereisten Künstler versagten in dieser Sicht, weil sie in der Systemfrage keinen Beitrag zugunsten des Westens leisteten, sich der Alternative »Freiheit *oder* Sozialismus« verweigerten. Dadurch bedienten sie in den Augen konservativer Beobachter genau das Prinzip, das diese an der Entspannungspolitik als fatal erachteten: auf eine Betonung der essenziellen Gegensätze zu verzichten und sich stattdessen auf systemimmanente Kritik und Veränderungshoffnung zu verlegen. Andersherum gefasst: Was man an dieser Politik ablehnte, ließ sich an ihrem Beispiel anprangern: Es war der »Versuch, aus der ›Blocklogik‹ auszusteigen«, den »die konservative Presse anläßlich der Biermann-Ausbürgerung an[griff]«.[120]

Bezeichnend ist, dass Kommentatoren des Mitte-rechts-Lagers die DDR-Übersiedler mit sowjetischen Exilierten als positivem Gegenbeispiel, »echten« Dissidenten, kontrastierten – am häufigsten mit dem russischen Schriftsteller Aleksandr Solženicyn. Mit seiner Ausbürgerung im Februar 1974 setzte eine Phase verstärkter Ausweisungen von Oppositionellen aus dem Ostblock ein. Sein Schicksal und seine Schriften lösten international ein starkes Echo bei Politikern, Intellektuellen und den Medien aus.[121] In der Bundesrepublik, wo Solženicyn kurzzeitig Asyl fand, wurde prototypisch das Koordinatensystem sichtbar, innerhalb dessen man Dissidenz rezipierte. Dabei waren es neben der Publizierung des »Archipel Gulag« seine öffentlichen Stellungnahmen, die Reaktionen pro-

118 Hans Habe: Der Wolf im Schafspelz, Welt am Sonntag, 21.11.1976. Roos meint, dass Habes Kommentar »die zentrale Stellung innerhalb der rechten Presse und Parteien« einnahm; aus ihm ließen sich alle gängigen Argumentationsstrategien und Stereotype ableiten. Roos, Exil, S. 182. Siehe dazu auch Jäger, Schriftsteller (Studie), S. 183 (Schlammschlacht), 184. Student (Würzburg) Nr. 63, Nov./Dez. 1976 (Zitat), abgedr. bei Roos, Exil, S. 190.

119 Filbinger kritisiert »Exzesse« der Medien wegen Biermann, Schwäbische Zeitung, 27.11.1976, abgedr. bei Roos, Exil, S. 196; dort weitere Beispiele.

120 Freiheit statt/oder Sozialismus war der Wahlkampfslogan der Unionsparteien im Bundestagswahlkampf 1976, vgl. »Hoffentlich hält das vier Jahre«, Der Spiegel Nr. 41, 4.10.1976, S. 6–17, hier S. 17. Jäger, Schriftsteller (Studie), S. 184, 185 (Zitate).

121 Hauschild, Propheten, S. 2, 28; Boll/Sirot, Deutsche und französische Intellektuelle, S. 323, 332.

vozierten: Solženicyn beleuchtete nicht allein ausführlich das sowjetische Unterdrückungssystem; auf Pressekonferenzen äußerte er sich wenige Monate nach seiner Ankunft zudem höchst ablehnend zur Entspannungspolitik.[122]

Insgesamt ließ seine Angelegenheit die Frage virulent werden, welche politischen Schlüsse Westeuropa angesichts östlicher Dissidenz prinzipiell zu ziehen hatte. Für sozialdemokratische, liberale und linke Kreise, die die neue Ostpolitik unter Brandt und Schmidt befürworteten, bedeutete Solženicyn eine Herausforderung. Sie widmeten dem Ausgewiesenen große Aufmerksamkeit, erklärten sich solidarisch und boten ihm mediale Foren, doch seine politischen Ansichten beurteilten sie kritisch. Auch verwiesen sie auf andere sowjetische Exilierte wie den Chemiker Žores Medvedev, die *für* Entspannung eintraten. Letztlich führte die Auseinandersetzung mit den Dissidenten auf dieser Seite nicht dazu, die neue Ostpolitik zu verwerfen oder Sozialismus jeglicher Art einer antitotalitären Fundamentalkritik zu unterziehen.[123] Den Entspannungsgegnern, CDU/CSU-Opposition und konservativen Intellektuellen, waren Solženicyns Einlassungen dagegen Wasser auf ihre Mühlen. Sie zogen ihn und weitere Ausgereiste (bevorzugt Vladimir Maksimov) als Kronzeugen heran, die mit ihren persönlichen

122 Solženicyn wohnte nach seinem Eintreffen zwei Tage bei Heinrich Böll in der Eifel; Hauschild, Propheten, S. 31, 35–36; Boll/Sirot, Deutsche und französische Intellektuelle, S. 330, 332–334. Zur Aufnahme des »Archipel Gulag« in der Bundesrepublik siehe Manfred Wilke: Solschenizyn und der Westen, in: Veen, Wechselwirkungen, S. 149–171, hier S. 163–169.

123 Hauschild, Propheten, S. 77–83; Ulrike Ackermann: Sündenfall der Intellektuellen. Ein deutsch-französischer Streit von 1945 bis heute, Stuttgart 2000, S. 148–154; Boll/Sirot, Deutsche und französische Intellektuelle, S. 336–337. Boll, S. 323–324, merkt an, dass es auf Seiten der unabhängigen, sich sozialistisch verstehenden Linken immerhin einige »kritische Reflexionen und ideologische Klärungen« in Form von Debatten gegeben habe, die Rudi Dutschke und Manfred Wilke anstießen: im Rahmen einer Podiumsdiskussion in Hamburg, zu der ein »Komitee gegen die Repression in der ČSSR und in Osteuropa« einlud, sowie eines daraus entstandenen Buchs (Rudi Dutschke und Manfred Wilke [Hg.]: Die Sowjetunion, Solschenizyn und die westliche Linke, Reinbek bei Hamburg 1975); dazu kritisch Ackermann, Sündenfall, S. 150–151. Ulrike Ackermann beurteilt die Haltung der westdeutschen Intellektuellen insgesamt negativ; sie beobachtet »die antifaschistische Weichzeichnung des Kommunismus mit der Folge des Anti-Antikommunismus und die Entwertung und Geringschätzung der bürgerlichen Demokratie«. Ein Gulag-Schock wie in Frankreich sei ausgeblieben, das Interesse für Regimekritiker nach der Biermann-Ausbürgerung rasch wieder abgeflaut: »Antitotalitäre Optionen, von West- oder von Ostseite vorgetragen, fanden keinen nennenswerten Eingang in die Debatten der Bundesrepublik.« Ulrike Ackermann: Sündenfall der Intellektuellen. Französische und deutsche Wahrnehmungen der Dissidenz, Die politische Meinung 8 (2007) 453, S. 72–78, hier S. 75, 78.

Der aus der UdSSR ausgebürgerte Aleksandr Solženicyn (links) mit dem befreundeten Schriftsteller Heinrich Böll, Langenbroich (Eifel), Februar 1974.

Erfahrungen belegten, dass derartige Bemühungen angesichts eines Freiheit und Menschenrechte missachtenden Gegenübers verfehlt seien. Darüber hinaus nutzten Vertreter des Mitte-rechts-Lagers die Gelegenheit zu einer generellen Diskreditierung der Linken, deren Glaube an die Möglichkeit eines »pluralistischen Sozialismus« längst widerlegt sei. Blind hielten diese Intellektuellen fest an der »Utopie, der Bolschewismus sei belehrbar [...] – was ihnen die Emigranten sagen, wollen sie nicht hören, wie man zwischen 1933 und 1939 auf die Exilierten des Hitlertums nicht hören wollte«, befand etwa Hans Habe und verband seine Diagnose mit dem Vorwurf, dass die Linke die Dissidenten infolgedessen geringschätze und verrate.[124]

Auf der Gegenseite, wo sich Heinrich Böll, Günter Grass und lokale Initiativen durchaus um die Ausgewiesenen bemühten, fürchtete man wiederum deren Vereinnahmung durch »falsche Brüder«. Die Sorge, dass Ostblock-Oppositionelle zu Werkzeugen der Konservativen und rigorosen Antikommunisten würden, eskalierte im Herbst 1974 im Streit um die Zeitschrift *Kontinent.*[125] Herausgegeben von dem zum Springer-Konzern zählenden Propyläen-Verlag (Ullstein), sollte die Publikation emigrierten russischen und osteuropäischen Autoren eine Plattform schaffen. In einem offenen Brief an die Beteiligten Andrej Sinjavski und Aleksandr Solženicyn attackierte Grass die Zusammenarbeit mit Springer scharf: »Muß man, um seiner begründeten Gegnerschaft zum totalitären Kommunismus Ausdruck zu geben, Anlehnung bei Kräften suchen, denen die westlichen Diktaturen nie ein sonderliches Ärgernis gewesen sind und die in ihrer antikommunistischen Verblendung durchaus bereit sind, den kommunistischen Teufel mit dem faschistischen Beelzebub auszutreiben?«[126] Grass' Anwurf und die folgenden kontroversen Reaktionen zeigten, dass es bei der Beschäftigung

124 Hauschild, Propheten, S. 84–85, 73–74; Boll/Sirot, Deutsche und französische Intellektuelle, S. 334, vermerken, dass vor allem Habe die Regierung Brandt und Heinrich Böll unter Bezug auf Solženicyn angriff. Hans Habe: Die Unbelehrbaren, Deutschland-Magazin 9 (1977) 2, S. 24, 25 (Zitat); Habe, 1911 in Budapest als János Békessy geboren, emigrierte 1940 nach deutscher Kriegsgefangenschaft in die USA; er verstarb im Sept. 1977, vgl. Reinhard Zachau: Off Limits (Hans Habe, 1955), in: Historisches Lexikon Bayerns (https://www.historisches-lexikon-bayerns.de/Lexikon/Off_Limits_(Hans_Habe,_1955)) (15.6.2020).

125 Boll/Sirot, Deutsche und französische Intellektuelle, S. 333–334; Stefan Troebst: Die westliche Osteuropaforschung 1975–1989. Drei Skizzen, in: Veen, Wechselwirkungen, S. 173–182, hier S. 176. Ausführlich zum Kontinent-Streit Hauschild, Propheten, S. 67–70; darauf fußt das Folgende.

126 Günter Grass: Nicht gerade bei Springer! Offener Brief von Günter Grass, Die Zeit Nr. 42, 11.10.1974.

mit den Dissidenten immer auch um innenpolitische Konflikte ging.[127] Dabei verkörperten Springer auf der einen und Schriftsteller wie Böll und Grass auf der anderen Seite paradigmatisch konträre Werthaltungen: der Medienkonzern als Sprachrohr christlich-(rechts)konservativer Kreise, von der Studentenbewegung als Hauptakteur einer Antiaufklärung der Öffentlichkeit identifiziert, versus Intellektuelle, die für einen demokratischen Sozialismus eintraten und nach 1968 die Rolle einer kritischen linken Gegeninstanz übernahmen.[128] In ihrer Konfrontation rangen beide Lager darum, dass die Dissidenten das Gewicht ihrer moralischen Integrität nicht dem innenpolitischen Gegner in die Waagschale warfen.

Die Rezeption der sowjetischen Dissidenten in der Bundesrepublik bestimmten demnach spezifische Frontstellungen, die sich entlang außen- und innenpolitischer Schlüsselthemen zwischen zwei großen Lagern ausgebildet hatten. Vereinfacht gefasst standen dabei sozialliberale Regierung, linke Intellektuelle und Entspannungsbefürworter CDU/CDU-Opposition, antikommunistischen Konservativen und Entspannungsgegnern gegenüber, denen der Umgang mit Dissidenten jeweils auch ein Mittel ihrer Auseinandersetzung war.[129] Mit ebendieser Konstellation, die spezifische Erwartungen an und Rollen für Ost-West-Ausgereiste bereithielt, sahen sich ab 1976 die Künstler aus der DDR konfrontiert. Dass einige von ihnen darauf mit Zurückhaltung reagierten, wofür sie von westdeutschen Beobachtern, die sozialismuskritische Statements erwarteten, gerügt wurden, wurde bereits deutlich. Wie aber positionierten sich jene, die, wie oben erwähnt, eine andere Haltung vertraten: sich nämlich dezidiert unter Bezugnahme auf ihre Erfahrungen zu Verhältnissen in der DDR und der Bundesrepublik äußern, Zeugnis ablegen wollten? – Nicht einheitlich jedenfalls. Charakteristika, die einige von ihnen verbanden, lassen sich beispielhaft an Stellungnahmen in einem Heft der Zeitschrift *europäische ideen* von 1982 aufzeigen.

---

127 Grass erntete teils scharfe Kritik sowohl von den Betreffenden als etwa auch von Wolf Jobst Siedler (Verlagsleiter Propyläen), Hans-Dietrich Sander (in Die Welt) und Matthias Walden (in Welt am Sonntag); siehe den rekapitulierenden Bericht von Dieter E. Zimmer: Wer relativiert hier wen?, Die Zeit Nr. 50, 6.12.1974. Die Zeit vertrat zunächst die Meinung, Propyläen könne nicht »für die Praktiken der Springer-Presse haftbar gemacht« werden; dann gelangte man zu der Auffassung, dass der Springer Konzern eben doch seinen innenpolitischen Kampf mit Kontinent munitionierte; siehe Dieter E. Zimmer: Grass hat recht behalten, Die Zeit Nr. 44, 25.10.1974.

128 Roman Léandre Schmidt: Lettre International. Geschichte einer europäischen Zeitschrift, Paderborn 2017, S. 147; dort, S. 146–148, 151, ebenfalls zur Kontinent-Kontroverse.

129 Hauschild, Propheten, S. 79, 84.

Herausgegeben von Andreas W. Mytze, West-Berliner Theaterwissenschaftler und Germanist, und von dem 1974 selbst übergesiedelten Autor Siegfried Heinrichs redigiert, versammelte der Band Beiträge von Schriftstellern und bildenden Künstlern aus Ostdeutschland. Anliegen des Heftes war es, sich unter dem Titel »Dissidenten?« mit Status und Rolle der Ver- oder Bedrängten in Abgrenzung von dem generellen Gesinnungsverdacht zu beschäftigen, wie er im konservativen Lager formuliert worden war. Habes Verdikt von 1977 (»Neunzig Prozent [...] sind nicht das, als was man sie bezeichnet«) war den Gedichten, Texten und Zeichnungen als Zitat vorangestellt.[130] Die Beiträge verhandelten nicht explizit, was unter Opposition gegen das DDR-Regime oder -System zu verstehen sei. Eines jedoch wurde in den Kurzviten und Texten in jedem Fall deutlich: Die Betreffenden hatten eine kritische oder opponierende Haltung gezeigt; und sie hatten infolge dieser Haltung Repressionen erfahren bis hin zu Gefängnisstrafen, die beinahe alle der hier Vorgestellten erlitten hatten. Dissidenten im Sinne von Nichtübereinstimmenden waren sie also durchaus. Auch aufgrund der aufscheinenden Verfolgtenschicksale erschien es infam, ihnen den Dissidentenstatus pauschal abzusprechen, denn immerhin hatte das SED-Regime sie als Gegner attackiert.[131]

Über diese implizite Aussage des gesamten Hefts hinaus äußerten sich einige Autoren ausdrücklich politisch mit dem Anspruch, über den Charakter der DDR aufklären und Konsequenzen für die Bundesrepublik zu zeigen. Dagmar Suckert etwa brandmarkte den ostdeutschen Staat, der ihren Ehemann und sie inhaftiert hatte und bei ihrer Ausreise die Kinder zunächst zurückhielt, als von »Zwänge[n], Lüge[n] und ideologische[n] Widerwärtigkeiten« gekennzeichnet. Ulrich Schacht betrachtete das politische System der DDR als »Fortsetzung des nationalsozialistischen Regimes mit anderen Mitteln«. Vor dem Hintergrund dieser Diagnosen, die sich im Prinzip auch auf andere sozialistische Staaten anwenden ließen, lehnten mehrere Autoren die Ostpolitik der Bundesregierung als zu devot ab: Suckert konnte bei nur einseitigen Zugeständnissen des Westens keine Entspannung erkennen. Schacht, zu dieser Zeit selbst noch

130 Andreas W. Mytze (Hg.): Dissidenten?, europäische ideen (1982) 54/55. Die meisten der Autoren lebten im Westen, andere wie Wolfgang Hilbig und Friedhelm Mäker, obschon unter Druck geraten, noch in der DDR. Das Zitat aus Habe, Danaer-Geschenke, Deutschland-Magazin 9 (1977) 5, S. 28.

131 Verurteilt worden waren die Betreffenden teilweise gerade dafür, dass sie versucht hatten, über die DDR aufzuklären; vgl. Dieter Borkowski: Vita und Bibliographie, europäische ideen (1982) 54/55, S. 17.

Sozialdemokrat, war von Brandts Position abgerückt, weil er die »Bereitschaft zur ideologischen Auseinandersetzung« vermisste. Rolf Mainz beklagte im Blick auf Schmidts DDR-Besuch im Dezember 1981, während gleichzeitig in Polen das Kriegsrecht verhängt wurde, den »Nichteinmischungskotau« der offiziellen Politik.[132]

Neben der Kooperationsbereitschaft gegenüber Ostblock-Regierungen gab es einen weiteren Aspekt westdeutschen politischen Verhaltens, der einigen Ausgereisten vor dem Hintergrund ihrer eigenen Erfahrungen kritikwürdig schien: Sie verstanden nicht, dass – ihrem Eindruck nach – viele Bundesbürger die Freiheit, die ihre Gesellschaftsordnung ihnen bot, nicht wertschätzten und diese Ordnung sogar attackierten. Schacht beobachtete eine solche Verächtlichkeit auf verschiedensten Seiten (»Hausbesetzer, Aussteiger jeder Art, Neonazismus, RAF-Terror, Schickeria von links, Dummheit von rechts«); auch Suckert hielt Ignoranz gegenüber der in der Bundesrepublik gegebenen Freiheit für ein allgemeines Phänomen, beanstandete sie explizit jedoch vor allem bei den Linken.[133] Schärfer und eindeutig auf die westliche Linke gemünzt war Siegfried Heinrichs' Vorwurf eines systematischen Wegschauens, das er aktuell bezüglich der sichtbar werdenden Verbrechen Pol Pots in Kambodscha konstatierte: »Jene, die sonst demonstrierten, schweigen.« Als Wiederholung historischer Ereignisse – der Moskauer Prozesse und ihrer Beschönigung – begriffen, führten seine Beobachtungen Heinrichs zu einem generellen Verdikt: »Und es ist ihre, der Linken, ewige Unfähigkeit, mit den Opfern zu leiden.«[134]

Die Autoren, die sich in den *europäischen ideen* äußerten, verstanden sich als Gegner des politischen Systems der DDR. Den bisher Zitierten, die eine längere Haft als Erfahrung teilten, lag es fern, kommunistische Ideen zu verbreiten. Sie definierten sich vielmehr als diejenigen, »die nicht mehr mit dem Sozialismus liebäugelten und das hiesige System mit Abstrichen bejahten«.[135] Darüber hinaus

132 Österreich, Flugversuche, europäische ideen (1982) 54/55, S. 99 (Zitat), 103–104; Ulrich Schacht: Von Deutschland nach Deutschland – über Prag. Autobiografische Notizen, ebd., S. 125–130, hier S. 125 (Zitat), 126. Vgl. zu Schacht Jörg Bernig: Heimatverlust. Zu Ulrich Schachts literarischem Werk, in: Schmitz/Bernig, Deutsch-deutsches Literaturexil, S. 282–309, hier S. 284: »Schachts geistiger Widerstand gegen den Kommunismus bezieht seine Nahrung aus Motiven und Traditionslinien des Widerstands gegen das Dritte Reich und aus dem Prager Frühling.« Rolf Mainz: Macht mal so weiter, Genossen!, europäische ideen (1982) 54/55, S. 135 (Zitat), 138.

133 Schacht, Von Deutschland, ebd., S. 129; Österreich, Flugversuche, ebd., S. 103, 108.

134 Siegfried Heinrichs: Meinen linken Freunden, ebd., S. 68.

135 Tina Österreich: Vorbemerkung in eigener Sache, ebd., S. 97 (Zitat), 98.

verband sie das Abrücken von Positionen, die in der Bundesrepublik im sozialliberalen und linken Lager beziehungsweise von Entspannungsbefürwortern vertreten wurden. In einigen ihrer Haltungen, so in puncto »verfehlte Ostpolitik«, »gelungene und verteidigungswürdige Gesellschaftsordnung der Bundesrepublik« und »Blindheit der Linken« trafen sie sich inhaltlich mit dem, was Konservative verfochten. Die Reaktionen auf ihre Positionierung erlebten sie als ambivalent bis negativ: sowohl in dem, wie ihr persönliches Schicksal und ihr Aufklärungsstreben wahrgenommen wurden, als auch bezüglich ihrer inhaltlichen Standpunkte und der Art, wie und wo sie sich öffentlich äußerten. Suckert beispielsweise gab an, dass sie nach der Veröffentlichung ihres autobiografischen Berichts »Ich war RF« 1977 zwar einerseits zur gefragten Vortragenden wurde, andererseits aber Ablehnung erfuhr. Politiker wie auch Verlage und Buchhandlungen begründeten ihr Abstandnehmen mit der Sorge, ihre Ost-Verbindungen könnten sich verschlechtern. Aufklärung, so Suckerts Fazit, war im Kontext der sozialliberalen Deutschlandpolitik, in dem nachsichtigen, auf Kontakte zu DDR-Regierenden und -Organisationen gerichteten Klima, das sie geschaffen hatte, nicht erwünscht.[136]

Wer sich dennoch artikulierte, geriet in die Rolle des Lästigen – ein Befund, wie ihn sowohl für das politische Milieu als auch für den Literaturbetrieb ähnlich Wolf Deinert formulierte. Wie Schacht Mitglied der SPD, konstatierte Deinert, dass seine Biografie für seine Partei »eine Entspannungsbedrohung« sei. Diese Sicht begegnete ihm als Schreibendem ebenso seitens des »Literaturestablishments«, das »zwei Klassen von DDR-Schriftstelleremigranten« unterscheide: die »Gemäßigten und die Kalten Krieger«.[137] Was damit gemeint war, benannte

136 Der Minister für innerdeutsche Beziehungen riet ihr von weiteren derartigen Veröffentlichungen ab; mehrere Verlage hatten das Buch nicht drucken wollen, nun wollte die örtliche Buchhandlung es nicht verkaufen. Österreich, Flugversuche, europäische ideen (1982) 54/55, S. 102–104; siehe auch Österreich, Luftwurzeln, S. 85–86.

137 Ein Kalter Krieger sei ein Autor, der in der Emigration »die Bücher über sein Land schreibt, die seinem Ex-Staat ans ›Eingemachte‹ gehen«. Verlangt sei Zurückhaltung in der Kritik, sonst drohe »Beifall von der falschen Seite«. Wolf Deinert: Brief vom 12.3.1988, The Germanic Revue 3 (1990), S. 118–120, hier S. 118 (Zitat). Wolf Deinert: Mutti, wie schreibt man Amerika?, in: Finn/Julius, Von Deutschland, S. 47–58, hier S. 56 (Zitat Entspannungsbedrohung). Siehe außerdem Wolf Deinert: Brief an einen bundesdeutschen Hörfunkredakteur zum Thema »unberechtigte Kritik« oder der lange Arm der DDR, wir selbst, Nov. 1986, S. 17–19. In der hier betrachteten Ausgabe der europäischen ideen war Deinert ebenfalls, jedoch mit einem rein literarischen Text vertreten. Die Beobachtung, dass die Betreffenden sich von der westdeutschen linken Szene »reflexhaft als ›schwarze Schafe‹ einsortiert« sahen, formuliert auch Schmitz, Literatur »zwischen den Staaten«, S. 83 (Zitat FN), 84.

der Journalist Jochen Kelter 1984 in der *Badischen Zeitung*. Ganz wie von Deinert beklagt, äußerte er sich abfällig über jene »Dissidenten«, »die sich vom Goldenen Westen goldene Publicity-Berge erhoffen« und sich bei Ausbleiben »in den künstlichen Schmollwinkel trollen, um der Rechtspresse jederzeit für jede Kampagne – gegen alle Form der Entspannung [...] – zur Verfügung zu stehen«. Ihnen enttäuschten Geltungsdrang zu unterstellen, war hier die Strategie, die Position der »unangemessen« auftretenden Schriftsteller zu entwerten; eine andere bestand darin, auf ihre persönliche Betroffenheit zu verweisen.[138] Dissident wurde zu einem negativen Begriff, der das Anliegen der Autoren, sich literarisch oder dokumentarisch mit den Verhältnissen in der DDR zu befassen, quasi übersprang und ihre Haltung als nur instrumentell im politischen Lagerkampf wertete. Die Betreffenden wehrten sich gegen diesen Kurzschluss wie gegen die Rolle des anachronistischen, die Zeichen der Zeit missachtenden Störers, die man ihnen aufzwang. Jedoch erfuhren sie in für sie materiell wichtigen Bereichen Benachteiligungen. Suckert ging so weit, sich mit ihrer Haltung nicht nur innerhalb bestimmter politischer Milieus oder des Literaturbetriebs, sondern gesamtgesellschaftlich marginalisiert zu sehen; sie teilte die von Konservativen vertretene Ansicht, dass die Bundesrepublik gänzlich von linken Auffassungen dominiert sei, die als Mainstream alles Abweichende verdrängten.[139]

In diesem Zusammenhang reflektierten einige der ausgereisten Schriftsteller, was es bedeutete, dass sie als rechts geltende Medien und Kontakte nutzten. Weil sie deswegen Vorwürfe trafen, fühlten sie sich bemüßigt, Stellung zu nehmen. Suckert etwa publizierte »Ich war RF. Ein Bericht« 1977 im Stuttgarter Seewald-Verlag, der vorwiegend namhaften (rechts)konservativen Autoren

---

138 Jochen Kelter: Eine ungebrochene deutsche Tradition. Im Fremden ungewollt zu Hause: Bernd Jentzsch, ein DDR-Schriftsteller in der Schweizer Emigration, Badische Zeitung, 31.3./1.4.1984, hier zit. nach Jäger, Schriftsteller (Studie), S. 186; dort sowie S. 187 zu Deinert in diesem Zusammenhang.

139 Österreich, Flugversuche, europäische ideen (1982) 54/55, S. 105–106. Eine ähnliche Erfahrung des »Fremdseins« beobachtet Axel Vieregg auch bereits bei dem 1971 übergesiedelten Lyriker Peter Huchel, der als Person und mit seinem Werk nach 1961 zu einem Symbol des Widerstands geworden war, im Zeichen von Wandel durch Annäherung und 1968er Aufbruchsstimmung mittlerweile jedoch als »Nachzügler aus der Zeit des Kalten Krieges« erschien, »der sich überlebt hatte«. Axel Vieregg: »Entzauberung«. Exil als Metapher in Peter Huchels später Lyrik, in: Schmitz/Bernig, Deutsch-deutsches Literaturexil, S. 227–248, hier S. 227. Zu der aus Sicht der Konservativen das politische und kulturelle Leben der Bundesrepublik dominierenden Linken siehe Hauschild, Propheten, S. 75.

und Politikern wie Gerd-Klaus Kaltenbrunner, Armin Mohler, Heinrich Basilius Streithofen und Franz Josef Strauß ein Forum bot.[140] Ihre Entscheidung begründete Suckert mit ihrer Unkenntnis der westdeutschen Verlagslandschaft und dem Umstand, dass andere Verleger das Manuskript abgelehnt hatten, so dass sie für Seewald »ja im eigentlichen Sinne gar nichts konnte«. In der Folge selbst »als rechts abgestempelt« zu werden, erschien ihr unangemessen und als Auswuchs eines Kastendenkens. Jenseits dieser Kritik unterließ es Suckert, sich zum Rechtskonservatismus, dem man sie zuschlug, zu stellen. Vielmehr beschrieb sie ihre mediale Standortwahl als dem Bestreben erwachsen, jemanden zu finden, »der nur die Wahrheit druckte«.[141] Eindeutiger äußerte sich hingegen Siegmar Faust, indem er schilderte, wie aus den »falschen« Freunden die richtigen wurden und umgekehrt. Sein Ausgangspunkt bei der Ausreise war erklärtermaßen eine linke Position. Mit Biermann und Havemann gut bekannt, wusste er zudem genau, vor welchen »Klassenfeinden« im Westen er sich hüten musste: »über Zehm, Springer, Walden, Löwenthal, Strauß usw. gab es keine diskussion«. So rief er aus dem Notaufnahmelager Marienfelde den allerdings gerade beschäftigten Günter Grass an und versuchte zunächst, »in den linken, also ›progressiven‹ Kreisen wurzeln [zu] schlagen«. Die jedoch, »die nichts erlebt, demzufolge nichts durchschaut und nur den großen mund haben«, waren ihm rasch zuwider. Positiv überraschte ihn hingegen Günter Zehm, stellvertretender Chefredakteur der *Welt* und selbst ehemaliger DDR-Häftling, den er zum Gespräch traf: Ähnliche Erfahrungen und ähnliche Beurteilungen der Zustände in Ostdeutschland ließen das Feindbild hinfällig werden.[142]

Abstoßung auf der einen Seite also, die sich als ignorant erwies, und Anziehung auf der anderen, die verstand, führte in Fausts Narration zur eigenen Positionierung – eine Polarisierung, die Suckert ebenso beschrieb (sie kontrastierte Gerhard Löwenthal als Macher der einzigen Sendung, die »die Wahrheit so bringt, wie sie ist«, mit linken bis linksliberalen Milieus, wo man sie »fertig-

140 Jörg Bernhard Bilke: Unerwünschte Erinnerungen. Gefängnisliteratur 1945/49 bis 1989, in: Materialien der Enquete-Kommission »Aufarbeitung von Geschichte und Folgen der SED-Diktatur in Deutschland«, Bd. III/2, hg. vom Deutschen Bundestag, Baden-Baden 1995, S. 796–825, hier S. 801–802. Heinrich Seewald, Der Spiegel Nr. 45, 8.1.1999, S. 314. Im Seewald Verlag publizierte allerdings auch Helmut Schmidt.

141 Österreich, Flugversuche, europäische ideen (1982) 54/55, S. 105; auch ihr zweites Buch (Gleichheit, Gleichheit über alles) erschien 1978 bei Seewald.

142 Siegmar Faust: Rhapsodie in Prosa oder Ein Sachse in Berlin, europäische ideen (1982) 54/55, S. 26–37, hier S. 33, 31 (Zitate). Faust, in: Bernig/Schmitz, Literaturlandschaft im Wandel, S. 47–62, hier S. 58.

machte«).[143] Dass sie sich damit in ein »Links-rechts-Strickmuster« einfügten, wollten Suckert und Faust so nicht akzeptieren. Er erklärte ausdrücklich, kein Rechter zu sein, da er die parlamentarische Demokratie bejahe.[144] Wer (jedenfalls in wesentlichen Positionen) nicht links ist, ist nicht automatisch rechts, lautete somit Anfang bis Mitte der 1980er Jahre die Abwehrformel gegen Zuschreibungen von außen. Eine Aufgabe weiterer Forschung wäre, ausgehend von der skizzierten Abstoßungsbewegung und über sie hinaus das Verhältnis einiger Autoren aus der DDR zur Rechten differenziert zu prüfen und nachzuvollziehen, wie es sich im Weiteren entwickelte: hinsichtlich der Besetzung von Themen und Begriffen, deren inhaltlicher Ausformulierung und der Vernetzung über mediale Foren. Ulrich Schacht etwa gab 1994 zusammen mit Heimo Schwilk den Sammelband »Die selbstbewusste Nation« heraus, den Wissenschaftler und Publizisten unter anderem wegen der Darstellung des Nationalsozialismus und seiner Verbrechen als Manifest einer Neuen Rechten bewerteten;[145] auch schrieben Deinert, Faust und Schacht in der rechtsintellektuellen *Jungen Freiheit*,[146] die

143 Österreich, Luftwurzeln, S. 52 (Zitat), 53; Österreich, Flugversuche, europäische ideen (1982) 54/55, S. 105. Zu Löwenthal und der Art und Weise, wie er im ZDF-Magazin Ausreisende thematisierte, siehe Wolff, Mauergesellschaft, S. 674–679.

144 Siegmar Faust: Positionsbestimmung, wir selbst, Nov. 1986, S. 4–7, hier S. 6. Bemerkenswert ist das publizistische Organ, in dem sich Faust (und mit dem oben zitierten Beitrag auch Deinert) hier artikulierte. Hans-Gerd Jaschke: Nationalismus und Ethnopluralismus. Zum Wiederaufleben von Ideen der »Konservativen Revolution«, APuZ B 3–4, 10.1.1992, S. 3–10, hier S. 9, stellt dazu fest: »Eine beachtenswerte Sonderrolle im weiten Umfeld der Neuen Rechten spielen linksnationalistisch-antikapitalistische Strömungen in der nationalrevolutionären Tradition eines Ernst Niekisch oder Otto Strasser. Die ›linken Leute von rechts‹ sammeln sich heute um das Koblenzer Magazin ›wir selbst‹ und ihren Vordenker Henning Eichberg.«

145 Heimo Schwilk und Ulrich Schacht (Hg.): Die selbstbewußte Nation. »Anschwellender Bocksgesang« und weitere Beiträge zu einer deutschen Debatte, Frankfurt am Main 1994. Siehe dazu und zu einigen Reaktionen Bernig, Heimatverlust, S. 299–300. Vgl. neben anderen Gabriele Kämper: Von der Selbstbewussten Nation zum nationalen Selbstbewusstsein. Die Neue intellektuelle Rechte bewegt sich auf rhetorischen Pfaden in die Mitte der Gesellschaft, WerkstattGeschichte 13 (2004) 37, S. 64–79.

146 Siehe als Beispiele für Themen einige Artikel aus dem Jahr 1999: Ulrich Schacht: Gestalt von europäischem Rang, Junge Freiheit (JF) 14/99, 2.4.1999 (Besprechung von Paul Noack: Ernst Jünger. Eine Biographie, Alexander Fest Verlag, Berlin 1998); Ulrich Schacht: Schreiben gegen die Entwürdigung, JF 20/99, 14.5.1999 (Nachruf auf Jürgen Fuchs); Siegmar Faust: Archiv gegen das Vergessen, JF 37/99, 10.9.1999 (zur Gauck-Behörde); Siegmar Faust: PDS: Erfahrung entzaubert Utopie, JF 40/99, 1.10.1999; Siegmar Faust: Die knallroten Kinder der Bankrotteure, JF 42/99, 15.10.1999; Wolf Deinert: Mauerfall in Leningrad, JF 45/99, 5.11.1999; Wolf Deinert: Ostalgie für

publizistisch als Klammer zwischen Kreisen der (wert)konservativen und der extremen Rechten fungiert.[147]

Doch zurück zu Fragen, die mit der Rolle dieser übergesiedelten Schriftsteller als Dissidenten verknüpft waren. Vor dem Hintergrund ihrer DDR-Erfahrungen äußerten sich die hier Vorgestellten in einem zentralen Punkt so, wie es einige der sowjetischen Dissidenten, allen voran Solženicyn, getan hatten: Sie bestanden darauf, dass das System, aus dem sie kamen, als verbrecherisches zu bewerten sei, dem keine Konzessionen zuteilwerden durften. Auch die Reaktionen, die ihre Haltung hervorrief, ähnelten den Mustern, die sich bei der Rezeption der aus der Sowjetunion verdrängten Regimekritiker herausgebildet hatten. Vertreter sozialdemokratischer, linksliberaler und linker Kreise verhielten sich distanziert und zeigten teilweise offenes, von den Betreffenden als zynisch empfundenes Unverständnis. Ebenso wie bei den sowjetischen Ausgebürgerten war es in ihrem Fall ein wichtiges Moment, dass sie die Entspannungspolitik infrage stellten beziehungsweise deren Gegnern zum Argument werden konnten. Schließlich kamen bei ihrer Aufnahme dieselben innenpolitischen Frontstellungen zum Tragen, die sich im Umgang mit Solženicyn und anderen sowjetischen Dissidenten abgezeichnet hatten: Repräsentanten des konservativen Lagers, namentlich Publizisten der Springer-Medien, und links davon stehende Kreise konkurrierten um die Ausgereisten. Siegmar Faust etwa berichtete, dass er, obschon kein bekannter Schriftsteller, als Biermann-Havemann-Adept »von den linken aller schattierungen stark beachtet« worden sei, die ihn immer wieder »vor dem beifall von der falschen seite« warnten. Als ebendieser Fall aus ihrer Sicht mit Zehms Artikel in

---

Deutschland, JF 47/99, 19.11.1999 (Besprechung von Christian von Dittfurt: Die Mauer steht am Rhein, Kiepenheuer & Wisch, Köln 1995); Ulrich Schacht: Willige Interpreten, JF 48/99, 26.11.1999 (Titelkolumne zum »moralpolitische[n] Konkurs der ›Wehrmachtsausstellung‹«); vgl. auch Jörg Bernhard Bilke: Verbrechen werden relativiert, JF 40/99, 1.10.1999 (Besprechung von Jochen Zimmer [Hg.]: Das Gauck-Lesebuch. Eine Behörde abseits der Verfassung?, Eichborn-Verlag, Frankfurt am Main 1999); Günter Zehm: Stunde des Volkes, JF 45/99, 5.11.1999, sowie den positiven Rekurs auf »wir selbst« bei Matthias Seegrün: Teilung nie akzeptiert, JF 45/99, 5.11.1999; Matthias Seegrün: Wiederkehr des Verdrängten, JF 37/99, 10.9.1999 (Besprechung eines »wir selbst«-Sonderhefts zur Vertreibung Deutscher im Zuge des Zweiten Weltkriegs).

147 Zur JF allg. siehe Stephan Braun und Ute Vogt (Hg.): Die Wochenzeitschrift »Junge Freiheit«. Kritische Analysen zu Programmatik, Inhalten, Autoren und Kunden, Wiesbaden 2007; zur JF als »Scharnierorgan« siehe Thomas Pfeiffer: Publikationen und Verlage, in: Handbuch Rechtsradikalismus: Personen – Organisationen – Netzwerke vom Neonazismus bis in die Mitte der Gesellschaft, hg. von Thomas Grumke und Bernd Wagner, Opladen 2002, S. 105–116, hier S. 108.

der *Welt* eingetreten war, unternahm die mit Biermann bekannte Luchterhand-Lektorin Ingrid Krüger einen letzten Rettungsversuch – vergeblich: Faust war der Linken verloren.[148]

»Sigi Faust [...], wie lange wird er noch herumtaumeln und sich ausbeuten lassen«, räsonierte Biermann, »von Löwenthal im ZDF, von der Jungen Union, von allen, die gern das starke Wort eines geschwächten Menschen gegen die DDR hören«. Fausts Verhalten erklärte Biermann sich aus dessen Hafterfahrung – »Über 80 Prozent verlassen die Gefängnisse als Antikommunisten« –, doch hatte er Gegenbeispiele parat: »Jürgen Fuchs, Pannach und Kuno und die Arbeiter aus Jena haben den gleichen brutalen Stasi-Knast hinter sich und kippen nun hier im Westen trotzdem nicht ab.«[149] Fuchs war in dem Dissidenten-Heft der *europäischen ideen* ebenfalls vertreten, jedoch mit Gedichten und nicht mit programmatischen Texten. Er gehörte zu jenen, die sich als Dissidenten in der Bundesrepublik politisch artikulieren wollten, sich aber nicht von der westdeutschen Linken ab-, sondern strikt ihr zuwandten oder dies zumindest versuchten, und die daran festhielten, dass Sozialismus eine zwar bis dato nirgends erfolgreich realisierte, gleichwohl weiter zu verfolgende Idee sei. Diese Überzeugung, die ihn höchst DDR-kritisch, aber nicht eigentlich antikommunistisch auftreten ließ, unterschied Fuchs deutlich von Ulrich Schacht.[150]

Fuchs ist zunächst ein Beispiel dafür, dass und auf welche Weise westdeutsche Linke DDR-Oppositionellen halfen. Nachdem er und kurz darauf die beiden Musiker der Klaus Renft Combo im November 1976 verhaftet worden waren, gründete sich in West-Berlin das »Schutzkomitee Freiheit und Sozialismus« mit dem Ziel, »wegen ihrer Meinungsäußerung beruflich, politisch und persönlich bedrohten DDR-Bürger[n]« beizustehen. Initiatoren waren Margret Frosch, Jörg Rainer Mettke, Hannes Schwenger und Manfred Wilke; offiziell war

148 Faust, Rhapsodie, europäische ideen (1982) 54/55, S. 31 (Zitat), 32 (Zitat). Ingrid Krüger habe versucht, ihm einen Verhaltenskatalog (wo und mit wem man zu verkehren, was man zu lesen habe) zu vermitteln. Faust, in: Bernig/Schmitz, Literaturlandschaft im Wandel, S. 59.

149 Biermann, Bin kein Gerechter, Die Zeit Nr. 37, 8.9.1978; auch bei Mettke, Gleicher Abstand, Der Spiegel Nr. 29, 17.7.1978, S. 145; Hinweis auf die Bedeutung von Gefängnishaft auch bei Schmitz, Literatur »zwischen den Staaten«, S. 78.

150 Zu denen, die eine solche Haltung vertraten, gehören einige bekannte DDR-Dissidenten, deren Fälle hier nicht vertieft werden können; siehe u. a. Guntolf Herzberg und Kurt Seifert: Rudolf Bahro – Glaube an das Veränderbare. Eine Biografie, Berlin 2002 (Teil 2 schildert die Jahre im Westen); Cordelia Stillke: Grenzgänger: die »Ost-Westler« als Schlüsselgruppe der Rebellion, Mittelweg 36 10 (2001) 2, S. 30 – 48 (zu Bernd Rabehl).

das Komitee an die Berliner Sektion des Verbands deutscher Schriftsteller (VS) angebunden, die eine Patenschaft für Jürgen Fuchs übernahm. Am 10. Dezember 1976 der Presse neben anderen von Wolf Biermann vorgestellt, verzeichnete die Initiative Ende Mai 1977 bereits 200 korrespondierende Mitglieder, darunter Ernst Bloch und Günter Grass.[151] Das Komitee trat für die Freilassung der Inhaftierten ein und half nach ihrer Ausreise mit Unterkunft, Gesprächen – und auch, die mediale Wahrnehmung der Dissidenten zu steuern. So gaben Fuchs, Kunert und Pannach ihre erste, von Schwenger redigierte Presseerklärung in dessen Wohnung ab.[152] Journalisten anderer politischer Lager wie Jörg Bernhard Bilke kritisierten dieses Vorgehen:

> Wolf Biermann flog sofort von Hamburg nach Berlin, um seine unerfahrenen Freunde gegen die »bürgerliche Presse« abzuschirmen, so daß außer einer knappen Erklärung, in der als Alternative zum SED-Staat »eine menschenfreundliche, fortschrittliche und sozialistische Gesellschaft« angegeben wird, nichts Programmatisches von dieser Gruppe vorliegt.[153]

Positiv hob Bilke allerdings den 1978 publizierten Band »DDR-konkret« hervor – von den ausgebürgerten Jenaern und Michael Sallmann verfasste »Geschichten und Berichte« –, den er als »Anfang, die sozialistische Verkrampfung aufzulösen«, wertete.[154]

---

151 Siehe zur Gründung und weiteren Geschichte des Schutzkomitees Udo Scheer: Vision und Wirklichkeit. Die Opposition in Jena in den siebziger und achtziger Jahren, Berlin 1999, S. 177–191, hier S. 177–178. Manfred Wilke: Das Schutzkomitee Freiheit und Sozialismus, in: Kuczyński, Dialog mit der Wirklichkeit, S. 409–428, hier S. 410–411. Wilke erläutert, dass der Name des Komitees ein Gegenprogramm der Linken zu dem CDU-Motto Freiheit statt Sozialismus im Bundestagswahlkampf 1976 zum Ausdruck bringen sollte. Ebd., S. 416.

152 Ebd., S. 423. Hannes Schwenger: Jahre mit Jürgen Fuchs. Ein Gedächtnisprotokoll, in: Kuczyński, Dialog mit der Wirklichkeit, S. 66–76, hier S. 66.

153 Bilke, Auf schreckliche Weise, S. 89 (Zitat). Das Adjektiv sozialistische vor Gesellschaft hatte Schwenger in einen von Fuchs vorbereiteten Text eingefügt, siehe Schwenger, Jahre, S. 66.

154 Bilke, Auf schreckliche Weise, S. 90; Thomas Auerbach, Wolfgang Hinkeldey, Marian Kirstein, Gerd Lehmann, Bernd Markowsky und Michael Sallmann: DDR – konkret. Geschichten und Berichte aus einem real existierenden Land, Berlin 1978. Die Autoren wollten »Zugang zu einer Wirklichkeit [...] finden, die voller Widersprüche und in Bewegung ist«. Ebd., S. 9.

Mit den politischen Erwartungen und daraus resultierenden Wahrnehmungen, die ihm im Westen begegneten, beschäftigte sich Fuchs in Texten und Stellungnahmen immer wieder; dabei beobachtete er eine Konstellation, die kaum Raum für die eigene Position ließ: »das Benutzen-Wollen von der Seite, die immer schon gewußt hat, wie schlecht alles ›im Osten‹ ist«; auf der anderen Seite ein Nichtwissenwollen, um die eigenen Überzeugungen zu schonen.[155] Dieser letztgenannten Haltung trat Fuchs sowohl im Schriftstellerverband (VS) als auch in der sich Anfang der 1980er Jahre formierenden Friedensbewegung entgegen, in der er sich engagierte. Die um ähnliche Fragen kreisenden Konflikte, die er für beide Gruppen schilderte, zeigen, wo entlang der Positionen der Dissidenten Verwerfungen innerhalb der Linken verliefen. Hinsichtlich des VS, der mit Ost-West-Autorentreffen eine eigene Entspannungspolitik zu betreiben versuchte, wurde oben bereits kurz umrissen, worum es bei den Auseinandersetzungen ging: Wie und mit wem sollte Frieden angestrebt werden, welche Konzessionen waren vertretbar? Kooperation mit dem DDR-Schriftstellerverband als Funktionsorgan eines Staates, der Schreibenden »seit Jahr und Tag den Krieg erklärt« hatte, sie verfolgte und auswies, jedenfalls nicht, meinte Fuchs – wenigstens nicht, solange die Kampfansage in Form von Einreiseverboten fortgalt, dissidente Autoren zu den Friedensgesprächen gar nicht erst eingeladen wurden und im Übrigen von den westlichen Partnern Nichteinmischung und das Kehren vor der eigenen Haustür verlangt war. Die Frage, inwieweit man die Missachtung von Menschen- und Bürgerrechten in der DDR und osteuropäischen Staaten offen aussprechen und Betroffenen helfen sollte, eskalierte angesichts der Vorgänge in Polen –Verbot des dortigen Schriftstellerverbands und der Gewerkschaft Solidarność – auf dem Saarbrücker Schriftstellerkongress 1984 und spaltete den Verband.[156] Innerhalb der Friedensbewegung ergaben sich ähnliche Konflikte: Während Fuchs vehement dafür eintrat, die unabhängige Friedensbewegung in der DDR zu unterstützen und deren Ziele als die eigenen zu begreifen, plädierten westdeutsche Aktivisten für Selbstbeschränkung: »Wir sind hier, wir müssen uns hier wehren.«[157]

Ein Grund dafür, dass Fuchs' Position angegriffen wurde, lag im Einfluss bestimmter Gruppierungen: einer starken Fraktion von Autoren innerhalb des VS, »die mit SEW und DKP [...] sympathisierten«; mehrerer Aktivisten-Organisationen, die verdeckt versuchten, »die außenpolitischen Interessen der DDR und

155 Fuchs, Einmischung, S. 21, 8.
156 Ebd., S. 157 (Zitat), 96–97, 98, 156.
157 Ebd., S. 98 (Zitat), 99.

der UdSSR in die Friedensbewegung hineinzutragen«.[158] Fuchs' eigene Konfliktanalyse reichte über diese Ansicht hinaus. Er führte die ihm begegnenden Reaktionen auf ein Blockdenken zurück, das bei Freund und Feind Blindstellen erzeugte und auch nicht unmittelbar der östlichen Seite verpflichtete Protagonisten auf Distanz gehen ließ. Während für ihn »drüben« persönliche Erfahrungen und konkrete Gesichter meinte, konstatierte er bei seinen Gesprächspartnern ein tiefsitzendes »Abgrenzen«: Sie verbänden mit den Menschen im Osten nichts Eigenes oder Vertrautes, agierten ihnen gegenüber rein strategisch und konzentrierten sich auf ihre Westprobleme. Fuchs erklärte solche Grenzziehungen auch ideologisch. Angesichts ihrer Gegner – des Kapitalismus, der Rechten, der »sozial-liberalen Taktierer« – hier hofften die Linken auf einen funktionierenden Sozialismus dort.[159]

Eben darauf richtete sich Fuchs' generelle Kritik. Seiner Ansicht nach verschlossen die, »die sich links nannten«, die Augen vor Erkenntnissen, die ihre Glaubenssätze zu erschüttern drohten: »Etwa vor der Einsicht in die tatsächliche Lage der Menschen in den Staaten, die von den dortigen Oberen als ›real existierender Sozialismus‹ bezeichnet werden.« Diese Abwehrhaltung, die »Skepsis« und das »Lauern«, betrafen ihn als Dissidenten, wie er sich verstand: ein Grenzgänger, der Zeugnis ablegt und ausspricht, dass es Sozialismus im Osten gar nicht gibt. Wie viele der hier bereits Zitierten sah sich Fuchs als DDR-Oppositioneller im Westen infolgedessen in eine negative Rolle gedrängt. »Wir sind die Querulanten, die stören«, so sein Eindruck, die lästigen Nachfrager, die aufhalten;

158 Schwenger, Jahre, S. 68. Lukas Beckmann: Jürgen Fuchs und die westdeutsche Friedensbewegung, in: Kuczyński, Dialog mit der Wirklichkeit, S. 437–454, hier S. 439–440.

159 Fuchs, Einmischung, S. 101 (Zitat), 99, 100 (Zitat). Vgl. Fuchs' Äußerungen bei Serke, Fuchs, S. 74: »Wie gut diese Leute an sich selbst denken, wie sie die Menschen im Osten mit Unverständnis anschauen [...].« Hinsichtlich der ideologischen Ausrichtung argumentiert rückblickend mit ähnlicher Stoßrichtung der Grünen-Politiker Beckmann, Fuchs und Friedensbewegung, S. 442, 443: »Wichtig war ihnen vor allem, die Wirklichkeit hinter dem eigenen Vorhang nicht öffentlich werden zu lassen«, stellt er im Blick auf Diskussionen im Koordinierungsausschuss der westdeutschen Friedensbewegung Anfang der 1980er Jahre fest. So stieß eine Resolution Solidarität mit Solidarność auf Widerspruch. Als bestimmendes Moment sieht Beckmann die spezifische außenpolitische Orientierung der Nach-68er: »Die Studentenbewegung hinterließ in den 70er Jahren [...] eine differenzierte Landschaft linker Sekten und baute zunehmend eine Mauer des Selbstschutzes auf, die ›Antikommunismus‹ als ›blinden Antikommunismus‹ tabuisierte, einen antitotalitären Konsens ablehnte und die USA konkurrenzlos in den Mittelpunkt ihres Feindbildes rückte.« Ebd., S. 441.

auch die Polemiker und Besserwisser, die anderen ihre Irrtümer vorhalten.[160] Und schließlich: diejenigen, die von ihrer Vergangenheit nicht lassen, von sich selbst nicht absehen können. So fragte sich Fuchs, ob sie, die »Ehemaligen«, ihre Geschichten und Forderungen am Ende nur mehr in Vorwurfshaltung vor sich hertrügen, ängstlich und aggressiv zugleich: »Immer im Recht, quengelnd, auf der Suche nach Veröffentlichungen, mit der Wahrheit auf den Lippen, die keiner hören will?«[161]

Eine solche Opferrolle lehnte Fuchs für sich ab, doch fiel es ihm schwer, sich im Westen politisch zu beheimaten. Zwar forderte er, das »Machtspiel der Blöcke von unten her« zu überwinden, sperrte sich dagegen, dass Sozialismus nur eine Lüge sei, verweigerte zudem von Anfang an jegliche Angebote »von rechts«, konnte mithin selbst kaum als Rechter abgetan werden. Gleichwohl trafen auch ihn, infolge seiner Kritik an den DDR- und Ostblock-Verhältnissen, westlichen Konzessionen und Blindstellen die typischen Vorbehalte gegenüber Dissidenten auf der Linken: Sand im Getriebe der Entspannung zu sein und Öl im Feuer ihrer Gegner, deren »Antikommunismus-Raster« sie bedienten.[162] Fuchs teilte damit eine Erfahrung vieler der ausgereisten Künstler. Nur die wenigsten hätten zum christdemokratisch-konservativen Lager tendiert, resümierte Erich Loest; »die anderen hielten sich links auf, bei der SPD, den Grünen, der Friedensbewegung«, wo ihnen gegenüber aber »große Reserviertheit« herrschte: dort »paßten wir nicht hinein«.[163]

Trotz dieser gemeinsamen Erfahrung, im Westen zu stören und zwischen die politischen Fronten zu geraten, und obwohl auch eine generelle Enttäuschung über die westliche Linke sie verband, brachen unter den Übergesiedelten tiefe Gräben auf. Diese folgten gleichfalls Links-rechts-Zuordnungen beziehungsweise der Frage, wie man sich zum Sozialismus stellte. Dass junge, abgeschobene DDR-Schriftsteller »in« seien, »die noch immer mit dem System liebäugelten und beweinten, was sie da verlassen hatten«, beklagte mit Blick auf Fuchs und Gerald K. Zschorsch dagegen Dagmar Suckert und unterstellte, dass jene

160 Fuchs, Einmischung, S. 21 (Zitate), 8 (Zitat), 99 (Zitat), 162, 165. Dass Fuchs »mit seinem authentischen Blick hinter den Eisernen Vorhang« Mythen der Westlinken zerstörte, beobachtet Ehrhardt, Unbehagen, S. 261.

161 Jürgen Fuchs: Kunst und Kompromiß, FR, 6.3.1984 (diesen Text hatte Fuchs bei den Berliner Flüchtlingsgesprächen vorgetragen).

162 Fuchs, Einmischung, S. 7–8, 101 (Zitat), 22, 162, 96 (Zitat); Fuchs, Kunst und Kompromiß, FR, 6.3.1984.

163 Erich Loest. Leipzig, den 10. März 2000, in: Bernig/Schmitz, Literaturlandschaft im Wandel, S. 137–147, hier S. 141.

im Osten Privilegierte gewesen seien.[164] Faust zählte zu seinen »Gegnern, nicht zu den Feinden« Biermann und Fuchs wie auch viele andere »Kollegen der mehr oder minder linken Szene«: etwa Rudolf Bahro, Jurek Becker und Thomas Brasch. Zu seinen politischen Freunden rechnete er unter anderen Reiner Kunze, Ulrich Schacht, Dagmar Suckert, Hans Joachim Schädlich und Wolf Deinert.[165]

An den Exilbegriff ließ sich somit seitens der Gewanderten vielfältig – von einer Reflexion des eigenen staatsbürgerlichen Status bis zur Artikulation von Fremdheitserfahrungen – anschließen; in den Medien wurde an ihm entlang vor allem über Substanz und Zustand der deutschen Nation diskutiert. Demgegenüber erweist sich der Terminus Dissident als enger und auf den Ost-West-Systemgegensatz fokussiert. Dass sie als Dissidenten in den Westen kamen, war vor diesem Hintergrund nichts, was die nach 1976 ausgereisten Künstler und Intellektuellen allgemein für sich in Anspruch nehmen wollten, obwohl ihr Verlassen der DDR einen politischen Hintergrund hatte. Ebenso wie sie es ablehnten, sich im Westen im Exil zu sehen, verwahrten sich etwa Schädlich, Brasch und Kirsch dagegen, mit ihrer Person und ihrem Schreiben für Dissidenz zu stehen. Eine Politisierung und Instrumentalisierung ihres Schicksals und von ihnen getätigter Äußerungen fürchteten sie nicht umsonst: Die in der zweiten Hälfte der 1970er Jahre aus der DDR kommenden Künstler sahen sich zwischen zwei politischen Lagern, die sich in den Debatten um sowjetische Dissidenten im Westen formiert hatten. Dabei ging es nicht allein darum, was aus den Erfahrungen und Aussagen der Betreffenden für die von der sozialliberalen Koalition auf den Weg gebrachte neue Ostpolitik zu folgern war; vielmehr stand auch bei den aus der DDR Ausgebürgerten und Ausgereisten stets infrage, wem sie mit ihrem Zeugnis nutzten und wem sie schadeten.

Dieser Lagerlogik begegneten auch jene in die Bundesrepublik gelangten Ostdeutschen, die sich wie Ulrich Schacht durchaus als Dissidenten, und zwar nicht nur dem Realsozialismus der DDR, sondern jederart Sozialismus-Vorstellung abtrünnig Gewordene verstanden. Schacht wie auch Suckert und Faust zeigten sich vor allem von sozialdemokratischen bis linken Kreisen enttäuscht, wo sie auf Unverständnis trafen, man ihre Berichte und Einschätzungen nicht hören

164 Zu Biermann vgl. Schmitz, Literatur »zwischen den Staaten«, S. 83. Österreich, Flugversuche, europäische ideen (1982) 54/55, S. 105; Österreich, Luftwurzeln, S. 126, 127 (folgendes Zitat), wo Suckert ausführt, es sei klug von Zschorsch gewesen, ins linke Lager zu wechseln: »Er bekommt für seinen knappen Lyrik-Band, der bisher kaum Beachtung fand, das Stipendium der Villa-Massimo.«

165 Faust, Positionsbestimmung, wir selbst, Nov. 1986, S. 6.

wollte und sie als »Kalte Krieger« diffamierte. Auf der Linken fiel auch Jürgen Fuchs eine politische Beheimatung schwer, obgleich er sich weiterhin zur Utopie des Sozialismus bekannte. Fuchs verstand sich in dem Sinne als Dissident, mit den tatsächlichen Verhältnissen im Osten vertraut zu sein, sie zu kritisieren und die zu unterstützen, die Veränderung anstrebten. Mit diesem Anliegen, das das Anprangern von Menschenrechtsverletzungen beinhaltete, sah sich Fuchs von Vertretern sowohl der westdeutschen Friedensbewegung als auch des hiesigen, gleichfalls friedenspolitisch engagierten Schriftstellerverbandes in die Rolle eines Querulanten und Störers gedrängt.

4. Übersiedler als System- und Gesellschaftsexperten

»Biermann müßte man heißen. Kommunist müßte man sein«, ereiferte sich *Die Welt* am 22. November 1976, um »wie ein Held gefeiert, bestaunt, beklatscht und herumgereicht« zu werden. »Ein ›einfacher‹ Flüchtling wie der ›DDR‹-Arzt Dr. Martin Kasten« jedoch, der »neulich 18 Stunden durch die eiskalte Ostsee schwamm, um von dort wegzukommen, wohin Biermann sehnsüchtig zurück will«, erhalte im Westen lediglich 150 DM Begrüßungsgeld und sei rasch wieder vergessen. Die konservative Presse nutzte solche Kontrastierungen, um gegen »falsche« Dissidenten à la Biermann die »echten« DDR-Flüchtlinge auszuspielen, die sich »zur Gesellschaftsordnung der Bundesrepublik« bekannten.[166] In einer Hinsicht allerdings war die Diagnose zutreffend: Nichtprominente Zuwanderer, die nicht als Schriftsteller oder Künstler im Kontext nationaler Selbstverständigung interessant waren, entgingen der öffentlichen Wahrnehmung.

Hinsichtlich dessen, was man in der Bundesrepublik über normale DDR-Zuwanderer wissen konnte, brachte das Jahr 1983 eine Veränderung: Während die letzte Publikation, in der Ostdeutsche zu Wort kamen, mehr als ein Jahrzehnt zurücklag, erschienen nun gleich zwei Bände mit Selbstberichten. Horst-Günter Kesslers und Jürgen Miermeisters »Vom ›Großen Knast‹ ins Paradies?«; und die von Gerhard Finn und Liselotte Julius edierte Sammlung »Von Deutschland

166 Hervorgehoben wurden auch im Bayernkurier, 27.11.1976, die hohen Honorare, die Biermann für Fernsehauftritte und Plattenverträge erhielt. Dagegen würden DDR-Auswanderer, die sich mit dem Westen identifizierten, »hierzulande von einer herz- und hirnlosen Bürokratie« schikaniert. Beide Artikel zit. nach Roos, Exil, S. 191 (Die Welt), 189 (Bayernkurier mit Zitat Gesellschaftsordnung).

nach Deutschland. Zur Erfahrung der inneren Übersiedlung«.[167] Zwar äußerten sich hier einmal mehr zumeist herübergewechselte Schriftsteller und bekannte Oppositionelle, doch finden sich in dem Band immerhin sechs Autorinnen und Autoren mit einem anderen Hintergrund. Ihre Texte bilden zusammen mit den 15 Beiträgen bei Kessler/Miermeister einen Fundus an Selbstauskünften Gewanderter außerhalb eines Prominenten- und Intellektuellenzusammenhangs, der für den hier betrachteten Zeitraum von Anfang der 1970er bis Mitte der 1980er Jahre einzigartig ist. Eine wichtige Quelle stellen die beiden Bände überdies in einer weiteren Hinsicht dar: Als Editionen, in denen sich Erkenntnisinteressen und Annahmen der Herausgeber abbilden, geben sie einen Einblick auch in die Außenwahrnehmung der Zuwanderer. Im Folgenden werden die Bücher – als Pendant zur Exildebatte – mit einer doppelten Blickrichtung untersucht: In welcher Weise befragten und interpretierten die Herausgeber den Ortswechsel von Ost nach West, und wie nahmen die Betreffenden selbst dazu Stellung?

Um dem ersten Aspekt nachzugehen, werden die Bände von Kessler/Miermeister und Finn/Julius zunächst früheren Publikationen gegenübergestellt, die ebenfalls biografische Erzählungen von DDR-Zuwanderern versammelten: Am Anfang dieser dokumentarischen Literatur stand 1960 Erika von Hornsteins »Die deutsche Not – Flüchtlinge berichten«. Genau ein Jahrzehnt später gab Barbara Grunert-Bronnen zwölf Interviews mit Geflüchteten unter dem Titel »Ich bin Bürger der DDR und lebe in der Bundesrepublik« heraus.[168] Ein Vergleich, der auch die Rezeption der Bücher einbezieht, erlaubt es, einen je zeitspezifischen Blick auf die aus Ostdeutschland Herübergewechselten zu verdeutlichen. So lässt sich, was Publizisten Anfang der 1980er Jahre interessierte, vor diesem Hintergrund schärfer konturieren.

---

167 Horst-Günter Kessler und Jürgen Miermeister: Vom »Großen Knast« ins »Paradies«? DDR-Bürger in der Bundesrepublik. Lebensgeschichten, Reinbek bei Hamburg 1983; Gerhard Finn und Liselotte Julius (Hg.): Von Deutschland nach Deutschland. Zur Erfahrung der inneren Übersiedlung, Köln 1983. Abgesehen von diesen Bänden lagen mit Blick auf den Untersuchungszeitraum bis dato nur vereinzelte autobiografische Berichte bzw. Reflexionen vor, so Wolf Deinert: Meine Heimat, Jossa 1980; Tina Österreich: Ich war RF. Ein Bericht, Stuttgart 1977.

168 Erika von Hornstein: Flüchtlingsgeschichten. 43 Berichte aus den frühen Jahren der DDR. Mit Photographien von René Burri, Nördlingen 1985 (zuerst unter dem Titel Die deutsche Not. Flüchtlinge berichten, Köln 1960). Barbara Grunert-Bronnen (Hg.): Ich bin Bürger der DDR und lebe in der Bundesrepublik. 12 Interviews. Mit einem Nachwort von Uwe Johnson, München 1970.

Für Erika von Hornstein gilt, was auch andere Autorinnen und Autoren, die sich des Themas annahmen, auszeichnete: 1950 selbst von Mecklenburg nach West-Berlin geflohen, war sie ihrem Stoff biografisch verbunden. Neun Jahre später, zu Hochzeiten der Abwanderung aus der DDR, befragte von Hornstein im Notaufnahmelager Marienfelde fast 150 Geflüchtete. Ihr Ziel war es, über die Verhältnisse in Ostdeutschland aufzuklären. »Und ich kann Ihnen nur sagen«, hielt sie ihren Gesprächspartnern nach eigener Auskunft entgegen, »wenn Sie in den Westen kommen, die wissen nichts von uns. Wir sind einfach verpflichtet, ihnen klarzumachen, was mit uns passiert ist.«[169] So berichteten die Befragten ihr zwischen September 1959 und Sommer 1960 von den Gründen und Anlässen, die sie zur Flucht getrieben hatten. Typisch war die Erzählung des Einzelbauern Z., der in seiner Gemeinde von LPG-Vertretern so lange schikaniert wurde, bis er mit seiner Familie ging. Betroffen seien heutzutage nicht mehr Widerstandskämpfer und offen Oppositionelle, resümierte von Hornstein ihre Beobachtungen; vielmehr »fast ausschließlich Menschen aus der Masse der Unpolitischen, kleine Leute«, denen das SED-Regime ein politisches Schicksal aufzwinge.[170] In den 43 biografischen Skizzen, die sie veröffentlichte, entstand ein Bild der DDR als Diktatur, den Einzelnen in seiner Selbstentfaltung durch Repression rigide beschneidend. Die Bundesrepublik dagegen war die Systemalternative, die den in die Mühlen des sozialistischen Apparates Geratenen Zuflucht bot. Hornsteins Buch ließ sich bei allem Facettenreichtum und alltagsgeschichtlichem Gehalt in der Konfrontation des Kalten Krieges vor allem als eindeutiges politisches Argument zugunsten des Westens lesen.[171]

Zehn Jahre später stellte Barbara Grunert-Bronnens Interviewsammlung, entstanden zu Zeiten der abklingenden 68er-Bewegung, die Eindeutigkeit der westlichen Systemüberlegenheit durch Aussagen von DDR-Bürgern in der Bundesrepublik gründlich infrage. Die in München lebende Journalistin verfolgte dabei einen politisch-soziologischen Ansatz: Was konnte das westliche Deutschland vor 1961 Zugewanderten, die in der DDR sozialisiert worden waren und dort

169 Hans Joachim Schröder: Interviewliteratur zum Leben in der DDR. Zur literarischen, biographischen und sozialgeschichtlichen Bedeutung einer dokumentarischen Gattung, Tübingen 2001, S. 150, 153 (Zitat).

170 Ebd., S. 157; Das individuelle Schwein, in: von Hornstein, Flüchtlingsgeschichten, S. 28–42 (Bauer Z.); Erika von Hornstein: Vorwort zur Erstausgabe (1960), in: ebd., S. 441–447, hier S. 445 (Zitat).

171 Schröder, Interviewliteratur, S. 155, 158–159.

nicht nur geografisch ihre Heimat gesehen hatten, bieten?[172] Interessiert daran, wie ihre links stehenden Gesprächspartner die kapitalistische Bundesrepublik als Alternative zum Sozialismus der DDR einschätzten, erhielt Grunert-Bronnen ambivalente Antworten. Der Mitte der 1950er Jahre übergesiedelte Manfred G. etwa gab an, sich nicht mehr mit der DDR zu identifizieren; dem Westen aber bescheinigte er Verhältnisse, »in denen der Einzelmensch, das Individuum verloren ist«. Carla G. hatte die östliche Gesellschaftsordnung vor ihrem Weggang zwar kritisch, in der Bundesrepublik jedoch keinen überzeugenden Gegenentwurf gesehen, so dass hier die Idee eines DDR-unabhängigen Sozialismus für sie zur wichtigsten Entdeckung wurde.[173] Grunert-Bronnen, deren Buch laut Schröder der Literatur der Studentenbewegung zuzuordnen ist, zog aus den Aussagen einen radikalen Schluss: Für die Interviewten habe »die Konzeption der Freiheit im formal bürgerlich-demokratischen, inhaltlich kapitalistischen Staate ebenso [versagt] wie die in der DDR noch undialektisch gehandhabte sozialistische Konzeption ›Freiheit als Einsicht in die Notwendigkeit‹ [...].«[174]

Kommentatoren und Rezensenten des Bandes hielten die Interviews indessen nicht primär als eine Kritik von links für aufschlussreich. Ferdinand Ranft etwa bemerkte in der *Zeit*, die Texte verdienten Aufmerksamkeit, weil von der »Integration« der dreieinhalb Millionen DDR-Flüchtlinge vor 1961 »im Gegensatz zu derjenigen der Vertriebenen [...] bisher kaum die Rede gewesen« sei. Doch verwarf er den Band angesichts zu einseitig westkritischer Aussagen als enttäuschend: »abenteuerliche Vorstellungen und Erwartungen« bezüglich des Westens sowie ihre sozialistische Erziehung hätten bei den Betreffenden ein »Zerrbild« entstehen lassen.[175] In der *FAZ* wertete Margret Boveri das Buch dagegen als Ausdruck eines Wandels, der sich in der Sicht auf DDR und Bundesrepublik ergeben habe. Anstelle des dichotomen Kalter-Krieg-Denkens – »hier der Goldene Westen, dort die 17 Millionen Sklaven« – werde seit Kurzem versucht, »eine objektivere Linse für Aufnahmen von ›drüben‹ zu verwenden«. Und so wie die Autoren Wolfgang Plat und Hans Axel Holm ein anderes Bild der

172 Barbara Grunert-Bronnen: Zu den Interviews, in: Grunert-Bronnen, Bürger der DDR, S. 7–9, hier S. 8; Schröder, Interviewliteratur, S. 69.

173 Manfred G.: Bei mir dauerte es zwei Jahre, bis ich merkte, was hier im Westen gespielt wird, in: Grunert-Bronnen, Bürger der DDR, S. 42–50, Zitat S. 43; Carla G.: Man kann sich nicht völlig raushalten aus allem, weil dann die anderen mit einem machen, in: ebd., S. 29–41, hier S. 30–31.

174 Schröder, Interviewliteratur, S. 69; Grunert-Bronnen, Interviews, S. 9.

175 Ferdinand Ranft: Westöstliche Klischees. Was junge DDR-Flüchtlinge in der BRD so denken, Die Zeit Nr. 39, 25.9.1970.

DDR zeichneten, halte umgekehrt Grunert-Bronnens Sammlung der Bundesrepublik neu den Spiegel vor: Dass das Dasein hier am »schönsten, verstanden als: am angenehmsten« sei, werde dem Westen kaum mehr zuerkannt.[176] Auch Uwe Johnson hob in seinem Nachwort zu dem Band hervor, dass die, die aus der DDR weggehen mussten oder wollten, damit *nicht* zugleich pro Bundesrepublik votierten.[177] Was die in den Interviews bekundete Ernüchterung für das in Bewegung geratene innerdeutsche Verhältnis bedeute, fragte indirekt der *Spiegel*, der Auszüge vorab druckte und auf die derzeitigen Verhandlungen zwischen den »Regenten der unvereinbaren Systeme« verwies. Die Bebilderung des Artikels, die Karikaturen saturierter, ignoranter, nur mit sich beschäftigter Bundesbürger zeigte, legte Selbstkritik nahe.[178] Darauf zielte in den *Gewerkschaftlichen Monatsheften* auch Christian Götz. Vor dem Hintergrund der Brandt-Stoph-Gespräche und scharfer CDU/CSU-Kritik an ihnen böte das Buch Anlass, Schemata antikommunistischer Propaganda zu überdenken. DDR-Zuwanderer als Beleg für das eigene politische System zu vereinnahmen, sei »objektiv oft falsch« gewesen und eine verpasste Chance; besser wäre, das »ferne Land« DDR auch mit ihrer Hilfe näher kennenzulernen.[179]

Als 1983 die Editionen von Kessler/Miermeister und Finn/Julius erschienen, hatten sich die Beziehungen zwischen Bundesrepublik und DDR auf Grundlage der Ostverträge neu sortiert; Deutschlandpolitik, von der Regierung Kohl-Genscher seit 1982 ohne prinzipiellen Bruch weitergeführt, gestaltete sich weniger kontrovers.[180] Gleichwohl erachtete es das erstgenannte Autorenduo für sinnvoll,

176 Margret Boveri: Kritische Bürger der Bundesrepublik. Zu einem Band mit Äußerungen von DDR-Flüchtlingen über die westdeutsche Gesellschaft, FAZ, 28.8.1970.

177 Uwe Johnson: Versuch, eine Mentalität zu erklären, in: Grunert-Bronnen, Bürger der DDR, S. 119–129, hier S. 125.

178 Sehnsucht nach dem Kollektiv. DDR-Flüchtlinge über ihre Erfahrungen in der Bundesrepublik, Der Spiegel Nr. 14, 30.3.1970, S. 82, 84, 87, 89–92. »Eine kapitalistische Gesellschaft, die eigentlich nur eins fordert: nämlich die totale Anpassung, wobei die Meinungsfreiheit lediglich eine therapeutische Funktion hat« – dies sei eine der Erfahrungen gewesen, die DDR-Flüchtlinge in der Bundesrepublik machten, vermerkte der Spiegel in der Vorankündigung des Beitrags im selben Heft.

179 Die Gespräche zwischen Bundeskanzler Willy Brandt und Ministerpräsident Willi Stoph fanden am 19.3.1970 (Erfurt) und am 21.5.1970 (Kassel) statt, vgl. Heike Amos: Die SED-Deutschlandpolitik 1961 bis 1989. Ziele, Aktivitäten und Konflikte, Göttingen 2015, S. 151. Christian Götz: Verpasste Chancen. 12 Interviews mit eh. Bewohnern der DDR, Gewerkschaftliche Monatshefte 21 (1970) 9, S. 560–563, hier S. 563 (Zitat).

180 Zu den Essentials der Deutschlandpolitik ab 1982 siehe Karl-Rudolf Korte: Deutschlandpolitik in Helmut Kohls Kanzlerschaft. Regierungsstil und Entscheidungen 1982–

den Ost-West-Wechsel wiederum als Entscheidung zwischen höchst gegensätzlichen Alternativen zu befragen: Kamen DDR-Zuwanderer aus dem »Großen Knast« ins »Paradies«?[181] Eine Zuspitzung zwar, wie Kessler/Miermeister meinten, doch in den dahinter liegenden Annahmen und Wahrnehmungen nach wie vor aktuell: Noch immer würde Abwanderung aus dem »realen Sozialismus« hierzulande als prowestliche »Abstimmung mit den Füßen« verbucht. Dass nicht wenige Betreffende im »besseren Teil« Deutschlands scheiterten, sei unbekannt oder werde verdrängt. Ein unverstelltes Interesse an der DDR zu nehmen, wie es Vertreter der Dokumentarliteratur um 1970 herum unternommen und einige Publizisten eingefordert hatten, war nach Ansicht der Autoren nicht ausreichend verwirklicht worden, im Gegenteil: Kessler/Miermeister beobachteten zunehmende Vorurteile und Gleichgültigkeit, so dass sie sich fragten, ob Ostdeutschland »für viele hier [...] inzwischen einfach Ausland« sei.[182]

Besprochen wurde der Band Ende August 1983 von Jörg R. Mettke im *Spiegel*. Der frühere Korrespondent in Ost-Berlin, der bereits die Künstlerabwanderung aus der DDR in der zweiten Hälfte der 1970er Jahre journalistisch begleitet hatte, nutzte die Gelegenheit, um eine Grundsatzposition zu diesem Thema vorzutragen.[183] Zentral war für ihn die Frage, was die Haltungen der Gewanderten dem Westen über seine Qualitäten und damit auch über sein Verhältnis zur DDR sagten. Mettke reagierte damit ähnlich auf die Lebensberichte der Zuwanderer wie 1970 Christian Götz auf Grunert-Bronnens Sammlung: Er hob negative Beobachtungen der Herübergewechselten hervor – ihre vielfach geäußerte Klage über mangelnde Hilfsbereitschaft und Zuwendung in der Bundesrepublik –, die seines Erachtens eine andere Sicht auf die DDR nahelegten: Wenn diese »jenseits staatlicher Repressionsbezirke vielleicht sogar die menschlichere deutsche Veranstaltung« war, dann ließe sich kaum mehr rechtfertigen, mit stets erneuer-

---

1989, Stuttgart 1998, S. 89–97; innerhalb der Regierungskoalition waren die deutschlandpolitischen Grundlinien allerdings durchaus strittig, ebd., S. 101–107.

181 So die im Titel gestellte Frage.

182 Horst-Günter Kessler und Jürgen Miermeister: Über deutsch-deutsche Ferne, Paradiese und Karrieren, in: Kessler/Miermeister: Vom Großen Knast, S. 8–10, hier S. 9, 8 (Zitat).

183 Jörg R. Mettke: »Die nach mir kommen, tun mir echt leid«, Der Spiegel Nr. 34, 22.8.1983, S. 69–70. Mettke hatte 1974/75 als erster Korrespondent des Spiegels offiziell aus Ost-Berlin berichtet; er war ein »engagierter Anhänger der sozialdemokratischen Deutschlandpolitik«, vgl. Dominik Geppert: Störmanöver. Das »Manifest der Opposition« und die Schließung des Ost-Berliner »Spiegel«-Büros im Januar 1978, Berlin 1996, S. 56.

ter Arroganz »Stasi-Land immer nur als Quasi-Land zu behandeln«.[184] Gegen diese westdeutsche Überheblichkeit hatte Mettke bereits 1978 angeschrieben, als die Presse die zahlreich ausreisenden DDR-Künstler seiner Ansicht nach nur zu gern als Emigrierte apostrophierte: Menschen, die sich als »demokratische Avantgarde« vor geistiger Unterdrückung – anders als es den NS-Verfolgten möglich gewesen war – in das bessere, westliche Deutschland retten konnten, das ihnen Zuflucht in Freiheit bot. Mettke dagegen betonte, dass die Betreffenden einen meist unfreiwilligen, nicht bruchlos in Ankommen mündenden Weg nähmen und die Vereinnahmung durch den Westen ihnen widerstrebe. Seitdem hatte sich laut Autor wenig getan: 1983 sah er »auch nur milde Korrekturen am düster-dumpfen DDR-Bild, vor dem die Hiesigen sich zu spreizen angewöhnt haben«, nach wie vor »[w]enig gefragt«.[185]

So gilt, selbst wenn die Herausgeber der Texte andere Intentionen verfolgten: Lebensgeschichtliche Zeugnisse von DDR-Zuwanderern wurden vor allem im Hinblick darauf rezipiert, was sie über Eigenschaften der beiden deutschen Staaten, die aus dem jeweiligen politischen System resultierten, konkret die Lebensqualität der Bürger, aussagten und was daraus für das innerdeutsche Verhältnis folgte. Während »Die deutsche Not« einen scharfen Kontrast zwischen der DDR als Diktatur und der freiheitlichen Zuflucht Bundesrepublik zeichnete und insofern als »Zeugnis des Kalten Krieges« gelesen werden konnte, verwischte »Ich bin Bürger der DDR« diese Eindeutigkeit.[186] Zur Kenntnis zu nehmen war, dass die Interviewten den Westen nicht einfach besser fanden; hinsichtlich der DDR erschien zumindest erklärungsbedürftig, warum sie bei Jüngeren offenkundig starke Bindungskräfte hatte entfalten können. Grunert-Bronnens Edition ließ sich daher mit einer nach 1968 entstehenden Dokumentarliteratur in Verbindung bringen, der es als »Zeugnis einer selbstbewusst gewordenen Neuen Linken« darauf ankam, »die DDR als historische Realität anzuerkennen und dementsprechend die gesellschaftlichen Verhältnisse [...] als Faktum ernstzunehmen«.[187] Aktuelle politische Brisanz gewann die Frage, wie viel Überlegenheit der Westen in Anschlag bringen konnte und wollte, ange-

184 Mettke, Die nach mir kommen, Der Spiegel Nr. 34, 22.8.1983, S. 70 (Zitat).

185 Mettke, Gleicher Abstand, Der Spiegel Nr. 29, 17.7.1978, S. 142 (Zitat); Mettke, Die nach mir kommen, Der Spiegel Nr. 34, 22.8.1983, S. 69 (Zitat).

186 Schröder, Interviewliteratur, S. 66 (Die deutsche Not war der Titel der Erstausgabe.).

187 Hans Joachim Schröder: Interviewliteratur in der DDR. Materialien und Ergebnisse aus Forschungsprojekten des Institutes [für kulturwissenschaftliche Deutschlandstudien an der Universität Bremen (FB 10)], Nov. 1995, Heft 7, S. 19 (Zitat).

sichts der 1970 gerade beginnenden Gespräche zwischen sozialliberaler Bundesregierung und DDR.

Dreizehn Jahre später zeigte das Treffen Franz Josef Strauß' mit Erich Honecker am Werbellinsee, dass inzwischen selbst CSU-Politiker mit der SED verhandelten und dem verabscheuten ostdeutschen Staat Kredite beschafften.[188] Dessen ungeachtet wurden DDR-Zuwanderer nach Eindruck mancher Publizisten fortgesetzt vereinnahmt, indem man ihren Ortswechsel als Bestätigung der eigenen Gesellschaftsordnung las, ohne ihre Wanderungsmotive oder -erfahrungen näher zu befragen. Kessler und Miermeister zogen die Beziehung von Teilen der bundesdeutschen Bevölkerung zur DDR durch ihre Beobachtungen sogar noch radikaler in Zweifel: Ihrem Eindruck nach deuteten Aussagen der Gewanderten darauf hin, dass eingesessene Bundesbürger sie nicht als Angehörige derselben nationalen Gemeinschaft wahrnahmen, weil diese Westdeutschen die DDR nicht mehr als Teil ihres Deutschlands begriffen. In der bundesrepublikanischen Selbstverständigung bezüglich des Verhältnisses zum anderen deutschen Teilstaat war damit ein weiteres Thema angeschnitten: Anhand der Erfahrungen der Zuwanderer ging es nun darum, ob die DDR für die hiesige Bevölkerung von der schlechteren deutschen Alternative zu irgendeinem Ausland wurde.

Auch Gerhard Finn und Liselotte Julius wollten, indem sie aus der DDR Herübergewechselte zu Wort kommen ließen, etwas über Deutschland erfahren: In der Perspektive der Herausgeber setzten die Betreffenden mit dem, was sie auf sich zu nehmen hatten, eine lange Geschichte deutscher Zerrissenheit fort, die Julius schon im 19. Jahrhundert beginnen sah. Wie der politische Flüchtling Georg Büchner und später der Exilant Thomas Mann repräsentierten die von drüben Gekommenen »Entfremdung und Identitätsfindung als deutsches Problem«.[189] Entfremdet waren sie dem Staat, den zu verlassen sie sich genötigt fühlten; und fremd waren sie in ihrer neuen Umgebung: »Die Übersiedlung von einem Teil Deutschlands in den anderen ist mehr als ein Umzug in eine andere Stadt, es ist ein Schritt von einer Welt in eine andere.« Was die Herausforderungen dieses Gesellschaftswechsels anbetraf, konstatierten Finn/Julius Anfang der 1980er Jahre eine neue Qualität. Sie meinten zwar, dass das Ende des Kalten Krieges und der Versuch einer Koexistenz mehr Kontaktmöglichkeiten geschaffen hätten; das »Bild der Wirklichkeit im jeweils anderen deutschen Staat« blie-

188 Das Treffen des SED-Generalsekretärs mit dem bayerischen Ministerpräsidenten fand am 24.7.1983 statt, vgl. Amos, SED-Deutschlandpolitik, S. 463–464.

189 Liselotte Julius: Nachdenken über Deutschland. Entfremdung und Identitätsfindung als deutsches Problem, in: Finn/Julius, Von Deutschland, S. 227–250, hier S. 227, 238.

be jedoch infolge der seit Jahrzehnten »getrennt verlaufenen politischen und gesellschaftlichen Entwicklung« notgedrungen unvollständig.[190]

Ausgehend von diesen Annahmen wollten die Herausgeber erfahren, inwieweit eine Migration von Deutschland nach Deutschland mittlerweile ein Weg ins Unbekannte geworden war; deshalb erkundigten sie sich, welche Vorstellungen der Bundesrepublik die Wandernden mitbrachten und als wie realistisch diese sich erwiesen. Einbegriffen war darin die Frage nach möglichen Desillusionierungen und Enttäuschungen, die auch Grunert-Bronnen 1969 gestellt hatte. Doch während Letztere auf eine Auseinandersetzung mit der »politischen Realität der DDR und der BRD« abzielte, waren die Editoren lebensgeschichtlicher Zeugnisse Anfang der 1980er Jahre erstmals an übergreifenden biografischen Fragestellungen interessiert: an der »Erfahrung der inneren Übersiedlung« oder im Fall von Kessler/Miermeister daran, wie die Betreffenden »diesen lebensgeschichtlichen Bruch, dieses Ende im einen, den Anfang im anderen Deutschland« erlebten und verarbeiteten.[191] Die Interview- beziehungsweise Berichtssammlungen nach Erika von Hornsteins Buch spiegeln ein gewandeltes DDR-Bild, »das seit Ende der sechziger Jahre nicht mehr darauf beruht, die DDR als legitimatorischen Kontrast zur Rechtfertigung bundesrepublikanischer Verhältnisse heranzuziehen«.[192] Überdies zeigt sich bei den Anfang der 1980er Jahre erschienenen Bänden in Bezug auf Ostdeutschland Unsicherheit: Wie bei den westdeutschen Erkundigungen im Kontext der Exildebatte, die die Substanz einer deutschen Nation befragten, ging es auch hier um Aspekte von Zusammengehörigkeit. Was konnte und wollte man in Ost und West voneinander noch wissen, wie fremd und gleichgültig war man sich geworden? Den Abstand zwischen den beiden auseinanderentwickelten deutschen Gesellschaften setzten die Herausgeber dieser Sammlungen nunmehr als so groß an, dass der Wechsel nicht bruchlos zu bewältigen wäre, sein innerer Nachvollzug vielmehr einigen Aufwand erforderte.

Doch weder Finn/Julius noch Kessler/Miermeister ermöglichten den Autorinnen und Autoren selbst strukturierte lebensgeschichtliche Erzählungen. Vielmehr verliehen die Herausgeber den Texten und Gesprächen durch ihre Fragen

190 Gerhard Finn und Liselotte Julius: Einführung, in: Finn/Julius, Von Deutschland, S. 9 (Zitat), 10; Julius, Nachdenken, S. 248 (Zitat).

191 Grunert-Bronnen, Interviews, S. 9. Zur Erfahrung der inneren Übersiedlung lautete der Untertitel bei Finn/Julius, Von Deutschland; Kessler/Miermeister: Deutsch-deutsche Ferne, S. 9.

192 Korte, Standort der Deutschen, S. 41–42.

eine bestimmte Perspektive. Gerhard Finn und Liselotte Julius forderten die Beiträger auf, in ihren schriftlichen Berichten »eine Art Erfahrungsbilanz zu ziehen«: »Welche Vorstellungen verknüpften sie mit der Bundesrepublik? Haben diese Vorstellungen der Realität standgehalten oder waren es Wunschträume?« Horst-Günter Kessler und Jürgen Miermeister trafen Geflüchtete und Ausgereiste zu Gesprächen. Auch sie waren daran interessiert, etwas über die Qualitäten der Bundesrepublik als Ankunftsgesellschaft für ehemalige DDR-Bürger zu erfahren. Bewährte sie sich als Alternative? Und wie waren die Unterschiede und Kontraste zwischen einem Leben in Ost- und in Westdeutschland tatsächlich zu fassen?[193]

Weniger zugespitzt als in der um ausgereiste Künstler kreisenden Debatte stand damit doch etwas Ähnliches zur Diskussion: wie das, wohin die Abwandernden wechselten, in seinem Verhältnis zum anderen, sozialistischen Teil Deutschlands zu beschreiben und zu bewerten wäre. Dieses Verhältnis wurde an diesen Beispielen jedoch anders erforscht. Es ging nicht darum herauszufinden, inwieweit eine Ost und West umschließende deutsche Nation auf der Basis von Sprache, Kultur und Geschichte weiterhin existierte. Hingegen wurde eine Abstandsbemessung vorgenommen, die eruierte, wie viel die Wandernden über ihre Zielgesellschaft noch wissen konnten. Darüber hinaus stand der Westen auf dem Prüfstand, insofern er sich darüber definierte, anders und besser als der Osten zu sein. Die Ostdeutschen, die zu Wort kamen, waren also als Gesellschaftsexperten gefragt, die Kompetenzen für einen Vergleich besaßen. Für die Untersuchungsfragen dieser Arbeit sind die vorliegenden Berichte gerade wegen dieser von den Herausgebern vorgegebenen Perspektive interessant. Denn daran, ob und inwiefern die Befragten die Bundesrepublik als Alternative beschrieben, lässt sich ablesen, wie sie ihren Ortswechsel deuteten. Vier Frauen und vier Männer, die zum Zeitpunkt der Publikation zwischen 23 und 38, mehrheitlich um die 30 Jahre alt waren, sollen exemplarisch dazu befragt werden.[194]

Für diese Befragten war es eine ungewohnte Situation, ausführlich über sich und das ihnen Widerfahrene sprechen zu sollen. Wie Kessler/Miermeister beobachteten, zögerten nicht wenige ihrer Gesprächspartner angesichts einer solchen

193 Finn/Julius, Einführung, S. 9 (Zitat). Kessler/Miermeister, Deutsch-deutsche Ferne, S. 9–10; vgl. auch Zu diesem Buch (ebd., Rückseite Schmutztitel).

194 Die Hälfte von ihnen hatte Hafterfahrung. 1983 lebten sie seit wenigstens drei, höchstens zehn Jahren in der Bundesrepublik, fünf in West-Berlin, die übrigen in Köln, München und bei Bremen. Bei den Betreffenden handelte es sich überwiegend um Akademiker, drei hatten eine (Fachhochschul-)Ausbildung absolviert.

öffentlichen Positionierung: weil sie, so deuteten es jedenfalls die Herausgeber, ihr eigenes Erleben zumal im Schatten der Erzählungen Prominenter für banal hielten; weil sie Nachteile bezüglich einer Erlaubnis zur Einreise in die DDR oder für Verwandte dort fürchteten; und nicht zuletzt, da sie sich von denen, die sich um sie bemühten, oft instrumentalisiert fühlten.[195] So verwahrte sich Brigitte H. dagegen, ihre Auskünfte für »ein Pro und Kontra von Ost und West (Deutschland)« herangezogen zu sehen. »Ein Gefühl von Exil habe ich eigentlich nie gehabt. Ich wohne hier absolut freiwillig«, betonte die Krankenpflegerin. Zuvor hatte sie berichtet, wie ihr Entschluss zur Flucht aus dem missglückten Bestreben, in der DDR »mal anders zu leben«, entstanden war.[196] So war sie »dem ›Großen Knast‹ (in meinem Sinne)« zwar entronnen, wollte sich aber nicht als Verdrängte sehen. Das Bemühen, eine politische Lesart ihrer Übersiedlung abzuwehren, prägt ihre Erzählung – sie redete etwa von abhauen statt von fliehen. Weil sie Verallgemeinerungen fürchtete, legte Brigitte H. Wert darauf, ihre Migration subjektiv, aus einem speziellen Lebensentwurf und individuellen Bedürfnissen heraus, zu erklären. Dass sie gegangen war, sollte kein Argument gegen die DDR und das Leben dort im Ganzen sein. »Es gab viele Dinge, die man anerkannte, die sehr dufte waren, außerdem ist man dort groß geworden, hat viele Freunde.« Auch werde man in diesem Staat, »wenn man nicht so Rosinen im Kopf« habe wie sie, »ganz gut eingebettet«.[197]

Wie einige der ausgereisten Schriftsteller wendete sich auch Brigitte H. gegen eine politische Vereinnahmung ihrer Übersiedlung. H. hatte Sorge, dass sowohl gute Seiten der DDR, die sie sah, als auch positive persönliche Erfahrungen verdeckt werden könnten. Wie man die vollzogene Migration deutete, berührte sich an dieser Stelle mit der Frage, wie man im Westen über die eigene DDR-Biografie sprechen konnte. Auch andere Gewanderte erwarteten, in der Ankunftsgesellschaft Unverständnis zu begegnen. Die von Kessler/Miermeister befragte Wissenschaftlerin Lena K. wollte ebenfalls nur ungern öffentlich über sich sprechen. Sie ging davon aus, dass ihre Einschätzungen schwer nachvollziehbar seien, weil ein schiefes Bild des ostdeutschen Staates vorherrsche: »Leider wissen hier die wenigsten Menschen, daß das Leben in der DDR ganz normal läuft, den Soll-

195 Kessler/Miermeister, Deutsch-deutsche Ferne, S. 9–10.

196 »Mich zieht's immer zu den Inseln«, in: Kessler/Miermeister, Vom Großen Knast, S. 209–220, hier S. 210 (Zitate), 220 (Zitat). Jeder Versuch einer alternativen Lebensform, erläuterte H. – sei es in der Rollenverteilung einer Beziehung oder beim Wohnen –, wurde vom Staat beargwöhnt und verbaut. Ebd., S. 210–211.

197 Ebd., S. 210, 214 (Zitate), 215.

Vorstellungen der Funktionäre eigentlich nicht entspricht.« K. führte die Fehleinschätzung des DDR-Alltags auf ein Desinteresse der Westdeutschen an allem zurück, was mit Ostdeutschland zu tun hatte.[198]

Der Jurist Stefan R. legte es hingegen nicht darauf an zu verdeutlichen, dass man in der sozialistischen Gesellschaft der DDR leben könne und nicht jeder von dort weggehen müsse. Doch war es auch ihm wichtig, hinter dem Gegenbild des Westens den Umstand, in einem biografischen Sinn positive Erfahrungen gemacht zu haben, nicht vollständig verschwinden zu lassen:

> [...] daß es einem doch da irgendwo gut ging, daß man Freunde hatte, daß man getrampt ist, daß man an der Ostsee war, daß man FKK-Erlebnisse hatte, daß man sich gefreut hatte, kleine dumme Funktionäre auszutricksen und vermeintlich klüger zu sein als die bösen Lehrer.[199]

Der Eindruck, dass die Befragten sich teilweise nur mit starken Bedenken und sehr vorsichtig äußerten, berührt sich mit Befunden Renate Hürtgens auf Basis ihrer Untersuchung zu Ausreiseantragstellern im Kreis Halberstadt. Hürtgen stellt bei den von ihr Interviewten fest, dass diese kurz nach der Übersiedlung und teils auch im Folgenden vermieden, sich »als Ehemalige [...] zu erkennen zu geben«. Sie schlossen damit an ein um möglichst wenig Aufsehen bemühtes Verhalten in der DDR an, das sie nach der Antragstellung praktiziert hatten, weil von ihrer »sozialen Umwelt [...] wenig Anerkennung« für ihr Vorgehen zu erwarten gewesen sei. Hürtgen vermutet einen Grund für die fortgesetzte Zurückhaltung darin, dass die Ausgereisten auch im Westen nicht unbedingt auf positives Interesse an ihrem Schicksal zählen konnten.[200]

Die Beiträger haderten auch mit einigen an sie herangetragenen Fragestellungen. Das »selbstgemachte Bild von der Bundesrepublik« einem Wirklichkeitsabgleich zu unterziehen, sei in etlichen Texten zu kurz gekommen, bemerkten Finn/Julius. Gemeinsam sei den meisten Beiträgen dagegen eine

198 »Viele Leute hier sind unfähig, mit Schwächeren umzugehen«, in: Kessler/Miermeister, Vom Großen Knast, S. 60–84, hier S. 63–64 (Zitat), 77. Wie Brigitte H. bestand Lena K. darauf, dass man den Umstand, persönlich lieber im Westen zu sein, nicht verallgemeinern, nicht sagen könne, »*man hat* [...] bessere Möglichkeiten als in der DDR. Das hängt ganz davon ab, was für ein Mensch du bist.« Ebd., S. 75 [Hervorhebung i. O.].

199 »Die Entscheidung zur Flucht ist kein ›Ja‹ zur Bundesrepublik«, in: Kessler/Miermeister, Vom Großen Knast, S. 33–42, hier S. 35 (Zitat).

200 Renate Hürtgen: Ausreise per Antrag: Der lange Weg nach drüben. Eine Studie über Herrschaft und Alltag in der DDR-Provinz, Göttingen 2014, S. 149, 150 (Zitate).

»kritische Überprüfung, wie es dazu kam, daß man sich zu diesem endgültigen Schritt entschloss«.[201] Tatsächlich unternahmen die vier hier analysierten Berichte Ersteres durchaus. Sie schlugen allerdings durch detailliertes Eingehen auf ihre Flucht- oder Übersiedlungsgründe einen umfassenderen Bogen. Auch in den Gesprächen mit Kessler/Miermeister reagierten die Befragten, wo die Interviewer sich nach Hintergründen erkundigten, mit ausführlichen Erläuterungen des Warum. Finn/Julius führten dieses Phänomen darauf zurück, dass »für einen derart folgenschweren Entschluss [...] die Frage nach den Ursachen entscheidend [ist]«.[202] Diese Beobachtung lässt sich im Blick darauf, wie die Betreffenden den Prozess ihrer Migration schilderten, in zweifacher Hinsicht präzisieren. Zum einen arbeiteten sie biografisch relevante Erfahrungen heraus, die im Kontext des Bildes vom Westen gar nicht sichtbar würden. Zum anderen differenzierten und gewichteten sie sorgfältig die Rolle, die die Bundesrepublik für ihre Wanderungsentscheidung gespielt hatte, um implizit oder ausdrücklich einer ausschließlich von Westen her schauenden und insofern als pauschal oder fehlgerichtet wahrgenommenen Betrachtungsweise entgegenzuwirken.

So kennzeichnete Stefan Otto nicht die Ankunft in West-Berlin, sondern die Abgabe seines Ausreiseantrags bei den DDR-Behörden als entscheidende Zäsur. »Ich scheue mich nicht zu sagen, daß ich danach ein sehr intensives Gefühl von Freiheit hatte«, heißt es in seinem Bericht, weil der vorherige Zustand »größter Anspannung« endlich aufgelöst gewesen sei. Schlagartig sei man aus »den täglichen diplomatischen Zwängen« herausgetreten. Diesen Schritt hatte sich der promovierte Slawist mit Studienaufenthalt in Moskau hart erarbeitet. Es galt, intellektuell souverän zu werden und eine Reihe desillusionierender Erfahrungen mit dem Regime, vor allem die »große Ernüchterung im August 1968« angesichts der Niederschlagung der reformkommunistischen Bewegung in der damaligen ČSSR, zu durchlaufen.[203] Wie Otto beschrieb auch Manuela Wenau ihre Ausreise als Konsequenz einer politisch-weltanschaulichen Emanzipation von der DDR. Sie erfuhr die Entfremdung gewaltsam und abrupt nach einem von den Eltern initiierten Fluchtversuch. Vor Gericht gezogen, inhaftiert und verhört, sah die Schülerin sich mit der »Wirklichkeit« des ostdeutschen Staats konfrontiert. »All das, was ich in 17 Jahren als Wahrheit gesehen hatte, brach

201 Finn/Julius, Einführung, S. 10 (Zitat), 9 (Zitat).
202 Ebd., S. 9–10.
203 Stefan Otto: Deutschland – von zwei Seiten betrachtet, in: Finn/Julius, Von Deutschland, S. 69–82, hier S. 70 (Zitat), 71 (Zitate); biograf. Angaben S. 253–254.

zusammen wie ein Kartenhaus durch einen kleinen Windstoß.«[204] Für beide Erzähler waren die Vorgeschichte ihrer Migration und der Entschluss dazu biografisch als Ausdruck einer persönlichen Entwicklung bedeutsam. Die geschilderte Absetzbewegung setzte voraus, sich Fehleinschätzungen bewusst zu werden. Otto schilderte, mit dem Entschluss zur Antragstellung eine Phase überwunden zu haben, in der er zu Kompromissen noch bereit gewesen war, um in der DDR »einiges verändern – besser gesagt: verhindern« zu können: eine Illusion, wie er mittlerweile meinte. Wenau kennzeichnete die Zeit der Haft als das Ende ihrer Blindheit: Im Gefängnis hörte sie auf, »an die Versprechungen [zu] glauben«, die die DDR ihr gemacht hatte.[205] So zeigen ihre Berichte zwar, dass das Bild des Westens bei der Migrationsentscheidung durchaus eine Rolle spielte. Beide gaben an, dass sie nicht nur Negatives zurückließen, sondern meinten, etwas Positives zu wählen.[206] Davon unbenommen offenbaren ihre Erzählungen jedoch, dass es gerade die oft langwierigen, dem eigentlichen Weggehen vorgelagerten Auseinandersetzungen waren, die biografische Relevanz besaßen.

Andere Erzähler machten gleichfalls deutlich, dass ein Blick auf ihren Lebensverlauf in der DDR notwendig war, um sie und ihre Migration zu verstehen – allerdings mit etwas anderer Akzentuierung: »Man wird ja heute immer da, wo man sich als Flüchtling zu erkennen gibt, gefragt: Hast du nun gefunden, was du wolltest?«, bemerkte der Rechtsanwalt Stefan R. Er hielte diesen Ansatz für falsch. Während der so Fragende von der Kenntnis der Bundesrepublik, überhaupt der »sogenannten Freien Welt«, ausgehe, formuliere er aus umgekehrter Sicht: »Zunächst ist mal die Entscheidung zur Flucht ein Nein zur DDR [...].« Dieses Zunächst strukturiert auch die Erzählung von Bettina Brass. Stefan R. und die promovierte Mathematikerin Brass, beide in psychologischen Kategorien argumentierend, charakterisierten ihren Weggang als Kapitulation: R. versuchte nach dem »Schockerlebnis« des Mauerbaus gezwungenermaßen sich einzurichten und fand eine Nische als Kirchenjurist. Angesichts auch kirchlicherseits beobachteter Anpassung und Unsicherheit überwog jedoch irgendwann ein »resignatives Moment«. Brass beschrieb den Wechsel als Ausweichen vor einer Überforderung, die aus ihrer »sozialistische[n] Erziehung« erwuchs: Als Verantwortungsbewusste habe sie sich in den Weltverbesserungskampf gestürzt,

204 Manuela Wenau: Habe ich den Fehler meines Lebens gemacht?, in: Finn/Julius, Von Deutschland, S. 83–89, hier S. 86, 85 (Zitat); biograf. Angaben S. 255.

205 Otto, Deutschland, in: Finn/Julius, Von Deutschland, S. 71 (Zitat); Wenau, Fehler meines Lebens, in: ebd., S. 85 (Zitat).

206 Otto, Deutschland, in: ebd., S. 72, 82; Wenau, Fehler meines Lebens, in: ebd., S. 86.

um später zu begreifen, dass »die vorhandenen Kräfte, das Wissen und die Erfahrung« für die Durchsetzung ihr wichtiger Veränderungen niemals hinreichten.[207]

Auch in diesen Fällen waren Vorstellungen von der Bundesrepublik eng mit dem Entschluss zur Wanderung verquickt. Stefan R. lernte West-Berlin als Kind kennen. Die Existenz des anderen deutschen Teilstaats bedeutete für ihn, stets eine zweite, verheißungsvolle Möglichkeit vor Augen zu haben: Das Leben in der DDR war nicht alternativlos. »Im Hintergrund immer dies: Da kann man ja mal weggehen [...]. Im Westen ist es besser [...].« Als der Fluchtgedanke aufkam, wurde gleichzeitig der »im Unterbewußtsein« beständig vorhandene Wunsch, dorthin zu wechseln, wieder virulent. »So ergriff also auch ich die Flucht ins gelobte Land«, beschrieb Brass ihre Migration und bezog sich so ganz ähnlich auf den Westen als Mythos, in den sich die Hoffnung auf ein gelingendes Leben hineinlesen ließ. Gleichwohl begriffen Stefan R. und Bettina Brass ihre Wanderung primär einem Hier-nicht-mehr-sein-Können geschuldet, das erzählt werden musste. In die Bundesrepublik zu gehen bedeutete für beide, sich aus einer für aussichtslos gehaltenen Situation heraus zu begeben, was wiederum die Kategorie nahelegte, die sie für sich wählten: Sie waren *Flüchtlinge*.[208] Welchen Sinn der Wechsel für sie ergab und wie er sich mit ihrem Selbstverständnis verband, ließ sich nur erschließen, wenn man begriff, dass und warum sie sich gegen die DDR entschieden hatten.

Diese Akzentsetzung entspricht der biografisch einschneidenden Bedeutung des Gehen-oder-Bleiben-Entschlusses, der sich in einem oft Jahre andauernden, teils zwischenzeitlich stillgestellten Prozess herausbildete. Jeannette van Laak charakterisiert diesen komplexen Vorgang als individuelle Schwellenerfahrung.[209] Wie die Betreffenden ihre Erzählungen gestalteten, erklärt sich außerdem aus dem spezifischen Impuls, den sie durch das Interview beziehungsweise die Aufforderung zum autobiografischen Schreiben erhielten: Die an sie gerichteten Fragen stellten einen äußeren Anlass dar, das »Handlungsschema [...] ›Auswanderung‹« zu evaluieren und zu bilanzieren – ein Vorgang, der stets »unter gesamtbiographischen Gesichtspunkten« erfolgt und sich in diesem, auf

207 Entscheidung zur Flucht, in: Kessler/Miermeister, Vom Großen Knast, S. 37 (Zitate), 33; Bettina Brass: Zwischen Traum, Anspruch und Wirklichkeit, in: Finn/Julius, Von Deutschland, S. 109–115, hier S. 109, 110 (Zitate).

208 Entscheidung zur Flucht, in: Kessler/Miermeister, Vom Großen Knast, S. 33 (Zitat), 37 (Zitat); Brass, Zwischen Traum, in: Finn/Julius, Von Deutschland, S. 111 (Zitat).

209 Van Laak, Einrichten im Übergang, S. 322 (Zitat), 374–375. Wie hier für Stefan Otto umrissen, beobachtet auch van Laak, dass der Ausreiseentschluss, war er einmal getroffen, neue Kräfte freisetzen konnte. Ebd., S. 326–327.

die Migration bezogenen Fall insbesondere auf den Wanderungsentschluss als »die umfassende ›biographische Initiative zur Veränderung der Lebenssituation‹« konzentriert. Es ging also nicht allein um die Gegenwart und jüngere Erfahrungen im Westen, sondern auch um die Vergangenheit: Wie stellte sich die aktuelle persönliche Situation dar gemessen an den Beweggründen, die einen hierhergeführt hatten, und den damals mit der Migrationsentscheidung verknüpften Erwartungen?[210]

Weniger offenkundig als in der Exildebatte wurden auch in den untersuchten Erfahrungsberichten Vorstellungen vom Westen als Alternative zur DDR verhandelt. Die Autoren stießen sich wie die ausgereisten Künstler an den auf sie gerichteten westdeutschen Wahrnehmungen und Interessen. Zwar waren diese nicht prominenten Übersiedler nicht ausdrücklich mit der Frage konfrontiert, ob sie sich zum Westen als politischem System bekannten. Einige fürchteten dennoch den Überlegenheitsanspruch des Westens in dem Sinne, dass positive Erlebnisse und Erfahrungen in der DDR keinen Bestand mehr hätten. Außerdem zeigen die Lebensberichte das Widerstreben, beim Thema Ost-West-Migration einseitig die Qualitäten der Bundesrepublik als Ankunftsgesellschaft zu befragen. Die Erzählenden machten deutlich, dass die Attraktion des Westens nur verstanden werden kann, wenn man sie individuell mit der Abstoßung von der DDR in Beziehung setzt. Diese Abstoßung wiederum kennzeichneten sie als eine persönlich prägende Entwicklung und Leistung. Deutlich wird dadurch die biografische Bedeutung der Migrations*entscheidung*, die in der DDR stattfindet, so dass sich der Ortswechsel schwerlich allein im Blick auf das Wohin, den gewählten Gegenentwurf, darstellen und bewerten lässt.

5. Die Übersehenen: Selektive Wahrnehmungen im Westen

Wenig bis nichts wisse man über die Zuwanderer aus der DDR, stellten die Publizisten Horst-Günter Kessler und Jürgen Miermeister 1983 in ihrem Band mit Lebensgeschichten ehemaliger DDR-Bürger einleitend fest.[211] Tatsächlich rückten Ostdeutsche in der Bundesrepublik (so es nicht um die Problematik ging, die DDR zu verlassen) von Anfang der 1970er bis Anfang der 1980er Jahre nur sporadisch beziehungsweise innerhalb begrenzter medialer Formate in den

210 Schumann, Private Wege, S. 283 (Zitat), 284 (Zitat), 285.
211 Kessler/Miermeister, Über deutsch-deutsche Ferne, S. 8–9.

Blick. Eine knappe wöchentliche Kolumne der Hamburger Flüchtlings-Starthilfe e. V. in der *Zeit* ist in dieser Phase das einzige Beispiel für eine kontinuierliche Thematisierung. Da die Texte als Spendenwerbung angelegt waren, ging es hierbei um Hilfe und Unterstützung für die Neuankömmlinge.[212] Darüber hinaus flammten Debatten auf, die sich auf eine bestimmte Gruppe der Zuwanderer, und zwar auf die als entlassene Häftlinge in den Westen Kommenden, bezogen. Sie wurden zum Gegenstand problematisierender Darstellungen, fokussiert auf die Stichworte Kriminelle und Nichtsesshaftigkeit. Diese verschiedenen Arten der Bezugnahme auf DDR-Zuwanderer – als Hilfsbedürftige, als Kriminelle im Gegensatz zu Politischen und als sozial Gescheiterte – werden im Folgenden näher beleuchtet. Wichtige Hintergrundinformationen finden sich vor allem in Jan-Philipp Wölberns Untersuchung zum Häftlingsfreikauf.[213]

DDR-Zuwanderer galten zunächst einmal als Adressaten privater Hilfe. »Ein 29jähriger schlanker Mann mit wachen Augen besuchte unsere Berliner Sprechstunde. Als Flüchtling besitzt Paul H. nichts, außer seine wichtigsten Papiere und Zeugnisse. [...] Wir möchten ihm ein paar Fachbücher kaufen, dazu seine zur Zeit magere Unterstützung etwas aufbessern für Kleidung und die notwendigsten Anschaffungen. Hilft jemand mit?«[214] Ein Absatz: So viel Textfläche überließ die *Zeit* der Flüchtlings-Starthilfe Woche für Woche, um unter der Überschrift »Barbara bittet« in der Rubrik Leserbriefe Geld- und Sachspenden für DDR-Zuwanderer einzuwerben. 1953 in Hamburg gegründet und von Frauen getragen, hatte sich der Verein die private Unterstützung der Neubürger durch Beratung, finanzielle und materielle Hilfen sowie Wohnraumvermittlung auf die Fahne geschrieben. Seit 1963 existierte eine Zweigstelle im West-Berliner Notaufnahmelager Marienfelde.[215] Die engagierten Frauen stammten aus gehobenen Gesellschaftskreisen. Zu den zwölf Initiatorinnen zählten unter anderen die Namensgeberin der *Zeit*-Kolumne Barbara von Krauss, Tochter des am militärischen Widerstand gegen Hitler beteiligten Generals Hans Oster; die Schweizer Architektin Jeanne Hesse, Ehefrau eines

212 Die folgende Auswertung stützt sich auf eine 30 Texte aus den Jahren 1974, 1978 und 1982 umfassende Stichprobe.

213 Wölbern, Häftlingsfreikauf, v. a. Kap. IV.1 sowie S. 463–466; einige Hinweise zur Integration Haftentlassener bei Schumann, Private Wege, Kap. 7.

214 Barbara bittet, Die Zeit Nr. 26, 25.6.1982 (im Folgenden ohne die Überschrift Barbara bittet).

215 Seit 1968 wurden auch politische Flüchtlinge »aus anderen Mitgliedstaaten des Warschauer Paktes« unterstützt, vgl. Flüchtlings-Starthilfe e. V.: 30 Jahre Flüchtlings-Starthilfe e. V. in Hamburg. Bericht mit Rückblick, Hamburg 1983 (o. P.).

Hamburger Kaufmanns; und Marion Gräfin Dönhoff, 1945 selbst aus Ostpreußen geflohen. Ihr gelang es noch im Gründungsjahr, die *Zeit* für das Anliegen des Vereins zu gewinnen, deren Leser »Barbara« seitdem um Beistand bat.[216] Hinzu kamen eine Reihe von Artikeln, die den Verein selbst und seine Arbeit porträtierten.[217]

Die Texte hielten Flüchtlinge und Übersiedler aus der DDR beständig sichtbar, in einer Weise, die den Zielen und Überzeugungen der in der Starthilfe aktiven Frauen geschuldet war. So traten den Lesern in Barbaras Kolumne die Gewanderten nicht als Zahl oder Gruppe, sondern fast immer als Einzelpersonen entgegen, deren persönliches Schicksal in Umrissen erkennbar wurde. Eine solche Konkretisierung erleichterte es potenziellen Wohltätern, sich mit »ihrem« Fall auch emotional zu identifizieren. Darüber hinaus formulierten es die Beteiligten von Anfang an als ihre Absicht, gezielt *individuell* zu helfen: »einzelnen deutschen Ostflüchtlingen, die der Staat nicht sofort oder nicht genügend unterstützen konnte«.[218] In den Fallschilderungen waren Motive und Anlässe für den Wechsel in die Bundesrepublik häufig skizziert: »Auseinandersetzungen mit Vorgesetzten in einem VEB, nach denen ihm Entlassung und Verbot, künftig in seinem Beruf zu arbeiten, angedroht wurde«, trieben den »junge[n] Ingenieur Günther F.« zur Flucht; bei Jürgen K. ging es um die »Freiheit, seine politische Meinung in der DDR zu äußern, sie zu vervielfältigen und zu drucken«.[219] Die Gründe der Zuwanderer stellten sich, soweit erwähnt, ausnahmslos als gute Gründe dar: Sie verließen ein Unrechtsregime, das sie zu spüren bekommen hatten. Insofern waren sie »echte« Flüchtlinge, bei denen die Legitimität ihres Hierseins außer Frage stand. Implizit machten die Kolumnentexte Aussagen zu den deutsch-deutschen Verhältnissen, sie verzichteten allerdings darauf, den

216 Marion Gräfin Dönhoff: Barbaras Schützlinge. Eine kleine Notiz half Tausenden beim Neuanfang, Die Zeit Nr. 18, 27.4.1990. Peter Grubbe: Geld und viel Zeit. Was die Flüchtlingsstarthilfe auszeichnet, Die Zeit Nr. 29, 12.7.1985. Vgl. Terry Parssinen: Die vergessene Verschwörung. Hans Oster und der militärische Widerstand gegen Hitler, München 2008, S. 11; Klaus Harpprecht: Die Gräfin. Marion Dönhoff. Eine Biografie, Reinbek bei Hamburg 2008 (Statt eines Vorworts).

217 Siehe neben den eben zitierten Artikeln von Dönhoff und Grubbe z. B. Ruth Herrmann: Im Schatten staatlicher Hilfe. Warum die Flüchtlingsstarthilfe »Barbara« auch heute noch notwendig ist, Die Zeit Nr. 50, 11.12.1970; Ruth Herrmann: Trost an der Trostbrücke. Seit vielen Jahren bittet Barbara in der Zeit für Flüchtlinge aus der DDR, Die Zeit Nr. 51, 22.12.1972; Andreas Conrad: 76 Frauen helfen. Wo Flüchtlinge ganz unbürokratisch versorgt werden, Die Zeit Nr. 52, 19.12.1980.

218 Flüchtlings-Starthilfe, 30 Jahre.

219 Die Zeit Nr. 20, 10.5.1974 (Günter F.); Die Zeit Nr. 15, 7.4.1978 (Jürgen K.).

Eingesessenen Solidarität nahezulegen, weil es sich um deutsche Landsleute handele.

Beispringen sollte man den Neuankömmlingen, so die Beiträge, weil sie sich unverschuldet in Not befanden. Wie viele Migranten hatten die Geflüchteten und Ausgereisten in Barbaras Geschichten einen Verlust erlitten: Sie verloren große Teile ihres ökonomischen und sozialen Kapitals in Form von Besitz, Vermögen, Netzwerken und Kontakten und hatten daher Schwierigkeiten, sich zu etablieren. Die Hilfsbedürftigkeit, die daraus resultierte, war jedoch, wie die Appelle der Starthilfe optimistisch unterstellten, eine überwindbare, zumindest keine, die in der Person der Gewanderten begründet lag. »Der Witz dieser privaten Vereinigung ist es«, erläuterte Marion Gräfin Dönhoff, »den Betreffenden eine rettende Planke unterzuschieben und zu hoffen, daß sie dann allein weiterschwimmen«.[220] Die Eigenschaften, die Barbaras wöchentliche Notizen den Zuwanderern zusprachen, ließen diese Hoffnung begründet erscheinen. Wie der oben vorgestellte Paul H. wurden die Protagonisten der Fallgeschichten zumeist als strebsam, initiativreich sowie lern- und arbeitswillig beschrieben. »Um nicht von der Sozialhilfe abhängig zu sein, wollte sie, obwohl sie keine fertige Ausbildung hatte, arbeiten«, hieß es etwa von einer jungen Ostdeutschen in West-Berlin. Sich als Verkäuferin viel Neues anzueignen, bewältigte sie »mit Schwung. Doch nun kam sie zu uns, weil sie Ende Juni ihr Kind erwartet.«[221] Das Beispiel der alleinstehenden künftigen Mutter verweist zugleich auf die Notwendigkeit gesellschaftlicher Unterstützung der Zuwanderer: Staatliche Stellen verfügten nicht über ausreichend Zeit und Kapazitäten, um den Einzelfall zu beachten; sie waren gezwungen, zu normieren und diesen Normen entsprechend zu agieren. Unkonventionell helfen, und zwar vor allem denen, »die durch die Maschen fallen«, sich den gängigen juristischen und bürokratischen Rastern nicht fügten – »Puppenspieler, Frauen ohne Mann, aber mit Kindern, Handwerker ohne Handwerkszeug, Schriftsteller ohne Schreibmaschine, Kindergärtnerinnen ohne Examen« –, das konnten dagegen Privatleute.[222]

Vielen Westdeutschen fehlte es mittlerweile allerdings an Sensibilität für die Belange der Neubürger, wie Ruth Herrmann in einem Artikel vom Dezember

220 Dönhoff, Barbaras Schützlinge, Die Zeit Nr. 18, 27.4.1990.

221 Die Zeit Nr. 21, 21.5.1982. Auch wenn vielleicht gerade solche Fälle publiziert wurden, deren Protagonisten besonders vielversprechend erschienen, prägte diese Art der Darstellung das öffentlich vermittelte Bild.

222 Grubbe, Geld, Die Zeit Nr. 29, 12.7.1985.

1970 darlegte.[223] Nicht nur hätten einige Bundesbürger den grundlegenden Umstand aus den Augen verloren, dass auch nach 1961 fortgesetzt Zuwanderer aus Ostdeutschland kamen. Überdies nehme man Berichte über gelungene Fluchten »hierzulande mit einer Ende-gut-alles-gut-Befriedigung zur Kenntnis«, als wäre der Betreffende »am Ende eines Gruselmärchens angekommen und lebte ›fortan glücklich bis an sein Lebensende‹«. Es sei »inzwischen schwieriger geworden, in der Öffentlichkeit um Verständnis für die Probleme der Ostflüchtlinge zu werben«, konstatierte ein Jahrzehnt später auch Andreas Conrad in der *Zeit*.[224] Die Beobachtungen der Journalisten bestätigen den Eindruck, dass die Situation von DDR-Zuwanderern in der Bundesrepublik, was Herausforderungen des Übergangs in die neue Gesellschaft anbetraf, der westdeutschen Öffentlichkeit kaum präsent war. Gleichwohl zeigt der Blick auf die Tätigkeit der Flüchtlings-Starthilfe, dass es weiterhin Anteilnahme gab: Ein Bericht des Vereins von 1983 weist für 596 betreute »Ostflüchtlinge« 1973 Unterstützung im Umfang von 255 978 DM sowie Sachspenden in der gleichen Höhe aus; 1981 konnten die Helfer mit 718 796 DM und »wesentlichen Sachspenden« jedem 15. der insgesamt 14 433 DDR-Flüchtlinge und Übersiedler dieses Jahres beistehen. Durchschnittlich 80 Prozent der Zuwendungen an die Starthilfe kamen von *Zeit*-Lesern, das Übrige steuerten einzelne Gönner sowie Hamburger Gerichte bei, die Bußgelder an den Verein überwiesen.[225]

Barbaras Notizen in der *Zeit* waren ein kontinuierliches, äußerlich immer gleichbleibendes und dem Umfang nach bescheidenes Format außerhalb der Schlagzeilen. Insgesamt 36 Jahre lang je 52 Mal war über den Fall eines oder einer nun im Westen lebenden Ostdeutschen zu lesen. Die Rubrik konturierte gerade durch die Stetigkeit der Fallschilderungen ein bestimmtes Stadium des Ankommens in der Bundesrepublik und beleuchtete Schwierigkeiten der Eingliederung. Nicht zufällig kamen Rat- und Hilfesuchende häufig in die Büros der Starthilfe, kurz nachdem sie das Aufnahmeverfahren in einer der zentralen Einrichtungen des Bundes absolviert hatten. Gerade diese nach der unmittelbaren Ankunft zweite Phase des zu vollziehenden Gesellschaftswechsels erwies sich für sie als prekär. Solange sie sich (in der Regel nur für einige Tage) im Aufnahmelager Gießen oder dem Durchgangsheim in West-Berlin aufhielten, waren sie versorgt und die Abläufe vorgegeben. Man erhielt Verpflegung beziehungsweise Verpflegungsgeld, Taschengeld und die sogenannte Friedlandhilfe; außerdem

223 Herrmann, Im Schatten, Die Zeit Nr. 50, 11.12.1970.
224 Conrad, 76 Frauen, Die Zeit Nr. 52, 19.12.1980.
225 Flüchtlings-Starthilfe, 30 Jahre.

wurde ein Begrüßungsgeld in Höhe von 150 DM ausgezahlt. Neben den Formalitäten des Aufnahmeantrags war Behördliches zu regeln: Es galt, gegebenenfalls Rechtsansprüche etwa nach dem Häftlingshilfegesetz geltend zu machen, sich beim Arbeitsamt vorzustellen und bei den verschiedenen Sozialversicherungen anzumelden; hierfür gab es Ansprechpartner vor Ort.[226] Danach waren die Neubürger, nun zumeist in Übergangswohnheimen der Länder, bei Verwandten oder in ersten eigenen (provisorischen) Quartieren untergebracht, auf sich gestellt.

Die Kolumnenbeiträge zeigen, welche typischen Probleme diese Etappe beinhaltete, in der mit Wohnungs- und Arbeitssuche zentrale Weichenstellungen anstanden. Ob ein nachzuholendes Abitur, ein ausstehender Rentenbescheid oder grundsätzlich die Langsamkeit der Bürokratie – Zugewanderte benötigten nach der Aufnahme Hilfe, weil sie sich noch immer im Übergang befanden.[227] Während sie sich beruflich orientierten – Abschlüsse anstrebten, Weiterbildungen absolvierten, auf Stellenangebote warteten –, waren sie auf staatliche Unterstützungsleistungen wie Ausbildungsbeihilfe oder Arbeitslosengeld angewiesen, die aber, obschon beantragt, häufig noch nicht griffen: wegen Bearbeitungszeiten der Verwaltung oder weil Leistungsberechtigungen erst zu klären waren. Dadurch trat ein Verzögerungseffekt ein, der diese Wochen zwischen Ersthilfen der Aufnahme und vollständiger Einbindung in die sozialen Sicherungssysteme beziehungsweise Geltendmachung von Entschädigungs- oder Hilfsansprüchen trotz eigentlich privilegierter Absicherung von DDR-Zuwanderern unter Umständen schwierig werden ließ.

Unter der Überschrift »Barbara bittet« in der *Zeit* lernten »weite Kreise [...] akute hiesige Probleme der Flüchtlinge und Ausgebürgerten aus der DDR« kennen.[228] In diesem Zusammenhang rückte eine sich dem Aufenthalt im Notaufnahmelager anschließende Einstiegsphase in den Blick, die sich für einige Betroffene aus strukturellen oder persönlichen Gründen verlängerte beziehungsweise verschärfte. Zugleich erschienen die Schwierigkeiten der Neubürger unverschuldet und ihre Hilfsbedürftigkeit mit ein wenig Unterstützung rasch überwindbar, ihre eigenständige Teilhabe an der westdeutschen Gesellschaft also möglich.

226 Der Bundesminister des Innern: Bestandsaufnahme der Eingliederungshilfen von Bund und Ländern für Aussiedler und für Zuwanderer aus der DDR und Berlin (Ost) – mit einer Analyse des Bedarfs, Bonn, 31.3.1988, S. 20, 15–16, 13, 26–27. Zum Häftlingshilfegesetz vgl. Siegfried Schwab: Deutsche unter Deutschen: Aus- und Übersiedler in der Bundesrepublik, Pfaffenweiler 1990, S. 9–12.

227 Siehe als Beispiele für solche Schwierigkeiten Die Zeit Nr. 20, 10.5.1974 (Günther F.); Die Zeit Nr. 15, 7.4.1978 (Jürgen K.); Die Zeit Nr. 11, 8.3.1974 (Emmy K.).

228 Flüchtlings-Starthilfe, 30 Jahre.

Demgegenüber rückten andere Zuwanderer mit vermeintlich negativen Eigenschaften ins Blickfeld. Dabei ging es um in den Westen gelangte ehemalige Häftlinge und die Annahme, dass sich unter ihnen Kriminelle befänden. Anders als die unauffällige *Zeit*-Kolumne besaß dieses Thema politische Brisanz und war Konjunkturen unterworfen.

Eine Phase, in der die Rede von den Kriminellen in den Vordergrund trat, war nach einer vom Staatsrat der DDR im Oktober 1972 beschlossenen Amnestie. Wenige Monate vor Unterzeichnung des Grundlagenvertrags war diese Maßnahme als »Geste des guten Willens und als Druckmittel [gedacht], um die Bundesregierung zu einem Entgegenkommen gegenüber Wünschen der DDR zu bewegen«. In der Folge durften 2087 entlassene Häftlinge in die Bundesrepublik ausreisen; hier trafen sie mehrheitlich in der Zeit zwischen November 1972 und Januar 1973 ein.[229] Als bemerkenswert registrierte die westdeutsche Presse, dass der Staatsrat einen Straferlass »für politische und kriminelle Straftäter« beschlossen hatte – eine Unterscheidung, die auf DDR-Seite seit Anfang der 1950er Jahre tabu gewesen war. Zugleich hieß es, die Amnestie beziehe sich nicht auf schwere Delikte wie »Verurteilungen wegen Mord, Sittlichkeitsverbrechen, Gewaltverbrechen«.[230] Aus bundesrepublikanischer Sicht blieben die Normen, nach denen die ostdeutschen Behörden handelten, unklar; definierten sie auch den gescheiterten Republikflüchtling, der einen Zaun durchschnitten hatte, als Gewaltverbrecher? Auf der anderen Seite war es möglich, dass neben jenen, die man im Westen als politische Häftlinge ansah, auch andere kamen: neben wegen Fluchtversuch, Ausreisebestreben oder oppositionellem Verhalten verurteilten Menschen, die etwa wegen Diebstahl oder anderer Delikte eingesessen hatten, die auch in der Bundesrepublik als strafwürdig galten. Insofern hatte man es potenziell nicht nur mit Politischen, sondern auch mit Kriminellen zu tun: »Bonn weist keinen ab«, stellte der *Spiegel* am 15. Januar 1973 fest.[231]

Wie der *Spiegel* machten auch andere Medien diesen Umstand zum Thema. »Besorgnis über wachsende Zahl krimineller Inhaftierter« meldete etwa der *Tagesspiegel* am 3. Januar 1973. Der Artikel konstatierte Unsicherheit bei hiesigen Arbeitsämtern, weil man dort mangels Unterlagen der Haftentlassenen nicht

229 Wölbern, Häftlingsfreikauf, S. 234; zur Amnestie zum 23. Jahrestag der Gründung der DDR siehe ausführlich Johannes Raschka: Justizpolitik im SED-Staat. Anpassung und Wandel des Strafrechts während der Amtszeit Honeckers, Köln 2000, S. 57–71.

230 Joachim Nawrocki: Gnade am Jahrestag. Plötzlich ist doch von »politischen Straftätern« die Rede, Die Zeit Nr. 41, 13.10.1972.

231 Ebd.; Schlechte Optik, Der Spiegel Nr. 3, 15.1.1973, S. 31 (Zitat), 32.

wisse, mit wem man es zu tun habe. »Streit darüber, was sie eigentlich seien und was man füglich von ihnen erwarten müsse«, beobachtete in der gleichen Zeitung am 18. Januar Hinrich Grote. Der Journalist beschrieb die schwierigen Verhältnisse der Unterbringung von Obdachlosen, Spätaussiedlern und DDR-Amnestierten in der Hamburger Durchgangsunterkunft Finkenwerder. Den ostdeutschen Bewohnern bescheinigte er »Knastneurosen«, »Gefängniskoller« und Trinkfreudigkeit, ohne sich jedoch auf Hintergründe ihrer Verurteilung festzulegen.[232] Andere Blätter waren sich diesbezüglich sicherer: »Aussiedler litten unter Kriminellen aus der DDR«, hieß es zu Finkenwerder im *Hamburger Abendblatt*. Der *Bayernkurier* gab an, dass die Gruppe aus einer politischen Minderheit und einer kriminellen Mehrheit bestehe, Letztere eine Frucht »der angeblichen Brandtschen Entspannungspolitik«.[233] Nicht allein dadurch, dass er sich mit Beobachtungen unerwünschten oder gar verwerflichen Verhaltens verband (berichtet wurden auch im Westen verübte Gewalttaten), war der Kriminellenverdacht skandalträchtig. Durch ihn wurde überdies die Politik der sozialliberalen Koalition infrage gestellt, im Zuge der neuen Ostpolitik einschließlich Freikauf DDR-Häftlingen die Ausreise in die Bundesrepublik zu ermöglichen.[234]

An diesem Punkt setzte die politische Debatte an, die in der Folge hauptsächlich um die Frage der Kriminellen kreiste. In Reaktion auf die negativen Presseberichte begannen Oppositionspolitiker im Bundestag Ende Januar 1973, der Regierung kritische Fragen zu stellen. Wie hoch die »Anzahl von ehemals aus politischen Gründen Inhaftierten und von eigentlichen Kriminellen« unter den Ausgereisten sei, wollte der Abgeordnete Horst Schröder (CDU) wissen; zudem interessierte ihn, ob an die DDR für die Freilassungen eine »Kopfquote« von 40 000 DM zu zahlen war. Unter der Annahme, die Amnestie sei Teil der »Bahr-Kohl-Verhandlung« gewesen, kam Schröders Parteikollege Gerhard Reddemann auf die Gesamtzahl der Betroffenen zu sprechen: Musste man die im November 1972 verbreitete Information, 3000 Entlassungen seien zu erwarten,

232 Besorgnis über wachsende Zahl krimineller Amnestierter, Der Tagesspiegel, 3.1.1973; Hinrich Grote: Zwischenstation Hamburg-Finkenwerder. Amnestierte aus der DDR kommen in der Hansestadt zunächst in ein problematisches Milieu, Der Tagesspiegel, 18.1.1973.

233 Die Meldungen des Hamburger Abendblatts und des Bayernkuriers sind hier zit. nach Grote, Zwischenstation, Der Tagesspiegel, 18.1.1973, sowie Schlechte Optik, Der Spiegel Nr. 3, 15.1.1973, S. 31.

234 Siehe z. B. Von der DDR Amnestierter beging Tötungsdelikt, Der Tagesspiegel, 26.1.1973.

angesichts der real deutlich geringeren Menge als Täuschung bewerten?[235] Oscar Schneider (CSU) schließlich erkundigte sich, ob der Bundesregierung Hintergründe der jeweiligen Verurteilungen (Tatbestände und verhängte Strafmaße) bekannt seien.[236]

Alle diese Beiträge zielten darauf, wie sich das Eintreten für DDR-Gefangene, insbesondere die Freikaufpraxis, unter den Vorzeichen der neuen Entspannungspolitik gestalten konnte: Wie hatten sich Leistungen der DDR und Gegenleistungen der Bundesrepublik im Rahmen der »besonderen Bemühungen« bisher bemessen, und wie sollte sich diese Relation nun auf Basis der veränderten Beziehungen entwickeln? Mit dieser Frage stand implizit die Gesamtkonstruktion des Grundlagenvertrags zur Debatte, den die Opposition als unausgewogen zulasten der Bundesrepublik kritisierte.[237] Wenn die DDR kurz vor Unterzeichnung des Vertrags im Zuge einer Aktion, die vielleicht sogar unmittelbar mit den Verhandlungen verknüpft war, Kriminelle in den Westen schickte, fiel dies aus Sicht der CDU/CSU negativ ins Gewicht. Die SED schiene somit auf diesem Feld nach wie vor kein kooperationsbereiter Gesprächspartner und zu Transparenz nicht bereit zu sein.

Infrage gestellt war damit auch, worauf vor allem Reddemann zielte, der Erfolg, den die Regierungskoalition für ihre Politik in Anspruch nehmen konnte. Gerade erst, als im Vorfeld der Bundestagswahl vom 19. November 1972 die umstrittene sozialliberale Ostpolitik zentrales Wahlkampfthema war, hatten sich SPD-Politiker weit vorgewagt: Egon Franke, Bundesminister für innerdeutsche Beziehungen, kündigte mit Blick auf die laufende Amnestie die Ausreise mehrerer Tausend DDR-Häftlinge bis Jahresende an; er deklarierte dies als Entgegenkommen der SED-Regierung und insofern als Erfolg der eigenen Politik – was *Bild* und *Welt*, die im November 1972 von westdeutschen Zahlungen für die Amnestierten berichteten, als unwahr brandmarkten.[238] Zu der Amnestie gab Karl

---

235 BT – PLPR 7/12, 1.2.1973, S. 458 (D), 459 (B), 492* (A).

236 BT – PLPR 7/13, 14.2.1973, S. 524* (A).

237 Wölbern, Häftlingsfreikauf, S. 236–237, 286, 368. Zu den Auseinandersetzungen um die neue Ostpolitik siehe Andreas Grau: Gegen den Strom: Die Reaktion der CDU/CSU-Opposition auf die Ost- und Deutschlandpolitik der sozialliberalen Koalition 1969–1973, Düsseldorf 2005; überblicksartig Stefan Creuzberger: Westintegration und Neue Ostpolitik. Die Außenpolitik der Bonner Republik, Berlin 2009.

238 Wölbern, Häftlingsfreikauf, S. 367–368. Damit »DDR«-Kinder zu ihren Eltern dürfen: Bonn zahlt 19 Millionen Lösegeld, Bild (Berlin-Ausg.), 15.11.1972; Entlassungen von 600 Häftlingen aus der »DDR« erwartet, Die Welt, 7.11.1972, hier nach Wölbern, Häftlingsfreikauf, S. 369.

Herold, Parlamentarischer Staatssekretär im innerdeutschen Ministerium, in der Bundestagssitzung vom 1. Februar 1973 an, dass der von der DDR verfügte Straferlass selbst nicht Gegenstand von Verhandlungen gewesen sei; von einer »Täuschung der Öffentlichkeit durch die Bundesregierung«, wie Reddemann sie nahelegte, könne daher keine Rede sein. Der Frage nach einem »Kopfgeld« für die Übergesiedelten (das tatsächlich entrichtet worden war) wich Herold unter Verweis auf die bei den besonderen Bemühungen nötige Diskretion aus.[239] Das Verhältnis Politische versus Kriminelle schätzte man in Frankes Ministerium als wenig problematisch ein: Rund 87 Prozent der von November 1972 bis Januar 1973 ausgereisten 1771 Amnestierten seien zuletzt wegen politischer Delikte verurteilt worden; nur etwa 13 Prozent, das waren 232 Personen, hätten demnach auch im Westen eindeutig als Straftäter gegolten: keine Relation, die es erforderte, bei der SED vorstellig zu werden, wie Herold meinte; und also, war zu schließen, kein Grund zur Revision der eigenen Strategie.[240]

Regierungsvertreter und Oppositionspolitiker bezogen sich auf ehemalige DDR-Häftlinge in der Bundesrepublik unter dem Aspekt, inwieweit es sich bei diesen um Kriminelle handelte, weil die Legitimität einer bestimmten Politik zur Debatte stand: der bereits 1963 einsetzenden Praxis des Freikaufs und »besonderer Bemühungen« generell sowie insbesondere in der veränderten Konstellation, die sich aus Entspannungsbestrebungen und Verträgen mit der DDR ergab.[241] Die Amnestie 1972 vollzog sich in einer Phase, als die Auseinandersetzungen um die Ostpolitik im Bundestagswahlkampf und hinsichtlich des kurz vor Abschluss stehenden Grundlagenvertrags intensiv geführt wurden. Am Beispiel der Entlassenen ließ sich die virulente Frage diskutieren, unter welchen Bedingungen und mit welchen Aussichten die Bundesrepublik sich für ostdeutsche Inhaftierte nunmehr einsetzen konnte. Dass man nicht für die Richtigen eintrat beziehungsweise sich die Falschen einhandelte, war jedoch ein Vorwurf, der auch zu anderen Zeiten aufkam. Im Frühjahr 1982 skandalisierte die Boulevardpresse *(Bild/Bild am Sonntag)* die Kriminellen unter den Freigekauften erneut. Aufhänger war ein Mord, den ein ehemaliger DDR-Häftling in der Bundesrepublik begangen haben sollte.[242] Im Ausschuss für innerdeutsche Beziehungen des Bundestags griff man das Thema auf. Bezug nehmend auf den Artikel in der *Bild am Sonntag* bemühte

239 BT – PLPR 7/12, 1.2.1973, S. 492* (C) (Zitat), 459 (B). Wölbern, Häftlingsfreikauf, S. 235.
240 BT – PLPR 7/12, 1.2.1973, S. 459 (A), 492* (B).
241 Zu den Anfängen des Freikaufs siehe Wölbern, Häftlingsfreikauf, S. 55–73.
242 Harry Hinz: Viele Freigekaufte sind DDR-Kriminelle, Bild, 14.3.1982; Hans-Werner

Heinz Kreutzmann, Parlamentarischer Staatssekretär beim Bundesminister für innerdeutsche Beziehungen, sich um Klarstellung: »Ich kann nur eines sagen: Die Bundesregierung kauft keine kriminellen Häftlinge frei«, konstatierte der SPD-Politiker; überhaupt sei das Problem zahlenmäßig wenig relevant.[243]

Die politische Brisanz des Kriminellenthemas unterlag Konjunkturen, das öffentliche Bild in den Westen ausgereister DDR-Häftlinge erhielt durch entsprechende Darstellungen eine ambivalente Färbung. Denn die Annahme, dass hier Gegner der DDR-Regierung kamen, die verfolgt worden waren und ein Recht hatten hier zu sein, wurde infrage gestellt. So begründeten CDU-Bundestagsabgeordnete eine Kleine Anfrage dazu im Juni 1973 mit der Absicht, die Bevölkerung aufzuklären. Zu befürchten stünde sonst, dass die DDR durch die gemeinsame Freisetzung politischer und krimineller Häftlinge jene erfolgreich diskreditiere.[244] Staatssekretär Kreutzmann warnte 1980, dass Negativunterstellungen überhandnehmen könnten und »in der Bevölkerung dann eine entsprechende Stimmung entsteht«.[245]

Im Umfeld der Amnestie von 1972 lässt sich ein weiteres Thema ausmachen, das mit ehemaligen Häftlingen unter den DDR-Zuwanderern, verstärkt dann in der zweiten Hälfte der 1970er Jahre, in Verbindung gebracht wurde. Beobachter stellten die Frage, ob Angehörigen dieser Gruppe verstärkt die Gefahr sozialen Scheiterns drohte. Für Beunruhigung sorgten Anfang 1973 zunächst Pressear-

---

Loose: »Ich habe für den Mörder meines Vaters bezahlt«, Bild am Sonntag, 11.4.1982, hier zit. nach Wölbern, Häftlingsfreikauf, S. 463.

243 BT – Ausschuss für innerdt. Bez.: PR Nr. 28, WP 9, 24.3.1982, ParlA, 3105, F 38, S. 39–40. Zu einer öffentlichen Erklärung sah sich auch der innerdt. Minister, Heinrich Windelen, selbst genötigt, siehe Wölbern, Häftlingsfreikauf, S. 463–464. In West-Berlin stellten Politiker der regierenden CDU kritische Fragen an den Senat: Ob denn »nunmehr Straftaten, die durch ehemalige DDR-Häftlinge in Berlin (West) begangen worden sind, gesondert erfasst« würden, erkundigte sich der christdemokratische Abg. Peter Rzepka. Der Senat beschied dies negativ und gab an, auch in Zukunft keine solche Erfassung vornehmen zu wollen. Siehe Heinrich Lummer (Der Senat von Berlin): Antwort auf die Kleine Anfrage Nr. 1022 des Abg. Peter Rzepka über Erfassung von Straftaten eh. DDR-Häftlinge, AH von Berlin – DRS Nr. 9/651, 17.6.1982, S. 24.

244 Kleine Anfrage der Abg. Böhm (Melsungen) [u. a.] betr. Aufnahme von eh. Häftlingen aus der DDR in der Bundesrepublik, die unter die DDR-Amnestie fielen, BT – DRS Nr. 7/775, 13.6.1973, S. 1.

245 BT – Ausschuss für innerdt. Bez.: PR Nr. 63, WP 8, 23.1.1980, ParlA, 3105, F 34, S. 31 (Zitat). Dass das innerdt. Ministerium über den Anteil krimineller Amnestierter schweige, weil »die Grenze zwischen Kriminellem und Politischem in einer breiten Grauzone juristischer Auslegbarkeit verschwimmt«, hatte der Spiegel konstatiert, siehe Schlechte Optik, Der Spiegel Nr. 3, 15.1.1973, S. 32.

Freigekaufte politische Häftlinge aus der DDR in der Kantine des Aufnahmelagers Gießen, 14. September 1977.

tikel, die (ohne dass es dabei um Kriminelle ging) von Schwierigkeiten bei der gesellschaftlichen, vor allem beruflichen Eingliederung berichteten. »DDR-Amnestierter erhängte sich«, hieß es etwa im *Tagesspiegel* vom 13. Februar über einen am 18. Dezember 1972 in West-Berlin eingetroffenen, arbeitslosen 21-Jährigen.[246] CDU-Politiker im Berliner Abgeordnetenhaus und im Bundestag reagierten mit Nachfragen bezüglich Hilfen sowie etwaiger Hindernisse für ein erfolgreiches Fußfassen in der neuen Gesellschaft; so erkundigte sich Hubert Rösler beim SPD-geführten Senat unter Klaus Schütz nach den Modalitäten, den Haftentlassenen Papiere auszustellen und sie in Arbeit zu bringen.[247] Seine sowie eine entsprechende Anfrage der Bundestagsabgeordneten Horst Schröder und Oscar Schneider liefen fehl. Weder der West-Berliner Senator für Arbeit und So-

246 DDR-Amnestierter erhängte sich, Der Tagesspiegel, 13.2.1973.

247 Klaus Schütz und Harry Liehr (Der Senat von Berlin): Antwort auf die Kleine Anfrage Nr. 1163 des Abg. Rösler (CDU) über Betreuung amnestierter »DDR«-Häftlinge, AH Berlin – DRS Nr. 6/822, 16.3.1973, S. 47.

ziales noch der Präsident der Bundesanstalt für Arbeit sahen bei der Arbeitsvermittlung Schwierigkeiten.[248] Im Oktober 1977 griff der Bundestagsabgeordnete Wilfried Böhm (CDU) das Thema noch einmal auf und fragte nach »besonderen Maßnahmen«, die die Bundesregierung »zur Eingliederung für entlassene politische Häftlinge aus der DDR« ergreife. Der Parlamentarische Staatssekretär beim Bundesinnenminister Andreas von Schoeler referierte daraufhin den bekannten Katalog und verwies überdies auf einen kürzlich unternommenen »Modellversuch«, »Einführungsfreizeiten« für Haftentlassene durchzuführen, um ihnen »das Einleben in die hiesigen Verhältnisse zu erleichtern«.[249]

Akuter Handlungsbedarf wurde somit nicht festgestellt, welche spezifischen Probleme ehemals Inhaftierte möglicherweise hatten, blieb unbekannt. Die öffentliche Diskussion verengte sich in der Zwischenzeit auf ein bestimmtes Stichwort: das Problem Nichtsesshaftigkeit. Aufmerksamkeit dafür schufen Beobachtungen zu Aussiedlern in der Bundesrepublik, deren Hineinfinden in die Gesellschaft die Medien als schwierig beurteilten. *Zeit* und *Spiegel* etwa stellten bei den seit 1971 in größerer Zahl eintreffenden Deutschstämmigen aus Polen einen erheblichen wirtschaftlichen und sozialen Abstand zur einheimischen Bevölkerung fest.[250] Mitte der 1970er Jahre hatten sich Befürchtungen verdichtet, Aussiedler könnten in die Isolation geraten und infolge der Sprachbarriere sowie voreiliger Konsumwünsche auf Hilfsarbeiterdienste zurückfallen. Mitarbeiter des Diakonischen Werks fürchteten, wie *Die Welt* im April 1976 berichtete, eine neue »soziale Unterschicht«. Unter den rund 50 000 Nichtsesshaften im Land seien Aussiedler und DDR-Flüchtlinge bereits »deutlich überrepräsentiert«.[251] Hatten also auch ostdeutsche Zuwanderer, wenngleich nicht in demselben Ausmaß wie Aussiedler, bei ihrer Neuverwurzelung in der Gesellschaft typische Schwierigkeiten? Dies legten Ausführungen des Publizisten Ernst Klee nahe, der bei der Erstellung eines »Nichtseßhaften-Reports« 1978 »zahlreiche« aus der

248 BT – PLPR 7/12, 1.2.1973, S. 359 (B) (Schröder); BT – PLPR 7/13, 14.2.1973, S. 524* (A) (Schneider).

249 BT – PLPR 8/53, 28.10.1977, S. 4145* (D), 4146* (A).

250 Carl-Christian Kaiser: Am Ende eines langes Weges. Polen-Aussiedler in der Bundesrepublik, Die Zeit Nr. 14, 2.4.1971; »Manche kommen durch, andere gehen kaputt«. Spiegel-Report über Aussiedler aus dem Osten und ihre Einbürgerung im Westen, Der Spiegel Nr. 50, 6.12.1971, S. 71, 75–89.

251 Ulrich Scholz: Die Zukunft fängt für viele mit Arbeitslosenhilfe an, Welt am Sonntag, 4.4.1976. Zum Zuzug von Aussiedlerinnen und Aussiedlern in die Bundesrepublik und zu ihrer Thematisierung in der Presse siehe Jung, Migranten im Spiegel der Presse, S. 19–20, 38–41, 43, 75, 110, 119–123, 142.

DDR Gekommene antraf. Laut Verlagstext eine »bisher verschwiegene und daher unbekannte Erfahrung: Die Bundesregierung kauft DDR-Bürger frei, die später in den Pennerasylen auftauchen!«[252] Klee ging von mindestens 70 000 örtlich bindungslosen Menschen aus; den Anteil der Vertriebenen, Aussiedler und DDR-Flüchtlinge unter ihnen bezifferte er für 1977 auf knapp 30 Prozent, etwa fünf Prozent mehr, als ihrem Anteil an der männlichen Wohnbevölkerung entsprochen hätte. Dass im Besonderen »freigekaufte DDR-Bürger« kurz nach ihrer Entlassung aus den Notaufnahmelagern »in den Einrichtungen der Nichtseßhaftenhilfe« landeten, nahm der Autor an, ohne diese Aussage mit Zahlen zu unterlegen.[253]

Die Nichtsesshaften-Problematik mit den Freigekauften zu verknüpfen, unternahm im Dezember 1979 auch der *Spiegel,* erweiterte seine Problematisierung allerdings auf DDR-Zuwanderer allgemein. Als Einstieg diente der Fall eines 1977 freigekauften, nun obdachlosen 23-Jährigen, gefolgt von Zahlen zum übermäßigen Auftreten ehemaliger DDR-Bürger unter den »Pennern und Landstreichern« in der Bundesrepublik.[254] Dabei begründeten sich die Handicaps der per Freikauf in den Westen Gelangten laut *Spiegel* nur teilweise aus ihrer Hafterfahrung. Zwar wurde ein Berliner Psychiater mit der Diagnose Konzentrationsschwäche, Kontaktstörung und Initiativlosigkeit bei früher Inhaftierten zitiert. Gravierender schien aber, wie der Autor in Ausweitung des Kriminellentopos ausführte, dass die DDR auf diesem Wege ihre »Sozialgefährdeten« loswurde: »Nicht zuletzt scheitern auch deswegen so viele, weil sie schon in der DDR gescheitert sind«, lautete die Botschaft.[255] Als zweifelhaft nicht in dieser Schärfe, doch labil wurden auch Übersiedler ohne Gefängnisaufenthalt charakterisiert: »Leute, die vom glitzernden Westen angezogen werden wie die Motten vom Licht«, kämen »in jüngster Zeit immer zahlreicher«.[256] Ausgehend vom Thema Nichtsesshaftigkeit gab der *Spiegel* damit auf die Frage, wer aus der DDR in die Bundesrepublik kam, eine provokante Antwort: nicht selbstverständlich Menschen mit politischen Übersiedlungsmotiven, sondern vielfach haltlose Glückssucher ohne festen Lebensplan. Die zuvor nicht in dieser Deutlichkeit geäußerte Vermutung, dass ein beachtlicher Teil der Zuwanderer in der neuen Umgebung nicht zurechtkäme und sich in Alkoholismus, Obdach-

252 Ernst Klee: Pennbrüder und Stadtstreicher. Nichtseßhaften-Report, Frankfurt am Main 1976, siehe Über dieses Buch (Rückseite Schmutztitel).
253 Ebd., S. 46, 48 (Zitat).
254 Wie die Motten, Der Spiegel Nr. 53, 21.12.1979, S. 30–31.
255 Neben straffällig Gewordenen entledige man sich der »Querulanten« und Alkoholiker.
256 Ebd., S. 31.

losenasyl, Gefängnis oder Psychiatrie wiederfände, teilten 1983 zwar auch Kessler und Miermeister. Sehr viel deutlicher als diese führte der *Spiegel* jedoch problematische Eigenschaften der Betreffenden selbst ins Feld. Das Magazin stellte falsche Erwartungen beziehungsweise ein schiefes Bild der Realität vor allem hinsichtlich Konsummöglichkeiten fest; überdies machte der Autor als »spezifisch ostdeutsches Charakteristikum« einen »Mangel an Eigeninitiative« aus – zwei Motive, die in der *Spiegel*-Berichterstattung über DDR-Zuwanderer in den 1980er Jahren immer wieder auftauchten.[257]

Jedoch konnte die Darstellung der Nichtsesshaften-Problematik dazu dienen, die Aufnahmebereitschaft der Ankunftsgesellschaft und ihr Bild von sich zu hinterfragen. Wohnungslosigkeit und Armut stellten eine extreme Form gesellschaftlichen Scheiterns dar – eine Erscheinung, angesichts derer sich der Mythos vom Goldenen Westen und dem, was er den Menschen bieten konnte, in Zweifel ziehen ließ. So nutzte die SED gerade dieses Thema bereits vor 1961 für ihre Anti-Flucht-Propaganda.[258] Kessler und Miermeister dokumentierten in ihrem Band die Geschichten von vier wohnungslos gewordenen Menschen, weil sie Aufmerksamkeit für die Schwierigkeiten von aus der DDR eben nicht »ins Paradies« Gekommener schaffen wollten. Gemeint waren Bundesbürger, die sich gleichgültig zeigten und die Zuwanderung umstandslos als Pro-West-Systemabstimmung verbuchten.[259] Der freigekaufte Arzt Wulf Rothenbächer

257 Kessler/Miermeister, Über deutsch-deutsche Ferne, S. 9; Wie die Motten, Der Spiegel Nr. 53, 21.12.1979, S. 31. Zur Berichterstattung in den 1980er Jahren vgl. z. B. »Wie ein Sprung über 20 Jahre«, Der Spiegel Nr. 14, 2.4.1984, S. 22–26; »Schließlich bin ick Deutscha«. Spiegel-Report über die Eingliederung der DDR-Zuwanderer, Der Spiegel Nr. 36, 3.9.1984, S. 61–75, hier S. 72 (Zitat FN); hier nahm das Magazin die Skepsis gegenüber ostdeutschen Übersiedlern (zeitweise) zurück, da sich »die Zusammensetzung beträchtlich zugunsten der Stabilen verschoben« habe. Martin Wengeler: Argumentation im Einwanderungsdiskurs. Ein Vergleich der Zeiträume 1970–1973 und 1980–1983, in: Die Sprache des Migrationsdiskurses. Das Reden über »Ausländer« in Medien, Politik und Alltag, hg. von Matthias Jung, Martin Wengeler und Karin Böke, Opladen 1997, S. 121–149, hier S. 131, erkennt in Spiegel-Artikeln eine eigene Textsorte: Sie enthielten keine »eigene konsistente Argumentation«, sondern referierten lediglich Ereignisse und diverse Stellungnahmen, um so verkaufsfördernd möglichst viele Positionen zu bedienen.

258 Vgl. Damian van Melis und Henrik Bispinck (Hg.): »Republikflucht«. Flucht und Abwanderung aus der SBZ/DDR 1945 bis 1961, München 2006, S. 66–67.

259 Vgl. »Das Feuer ist die Braut des Obdachlosen«. Ein Tagebuch, geschrieben am Rand der Städte, in: Kessler/Miermeister, Vom Großen Knast, S. 46–59; »Hände hoch – oder ich weine ...«. Keine phantastische Geschichte, in: ebd., S. 139–144; »Eigentlich wollte ich nach Italien ...«, in: ebd., S. 195–207.

nutzte den Hinweis auf obdachlos werdende ehemalige DDR-Häftlinge in einem Artikel für das *Flensburger Tageblatt* 1979, um die Haltung der Bundesregierung anzuprangern. Rothenbächer meinte, dass Neuentlassene rasch Ansprache durch Betroffenenverbände und eine intensive Betreuung benötigten, was man ihnen jedoch verweigere.[260]

Auch der Sozialpädagoge Klee, generell behörden- und kirchenkritisch argumentierend, führte seinen Befund teils auf ein Versagen der Ankunftsgesellschaft zurück. Die aus der DDR Herübergewechselten scheiterten, »weil man sie bei uns allein läßt, ihnen allenfalls eine Firmenunterkunft vermittelt und dann meint, es sei alles geregelt«.[261] Im Bundestag, dessen Abgeordneter Herbert Hupka (CDU) den Gegenstand Anfang September 1982 durch eine Frage an die Bundesregierung aufbrachte, kam es allerdings nicht zu einer problematisierenden Debatte. Namens des Bundesministers für Jugend, Familie und Gesundheit bestätigte der Parlamentarische Staatssekretär Claus Grobecker (SPD) lediglich knapp, dass »Flüchtlinge, Spätheimkehrer und freibekommene DDR-Häftlinge« unter den Nichtsesshaften nach wie vor überrepräsentiert seien; jedoch sei ihr Anteil an deren Gesamtzahl in der Vergangenheit ständig gesunken. Dass die Genannten zu Nichtsesshaften würden, lag laut Grobecker in »mangelnden sozialen Bindungen und abgewerteten oder nicht vorhandenen beruflichen Qualifikationen« begründet.[262]

Fokussiert auf das Thema Nichtsesshaftigkeit, entstand Ende der 1970er Jahre um DDR-Zuwanderer, speziell die Haftentlassenen, erstmals innerhalb des Untersuchungszeitraums ansatzweise eine problematisierende Eingliederungs-Diskussion. Sie kreiste zum einen darum, inwieweit man es mit vorbelasteten und von falschen Vorstellungen geleiteten Neubürgern zu tun hatte. Zum anderen stand infrage, ob die Bundesrepublik den Übergesiedelten genug bot: als Ankunftsgesellschaft, die sich gegenüber der Herkunftsgesellschaft für systemisch überlegen hielt und einiges investiert hatte, um den Wechsel ebendieser Personen zu ermöglichen. Die Publikationen schärften den Blick dafür, dass auch DDR-Zuwanderer, deren Existenz im Westen sich bis dahin weitgehend »unsichtbar« und »sprachlos« vollzogen hatte, Schwierigkeiten haben konnten anzukommen. Jedoch blieben kritische Darstellungen vereinzelt und führten nicht dazu, dass

260 Wulf Rothenbächer: Freigekauft – und was nun? Viele ehemalige politische DDR-Häftlinge fühlen sich in der Bundesrepublik alleingelassen und überfordert, Flensburger Tageblatt, 6.9.1979.

261 Klee, Pennbrüder, S. 49.

262 BT – PLPR Nr. 9/111, 9.9.1982, S. 6834* (D).

Öffentlichkeit oder Behörden alarmiert gewesen wären. Auch wie scheiternde Vergesellschaftung in der Bundesrepublik und eine Ost-West-Migration mit vorheriger Hafterfahrung gegebenenfalls im Einzelnen zusammenhingen, blieb im Dunkeln.

III. Wie weit trägt das nationale Argument? Debatten in der Folge der Ausreisewelle von 1984

1. Ein unerwarteter Übersiedlerzustrom

Anfang April 1984 meldete der *Tagesspiegel* einen Rekord. 10778 Deutsche aus der DDR seien im März »mit Genehmigung der dortigen Behörden« in die Bundesrepublik umgezogen. Der Bundesminister des Innern bezifferte die legalen Übersiedler mit 11429 Menschen in diesem Monat sogar noch höher. Innerhalb von vier Wochen hatten damit mehr DDR-Bewohner ausreisen dürfen, als 1983 insgesamt in die Bundesrepublik gekommen waren. Umso überraschter registrierten bundesdeutsche Politiker und die Öffentlichkeit, dass die Zahl der Ausreisenden seit Februar 1984 sprunghaft anstieg und bis Ende des Jahres den ungewohnten Stand von rund 35000 erreichte. Hinzu kamen 3651 Flüchtlinge und 2341 Freigekaufte, so dass etwa 41000 Neubürger zu verzeichnen waren.[1] Für die Bundesrepublik kam die »Entlassungswelle« unerwartet, und selbst zuständige Stellen in der DDR fühlten sich »überfahren«. Die Entscheidung, aus-

1 Im März kamen 10778 Übersiedler in die Bundesrepublik, Der Tagesspiegel, 4.4.1984; Der Bundesminister des Innern, Bericht zur Aufnahme (1984), LAB, B Rep. 002, Nr. 17683, S. 3; dort auch Feststellung des Anstiegs seit Febr.; die weiteren Zahlen bei Schumann, Private Wege, S. 25; 1972 bis 1982 waren jährlich zumindest nicht weniger als 12000 DDR-Bewohner in die Bundesrepublik gelangt.

reisewillige Bürger massenhaft auszubürgern, um sich auf einen Schlag lästiger Kritiker und Störer zu entledigen, fiel zentral auf höchster politischer Ebene.[2]

Einen stabilisierenden Effekt im Sinne des SED-Regimes zeitigten die Antragsbewilligungen des Jahres 1984 jedoch nicht. Die Forschung konstatiert im Gegenteil einen hierdurch ausgelösten Sog, indem DDR-Bewohner angesichts ihrer davonziehenden Freunde, Verwandten, Nachbarn und Kollegen erst recht über die Alternative Bleiben oder Gehen zu diskutieren begannen.[3] Altanträge wurden bekräftigt, die Zahl der Erstanträge stieg 1986 (wieder) auf über 50 000 an, und 1987 war die SED mit bereits 112 000 Ausreisebegehren konfrontiert, ohne dieser Dynamik Herr zu werden. Die DDR-Führung reagierte mit einer restriktiven Genehmigungspraxis, die sie erst 1988 – erneut in der Hoffnung auf eine Ventilwirkung – lockerte.[4] Außerdem stieg 1987/88 als Reaktion auf diese Einschränkung die Zahl der erfolgreichen (und gescheiterten) Fluchten deutlich an, während die Freikäufe gegenüber 1984/85 zurückgingen. So kamen in der zweiten Hälfte der 1980er Jahre jährlich zwar weniger DDR-Bürger als 1984, gleichwohl zumeist wesentlich mehr als in der vorausgegangenen Dekade in die Bundesrepublik, bevor die Zuwanderung 1988 mit 39 832 Menschen wiederum einen vergleichsweise hohen Stand erreichte.[5]

2 Gehrmann, Überwindung, S. 196 (Zitat), mit Bezug auf Ines Schmidt: Die West-Migration aus Berlin (Ost) – Von der Übersiedlung zur Binnenwanderung, Berlin 1992, S. 9, die einen Mitarbeiter des Bereichs Genehmigungsangelegenheiten zitiert. Wolff, Migrationsverhältnisse, S. 808, gibt an, die Entlassungen aus der DDR-Staatsbürgerschaft seien »auf Anweisung Erich Mielkes« erfolgt. Zu den Hintergründen siehe Wolff, Mauergesellschaft, S. 584–586.

3 Dazu sowie mit weitergehender Analyse, warum Gegenmaßnahmen des SED-Regimes scheiterten, Gehrmann, Überwindung, S. 197–200. Zu den »indirekten Folge- und Signalwirkungen dieser Übersiedlungswelle« und wie die DDR-Führung darauf zu reagieren versuchte siehe auch Schmidt, West-Migration, S. 10 (Zitat FN), 11–14; zudem Bernd Eisenfeld: Strategien des Ministeriums für Staatssicherheit zur Steuerung der Ausreisebewegung, in: Ausreisen oder Dableiben? Regulierungsstrategien der Staatssicherheit, hg. von dem Bundesbeauftragten für die Unterlagen des Staatssicherheitsdienstes der ehemaligen Deutschen Demokratischen Republik, Berlin, 2. Aufl. 1998, S. 7–19, hier v. a. 10–15.

4 Antrags- und Genehmigungszahlen bei Gehrmann, Überwindung, S. 197–198, 201; die Zahl der Erstantragsteller lag 1984 bei 57 600 und sank 1985 kurzzeitig ab; die Genehmigungen gingen 1987 mit 11 459 gegenüber rund 19 000 und 20 000 in den beiden Vorjahren stark zurück; 1988 stieg ihre Zahl auf 29 033 an (diese Zahl nach Schumann, Private Wege, S. 25; Gehrmann gibt 27 989 an). Knapp zu dieser Entwicklung Detjen, Existenzbedrohung, S. 74–75; außerdem Jarausch, Rush, S. 17–18, 19 (1988, »the SED raised an small safety valve to keep the pressure under control«.).

5 Zur »illegale[n] Seite des Ausreisedilemmas« siehe Gehrmann, Überwindung, S. 201–207; auch Bernd Eisenfeld: Gründe und Motive von Flüchtlingen und Ausreiseantrag-

Neben dem Umfang des Zuzugs veränderten sich seine soziodemografischen Merkmale. Diejenigen, die 1984 gehen durften oder sich in den folgenden Jahren die Ausreise erkämpften, waren vielfach Familien mit Kindern. So ergab die statistische Erfassung von rund 10 000 im ersten Quartal 1984 eingetroffenen Zuwanderern, dass nur sechs Prozent über 60-jährig, rund 25 Prozent dagegen unter 18 und mehr als die Hälfte zwischen 18 und 45 Jahren alt waren. Unter den 31 352 bis Ende Juni Gekommenen befanden sich 19 900 Erwerbspersonen, 5600 waren Schülerinnen und Schüler, 130 Studenten. Eine stichprobenartige Befragung von DDR-Übersiedlern des Frühjahrs 1984 zeigt zudem ein hohes Bildungs- und Ausbildungsniveau: Rund 60 Prozent verfügten über den Schulabschluss an einer polytechnischen Oberschule, etwa ein Drittel hatten Abitur, zehn Prozent waren Akademiker. 84 Prozent der Befragten wiesen sich als gelernte Facharbeiter vielfach mit Weiterqualifizierungen während ihres Berufslebens aus.[6]

Die Ausreisewelle des Jahres 1984 kann in der Geschichte der Ost-West-Migration nach dem Mauerbau als Zäsur betrachtet werden. Dass die Bundesrepublik nun zum »erstenmal seit 20 Jahren [...] eine von den DDR-Behörden genehmigte größere Zuwanderungswelle« erlebte, wurde als außergewöhnlich wahrgenommen. »Selbstverständlich«, notierte der Soziologe Volker Ronge 1985, »bildete dieser Vorgang für Politik und Medien eine Ereignis ersten Ranges«.[7] Die Aufmerksamkeit für Menschen, die aus der DDR in die Bundes-

stellern in der DDR, DA 37 (2004) 1, S. 89–105. Zur Entwicklung der Freikäufe siehe Wölbern, Häftlingsfreikauf, S. 330–343, 347–351. Zu Botschaftsbesetzungen siehe (allerdings politisch stark wertend und teils polemisch) Wolfgang Mayer: Flucht und Ausreise. Botschaftsbesetzungen als wirksame Form des Widerstands und Mittel gegen die politische Verfolgung in der DDR, Berlin 2002. 1985/86 kamen legal und illegal rund 25 000 bzw. 26 000 Ostdeutsche in die Bundesrepublik, während es 1972 bis 1983 jährlich höchstens einmal gute 16 000 und häufig unter 13 000 gewesen waren. Das Jahr 1987 bildete mit insgesamt nur knapp 19 000 Zuziehenden einen Ausreißer nach unten. Zahlen nach Schumann, Private Wege, S. 25.

6 Der Bundesminister des Innern, Bericht zur Aufnahme (1984), LAB, B Rep. 002, Nr. 17 683, S. 4a. Antwort der Bundesregierung auf die Kleine Anfrage der Abg. von Schmude [u. a.] – DRS 10/2101 – Berufliche und soziale Eingliederung von Deutschen aus der DDR, BT – DRS 10/2412, 23.11.1984, S. 2, 4 (Zahl der Erwerbspersonen gestützt auf Angaben im BNAV). Übersiedler aus der DDR. Befragung vom Frühjahr 1984. Arbeitsunterlage zu der Sitzung des BT – Ausschuss für innerdt. Bez.: PR Nr. 22, WP 10, 4.5.1984, ParlA, 3101, F 42, Anlage.

7 BT – PLPR 10/69, 3.5.1984, S. 4938 (A) (Zitat) (Äußerung des CDU-Bundestagsabg. und Vorsitzenden des Ausschusses für innerdt. Bez. Gerhard Reddemann). Ronge, Von drüben, S. 9 (Zitat).

republik wechselten, stieg – in der Öffentlichkeit zumindest für einige Monate mit späterem punktuellen Wiederaufflammen, in der Politik längerfristig. Wie die Übersiedelnden der 84er-Welle von den Bundesbürgern aufgenommen wurden, wird zunächst auf Grundlage von Presseberichten und Meinungsumfragen beantwortet. Im Anschluss werden die Ergebnisse durch die Auswertung von publizierten Erfahrungsberichten ostdeutscher Zuwanderer sowie einer 1989 durchgeführten Fragebogenerhebung vertieft. Karl F. Schumann und Kollegen entwickelten einen Fragebogen für DDR-Übersiedler, den 937 Angesprochene ausgefüllt zurücksandten. Hier interessieren die Antworten auf Frage 68 nach Diskriminierungserfahrungen, die differenzierter ausgewertet werden, als es von Schumanns Forscherteam unternommen wurde.[8] Die darauf gründenden Beobachtungen zur Aufnahme der Übersiedler werden mit Überlegungen Helge Heidemeyers und Michael Kubinas kontrastiert.[9]

Zu erörtern ist weiterhin, ob das Instrumentarium zur Aufnahme der Zuwandernden überprüft wurde, das vornehmlich in den 1950er und 60er Jahren ausgestaltet worden war. Außerdem steht infrage, welchen Prinzipien die Aufnahme Ostdeutscher in der Bundesrepublik im Vergleich mit anderen Migrantengruppen nach Auffassung von Politikern der verschiedenen Parteien folgen sollte: Wie gewichtig sollte der Umstand sein, dass diese Gewanderten Deutsche waren? In diesem Zusammenhang gerät das Aufnahmeverfahren für DDR-Zuwanderer in den Blick, dessen Funktion sich bereits nach dem Mauerbau infolge der einbrechenden Zuzugszahlen und neuartigen Bedingungen des Grenzübertritts wesentlich verändert hatte. Schließlich gilt es die in dieser Zeit um die (gesamt)deutsche Staatsangehörigkeit aufbrechenden politischen Diskussionen nachzuvollziehen. Sie berührten das Fundament, auf dem der Zugang Ostdeutscher zum Staatsgebiet der Bundesrepublik und ihr Status als Angehörige des westdeutschen Staates, sobald sie dessen Bereich betreten hatten, beruhten.

8 Zu dem an der Universität Bremen angesiedelten Forschungsprojekt und der Fragebogenerhebung siehe Schumann, Private Wege, S. 54. Die Frage 68 auf dem insgesamt 94 Fragen umfassenden Bogen lautete: »Sind Sie aufgrund Ihrer DDR-Herkunft durch Bundesbürger diskriminiert worden?«

9 Die beiden Historiker formulieren in einer auf das deutsch-deutsche Verhältnis gerichteten Perspektive erste Thesen zu diesem Komplex. Heidemeyer, Schutzwall, S. 102–109; Kubina, Recht auf Freizügigkeit, S. 86.

2. Willkommen und wohlgelitten? Die Rezeption der 84er-Welle

»Die Türken gehen, die Deutschen kommen«, betitelte der Westdeutsche Rundfunk 1984 eine Sendung anlässlich der Ausreisewelle aus der DDR.[10] Auch wenn der Beitrag inhaltlich nicht darauf abhob, die beiden Gruppen wertend gegeneinander auszuspielen, verknüpfte er durch seinen Titel den Zuzug aus der DDR mit aktuellen migrationspolitischen Debatten: Die ostdeutschen Neubürger trafen ein in einer Situation, in der sich die öffentliche Stimmung gegen die als Arbeitskräfte aus verschiedenen Ländern Europas in die Bundesrepublik Eingewanderten gewendet hatte. Bereits in der zweiten Hälfte der 1970er Jahre hatten sich eingesessene Bürger angesichts der Anwesenheit von Ausländern verstärkt ängstlich und besorgt gezeigt. Bis März 1983 stieg die Zahl jener, die für eine Rückkehr der »Gastarbeiter« in ihre Herkunftsländer votierten, auf 80 Prozent an – »und korrelierte dabei direkt mit dem zunehmenden Anteil derjenigen, die die allgemeine Wirtschaftslage als ›nicht gut‹ beurteilten«. Auch in Bezug auf Asylsuchende äußerten Einheimische sich Ende 1981 höchst negativ, etwa indem 76 Prozent der in einer Infas-Untersuchung Befragten den Betreffenden »wirtschaftliche Gründe« für ihr Hiersein unterstellten.[11]

Sowohl die sozial- als auch seit 1982 die christliberale Regierung reagierten auf den Druck der Öffentlichkeit sowie die »unklare bis abweisende Haltung einer Vielzahl lokaler und regionaler Politiker gegenüber ausländischen Geflüchteten« mit Einschränkungsversuchen: auf dem Feld der Asylpolitik in Gestalt einer Reihe von Gesetzen zur Beschleunigung und Verschärfung des Verfahrens. Die Zahl der ausländischen Arbeitnehmer und ihrer Familienangehörigen trachtete man unter anderem durch finanzielle Rückkehrhilfen zu senken, die zum endgültigen Verlassen der Bundesrepublik Richtung Herkunftsland anspornen

---

10 Der Bundesminister für innerdt. Bez. Heinrich Windelen erwähnte die Sendung in der Sitzung des BT – Ausschuss für innerdt. Bez.: PR Nr. 20, WP 10, 4.4.1984, ParlA, 3105, F 42, S. 97.

11 Ulrich Herbert: Geschichte der Ausländerpolitik in Deutschland. Saisonarbeiter, Zwangsarbeiter, Gastarbeiter, Flüchtlinge, München 2001, S. 239, 241 (Zitat). Ausländerfeindlichkeit: Exodus erwünscht. Infas-Umfrage über die Einstellung der Deutschen zu Gastarbeitern und Asylbewerbern, Der Spiegel Nr. 18, 3.5.1982, S. 37–44, hier S. 42. Zu den Einstellungen der Eingesessenen siehe ausführlich Cooper, Immigration and German Identity, S. 147–148, 150–151, 154–156, 227, 230–233; laut Cooper war in der Diskussion um die »Gastarbeiter« nach 1983 eine Entpolitisierung zu verzeichnen, während sich die Asyldebatte seit Mitte der 1980er Jahre verschärfte.

sollten. Ein entsprechendes Gesetz wurde im November 1983 beschlossen.[12] Zu fragen ist, inwieweit die erstmals seit 1961 in halbwegs beachtlichem Umfang und großenteils als potenziell Erwerbstätige zuziehenden Deutschen aus der DDR vor diesem Hintergrund auf Abwehr, Ablehnung und Distanziertheit trafen oder ihnen positive Reaktionen begegneten.

Betrachtet man die dokumentierte Resonanz auf die Neubürger, bietet sich ein ambivalentes Bild. So berichtete die Presse einerseits von Hilfsbereitschaft. In West-Berlin etwa stellten Privatpersonen bis Anfang April 1984 70 Schlafplätze für DDR-Zuwanderer zur Verfügung, als das Durchgangsheim Marienfelde wegen des seit Februar ansteigenden Zuzugs überbelegt war.[13] Auch die Patenschaftsaktion, zu welcher der Regierende Bürgermeister Eberhard Diepgen Mitte desselben Monats aufrief, fand ein positives Echo, wobei der anfangs starke Zuspruch – knapp 200 Interessierte in den ersten zehn Tagen – jedoch deutlich abflaute.[14] Ein noch breiteres Engagement brachte die Neuauflage dieser Unternehmung Anfang November 1985 hervor. Unter dem Motto Gute Nachbarn boten bis Ende Januar 1986 knapp 2000 Berliner ihre Hilfe an. Rund zwei Drittel von ihnen gaben Sachspenden, während ein Drittel den Ankömmlingen persönlich Beistand leisten wollte. Im Herbst 1985 hielt man im innerdeutschen Ausschuss des Deutschen Bundestags fest, dass es »den vielen Helfern und den Gruppen, die sich z. T. spontan gebildet haben«, Anerkennung zu zollen gelte.[15] Zuwanderer berichteten von unorganisierter privater Unterstützung, beispielsweise als Wohnungsmieter anderen Bewerbern bewusst vorgezogen worden zu sein. Auf der anderen Seite zeigte gerade der Umstand, dass in West-Berlin mehrere Solidaritätsaktionen ins Leben gerufen wurden, eine gewisse Skepsis bezüglich der Aufnahmebereitschaft der Bevölkerung. Dass sie »in der Stadt willkommen

12 Poutrus, Zuflucht im Nachkriegsdeutschland, S. 888 (Zitat), 889–892. Zur Asylpolitik siehe auch Doris Dickel: Einwanderungs- und Asylpolitik der Vereinigten Staaten von Amerika, Frankreichs und der Bundesrepublik Deutschland. Eine vergleichende Studie der 1980er und 1990er Jahre, Opladen 2002, S. 285–290; zur Rückkehrförderung siehe ebd., S. 236–237; ebenso Herbert, Geschichte der Ausländerpolitik, S. 247, 254–255.

13 Christiane Seitz: Die Lage der DDR-Aussiedler. SPD will Bericht vom Senat, Berliner Stimme, 7.4.1984.

14 Bisher 200 Patenschaften für Zuwanderer angeboten, Der Tagesspiegel, 26.4.1984. Im Laufe der folgenden eineinhalb Jahre kamen noch einmal rund 1000 Hilfswillige dazu. Hilfsaktion für DDR-Zuwanderer »Gute Nachbarn«, taz, 1.11.1985.

15 BT – Ausschuss für innerdt. Bez.: PR Nr. 55, WP 10, 19.2.1986, S. 19 (Bericht des StS beim Berliner Senator für Gesundheit und Soziales Eberhard Müller-Steineck) sowie PR Nr. 49, WP 10, 13.11.1985, S. 30 (Zitat) (Bericht des CDU-Abg. Wilfried Böhm), beide ParlA, 3105, F 45.

seien und als ›Chance und nicht als Problem gesehen‹ würden«, lautete 1984 Senatssprecher Winfried Fest zufolge die Botschaft, die man den Übersiedlern vermitteln wollte.[16]

Besorgt äußerten sich dagegen Politiker, die sich mit Situation und möglichen Problemen Übergesiedelter kurz nach der Ankunft befassten. Eduard Lintner, deutschlandpolitischer Sprecher der Unionsfraktion, übte nach einem Besuch im Aufnahmelager Gießen Ende März 1984 »scharfe Kritik [...] an der Haltung zahlreicher Bundesbürger, die gegenüber den Deutschen aus der DDR diskriminierendes Verhalten an den Tag legten«. Jene zeigten sich, da sie Konkurrenz am Arbeitsplatz fürchteten, zu Nachbarschaftshilfe wenig bereit. Auch der Staatssekretär im Bundesministerium für innerdeutsche Beziehungen Ottfried Hennig (CDU) rügte öffentlich Westdeutsche, die sich gegen Übersiedler »mit dem Grunde wehren, es sei angesichts unserer Arbeitslage unmöglich, diese Mitbürger zu verkraften«.[17] Wie sich solche Ablehnung artikulierte, war in einem *Spiegel*-Artikel zu lesen, der die Bemerkung einer Mainzer Passantin gegenüber einer Ausgereisten zitierte: »Warum kommen Sie denn hierher? In der DDR hatten sie doch Wohnung und Arbeit. Hier wohnen schon genug Ausländer.« Ähnliche Eindrücke schilderten Neubürger im Gespräch mit Journalisten. Die Dresdenerin Sybille Oelker zum Beispiel beklagte im April 1984 in der *Zeit* das Gefühl, im Westen »als Ausländer behandelt zu werden«. In der *Tageszeitung* monierte Sylvia Klemm 1988, dass man mit ihr und Familienangehörigen auf der Arbeit umgehe wie mit »Türken«. Allerdings bleibt sowohl bei Oelker als auch

16 Nur keine Schulden machen, in: Uwe Gerig: Wir von drüben. Zwanzig Schicksale im geteilten Deutschland, Asendorf 1989, S. 73–79, hier S. 76; Aussiedler. Diepgen: Patenschaften für Umsiedler übernehmen, lbn, 17.4.1984, LAB, B Rep. 002, Nr. 17683. Der Regierende Bürgermeister stellte im Zuge seines Patenschaftsaufrufs fest, dass »die Umsiedler nicht Bittsteller, sondern Mitbürger« seien; Patenschaften für Übersiedler aus der DDR, FAZ, 27.4.1984.

17 Behörden zu unbürokratischer Hilfe für Aussiedler aus der DDR aufgerufen, Der Tagesspiegel, 29.3.1984; O.S. [Autorenkürzel]: Vor gesamtdeutscher Bewährungsprobe, Ostpreußenblatt, 14.4.1984. Dass die Zahl der Zuwanderer inzwischen wieder rückläufig sei, »mag an manchen Stammtischen bei uns Erleichterung ausgelöst haben«, vermerkte auch die SPD-Bundestagsabg. Margitta Terborg. »Denn die Brüder und Schwestern aus der DDR werden plötzlich als Konkurrenten auf dem Arbeitsmarkt angesehen.« BT – PLPR 10/69, S. 4939 (D). Ebenso warnte der bayerische Politiker Edmund Stoiber (CSU) vor Vorbehalten bei Bundesbürgern, die fragten, »ob man denn bei solchen Arbeitslosenzahlen wie gegenwärtig in der Bundesrepublik nicht lieber auf einen solchen Zustrom verzichten soll«. sc [Autorenkürzel]: Stoiber warnt vor Ressentiments gegenüber DDR-Aussiedlern, SZ, 7./8.4.1984.

bei Klemm offen, ob sie sich diese Etiketten nicht selbst anhefteten, weil sie von der Aufnahme in der Bundesrepublik enttäuscht waren und sich marginalisiert sahen. Oelker erzählte, dass sie mit ihrem Sohn vom Münchener Sozialamt in ein Obdachlosenasyl eingewiesen worden war. Klemm hatte leichteres berufliches Fortkommen und Beförderung für sich und Angehörige erwartet.[18] Sind die angeführten Äußerungen also rasch abzutun, oder weisen sie über vereinzelte Reaktionen hinaus?

Quellen, die eine Verifizierung der Befunde erlauben, sind begrenzt. Eine Möglichkeit bieten Meinungsumfragen, die Einstellungen der Bundesbürger eruierten, sich dabei jedoch auf die 84er-Welle beschränkten. So untersuchte das Institut für Demoskopie Allensbach in einer repräsentativen Umfrage vom Mai 1984, wie gern gesehen die »DDR-Aussiedler« in der Bundesrepublik waren. Zum Ausgangspunkt nahmen die Demoskopen jene von Politikern und Journalisten beobachteten Vorbehalte gegenüber den Ankömmlingen, die der *Spiegel* in der Headline »Die nehmen uns die Arbeitsplätze weg« bündelte: »Gibt es hier nur die Angst und Konkurrenzgefühle, mit denen man nun die empfängt, die bei anderer Gelegenheit einmal als Brüder und Schwestern bezeichnet wurden und denen man in den 60er Jahren noch Kerzen ins Fenster gestellt hat?«[19]

Die Meinungsforscher operationalisierten diese Fragestellung, indem sie 2066 Befragten zwei Statements mit der Aufforderung vorlegten, das ihnen (eher) zusagende auszuwählen. Die eine Position hob auf »bei uns« bereits ausreichend vorhandene Probleme ab, die durch »die Leute, die aus der DDR zu uns kommen«, noch vergrößert würden. Die andere postulierte, dass man die Betreffenden, weil sie Landsleute seien, willkommen heißen sollte. Diese Haltung überwog mit 48 Prozent Zustimmung nur recht knapp gegenüber der erstgenannten mit 38 Prozent (die übrigen 14 Prozent entfielen auf Unentschiedene). Auffällig ist, dass Menschen in schlechter situierten, chancenärmeren oder vergleichsweise unsicheren Verhältnissen dem Zuzug sorgenvoller begegneten als andere. 45 Prozent der angelernten Arbeiter votierten abwehrend gegenüber nur 26 Prozent der leitenden Angestellten und Beamten. Ebenso bewertete ein

18 Wie ein Sprung, Der Spiegel Nr. 14, 2.4.1984, S. 25 (Zitat); Peter Sager: Wegmachen und was dann?, ZEITmagazin Nr. 16, 13.4.1984, S. 11 (Zitat); Broka Herrmann: Verloren in den Weiten des Mittleren Westens, taz, 13.5.1988.

19 Institut für Demoskopie Allensbach (IfD): Wie willkommen sind die DDR-Aussiedler bei uns?, allensbacher berichte (1984), Nr. 20, Allensbacher Archiv; Zeitraum der Befragung war der 4.–16.5.1984. »Die nehmen uns die Arbeitsplätze weg«, Der Spiegel Nr. 38, 2.4.1984, S. 17–22 (Aufmacher der Titelgeschichte).

relativ hoher Anteil der Befragten mit Volksschulabschluss die Zuwanderung als problemverschärfend. Auch Anhänger der SPD zeigten sich deutlich ablehnender als solche der FPD, die eher dem wohlhabenden Bürgertum zuzuordnen waren. Andererseits ist bemerkenswert, dass sich im Vergleich verschiedener Altersgruppen keine sonderlichen Unterschiede auftun.[20]

Ein andere Umfrage, nahezu zeitgleich im April/Mai 1984 von Anne Köhler (Infratest Kommunikationsforschung München) und Volker Ronge durchgeführt, ergab im Grundzug ähnliche Ergebnisse, auch wenn die Vergleichbarkeit der beiden Untersuchungen durch ihre abweichende Anlage eingeschränkt ist.[21] Köhler und Ronge fragten nach der Beurteilung der »Übersiedlerwelle« anhand einer vorgegebenen Skala. Im Ergebnis bewerteten 22 Prozent ihrer Probanden den Zuzug als »alles in allem eher schlecht«, während nur 18 Prozent ihn für »uneingeschränkt gut« befanden – nicht »einmal ein Fünftel der Befragten, die repräsentativ für die Bundesbürger insgesamt stehen«, wie die Autoren festhielten. Fast die Hälfte der Teilnehmer äußerte sich ambivalent, indem sie mit der Zuwanderung sowohl positive als auch negative Aspekte verband. Tendenziell mit den von Allensbach ermittelten Werten übereinstimmend, erwies Schulbildung sich auch hier als differenzierendes Kriterium: »Besonders (formal) niedrig Gebildete lehnen die Übersiedlungswelle im gleichen Verhältnis ab, wie höher Gebildete sie begrüßen.«[22]

Welche Motive hinter diesen Voten standen, versuchten die Forscher dadurch zu erkunden, dass sie um Bewertung verschiedener Aussagen baten, die Eigenschaften der Zuwanderer oder mit ihnen verknüpfte Entwicklungen beschrieben. Eines der Statements kennzeichnete die Betreffenden als Arbeitsplatzkonkurrenten. Von den Befragten stimmten dem gut die Hälfte zu; außerdem korrelierte die Akzeptanz beziehungsweise Verneinung dieser Auffassung deutlich mit der

20 IfD, Wie willkommen, S. 2–3 (Zitat), 4 (Anzahl Befragte), 3, 6–7 (Ergebnisse). Wie FDP-Anhänger beurteilten auch solche der Grünen die Zuwanderung positiver als SPD-Wähler. (Nur 31 Prozent der grün gegenüber 41 Prozent der sozialdemokratisch orientierten Befragten bekundeten, hier bereits genug Probleme zu sehen; für ein Willkommen plädierten 47 Prozent Grüne- versus 45 Prozent SPD-Anhänger.)

21 Anne Köhler und Volker Ronge: Ein Test auf die Wiedervereinigung? Die Reaktion der Bundesdeutschen auf die Übersiedlerwelle aus der DDR, DA 18 (1985) 1, S. 52–59; Volker Ronge: Ein Test auf die Wiedervereinigung? Die Reaktion der Bundesbürger, in: Ronge, Von drüben, S. 31–46 (Wiederabdruck; danach wird hier zitiert). Angesprochen wurden »im Rahmen einer mündlichen Mehrthemenbefragung [...] rund 2000 Deutsche ab 14 Jahren in Privathaushalten«, ebd., S. 32.

22 Ronge, Test, S. 33, 36 (Zitat), 35 (Zitat).

generellen Beurteilung der Zuwanderung. Wer die Übersiedler positiv sah, verwahrte sich gegen das Konkurrenzargument (83 Prozent dieser Gruppe lehnten es ab); »gegenteilig diejenigen, die ihr negativ gegenüberstehen«. Darüber hinaus machten die vorgelegten Aussagen zwei weitere, anders gelagerte Vorbehalte der Westdeutschen sichtbar. 47 Prozent der Testpersonen bejahten die Feststellung, dass sich unter den Ausreisenden »bestimmt viele Spione« befänden. Überdies hielten immerhin 33 Prozent von ihnen die Neubürger für Querulanten. Sowohl für diese beiden Einschätzungen als auch für die Wahrnehmung der Zuziehenden als Bedrohung am Arbeitsmarkt gilt, dass sie überdurchschnittlich häufig von Personen mit geringerem formalen Bildungs- und Berufsniveau vertreten wurden.[23]

Um diese Ergebnisse zu überprüfen und besser zu erklären, führte Infratest rund ein Jahr später, im Mai/Juni 1985, eine erweiterte Wiederholungsuntersuchung durch. Diese bestätigte weitgehend das Gesamtbild, wobei entschiedene Wertungen jedoch gegenüber zwiespältigen oder abwägenden zurückgingen. Als ganz und gar gut oder eher schlecht beurteilten die Übersiedlerwelle jetzt nur noch 13 beziehungsweise 19 Prozent der Befragten, während 57 Prozent sie nunmehr als »teils gut/teils schlecht« ansahen. Dieser Trend zeigte sich auch bei den 14- bis 29-Jährigen, die den Zuzug ein Jahr früher, »wohl spontan«, wie Köhler meinte, insgesamt deutlich günstiger bewertet hatten. Gleichwohl bekräftigte die zweite Befragung den im April/Mai 1984 erhobenen Befund, dass die Jüngeren die negativen Einzelaussagen über DDR-Zuwanderer (Stichwort Arbeitsplatzkonkurrenten, Spione und soziale Störenfriede) weitaus zahlreicher ablehnten als die Älteren (über 30-Jährigen).[24]

Die demoskopischen Untersuchungen belegen, dass die von Politikern und Journalisten überlieferten Reaktionen nicht zufällig waren. Die »überwiegende Mehrheit« der Westdeutschen, so Volker Ronge resümierend, »betrachtete die Übersiedlerwelle [...] indifferent, reserviert, mindestens differenziert – und, zu einem erheblichen Anteil, sogar ablehnend«.[25] Wesentlich für die ablehnende Bewertung war, dass die Zuzügler als unliebsame Mitbewerber auf dem engen Arbeitsmarkt wahrgenommen wurden.[26] Zudem offenbarten die Erhebungen

23 Ronge, Test, Stichwort Arbeitsplatzkonkurrenten S. 37–38, 40 (Zitat), Stichwort Spione und Querulanten S. 37–38, 41–42.

24 Anne Köhler und Richard Hilmer: Ein Jahr danach: Wie sehen die Bundesdeutschen die Übersiedlerfrage heute?, DA 19 (1986) 1, S. 41–46, hier S. 42–43.

25 Ronge, Test, S. 36.

26 So auch Wolff, Mauergesellschaft, S. 738–739.

hinsichtlich der Neuankömmlinge bestehende Vorurteile. Zu fragen bleibt, inwieweit sich das durch solche Sichtweisen und Haltungen hervorgebrachte Verhalten gegenüber herübergewechselten Ostdeutschen näher fassen lässt.

Vorliegende Selbstauskünfte der Betreffenden sowie deren Erfahrungen indirekt vermittelnde Berichte von Betreuern und Beratern liefern weitere Mosaiksteine. So thematisierte eine 1984 ausgereiste Krankenschwester in einem fünf Jahre später publizierten Gesprächsprotokoll verschiedene Aspekte, die auch andere häufig erwähnten. In einer Neubausiedlung am Rand von Mainz wohnend, traf sie in Form grober Beschimpfung durch einen Nachbarn der *Vorwurf, hiesige Ressourcen zu beanspruchen*: »Ihr DDR-Schweine, euch sollte man alle vergasen. Ihr lebt auf unsere Kosten, alles stecken die euch hinten und vorne rein! Unsere Arbeitsplätze nehmt ihr auch weg!« Die Ausfälle dieses etwa 45-jährigen Mannes kennzeichnete die Erzählerin zwar als »Einzelfall«, doch führten seine Pöbeleien, denen andere Nachbarn keinen Einhalt geboten, dazu, dass sie und ihr Partner wegzogen.[27] Unverdient von Unterstützung und Förderung zu profitieren, bekamen auch ein 1984 übergesiedelter Schreinermeister und seine Freundin in ihrem südwestdeutschen Wohnumfeld zu hören. Bei der im selben Jahr nach West-Berlin gewechselten Hildegard Ahlrich waren es Kollegen bei den Verkehrsbetrieben, die sie hinter ihrem Rücken als Konkurrentin bezeichneten. Mitarbeiter des Paritätischen Wohlfahrtsverbands und des Roten Kreuzes berichteten bei einer Anhörung des innerdeutschen Ausschusses 1985 gleichfalls von Unmutsbekundungen Westdeutscher, die ähnlich motiviert waren.[28] Ein Beispiel aus späterer Zeit bietet der Fall eines Leipzigers, der 1986 in

27 Nach zwei Jahren einen Porsche, in: Gerig, Wir von drüben, S. 35–42, hier S. 39. Der Journalist Uwe Gerig kam selbst aus der DDR, die er am 20.10.1983 per Flucht über Jugoslawien verließ. Er gibt an, sein Buch sei »aus eigener Betroffenheit entstanden«. Ihn interessierte, seine Erfahrungen des Neubeginns mit denen anderer ehemaliger DDR-Bürger zu vergleichen. Er unterhielt sich mit mehr als 200 Ostdeutschen und veröffentlichte 20 dieser Gespräche als Protokolle. In den Texten ist der Protokollant nicht mehr sichtbar; es spricht allein der oder die Berichtende in der Ich-Form. Welche Kriterien und Methoden ihn bei der Auswahl seiner Gegenüber und der veröffentlichten Texte, der Gesprächsführung und der Redaktion der Protokolle leiteten, erläutert Gerig nicht. Uwe Gerig: Hoffnung auf ein wenig Glück in Freiheit, in: Gerig: Wir von drüben, S. 11–16, hier S. 14.

28 Leider gibt es viele Neider, in: Gerig, Wir von drüben, S. 162–171, hier S. 171 (»Von Nachbarn hörte ich immer wieder: Ja, Sie aus dem Osten bekommen doch alles hinten und vorne reingesteckt!«). Hildegard Ahlrich (Pseudonym), Interview geführt von Agnès Pilleul-Arp, 9.12.2002, Stiftung Berliner Mauer (»Ich hatte in West-Berlin ein paar

einer Gießener Kneipe als »Schmarotzer« angegangen wurde, verbunden mit der Forderung, dass man die »aus dem Osten [...] gar nicht erst ins Land hereinlassen« sollte.[29]

Als weiteres Charakteristikum im Umgang mit Ostdeutschen benannte die Krankenschwester *Misstrauen*, das sich in Bezug auf sie und ihren Mann in einer bestimmten Art von Neugier äußerte: Häufig wurden sie gefragt, warum sie (die erst 1983 einen Antrag gestellt hatten) so schnell ausreisen durften. Die damals 21-Jährige vermutete dahinter bei ihren Gesprächspartnern Zweifel, ob die im besten Erwerbsalter Entlassenen ganz »astrein« seien, bei einigen sogar den Verdacht, »das können nur Spitzel sein. In den Zeitungen stand ja ständig was von Ostspionen. Wir paßten da wohl ins Klischee.«[30] Auch der Schreinermeister interpretierte die auffällige Reserviertheit, die ihm bei Bewohnern eines Schwarzwald-Dorfes begegnete, als Ausdruck des Vorurteils, bei ihm und seiner Freundin handele es sich um Spione. Diesem Stereotyp in gewisser Weise verwandt war die problematische Wahrnehmung, die ein 1986 herübergewechselter Bauleiter beobachtete – insofern die Vergangenheit und damit letztlich das Hiersein des Zugewanderten mit Unterstellungen und einem daraus erwachsenden Misstrauen belegt wurden: Dass er in der DDR im Zuchthaus gesessen hatte, war in Bewerbungsgesprächen, wie der Freigekaufte bemerkte, ein nie ganz auszuräumender Makel. »Politische Haft? Na ja, wer weiß, vielleicht steckt doch noch etwas anderes dahinter? Es ist bitter, bei vielen auf so wenig Verständnis zu treffen.« Ähnlich sah ein ebenfalls aus der Haft entlassener Kunsthistoriker hierzulande gerade jene beargwöhnt, die in der DDR mit dem Regime in Kon-

---

Probleme bei der BVG, dass hinter meinem Rücken gesagt wurde: ›Jetzt kommen die aus dem Osten hierher und nehmen uns die Arbeitsplätze weg‹.«). BT – Ausschuss für innerdt. Bez.: PR Nr. 41 (Anhörung zur »Situation der Übersiedler aus der DDR«), WP 10, 12.6.1985, ParlA, 3105, F 44, S. 45. Das »Konkurrenzdenken [der Bundesbürger] um den Arbeitsplatz« erwähnt auch die Vertreterin des Zentralverbands Mittel- und Ostdeutscher, ebd., S. 41.

29 Wer nicht »links« denkt, hat es schwer, in: Gerig, Wir von drüben, S. 193–202, hier S. 197 (»›Euch aus dem Osten‹, schrie er [der Attackierende], ›sollte man gar nicht erst ins Land hereinlassen. Ihr nehmt uns die letzten Arbeitsplätze weg und kommt doch nur, weil es hier alles zu kaufen gibt.‹ Fertigmachen wollte er alle solchen Schmarotzer wie uns, von aufhängen und an-die-Wandstellen war die Rede.«).

30 Nach zwei Jahren, in: Gerig, Wir von drüben, S. 39. »Sehr oft ist uns Mißtrauen entgegengeschlagen«, berichtete im Kontext Spionageverdacht auch ein Vertreter des Ost-West-Studienzentrums, selbst eh. DDR-Bürger, siehe BT – Ausschuss für innerdt. Bez.: PR Nr. 41, WP 10, 12.6.1985, ParlA, 3105, F 44, S. 51.

flikt geraten waren: »Wir sind verdächtig: aufmüpfig, unangepaßt, vielleicht ein Anarchiste [sic].«[31]

Neben solchen Ressentiments empfanden die Gewanderten weitere Haltungen in ihrer neuen Umgebung negativ: *Distanziertheit* oder auch Überheblichkeit, die mit der Zuweisung bestimmter Rollen (etwa des Dankbaren oder Bewundernden) an die Neulinge verbunden war; und eine *Skepsis*, die sich darauf richtete, inwieweit die Betreffenden mit dem Wechsel in den Westen die bessere Alternative gewählt hatten – womit eigentlich auch die Gründe und folglich die Legitimation ihres Hierseins hinterfragt waren. So fühlten sich die Krankenschwester und ihr Ehemann »nicht als gleichrangig akzeptiert«, sondern in die Lage von Bedürftigen versetzt: »[...] wir waren immer die aus dem Osten, denen man Kleidungsstücke und ausrangierte Möbel schenken konnte.« Darin sah die Erzählerin eine »Mitleidsgeste«, die sie kränkte. Kolleginnen irritierten die Ausgereiste, weil sie ihre Entscheidung nicht nachvollziehen konnten und Schilderungen ostdeutscher Zustände argwöhnisch begegneten. »Manche fragten mich ganz direkt, was ich mir denn vom Westen verspreche, das sei doch alles nicht so toll hier, und gerade vom Gesundheitswesen der DDR hätten sie nur Gutes gehört.«[32] Beide Kritikpunkte formulierten auch andere Neubürger: Einen 1984 übergesiedelten Arzt ärgerte bei Einladungen nicht allein die zur Schau gestellte »mildtätige Barmherzigkeit«; ebenso missfiel ihm, dass die Gastgeber ihn und seine Familie zum Publikum einer Inszenierung ihres materiellen Wohlstands machten.

Dazu passte in seinen Augen ein spezifisch westdeutsches Unverständnis: Dass er wegen Repressalien alles aufgegeben hatte, eine große Praxis und Woh-

31 Leider viele Neider, in: Gerig, Wir von drüben, S. 168–169; Ohne Kampf erreicht man gar nichts, in: ebd., S. 43–47, hier S. 46 (Zitat); Hier geht's um die Schlagsahne auf dem Kuchen, in: Mein Leben, Teil zwei. Ehemalige DDR-Bürger in der Bundesrepublik, hg. von Martin Ahrends, Köln 1989, S. 87–98, hier S. 93 (Zitat). »Man hat natürlich drüben meinen Lebenslauf befleckt, ich muß hier in jedem Lebenslauf erklären, daß ich dieses Jahr hinter Gittern zugebracht habe« und, »obwohl ich gesessen habe, niemand bin, auf den man aufpassen muß«, hielt ähnlich ein aus der Haft in den Westen entlassener Arzt fest. Ich hatte spontan das Gefühl, daß ich hierher gehöre, in: Ahrends, Mein Leben, S. 130–136, hier S. 134. Auch der Protokollant dieser Lebensberichte, der Journalist Martin Ahrends, ist ehemaliger DDR-Bürger. Die Auswahl der 13 veröffentlichten Texte sei »in keiner Weise repräsentativ«, er habe sich »im Bekanntenkreis von einem zum anderen durchfragen« müssen, erläutert der Herausgeber. Martin Ahrends: Vorwort, in: Ahrends, Mein Leben, S. 9–13, hier S. 13. Die Form der Texte wechselt zwischen Ich-Erzählung und Interview-Dialog.

32 Nach zwei Jahren, in: Gerig, Wir von drüben, S. 39–40.

nung zurückließ, war seinen bundesdeutschen Gesprächspartnern nicht zu vermitteln. So gut werde er sich hier so bald nicht stellen, hieß es; überhaupt gebe es »in der DDR doch keine Arbeitslosen«, sei dort »die soziale Sicherheit doch viel größer als im Westen«.[33] Auf ähnliche Auffassungen traf ein 1986 freigekaufter Redakteur. Die Mitglieder seiner Wohngemeinschaft trauten der DDR etwa in puncto Bildungschancen mehr zu als der Bundesrepublik, während der entlassene Häftling mit seiner Geschichte »ungläubiges Staunen« erntete. Der angeblich sozialistische Osten sei für die meisten Westdeutschen »so etwas wie ein fernes Traumziel«, folgerte auch der 1986 herübergekommener Kabarettist. »Wohnen möchten sie nicht unbedingt dort, aber warum jemand drüben Brücken abbricht und dem Leben im Westen den Vorzug gibt, können sie nicht verstehen.« Ein Gesprächspartner Martin Ahrends' schließlich fasste das Problem grundlegend: nicht als fehlendes oder falsches Verständnis und daher rührende Skepsis, sondern als fundamentale *Indifferenz*. Jeden Versuch, Westdeutschen als ehemaliger DDR-Bürger die eigenen Erfahrungen nahezubringen, hielt er deshalb von vornherein für verfehlt: »Ich meine, daß es hier niemanden interessiert, ganz echt.«[34]

Die Erfahrungsberichte der Gewanderten erlauben es genauer zu fassen, was an ihrer Aufnahme durch die Ankunftsgesellschaft problematisch war. Sie zeigen, wie und in welchen Kontexten sich die von der Meinungsforschung erhobenen Einstellungen Westdeutscher in distanziertem oder ablehnendem Verhalten niederschlugen. Deutlich wird zudem, dass für die Übergesiedelten neben dem Konkurrenzmotiv und bestimmten Vorurteilen weitere negativ erfahrene Sicht- und Verhaltensweisen eine Rolle spielten: über den umhergeisternden Spionageverdacht hinaus ein Misstrauen bezüglich ihres Werdegangs in der DDR, das unterstellte, sie hätten sich in irgendeiner Weise etwas zuschulden kommen lassen, seien dort nicht ganz umsonst als Störenfriede abgestempelt worden; ein Nichtnachvollziehenwollen oder -können der Gründe und Erfahrungen, die hinter der Ausreiseentscheidung standen, was die Betreffenden als generelles Unverständnis ihrer Person und Biografie erlebten; sowie schließlich die Art und Weise, wie sich eingesessene Bundesbürger – als Überlegene, Wohlhabende, Gebende – zu ihnen ins Verhältnis setzten.[35]

33 Meine Patienten akzeptieren mich, in: ebd., S. 173–183, hier S. 177–178.

34 Irgendwann kommt meine Chance, in: ebd., S. 101–109, hier S. 106; Wer nicht »links« denkt, in: ebd., S. 197–198 (Zitate); Ahrends, Vorwort, S. 9 (Zitat).

35 Das Misstrauen bezüglich der Vergangenheit der Übergesiedelten korrespondiert mit dem in den Meinungsumfragen dokumentierten Querulantenvorbehalt.

Nicht ablesen lässt sich aus den Berichten hingegen, in welchem Umfang Übergesiedelten solche als abwehrend oder abwertend empfundenen Haltungen begegneten. Einige Aussagen dazu erlaubt ein Quellenbestand, der 1989 an der Universität Bremen generiert wurde. Mitarbeiter des Forschungsprojekts »Berufliche und soziale Integration von DDR-Zuwanderern« befragten ein repräsentatives »Sample einer systematischen Zufallsauswahl aller im Zeitraum von Mitte April 1983 bis Mitte Mai 1986 angekommenen DDR-Bürger«. Von 2522 versendet Fragebögen erhielten sie 960 zurück, 937 davon auswertbar. Unter den Antwortenden waren Frauen und Männer gleichmäßig repräsentiert; was die Altersstruktur angeht, beschränkte sich die Stichprobe auf die Gruppe der 18- bis 60-Jährigen, wobei die mittleren Jahrgänge (25 bis 40 Jahre) mit 53 Prozent am stärksten vertreten waren.[36] Die Bögen waren mit insgesamt 94 Fragen sehr komplex angelegt. Die Grundlage der folgenden Auswertung bilden die Antworten auf Frage 68: »Sind Sie aufgrund Ihrer DDR-Herkunft von Bundesbürgern diskriminiert worden?« Ankreuzbar war »nein« oder »ja«, ergänzt durch die Frage »wenn ja, in welcher Form und warum?« mit zwei folgenden Leerzeilen. Erste zusammenfassende Ergebnisse dazu bieten Gerhard-Uhland Dietz und Karl F. Schumann. Sie geben an, dass 11,2 Prozent der DDR-Zuwanderer im Westen Zurückweisungen und Herabsetzungen erfuhren.[37] Dieses Ergebnis soll nachfolgend differenziert werden.

Der erste Vorwurf, anderweitig benötige Ressourcen zu beanspruchen *(Nutznießer)*, zielte auf das Hiersein der Betreffenden in Konnex damit, dass sie an Arbeit, Wohnungen und weiteren Gütern (staatlich gefördert) Anteil hatten. Ihre Eigenschaft als (Ost-)Deutsche und ihr Schicksal als Ausgereiste oder Geflüchtete reichten, so implizierte der Vorwurf, nicht hin, um ihre Anwesenheit und Partizipation gerechtfertigt beziehungsweise gerecht und sie dessen wert erscheinen zu lassen. Diskriminierungen der zweiten Variante waren *ablehnend oder abwertend* akzentuiert. Sie sprachen den Zugewanderten, weil sie Bürger der DDR gewesen waren, dort gelebt und gearbeitet hatten, vom SED-Regime geprägt oder instrumentalisiert worden seien, ab, in gleicher Weise wie die Hiesigen Teil der westdeutschen Gesellschaft und Gemeinschaft zu sein. Beide Varianten traten teils zusammen auf oder wurden von den Betreffenden in Beziehung

36 Schumann, Private Wege, S. 54, 55 (Zitat), 369–378. Die Fragebögen befinden sich im Archiv der Erinnerungsstätte Notaufnahmelager Marienfelde – Stiftung Berliner Mauer.

37 Schumann, Private Wege, S. 301–302. Von 937 Probanden beantworteten folglich 104 die Frage nach Diskriminierungserfahrungen mit »ja«. Eine grobe Systematik und Gewichtung der Antworten ebd., S. 178.

gesetzt: »Rentenversicherung, Arbeitslosenversicherung, Spionageverdacht«, hielt etwa der Ausfüllende auf Bogen Nr. 6 fest.[38]

In der skizzierten Weise der nicht legitimen Nutznießung beschuldigt worden sein, äußerte knapp ein Drittel jener, die Diskriminierungserfahrungen angaben.[39] »Es wird sehr kritisiert, daß wir hier finanzielle Unterstützung erhalten und haben für diesen Staat doch gar nichts geleistet«, »Verbale Beleidigungen, Wirtschaftsflüchtling, nehme Wohnung!! und Arbeit weg, bekomme soziale Geschenke«, »wegen BAföG-Erhalt«, »Neid und Angst um Arbeitsplatz« lauteten entsprechende Einträge. Als weiterer Ausdruck der sich darin artikulierenden Haltung können Äußerungen gedeutet werden, die den Übersiedlern überzogene Ansprüche unterstellten, verbunden mit der Ansage, ihre Vorstellungen seien hier nicht einklagbar. »Vom Sozialamt wurde gesagt: wenn es Ihnen hier nicht paßt, gehen Sie doch zurück ins Arbeiterparadies«, hieß es etwa in Bogen Nr. 166.[40] Die übrigen überlieferten Diskriminierungen, die einer heterogenen Kategorie *Ablehnung/Abwertung* zugeordnet wurden, sind schwerer greifbar. Unterscheiden lassen sich drei inhaltliche Ausprägungen. Eine Gruppe bildeten Beschimpfungen, die Betreffende als *Repräsentanten eines politischen Systems* verunglimpften: »DDR-Schwein, Honecker-Sau, Kommunisten-Sau«; »Kommu-

38 Auf Basis der Fragebogenantworten wurden im Rahmen der beiden übergeordneten Kategorien acht Rubriken gebildet, denen sich die verschiedenen Diskriminierungserfahrungen zuordnen lassen: *Nutznießer*: 1. Inanspruchnahme von Ressourcen, v. a. Wohnung und Arbeit; 2. Inanspruchnahme der Leistungen von Ämtern und Behörden; *Ablehnung/Abwertung*: 3. Repräsentant eines politischen Systems; 4. Spion; 5. Ausländer; 6. allg. Herabsetzung (Beleidigung/Beschimpfung); 7. weniger wert sein; 8. nicht gleichwertig im beruflichen Kontext. Eine 9. Rubrik bildet Sonstiges/Vermischtes. In einigen Fällen entspricht eine Erläuterung auf dem Fragebogen nicht nur einer, sondern mehreren Rubriken (wie das zitierte Beispiel Nr. 6 den Rubriken 1 und 4), so dass sich insgesamt nicht 104, sondern 112 Nennungen ergeben. Bezogen auf diese Zahl werden die verschiedenen Rubriken gewichtet. In die letztgenannte vermischte Rubrik 9 wurden 19 Äußerungen eingeordnet (zumeist Bejahung der Frage 68 ohne weitere Angaben), das sind fast 17 Prozent der Gesamtnennungen.

39 *Nutznießer:* 1. Inanspruchnahme von Ressourcen, v. a. Wohnung und Arbeit: 28 Nennungen, d. h. 25 Prozent; 2. Inanspruchnahme der Leistungen von Ämtern und Behörden: 5 Nennungen, d. h. 4,5 Prozent.

40 Fragebögen Nr. 98, 136, 637 und 783. Bei Rubrik 2, Inanspruchnahme der Leistungen von Ämtern und Behörden, geht es um Äußerungen und Verhaltensweisen, denen Betreffende seitens der Mitarbeiter dieser Stellen oder deren Klientel begegneten. Schumann, Private Wege, S. 301, weist darauf hin, dass bei Übergesiedelten, die insbesondere mit Arbeits- und Sozialämtern in Kontakt treten mussten, das Risiko, Diskriminierung zu erfahren, auf das Doppelte erhöht war.

nisten müßen [sic] in die Gaskammer«; »ich solle zurück in die Rußenzone [sic] wo ich hingehöre«. Solche Aussagen finden sich jedoch nur sporadisch.[41]

Daneben berichteten Gewanderte von einem gegen sie gerichteten Spionageverdacht, der sie de facto ebenfalls als Vertreter eines gegnerischen politischen Systems brandmarkte, die sich mit feindlichen Absichten in der Bundesrepublik aufhielten. Im Zusammenhang mit Frage 68, die einen unmittelbaren persönlichen Bezug implizierte, kamen ebenfalls nur wenige Antwortende auf den Spiontopos zu sprechen.[42] Etwas mehr Gewicht gewinnt das Thema, wenn man bei jenen, die bei Frage 68 andere oder unspezifische Erläuterungen boten, Frage 14 einbezieht, in der es um berufliche Benachteiligung aufgrund der DDR-Herkunft ging. Die Betreffenden zogen das Spionagemotiv heran, um Ablehnung und Zurücksetzung mithilfe eines handfesten Vorurteils, das sie offenbar als virulent wahrnahmen, zu erklären. In »Gesprächen auf Arbeit kommt der Haß gegen die ehemaligen DDR-Bürger«, trug eine Übergesiedelte bei Frage 68 ein und bejahte bei Frage 14, im Berufsleben ungleich behandelt worden zu sein, mit der Erklärung: »Die Betriebe haben Angst, wegen Spionage. Sie stellen lieber Einheimische ein.«[43] Inwieweit solche Einschätzungen auf konkreten Äußerungen von Arbeitgebern und Kollegen oder auf Spekulation der Betroffenen beruhten, bleibt offen.[44]

Eine andere Form der Zurückweisung bestand darin, Herübergewechselte mit Etiketten zu belegen, die im Gegensatz zu ihrem Status als Deutsche standen: »Einmal sagte ein Bundesbürger, ich sei genauso ein Ausländer wie alle Türken«, notierte ein Anfang 1986 nach Köln übergesiedelter Mann. Ausländer sein meinte, nicht als den Inländern gleichgestelltes Mitglied des (politisch, histo-

41 Fragebögen Nr. 5, 21, 810. Derartige Anwürfe werden insgesamt nur fünf Mal benannt.

42 Es finden sich sechs Nennungen, das sind 5,4 Prozent der Gesamtnennungen.

43 Fragebogen Nr. 800. Bemerkenswert ist, dass die Befragte selbst zwischen Zuwanderern und Einheimischen unterscheidet.

44 Von denen, die Frage 68 bejahten, kamen im Zusammenhang der Frage 14 fünf auf einen gegen DDR-Übersiedler gerichteten Spionageverdacht zu sprechen. Volker Ronge: Die Einheit ist erst der Anfang. Soziologische Lehren aus der Übersiedlerbewegung für die deutsch-deutsche Integration, Wuppertal 1991, S. 33–34, gibt an, die Übersiedler der 84er-Welle seien überwiegend von kleinen und mittelständischen Unternehmen eingestellt worden, während der öffentliche Dienst sowie Großunternehmen sich zurückhielten. »Vor allem [...] dürften dabei Sicherheitsprobleme eine Rolle gespielt haben. Die Sicherheitsbedürfnisse, sowohl des staatlichen Bereichs (Verfassungsschutz) als auch der hochtechnologisierten Großindustrie (Industriespionage), behinderten eine gegenüber Zuwanderern aus der DDR offene Einstellungspraxis.« In der Bevölkerung habe dies als verbreiteter Spionageverdacht Niederschlag gefunden.

risch, kulturell oder wie immer fundierten) westdeutschen Staates zu gelten; als prototypisch für solche *nicht zugehörigen, »andersartigen« Menschen* benannte der Sprecher »die Türken«. In dieser expliziten Form erscheinen derartige Qualifizierungen in den Fragebögen jedoch selten. Zwei weitere Antworten, die sich anführen lassen, beschränkten solche Aussagen auf Rechtsradikale beziehungsweise die eigenen Verwandten, von denen tief enttäuscht ein 1986 Ausgereister beklagte »Sie stießen uns aus als die ›Deutschen Tyrken‹«.[45] In einem anderen Fall kann man vermuten, dass es sich bei dem Eindruck, »nicht als Deutsche, sondern als Fremdling« angesehen zu werden, um eine Schlussfolgerung der Ausfüllenden handelte. Sie wurde beleidigt, beobachtete Neid und Missgunst in ihrer Umgebung, hatte Probleme mit Ämtern sowie einem ihrer Ansicht nach DDR-feindlich eingestellten Vorgesetzten.[46] Ausländer, Türke, Fremdling zu sein bedeutete in der Bundesrepublik offenkundig nichts Gutes und wurde von einigen Betreffenden (indem sie eine fremdenfeindliche Haltung antizipierten oder teilten) herangezogen, um Marginalisierung zu benennen. »Sie sollen im Umgang mit der Polizei vorsichtiger sein, mann [sic] wird als ehemaliger DDR-Bürger schlimmer als ein Ausländer behandelt (Eigene Erfahrung)«, gab ein Rangiermeister anderen Übersiedlern als Ratschlag auf den Weg.[47]

Daneben stößt man auf Antworten, die weniger eine direkte Ausgrenzung beschrieben als vielmehr darauf abhoben, dass man nicht so, wie es dem eigenen Selbstverständnis als Deutscher entspräche, anerkannt wurde. Er fühle sich gelegentlich diskriminiert, »indem die DDR als Ausland gesehen wird«, gab ein 1984 aus der Haft in den Westen Entlassener an. Ein 1983 übergewechselter Schlosser vermerkte »Unwissenheit über die Deutsche Geschichte, DDR-Bürger werden oft mit Osteuropäern + Balkanstämmigen in einen Topf geworfen« – ein Kommentar, der einen völkischen Zungenschlag erkennen lässt.[48] So spiegeln

45 Fragebögen Nr. 862, 931 (Menschen in rechtsradikalen Kreisen), 267 (eigene Verwandtschaft). Insgesamt wurden solchen Formen der Ausgrenzung elf Mal angegeben, das sind knapp zehn Prozent der Nennungen. Wie der Spionverdacht erfährt auch die Qualifizierung als Ausländer eine gewisse Verstärkung (um vier weitere Nennungen), wenn man bei denen, die Frage 68 unspezifisch oder anders begründet bejahen, Frage 14/15 (Nachteile im Beruf infolge Vorurteilen wegen der DDR-Herkunft) hinzuzieht.

46 Fragebogen Nr. 858.

47 Fragebogen Nr. 781, als Antwort auf Frage 93, welche Ratschläge man anderen Übersiedelnden geben würde. Frage 68 verneinte der Ausfüllende, gab aber bei Frage 61 an, Deutsche aus der DDR würden »als zweite Klasse behandelt« (bei dieser Frage ging es um Kontakte zu Bundesbürgern einschließlich Erläuterung etwaiger Schwierigkeiten).

48 Fragebögen Nr. 774, 783.

die zitierten Äußerungen nicht nur xenophobe Haltungen in der westdeutschen Bevölkerung. Implizit zeigen sie auch den normativen Anspruch der Befragten, mit Ausländern und anderen Zuwanderern in der Bundesrepublik nicht auf einer Stufe zu stehen; dass man ihnen vielmehr achtungsvoller begegnen sollte als diesen.

Schließlich fassten die Umfrageteilnehmer als Diskriminierung Äußerungen und Reaktionen auf, die signalisierten, dass sie Westdeutschen *nicht gleichwertig* seien. Rund 34 Prozent jener, die Frage 68 bejahten, charakterisierten ihre Negativerlebnisse als Herabsetzung in diesem Sinne. Einige gaben ohne weitere Erläuterung Beschimpfungen und Beleidigungen an. Andere schilderten, was sie erlebten, als allgemeines Vorurteil (»generell sind alle DDR-Bürger etwas dumm und zurückgeblieben«) oder Arroganz etwa bezüglich Erscheinungsbild und Stilsicherheit (»meine ›billigen‹ Sachen passten nicht, deshalb wurde der Kontakt zu mir abgebrochen«). Die überwiegende Mehrheit der Antwortenden verortete die Abwertung im beruflichen Bereich.[49] Dort drückte sie sich vor allem darin aus, dass man ihnen deutlich machte, sie hätten nichts zu melden. »[M]an kann sich zu nichts äußern«, beklagte eine 1985 nach West-Berlin übergesiedelte Frau und führte aus:

> Ich habe die Erfahrung gemacht so bald man sagt, wo man her kommt, und Irgendwann sind mal Meinungsverschiedenheiten, daß man dann behandelt wird wie ein Mensch 2. Klasse. Und man soll da hingehen wo man her gekommen ist, habe ich zur Antwort bekommen.

Einem Matrosen wurde beschieden, dass er »da nur zu arbeiten habe und selbst Lehrlinge sich nichts von Ex-DDR-Bürgern sagen lassen müssen«.[50] Im Hintergrund eines solchen Verhaltens, das sie nicht für voll nahm, vermuteten Betreffende die Überzeugung, Ostdeutsche seien weniger wert oder verfügten über weniger Fähigkeiten, Wissen und Können (»viele Leute denken sie sind mehr wert als die Leute aus der DDR«; »Leute die hier großgeworden sind meinen

---

49 Allg. Herabsetzungen (Beleidigung/Beschimpfung): zwölf Nennungen (knapp elf Prozent); weniger wert sein: zehn Nennungen (knapp neun Prozent); nicht gleichwertig im beruflichen Kontext: 16 Nennungen (gut 14 Prozent). Zitate aus den Fragebögen Nr. 228, 658; vermerkt wurde auch »man hänselt die Sprache« (Nr. 395) oder dass man hier als ehemaliger DDR-Bürger nicht anderer Meinung sein dürfe (Nr. 179).

50 Fragebögen Nr. 260, 936.

DDR-deutsche sind Ausländer und diese haben nur begrenztes Denken«; »Am Arbeitsplatz: was von drüben kommt, taugt nichts«).[51]

Eine Reihe Befragter wertete es in diesem Zusammenhang als diskriminierend, dass ihre in der DDR erworbenen Ausbildungen, Abschlüsse sowie berufspraktischen Erfahrungen nicht anerkannt wurden und man ihnen ein nicht arbeitsmarktkonformes Verhalten unterstellte. Eine 1985 nach Köln übergesiedelte Handelskauffrau etwa gab an, beruflich benachteiligt worden zu sein, weil sie nach hiesiger Ansicht »keine moderne Ausbildung« besitze. Die Gleichung »DDR – schlechtes Wirtschaftssystem« identifizierte die mittlerweile als Buffetkraft Tätige als Vorurteil, aus dem solche Abwertungen resultierten. »Die zuständigen Behörden können aus fachlichen aber auch aus ideologischen Gründen nicht nachvollziehen, daß viele DDR-Abschlüsse gleichwertig sind«, hielt der seit 1984 in Hamburg wohnhafte Manfred Uhr fest. Seine Qualifikation als Veterinäringenieur war nicht anerkannt worden, so dass er im städtischen Schlachthof als Fleischbeschauer arbeitete.[52] »Einige Personalchefs bringen das politische System mit Mathematik, Physik etc. durcheinander«, diagnostizierte ähnlich ein 1983 übergewechselter Maschinenbauingenieur und verwies damit ebenfalls auf Fehleinschätzungen seiner Umgebung, die seiner Ansicht nach aus Überheblichkeit und Voreingenommenheit resultierten. Ein Ingenieur für Chemieanlagen gewann den Eindruck, dass in ihrem Fall nicht allein fachliche Kenntnisse und Fähigkeiten »eher angezweifelt« würden als bei westdeutschen Arbeitnehmern, sondern »ebenso das Einarbeitungsvermögen und die Einsatzbereitschaft«.[53]

Die Angaben in den Fragebögen des Schumann-Forschungsprojekts zu negativen Erfahrungen von DDR-Zuwanderern bestätigen *inhaltlich* in wesentlichen

51 Fragebögen Nr. 145 (Zitat Frage 14; bei Frage 68 gab der Ausfüllende an, hier keinen Kredit erhalten zu haben), 935 (Zitat Frage 15; zu Frage 68 vermerkte der Betreffende »wurde nicht für voll genommen«), 134.

52 Fragebögen Nr. 382, 349. Der Fall Uhr ist dargestellt bei Schumann, Private Wege, S. 315. Für die westdeutschen Anerkennungsbehörden war es schwierig, das berufliche Bildungssystem in der DDR zu überblicken, um die Gleichwertigkeit von Prüfungen und Befähigungsnachweisen beurteilen zu können – nicht zuletzt, weil die DDR Ausbildungsunterlagen geheim hielt. Vgl. Wolf-Dieter Gewande: Anerkennung von Übersiedlerzeugnissen. Berufliche Bildung und berufliche Qualifikation in der Deutschen Demokratischen Republik, Bonn 1989.

53 Fragebögen Nr. 857, 375. Über Nichtanerkennung ihrer beruflichen Fähigkeiten und Fertigkeiten beschwerten sich auch andere Übergesiedelte, ohne dies in Frage 68 als Diskriminierung zu bewerten (vgl. z. B. Nr. 90). Um dieses Themenfeld zu erfassen, müsste eine Auswertung der Antworten auf die Fragen 14 und 15 vorgenommen werden, die aber nicht Gegenstand dieser Untersuchung ist.

Teilen die Eindrücke, die sich aus den nur in geringer Zahl vorliegenden Erfahrungsberichten ergeben: Vergleichsweise viele Befragte gaben an, als Konkurrenten um Wohnung und Arbeit oder am Arbeitsplatz sowie Nutznießer staatlicher Hilfen angesehen zu werden, die sie zu einfach, in zu großem Umfang oder ungerechtfertigterweise erhielten. Zudem vermutete ein Teil der Antwortenden, man verdächtige sie persönlich oder DDR-Übersiedler generell als Spione. Daneben wurden weitere Formen der Zurückweisung und Herabsetzung beschrieben, die in den Selbstberichten nicht erscheinen: mit dem politischen System der DDR oder des Ostblocks identifiziert zu werden (Kommunist), was aber nur wenige Fragebogenprobanden angaben; und als Ausländer oder Fremder ausgegrenzt beziehungsweise nicht selbstverständlich als Deutscher anerkannt zu werden. Dieser letzte Befund korrespondiert mit Äußerungen Übergesiedelter, die ab 1984 in Presseartikeln aufgegriffen wurden. Doch ist die Zahl jener, die solche Erfahrungen äußerten, gleichfalls nicht hoch. Zudem bleibt teilweise unklar, ob Wendungen wie »als Fremdling angesehen« oder »wie ein Ausländer behandelt werden« nicht von den Betreffenden selbst gewählt wurden, um den Umgang mit ihnen als empörend zu kennzeichnen oder auch eine Erklärung dafür zu finden.

Greifbar ist in den Bögen dagegen die in den Selbstberichten so nicht artikulierte Wahrnehmung Übergesiedelter, dass man insbesondere am Arbeitsplatz nicht auf Augenhöhe mit ihnen umging, sie als weniger wert oder weniger kompetent einstufte. Hier fällt auf, dass jene, die solcherart Zurücksetzung erlebten, oftmals einfache Arbeiter- oder Handwerkerberufe hatten und in einem entsprechenden Umfeld oder in prekären Arbeitsverhältnissen tätig waren. Sie scheinen hinsichtlich einer Praxis, die DDR-Zuwanderer als Arbeitnehmer und Kollegen kleinhielt, gefährdeter gewesen zu sein als beruflich höher Gebildete oder Selbständige – was sich mit den oben skizzierten Beobachtungen der Demoskopie berührt, dass bildungsfernere und schlechter situierte Kreise der westdeutschen Bevölkerung am deutlichsten abwehrend reagierten.[54] Insofern zeigen die Antworten in den Fragebögen, dass Aussagen zu ihrer Rezeption sich nicht pauschal für »die DDR-Zuwanderer« treffen lassen und Kunsthistoriker, Ärzte, Oberbauleiter, Schreinermeister etc. (die sich in den von Ahrends und Gerig herausgege-

54 Diese Beobachtung formulieren knapp auch Kristina Pratsch und Volker Ronge: So einer wartet nicht aufs Arbeitsamt. Die Integration der DDR-Übersiedler in die westdeutsche Gesellschaft, DA 18 (1985) 2, S. 158–169, hier S. 166. Bei der Frage, inwieweit Ausbildungen, Abschlüsse und Kompetenzen gerade Höherqualifizierter formal anerkannt wurden, handelt es sich dagegen um eine andere Problematik, die nicht primär Haltungen innerhalb der Bevölkerung, sondern administrative Vorgaben betrifft.

benen Bänden äußerten) in einigen Punkten andere Erfahrungen formulierten als die eben umrissene Gruppe.

Übereinstimmungen ergeben sich hingegen, wenn man Aussagen der verschiedenen Quellen zu Charakteristika der Bundesbürger und daraus folgendem Verhalten betrachtet. Was die Autoren der Selbstberichte als Überlegenheitsgestus und Wohlstandsgehabe anprangerten, findet sich ähnlich in den Antworten einiger Probanden des Bremer Projekts.[55] Eine ganze Reihe der Befragten notierte Negatives. Westdeutsche zeichneten sich durch »Protzerei, Großmäuligkeit«, »Materialismus und Egoismus«, »Arroganz«, »teilweise Unnahbarkeit, strotzende Selbstgefälligkeit«, »überhebliches Getue« und »Abwertung von Aus- und Übersiedlern« aus, lauteten die Verdikte.[56] Somit ergibt sich bei einigen Gewanderten der Eindruck, dass negative persönliche Erfahrungen unmittelbar mit negativen Eigenschaften der Aufnehmenden gleichgesetzt wurden. Jedoch bewerteten auch Zuwanderer *ohne* Diskriminierungserfahrung ihre neuen Mitbürger teils als selbstgefällig und überheblich. Dass Bundesbürger Abstand zu anderen im Sinne von Überlegenheit gern und insbesondere gegenüber DDR-Übersiedlern betonten, war also eine mehr als vereinzelte Ansicht auch unter solchen Herübergekommenen, die in der neuen Gesellschaft gut Fuß fassten.[57]

Was die *Häufigkeit* negativer Erfahrungen angeht, machten einige der Befragten ebenso wie Autoren der Erfahrungsberichte explizit deutlich, dass es sich um einmalige Vorfälle handelte. Bei manchen anderen hatte sich demgegenüber das Gefühl verdichtet, verbreitete Vorbehalte gegen Übersiedler führten zu einer chronischen Benachteiligung auf verschiedenen Feldern, so im Beruf, auf Ämtern und bei sozialen Beziehungen.[58] Insgesamt erlaubt es die repräsentative Fragebogenerhebung, die Negativrezeption, die DDR-Zuwanderer erfuhren, hinsichtlich ihres quantitativen Umfangs fundiert einzuschätzen und so die Relationen aufzuzeigen, um die es in diesem Zusammenhang geht: Nur gut elf Prozent der Probanden erwähnten Diskriminierungserfahrungen – was bedeutet,

55 Die Bögen beinhalteten unter Punkt 69 eine Frage, die direkt auf Einschätzungen in dieser Hinsicht zielte: »Sind für die Menschen in der Bundesrepublik Ihrer Meinung nach andere Eigenschaften oder Verhaltensweisen typisch als für die Menschen in der DDR?«

56 Fragebögen Nr. 23, 82, 98, 708, 774, 871.

57 Fragebogen Nr. 97; kritische Sicht der Bundesbürger bei Fehlen von Diskriminierungserfahrungen siehe z. B. Fragebögen Nr. 90, 348, 708, 781. Gehrmann geht in Schumann, Private Wege, S. 192, kurz auf Antworten auf Frage 69 im Kontext einer »schwächeren sozialen Ökologie« im Westen ein.

58 Beispiele für Übergesiedelte, die sich in verschiedener Hinsicht und dauerhaft schlecht behandelt und benachteiligt fühlten: Fragebögen Nr. 97, 390, 858, 935.

dass 89 Prozent und somit die übergroße Mehrheit der Übergesiedelten solche Eindrücke und Erlebnisse *nicht* hatten. Die distanzierten, skeptischen oder abwehrenden Haltungen, die Demoskopen beim größeren Teil der westdeutschen Bevölkerung eruierten, schlugen sich demnach nur partiell in einem zurücksetzenden oder ausgrenzenden Verhalten nieder.

Eine beachtenswerte Ergänzung dieses Befunds bieten allerdings die Antworten, die die Teilnehmer des Schumann-Projekts auf Frage 67 gaben (»Welche Erfahrungen haben Sie bei Gesprächen mit Bundesbürgern über Ihre DDR-Herkunft bzw. Probleme bei ihrer Übersiedlung gemacht?«). Unter den vier ankreuzbaren Vorgaben lautete eine, »meist auf Vorurteile gegenüber Übersiedlern« gestoßen zu sein. Hier ließ sich gegebenenfalls das subsumieren, was die Autoren der Selbstberichte als ihnen entgegenschlagendes Misstrauen, Unverständnis oder Unterstellungen schilderten. Auf den Fragebögen waren eigene inhaltliche Erläuterungen zum Stichwort Vorurteile nicht vorgesehen. Dass ihnen solche begegnet seien, bejahten knapp 23 Prozent der Befragten – das heißt auf vorgefasste Meinungen zu treffen, die der eigenen Person nicht gerecht wurden, gaben die Zugewanderten etwa »doppelt so häufig [an] wie handfeste Diskriminierungen«. Fasst man negative Erfahrungen also niedrigschwelliger, stellen sie sich deutlich umfangreicher dar und betreffen etwas mehr als ein Fünftel der Gewanderten.[59]

Damit lässt sich die zu Anfang des Kapitels aufgeworfene Frage, wie man die ostdeutschen Neubürger Mitte der 1980er Jahre unter den skizzierten Bedingungen aufnahm, nun zusammenfassend beantworten: zwar durchaus ambivalent, aber keineswegs durchschlagend ablehnend. Im Folgenden steht infrage, wie die dargestellten Ergebnisse der Demoskopie und Beobachtungen zu Erfahrungen der Gewanderten zu interpretieren sind: Welche Faktoren prägten die Rezeption der Zuwanderer? Oder umgekehrt gefragt: Inwieweit lassen sich aus ihrer Aufnahme Rückschlüsse für das Verhältnis der Bundesdeutschen zur DDR ziehen? In den Blick genommen werden dabei auch solche Wahrnehmungen und Reaktionen in Bezug auf Ostdeutsche, welche die Autoren der Erfahrungsberichte zwar nicht als diskriminierend, aber aus ihrer Sicht gleichwohl problematisch beschrieben.

59 Gehrmann, Überwindung, S. 465. Wer angab, Diskriminierung erfahren zu haben, bejahte in den allermeisten Fällen zudem, auf Vorurteile bei Bundesbürgern gestoßen zu sein.

3. Motive der Indifferenz: Mangelnde Solidarität, Ignoranz oder ein gewandeltes nationales Selbstverständnis?

Zur Debatte stehen hier zunächst der beobachtete Mangel an Solidarität und Willkommen: eine zwiespältige Aufnahme, insofern ein nicht unerheblicher Teil der westdeutschen Bevölkerung die Neubürger als Konkurrenten auf dem Wohnungs- und Arbeitsmarkt sowie als Profiteure staatlicher Unterstützungsleistungen ansah. Dass die Zuwanderer laut Grundgesetz als Deutsche nach einer in der Regel hart erkämpften Ausreise oder gefährlichen Flucht teils aus der Haft in der Bundesrepublik eintrafen, verhinderte solche Wahrnehmungen offenkundig nicht. Ambivalent war die Rezeption zudem, weil Bundesdeutsche, wie Ergebnisse der Meinungsforschung und Aussagen der Betreffenden nahelegen, den Übergesiedelten häufig mit Unverständnis oder Gleichgültigkeit begegneten. Diese Befunde beschäftigten Politiker, Journalisten und Soziologen zeitgenössisch ebenso, wie die spätere Forschung sie wieder aufgriff – und zwar in einer gleichgebliebenen Perspektive: Hatte sich das Gefühl der Zusammengehörigkeit mit DDR-Bewohnern mittlerweile so sehr abgeschwächt, dass Westdeutsche für von dort Kommende kein Engagement mehr aufbrachten? Musste man letztlich sogar, wie Helge Heidemeyer nahelegt, annehmen, dass Ostdeutsche gar nicht mehr als Landsleute, mit denen man zumindest langfristig gesehen in *einem* Staat zusammenleben wollte, wahrgenommen wurden? Diesen Fragestellungen liegt die normative Annahme zugrunde, DDR-Bürger wären in derselben Weise wie Bundesbürger als Deutsche anzusehen gewesen. Die damit verknüpfte These, dass die starke oder schwache Ausprägung des nationalen Gemeinschaftsgefühls ein Haupterklärungsfaktor für die Art der Aufnahme ist, gilt es zu hinterfragen.[60]

Zu überprüfen sind hierfür als Erstes Ergebnisse der Meinungsforschung zum *nationalen Bewusstsein* der Bundesbürger und ihrer *Einstellung zur deutschen Frage*. Da sich die Demoskopie seit Beginn der 1970er Jahre intensiv mit diesen Sujets befasste, liegen umfangreiche, allerdings heterogene Daten vor, die gestützt auf bündelnde Auswertungen der Forschung herangezogen werden können. Von Interesse ist, wie separiert von oder verbunden mit dem anderen Teil Deutschlands und seinen Bewohnern man sich im Westen fühlte. Diesbezüglich ergibt sich ein ambivalentes Bild. So ist einerseits zu beobachten, dass die Bundesbürger bereits seit den 1960er Jahren ein auf die Bundesrepublik be-

60 Heidemeyer, Schutzwall, S. 102–109.

zogenes Staatsbewusstsein entwickelten und Westdeutschland bald nicht mehr als provisorisches, unvollständiges Gebilde betrachteten. Auch begannen sie, das Wort Deutschland allein auf die Bundesrepublik bezogen zu gebrauchen und von deutsch-deutsch statt innerdeutsch zu sprechen, wenn es um das Verhältnis der beiden Staaten ging. Karl-Rudolf Korte erkennt demnach »Symptome eines historischen Verengungsprozesses, einer separaten Bildreduktion der Vorstellungswelten der Bundesbürger auf die Bundesrepublik« in Verbindung mit einem veränderten »Wir-Bewusstsein«.[61] Was die DDR betraf, betrachteten die Westdeutschen sie im Zuge dieses Wandlungsprozesses zunehmend als einen eigenständigen zweiten deutschen Staat, eine Sicht, die sich bis 1980 durchsetzte. Zugleich stieg der Anteil der Bundesbürger, welche die DDR als Ausland ansahen, von 19 Prozent 1971 auf 32 Prozent 1987. Andererseits bedeutete auch die höhere letztgenannte Zahl, dass der ostdeutsche Staat zwei Dritteln der Befragten nicht als Ausland galt.[62]

Zudem ging die Auffassung, dass *eine* deutsche Nation fortbestehe, bis in die zweite Hälfte der 1980er Jahre hinein nicht unter, wenngleich die Ostdeutschland in den Begriff der Nation einbindende Perspektive im Abnehmen begriffen war. Parallel zeichnet sich ein Festhalten an der Wiedervereinigung ab. Zwar war das Thema angesichts des etablierten Modus Vivendi und mangels Lösungsmöglichkeit ab 1972 politisch deaktualisiert worden. Als »langfristiges Ziel unterstützen die Bundesbürger« die Herstellung der Einheit jedoch »in ihrer ganz großen Mehrheit«.[63] Überdies ließ sich demoskopisch kontinuierlich nachweisen, dass die Bundesdeutschen in deutlicher Überzahl für den Erhalt des Wiedervereinigungsgebotes in der Präambel des Grundgesetzes eintraten. Nicht zuletzt gaben noch 1987 in einer Infratest-Erhebung 78 Prozent der Befragten

61 Werner Weidenfeld und Manuela Glaab: Das Zusammengehörigkeitsgefühl der Deutschen – Einstellungen der westdeutschen Bevölkerung 1945/49–1990, in: Materialien der Enquete-Kommission »Aufarbeitung von Geschichte und Folgen der SED-Diktatur in Deutschland«, Bd. V/3, hg. vom Deutschen Bundestag, Baden-Baden 1995, S. 2798–2962, hier S. 2810, 2818; Korte, Standort der Deutschen, S. 39, 76, 77 (Zitate), 82 (Zitat).

62 Weidenfeld/Glaab, Zusammengehörigkeitsgefühl, S. 2821, 2827, 2831.

63 Ebd., S. 2816–2817, 2827–2828, 2852, 2855; Manuela Glaab: Geteilte Wahrnehmungswelten. Zur Präsenz der deutschen Nachbarn im Bewußtsein der Bevölkerung, in: Deutsche Vergangenheiten – eine gemeinsame Herausforderung. Der schwierige Umgang mit der doppelten Nachkriegsgeschichte, hg. von Christoph Kleßmann, Hans Misselwitz und Günter Wichert, Berlin 1999, S. 206–220, hier S. 219; Gerhard Herdegen: Perspektiven und Begrenzungen. Eine Bestandsaufnahme der öffentlichen Meinung zur deutschen Frage, Teil 1: Nation und deutsche Teilung, DA 20 (1987) 12, S. 1259–1273, hier S. 1263 (Zitat).

an, die Deutschen in der Bundesrepublik und der DDR als ein Volk anzusehen. Doch erweisen sich Zusammengehörigkeitsgefühle, die sich in dieser Vorstellung und dem Wunsch nach Einheit ausdrückten, bei näherer Befragung wiederum als begrenzt. Die Antworten der Bundesbürger auf die häufig gestellte »Schwarzmeer-Frage« etwa belegen laut Werner Weidenfeld zwar durchgängig Aufgeschlossenheit und Neugier gegenüber DDR-Bürgern, aber kein tiefes landsmannschaftliches Gemeinschaftsempfinden. Diesen Eindruck bestätigt ein 1987 durchgeführter Infratest-Poll, bei dem die Mehrheit der Befragten einem »eher diffusen Verbundenheitsgefühl« Ausdruck verlieh. 53 Prozent der Bundesbürger äußerten, in DDR-Bewohnern »auch Deutsche« zu sehen, deren Leben einen interessiere, zu denen jedoch wenig persönliche Beziehungen bestünden.[64]

Es gab eine Selbstanerkennung der Bundesrepublik durch ihre Bürger, die weiterhin Raum für gesamtdeutsches Bewusstsein bot, »die gemeinsamen Bezugspunkte mit den Deutschen in der DDR [aber] in den Hintergrund« treten ließ, lautet ein Fazit aus dieser »kontrastreiche[n]« Empirie. Ebenso zwiespältig ist zudem, dokumentiert im Festhalten an nationaler Verbundenheit und Einheitswunsch, ein Zusammengehörigkeitsgefühl ablesbar, das jedoch Brüche zeigte.[65] Diese Ergebnisse korrespondieren mit einigen der Eindrücke ostdeutscher Übersiedler. Sie berichteten, keine Anteilnahme an ihrem Schicksal zu finden und nicht selbstverständlich als Deutsche, die als solche auch der bundesrepublikanischen Gesellschaft zugehörig sind, akzeptiert zu werden. Aus der darüber hinaus erfahrenen Ablehnung abzuleiten, dass DDR-Zuwanderer in der Bundesrepublik der 1980er Jahre *generell* nicht mehr als gleichgestellte Deutsche, sondern als Ausländer wahrgenommen worden seien, wird durch die Ergebnisse der Meinungsforschung jedoch nicht gedeckt. Umgekehrt erscheinen die Erfahrungen, die Herübergewechselte artikulierten, gerade nicht geeignet, das komplexe Bild des Ost-West-Beziehungsverhältnisses in Richtung bundesrepublikanischer Abgrenzung und Distanz zu vereindeutigen. Folgt man der Bremer Fragebogenauswertung, waren es mit elf Prozent nur relativ wenige Übergesiedelte, die tatsächlich signifikant ne-

64 Die »Schwarzmeer-Frage« fordert auf, sich vorzustellen, während eines Urlaubs dort einen Deutschen kennenzulernen, von dem man erfährt, dass er aus der DDR kommt. Auf die Frage, was man dann im ersten Moment denke, sind elf Antwortmöglichkeiten vorgegeben. Glaab, Wahrnehmungswelten, S. 208–209, 217; Weidenfeld/Glaab: Zusammengehörigkeitsgefühl, S. 2910–2911, 2913 (Zitat); Herdegen, Perspektiven (Teil 1), S. 1261.

65 Heinrich Potthoff: Die »Koalition der Vernunft«. Deutschlandpolitik in den 80er Jahren, München 1995, S. 77 (Zitat). Weidenfeld/Glaab, Zusammengehörigkeitsgefühl, S. 2828, 2938, 2954 (Zitat).

gative Erlebnisse mit Westdeutschen in Form von Abwehr oder Herabwürdigung hatten. Unter den davon Betroffenen stellen jene, die eine hier vor allem infrage stehende Ausgrenzung als Ausländer erfuhren, wiederum nur einen Bruchteil dar.

Doch um abgesehen von solchen Quantitäten noch einmal nach Erklärungen für Wahrnehmungen und Verhalten in Bezug auf DDR-Zuwanderer zu fragen: Auffällig ist die zeitgenössisch in Politik und Öffentlichkeit wie auch teils in der Forschung implizit gesetzte Prämisse, ostdeutsche Übersiedler erführen, so ausreichende gesamtdeutsche Bindungen existierten und man sie voll und ganz als Deutsche ansähe, gleichsam automatisch Solidarität und Anteilnahme. Andersherum ergab sich daraus die Folgerung, fehlendes Willkommen zeuge von einem Mangel solcher Bindungen.[66] Diese Gleichung gilt es jedoch in beiden Richtungen zu hinterfragen. So zeigt ein Blick auf die 1950er Jahre, dass zwischen nationalem Bewusstsein und Aufnahmebereitschaft gegenüber DDR-Zuwanderern kein einfacher Konnex besteht. Wie Duncan Cooper ausführt, lehnte die überwiegende Mehrzahl der Bundesbürger es damals ab, die DDR als unabhängigen Staat zu betrachten; daraus erklärt der Sozialwissenschaftler die 1953 per Umfrage erhobene Mehrheitsmeinung, Ostdeutsche sollten grundsätzlich Zugang zur Bundesrepublik haben. Zugleich aber, so Cooper weiter, scheinen weite Teile der Bevölkerung ihre Unterstützung in dieser Phase massenhaften Zuzugs begrenzt zu haben: auf jene, die politisch verfolgt waren, in Not waren oder sich hier auf Verwandte stützen konnten – so wie es das von der Bundesregierung installierte Notaufnahmeverfahren für aus der DDR Herüberwechselnde auch offiziell vorsah.[67] Eine Kontrolle und Einschränkung der Zuwanderung mithilfe des Postulats legitimer Flucht- oder Übersiedlungsgründe waren also *trotz* eines damals stark empfundenen Ost-West-Zusammenhalts von Bedeutung. Ostdeutsche Übersiedler nicht uneingeschränkt wohlwollend aufzunehmen, ist also, wie sich vor diesem Hintergrund erweist, nicht zwangsläufig ein Indiz für Risse im Zusammengehörigkeitsgefühl in Bezug auf die DDR und ihre Bewohner.

Auf der anderen Seite gilt: Weitenteils als Deutsche und Mitglieder der gleichen nationalen Gemeinschaft angesehen zu werden, garantierte Übergesie-

66 Zwei Beispiele: Das IfD fragte ab, wie viel Gültigkeit die Aussage, DDR-Zuwanderer sind *Landsleute* und sollten *deshalb* bei uns willkommen geheißen werden, noch hatte, siehe IfD, Wie willkommen, S. 3 (Kursivierung BE). Stoiber bekundete, wer die Ostdeutschen als Arbeitsplatzkonkurrenten ansehe, »müsse sich fragen lassen, ob er auch auf westlicher Seite der innerdeutschen Grenze eine Mauer errichten wolle«. sc [Autorenkürzel]: Stoiber warnt vor Ressentiments, SZ, 7./8.4.1984.

67 Cooper, Immigration and German Identity, S. 92–93.

delten keine vorbehaltlose Aufnahme – weder in den 1950ern noch Mitte der 1980er Jahre. Vielmehr zeigt sich hier mit Blick auf den letztgenannten Zeitraum, dass angesichts einer weithin als problematisch eingeschätzten Wirtschaftslage die Angst vor Konkurrenz um Arbeitsplätze viele Bundesbürger die Zuwanderung skeptisch bis negativ beurteilen ließ.[68] Anne Köhler und Richard Hilmer vermuten bezüglich der Sicht auf die 1984er-Ausreisewelle, dass die ambivalente Bewertung der Übersiedler nicht diesen selbst, sondern ihrer *hohen Zahl* galt, die sie angesichts knapper Ressourcen erst zu einer Bedrohung werden ließ.[69] Um diese These abzusichern, müsste mehr über die Rezeption nachfolgender Übersiedlerjahrgänge bekannt sein, als aufgrund der Quellenlage möglich ist. Die Bremer Fragebogenerhebung zeigt, dass auch einigen der 1985 in wieder geringerer Zahl Gekommenen der Konkurrenzvorwurf noch entgegentrat. Als Tendenz lässt sich ablesen, dass in Bezug auf Übersiedler des Jahres 1986 derartige Vorbehalte dann bei gleichbleibend niedrigen Zuzugszahlen und wieder anspringender Konjunktur tatsächlich im Abklingen waren.[70]

Köhler/Hilmer verbinden mit ihrer These die Überlegung, das von den Befragten als Begründung ihrer Vorbehalte angeführte Konkurrenzargument sei nicht »DDR-Übersiedler-spezifisch« zu werten – also nicht in negativen Eigenschaften fundiert, die speziell diesen Individuen oder dieser Gruppe zugeschrieben wurden.[71] Als Beleg führen die Autoren an, dass 60 Prozent der Bundesbürger eine Verpflichtung zu persönlicher Hilfe bejahten, was auf eine prinzipiell hohe »Integrationsbereitschaft« schließen lasse. Auch ein Recht auf Unterstützung räumte eine breite Mehrheit der Eingesessenen den Neubürgern ein. Sorge

68 1980/81 war in der Bundesrepublik eine Wirtschaftskrise aufgebrochen, welche die Arbeitslosigkeit steigen ließ. In Mitleidenschaft gezogen wurden vor allem die Montanindustrie und der Bausektor, aber auch Büro- und Verwaltungsberufe erlebten Entlassungen. Außerdem entstand erstmals seit 1949 eine erhebliche Akademiker-Arbeitslosigkeit, die insbesondere Lehrer/-innen und Sozialberufe betraf. Hans Karl Rupp: Politische Geschichte der Bundesrepublik, München, 4., erw. und überarb. Aufl. 2009, S. 156–157. Diesen Faktor macht ebenfalls Wolff, Mauergesellschaft, S. 737–738, stark.

69 Köhler/Hilmer, Jahr danach, S. 42.

70 Als Arbeitsplatzkonkurrenten diffamiert worden zu sein, äußerten die 1985 in die Bundesrepublik gekommenen Autoren der Fragebögen Nr. 79, 434, 932 und 944. 1985 war die Arbeitslosigkeit unvermindert hoch, sie begann erst 1986 zu sinken; vgl. Köhler/Hilmer, Jahr danach, S. 43.

71 Köhler/Hilmer, Jahr danach, S. 43 (Zitat). Diese Beobachtung korrespondiert mit dem bei Weidenfeld/Glaab, Zusammengehörigkeitsgefühl, S. 2938, referierten Befund, dass es seitens der Bundesdeutschen gegenüber DDR-Bürgern keine verfestigten negativen Stereotypen oder gar ein Feindbild gegeben habe.

um den Arbeitsplatz und der »ethische [...] Anspruch, DDR-Bürgern zu helfen«, standen somit in einem Spannungsverhältnis zueinander – ein Dilemma, in dem laut Köhler und Hilmer die eruierten Vorurteile gegenüber Übersiedlern, der Spion- und der Querulantenverdacht, ihre Funktion gewannen: Sie konnten helfen, die eigene Abwehr zu rationalisieren.[72] Die Hypothese erscheint plausibel, bleibt jedoch spekulativ. Zu vermuten steht überdies, dass insbesondere die Spionageangst stark von der medialen Berichterstattung geprägt und damit Konjunkturen unterworfen war. Die 1984 ermittelte diesbezügliche Skepsis der Westdeutschen »dürfte sich aufgrund der im Sommer und Herbst 85 aufgedeckten Spionagefälle zwischenzeitlich sicher noch verstärkt haben«. Später dann habe diese Furcht, wie Hilmer herausstellt, deutlich abgenommen.[73]

Bemerkenswert ist eine weitere Beobachtung: Ebenso wenig wie das nationale Argument – dass die Betreffenden als Landsleute in die Bundesrepublik kamen – negative Wahrnehmungen ausschloss, waren umgekehrt positive Einstellungen gegenüber Übergesiedelten immer primär darauf gegründet. Dies erweist sich laut Volker Ronge, wenn man die Reaktion der unter 30-Jährigen auf die Ausreisewelle 1984 in den Blick nimmt. Sie zeigten sich weniger ablehnend als die Älteren, obwohl sie »das ungeteilte Deutschland« nicht mehr persönlich erlebt hatten. Ronge interpretiert diese Haltung nicht dahingehend, dass die

---

72 Köhler/Hilmer, Jahr danach, S. 43 (Zitat), 46 (Zitat); Flucht- und Ausreisebewegung, S. 327 (Hilmer).

73 Köhler/Hilmer, Jahr danach, S. 43 (Zitat); Flucht- und Ausreisebewegung, S. 327 (Hilmer). Bereits 1983 und 1984 gingen Fälle von Spionage für die DDR durch die Presse, vgl. z.B. die Berichte im Spiegel: Reg und Wille. Aufgrund dürftiger Beweise und eines umstrittenen Paragraphen soll ein Unternehmensberater wegen Spionage für die DDR verurteilt werden (Fall Helmut Willinger), Der Spiegel Nr. 4, 24.1.1983, S. 99; Violettes Band im Haar. Ein Spionagefall in der Pfalz offenbart: Geheime Nato-Papiere landen in der Mülltonne (Fall Hans-Joachim Schneider), Der Spiegel Nr. 38, 19.9.1983, S. 104, 106–107; Menschlich in Ordnung. Ein Versicherungsagent in Trier soll Personaldaten westdeutscher Geheimnisträger nach Ost-Berlin geliefert haben (Fall Werner Wendt), Der Spiegel Nr. 5, 30.1.1984, S. 61, 63; Angst vor neuen »Schläfern«, Der Spiegel Nr. 13, 26.3.1984, S. 14–15. 1985 erregten der Fall Hansjoachim Tiedge sowie für die DDR spionierende Sekretärinnen starke öffentliche Aufmerksamkeit, siehe z.B.: Unbekanntes Ziel. Hat Minister Bangemanns Sekretärin für einen Geheimdienst gearbeitet?, Der Spiegel Nr. 33, 12.8.1985, S. 29–30; »Die deutschen Dienste sind wie ein Sieb«. Der Fall des in die DDR gewechselten Regierungsdirektors Tiedge vom Bundesamt für Verfassungsschutz erschüttert Bonn, Der Spiegel Nr. 35, 26.8.1985, S. 17–25; »Eine merkwürdige Art von Dienstaufsicht«. Die Spionageaffäre Tiedge wird immer mehr zum Fall Zimmermann, Der Spiegel Nr. 36, 2.9.1985, S. 19–27; »Die Wunderdroge vom Kurpfuscher«. Wie Geheimdienste mit großem Aufwand wenig erreichen, ebd., S. 27–36.

Jüngeren mehr Zukunftsoptimismus an den Tag legten. Vielmehr vermutet er, die »fehlende DDR-Beziehung [werde] durch eine generelle und offensive humanitäre Einstellung (wie sie z. B. auch gegenüber ausländischen Flüchtlingen erkennbar ist) kompensiert«.[74] Demnach bildete hier nicht eine aus der Teilhabe an derselben nationalen Gemeinschaft erwachsene Zusammengehörigkeit den wesentlichen Anknüpfungspunkt, sondern das Schicksal der Betreffenden, ihre Erfahrungen und Situation als Migranten.

In eine ähnliche Richtung weist das Ergebnis einer Allensbach-Umfrage vom Mai 1984. Obwohl Wähler der Grünen dem Ziel einer deutschen Vereinigung innerhalb des politischen Spektrums am distanziertesten gegenüberstanden, beurteilten sie die Übersiedlungen dieses Jahres weniger ablehnend als CDU/CSU- sowie SPD-Wähler und plädierten stärker für ein Willkommen. Auch diese Voten dürften dadurch motiviert gewesen sein, für Menschen, die sich hier ein neues Leben aufbauen wollten, einzutreten.[75] Die Bedeutung der nationalen Orientierung für die Aufnahme der Übersiedler relativieren in anderer Hinsicht auch Köhler und Hilmer. Ihre Untersuchung 1985 ergab, dass DDR-Erfahrung eine wichtige Größe darstellte. Wer regelmäßig nach drüben gereist war, zeigte ausgeprägte persönliche Hilfsbereitschaft bei vergleichsweise schwächer akzentuierten Vorbehalten. Dieser Nähe zu Ostdeutschland durch eigene Anschauung und Kontakte war der Wunsch nach Wiedervereinigung, wie die Autoren betonen, keineswegs gleichzusetzen. Er konnte auch auf ganz anderen (etwa weltpolitischen oder historischen) Erwägungen beruhen – und schlüge sich dann nicht in der gleichen Weise in Aufnahmebereitschaft nieder wie der Umstand, die DDR besucht und Menschen dort getroffen zu haben.[76]

Bis hierher wurde diskutiert, inwieweit bestimmte Aspekte der Übersiedlerrezeption mit dem nationalen Bewusstsein der Westdeutschen in Verbindung zu bringen sind. Im Folgenden geht es um einen weiteren Gesichtspunkt, den Betreffende als problematisch beschrieben: das Unverständnis, das Bundesbürger ihren Erfahrungen und ihrer Übersiedlungsentscheidung entgegenbrachten. Dieses Kopfschütteln ist laut Heidemeyer daraus zu erklären, dass das Verhältnis zur DDR sich gewandelt, innerdeutsche Abschottung und Westbindung der Bundesrepublik zu Distanzierung und »Konzentration auf sich selbst« geführt hatten. Zugleich hätten Kooperation und die staatliche Anerkennung der DDR

74 Ronge, Test, S. 34.
75 IfD, Wie willkommen, S. 7.
76 Köhler/Hilmer, Jahr danach, S. 43, 46.

deren Bild als Unrechtsregime verblassen lassen.[77] In Erfahrungsberichten formulieren einige Ostdeutsche ähnliche Beobachtungen. Als Land ohne Arbeitslosigkeit mit funktionierendem Gesundheits- und Bildungswesen sei manchem westdeutschen Gesprächspartner die DDR erschienen: War es dort wirklich so schlecht – und war der Westen so viel besser?

Infrage stehen damit zunächst die *Systemzufriedenheit* in Bezug auf die Bundesrepublik sowie das *Bild der DDR*. Was den ersten Aspekt betrifft, eruierten Meinungsforscher hohe Werte.[78] Darüber hinaus zeigten sich die Westdeutschen stark mit ihrem politischen System identifiziert.[79] Hinsichtlich der DDR fiel die Sympathiebilanz im Westen in den 1980er Jahren kontinuierlich negativ aus mit Ausnahme des Jahres 1987, als der ostdeutsche Teilstaat auf einer vorgegebenen Skala erstmals in diesem Jahrzehnt knapp einen positiven Wert erreichte. Die »Assoziation des politischen Systems« blieb aber selbst zu diesem Zeitpunkt »noch mit einem negativen Sympathiewert verbunden«.[80] Auch in der Frage, ob Bundesbürger der DDR mittlerweile Rechtsstaatsqualität zubilligten, erbrachte eine Erhebung des Instituts für Demoskopie vom Sommer 1987 ein recht klares Ergebnis. Nur elf Prozent der Probanden erkannten dem ostdeutschen Staat diese Eigenschaft zu, während 68 Prozent sie ihm explizit absprachen. Im November desselben Jahres eruierten die Allensbacher Forscher, dass Westdeutsche eine Relativierung des in der Bundesrepublik gegenüber der DDR gegebenen Grads an Freiheit mit großer Mehrheit ablehnten. Angesichts dieser Befunde lassen sich die von Übersiedlern formulierten Eindrücke nicht dahingehend interpretieren, die Westdeutschen hätten das »Bewußtsein [...] der systembedingten Überlegenheit der Bundesrepublik« eingebüßt. Auch nahm die Mehrheit der Bundesbürger die DDR bezüglich Menschenrechten, Freiheit und Rechtsstaatlichkeit weiterhin defizitär wahr.[81]

77 Heidemeyer, Schutzwall, S. 209.

78 Durchgängig gaben mind. 70 Prozent der Bundesbürger laut IPOS-Umfragen zwischen 1984 und 1989 an, mit dem politischen System und der Demokratie zufrieden zu sein (IPOS: Institut für praxisorientierte Sozialforschung, Mannheim). Werner Weidenfeld und Karl-Rudolf Korte: Die Deutschen. Profil einer Nation, Stuttgart 1991, S. 90.

79 Ebd., S. 91, 136: Die Antworten auf die Frage, worauf sie als Bundesbürger stolz seien, dokumentierten »Wirtschaftspatriotismus als Stolz auf den ökonomischen Erfolg« in Kombination mit »ausgeprägte[m] Stolz auf das Grundgesetz«.

80 Weidenfeld/Glaab, Zusammengehörigkeitsgefühl, S. 2931.

81 Gerhard Herdegen: Perspektiven und Begrenzungen. Eine Bestandsaufnahme der öffentlichen Meinung zur deutschen Frage, Teil 2: Kleine Schritte und fundamentale Fragen, DA 21 (1988) 4, S. 391–403, hier S. 392, 393 (Zitat), 395, 400. Weidenfeld/Glaab, Zusammengehörigkeitsgefühl, S. 2934, 2938–2939.

Aufschlussreich ist zudem, welche Beurteilungen im direkten *Systemvergleich* zwischen Bundesrepublik und DDR vorgenommen wurden. Eine entsprechende Erhebung führte das Institut für Demoskopie Allensbach 1987 durch. Sie zeigte, dass Bundesbürger ihren Staat »per Saldo« eindeutig überlegen einschätzten. Diese Überzeugung war in Bezug auf Warenversorgung, Meinungsfreiheit, Reisen, individuelle Entscheidungsfreiheit und Menschenrechte nahezu einhellig. Immer noch deutlich, aber weniger stark ausgeprägt war die Wahrnehmung bundesrepublikanischer Überlegenheit in puncto soziale Gerechtigkeit und Krankenversorgung.[82] Im Bereich Schule und Weiterbildung sahen die Befragten die Bundesrepublik schwächer profiliert.[83] Bei zwei Stichworten kehrten sich die Vorzeichen um. Mieten hielten 63 Prozent der Westdeutschen in der DDR für günstiger; sichere Arbeitsplätze sahen 81 Prozent dort, aber nur sechs Prozent in der Bundesrepublik gegeben.[84] Zu einem beide Seiten beurteilenden Blick aufgefordert, zeigten sich die Bundesbürger also mehrheitlich nicht geneigt, der DDR übermäßige Attraktivität zuzugestehen.[85]

Dennoch sind die Beobachtungen, die übergesiedelte Ostdeutsche machten, nicht einfach als vereinzelte Reaktionen abzutun. So stellte sich die Sicht auf DDR und Bundesrepublik je nach politischem Milieu sehr unterschiedlich dar. Von den Wählern der Grünen waren mehr als 20 Prozent der Auffassung, man könne von einer rechtsstaatlichen DDR sprechen. Der Ansicht, die beiden deutschen Staaten unterschieden sich hinsichtlich ihrer Freiheitlichkeit nicht sonderlich, stimmten bei ihnen knapp 30 Prozent zu, während diese Werte für CDU/CSU-Wähler bei zehn beziehungsweise fünf Prozent lagen. Was bezogen auf den Durchschnitt der Bevölkerung gering zu veranschlagen war, erwies sich also innerhalb des linken Spektrums keineswegs als nur marginale Haltung. Überdies

82 Herdegen, Perspektiven (Teil 2), S. 393 (Zitat), 394, 399.

83 Dass die Bundesrepublik Ostdeutschland hier übertreffe, gaben 35 Prozent von ihnen an, nach Ansicht von 15 Prozent lag die DDR vorn, keinen Unterschied bemerkten 31 Prozent. Ebd., S. 394, 399.

84 Auch die Einschätzung der Arbeitsplatzsicherheit ist laut Herdegen nicht einfach als Pluspunkt für die DDR zu lesen. Das Bewusstsein zahlreicher Nachteile im dortigen Arbeitsleben (eingeschränkte Berufs- und Arbeitsplatzwahl, schlechtere Bezahlung und Linientreue als Karrierevoraussetzung) habe den Vorteil wieder aufgehoben. Ebd., S. 393.

85 Offen bleibt allerdings, inwieweit die von Übergesiedelten monierten Äußerungen überhaupt auf einen realen Vergleich zielten. Vielleicht trafen ihre Gegenüber verbunden mit Schlagworten wie Bildung, Arbeitslosigkeit und Gesundheitswesen Aussagen, die primär *westdeutschen* Verhältnissen galten – Verhältnissen, die Mitte der 1980er Jahre akut (Wirtschaftslage) oder strukturell als krisenhaft empfunden wurden. Die DDR wäre dann lediglich eine Kontrastfolie, während man über das Leben dort wenig wusste.

hatte auch in der Gesamtbevölkerung die Eindeutigkeit des Urteils ihre Grenzen. Dass es eine »wirkliche Überlegenheit« des politischen Systems der Bundesrepublik oder der DDR nicht gebe, meinten 1987 nicht nur 62 Prozent der Grünen-Wähler, sondern auch je rund 45 Prozent der SPD- und FDP-Anhänger sowie 33 Prozent der CDU/CSU-Klientel.[86]

Herdegen erklärt dieses letzte Ergebnis mit einer mangelnden Urteilsfähigkeit in Bezug auf die ostdeutschen Gegebenheiten.[87] Damit ist eine Problematik angesprochen, die Übergesiedelte als gravierend empfanden. Sie konstatierten seitens der Bundesbürger ein fundamentales *Nichtwissen* hinsichtlich der politischen Strukturen ebenso wie der Lebensverhältnisse in der DDR, mit dem sie sich das verbreitete Unverständnis erklärten.[88] Auch zu der Frage, woher diese Uninformiertheit rührte, stellten die Betreffenden Überlegungen an. Stefan Otto, der sich nach seiner Ausreise in linken Kreisen West-Berlins bewegte, meinte, dass man dort über die Situation in Ostdeutschland schlicht nichts wissen *wollte*. Vorherrschend seien »Desinteresse am Leben in der DDR«, auch eine »vollständige Kritikabstinenz« gegenüber dem SED-Staat, die Otto den ideologischen Gräben in der Bundesrepublik geschuldet sah.[89] Ein 1984 ausgereister Arzt meinte, der »andere Teil Deutschlands« sei, was Menschenrechte und Selbstbestimmung angehe, »schon völlig vergessen«. Soweit es Engagement gab, richtete es sich nach Eindruck dieser Übergesiedelten jedenfalls nicht auf ostdeutsche Verhältnisse: Die DDR war aus dem Blick gerückt und von der Agenda verschwunden.[90] Was das festgestellte Desinteresse angeht, decken sich die Beobachtungen

86 Herdegen, Perspektiven (Teil 2), S. 392, 395 (Zitat), 400.

87 Herdegen, Perspektiven (Teil 2), S. 395. Ein Beispiel hierfür boten Antworten Bundesdeutscher auf die Frage, ob es ihrer Ansicht nach einen Unterschied zwischen Bundestagsabg. und Volkskammerabg. der DDR gebe; einen solchen erkannte nur die Hälfte der Probanden, 10 Prozent sahen keinen, während 40 Prozent gänzlich ratlos blieben (»weiß nicht«). Ebd., S. 401.

88 »Unkenntnis über die Lage der Menschen im anderen Teil Deutschlands, Ahnungslosigkeit, welcher Verbrechen das Regime fähig ist«, beobachtete der oben erwähnte freigekaufte Redakteur. Meine Chance, in: Gerig, Wir von drüben, S. 105. »Viele Leute hier sind völlig uninformiert über das Leben in der DDR. Wenn man politische Verfolgung oder gar die Haftbedingungen ins Gespräch bringt, halten die einen für verrückt«, fasste der übergesiedelte Kabarettist seine Eindrücke zusammen. Wer nicht »links« denkt, in: ebd., S. 197.

89 Nicht »Wasser auf die Mühlen gewisser Kreise zu schütten«, bekam Otto ebenso wie Jürgen Fuchs und andere ostdeutsche Dissidenten zu hören. Otto, Deutschland, in: Finn/Julius, Von Deutschland, S. 73.

90 Meine Patienten, in: Gerig, Wir von drüben, S. 181. »Die denken lieber an Teneriffa. Erregen sich über irgendwas anderes: San Salvador, Afghanistan, Hauptsache weit weg«, hielt

der Gewanderten mit Erkenntnissen der Meinungsforschung und bestärken diese. So erhob Infratest, dass Westdeutsche in den 1970er und 1980er Jahren »eher geringes Interesse« an der Entwicklung in der DDR zeigten. Dass »andere Themen als politisch wichtiger empfunden wurden«, lautet nach Weidenfeld eine Schlussfolgerung aus diesen Ergebnissen.[91]

Von Westdeutschen diskriminiert worden zu sein, beschrieb mit gut elf Prozent ein beachtlicher, aber nicht sehr großer Teil der in die Bundesrepublik übergesiedelten Ostdeutschen. Diese Beobachtung unterfüttert die von der Forschung konstatierte weithin erfolgreiche Integration der DDR-Zuwanderer in die westdeutsche Gesellschaft. Ihrer Einbindung im Sinne einer Vergemeinschaftung standen bei der Aufnahme durch die Ankunftsgesellschaft keine wesentlichen Hürden entgegen.[92] Explizite Ausgrenzungen als Nichtzugehörige (Ausländer) kamen selten vor. So ist im Kern Michael Kubinas Feststellung zuzustimmen, dass »die Zuwanderer aus der DDR [...] im Verständnis der bundesdeutschen Öffentlichkeit und Politik Deutsche [waren], die von einem Teil des Landes in den anderen umzogen«.[93] Demoskopische Erhebungen zur nationalen Zusammengehörigkeit der Deutschen in den 1980er Jahren konterkarierten diesen Befund nicht. Deutlich wurde jedoch, dass die Bedeutung des nationalen Arguments bei der Aufnahme ostdeutscher Übersiedler zu relativieren ist. Der Umstand, dass sie als Deutsche kamen, garantierte weder ein allseits freundliches

der oben zitierte Kunsthistoriker fest. Schlagsahne auf dem Kuchen, in: Ahrends, Mein Leben, S. 87. Manche legten dies als Zurücksetzung aus und reagierten resignierend. »Ich habe hier gelernt, daß nichts, aber auch gar nichts von dem, was in der DDR geschieht, in irgendeiner Weise für die übrige Welt von Bedeutung ist«, lautete das bittere Fazit des Arztes Peter Wunderlich (Pseudonym). Spontan das Gefühl, in: ebd., S. 133.

91 Weidenfeld/Glaab, Zusammengehörigkeitsgefühl, S. 2918 (Zitate), 2923.

92 Erfolgreiche Integration konstatieren Kubina, Recht auf Freizügigkeit, S. 87, und Gehrmann in Schumann, Private Wege, S. 187; Gehrmann arbeitet mit dem Begriff Assimilation und hebt auf die Dimensionen Fehlen von Vorurteilen und Fehlen von Diskriminierung ab. Die demgegenüber von Volker Ronge vertretene These, dass es zwischen DDR-Übersiedlern und eingesessenen Bundesbürgern Kontaktschwierigkeiten gab und bei Ersteren Tendenzen sozialer Isolation zu konstatieren seien, hält Gehrmann für nicht ausreichend belegt, vgl. ebd., S. 186. Zu Ronges These siehe Kristina Pratsch und Volker Ronge: Ganz normale Bundesbürger? Zur Integration von DDR-Übersiedlern nach fünf Jahren im Westen, DA 22 (1989) 8, S. 904–912, hier S. 910–912; Ronge, Einheit erst der Anfang, S. 38–43, 45–46. Dabei geht auch Ronge davon aus, dass DDR-Zuwanderer »schlicht als Deutsche« (S. 45) angesehen wurden; die von ihm beobachtete Problematik sozialer Kontakte erwuchs seiner Ansicht nach aus unterschiedlichen Sozialisationsmustern, insbesondere verschiedenen Wertorientierungen in Ost und West.

93 Kubina, Recht auf Freizügigkeit, S. 86.

Willkommen noch Aufmerksamkeit und Anteilnahme. Außerdem zeigten sich auch und gerade jene aufnahmebereit, die nicht national, sondern humanitär argumentierten (Jugendliche/Grünen-Wähler).

Den Eindruck mancher Übergesiedelter, dass fehlender Nachvollzug ihrer Erfahrungen und Entscheidungen seitens Westdeutscher aus einem zu positiven DDR-Bild erwuchs, bekräftigen zeitgenössische Meinungsumfragen nicht. Erkennbar wurde aber in Beobachtungen von Gewanderten wie von Demoskopen eine Ferne zur DDR: Der Bezug zum anderen Teil Deutschlands und damit ein Verständnis für die Verhältnisse drüben scheint in den 1980er Jahren vielen Bundesbürgern tatsächlich weitgehend abhandengekommen zu sein. In dieser Hinsicht bestätigt sich Heidemeyers These einer »Westorientierung und Konzentration auf sich selbst«.[94] Für Vertreter des linken Spektrums wäre nach weiteren, das politisch-weltanschauliche Koordinatensystem prägenden Faktoren zu fragen, die eine Beschäftigung mit DDR-Realitäten ins Hintertreffen geraten ließen. *Ein* solcher Faktor könnte die sogenannte Dritte-Welt-Bewegung gewesen sein, in deren Fokus in den 1980er Jahren zunehmend Lateinamerika und das südliche Afrika rückten. »Die Aktionen der Dritte-Welt-Komitees«, beobachtet Jürgen Dinkel,

> waren [...] anschlussfähig für Kapitalismuskritiker und Globalisierungsgegner sowie für Friedensaktivisten, die mit Beginn des »Zweiten Kalten Kriegs« Anfang der 1980er Jahre in der bündnisfreien Außenpolitik zahlreicher Dritte-Welt-Länder erneut einen Ausweg aus der Blockkonfrontation sahen.[95]

4. Das Eingliederungsinstrumentarium

Die vermehrten Ausreisen Anfang 1984 ließen Politiker das Thema DDR-Zuwanderer auf die Agenda setzen. Dabei ging es nicht allein darum, inwieweit bestehende Abläufe eventuell angepasst werden mussten, um den ungewohnten Umfang des Zuzugs zu meistern.[96] Diskutiert wurde außerdem, wie eine Klien-

---

94 Heidemeyer, Schutzwall, S. 109.

95 Jürgen Dinkel: »Dritte Welt« – Begriffe und Semantiken, Version: 1.0, in: Docupedia-Zeitgeschichte, 6.10.2014 (http://docupedia.de/zg/dinkel_dritte_welt_v1_de_2014) (16.6.2020).

96 Angesichts des verstärkten Zuzugs von DDR-Übersiedlern im Febr./März 1984 wurde

tel, mit der man in dieser Struktur seit dem Mauerbau kaum mehr konfrontiert gewesen war, nach derzeitiger Lage versorgt werden konnte. Wo stand man mit der Eingliederung? Neben den grundlegenden gesetzlichen Regelungen zu diesem Komplex, die bis Mitte der 1960er Jahre ausgestaltet worden waren, hatten sich seitdem weitere Möglichkeiten einer Unterstützung ergeben: So profitierten DDR-Zuwanderer seit 1969 – ohne Unterschied zu den übrigen Bundesbürgern – vom Arbeitsförderungsgesetz der sozialliberalen Koalition wie auch von anderen Gesetzen der reformorientierten Sozial- und Bildungspolitik (so dem Bundesausbildungsförderungsgesetz).[97] Für die Gewährung der zahlreichen Leistungen »anlässlich des Aufenthalts [...] in den Aufnahmestellen« (Überbrückungshilfe, Taschengeld, Beratung, Verpflegung usw.) sowie »nach Eintreffen im Aufnahmeland« (Unterbringung, Einrichtungsdarlehen etc.) spielte die im Bundesvertriebenengesetz definierte Sowjetzonenflüchtling-Eigenschaft keine Rolle mehr; lediglich einige Steuererleichterungen oder etwa die Bevorzugung bei der Vergabe öffentlicher Aufträge waren noch daran gebunden.[98]

Gleichwohl formulierten Bundes- und Landespolitiker hinsichtlich Instrumentarium und Praxis der Eingliederung ostdeutscher Zuwanderer gegenüber der Exekutive Handlungsbedarf. In einer Kleinen Anfrage vom 13. April 1984 signalisierten 50 Bundestagsabgeordnete der SPD, dass sie eine »Überprüfung der Wirksamkeit« existierender Hilfen und deren Weiterentwicklung für unabdingbar hielten. Am 3. Mai 1984 nutzte der CDU-Abgeordnete und Vorsitzende des innerdeutschen Ausschusses Gerhard Reddemann eine Plenarsitzung des Bundestags, um einen Katalog notwendiger Nachbesserungen aufzustellen. Sein Hauptaugenmerk galt Maßnahmen, die sicherstellten, dass sich den Übersiedlern bezüglich ihrer (Aus-)Bildungswege und ihrer Berufskarrieren im Westen möglichst geradlinige Anschlussmöglichkeiten boten. In diesem Sinne Chancengleichheit mit Altbundesbürgern herzustellen, war neben Wohnraumbeschaffung

---

kurzzeitig ein vorläufiges, verkürztes Aufnahmeverfahren eingeführt, bei dem die Antragsteller lediglich eine vorläufige Aufnahmebescheinigung und Begrüßungsgeld erhielten. Antwort der Bundesregierung auf die Kleine Anfrage von Schmude, DRS 10/2412, 23.11.1984, S. 3.

97 Haberland, Eingliederung, S. 1198–1199, 1203. Joon-Young Hur: Die Integration ostdeutscher Flüchtlinge in der Bundesrepublik Deutschland durch Beruf und Qualifikation, Frankfurt am Main 2011, S. 75, 50.

98 Der Bundesminister des Innern, Bestandsaufnahme Eingliederungshilfen, S. 13 (Zitat), 15–16, 18–20, 36 (Zitat), 41, 44–45; Der Bundesminister des Innern, betrifft: Eingliederung, S. 87; Haberland, Eingliederung, S. 1196, 1198, 1204.

auch ein wichtiger Punkt der SPD-Anfrage gewesen.[99] Ein gemeinsamer Antrag der CDU/CSU-, SPD- und FDP-Bundestagsfraktionen, der auf der erwähnten Bundestagssitzung debattiert und angenommen wurde, forderte demgegenüber allgemeiner Unterstützung und Solidarität westdeutscher Behörden, Institutionen und gesellschaftlicher Gruppen für die Neubürger ein.[100]

Was Debatten und Initiativen in Bezug auf die Übersiedler in West-Berlin angeht, lassen sich drei Schwerpunkte ausmachen. Zum einen ging es darum, wie man die Ankömmlinge möglichst wirksam an die Stadt binden könnte. Entsprechend forderte das Abgeordnetenhaus im Juni 1984 auf Antrag der SPD-Fraktion den Senat auf, alle dafür erforderlichen Maßnahmen zu treffen und über diese Anstrengungen bis Mitte August zu berichten.[101] Zum Zweiten wurde von verschiedener Seite der Umgang Berliner Behörden, insbesondere der Sozialämter, mit den Zuwanderern problematisiert.[102] Drittens schließlich rückte die Frage ihrer bildungsbezogenen und beruflichen Eingliederung in den Fokus als eine Aufgabe, die es gemeinsam mit den anderen Ländern und dem Bund zu lösen galt.

Diese letzte Akzentsetzung ging auf Hanna-Renate Laurien (CDU) zurück. Die West-Berliner Schulsenatorin wandte sich am 2. Mai 1984 mit einem Rund-

---

99 Kleine Anfrage der Abg. Büchler (Hof) [u. a.]: Hilfen für Übersiedler aus der DDR, BT – DRS 10/1312, 13.4.1984, S. 1 (Zitat); BT – PLPR 10/69, 3.5.1984, S. 4938 (A)–4939 (D). Zurückhaltender erkundigten sich CDU/CSU- und FDP-Bundestagsabg. im Okt. nach empirischen Befunden vornehmlich zur Arbeits- und Wohnungsvermittlung, verbunden mit der vorsichtigen Frage, ob »die Bundesregierung schon jetzt die Notwendigkeit [sehe], den Katalog der Eingliederungsmaßnahmen zu überprüfen«. Kleine Anfrage der Abg. von Schmude [u. a.]. Berufliche und soziale Eingliederung von Deutschen aus der DDR, BT – DRS 10/2101, 10.10.1984, S. 2 (Zitat).

100 Übersiedlung von Deutschen aus der DDR und Berlin (Ost) in die Bundesrepublik Deutschland. Antrag der Fraktionen der CDU/CSU, SPD und FDP, BT – DRS 10/1321, 13.4.1984. Beratung und Beschlussfassung: BT – PLPR 10/69, 3.5.1984, S. 4937 (D)–4943 (D).

101 Antrag der Fraktion der SPD über Lage der DDR-Zuwanderer in Berlin (West), AH Berlin – DRS 9/1734, 11.5.1984; Mitteilung Nr. 734 des Senats von Berlin über die Lage der DDR-Zuwanderer in Berlin (West), AH Berlin – DRS 9/2442, 14.2.1985, S. 22–24 (dort S. 22 Beschluss des Abgeordnetenhauses vom 28.6.1984 mit Aufforderung an den Senat).

102 Vgl. z. B. Klaus Lehmann (Berliner Senatskanzlei): Vermerk betr. Gespräch von Herrn RBm mit der Gilde im Jugenddorf Berlin am 30. April 1984, LAB, B Rep. 002, Nr. 17683; Ehemalige DDR-Bürger klagen über die Bürokratie, Der Tagesspiegel, 19.5.1984; Erich Pätzold (AH Berlin): Brief an Eberhard Diepgen, 5.7.1984, LAB, B Rep. 002, Nr. 17685; Pätzold thematisierte Probleme, die »in den letzten Wochen aus der DDR und Ost-Berlin« Ausgereiste mit hiesigen Behörden hatten.

schreiben an die Kultusminister und -senatoren der Länder, in dem sie Berliner Erfahrungen und solche der Otto Benecke Stiftung bündelte.[103] Laurien sprach unter anderem Probleme von 11./12.-Klässlern wegen mangelnder Fremdsprachenkenntnisse und Schwierigkeiten von Geisteswissenschaftlern an, die ein Aufbau- oder Ergänzungsstudium benötigten. Hier schlug sie als Lösung eine Neuauflage des sogenannten Akademikerprogramms vor, das 1982 aus Kostengründen eingestellt worden war. Dafür war der Bund verantwortlich, während die übrigen Fragen nach Auffassung Lauriens von der Kultusministerkonferenz behandelt werden sollten.[104] Weitere Anstöße von Seiten der Länder bündelte die Arbeits- und Sozialministerkonferenz (ASMK) auf ihrer Sitzung vom 5. bis 7. September 1984. Sie billigte eine Vorlage, die die Arbeitsgemeinschaft der Landesflüchtlingsverwaltungen ab Mitte Juni auf Anregung der Ministerpräsidentenkonferenz ausgearbeitet hatte. Auf dieser Grundlage einigte sich die ASMK, die Bundesregierung zu bitten, »in Zusammenarbeit mit den Ländern das vorhandene Eingliederungskonzept für Aussiedler und Zuwanderer [...] mittels einer Bestandsaufnahme und Bedarfsanalyse mit Verbesserungsvorschlägen zu überprüfen.« Darüber hinaus schlug die Konferenz verschiedene Sofortmaßnahmen vor.[105] Dieses Votum machten sich im Februar 1985 wiederum die Ministerpräsidenten der Länder zu eigen.[106]

Wie sich die Bedingungen der Förderung von DDR-Übersiedlern in dem Augenblick darstellten, als die Zuzüge gerade anstiegen, hatte Bundesinnenminister Friedrich Zimmermann Anfang Mai 1984 in einem Überblicksbericht dargelegt. Er erläuterte als Basis der Eingliederung die Gesetze, die im Zuge der Aufnahme

103 Hanna-Renate Laurien (Senatorin für Schulwesen, Jugend und Sport): Rundschreiben an die Kultusminister der Länder, 2.5.1984, LAB, B Rep. 002, Nr. 17683.

104 Friedrich Zimmermann: Solidarität und Hilfe für deutsche Aussiedler und Flüchtlinge, Bulletin des Presse- und Informationsamtes der Bundesregierung Nr. 144, 25.11.1986, S. 1207.

105 Wilfried Hasselmann (Der niedersächsische Minister für Bundesangelegenheiten): Brief an Hans Koschnik (Ministerpräsidentenkonferenz), 10.12.1984. ASMK: [Beschluss betr. Eingliederungshilfen für Zuwanderer und Aussiedler], 5.–7.9.1984 (Zitat), beide LAB, B Rep. 002, Nr. 17685. Beispielsweise forderte die Konferenz, die Zeitspanne, in der die Schul- und Berufsausbildung Übergesiedelter aus Bundesmitteln bezuschusst werden konnte, auszuweiten.

106 Klaus Lehmann (Berliner Senatskanzlei): Zur Besprechung des Chefs der Staats- und Senatskanzleien am 15. Februar 1985 in Bonn, 8.2.1985, LAB, B Rep. 002, Nr. 17686. Der Beschluss wurde am 1.3. der Bundesregierung übermittelt. Vgl. auch Haberland, Eingliederung (Textsammlung), S. 25.

Vertriebener und Flüchtlinge der Nachkriegszeit auch für ostdeutsche Zuwanderer entwickelt und in ihren Grundzügen beibehalten worden waren. Weitere Unterstützungsmöglichkeiten ergaben sich unter anderem aus Programmen im Bildungsbereich, die seit Ende der 1970er Jahre vornehmlich mit Blick auf Aussiedler aufgelegt worden waren.[107] Dazu hatte auch das Akademikerprogramm gehört, dessen Wiederaufnahme das Bundeskabinett, wie von Laurien angeregt, am 1. Juni 1984 beschloss. Mitte Juni nahm sich die Kultusministerkonferenz der Probleme an, die für aus der DDR herübergewechselte Schülerinnen und Schüler umrissen worden waren.[108]

In West-Berlin hatte der Regierende Bürgermeister Eberhard Diepgen bereits Ende März 1984 auf einer Senatssitzung seine Haltung und Strategie deutlich gemacht. Er wollte sich bemühen, möglichst viele der Übergesiedelten in der Stadt zu halten. Insofern lief das Abgeordnetenhaus mit seinem gleichgerichteten Vorstoß vom Sommer offene Türen ein.[109] Um dieses Ziel zu erreichen, setzte Diepgen darauf, die Vermittlung von Wohnungen und Arbeitsplätzen reibungslos und effizient zu gestalten. Zudem forderte er eingesessene Berliner Mitte April dazu auf, Patenschaften für DDR-Zuwanderer zu übernehmen.[110] Die an Diepgen herangetragenen und von der Presse aufgegriffenen Behördenprobleme der Zuzügler wurden an die Bezirksstadträte für Sozialwesen weitergegeben. Sie sollten bei den zuständigen Mitarbeitern der Bezirksämter für Übereinstimmung sorgen, »daß dieser Personenkreis besonderer Förderung und entsprechender materieller Hilfen im Rahmen der sozialhilferechtlichen Vorschriften bedarf«. »Demokratischen Klemmpunkten« auf den Grund zu gehen, war auch die Auf-

107 Haberland, Eingliederung (Textsammlung), S. 24–25.

108 Antwort der Bundesregierung auf die Kleine Anfrage von Schmude, BT – DRS 10/2412, 23.11.1984, S. 9. Das Akademikerprogramm trat am 1.10.1985 in Kraft, vgl. Haberland, Eingliederung (Textsammlung), S. 58, 323–327. Plenarsitzung der Ständigen Konferenz der Kultusminister und -senatoren der Länder in der Bundesrepublik Deutschland vom 14./15. Juni in Saarbrücken. Pressemitteilung, 16.6.1984, LAB, B Rep. 002, Nr. 17684. Im Anschluss wurde der Schulausschuss beauftragt, sich mit der Integration von DDR-Zuwanderern im Bildungsbereich zu befassen und Lösungen zu entwickeln, siehe die in dieser FN zitierte Antwort der Bundesregierung auf die Kleine Anfrage von Schmude, S. 8.

109 Kuba (Berliner Senatskanzlei): Schreiben betr. Unterbringung von Zuwanderern aus der DDR – 7. Senatssitzung vom 20. März 1984, 21.3.1984, LAB, B Rep. 002, Nr. 17683.

110 Weicken (Landesarbeitsamt Berlin): Rundverfügung Nr. 33/84: Betreuung von Übersiedlern aus der DDR und Berlin (Ost), 19.4.1984, LAB, B Rep. 002, Nr. 17684; Aussiedler. Diepgen, Patenschaften für Umsiedler, lbn, 17.4.1984, LAB, B Rep. 002, Nr. 17683.

Kaffeetafel für Paten von DDR-Übersiedlern im Reichstagsgebäude mit dem Regierenden Bürgermeister Eberhard Diepgen (vorn rechts), West-Berlin, 25. Juni 1984.

gabe einer Arbeitsgruppe, die sich ab August unter Leitung des persönlichen Referenten des Sozialsenators konstituierte.[111]

Im Herbst 1984 zeigte sich der Senat mit seinen Bemühungen zufrieden. Die »vielfältigen Sondermaßnahmen« hätten sich »als außerordentlich hilfreich« erwiesen; die Berliner Wirtschaft habe »ein lebhaftes Interesse an den neuen Arbeitskräften gezeigt«. In Zahlen ausgedrückt hieß dies, dass die Arbeitsämter nach Stand vom August 1984 rund 3000 Übersiedler hatten vermitteln können; etwa

111 Klein (Senatsverwaltung für Gesundheit und Soziales): Schreiben an den RBm betr. Beschwerde der Gilde im Jugenddorf Berlin über Probleme von DDR-Zuwanderern mit den Sozialämtern, 19.6.1984, LAB, B Rep. 002, Nr. 17683 (Zitat). Klaus Lehmann (Berliner Senatskanzlei): Vermerk betr. Probleme von DDR-Zuwanderern mit bezirklichen Sozialämtern, 30.7.1984, LAB, B Rep. 002, Nr. 17685. Ehemalige DDR-Bürger klagen über Bürokratie, Der Tagesspiegel, 19.5.1984. Erleichterte Eingliederung von DDR-Übersiedlern, Landespressedienst Berlin Nr. 176, 10.9.1984, LAB, B Rep. 002, Nr. 17685.

1200 waren im Juli noch arbeitslos gemeldet.[112] Gleichwohl waren aus Sicht der Gewanderten keineswegs alle Schwierigkeiten abgestellt. Mitte Juni 1985 gründeten 30 Betroffene unter Vorsitz Siegfried Driemerts den Verband ehemaliger DDR-Bürger e. V.; neben der sozialen Betreuung insbesondere Alleinstehender blieb Ärger mit der Bürokratie für den Verein ein wichtiges Thema.[113] Auf Bundesebene nahm der innerdeutsche Ausschuss solche Erfahrungen Herübergewechselter in Verbindung mit Problemdiagnosen betreuender Institutionen und Verbände im Spätherbst 1985 zum Anlass für einen erneuten Anlauf zu »Verbesserungen« bei der Eingliederung. Die Ergebnisse zweier entsprechender Anhörungen wurden zunächst intern ausgewertet; anschließend griff ein fraktionsübergreifender Antrag der CDU/CSU, SPD und FDP im Bundestag wesentliche Anregungen auf. Als ein Anliegen trugen die Parteien vor, Übersiedler und Aussiedler gleich zu behandeln, indem man die Hilfen für beide Gruppen vereinheitlichte.[114]

Was die Bereiche Arbeit und Bildung anging, konstatierte der Antrag einige Fortschritte, während eine Reihe von Einzelpunkten nach wie vor korrekturbedürftig schien. Positiv für DDR-Zuwanderer war das Sechste Änderungsgesetz zum Bundesvertriebenengesetz vom 2. Dezember 1985. War ein Betreffender in der DDR aus politischen Gründen inhaftiert »oder an der Ausübung einer Beschäftigung gehindert« worden, wurde dies »Zeiten einer die Beitragspflicht nach dem Arbeitsförderungsgesetz begründenden Beschäftigung« gleichge-

112 Ebd. (Zitat); Häusler (Berliner Senatskanzlei): Vermerk zur Senatssitzung am 28.8.1984 – TOP 31 – Betr. Bericht über die Lage der DDR-Zuwanderer in Berlin (West), 22.8.1984 (Zitat); Senat/Aussiedler. 1984 doppelt so viele DDR-Aussiedler in Berlin wie im Vorjahr, lbn, Aug. 1984, die beiden letztgenannten LAB, B Rep. 002, Nr. 17685.

113 Übersiedler-Verband, Berliner Morgenpost, 16.6.1985; Lutz-Peter Naumann: Übersiedler aus der »DDR« gründen Selbsthilfe-Verband, Berliner Morgenpost, 19.6.1985.

114 BT – Ausschuss für innerdt. Bez.: PR Nr. 41, WP 10, 12.6.1985 (Anhörung zur »Situation der Übersiedler aus der DDR«: Vereine und Verbände). BT – Ausschuss für innerdt. Bez.: PR Nr. 44, WP 10, 11.9.1985 (Nichtöffentl. Anhörung zur »Situation der Übersiedler aus der DDR«: Betroffene), beide ParlA, 3105, F 44. BT – Ausschuss für innerdt. Bez.: PR Nr. 49, WP 10, 11.9.1985, 13.11.1985 (Auswertung der nichtöffentl. Anhörung). BT – Ausschuss für innerdt. Bez.: PR Nr. 50, WP 10, 4.12.1985 (Forts. Auswertung der Anhörungen vom 12.6. und 11.9.), beide ParlA, 3105, F 45. Antrag der Fraktionen der CDU/CSU, SPD und FDP. Eingliederung der Übersiedler aus der DDR in die Bundesrepublik Deutschland, BT – DRS 10/5657, 13.6.1986, S. 1 (Zitat), 2 (Gleichstellung Aus- und Übersiedler). Kurz zu diesem Antrag und seinen Begleitumständen Karl Heinz Schäfer: Die Flüchtlinge und Übersiedler aus der DDR und aus Osteuropa sowie Ost-Mitteleuropa in der Bundesrepublik Deutschland, AWR-Bulletin: Vierteljahresschrift für Flüchtlingsfragen 25 (1987) 2, S. 86–96, hier S. 95.

stellt. Auf dieser Grundlage konnten Ungerechtigkeiten bei der Bemessung von Arbeitslosengeld oder -hilfe in der Bundesrepublik vermieden werden.[115] Noch zu entwickeln seien dagegen Kriterien, um die »berufliche Verwertbarkeit von akademischen Abschlüssen aus der DDR« zu bestimmen. Außerdem gelte es, Defizite durch »geeignete Maßnahmen« zu überwinden. Hilfestellungen, zu denen sich die Bildungsverwaltungen der Länder im Sinne eines »möglichst reibungslosen Übergangs« für Schüler und (zukünftig) Studierende bereit erklärt hatten, seien erfolgreich gewesen. In einigen Details allerdings, etwa bei der Finanzierung von Nachhilfeunterricht, sahen die Parteien die Fördermöglichkeiten als ausbaufähig an. Ihr Antrag, der insgesamt auch eine bessere Information der Neubürger über Unterstützungsangebote einforderte, wurde am 16. Oktober 1986 vom Bundestag angenommen.[116]

Auf diese Entschließung nahm der Bundesinnenminister in Teilen Bezug, als er Ende März 1988 eine umfassende »Bestandsaufnahme der Eingliederungshilfen von Bund und Ländern [...] mit einer Analyse des Bedarfs« vorlegte.[117] In erster Linie jedoch reagierte seine Studie auf die Bitte zur Überprüfung dieses Instrumentariums, welche die Ministerpräsidenten im Februar 1985 an die Bundesregierung herangetragen hatten. Hervorgegangen aus einem fortgesetzten Austausch mit den Ländern, resümierte der Bericht, inwieweit Verbesserungen seitdem umgesetzt und wo weiterhin Schwierigkeiten zu lokalisieren waren. Anders als die skizzierten Initiativen des innerdeutschen Ausschusses, die in Bundestagsbeschlüsse übersetzt wurden, hatten die von den Ländergremien und -regierungen getragenen Vorschläge von vornherein stark auch die Situation der Aussiedler/-innen einbezogen.[118] Diese Blickrichtung hatte in der Zwischenzeit

115 Sechstes Gesetz zur Änderung des Bundesvertriebenengesetzes (6. ÄndG BVFG) vom 2. Dezember 1985, Bundesgesetzblatt Teil I, 12.12.1985, Nr. 58, S. 2138–2139. BT: Beschlussempfehlung und Bericht des Innenausschusses (4. Ausschuss) zu dem von den Fraktionen der CDU/CSU, SPD und FDP eingebrachten Entwurf eines Sechsten Gesetzes zur Änderung des Bundesvertriebenengesetzes (6. ÄndG BVFG) – DRS 10/3407, BT – DRS 10/3859, 20.9.1985, S. 1 (Zitate).

116 Antrag der Fraktionen der CDU/CSU, SPD und FDP. Eingliederung der Übersiedler aus der DDR in die Bundesrepublik Deutschland, BT – DRS 10/5657, 13.6.1986, S. 4 (Zitate). BT – PLPR 10/238, 16.10.1986, Beratung und Beschluss S. 18 442 (D)–18 449 (C).

117 Der Bundesminister des Innern, Bestandsaufnahme Eingliederungshilfen. Explizit nahm der Bericht im Zusammenhang der Erhöhung der Überbrückungshilfe auf die Entschließung des BT vom 16.10.1986 Bezug, sonst zum Teil »in der Sache«, vgl. ebd., S. 14, 10 (Zitat FN).

118 Ebd., S. 11, 7–9.

noch einmal deutlich an Relevanz gewonnen: 1987 hatte der Zuzug von Aussiedlern nach Deutschland mit rund 78 500 gegenüber knapp 43 000 im Vorjahr eine über 80-prozentige Steigerung erfahren; im ersten Jahresviertel 1988 setzte sich dieser Trend verstärkt fort.[119]

Vor diesem Hintergrund formulierte die Bestandsaufnahme des Innenministers Probleme und Perspektiven vornehmlich von dieser Gruppe ausgehend. Die vorzunehmende Neujustierung von Hilfen stellte sich insofern als Fortschreibung des Programms zur Eingliederung von Aussiedlern und Zuwanderern dar, das im Mai 1976 von der Bundesregierung ebenfalls hauptsächlich in Bezug auf Erstere beschlossen worden war. Handicaps, die bereits damals Anlass zu handeln geboten hatten, zeigten sich nach Darstellung des Innenministers 1988 verschärft: so vor allem mangelnde Deutschkenntnisse, Schwierigkeiten, sie am Arbeitsmarkt zu vermitteln, sowie ihr Unvertrautsein mit der politischen, wirtschaftlichen und sozialen Ordnung der Bundesrepublik.[120] Zuwanderer aus der DDR wurden dieser Analyse, abgesehen von der Sprachproblematik, weitgehend subsumiert. Da man auch in ihrem Fall von gewachsenen Abständen und Differenzen zwischen Herkunfts- und Ankunftsgesellschaft ausging, galt es den Förderungs- und Beratungsbedarf für beide Gruppen neu auszuloten. In diesem Zusammenhang sah der Innenminister die Praxis der Anerkennung von Schul-, Hochschul- und Berufsabschlüssen grundsätzlich nicht als Problem, auch wenn er im Einzelnen Regulierungsbedarf zugestand. Als wichtiger hob er Maßnahmen hervor, die Übergänge zwischen den unterschiedlichen Bildungssystemen sowie eine »Angleichung der beruflichen Kenntnisse« und damit nicht nur formale Gleichstellung ermöglichten – ergänzt durch Anreize für hiesige Arbeitgeber.[121]

Neben diesem bildungs- und berufsbezogenen Kontext erwähnte Zimmermann die Ungleichbehandlung von DDR-Zuwanderern und Aussiedlern, die verschiedentlich moniert worden war. Einige Leistungen waren für die Erstgenannten gar nicht vorgesehen; für den Erhalt anderer mussten sie ihre Flücht-

119 Ebd., S. 3. Zur zahlenmäßigen Entwicklung des Aussiedlerzuzugs in der zweiten Hälfte der 1980er Jahre gegenüber den 1970er Jahren siehe Jannis Panagiotidis: Staat, Zivilgesellschaft und Aussiedlermigration 1950–1989, in: Oltmer, Handbuch Staat und Migration, S. 895–929, hier S. 895, 925–926.

120 Der Bundesminister des Innern, Bestandsaufnahme Eingliederungshilfen, S. 1, 7–8. Zu dem Programm von 1976 vgl. Haberland, Eingliederung (Textsammlung), S. 24–25 (mit weiteren Literaturhinweisen).

121 Der Bundesminister des Innern, Bestandsaufnahme Eingliederungshilfen, S. 69 (Zitat), 70–79.

lingseigenschaft nach Paragraf 3 Bundesvertriebenengesetz, also politische Verfolgung nachweisen, wodurch die Gruppe der Begünstigten – anders als bei Aussiedlern – stark eingeschränkt wurde. Die Bundesregierung stellte hier keine Veränderungen in Aussicht, soweit begründet aus Kostenerwägungen. Darüber hinaus bewertete sie die Benachteiligung der Übersiedler offenbar nicht als so gravierend, dass sie ihre Eingliederung ernsthaft beeinträchtigte. Wiederum für beide Gruppen, jedoch explizit für Aussiedler, unterstrich Zimmermann, dass mehr und intensivere Beratung, Betreuung und Sozialarbeit notwendig wären.[122] Tatsächlich wurde dies zu einem Bestandteil des Sonderprogramms der Bundesregierung zur Eingliederung der Aussiedler, welches das Kabinett am 31. August 1988 billigte. DDR-Zuwanderer waren hier nicht mehr eigens benannt, konnten aber ebenfalls profitieren: von der Anhebung der Zuwendungen an Vereine und Verbände, die den Gewanderten bei der Bewältigung familiärer, sozialer und sonstiger Alltagsprobleme in einer fremden Gesellschaft zur Seite standen; vom Anstieg der Zuschüsse für sämtliche Programme und Maßnahmen, die darauf zielten, die (Aus-)Bildungs- und Berufswege der Zugezogenen anschlussfähig an das hiesige Bildungssystem und den Arbeitsmarkt zu machen; und nicht zuletzt von den finanziellen Mitteln, die nun forciert für die Versorgung der Betreffenden mit Wohnraum zur Verfügung gestellt werden sollten.[123]

In West-Berlin stellten DDR-Übersiedler von 1984 bis 1987 mit rund 5000 Menschen pro Jahr gegenüber Aussiedlern zwar die zahlenmäßig stärkere Grup-

122 Eine Ungleichheit bestand darin, dass Aussiedlern ihre Umzugskosten erstattet wurden, während DDR-Übersiedler diese selbst tragen mussten, siehe ebd., S. 36. Diese Belastung war ab 1984 mehrmals auch öffentlich thematisiert worden, vgl. z. B. Rein zufällig. DDR-Übersiedler müssen für den Transport ihrer Habe oft üppige Preise zahlen, Der Spiegel Nr. 50, 10.12.1984, S. 84–85. Zimmermann blieb bei seiner damals formulierten Linie, dass ostdeutsche Zuwanderer Umzugskosten mithilfe der ihnen zustehenden Einrichtungsdarlehen bestreiten sollten, vgl. Der Bundesminister des Innern: Schnellbrief betr. Gewährung von zinsverbilligten Einrichtungsdarlehen an Zuwanderer aus der DDR und Berlin (Ost) – Richtlinien des Bundesinnenministers von 1976 –, hier: Bestreitung von Umzugskosten, 17.5.1984, LAB, B Rep. 002, Nr. 17684. Siehe dazu auch Haberland, Eingliederung (Textsammlung), S. 30–32. Ihre Sowjetzonenflüchtling-Eigenschaft mussten DDR-Zuwanderer für steuerliche Begünstigungen nachweisen, siehe Der Bundesminister des Innern, Bestandsaufnahme Eingliederungshilfen, S. 100–101, 105–107.

123 Haberland, Eingliederung (Textsammlung), S. 25; Helmut Kohl: Sonderprogramm der Bundesregierung zur Eingliederung der Aussiedler, Bulletin des Presse- und Informationsamtes der Bundesregierung Nr. 105, 2.9.1988, S. 961–962. dpa, Agence Press, Reuter: Kohl erläutert die umfangreichen Hilfsmaßnahmen für Aussiedler, Der Tagesspiegel, 1.9.1988.

pe dar. Jedoch war es auch hier der ansteigende Zuzug aus Ostmittel- und Südosteuropa, der Politiker befürchten ließ, nun insgesamt an ein Limit zu stoßen. Kamen 1986 knapp 1900 Aussiedler in die Stadt, waren es 1987 über 4000, 1988 – die Übersiedler nun klar überrundend – etwa 10 500. Die Kapazitätsprobleme, die daraus hinsichtlich Unterbringung und Wohnraum, aber auch an Kindertagesstätten und Schulen entstanden, verhandelte eine sich am 12. August 1988 konstituierende Verwaltungsarbeitsgruppe für beide Gruppen gemeinsam.[124] Ende des Monats beschloss der Senat Sondermaßnahmen für »die schnellere Eingliederung von Aussiedlern«, die vor allem in der Aufstockung von Personal bestanden. Mehr Mitarbeiter im Durchgangsheim Marienfelde und in der Verwaltung sollten dafür sorgen, dass Anträge im Aufnahmeverfahren und bezüglich des Bundesvertriebenen- und Flüchtlingsgesetzes (BVFG) schneller bearbeitet, Beratung und Betreuung aufrechterhalten und die Wohnungsvermittlung intensiviert werden konnten.[125] Auch angesichts der steigenden Zahlen hielt der West-Berliner Senat zunächst an seiner seit Mitte der 1970er Jahre auf deutsche beziehungsweise deutschstämmige Zuwanderer gerichteten Anwerbepolitik fest. Sozialsenator Ulf Fink gab im Februar 1988 wiederum die Parole aus, man solle »alles daran setzen, möglichst viele Aussiedler und Zuwanderer in Berlin auf Dauer zu halten«.[126] Doch wuchsen die Bedenken, wie die eingesessene Bevölkerung auf die Immigranten reagierte. Ein Sonderwohnungsbauprogramm nur für Aussiedler etwa wollte man in West-Berlin nicht auflegen, um Aversionen nicht zu schüren.[127] Was Problemwahrnehmungen und die Definition politi-

124 Der Senator für Gesundheit und Soziales (Pressestelle): Mitteilung an die Presse, 4.8.1988, LAB, B Rep. 002, Nr. 17 870. »Zusammenrücken – ja, wo denn?«, Der Spiegel Nr. 33, 14.8.1989, S. 27–32, hier S. 28. Eberhard Müller-Steineck (Senatsverwaltung für Gesundheit und Soziales): Sitzung der ressortübergreifenden Arbeitsgruppe über Integrationsmaßnahmen für Aussiedler und Zuwanderer, 1. Sitzung, 12.8.1988, LAB, B Rep. 002, Nr. 17 870.

125 Sonderaktion für schnellere Eingliederung von Aussiedlern, Landespressedienst Nr. 167, 30.8.1988, LAB, B Rep. 002, Nr. 17 870.

126 Berlin nimmt mehr Zuwanderer und Aussiedler auf, Landespressedienst, 19.2.1988, LAB, B Rep. 002, Nr. 17 837 (Zitat). Zur West-Berliner Anwerbepolitik vgl. Ulf Fink (Der Senator für Gesundheit und Soziales): Schreiben betr. Vorwurf der Zurückweisung von DDR-Zuwanderern, die ihren Wohnsitz in Berlin (West) nehmen wollen, 22.2.1985, LAB, B Rep. 002, Nr. 17 686.

127 Eberhard Müller-Steineck (Senatsverwaltung für Gesundheit und Soziales): Protokoll der 3. Sitzung der ressortübergreifenden Arbeitsgruppe »Integration von Aussiedlern und Zuwanderern« am 19. August 1988, 19.8.1988, LAB, B Rep. 002, Nr. 17 870.

schen Handlungsbedarfs anging, war die Zuwanderung aus der DDR Ende 1988 somit auf Bundes- wie auf Landesebene hinter den Zuzug von Aussiedlern zurückgetreten.[128]

5. Welchen Prinzipien soll die Aufnahme folgen?

»Ich muß daran denken, daß ich keinen Asylantrag stellen mußte, als ich 1977 aus der DDR nach West-Berlin kam. In 14 Tagen hatte ich einen Ausweis, eine Staatsbürgerschaft ... Dafür muß man sich ja fast schämen, wenn man sieht, wie es euch ergeht.« Im Gespräch mit seinem Schriftstellerkollegen Włodzimierz Nechamkis äußerte Jürgen Fuchs sich im November 1984 in der *Zeit* besorgt und empört, dass exilierte Polen mittlerweile Asylanträge stellen mussten und keine Arbeitserlaubnis mehr erhielten.[129] Die Ausreisebewegung aus der DDR vor Augen, verwahrte Fuchs sich gegen eine »Rangordnung« der Zufluchtsuchenden: »Was geschieht denn da? Die DDR-Opposition [...] verläßt ihr Zuhause und verdrängt polnische Bürger, die vor dem Kriegsrecht geflohen sind ...« Nechamkis dagegen zeigte Verständnis, dass es für Übersiedler aus der DDR, die ja Deutsche seien, keine Hürden gab. Im Übrigen konnte er Sorgen wegen einer »zu einladend[en]« Immigrationspolitik nachvollziehen: »Wir ›Ausländer‹ machen Angst. Die Deutschen denken: Es werden immer mehr. Zwei Millionen Arbeitslose ...«

Universale humanitäre Prinzipien des Umgangs mit Geflüchteten versus Konzentration auf die »Eigenen« zulasten der »Anderen«: In den Reflexionen Fuchs' und Nechamkis' klangen die gegensätzlichen Positionen an, die die Migrationsdebatte in der zweiten Hälfte der 1980er Jahre bestimmten und nun

128 Welche Befürchtungen die Entwicklung auf kommunaler Ebene generell auslöste, formulierte zugespitzt Henning Voscherau (Erster Bürgermeister der Freien und Hansestadt Hamburg): Schreiben an Bundeskanzler Dr. Helmut Kohl, 24.8.1988, LAB, B Rep. 002, Nr. 17 873 (als Anlage zu einem Schreiben an Franz Josef Strauß vom 31.8.1988): Der begrüßenswerte, in den letzten Monaten verstärkte Zuzug von Aussiedlern löse bei ihm, so Voscherau, hinsichtlich der praktischen Auswirkungen auch Sorge aus. Denn die Länder und Gemeinden seien dadurch vor Aufgaben gestellt, die sie angesichts ihrer Finanzsituation nicht mehr erfüllen könnten.

129 Das Bitterwort Exil [Ein Gespräch zwischen Włodzimierz Nechamkis, dem Mitherausgeber der polnischen Exilzeitschrift Archipelag, und dem Schriftsteller Jürgen Fuchs], Die Zeit Nr. 47, 16.11.1984. Zum Umgang mit polnischen Zuwanderern siehe Bade, Europa, S. 366.

auch auf DDR-Zuwanderer bezogen wurden. Was durften herüberwechselnde Ostdeutsche als Menschen, die neu in die westdeutsche Gesellschaft hineinkamen, aufgrund welcher Legitimation erwarten? Was sollte für sie im Vergleich mit anderen Gewanderten, die ebenfalls in der Bundesrepublik ansässig werden wollten, gelten? Dabei geht es nicht allein um Prinzipien der Aufnahme, sondern auch um weiterreichende, auf ehemalige DDR-Bewohner als Zugewanderte bezogene Argumentationen. Welche Argumentationsmuster wurden hierbei innerhalb welcher Begründungskontexte verwendet?[130]

Bundeskanzler Helmut Kohl begrüßte den Zuzug der Ostdeutschen: »Wir freuen uns über jeden«, hob er in seinem Bericht zur Lage der Nation am 15. März 1984 hervor, »der in die Bundesrepublik Deutschland übersiedeln möchte und von den Behörden der DDR die Genehmigung dazu erhält«.[131] »Dies ist gewissermaßen eine gesamtdeutsche Bewährungsprobe für uns alle. Es geht um praktizierte Solidarität statt überflüssigen Futterneid«, erklärte wenige Wochen später, Anfang April, Ottfried Hennig nach einem Besuch der Aufnahmestelle Gießen.[132] Der CDU-Bundestagsabgeordnete und Staatssekretär im Ministerium für innerdeutsche Beziehungen nahm damit zentral auf die Vorstellung einer Ost wie West umgreifenden deutschen Nation Bezug. Im Umgang mit DDR-Übersiedlern, die als Landsleute in die Bundesrepublik kamen, sollte sich diese gedachte Gemeinschaft nun bewähren. »Es genügt nicht, jahrzehntelang unsere Hilfsbereitschaft gegenüber den Menschen in der DDR zu betonen, man muss auch danach handeln«, forderten ähnlich ethisch-moralisch argumentierend die Bundestagsfraktionen der Union, SPD und FDP in dem erwähnten gemeinsamen Antrag. Eine weitere auf konservativer Seite verwendete Argumentationsfigur findet sich in einer Rede Ottfried Hennigs vor der Landsmannschaft Ostpreußen im April 1984. Bei dieser Gelegenheit spitzte er die Vorstellung einer gesamtdeutschen Bewährungsprobe in einer pathetischen Formel zu: »Wenn

130 Vgl. Wengeler, Argumentation.

131 BT – PLPR 10/59, 15.3.1984, S. 4160 (C) (Zitat). Vgl. dazu die Einschätzung bei Wolff, Migrationsverhältnisse, S. 809: »Offiziell ging die Bundesregierung damit vom Beschweigen der Migrationsbeziehungen zum direkten Adressieren der Abwanderung als wünschenswert über.«

132 Im März kamen 10 778 Übersiedler aus der DDR in die Bundesrepublik, Der Tagesspiegel, 4.4.1984 (Zitat). Den Besuch Hennigs in Gießen erwähnt O.S., Gesamtdeutsche Bewährungsprobe, Ostpreußenblatt, 14.4.1984. Bei anderer Gelegenheit forderte Hennig die Bundesbürger auf, »diese Deutschen, die nach langjährigen Drangsalierungen nun endlich zu uns kommen können, als deutsche Ehrenbürger aufzunehmen«; siehe Bonn besorgt über die vielen Übersiedler, SZ, 19.3.1984.

wir uns nicht zutrauen würden, die Übersiedler aus Mitteldeutschland bei uns angemessen einzugliedern und sie so willkommen zu heißen, wie sie es ob ihres schweren Schicksals verdient haben, dann könnten wir das Buch der deutschen Einheit wirklich schließen«, führte er aus.[133]

In dem Satz war der Gedanke enthalten, es sei das Schicksal dieser Gewanderten – ihr oft jahrelanges, von Schikanen begleitetes Warten auf Ausreise –, das zu freundlicher Aufnahme verpflichte. Dieses humanitäre Argument gebrauchte Hennig nicht zusätzlich zum nationalen, sondern unmittelbar in letzteres eingebettet als Verstärkung. Additional war der Nutzen-Topos, indem er darauf verwies, man solle froh sein, »diese Mitbürger in unserer geburtenschwachen Bundesrepublik begrüßen [...] zu können«. Gleichfalls auf das Schicksal der Ostdeutschen – hier allerdings als ein kollektives in historischer Perspektive gemeint – rekurrierte Bundesinnenminister Friedrich Zimmermann, als er in einer Erklärung vom November 1986 die Pflicht der Bundesbürger zu »tatkräftiger Hilfe« begründete: »Sie haben bisher, stellvertretend für uns alle, ungleich stärker unter den Folgen, die Krieg und Vertreibung über das deutschen Volk brachten, zu leiden gehabt.«[134] Zimmermann wie Hennig zogen schließlich in ähnlicher Form eine historische Parallele zur Nachkriegszeit (Analogie-Topos), um die Eingliederung der jetzt in geringerer Zahl und unter günstigeren Bedingungen Zuwandernden als leistbar dazustellen.[135] Auch die SPD stellte sich zu den DDR-Zuwanderern ausdrücklich positiv und trat dafür ein, Aufnahme und

133 Übersiedlung von Deutschen aus der DDR und Berlin (Ost) in die Bundesrepublik Deutschland. Antrag der Fraktionen der CDU/CSU, SPD und FDP, BT – DRS 10/1321, 13.4.1984, S. 1. O. S., Gesamtdeutsche Bewährungsprobe, Ostpreußenblatt, 14.4.1984.

134 Ebd. Zum Nutzen-Topos siehe Wengeler, Argumentation, S. 133; Zimmermann, Solidarität und Hilfe, S. 1207.

135 »Vor diesem Hintergrund ist die heutige Situation der Aussiedler und der Zuwanderer aus der DDR und Berlin (Ost) zu sehen. Dies sollte unsere jetzigen Probleme in der Bundesrepublik in die richtigen Relationen rücken«, forderte Zimmermann. Der Bundesminister des Innern, Bestandsaufnahme Eingliederungshilfen, S. 2. In Hennigs Rede vor der Landsmannschaft hieß es: »Wenn es nach einem verlorenen Krieg möglich gewesen sei, 13 Millionen Heimatvertriebene und Flüchtlinge aufzunehmen und diese sich als ein wesentliches Element des deutschen Wiederaufbaus erwiesen hätten, dann sei es keine Frage, daß wir die Übersiedler aus der DDR, bei denen es sich um fleißige Menschen handele, in unserem Arbeitsprozeß verkraften könnten.« O. S., Gesamtdeutsche Bewährungsprobe, Ostpreußenblatt, 14.4.1984. Die Aussage suggerierte zugleich, dass, was sich damals (hinsichtlich des Wirtschaftsaufschwungs) nützlich erwies, auch heute Positives bringen werde. Dabei handelt es sich um einen Analogie-Topos in der Sonderform des Geschichts-Topos, siehe Wengeler, Argumentation, S. 142.

Eingliederung im Detail zu verbessern.[136] Allerdings äußerte sich zumindest die Bundestagsabgeordnete Margitta Terborg in einer Debatte vom Mai 1984 dazu mit weniger nationaler Emphase. Die Feststellung, ihre Partei sehe die Neubürger nicht – wie »an manchen Stammtischen« neuerdings üblich – als Konkurrenten auf dem Arbeitsmarkt an, verband sie mit einem Verweis auf die Normen der Verfassung: »Wir fühlen uns im Gebot des Grundgesetzes, und das unterscheidet nicht zwischen solchen Deutschen und solchen Deutschen.«[137] So führte auch dieser juristische Rekurs auf die Gemeinsamkeit West- und Ostdeutscher, die hier jedoch als Verbot von Ungleichbehandlung akzentuiert wurde.

Dass die Übergesiedelten im Sinne gleicher Chancen »Anspruch auf unsere solidarische Hilfe haben«, bekundete die Sozialdemokratin genauso wie christdemokratische Politiker.[138] Solidarität lässt sich als Schlüsselbegriff dieser Bezugnahmen identifizieren, der beschrieb, welches Verhalten gegenüber DDR-Zuwanderern seitens der westdeutschen Gesellschaft – des Einzelnen im privaten Umfeld ebenso wie von Behörden, Organisationen und Verbänden – sich die Politiker wünschten: Anteilnahme, Hilfsbereitschaft und persönlichen Beistand. Die Wendung von der (praktizierten) Solidarität gebrauchten Politiker häufig zu dieser Zeit.[139] Warum aber sah man übergewechselte Ostdeutsche in dieser Hinsicht als so bedürftig? Der Ruf nach empathischer Unterstützung der Ankömmlinge reagierte 1984/85 zunächst auf die Beobachtung, Einheimische nähmen jene als Konkurrenten wahr. Solidarität war ein Gegenbegriff zu Konkurrenz, der darauf zielte, die Bedürfnisse der Hinzugekommenen als gerechtfertigt anzuerkennen. Darüber hinaus waren westdeutsche Politiker der Auffassung, Ostdeutsche vollzögen mit ihrer Migration einen »Umzug in eine ganz andere Welt«, was sie nicht nur vor zahlreiche praktische, sondern auch vor Anpassungsprobleme stellte. Soziologische und psychologische Studien sowie eine Anhörung, die

136 Vgl. den Einsatz der SPD-Bundestagsfraktion in Form der oben erwähnten Anträge und insbes. das Engagement von SPD-Abg. im innerdt. Ausschuss für das Zustandekommen des fraktionsübergreifenden Antrags 1986, siehe BT – Ausschuss für innerdt. Bez.: PR Nr. 59, WP 10, 16.4. 1986, ParlA, 3105, F 46, S. 5–7.

137 BT – PLPR 10/69, 3.5.1984, S. 4939 (D), 4940 (A).

138 Ebd., S. 4940 (A).

139 Freimark: Schreiben betr. Antrag der Fraktion der CDU auf Durchführung einer aktuellen Stunde am 5.4.1984 über »Zuwanderer«, 2.4.1984, LAB, B Rep. 002, Nr. 17683 (Aufruf zu weiterer »praktizierter Solidarität«). Antwort der Bundesregierung auf die Kleine Anfrage der Abg. Büchler (Hof) [u. a.] – DRS 10/1312 – Hilfen für Übersiedler aus der DDR, BT – DRS 10/1463, 21.5.1984, S. 2. Antrag Übersiedlung CDU/CSU, SPD, FDP, BT – DRS 10/1321, 13.4.1984, S. 1. Antrag Eingliederung CDU/CSU, SPD, FDP, BT – DRS 10/5657, 13.6.1986, S. 1.

der innerdeutsche Ausschuss des Bundestags 1985 mit Vertretern von Hilfsorganisationen und Übergesiedelten durchführte, bestärkten diese Sicht.[140]

Begründet wurde das Gebot der Solidarität hauptsächlich aus dem Gedanken nationaler Verbundenheit: »Die Aufnahme und Eingliederung von Übersiedlern aus der DDR gibt Gelegenheit, die *Gemeinsamkeit* [...] der Deutschen zu beweisen«, formulierte etwa der Bundestagsantrag vom 13. Juni 1986.[141] Eben um solche Begründungen und ihre Gewichtung entspann sich im Bundestag am 16. Oktober 1986 ein Streit, in dem die unterschiedlichen Positionen paradigmatisch hervortraten. Anlass war die Beratung des interfraktionellen Antrags zur Eingliederung der Übersiedler aus der DDR vom Juni sowie eines separaten Antrags, den die Grünen kurzfristig vorgelegt hatten. Hinsichtlich des Ziels, Verbesserungen für die Betreffenden zu bewirken, schlossen sich die Grünen dem Entwurf der übrigen Parteien an und übernahmen bis in die Formulierungen hinein den dort vorgeschlagenen Maßnahmenkatalog. Durch Hinzufügung zweier abschließender Sätze jedoch wich ihre Vorlage von der der anderen Fraktionen entscheidend ab: »Der Deutsche Bundestag sieht in den humanitären Bemühungen, wie sie in diesem Antrag zum Ausdruck kommen«, hieß es hier, »eine beispielhafte Haltung, mit der auch die Probleme der in der Bundesrepublik asylsuchenden Menschen gelöst werden können. Er fordert die Bundesregierung auf, die Bestimmungen des Asylrechts denen für die Umsiedler/-innen aus der DDR anzugleichen«.[142]

Durch die Art, wie sie die Aufnahme ostdeutscher Übersiedler mit jener von Asylsuchenden verknüpften, lieferten die Grünen einen provozierenden Beitrag zu der seit Mitte der 1980er Jahre wieder verschärft aufbrechenden Asyldebatte. Im Herbst 1986 initiierten die unionsregierten Länder Baden-Württemberg, Bayern und Berlin eine Verschärfung des Asylrechts, ein Vorhaben, das CDU und CSU sich zu eigen machten und für das sie schließlich auch den widerstrebenden Koalitionspartner FDP gewannen. Das entsprechende Änderungsgesetz

140 BT – PLPR 10/238, 16.10.1986, S. 18444 (D) (Zitat) (Formulierung des SPD-Abg. Hiller). Rainer Katterbach: Reale und neurotische Ängste bei Flüchtlingen und Umsiedlern aus der DDR, in: Neurotische und reale Angst: Der Beitrag der Psychoanalyse zur Erkennung, Therapie und Bewältigung von Angst in der klinischen Versorgung und im psycho-sozialen Feld, hg. von Ulrich Rüger, Göttingen 1984, S. 251–258. BT – Ausschuss für innerdt. Bez.: PR Nr. 41, WP 10, 12.6.1985, ParlA, 3105, F 44.

141 Antrag Eingliederung CDU/CSU, SPD, FDP, BT – DRS 10/5657, 13.6.1986, S. 1 (Kursivierung BE).

142 Antrag des Abg. Schierholz und der Fraktion Die Grünen. Eingliederung der Übersiedler/-innen aus der DDR in die Bundesrepublik Deutschland, BT – DRS 10/61, 15.10.1986, S. 5–6.

wurde am 13. November 1986 beschlossen, während Stimmen lauter wurden, die wie der Berliner Innensenator Heinrich Lummer eine Revision des Grundgesetzes, Artikel 16, forderten. Teile der SPD dagegen schrieben sich wie die Grünen den Erhalt des verfassungsmäßig garantierten Rechts auf Asyl für politisch Verfolgte auf die Fahne.[143] Was Henning Schierholz und seine Fraktion in dem zitierten Antrag verlangten, dürfte allerdings auch jenen zu weit gegangen sein, die ansonsten eine Beibehaltung des Asylrechtsparagrafen verfochten: In einer Phase steigender Asylbewerberzahlen und hitziger Debatten über Missbrauch des Asylrechts sowie aus ihm erwachsende Belastungen eine Ausweitung der Hilfsleistungen für Asylsuchende – nach Maßstab dessen, was DDR-Zuwanderer erhielten – zu fordern, war utopisch. Den Grünen kam es an dieser Stelle darauf an, die Festlegung von Handlungsmaximen bezüglich der Übersiedler aus einem nationalpolitischen Begründungskontext herauszulösen und stattdessen, wie im Antrag formuliert, als »humanitäre Bemühungen« zu werten, die für den Umgang mit anderen Migranten beispielhaft sein konnten: nicht Deutsche helfen Deutschen, sondern Menschen helfen Menschen.[144]

Die Grünen wandten sich gegen das nationale Paradigma, weil es ihrer Auffassung nach unausweichlich Andere und deren Ausschluss produzierte.

> Vor dem Hintergrund der aktuellen Auseinandersetzungen über die Asylproblematik halten wir die [...] Tendenz, die Hilfe und Solidarität mit aller Macht auf nationale, partikularistische Motive einzugrenzen, für eine gefährliche Kehrseite des Schürens von Ausländer- und Fremdenfeindlichkeit, [...] wie sie sich in der Kampagne und in dem gezielten Aufbau von Ressentiments gegenüber Asylsuchenden und Flüchtlingen geäußert hat,

---

143 Dickel, Einwanderungs- und Asylpolitik, S. 288–290; Jung, Migranten im Spiegel der Presse, S. 45; Herbert, Geschichte der Ausländerpolitik, S. 267–268, 272.

144 Bade, Abschätzige Begriffe, S. 4–5. Antrag Eingliederung Grüne, BT – DRS 10/61, 15.10.1986, S. 5 (Zitat). In anderer Weise machte der grüne Bundestagsabg. Dirk Schneider ostdeutsche Übersiedler zum Argument in der Asyldebatte, als er in einem Zeitungsinterview bekundete, manche von ihnen seien als »Luxusflüchtlinge« zu bezeichnen. Indem Schneider den als Co-Nationale protegierten DDR-Zuwanderern verwerfliche ökonomische Motive unterstellte, spielte er sie gegen die Asylsuchende mit ebendieser Begründung abwehrende Politik der Bundesregierung aus. [Interview mit Dirk Schneider], Stuttgarter Nachrichten, 25.5.1984, hier zit. nach Regina Wick: Die Mauer muss weg – Die DDR soll bleiben. Die Deutschlandpolitik der Grünen von 1979 bis 1990, Stuttgart 2012, S. 134. Schneider wurde später als Mitarbeiter des Ministeriums für Staatssicherheit der DDR enttarnt, siehe Heidemeyer, Schutzwall, S. 103. Siehe ausführlich zu diesem Komplex Jens Gieseke und Andrea Bahr: Die Staatssicherheit und die Grünen. Zwischen SED-Westpolitik und Ost-West-Kontakten, Berlin 2016, S. 145–154, 259–262.

führte Schierholz während der Debatte im Oktober 1986 aus.[145] Menschen, die in die Bundesrepublik kamen, um eine neue Existenz zu begründen, sollten als Zufluchtsuchende gleich behandelt werden. Die Politiker der übrigen Parteien vertraten demgegenüber scharf abgegrenzte Positionen. Am moderatesten äußerte sich der SPD-Abgeordnete Reinhold Hiller, der, ohne zu national versus humanitär selbst Stellung zu nehmen, sich auf die konkreten Verbesserungsvorschläge des interfraktionellen Antrags konzentrieren wollte.[146] Die weiteren Redner der CDU und FDP wie auch der Parlamentarische Staatssekretär beim Bundesminister des Innern Carl-Dieter Spranger (CSU) bestanden auf einem nationalen Begründungszusammenhang.

Die FDP sei zwar »für humanitäre Aspekte gegenüber denjenigen, die in einer [...] bedrängten Situation« kommen, bemerkte Uwe Ronneburger.

> Aber ich will hier überhaupt nicht verschweigen, daß ich diesen nationalen Ansatz, diesen *Ansatz zur Solidarität und Gemeinsamkeit der Deutschen* in einer solchen Situation auch für einen wesentlichen Gesichtspunkt bei der Beurteilung [...] halte.

Ähnlich wie Zimmermann bettete Ronneburger das Argument gerechter, ausgleichender Lastenverteilung in diese nationale Handlungsmotivation ein. Spranger sprach von »nationale[r] Solidarität« und bezog sich zugleich auf »unsere [...] Landsleute aus Mitteldeutschland und den Aussiedlungsgebieten«, die darauf Anspruch hätten. National war daher bei ihm weniger mit der Verbundenheit zwischen Ost- und Westdeutschland als vielmehr mit ethnisch, durch Abstammung konstituierter Zugehörigkeit zum deutschen Volk konnotiert. Wie bei den Grünen, nur anders gerichtet, wiesen bei Unions- und FDP-Politikern die postulierten Begründungszusammenhänge über DDR-Zuwanderer hinaus. Nicht allein um ihre individuelle Eingliederung ging es, sondern um etwas Kollektives, das an ihnen zu beweisen war: die Gemeinsamkeit der Deutschen. »Diese Deutschen mit Starthilfen zu versehen und sie in unserer Mitte aufzunehmen[,] ist für uns eine Angelegenheit des nationalen Selbstverständnisses«, unterstrich

145 BT – PLPR 10/283, 16.10.1986, S. 18447 (D), 18448 (A).

146 Ebd., S. 18444 (A-D). Hiller meinte, er habe erwartet, es werde bei dieser Gelegenheit nicht notwendig sein, »hier wieder in ideologische Auseinandersetzungen einzutreten«. Es gehe um Menschen und »nicht um die Debatte zur Lage der Nation im geteilten Deutschland«. Ebd., S. 18444 (A), 18445 (C).

Spranger.[147] So waren übersiedelnde DDR-Bewohner Gegenstand deutschlandpolitischer Bemühungen und zugleich ein Instrument der Deutschlandpolitik: Der Anspruch, *eine* Nation zu sein, ließ sich an ihnen demonstrieren, und das war das Anliegen der Unionspolitiker.

Die Debatten über normative Grundlagen der Aufnahme von DDR-Zuwanderern ab 1984 nahmen in gewisser Hinsicht einen Streit vorweg, der im Herbst 1988 verschärft aufbrach. Allerdings wurde die Kontroverse nun primär nicht mehr fokussiert auf DDR-Zuwanderer, sondern mit Blick auf Aussiedler ausgetragen. Ihre Zuzüge stiegen von rund 78 500 1987 auf knapp 203 000 im Jahr 1988 an, während sich die Zahl der Asylsuchenden beinahe verdoppelte.[148] Angesichts dessen nahmen die westdeutschen Parteien migrationspolitisch zunehmend polare Positionen ein. Im Oktober 1988 ging Oskar Lafontaine, Ministerpräsident des Saarlands und stellvertretender SPD-Vorsitzender, in die Offensive. In mehreren öffentlichen Stellungnahmen griff er die Aussiedlerpolitik der Bundesregierung an. »Ich habe gewisse Probleme«, verlautbarte Lafontaine etwa in einem am 24. Oktober abgedruckten Interview mit der *Frankfurter Allgemeinen Zeitung*,

> mit der Überbetonung unserer Verpflichtung, Deutschstämmige in der vierten, fünften Generation aus osteuropäischen Ländern aufzunehmen und dies als vorrangig zu erkennen gegenüber etwa einem Farbigen, der aus Afrika kommt und dessen existentielle Bedrohung größer ist.[149]

Darauf reagierte vor allem die CDU/CSU mit Empörung. In einer von ihr beantragten Aktuellen Stunde kollidierten am 26. Oktober 1988 im Bundestag die gegensätzlichen Positionen. Auch in der Sitzung vom 2. Dezember wurde das Thema kontrovers diskutiert. Horst Waffenschmidt, Parlamentarischer Staats-

147 Ebd., S. 18 446 (D) (Hervorhebung i. O.), 18 449 (B), 18 448 (C). Ronneburger war von 1980 bis 1983 Vorsitzender des Ausschusses für innerdt. Bez., vgl. Eintrag »Ronneburger, Uwe«, Munzinger Online/Personen – Internationales Biographisches Archiv (http://www.munzinger.de/document/00000013208) (24.6.2020).

148 Amanda Klekowski von Koppenfels: Politically Minded: The Case of Aussiedler as an Ideologically defined Category, in: Sozialwissenschaftlicher Fachinformationsdienst soFiD, Migration und ethnische Minderheiten (2002) 1, S. 7–28, hier S. 22.

149 Oskar Lafontaine: Gemeinsamkeit mit Aussiedlern ist nur das Menschsein, FAZ, 24.10.1988. Bereits zuvor hatte Lafontaine die Bundesregierung auf einer Landespressekonferenz des Saarlands aufgefordert, ihre Aussiedlerpolitik grundsätzlich zu überdenken; siehe Oskar Lafontaine: Bonn lockt Aussiedler in die Bundesrepublik, Der Tagesspiegel, 19.10.1988. Vgl. Dickel, Einwanderungs- und Asylpolitik, S. 254–255.

sekretär beim Bundesinnenminister und Aussiedlerbeauftragter der Bundesregierung, pochte bei dieser Gelegenheit auf eine herausgehobene Verpflichtung der Bundesrepublik gegenüber Aussiedlern, weil diese Deutsche seien. Es sei »das natürlichste Recht in jedem Volk der Welt«, explizierte er seine Auffassung, »daß man sich in besonderer Weise für die Menschen aus dem eigenen Volk verantwortlich weiß«.[150]

An Waffenschmidts Darlegung wurden einige grundsätzliche Auffassungen deutlich. Der Christdemokrat umriss die Vorstellung einer nationalen Gemeinschaft, die er ethnisch in vorstaatlichen Kategorien fundierte: der Existenz eines Volkes, konstituiert durch Blutsbande und eine gemeinsame Geschichte.[151] Waffenschmidt sprach von einer Gemeinschaft, die kulturell definiert war und dadurch zu einer bestimmbaren, von anderen abgrenzbaren Entität wurde. In migrationspolitischen Kontexten gewannen solche Vorstellungen, die ein »kulturalisierende[s] ›Unterscheidungssystem‹« mit »ethnisch-nationale[r] Codierung« etablierten, erhebliche Wirksamkeit.[152] Man konnte wie Bundesinnenminister Friedrich Zimmermann strategisch gegen die Zuwanderung von Ausländern, vor allem Asylsuchenden, argumentieren und die »Homogenität der Gesellschaft« als bedroht zeichnen: »Die gemeinsame deutsche Geschichte, Tradition, Sprache und Kultur verlören ihre einigende und prägende Kraft.« Oder man band, wie es Waffenschmidt tat, zumindest Solidarität, das Postulat nichtegoistischen sozialen Handelns, an die ethnisch-kulturell gefasste Wir-Gruppe – vielleicht nicht ausschließlich, aber mit dem Anspruch, dass dieser Konnex selbstverständlich und unhinterfragbar sei.[153]

150 BT – PLPR 11/114, 2.12.1988, S. 8297 (C).

151 Eine »besondere Verantwortung« gegenüber Aussiedlern, führte Waffenschmidt weiter aus, habe man »aus gemeinsamer Geschichte, aus […] gemeinsamer kultureller Tradition«. Ebd., S. 8297 (C). Die Annahme, dass diese kulturelle Disposition das Dasein der einzelnen Gemeinschaftsangehörigen fundamental präge, dokumentiert eine Äußerung des FDP-Abg. Wolfgang Lüder in derselben Sitzung: »Jeder Mensch braucht eine kulturelle Identität, kulturelle Bezugspunkte. Jeder Mensch ist eingebunden in die Geschichte seines Volkes, seiner Nation, seiner Sprache, seiner Kultur, und niemand kann sich daraus lösen.« Ebd., S. 8295 (D). Die kulturell prädisponierte Gruppenzugehörigkeit eines Individuums galt hier als etwas Primäres, das seine Vergesellschaftung bestimmte. Dass die spezifische Situation am Ende des Zweiten Weltkrieges ein derartiges Verständnis forciert hatte, erläutert Gosewinkel, Schutz und Freiheit, S. 366–367.

152 Ulrike Hormel und Judith Jording: Kultur/Nation, in: Handbuch Migrationspädagogik, hg. von Paul Mecheril, Weinheim 2016, S. 211–225, hier S. 214 (Zitat).

153 Bis an die Grenzen, Der Spiegel Nr. 48, 28.11.1988, S. 34, 36, 38, hier S. 36 (Zitat Zimmermann).

Die FDP bestritt Lafontaines Argument, dass die Bevorzugung der einen zulasten der anderen gehe. Niemand wolle »Solidarität auf eine nationale Kategorie einengen«, behauptete etwa Otto Graf Lambsdorff (entgegen den Äußerungen mancher CDU/CSU-Politiker); vielmehr könnten verschiedene Prinzipien nebeneinander bestehen: »Wir werden das Grundrecht auf Asyl ebenso bewahren wie den unveräußerlichen Anspruch von Deutschen, in ihre Heimat zurückzukehren.«[154] Lafontaine dagegen trat für eine Universalisierung des Solidaritätsgebots ein, »die Verpflichtung zur Nächstenliebe« also »ohne unzulässige Einschränkungen« gelten zu lassen. Einziges Kriterium für eine zu gewährende »Hilfestellung« sollte sein, inwieweit der oder die Betreffende persönlich hilfsbedürftig war. Damit wiederholte er eine Forderung, welche die Grünen nach 1984 am Fall der DDR-Zuwanderer eingebracht hatten (deren Hilfsbedürftigkeit die Grünen-Politiker allerdings damals, anders als Lafontaine nun in Bezug auf die Aussiedler, nicht relativiert hatten).[155]

Auch andere Argumentationsmuster, die anhand ostdeutscher Übersiedler durchdekliniert worden waren, fanden in der 1988er-Debatte leicht variiert wiederum Anwendung. So lautete ein Vorwurf der Regierungspolitik-Kritiker, die praktizierte Zugehörig-versus-fremd-Unterscheidung falle selbst auf die eigentlich Privilegierten negativ zurück. »Wer Ausländerfeindlichkeit in der Bundesrepublik schürt«, hielt Lafontaine der CDU/CSU vor, »verstärkt auch die Vorbehalte gegen die Aussiedler, die die deutsche Sprache nicht beherrschen.«[156] Dass eine scharf geführte, ausgrenzende Asylrechtsdebatte sich an allen, die neu in die bundesrepublikanische Gesellschaft hineinkamen, räche, selbst wenn man jene noch so vehement als Co-Nationale deklariere – diese These hatte der Grünen-Politiker Dirk Schneider im Mai 1984 bezüglich ostdeutscher Zuwanderer ausbuchstabiert: Ein »deutliche[s] Grollen des Unmuts« gegenüber den Neuankömmlingen konstatierend, verwies Schneider auf eine einheimische

154 BT – PLPR 11/102, 26.10.1988, S. 7007 (A), 2006 (D) (Zitat) und (C) (»Von ›Deutschtümelei‹ zu reden, wenn wir Deutsche bei uns aufnehmen wollen, das ist allerdings eine Verdrehung [...].«).

155 Ebd., S. 7005 (C). 1990 sprach sich Lafontaine dann allerdings für eine Einschränkung des grundgesetzlich garantierten Asylrechts aus entgegen der Linie, die seine Partei in ihrem Grundsatzprogramm vom Dez. 1989 beschlossen hatte, vgl. Klaudia Tietze: Einwanderung und die deutschen Parteien: Akzeptanz und Abwehr von Migranten im Widerstreit in der Programmatik von SPD, FDP, den Grünen und CDU/CSU, Berlin 2008, S. 56.

156 BT – PLPR 11/102, 26.10.1988, S. 7005 (C).

> Bevölkerung, die in den letzten Jahren geradezu dazu angehalten wurde, die Schuld für alle wirtschaftlichen und sozialen Probleme [...] dem Umstand zuzuschreiben, dass in der Bundesrepublik angeblich zu viele Menschen leben, besonders zu viele Zugereiste, besonders zu viele Ausländer.[157]

Gleichfalls bekannt war das Argument, den Wandernden werde etwas nicht Einlösbares vorgegaukelt, was Lafontaine nun mit dem Begriff des Anlockens belegte: Bundeskanzler Helmut Kohl locke immer mehr Aussiedler in die Bundesrepublik, »ohne die Voraussetzungen zu schaffen, daß sie hier eine menschenwürdige Existenz finden«.[158] Hinsichtlich der Zuwanderer aus der DDR war es 1984 wiederum Schneider gewesen, der das »Bild vom goldenen Westen« als Instrument des Kalten Krieges brandmarkte. Er selbst habe »zu diesem Heer der Republikflüchtigen [gehört], die einmal auf die Sprüche von Adenauer und von Strauß hereingefallen sind«, gab Schneider an, der Ende der 1950er Jahre knapp 20-jährig von Rostock in die Bundesrepublik übergesiedelt war. Westliche Propaganda als Mitauslöser der Abwanderung: Mit dieser Aussage bediente der Grüne die Vorstellung einer Verführung und Irreleitung der Weggehenden, wie sie ähnlich die SED zu Hochzeiten der Fluchtbewegung verbreitet hatte.[159]

1988 ging es nicht nur um strategische Fragen politischer Profilierung. Wie die CDU/CSU verbanden auch SPD und Grüne mit dem Thema Aussiedler grundsätzliche, Beurteilungs- und Handlungsnormen betreffende Überlegungen. Dabei war die von Lafontaine entfaltete Überzeugung, Solidarität dürfe weder national begründet noch national begrenzt sein, nur ein Punkt. In Zweifel gezogen wurde überdies, wie Zugehörigkeit konstruiert und Privilegierung hergeleitet wurde. Dies betraf zum einen die Prämisse, dass Aussiedler zur »Schicksalsgemeinschaft« des deutschen Volkes gehörten und »oft lange und

157 BT – PLPR 10/69, 3.6.1984, S. 4943 (A).

158 Lafontaine, Bonn lockt Aussiedler, Der Tagesspiegel, 19.10.1988. Es sei verantwortungslos, »wenn prominente Vertreter der Bundesregierung – an der Spitze der Bundeskanzler – seit Jahren unablässig für Ausreiseerleichterungen eintreten und nunmehr diesen Menschen hier in der Bundesrepublik nicht in ausreichender Form helfen und Hilfestellung anbieten«, bekräftigte Lafontaine im BT, siehe BT – PLPR 11/102, 26.10.1988, S. 7005 (B).

159 BT – PLPR 10/59, 15.3.1984, S. 4180 (D). Zu Schneider siehe Rudolf Vierhaus und Ludolf Herbst (Hg.): Biographisches Handbuch der Mitglieder des Deutschen Bundestages 1949–2002, Bd. 2, München 2002, S. 768. Van Melis/Bispinck, Republikflucht, S. 55, 66.

schlimmer leiden« mussten als die Menschen hierzulande.[160] Dagegen wandten sich Grüne und Sozialdemokraten, wenn sie die Annahme eines generellen »Vertreibungsdruck[s] gegenüber deutschstämmigen Minderheiten in osteuropäischen Ländern« nicht länger akzeptieren wollten, die ihrer Meinung nach zudem in krassem Missverhältnis zum Umgang mit Asylbewerbern stand: Gesuche türkischer Gewaltopfer würden abgelehnt, beklagte die grüne Bundestagsabgeordnete Ellen Olms, deutsches Blut schlägt fremde Folter, fasste der Jurist und Publizist Thomas Darnstädt im *Spiegel* diesen Gegensatz polemisch.[161] Zum anderen erschien die Art und Weise, wie im Falle der Aussiedler Deutschsein konstruiert wurde, insbesondere den Grünen nicht vertretbar. Die veranschlagten Merkmale – »Sprache, Kultur und Erziehung« –, führte Ellen Olms im Oktober 1988 im Bundestag aus, seien nach »mehrfachem Generationswechsel« als nicht mehr substanziell zu erachten. Hergeleitet werde die Zugehörigkeit daher letztlich »rassistisch«: Es »bleibt nur noch die Abstammung«.[162] Die »rechtliche und politische Begründung für den Status als ›Aussiedler‹«, so lässt sich der hier skizzierte Migrationsdiskurs gegen Ende der 1980er Jahre mit Ulrich Herbert zusammenfassen, geriet zum innenpolitischen Streitpunkt. Auf der Linken wurde die dieser bevorzugten Form der Einwanderung zugrunde liegende »Definition dessen, wer ein Deutscher sei«, vor allem in »Kontrast zu der auf harte Abschreckung und Rückführung orientierten Ausländer- und Asylpolitik der Regierung« als »Anachronismus« angegriffen.[163]

In den Debatten Ende 1988 kamen ostdeutsche Übersiedler nur am Rande vor. Wo sie Thema waren, wurden sie in einem Atemzug mit Aussiedlern genannt – so, wenn Unionsabgeordnete von »den Deutschen jenseits der Demarkationslinie« sprachen, die aus moralischen Gründen Unterstützung verdienten;[164] oder in einem Antrag der SPD-Bundestagsfraktion, der denen, die »einen Rechtsanspruch auf die deutsche Staatsangehörigkeit« hatten, »auch

160 BT – PLPR 11/102, 26.10.1988, S. 7010 (D) (Äußerung Sprangers); BT – PLPR 11/114, 2.12.1988, S. 82–92 (B) (Äußerung Gersters).

161 Ebd., S. 8294 (D) (Zitat) (Äußerung Olms'); Thomas Darnstädt: Deutsches Blut, fremde Folter, Der Spiegel Nr. 45, 7.11.1988, S. 123, 126. Vgl. Christian Joppke: Immigration and the Nation-State. The United States, Germany and Great Britain, Oxford 1999, S. 95; Tietze, Einwanderung und deutsche Parteien, S. 62–63.

162 BT – PLPR 11/102, 26.10.1988, S. 7008 (A), 7007 (B).

163 Herbert, Geschichte der Ausländerpolitik, S. 276.

164 BT – PLPR 11/102, 26.10.1988, S. 7008 (D) (Zitat) (Äußerung Schreibers, CDU/CSU). Ähnlich zusammenfassend nahm auch Schulze (SPD) Bezug, siehe BT – PLPR 11/114, 2.12.1988, S. 8302, 8303 (A).

einen Anspruch auf soziale Integration« zusprach, zugleich aber darauf hinwies, dass darüber »die moralischen und verfassungsrechtlichen Pflichten gegenüber politisch verfolgten Ausländerinnen und Ausländern« nicht verletzt werden dürften.[165] Unterschiede zwischen Übersiedlern und Aussiedlern, die man in diesem Zusammenhang hätte herausstellen können, wurden nicht thematisiert. So ging es beispielsweise nicht darum, dass Zugehörigkeit – die Basis staatsbürgerschaftlicher Mitgliedschaft – in beiden Fällen je etwas anders konstruiert war. Zwar konnten auch Bewohner der DDR nicht politisch (aufgrund regelmäßig gemeinsam vollzogener Willensbildung), sondern nur infolge geteilter Kultur (Geschichte, Sprache) als Angehörige derselben Gemeinschaft vorgestellt werden. Doch verstand man sie noch immer als Glieder eines einige Jahrzehnte zuvor noch geschlossen agierenden Staatsvolks, das derzeit zwar zwangsweise stillgestellt war, aber fortbestand, um sich in Zukunft wiederum als Souverän eines territorial vereinten Deutschlands politisch zu artikulieren. Dieser Gedanke schlug sich in der gesamtdeutschen Staatsangehörigkeit nieder, während Zusammengehörigkeit mit Blick auf Aussiedler rein ethnisch, also vor- oder außerpolitisch (Volkszugehörigkeit) begründet war.[166]

Entscheidend für die Wahrnehmung von DDR-Zuwanderern wurde es, dass sie in diesem migrationspolitischen Konflikt den Aussiedlern gleichgestellt wurden. Sie standen für die Priorität des nationalen Prinzips, das zugleich in einer bestimmten Weise ausgelegt wurde. Inwieweit das Leitbild einer nationalen Gemeinschaft den Umgang mit Migranten bestimmen und wie Deutschsein überhaupt verstanden werden sollte, wurde am Beispiel der DDR-Zuwanderer ebenso wie der Aussiedler diskutiert. Oppositionspolitiker kritisierten, dass beide »wegen ihrer deutschen Nationalität als Sperre zur Rechtfertigung einer zunehmend auf Abwehr bedachten Ausländerpolitik herhalten müssen«. Vertreter der CDU/CSU bestritten diesen Konnex.[167]

Tatsächlich verfochten insbesondere Unionspolitiker eine Konzeption, deren Inklusionslogik auf der einen eine Exklusionslogik auf der anderen Seite beding-

165 Antrag der Fraktion der SPD. Eingliederung der Aussiedler und Aussiedlerinnen aus Staaten Ost- und Südosteuropas sowie der Übersiedler und Übersiedlerinnen aus der DDR in die Bundesrepublik Deutschland, BT – DRS 11/3178, 26.10.1988, S. 1.

166 Gosewinkel, Schutz und Freiheit, S. 366.

167 So die Formulierung des stellvertr. Vorsitzenden der SPD-Bundestagsfraktion Willfried Penner, BT – PLPR 11/114, 2.12.1988, S. 8290 (C). In der gleichen Debatte forderte Johannes Gerster (CDU), dass man die Probleme von Aussiedlern und Ausländern »nicht durcheinanderwerfen« und »beide Gruppen auch nicht gegeneinander ausspielen sollte«. Ebd., S. 8291 (D).

te. Sie traten dafür ein, dass die Bundesrepublik, wie Israel für alle Juden, Heimat für alle Deutschen sei – einschließlich derer, die in deutschen Diasporen im Osten lebten und »als Teil der nationalen – wenn auch räumlich distanzierten – ›Schicksalsgemeinschaft‹ im Blick auf die Folgelasten des Zweiten Weltkriegs« galten.[168] Diese postulierte Verpflichtung stand, wie Christian Joppke ausführt, einer Öffnung der nationalen Gemeinschaft gegenüber Ausländern entgegen. Sie hätte eine Redefinition der nationalen Identität erfordert. Kay Hailbronner benennt einen weiteren Aspekt. Die Bundesrepublik als Einwanderungsland mit einer Vielzahl nationaler Minoritäten zu begreifen, hätte dem Grundgesetz »im Hinblick auf die als vorläufig gedachte staatliche Organisation und die noch zu bewältigenden Aufgaben der Herstellung der nationalen und staatlichen Einheit« widersprochen.[169] Unvollendetes *nation building* als bedingendes Moment einer exklusiven Migrationspolitik: Joppke und im Anschluss an ihn Holger Kolb sehen in dem skizzierten Selbstverständnis einschließlich der ihm innewohnenden Agenda einen strukturellen Erklärungsgrund für die rhetorisch propagierte und sich in der praktischen Politik niederschlagenden Devise, Deutschland sei kein Einwanderungsland.[170]

Dass ein Festhalten am provisorischen Charakter der Bundesrepublik mit dem Ziel der Wiedervereinigung oder ein Eintreten für die Aufnahme von Aussiedlern bedeuteten, die westdeutsche Gesellschaft ethnokulturell geschlossen halten zu wollen, lässt sich jedoch für die Union nicht durchgängig und erst recht nicht für die FDP behaupten. In den Debatten um Zuwanderung meldeten sich seitens der CDU/CSU überwiegend Vertreter des konservativen Flügels zu Wort. Gleichzeitig traten moderater eingestellte Christdemokraten

168 Holger Kolb: Migrationsverhältnisse, nationale Souveränität und europäische Integration. Deutschland zwischen Normalisierung und Europäisierung, in: Oltmer, Handbuch Staat und Migration, S. 1021–1050, hier S. 1023, 1024 (Zitat; Kolb zitiert wiederum Joppke).

169 Joppke, Immigration, S. 63. Kay Hailbronner: Ausländerrecht und Verfassung, Neue Juristische Wochenschrift 36 (1983), S. 2105–2113, hier S. 2113, zit. nach Kolb, Migrationsverhältnisse, S. 1024.

170 Joppke, Immigration, S. 63; Kolb, Migrationsverhältnisse, S. 1022–1023. Dabei sollte jedoch nicht aus dem Blick geraten, dass der Rekurs auf eine ethnokulturell akzentuierte Gemeinschaft als Fundament nationaler Identität, wenn auch in Überzeugungen wurzelnd, zugleich einen stark instrumentellen Charakter besaß. So sehen Klusmeyer/Papademetriou, Immigration Policy, S. 30–31, auch Hailbronners Argumentation kritisch: Er habe eine restriktive Aufnahmepolitik gerechtfertigt, indem er sich in historischer Perspektive allein auf die ethnokulturellen und nicht auf die liberal-demokratischen Normen des Grundgesetzes bezog.

und -demokratinnen wie Heiner Geißler, Rita Süssmuth und die Ausländerbeauftragte des Berliner Senats Barbara John dafür ein, den Erwerb der Staatsangehörigkeit durch Ausländer flexibler zu gestalten. »They did not share the conservative's fear of multiculturalism as a threat to the preservation of german identity«, notieren Douglas B. Klusmeyer und Demetrios G. Papademetriou. Die FDP, namentlich die Ausländerbeauftragte der Bundesregierung Liselotte Funcke, nahm in der Ausländerpolitik grundsätzlich eine liberalere, stärker auf Inklusion ausgerichtete Haltung ein als ihr in diesen Fragen zerrissenerer Koalitionspartner.[171]

Zu relativieren ist zudem die Relevanz und Reichweite eines ethnischen Gemeinschaftsverständnisses. Amanda Klekowski von Koppenfels vertritt die These, die Inklusion der Aussiedler sei nicht dank einer jahrhundertelang eingeübten Bezugnahme auf Ethnizität, sondern aus ideologischen Beweggründen erfolgt. So hätten Aussiedler, zu verstehen als vor dem Hintergrund des Kalten Kriegs gebildete Kategorie, nicht per se als ethnisch Zugehörige Aufnahme gefunden; vielmehr sei ihnen deshalb Unterstützung geboten worden, weil und nur insofern sie im Ostblock infolge ethnischer Zuschreibungen diskriminiert wurden: »[...] these ›privileging‹ laws were, in fact, based upon ideology, namely anti-Communist reaction [...].«[172] Auch Dieter Gosewinkel zeigt, dass das Grundgesetz, wo es Volkszugehörigkeit als Grund des Deutschseins qualifiziert, zugleich die Eigenschaft Flüchtling oder Vertriebener als Bedingung benennt.[173] Um zu erklären, warum Zugehörigkeit und Mitgliedschaft in einer bestimmten, In- und Exklusion bedingenden Weise gefasst wurden, ist also nicht nur auf ein ethnisch fundiertes Nationalbewusstsein, sondern ebenso auf spezifische politi-

171 Klusmeyer/Papademetriou, Immigration Policy, S. 108 (Zitat); Tietze, Einwanderung und deutsche Parteien, S. 141, 148, 247. Aktuell bemühten sich FDP-Abg. 1988 um eine Reform des Ausländerrechts, die bestimmten Gruppen von Ausländern einen Rechtsanspruch auf Erteilung einer Aufenthaltsgenehmigung einräumte und an diesen Status wiederum Rechte knüpfte, vgl. St. [Autorenkürzel]: FDP kommt beim Ausländerrecht Vorschlägen Zimmermanns zuvor, Der Tagesspiegel, 7.4.1988.

172 Klekowski von Koppenfels, Politically Minded, S. 7.

173 Gosewinkel, Schutz und Freiheit, S. 366, 368. Gosewinkel benennt eine weitere politische Dimension, die mit der ethnischen verknüpft war. Dabei handelt es sich um einen Aspekt, der 1949 auch im Hinblick auf Ostdeutsche bei der Aufrechterhaltung des Staatsangehörigkeitsgesetzes von 1913 zum Tragen kam: Politische Verantwortung für sie wie für die Aussiedler zu übernehmen, »begründete einen Zusammenhang staatlicher Haftung für die eigene ethnische Gruppe, die zugleich ein umfassendes staatspolitisches Ziel mitverfolgte: die Durchsetzung der Behauptung einer fortbestehenden Einheit des Deutschen Reiches«. Ebd., S. 369.

sche Konstellationen abzuheben. Nicht zuletzt muss in diesem Zusammenhang darauf hingewiesen werden, dass im Grundgesetz von 1949 ethnisch fundierte Mitgliedschaft nur *eine* rechtliche Dimension neben mehreren anderen bildete, die in der Bundesrepublik ansässigen Menschen Schutz und Teilhabe eröffneten. Zu diesen weiteren Normen gehörten eine auf den Menschenrechten fußende universale sowie eine soziale, die kollektive Absicherung gegen individuelle Risiken bereitstellte.[174]

Zurück zu den konfligierenden migrationspolitischen Leitlinien Ende der 1980er Jahre. Nicht diskutiert wurden von den die Aufgabe ethnonationaler Kriterien Fordernden etwaige Folgen, welche sich im Falle einer Umsetzung für die vormals Begünstigten ergeben könnten. Für Ostdeutsche hätte eine solche veränderte Praxis bedeuten können, dass sie ihren Anspruch auf Aufnahme in der Bundesrepublik verlören. Die Betrachtungsweise zu universalisieren, also nicht Gruppenangehörige mit zugeschriebenen Merkmalen, sondern Menschen mit individuellen Rechten in den Blick zu nehmen, hieß zugleich, etwaige Ansprüche zu personalisieren: DDR-Bewohner würden dann nicht qua ihres Status als Deutsche Zugang und Unterstützung erhalten, sondern aufgrund spezifischer Bedingungen, die sich aus dem je persönlichen Fall ergeben. Wenn man die Entscheidung zum Weggehen als solche – als subjektive Überzeugung, nur woanders über- oder besser leben zu können – nicht bereits als ausreichenden Grund ansah, hätten diese Bedingungen definiert werden müssen. Entsprechend solcher Festlegungen beispielsweise humanitärer Gründe wie Verfolgung, Not oder familiäre Bindungen hätten Betreffende deren Vorliegen nachzuweisen, woran sich ein staatliches Prüfungsverfahren hätte anschließen müssen.

De facto wäre das die Rückkehr zu einem Verfahren gewesen, wie es in Bezug auf DDR-Zuwanderer in den 1950er Jahren bereits Anwendung gefunden hatte. Auch die Probleme, die ein solches Verfahren mit seinen speziellen Mechanismen der Kategorienbildung, der Nachweispflicht des Einzelnen und der Unterscheidung nicht zwischen Zugehörigen und Anderen, sondern zwischen Legitimen und Illegalen mit sich brachte, waren damals deutlich geworden. Grüne und jüngere sozialdemokratische Politiker, die sich mittel- bis langfristig eine Veränderung des Grundgesetzartikels 116 wünschten, rekurrierten nicht auf dieses sogenannte Notaufnahmeverfahren, das sie wahrscheinlich gar nicht mehr kannten.

174 Klusmeyer/Papademetriou, Immigration Policy, S. 1 (ausführlich zur inter-/transnationalen, bürgerschaftlich-politischen, föderalen und sozialen Dimension des GG siehe ebd., S. 1–21).

Zur der Zeit, als die Linke Alternativen zur Aufnahme der DDR-Zuwanderer als Deutsche forderte, hatte das auf politischen Kriterien gründende Notaufnahmeverfahren seine beurteilende Funktion vollständig eingebüßt. In der Praxis hatte sich bereits in den 1950er Jahren erwiesen, dass das Verfahren den ihm zugedachten Zweck, »echte« Flüchtlinge von den übrigen, nur auf ihren wirtschaftlichen Vorteil Bedachten oder sozial Labilen, zu unterscheiden und dadurch abschreckend zu wirken, nicht erfüllte.[175] Nach dem Mauerbau 1961 standen die normativen Grundlagen und Regulierungsabsichten des Notaufnahmeverfahrens überhaupt infrage: Konnte an den zwingenden Gründen der wenigen, die jetzt noch in die Bundesrepublik gelangten, ernsthaft gezweifelt werden?[176] Solche Überlegungen griff der SPD-Bundestagsabgeordnete Rudi Walther auf, als er 1978 dafür eintrat, den seiner Meinung nach anachronistischen Duktus des Verfahrens zu beseitigen. Dass Ausgereiste, »Sperrbrecher« und Freigekaufte einem Aufnahmeausschuss Rechenschaft ablegen mussten, damit ihnen anschließend »sozusagen ›freudestrahlend‹« ihr »befugte[r] Aufenthalt« mitgeteilt werde, empfand er angesichts der nach »Bau von Mauer und Stacheldraht« gänzlich veränderten Verhältnisse als zynisch. Seine Bedenken brachte Walther in Form einer mündlichen Frage im Juni 1978 in den Bundestag ein.[177] Die Kritik des Abgeordneten richtete sich zunächst auf den Umgang mit DDR-Zuwanderern, wie ihn das Aufnahmeverfahren mit seinen Befragungen und Prüfungen implizierte. Deren Berechtigung schien Walther nun, da es keine Massenzuwanderung mehr einzudämmen galt, entfallen. Darüber hinaus war sein Vorstoß grundsätzlich gemeint. Er zog den Ansatz des Notaufnahmegesetzes, die Übersiedlung aus der DDR in die Bundesrepublik mit einer Aufenthaltserlaubnis zu verbinden, prinzipiell in Zweifel.[178]

Dem stimmte der zuständige Bundesminister des Innern Gerhart Baum (FDP) de facto zu. Alle Deutschen, betonte er, genössen Freizügigkeit, und das

175 Dazu s. o. Kap. I Grundlagen.

176 Elke Kimmel: »... war ihm nicht zuzumuten, länger in der SBZ zu bleiben«. DDR-Flüchtlinge im Notaufnahmelager Marienfelde, Berlin 2009, S. 48.

177 Rudi Walther: Wider den »befugten Aufenthalt«. Das Bundesnotaufnahmeverfahren sollte geändert werden, Sozialdemokratischer Pressedienst 33, 26.6.1978, Nr. 119, S. 5 (Zitate), 6. Antwort des Parl. StS von Schoeler auf die mündl. Fragen des Abg. Walther (SPD) – DRS 8/1895, Fragen A 40 und 41 –, BT – PLPR 8/97, 14.6.1978, S. 7727* (D).

178 Außerdem hatte in den Jahren zuvor eine mit dem Aufnahmeverfahren in Zusammenhang stehende Praxis für Ärger gesorgt: die Befragung der Eintreffenden durch den bundesdeutschen Verfassungsschutz. Dessen wenig zimperliche Methoden führten 1973/74 zu einem regelrechten Befragungsskandal, siehe van Laak, Einrichten im Übergang, 199–201.

Bewohner des Durchgangsheims für Aussiedler und Zuwanderer, früher Notaufnahmelager Marienfelde, West-Berlin, 10. Juli 1980. Hier wurde die Aufnahme von DDR-Übersiedlern nach dem Bundesnotaufnahmegesetz abgewickelt.

Aufnahmeverfahren nicht zu absolvieren, bliebe ohne Folgen für staatsbürgerliche Rechte.[179] Die Frage, inwieweit die Aufnahmeregelung die Freizügigkeit und damit aus der Staatsangehörigkeit resultierende, verfassungsmäßige Rechte tangierte, war schon in den Beratungen über das Notaufnahmegesetz umstritten gewesen, aber ein Urteil des Bundesverfassungsgerichts von 1953 legte fest, dass eine vorübergehende Einschränkung der Freizügigkeit während des Aufnahmeverfahrens rechtens sei.[180] Baum erklärte das Notaufnahmegesetz in dieser Hinsicht nun offiziell als unwirksam, wodurch er deutlich zu machen versuchte, dass es um eine Steuerung der Übersiedlung aus der DDR nicht mehr ging. Gerade weil die Praxis der Notaufnahme so gesehen keinen Schaden anrichtete, ergab sich, wie Regierungsvertreter darlegten, aber auch kein rechtlicher Handlungs-

179 Vgl. Walther, Wider den befugten Aufenthalt, S. 6, der referierte, was ihm der Bundesinnenminister auf seine Beanstandungen hin mitgeteilt hatte.
180 Heidemeyer, Flucht und Zuwanderung, S. 164–165; vgl. auch S. 179–181.

bedarf. Kritik am Verfahren suchte die Regierung dadurch zu begegnen, dass sie es vereinfachte und dabei unter anderem bei den von Walther monierten Aufnahmeausschüssen ansetzte.[181] Wohin die Entwicklung lief, zeigte eine Broschüre, die der Bundesinnenminister, mittlerweile Friedrich Zimmermann (CSU), 1982 vorlegte. Ebenso wie Baum charakterisierte er die Notaufnahme in ihrer die Freizügigkeit tangierenden Seite als erledigt. Der Versuch, den Zuzug aus der DDR zu begrenzen, indem man bei der Erteilung der Aufenthaltserlaubnis nach triftigen und weniger triftigen Gründen unterschied, sei gescheitert, resümierte Zimmermann. Seit Jahren schon sei die Aufnahme überhaupt niemandem mehr verweigert worden.[182]

So war aus »dem ursprünglich angestrebten Ausleseverfahren« tatsächlich »ein Registrierverfahren« geworden. Antragsteller wurden nicht mehr vor einen dreiköpfigen Aufnahmeausschuss zitiert, sondern von nur einem Mitglied befragt. Anschließend befand der Ausschuss in ihrer Abwesenheit. Auch stand ihnen frei zu entscheiden, ob sie bei ihrer Ankunft in der Bundesrepublik oder West-Berlin überhaupt ein Aufnahmelager aufsuchen oder das gesamte Verfahren schriftlich abwickeln wollten.[183] Einen weiteren Schritt stellte die Abschaffung der Aufnahmeausschüsse dar, die, obschon vom Innenminister bereits 1980 in der Presse angekündigt, formal erst im Februar 1986 mit dem Ersten Gesetz zur Bereinigung des Verwaltungsverfahrensrechts erfolgte. »Die Aufnahmeentscheidung wird nunmehr durch einen Sachbearbeiter getroffen«, erläuterte die Leiterin der Bundesnotaufnahmestelle Berlin die veränderte Praxis.[184] Damit hatte sich ein Kernelement des Verfahrens in einen unspektakulären formalen Akt verwandelt.

Anders als in den 1950er Jahren bestand kein Anlass mehr, das Verfahren aus Angst, dem Begründungsdruck nicht standzuhalten, zu umgehen. Für die allermeisten übergesiedelten Ostdeutschen war es selbstverständlich, die mit Unterstützungsleistungen und Beratungsangeboten verbundene Aufnahme früher

---

181 Vereinfachungen des Verfahrens stellte von Schoeler in seiner Antwort auf die Fragen Walthers in Aussicht, siehe BT – PLPR 8/97, 14.6.1978, S. 7727* (D).

182 Der Bundesminister des Innern, betrifft: Eingliederung, S. 86–87.

183 Ebd., S. 86 (Zitat), 89, 87.

184 Hilfe für Übersiedler, Der Spiegel Nr. 8, 18.2.1980, S. 16. Erstes Gesetz zur Bereinigung des Verwaltungsverfahrensrechts vom 18. Februar 1986, Bundesgesetzblatt Teil I, 21.2.1986, Nr. 8, S. 265–274, hier Art. 11 Notaufnahmerecht, S. 267. BT – Ausschuss für innerdt. Bez.: PR Nr. 55, WP 10, 19.2.1986, ParlA, 3105, F 45, S. 7.

oder später zu absolvieren.[185] Gleichwohl bedeutete die Entwicklung nicht, dass sich das nach wie vor viele unterschiedliche Dienststellen und Organisationen einbindende Prozedere den Gewanderten insgesamt angenehm und harmlos darstellte. Wulf Rothenbächer, freigekaufter Arzt, beschrieb 1985 während einer Anhörung den Bruch, den das Aufnahmeverfahren im Erleben insbesondere von Haftentlassenen darstellte. Im Kontrast zur Erleichterung über die errungene Freiheit wirke die »knochenharte Bürokratie« ernüchternd und werde »als unpersönlich und hart« erlebt.[186] Der junge Liedermacher Karl-Ulrich Winkler, Ende 1981 aus der Haft in Cottbus über Karl-Marx-Stadt (Chemnitz) nach Gießen gelangt, stieß sich vor allem an der Befragung durch den bundesdeutschen Verfassungsschutz: »Das Büro sah wie ein Vernehmungszimmer der Stasi aus. Der Typ glich meinem Vernehmer und den anderen Stasi-Leuten, die ich kennenlernte. Dieselbe Art zu fragen, dieselben Blicke, dasselbe Mißtrauen.«[187] Ähnlich empfand die freigekaufte Marita Plexnies, die sich »nicht einmal 24 Stunden« nach ihrer Ankunft in Gießen einem Verfassungsschutzbeamten gegenübersah, »der genauso freundlich war wie die Herren von der Staatssicherheit, man sah wieder das Mikrophon und war wieder durch hundert Gänge in einen Raum geführt worden, und dann hieß es: Nun erzählen Sie mal, was Sie alles wissen.« Ansonsten allerdings erschien der Lehrerin »die Notaufnahme in Gießen als sehr sinnvoll«; positiv vermerkte sie die Bündelung von Ämtern und juristischer Beratung vor Ort.[188]

Auch Vertreter von Hilfs- und Interessenorganisationen befürworteten die zentralen Aufnahmestellen in Gießen und West-Berlin gegenüber einer zur Debatte stehenden dezentralen Abwicklung in den Bundesländern, um Kompetenz und Expertise akkumulieren und dadurch überhaupt gewährleisten zu können.

---

185 »[...] durch zahlreiche Vereinfachungen des Verfahrens [glichen sich] die Werte für Notaufnahme und Wohnanmeldungen an, sodass abgesehen von kleineren zeitlichen Verschiebungen ca. 90 Prozent der Ausreisenden einen Notaufnahmeantrag stellten [...].« Wolff, Migrationsverhältnisse, S. 782.

186 BT – Ausschuss für innerdt. Bez.: PR Nr. 41, WP 10, 12.6.1985, ParlA, 3105, F 44, S. 14.

187 Karl Winkler: Zur Klärung eines Sachverhalts, Berlin 1990, S. 180–181 (zuerst erschienen unter dem Titel Made in GDR. Jugendszenen aus Ost-Berlin, Berlin [West] 1983). Dass »die Begegnungen mit der bundesdeutschen Bürokratie und mit den Geheimdiensten« einen Schwerpunkt der Erinnerungen an den Aufenthalt im Aufnahmelager bildeten, »wobei die Erinnerung an die ›unsichtbaren‹ Dienste« überwog, vermerkt van Laak, Einrichten im Übergang, S. 348–349; zu entsprechenden Erfahrungen Betreffender ebd., S. 350–357.

188 BT – Ausschuss für innerdt. Bez.: PR Nr. 44, WP 10, 11.9.1985, ParlA, 3105, F 44, S. 35, 36 (Zitat).

Andernfalls hätten zuständige Sachbearbeiter schlichtweg zu wenig Fälle, um sich gut auszukennen, argumentierte der CSU-Politiker Eduard Lintner.[189] Zudem boten die Aufnahmestellen die Möglichkeit, gezielt über weitere Schritte zu unterrichten. So stellte der Bundesinnenminister die »Betreuung dieses Personenkreises und Beratung der Antragsteller über mögliche Hilfen, Ansprüche und Eingliederungsmaßnahmen« 1984 als wesentliche Aufgabe im Aufnahmeverfahren heraus. Dass die »Zahl der Antragsteller im mündlichen Verfahren gestiegen« sei, wertete er als Indiz für die Wertschätzung dieses Beratungsangebots.[190] Daneben erfüllte das Verfahren weitere, nach wie vor als relevant erachtete Funktionen: Umfang und Art des Zuzugs aus der DDR festzustellen; inhaltliche sowie Stichtagsvoraussetzungen für die Inanspruchnahme von Leistungen aufgrund verschiedener Gesetze zu klären und zu dokumentieren; und schließlich die Verteilung der Angekommenen auf die Länder zu steuern.[191]

Allerdings wurde Ende der 1970er Jahre auch die Verteilung auf die Länder als Zumutung thematisiert.[192] Sie stellte wie die benötigte Aufenthaltsgenehmigung eine Einschränkung der Freizügigkeit der Betreffenden dar. Nach 1961 konnte angesichts der niedrigen Zuzugszahlen von einer erheblichen Belastung, die es gleichmäßig auf die Länder umzulegen galt, kaum mehr die Rede sein. Die Notwendigkeit einer Änderung sah der Parlamentarische Staatssekretär beim Bundesinnenminister Andreas von Schoeler (SPD) 1978 dennoch nicht. Er verwies darauf, wie wenig restriktiv die Praxis mittlerweile sei: Wo »– bedingt durch Freunde, Verwandte oder Arbeitsplatzmöglichkeiten – bestimmte Vorstellungen und Wünsche über den Aufnahmeort« existierten, würden diese »selbstverständlich berücksichtigt«. Da aber die Betreuung jenes kleinen Teils der Neuankömmlinge ohne solche Vorstellungen in den Ländern zu gewährleisten sei, wollte von Schoeler auf das etablierte Verteilverfahren nicht verzichten.[193]

189 Ebd., S. 15–16, 10.

190 Der Bundesminister des Innern, Bericht zur Aufnahme (1984), LAB, B Rep. 002, Nr. 17683, S. 2. Eine ähnliche Feststellung traf auch bereits Der Bundesminister des Innern, betrifft: Eingliederung, S. 87.

191 Der Bundesminister des Innern, Bericht zur Aufnahme (1984), LAB, B Rep. 002, Nr. 17683, S. 1–2. Auch die Abwehr von Spionen spielte weiterhin eine Rolle.

192 Gesetz über die Notaufnahme von Deutschen in das Bundesgebiet vom 22. August 1950, Bundesgesetzblatt Teil I, 26.8.1950, Nr. 36, S. 367, 368: »Die Bundesregierung oder die von ihr beauftragte Stelle bestimmt das Land, in dem der [...] Aufgenommene seinen ersten Wohnsitz zu nehmen hat«, hieß es in Paragraf fünf.

193 Antwort von Schoelers auf die Fragen Walthers, BT – PLPR 8/97, 14.6.1978, S. 7728* (A). Der Bundesminister des Innern, Bericht zur Aufnahme (1984), LAB, B Rep. 002,

Dabei blieb es. Die Erläuterungen, die der Bundesinnenminister 1988 zur »Festlegung des Aufnahmelandes« gab, zeigen, dass sich das Vorgehen im Laufe von zehn Jahren nicht prinzipiell veränderte. Der Beauftragte der Bundesregierung, erklärte Zimmermann, lege

> das zuerst aufnehmende Land [...] im Aufnahmeverfahren für Zuwanderer [...] unter Berücksichtigung des Ersteinweisungswunsches, der familiären und persönlichen Bindungen, der wohnungsmäßigen Unterbringung sowie der beruflichen Eingliederungsmöglichkeiten des Antragstellers nach Anhörung des Ländervertreters und auf Grundlage der vom Bundesrat bestimmten Schlüsselzahlen fest.[194]

Diese Formulierung lässt die zwei Seiten der Verteilungsregelung erkennen: das Beharren auf einer das individuelle Recht auf Freizügigkeit einschränkenden Befugnis staatlicher Stellen als Steuerungsoption bei gleichzeitig weitreichendem Handlungsspielraum bezüglich der Wünsche der Gewanderten. Hinsichtlich dieser bedeuteten die 1986 beschlossenen »Grundsätze für die Aufnahme« eine Entformalisierung, insofern die differenzierten Anweisungen der früheren »Richtlinien für die Verteilung«, die verpflichtende und sonstige Bindungs- sowie allgemeine Verteilungsfälle unterschieden hatten, aufgegeben wurden.[195] Als Vereinfachung des Verfahrens kennzeichnete der Bundesinnenminister, dass Umzüge innerhalb der ersten zwei Jahre nach Zuweisung nur noch statistisch erfasst, aber nicht mehr beantragt werden mussten.[196] 1989/90 gewann der Regu-

Nr. 17683, S. 1, vermerkte, dass bei der Verteilung die Arbeits- sowie auch die Unterbringungsmöglichkeiten in den Ländern berücksichtigt würden.

194 Der Bundesminister des Innern, Bestandsaufnahme Eingliederungshilfen, S. 23. Siehe auch Haberland, Eingliederung, S. 1196.

195 Vgl. Richtlinien für die Verteilung der Zuwanderer aus der sowjetisch besetzten Zone Deutschlands und dem sowjetisch besetzten Sektor von Berlin, der Aussiedler und der Vertriebenen aus dem freien Ausland (Verteilungsrichtlinien) i. d. F. vom 10. März 1961, abgedr. in Jürgen Haberland: Eingliederung von Aussiedlern und Zuwanderern. Sammlung von Texten, die für die Eingliederung von Aussiedlern aus den osteuropäischen Staaten und von Zuwanderern aus der DDR und aus Berlin (Ost) von Bedeutung sind, Leverkusen 1978, S. 69–74, hier S. 69–71. Grundsätze für die Aufnahme in der von der Arbeitsgemeinschaft der Landesflüchtlingsverwaltungen im Einvernehmen mit dem Bundesminister des Innern beschlossenen Fassung vom 19. Dezember 1986, abgedr. in Haberland, Eingliederung (Textsammlung), S. 95–96. Die Grundsätze lösten die Richtlinien von 1961 ab.

196 Der Bundesminister des Innern, Bestandsaufnahme Eingliederungshilfen, S. 23.

lierungsvorbehalt, der in Zeiten niedriger Übersiedlungszahlen praktisch kaum zum Tragen kam, neue Relevanz. Der West-Berliner Senat beispielsweise berief sich nun auf die im Aufnahmegesetz vorgesehene Möglichkeit staatlicher Lenkung, um Zuwandernde aus der DDR zur Weiterreise gen Westen zu bewegen.[197]

Das Aufnahmeverfahren für DDR-Übersiedler erfuhr in den 1970er und 80er Jahren insofern eine (fortschreitende) Deregulierung, als es nun nicht mehr primär darum ging, die Wanderungsgründe individuell zu bewerten. Die normative Gestaltung der Aufnahme war im Untersuchungszeitraum einem Wandel unterworfen, dem wesentliche Kontinuitäten gegenüberstanden. Eine grundsätzliche Auseinandersetzung mit dem aus den 1950er Jahren überkommenen Verfahren fand nicht statt; vielmehr wurde unter Verzicht auf Novellierung der Ansatzpunkt des Aufnahmegesetzes, die vorübergehende Einschränkung der Freizügigkeit de facto wirkungslos.

Nach wie vor von Belang blieb die formalisierte Aufnahme von DDR-Zuwanderern, weil die Prozedur weiterhin vielfältige Anforderungen bediente, so Kontroll- und Sicherheitsinteressen, die in Registrierung und Befragung durch deutsche und alliierte Dienststellen zum Ausdruck kamen. Zu wissen, wer die waren, die da kamen, war nicht allein für ihre Verteilung und die Planung von Eingliederungsmaßnahmen wichtig, sondern erlaubte – etwa anhand der angegebenen Migrationsmotive – Rückschlüsse auf die Situation in der DDR. Dazu wurden die Ostdeutschen weitergehend befragt: Sie, die hinter dem Eisernen Vorhang gelebt, möglicherweise Kontakte zu Militär oder Staatssicherheitsdienst gehabt hatten, waren Kenner des Systems und in dieser Eigenschaft geeignete Informanten.[198] Zugleich waren sie aus demselben Grund immer auch potenziell verdächtig.[199] Die Betreffenden erlebten diese Seite des Verfahrens ambivalent. Einige stießen sich, vor allem wenn sie Hafterfahrung hatten, an den Überprüfungstechniken und der Grundhaltung des

197 Dazu s. u. Kap. V.

198 Zu Interessen und Arbeit der Geheimdienste bezüglich ostdeutscher Flüchtlinge und Zuwanderer vgl. Keith R. Allen: Interrogation Nation: Refugees and Spies in Cold War Germany, Lanham 2017, S. 3–29; van Laak, Einrichten im Übergang, S. 187–209. Erich Schmidt-Eenboom: Das Notaufnahmelager Marienfelde und die westlichen Nachrichtendienste, Zeitschrift für Geschichtswissenschaft 64 (2016) 2, S. 113–128.

199 Sönke Petersen: Alle DDR-Flüchtlinge werden wg. Spionage geprüft, Abendzeitung, 31.10.1989. Petersen berichtete über die sog. Ados-Datei (Adressendokumentation Ost), in die das Bundesamt für Verfassungsschutz persönliche Daten, die Übergesiedelte im Zuge der Aufnahme angaben, etwa frühere Wohnadressen und Arbeitsstätten, »zur vorbeugenden Spionagebekämpfung« einspeiste. Siehe auch kpk [Autorenkürzel]: 39.000 Flüchtlinge in Ados-Datei, taz, 10.11.1989.

Misstrauens. Andere akzeptierten und befürworteten das Screening – zumindest in Phasen verbreiteter Spionageangst. So beurteilte der 1983 ausgereiste Wolfgang Schmidt die Befragung als »sehr hilfreich« um »herauszufiltern, wer denn wirklich ein gedopter Mann ist«. »Die Quintessenz ist eigentlich die«, erläuterte er vor dem innerdeutschen Ausschuss, »eine Befragung ist für uns eine Art Legitimation, und in gewissem Sinne wünscht man sich befragt zu werden, um vielleicht doch darüber den Makel zu verlieren, doch ein Spion zu sein.«[200]

Aus Sicht des Staates blieb die Verteilung der Zugewanderten auf die Länder ein mit dem Aufnahmeverfahren verknüpftes Instrument, das wenigstens optional verfügbar bleiben sollte. Hierbei ging es um föderale Lastenverteilung sowie um wohnungs- und arbeitsmarktpolitische Steuerung. Überdies stand das Aufnahmeverfahren für ein Konzept staatlich begleiteter Eingliederung, die nach der Ankunft mit Unterbringung, Datenerhebung und Vergabe erster Unterstützungsleistungen zu greifen begann. Da man zudem der Beratung der Übergesiedelten in den 1980er Jahren einen hohen Stellenwert beimaß, fungierte die betreuende Aufnahme aus zeitgenössischer Sicht als wichtiger Weichensteller für die Integration. Nicht zuletzt ließ sich hierdurch auch der bis 1990 offiziell aufrechterhaltene Anspruch der Bundesrepublik demonstrieren, für alle Deutschen, auch die Bewohner der DDR, zuständig zu sein und im Bedarfsfall für sie zu sorgen.

6. Auseinandersetzungen über die Staatsangehörigkeit und ihre Bedeutung für die Aufnahme von DDR-Bürgern

Am 15. März 1984 berichtete Helmut Kohl dem Deutschen Bundestag zur Lage der Nation. Kohl ging nicht auf die deutsche Staatsangehörigkeit ein, wohingegen Abgeordnete der Regierungsparteien und der SPD sie in der nachfolgenden Aussprache mehrfach thematisierten.[201] Dabei wurde deutlich, dass es in dieser Frage

200 BT – Ausschuss für innerdt. Bez.: PR Nr. 44, WP 10, 11.9.1985, ParlA, 3105, F 44, S. 42–43. Ähnlich äußerte sich der Lehrer Bernd Schlacht: »Ich glaube, das wäre wichtig, einfach auch, um nicht in den Ruf zu kommen: Die sind alle Spione, die rüber kommen. Es ist ja leicht die Hysterie im Augenblick.« Ebd., S. 35.

201 BT – PLPR 10/59, 15.3.1984, S. 4157 (D)–4165 (A). Auf diese Fundstellen verweist Hecker, Staatsangehörigkeitsfragen, S. 23–24; Korte, Deutschlandpolitik in Kohls Kanzlerschaft, S. 78 (Wahl Kohls zum Bundeskanzler).

keine einheitliche Haltung mehr gab.[202] Die von der Bundesrepublik vertretene Vorstellung einer gesamtdeutschen Staatsangehörigkeit war zuletzt in den Jahren um 1970 prinzipiell herausgefordert worden. Mit dem Gesetz über die Staatsbürgerschaft der Deutschen Demokratischen Republik legte das SED-Regime 1967 die ausschließliche Zugehörigkeit seiner Bürger »zum ersten [...] sozialistischen deutschen Staat« fest. Gegen diesen Versuch, die deutsche Teilung zu vertiefen, verwahrte sich die Bundesregierung; weil nur *ein* deutsches Volk existiere, könne es nur *eine* deutsche Staatsangehörigkeit geben.[203] Den nächsten Anlass zur Auseinandersetzung stellte die neue Ostpolitik ab 1969 und insbesondere der Abschluss des Grundlagenvertrags 1972 dar, da hiermit die teilweise Anerkennung der DDR als Staat einherging. Auch wenn Staatsangehörigkeitsfragen explizit nicht geregelt waren, warf dies die Frage auf, ob die Bundesrepublik eine Neujustierung umgehen konnte. Das Urteil des Bundesverfassungsgerichts vom 31. Juli 1973 gab darauf im Grundsatz die Antwort: Eine gesonderte bundesrepublikanische Staatsangehörigkeit dürfe es auch zukünftig nicht geben. Hingegen gelte weiterhin, dass Bürger beider deutscher Staaten *eine* deutsche Staatsangehörigkeit besaßen. DDR-Bürger genossen somit Freizügigkeit und mit Betreten des westdeutschen Staates alle grundgesetzlich garantierten Rechte.[204]

Obwohl niemand dieses Fundament infrage stellte, traten in der Bundestagsdebatte vom 15. März 1984 voneinander abweichende Positionen zu Tage. Für die SPD äußerte sich der stellvertretende Fraktionsvorsitzende, der frühere Bundesjustizminister Jürgen Schmude. Er bezog sich auf die Geraer Forderungen, die Erich Honecker am 13. Oktober 1980 an die Adresse der Bundesregierung gerichtet hatte.[205] Während Schmude das Verlangen des SED-Generalsekretärs

202 Siehe zu den unterschiedlichen Positionen der Parteien Wolff, Mauergesellschaft, S. 746–747.

203 Das Zitat findet sich im Vorspruch zu dem Gesetz, hier nach von Münch, Deutsche Staatsangehörigkeit, S. 91; dort S. 97 zum Protest der Bundesregierung; siehe dazu ebenfalls Schwartze, Staatsangehörigkeit, S. 121.

204 In seiner Regierungserklärung vom 28.10.1969 sprach der neue Bundeskanzler Willy Brandt von zwei Staaten in Deutschland und anerkannte damit »die DDR zwar nicht im völkerrechtlichen [...,] wohl aber im staatsrechtlichen Sinne«. Fischer, Ostpolitik der SPD, S. 32. Zu Grundlagenvertrag und Verfassungsgerichtsurteil siehe von Münch, Deutsche Staatsangehörigkeit, S. 100–103; Schwartze, Staatsangehörigkeit, S. 125–126, 144.

205 Die sog. Geraer Forderungen umfassten »1. Anerkennung der DDR-Staatsbürgerschaft, 2. Auflösung der Zentralen Erfassungsstelle Salzgitter, 3. Umwandlung der Ständigen Vertretungen in reguläre Botschaften und 4. Regelung des Elbgrenzenverlaufs nach internationalem Recht, also auf der Talweglinie.« Amos, SED-Deutschlandpolitik, S. 336.

nach Umwandlung der Ständigen Vertretungen in Botschaften zurückwies, hielt er eine andere der vier Forderungen für realisierbar: die Respektierung der DDR-Staatsbürgerschaft. Irgendeine rechtliche Änderung wäre hierfür, wie der Jurist meinte, nicht notwendig. Überhaupt praktiziere die Bundesrepublik eine solche Respektierung mit dem Abschluss des Grundlagenvertrages bereits. Indem man die DDR auf dieser Basis als selbständigen Staat anerkenne, könne man ihr ohne Weiteres zugestehen, die Staatsangehörigkeit ihrer Bürger »durch innerstaatliches Recht selbst« zu regeln. Als nach wie vor bedeutsam betrachtete Schmude die (gesamt)deutsche Staatsangehörigkeit nichtsdestotrotz. Sie sei gewichtiger Ausdruck der gemeinsamen »Zugehörigkeit zu derselben deutschen Nation – unabhängig von deren staatlicher Organisation«.[206]

Der CSU-Abgeordnete Theodor Waigel hatte zuvor Honeckers Forderungen zurückgewiesen. Er vertrat die Ansicht, dass eine Anerkennung der DDR-Staatsbürgerschaft nicht aus den Setzungen des Grundlagenvertrags resultierte. Neben der Aufwertung der Vertretungen zu Botschaften und der verlangten Neubestimmung der Elbgrenze sah Waigel diese Forderung als Ausdruck des Bestrebens, den Status quo zu verändern.[207] Die von Waigel formulierte Position stimmte mit der von Helmut Kohl überein. Nachdem die DDR-Regierung ihre Forderung Ende Januar 1985 aktualisiert und eine Grundgesetzänderung angemahnt hatte, führte der Bundeskanzler vor dem Bundestag am 27. Februar aus: »Für uns gibt es nur eine deutsche Staatsangehörigkeit. Wir bürgern niemanden aus.«[208] In dieser Februarsitzung meldeten sich auch die Grünen zu Wort. Antje Vollmer, Fraktionssprecherin ihrer Partei, plädierte für eine Beachtung der »Realitäten«, die Existenz zweier Staaten mit unterschiedlichen Gesellschaftssystemen auf deutschem Boden. Ein einheitlicher deutscher Nationalstaat war für die Grüne keine Perspektive mehr, da ein solcher »in den letzten Jahrhunderten« nur um

206 BT – PLPR 10/59, 15.3.1984, S. 4198–4200, Zitate S. 4199 (C/B). Ähnlich wie Schmude äußerte sich der Vorsitzende der SPD-Bundestagsfraktion Hans-Jochen Vogel: »Das Grundgesetz verbietet nicht, mit der Staatlichkeit der DDR auch ihre Personalhoheit zu respektieren, solange nur niemand daran gehindert wird, die fortdauernde deutsche Staatsangehörigkeit dann in Anspruch zu nehmen, wenn er sie in Anspruch nehmen will.« Ebd., S. 4169 (A).

207 Ebd., S. 4173 (D). Mit gleicher Stoßrichtung argumentierte in derselben Sitzung für die CDU/CSU-Fraktion der Abg. Eduard Lintner. Er bescheinigte dem Begriff des Respektierens eine »immanente Zwielichtigkeit«. An die SPD richtete er den Vorwurf, »mit dem Osten unter Inkaufnahme eines einkalkulierten Dissenses« verhandeln zu wollen, »um zu Scheinfortschritten zu gelangen«. Ebd., S. 4201 (A).

208 BT – PLPR 10/122, 27.2.1985, S. 9013 (A); Amos, SED-Deutschlandpolitik, S. 445.

den Preis von Gewalt zu haben gewesen und das Nationalstaatsprinzip als Anachronismus anzusehen sei. Vor diesem Hintergrund forderte die Politikerin, dass die Bundesrepublik die DDR und ihre Staatsbürgerschaft anerkennen solle.[209]

Die kontroversen Positionen erwuchsen aus den Vorstellungen, die CDU/CSU, SPD und Grüne von einem Zusammenwirken West- und Ostdeutschlands und der mittel- bis langfristigen Entwicklung des deutsch-deutschen Verhältnisses hatten. Was die Union und ihren Koalitionspartner FDP betraf, war die Staatsangehörigkeitsfrage eng mit dem deutschlandpolitischen Credo verbunden, das sich die Regierung Kohl-Genscher bei ihrer Konstituierung auf die Fahne schrieb. Für das deutsche Recht auf Einheit und Freiheit aktiv einzutreten und die deutsche Frage nicht nur theoretisch offen zu halten, lautete eine Zielvereinbarung des zwischen CDU/CSU und FDP geschlossenen Koalitionsvertrags.[210] Bezogen auf diesen Anspruch stellte das Festhalten an einer gesamtdeutschen Staatsangehörigkeit eine entscheidende Rechtsposition dar. Sie konservierte mit der zugrundeliegenden Vorstellung eines fortbestehenden deutschen Staatsvolks den Souverän, der ein einheitliches Deutschland in Freiheit zukünftig begründen sollte. Dementsprechend markierte Kohl die Unantastbarkeit der Staatsangehörigkeitsregelung als Grenze einer ansonsten gegenüber Ost-Berlin durchaus gesprächs- und verhandlungsbereiten und damit kontinuitätsorientierten Politik.[211]

---

209 Ebd., S. 9029 (C); siehe auch S. 9049 (C), 9050 (B/C): Der Deutschlandpolitik-Experte Dirk Schneider pflichtete seiner Fraktionskollegin bei. Die deutsche Frage sei nicht mehr offen, wer die Fakten sehe, müsse daraus die völkerrechtliche Anerkennung der DDR ableiten.

210 Potthoff, Koalition der Vernunft, S. 14–16. Auf eine gesonderte Darstellung der Positionen der FDP in der Frage der Staatsbürgerschaft wird verzichtet; siehe dazu ebd., S. 66; Korte, Deutschlandpolitik in Kohls Kanzlerschaft, S. 80–81.

211 Siehe dazu bereits Kohls Regierungserklärung vom 4.5.1983, in der er die oben zitierte, im Febr. 1985 wortgleich verwendete Formulierung prägte. BT – PLPR 10/4, 4.5.1983, S. 73 (B); Hinweis bei Hecker, Staatsangehörigkeitsfragen, S. 23. 1986/87 bekräftigte Kohl seine Position mit den bekannten Wendungen. BT – PLPR 10/205, 14.3.1986, S. 15 762 (D) (»So weiß die DDR sehr gut, daß wir an der durch Verfassung und Gesetze vorgegebenen Position festhalten, auch daran, daß es eben nur eine deutsche Staatsangehörigkeit gibt.«), 15 673 (A) (»Wir bürgern deutsche Landsleute nicht aus.«), BT – PLPR 11/4, 18.3.1987, S. 66 (C) (»So werden wir unverändert am Fortbestand der einheitlichen deutschen Staatsangehörigkeit festhalten.«). Für Kohl seien die Anerkennung einer eigenen DDR-Staatsbürgerschaft und eine Änderung der Präambel des GG bis 1990 nicht infrage gekommen, resümiert Roth, Bestandsaufnahme, S. 209; ebenso Korte, Deutschlandpolitik in Kohls Kanzlerschaft, S. 167. Zugeständnisse gegenüber Ost-Berlin machte Kohl beispielsweise mit der von ihm und Honecker gemeinsam

Politiker der SPD gingen das Thema mit Blick auf die Forderungen der DDR strategisch an. In einem Entschließungsantrag zum Bericht zur Lage der Nation vom 27. Februar 1985 forderte die SPD-Bundestagsfraktion, die Bundesregierung solle »gegenüber der DDR aktiv eine Politik des Dialogs [...] betreiben«. Als Beispiel für eine solche Politik nannte das Papier die Respektierung der DDR-Staatsbürgerschaft. Sie solle »mit einer öffentlichen, regierungsamtlichen Feststellung [dahingehend] verdeutlicht werden, daß die Bundesrepublik Deutschland niemanden für die Staatsbürgerschaft im Sinne des Grundgesetzes in Anspruch nehmen wird, der dies nicht will.«[212] Warum die SPD bekunden wollte, dass zur Realität deutscher Zweistaatlichkeit eine eigene DDR-Staatsangehörigkeit gehörte, hielt der Antrag ebenfalls fest, der eingangs einen zentralen Leitsatz formulierte: »Deutschlandpolitik ist Friedenspolitik.« »Die beiden deutschen Staaten«, hieß es weiter, »können ihrer besonderen Verantwortung für den Frieden nur gerecht werden, wenn sie ihre Existenz nicht gegenseitig in Frage stellen, sondern sich als gleichberechtigte Staaten deutscher Nation behandeln.«[213]

In diese auf Verständigung mit der SED setzende, in einer Sonderaußenpolitik der SPD auch operativ verfolgte Strategie ordnete sich die Bereitschaft zur Respektierung der DDR-Staatsbürgerschaft ein. Eine Änderung des Grundgesetzes jedoch stand für die SPD nicht zur Diskussion. Genauso wenig wie Unionspolitiker konnten und wollten die Sozialdemokraten eine Anerkennung der DDR-Staatsbürgerschaft in dem Sinne anbieten, Ostdeutsche rechtlich wie Ausländer zu behandeln.[214]

---

abgegebenen Moskauer Erklärung und v. a. mit der Gestaltung von Honeckers Staatsbesuch in Bonn 1987. Vgl. Potthoff, Koalition der Vernunft, S. 26–27, 31–32.

212 BT – DRS 10/2927, 27.2.1985, S. 3 (Zitat), 4 (Zitat). Ein praktisches Entgegenkommen konnte etwa darin bestehen, auf die Zusendung von Wahlbenachrichtigungen und Wehrerfassungsbögen an (nicht dauerhaft übergesiedelte) DDR-Bürger in der Bundesrepublik zu verzichten. Diesen Punkt hatte bereits Helmut Schmidt bei seinem Treffen mit Erich Honecker am Werbellinsee im Dez. 1981 erörtert; Ende 1984 griffen Juristen des MfS ihn in einer Analyse zur Problematik Respektierung der DDR-Staatsbürgerschaft wieder auf. Amos, SED-Deutschlandpolitik, S. 339–340, 443.

213 BT – DRS 10/2927, 27.2.1985, S. 1. Der Text spiegelt Ideen, die, von Egon Bahr Anfang des Jahrzehnts entwickelt, seit 1983 Eingang in die Programmatik der SPD gefunden hatten: die Überzeugung, dass entgegen der Konzeption des eigenen Kanzlers Schmidt und nun, bruchlos, Kohls eine andere Sicherheitspolitik verfolgt werden müsse, die wesentlich als Gemeinsame Sicherheit im Sinne einer deutsch-deutschen Partnerschaft zu denken war. Fischer, Ostpolitik der SPD, S. 128, 132–135, 138, 162–163.

214 BT – DRS 10/2927, 27.2.1985, S. 2. Dies vertrat der Vorsitzende der SPD-Bundestags-

Allerdings galt diese Haltung in den 1980er Jahren nicht für die gesamte SPD. Einige Angehörige der jüngeren Generation gingen über die bisher geschilderte offizielle Parteiposition hinaus oder suggerierten dies zumindest – vorneweg Oskar Lafontaine.[215] »Wenn man tatsächlich einen normalen Reiseverkehr will, dann wird man irgendwann in der Frage der Staatsbürgerschaft so entscheiden müssen, daß man eben die DDR-Staatsbürgerschaft anerkennt«, äußerte der saarländische Ministerpräsident auf einer Pressekonferenz unmittelbar nach einem Zusammentreffen mit Honecker am 13. November 1985. Dafür erntete er Empörung seitens der Regierungskoalition, aber auch Widerspruch in der eigenen Partei. Er bekenne sich in Übereinstimmung mit dem Grundgesetz zu einer einheitlichen deutschen Staatsbürgerschaft, stellte Lafontaine schließlich klar, legte aber zugleich nahe, dass er dies tun musste, solange der Verfassungsrahmen bestehen blieb.[216] Auch Gerhard Schröder, als niedersächsischer SPD-Spitzenkandidat im Vorwahlkampf Ende 1985 ebenfalls Honeckers Gast, dachte laut darüber nach, ob Artikel 116 des Grundgesetzes geändert werden sollte. Wie Lafontaine konnte er sich eine Anerkennung vorstellen, die über das für selbstverständlich gehaltene Respektieren hinausging (die »DDR ist ein Staat, hat ein Staatsvolk, also auch eine Staatsbürgerschaft«).[217] Im Unterschied etwa zu Hans-Jochen Vogel zielten diese Angehörigen der Enkelgeneration darauf, den Status quo in Richtung einer Stilllegung der deutschen Frage zu überschreiten und in diesem Sinne auch die Deutschen-Definition des Grundgesetzes, das heißt die Staatsangehörigkeitsregelung, zu verändern.

---

fraktion Hans-Jochen Vogel gegenüber Erich Honecker, den er mehrfach traf, auch im persönlichen Gespräch. Eine Revision des GG sei unrealistisch, legte Vogel dem SED-Generalsekretär am 14.3.1984 dar, so dass es dabei bleibe, dem, der sich auf die deutsche Staatsangehörigkeit beruft, den Schutz nicht verweigern zu können. Potthoff, Koalition der Vernunft, S. 57, vgl. Dok. 14 a), S. 275, siehe auch b), S. 284.

215 Vgl. die Einschätzung von Potthoff, Koalition der Vernunft, S. 58: »Formelkompromisse überdeckten die Gemengelage vor allem zwischen den Älteren, die im Innern an der deutschen Nation festhielten, und den Angehörigen der jüngeren Generation, die sich als Verfassungspatrioten der alten Bundesrepublik und westliche Europäer empfanden.«

216 Marlies Menge: Zwei Saarländer unter sich, Die Zeit, 22.11.1985; Roth, Bestandsaufnahme, S. 204–205.

217 Marlies Menge: Noch weiße Flecken auf der Landkarte, Die Zeit Nr. 51, 13.12.1985 (Zitat); vgl. auch: M.M., d. i. Marlies Menge: Frommer Wunsch?, Die Zeit Nr. 52, 20.12.1985; Roth, Bestandsaufnahme, S. 205–206. Zum Agieren Lafontaines und Schröders siehe auch Daniel Friedrich Sturm: Uneinig in die Einheit. Die Sozialdemokratie und die Vereinigung Deutschlands 1989/90, Bonn 2006, S. 78–79.

In dieser Hinsicht gab es Berührungspunkte mit der Haltung der Grünen, die sich allerdings noch heterogener darstellte als innerhalb der SPD. Dass die Westintegration keine Sicherheit mehr bot, die Bündnislogik vielmehr eigene Interessen überschrieb und mit der Raketenstationierung die Bedrohung einer militärischen Auseinandersetzung vor Ort manifest geworden war, musste nach Ansicht der Grünen zum Dreh- und Angelpunkt auch der Deutschlandpolitik werden. Sie musste, so Antje Vollmer am 12. September 1984 vor dem Bundestag, Friedenspolitik sein – darin stimmte man mit der SPD überein.[218] In dieser Perspektive wurde die geforderte vollumfängliche Anerkennung der DDR einschließlich eigener Staatsbürgerschaft zur Voraussetzung der notwendigen Neuorientierung.[219] Was die besondere Verpflichtung der Deutschen in Ost und West zu Entspannung und Abrüstungsinitiativen betraf, deckten sich die Vorstellungen der Linken mit denen der Sozialdemokraten. Im Gegensatz zu diesen sprachen jene allerdings explizit von einem deutschen Sonderweg, der in Neutralität und Blockunabhängigkeit führen sollte.[220] Vor allem aber mit ihrer dem Grundgesetz (und Verfassungsgerichtsurteil zum Grundlagenvertrag) widersprechenden Forderung, die DDR wie jeden anderen souveränen Staat zu behandeln, gingen die Grünen über das, was die meisten Sozialdemokraten vertraten, entscheidend hinaus.[221]

218 BT – PLPR 10/81, 12.9.1984, S. 5918 (B), siehe auch (C/D). Vgl. Wick, Die Mauer, S. 112.

219 Nur so lasse sich ein »normales Verhältnis« zwischen beiden deutschen Staaten herstellen, auf dessen Basis sie ihre gemeinsame Verantwortung für Frieden in Europa wahrnehmen könnten, äußerte Henning Schierholz, deutschlandpolitischer Sprecher der Grünen. BT – PLPR 10/205, 14.3.1986, S. 15774 (C).

220 Vollmer gebrauchte den Begriff Sonderweg, als sie positiv auf Jakob Kaiser und Gustav Heinemann Bezug nahm; zugleich machte sie deutlich, dass es ihr um Deutschland »in der Mitte Europas« ging. BT – PLPR 10/81, 12.9.1984, S. 5917 (C/D). Diese Vorstellung einer europäischen Einbettung (nach der Sonderweg nicht Alleingang bedeutete) betont auch Wick, Die Mauer, S. 113. Gegen eine neutralistische Position und einen deutschen Sonderweg wandten sich in derselben Debatte ausdrücklich Bundesaußenminister Hans-Dietrich Genscher sowie für die SPD Egon Bahr und Hans Büchler. Ebd., S. 5920 (D), 5941 (C), 5948 (C).

221 BT – PLPR 10/205, 14.3.1986, S. 15774 (B) (Zitat). Die referierten deutschlandpolitischen Positionen repräsentierten innerhalb der Partei einen Kompromiss. Ca. 1984 etabliert, bestand dieser Minimalkonsens zentral in der Forderung einer völkerrechtlichen Anerkennung der DDR, die die verschiedenen Strömungen mittragen konnten, wiewohl sie insbesondere hinsichtlich der Frage der deutschen Einheit unterschiedliche Haltungen damit verbanden. Zu den deutschlandpolitischen Positionen der unterschiedlichen Fraktionen und ihrer Haltung zur Nation siehe Wick, Die Mauer, S. 101–115, außerdem S. 130–133, 137.

Wie die Aufnahme überwechselnder DDR-Bürger sich darstellen sollte, wenn man von einer bundesrepublikanischen und einer DDR-Staatsangehörigkeit ausginge (und irgendwann vielleicht sogar das Grundgesetz änderte), wurde kaum diskutiert. Einige Beispiele finden sich gleichwohl. Vorschläge zur Gestaltung des Zugangs für übersiedelnde Ostdeutsche enthielten Denkmodelle, die Anfang 1977 nach einem *Spiegel*-Interviews mit Günter Gaus in der Presse debattiert wurden. Der Leiter der Ständigen Vertretung der Bundesrepublik in Ost-Berlin hatte gefordert, »für die Staatsangehörigkeitsfrage Lösungen und Verhaltensweisen [zu] finden, die nicht immer wieder neue politische Konflikte [...] hinaufbeschwören«, und mit diesem Vorstoß heftige Kritik auf sich gezogen. Diskutiert wurden anschließend Entwürfe, die solche Lösungen anboten, so die Einführung einer »Unterstaatsangehörigkeit« für die Bundesrepublik neben einer weiterhin bestehenden gesamtdeutschen Staatsangehörigkeit, wie sie laut *Spiegel* Mitarbeiter des Bundesinnenministeriums und weitere Juristen ventilierten.[222]

»Übersiedler in den Westen könnten sich also nach wie vor als bundesdeutsche Staatsangehörige registrieren lassen, ohne daß es dazu eines speziellen Einbürgerungsaktes bedürfte«, referierte das Magazin Überlegungen des Staatsrechtlers Karl Matthias Meessen. Eingereiste DDR-Bewohner nicht mehr automatisch als Bürger der Bundesrepublik zu behandeln, »sondern nur dann, wenn diese [...] ausdrücklich die bundesdeutsche Staatsangehörigkeit beantragen«, lautete eine von Gaus formulierte Auslegung des Unterstaatsangehörigkeitsmodells.[223] Der Sozialdemokrat trug 1977 im *Spiegel* Erwägungen vor, die sich mit dem, was seine Parteikollegen seit Anfang der 1980er Jahre unter dem Stichwort Respektierung der DDR-Staatsangehörigkeit erörterten, berührten.[224] Von einem Beantragen der bundesdeutschen Staatsangehörigkeit durch

222 »Wir können nur von gleich zu gleich verkehren«, Der Spiegel Nr. 6, 31.1.1977, S. 21–24, hier S. 23; Günter Gaus: Steinwurf nach Wehner-Art, Der Spiegel Nr. 7, 7.2.1977, S. 21–23, hier S. 21 (Reaktionen auf das Interview), 22 (Konzept Unterstaatsangehörigkeit). Gaus' Äußerungen zum deutsch-deutschen Verhältnis einschließlich der Frage der Staatsangehörigkeit waren zudem Gegenstand zahlreicher mündl. Anfragen sowie einer Aktuellen Stunde in der Bundestagssitzung vom 10.2.1977, vgl. BT – PLPR 8/14, S. 664 (A)–685 (C).

223 Offene Tür, Der Spiegel Nr. 10, 28.2.1977, S. 38, 39 (Zitat); Amos, SED-Deutschlandpolitik, S. 321 (Zitat).

224 Vgl. die oben zitierte Aussage des Fraktionsvorsitzenden Vogel, BT – PLPR 10/59, 15.3.1984, S. 4169 (A). Schmude vermerkte, dass die Frage, »wie lange wir die Bindung eines DDR-Bürgers an seinen Staat zu respektieren bereit sind, auch wenn er für unbefristete Zeit hier seinen Wohnsitz genommen hat, [...] offen« sei. Ebd., S. 4200 (A).

ehemalige DDR-Bewohner, das eine Hürde signalisierte, war nun jedoch nicht mehr die Rede. Jürgen Schmude, der für eine Respektierung eintrat, erklärte es im März 1984 für indiskutabel, »Deutschen im Geltungsbereich unserer Rechtsordnung die deutsche Staatsangehörigkeit und die damit verbundenen Rechte« zu verweigern; so dürfe ein übergesiedelter Ostdeutscher hier keine »besondere[n] Schranken [zu] überwinden und Verfahren [zu] durchlaufen« haben.[225]

Innerhalb der grünen Partei blieb die Frage, ob die Anerkennung der DDR-Staatsbürgerschaft zu einer Aberkennung der deutschen beziehungsweise dann bundesrepublikanischen Staatsbürgerschaft führen sollte, ungeklärt. Einige Grüne, die Ostdeutsche ausschließlich als DDR-Staatsangehörige verstanden wissen wollten, forderten zugleich spezifische, eine Übersiedlung erleichternde Auflagen. Der deutschlandpolitische Sprecher der Grünen Henning Schierholz etwa setzte sich im März 1986 für eine vollumfängliche Normalisierung des deutsch-deutschen Verhältnisses einschließlich Begrenzung des Artikels 116 Grundgesetz auf Bundesdeutsche ein. In diesem Fall müsse aber »aus humanitären Gründen [...] eine Reihe zusätzlicher Regelungen für Bürger der DDR, die hierher kommen«, getroffen werden.[226] Einige Monate später hielt die Unter-AG deutsch-deutsche Beziehungen in einem Positionspapier fest, DDR-Übersiedler müssten die bundesdeutsche Staatsangehörigkeit »auf Antrag« problemlos erwerben können. Andere Gruppierungen der Grünen plädierten dagegen ausdrücklich für eine Beibehaltung der übergreifenden deutschen Staatsangehörigkeit, die sie als wichtige gesamtdeutsche Klammer betrachteten.[227]

Abschließend ist zu konstatieren, dass in den 1980er Jahren eine parlamentarische Mehrheit für eine Änderung des Grundgesetzes (einschließlich des zugehörigen Staatsangehörigkeitsgesetzes) zwar nicht in Sicht war. Doch lässt sich das Festhalten an der überkommenen Regelung zu dieser Zeit nicht mehr als unangefochtener Mainstream bezeichnen. Mit den Grünen äußerten Vertreter einer im Bundestag etablierten Partei ebenso wie einige aufstrebende Politiker der SPD, dass sie den »Verfassungsrahmen (Wiedervereinigungsgebot, Staatsan-

225 Ebd., S. 4200 (A), 4199 (A/B). Auch werde keine noch so »volle Respektierung« dazu führen, dass die Bundesrepublik einen Pass erst dann ausstelle, wenn der Betreffende aus der DDR-Staatsangehörigkeit entlassen sei. Ebd., S. 4200 (A).

226 BT – PLPR 10/205, 14.3.1986, S. 15 774 (C), 15 775 (C) (Zitat). Vgl. Wick, Die Mauer, S. 137.

227 Ebd., S. 137.

gehörigkeitsfrage) [...] als anachronistisch« empfanden.[228] Geschuldet war dies primär den sicherheits- und friedenspolitischen Perspektiven, die man mit der DDR und Europa angesichts Deutschlands blockpolitischer Lage verband. Mit dem Zuzug Ostdeutscher im Sinne migrationspolitischen Steuerungsbedarfs war die Frage der Staatsangehörigkeit anders als 1989/90 nicht verknüpft.

228 Kubina, Recht auf Freizügigkeit, S. 87, beobachtet überdies in den 1980er Jahren allgemein in der Bevölkerung und unter Politikern einen »zerbröselnde[n] deutschlandpolitische[n] Konsens«.

IV. Sich in eine neue Gesellschaft hineinfinden: Wiederbeheimatung und ihre Hindernisse

1. Interviews mit DDR-Zuwanderern als Oral-History-Quelle

In der Exildebatte dominierten Fragen der nationalen Selbstverständigung und Bewertung der konkurrierenden Systeme in Ost und West. Jenseits des politischen Streits wurden bestimmte Erfahrungen der Ausgewiesenen oder -gereisten sichtbar: Einige von ihnen erlebten den Westen (oder sich selbst hier) als fremd – in dem Sinne, sich nicht ohne Weiteres neu beheimaten zu können. Die Hindernisse, die sie hierfür benannten, waren vielfältig. Wolf Biermann stellte heraus, sich mit dem, was die Bundesrepublik politisch-gesellschaftlich ausmache, nicht zu identifizieren. Jürgen Fuchs betonte, eine zwangsweise Dislozierung erlitten zu haben und nun, biografisch gesehen, am falschen Ort zu sein. Hans Joachim Schädlich erwähnte den schmerzhaften Verlust vertrauter Menschen und Orte, der erst einmal zu bewältigen war. Andere dagegen wie Reiner Kunze zeigten, welche Eigenschaften des neuen Umfelds Anknüpfung ermöglichten.[1] Diese Wahrnehmungen gilt es konzeptuell näher zu fassen und über den Kreis der Intellektuellen hinaus zu vertiefen: Wie gestaltete sich für DDR-Zuwanderer

1 Auch Schmitz, Literatur »zwischen den Staaten«, S. 72–76, skizziert kurz die Verwurzelung ostdeutscher Schriftsteller/-innen im Westen zwischen Schwierigkeiten und Gelingen.

eine Beheimatung in der neuen Umgebung, und welche Faktoren standen diesem Prozess entgegen?

Begrifflich schließen die folgenden Überlegungen an Konzepte von Heimat und Beheimatung an, wie sie von Ina-Maria Greverus und Beate Mitzscherlich entwickelt worden sind. Beide Autorinnen verstehen *Heimat/Beheimatung* als ein allgemeines, keineswegs nur oder primär mit Migrantinnen und Migranten assoziiertes Thema. Doch lassen Wanderungen damit verbundene Herausforderungen in besonderer Weise virulent werden. Die Ortswechsel bedingen, dass man sich zu der neuen Umgebung in Beziehung setzen und sich in ihr sozial positionieren muss. »Bedürfnisse nach Identität (dem Sich-Erkennen, Erkannt- und Anerkanntwerden), nach materieller und emotionaler Sicherheit, nach Aktivität und Stimulation« sollten laut Greverus erfüllt sein in einem Lebensumfeld, das Heimat ist – einem »Territorium, das sich die Menschen aktiv aneignen und gestalten«, in dem »sie sich einrichten können«.[2] Verlust- und Fremdheitserfahrungen können Beheimatung behindern und verzögern. Eine tragfähige Definition von Fremdheit bietet Horst Stenger an. Ausgehend von Georg Simmel wendet Stenger soziologische Bestimmungen der Figur des Fremden dahingehend, die Erfahrungsqualität von Fremdheit umreißen zu können. Sie lässt sich als *Nichtzugehörigkeit* und *Unvertrautheit* (soziale und kulturelle Fremdheit) fassen.[3] Für ein solches Verständnis gilt, was Boris Nieswand und Ulrich Vogel herausstellen: Fremdheit stellt keine subjektunabhängige Eigenschaft dar, sondern wird situationsgebunden immer wieder neu hergestellt und unterschiedlich wahrgenommen. Dabei bewegen sich die Beteiligten zwar innerhalb der Spielräume, die ihre soziale Umgebung vorgibt, doch treffen sie zugleich eigene Entscheidungen.[4]

Erste Beobachtungen zu diesem Thema erbrachte das Projekt der Bremer Forscher. Den Soziologen um Karl F. Schumann, die Beheimatung im Kontext einer Bilanz der Übersiedlung untersuchten, stellte jene sich als überwiegend gelungen dar. 90,1 Prozent der an ihrer Erhebung Beteiligten antworteten auf die Frage, ob sie sich »am neuen Wohnort schon heimisch« fühlten, entweder uneingeschränkt oder mit leichten Abstrichen mit »ja«.[5] Andererseits fühlte sich

2 Greverus, Wem gehört die Heimat?, S. 24.

3 Stenger, Fremdheit, S. 18–19, 22.

4 Boris Nieswand und Ulrich Vogel: Dimensionen der Fremdheit. Eine empirische Analyse anhand qualitativer Interviews mit Angehörigen einer Migrantengruppe, Soziale Probleme. Zeitschrift für soziale Probleme und soziale Kontrolle 11 (2000) 1/2, S. 140–176, hier S. 145.

5 »Sich-heimisch-Fühlen in der neuen Lebenswelt versus Sich-noch-fremd-Fühlen« fungierte als eine von vier Bilanzierungsdimensionen. Die zitierte Frage beantworteten

mehr als jeder zehnte DDR-Übersiedler in der Bundesrepublik diskriminiert, was ein Hinweis auf Nichtzugehörigkeit ist. Wissens- und Informationsdefizite, die auf Unvertrautheit hindeuten, benannten Zuwanderer für die Bereiche Arbeit, Bürokratie/Verwaltung, Versicherungen/Banken/Kreditwesen, Rechtssystem/Steuerwesen, Umgang mit Geld und Konsum sowie Leistungsansprüche an den Staat.[6] Eine spezielle Form des Sich-nicht-Auskennens sieht Manfred Gehrmann in der »häufig geschilderte[n] Erfahrung des Kontrasts zwischen der aus der DDR gewohnten Mangelwirtschaft und dem üppigen Warenangebot in westlichen Kaufhäusern«. So mussten auch innerdeutsche Migranten eine Krise durchleben, wie Alfred Schütz sie analysierte, diagnostiziert Gehrmann.[7] Torsten Flögel unterscheidet in seiner psychologischen Diplomarbeit (Hamburg) zwischen Fremdheitserfahrungen, die bald nachließen, und andauernden Erfahrungen eigenen Andersseins. Als Beispiel für Erstere nennt der Autor den Kulturschock, den einige der von ihm interviewten acht DDR-Übersiedler/-innen angesichts der ihnen im Westen abverlangten Selbständigkeit (in der Organisation des Alltags, der eigenen Karriere usw.) erlebten. Anders nahm sich mancher Interviewte etwa im Blick auf ein sichereres Auftreten Westdeutscher und deren »leichtere« Ausstrahlung wahr.[8]

Um diese Problematik zu analysieren, nutzt die Untersuchung eine umfangreiche Sammlung von Zeitzeugeninterviews in der Stiftung Berliner Mauer mit dreifacher Provenienz: Mitarbeiter/-innen der Gedenkstätte Berliner Mauer begannen 1999, Menschen nach ihrem Leben im geteilten Berlin, ihrer Flucht oder Ausreise zu befragen. Von Anfang an orientierte man sich dabei methodisch an Fritz Schütze, so dass eingehende lebensgeschichtliche Interviews entstanden.[9] Der Verein Erinnerungsstätte Notaufnahmelager Marienfelde initiierte seit 1999 zunächst vornehmlich Experteninterviews, um Detailwissen über die Umstände von Flucht und Übersiedlung und die Aufnahme der Gewanderten zu gewinnen. Erst mit den Jahren wandelte sich diese Praxis hin zu einer Fragetechnik, die narrative Interviews generierte. Einen dritten Teilbestand stellen Interviews dar, die die Bremer Forscher um Karl F. Schumann 1989/90 mit 56 Ostdeutschen über

48,8 Prozent der Studienteilnehmer mit »ja«, völlig und 41,3 Prozent mit »weitgehend«. Schumann, Private Wege, S. 285, 288.

6 Schumann, Private Wege, S. 301, 49; die genannten Bereiche referiert ebenfalls Gehrmann, Überwindung, S. 447–448.

7 Gehrmann, Überwindung, S. 245 (Zitat), 446, Beispiele S. 455–457.

8 Flögel, Alltagserfahrungen, S. 210, 212.

9 Siehe Fritz Schütze: Biographieforschung und narratives Interview (1983), in: Oral History. Basistexte, hg. von Julia Obertreis, Stuttgart 2012, S. 99–111.

ihre Wanderungsbiografie führten. Von den übrigen Interviews unterscheiden sich die von den Bremern geführten durch ihren Zeitpunkt: Diese Befragten berichteten aus einem Abstand von wenigen Jahren von ihren Migrationserfahrungen, während bei den anderen ein Jahrzehnt oder mehr vergangen war.[10]

Die insgesamt mehreren Hundert Interviews wurden unter der Prämisse gesichtet, dass für Prozesse der Beheimatung und für Fremdheitserfahrungen der Ankunftsort von Belang ist. Da diese Bedeutung des Orts am Beispiel West-Berlins untersucht wird, wurden Erzählungen über Migrationen in den 1970/80er Jahren ausgewählt, die diesen Schauplatz gemeinsam haben. Die so gebildete Auswahl von 68 Interviews schloss alle drei skizzierten, heterogenen Teilbestände ein. Auf Heimischwerden und Fremdheit gerichtete Fragen stellen die Interviewer unterschiedlich, und die Zeit nach der Flucht oder Ausreise nimmt in nicht wenigen Gesprächen nur geringen Raum ein. So erwies sich nicht allein die Vergleichbarkeit der Fallgeschichten, sondern auch ihre Aussagekraft trotz umfangreicher Quellenbasis als eingeschränkt. Aus den 68 Interviews eine Stichprobe mit kontrollierbaren Merkmalen für eine systematische Auswertung zu bilden, war angesichts dessen nicht möglich. Andererseits zeigte sich eine ganze Reihe der Erzählungen sehr ergiebig für die hier interessierenden Fragen.

In einem zweiten Schritt wurden aus den 68 Interviews zwei ausgewählt, die Fremdheitserfahrungen prototypisch thematisieren. Gisela Heimpell schildert Unvertrautheit, während Christian Vogtsberg von Nichtzugehörigkeit spricht.[11] Zudem finden sich in ihren Erzählungen Ansatzpunkte für weitere Beobachtungen, so dass sie zum Ausgang der Untersuchung wurden. Dieser exemplarische Zugang bedeutet, dass im Spektrum von Beheimatung und Fremdheit nur das in den Blick gerät, was aus diesen beiden Fällen herauszulesen ist – während mögliche andere Wahrnehmungen und Erfahrungen unberücksichtigt bleiben. An den beiden Beispielen getroffene Feststellungen werden durch korrespondierende Passagen aus neun weiteren Interviews verdichtet, unterfüttert und ergänzt. Zusätzlich werden publizierte autobiografische Aussagen von DDR-Übersiedlern hinzugezogen.

Durch diesen Zugriff sollen Strategien, Prozesse und Erfahrungen herausgearbeitet werden, die als Beheimatung zu fassen sind oder ihr entgegenstehen.

10 Die Bremer Soziologen sprachen mit Ostdeutschen, die zwischen 1983 und 1986 übergesiedelt und demnach zum Zeitpunkt des Interviews mindestens drei bis vier, maximal sechs bis sieben Jahre im Westen waren; siehe dazu kurz Schumann, Private Wege, S. 54.

11 Die Namen sind Pseudonyme.

Was so sichtbar wird, wird als Teil eines zeitlich und biografisch weiter zu fassenden Migrationsverlaufs verstanden, wie Roswitha Breckner ihn umreißt.[12] Eine biografietheoretische Einordnung erfolgt jedoch nicht. Interviewerzählungen bestehen zwar als »Erinnerungstexte« in ihrem Aufbau aus »verschiedenen Schichten, die mehr oder weniger überformt oder aktuell sind«. Doch aufgrund des begrenzten Erkenntnisinteresses erschien eine hermeneutische Fallrekonstruktion, die Unterschiede zwischen erlebter und erzählter Lebensgeschichte reflektiert, entbehrlich.[13] Stattdessen wurden die Interviews inhaltsanalytisch auf Basis existierender Transkriptionen ausgewertet.[14] Dieses Vorgehen weist über eine kontextlose Identifikation von Fremdheitserfahrungen, wie sie etwa Gehrmann punktuell unternimmt, hinaus.[15] Zu fragen ist nach Faktoren wie Vorerfahrungen und sozialisatorischen Prägungen in der DDR, auch Lebensalter und Geschlecht, welche die Ausprägung jener Erfahrungen mit bestimmten. Solche Faktoren können unter Hinzuziehung von Ergebnissen soziologischer Arbeiten nur hypothetisch beschrieben werden, sie empirisch zu prüfen und abzusichern, bleibt zukünftiger Forschung überlassen. Ebenso wenig erlaubt das untersuchte Material quantifizierende Aussagen.

12 Breckner, Migrationserfahrung, S. 43–44, 381.

13 Julia Obertreis und Anke Stephan: Erinnerung, Identität und »Fakten«. Die Methodik der Oral History und die Erforschung (post)sozialistischer Gesellschaften (Einleitung), in: Erinnerungen nach der Wende. Oral History und (post)sozialistische Gesellschaften, hg. von Julia Obertreis und Anke Stephan, Essen 2009, S. 9–36, hier S. 12 (Zitat); Gabriele Rosenthal: Erlebte und erzählte Lebensgeschichte. Gestalt und Struktur biographischer Selbstbeschreibungen, Frankfurt am Main 1995; Gabriele Rosenthal: Interpretative Sozialforschung. Eine Einführung, Weinheim, 5. Aufl. 2015 (Kap. 6); weiterführend zu diesem Ansatz Ingrid Miethe: Neue Wege in der Biografieforschung. Der Ansatz der theorieorientierten Fallrekonstruktion, Zeitschrift für Qualitative Forschung 15 (2014) 1–2, S. 163–179.

14 Ein hermeneutisches gegenüber einem inhaltsanalytischen Vorgehen kontrastieren Mirja Silkenbeumer und Andreas Wernet: Biographische Identität und Objektive Hermeneutik: methodologische Überlegungen zum narrativen Interview, in: Subjekt – Identität – Person? Reflexionen zur Biographieforschung, hg. von Birgit Griese, Wiesbaden 2010, S. 171–196. Ebenso wie die Interviews haben die Transkriptionen eine verschiedenartige, sich zudem über Jahre erstreckende Genese. Sie wurden teils von professionellen Schreibbüros, teils von Laien angefertigt und folgen demnach differierenden Regeln. Diese unterschiedlichen Schreibweisen finden sich auch in den folgenden Zitaten wieder.

15 Siehe die Nachweise in Anm. 7.

2. Das Beispiel Gisela Heimpell: Strategien der Neuverortung

Gisela Heimpell, geboren 1952 in Halle (Saale), erreichte West-Berlin Mitte September 1985 zusammen mit ihrem Ehemann. Sie hatte knapp vier Monate Haft in der Strafanstalt Hohenleuben (Thüringen) hinter sich. Fluchtabsicht und -versuch ihres Mannes nicht angezeigt zu haben, lautete der Vorwurf des Gerichts, das sie im Dezember 1984 zu acht Monaten Freiheitsentzug verurteilt hatte. Im Mai 1985 trat Gisela Heimpell die Strafe an. Von der Bundesregierung freigekauft, wurde die 33-Jährige Ende August/Anfang September nach Karl-Marx-Stadt (heute Chemnitz) in das Gefängnis Kaßberg verbracht, bevor man sie mit ihrem Mann über die Grenze fuhr. Erste Station in der Bundesrepublik war am 12. September das Aufnahmelager Gießen. In Frankfurt am Main stiegen die Eheleute dann in ein Flugzeug, das sie dorthin brachte, wo sie künftig leben wollten: nach West-Berlin. Ihre Ortsentscheidung begründete Gisela Heimpell 26 Jahre später in einem Interview, in dem sie zu ihrer Ausreiseantragstellung und dem anschließenden Prozedere befragt wurde.[16] »Man musste sich das Bundesland aussuchen«, erläuterte sie, als sie ihren Aufenthalt in Gießen schilderte – eine Anforderung, die sie vor Probleme stellte. Informationen über westdeutsche Länder und Städte, etwa zu Landschaft und Architektur oder zur Arbeits- und Wohnungsmarktlage, besaß die Neubürgerin nur unzureichend. »[J]a, was weißt du über Köln, was weißt du über Hamburg, nichts weißt du da«, lautete ihre damalige Bestandsaufnahme. So besann sie sich auf alternative Auswahlgründe. »Ich dachte mir, das Einzije, was dir helfen könnte, wäre wahrscheinlich West-Berlin, da haste deine Freundin, die ja über Familienzusammenführung hierher jekommn ist.«[17]

Gisela Heimpell war sich bewusst, dass der Wohnort, für den sie sich entschied, die Art und Weise ihres Ankommens im Westen mit bedingte. Bei seiner Auswahl zielte sie darauf, ihr Fremdsein in der neuen Lebensumgebung zu mindern. Eine ihrer Strategien war, dorthin zu gehen, wo sie jemanden vorfand,

---

16 Gisela Heimpell (Pseudonym), Interview geführt von Lydia Dollmann, 18.4.2011, Stiftung Berliner Mauer. Ausführungen und Zitate zu Gisela Heimpell beziehen sich im Folgenden durchgängig auf das Interview, ohne dieses immer wieder zu benennen. Für die übrigen in diesem Kapitel auftretenden Personen gilt dasselbe: Basis der Darstellung ist das bei Ersterwähnung einmalig aufgeführte Interview.

17 Inwieweit Gisela Heimpells damaliger Ehemann an der Wahl West-Berlins beteiligt gewesen war, legte die Befragte nicht dar. Er hatte sich kurz nach der Maueröffnung von ihr getrennt. In der retrospektiven Interviewerzählung wird seine Rolle an keiner Stelle deutlich konturiert.

bei dem sie andocken konnte: ihre Freundin, die sie aus der gemeinsamen DDR-Zeit gut kannte. Sie war in dieser Funktion Ersatz für Familienangehörige, über die Gisela in Westdeutschland nicht verfügte. Dieses Herangehen war nicht untypisch. In dem hier genutzten Interviewbestand finden sich weitere Berichte, in denen die Befragten angaben, ihren Ankunftsort im Blick auf dort lebende Verwandte oder Bekannte ausgesucht zu haben. Dass ein Freund ihres Freundes eine Anlaufstelle für sie war, erläuterte Monika Presgen ihren Entschluss, nach geglückter Flucht 1977 nach West-Berlin zu gehen.[18] Gundula Boden kam im Zusammenhang ihres 1986 gestellten Ausreiseantrags auf ihre zuvor übergesiedelte Schwester zu sprechen. Als diese

> im Westen war, haben wir auch Kontakt aufgenommen, und irgendwie kam es dann auch so ins Rollen, dass wir uns dann immer mehr dazu entschlossen haben, auch rüberzugehen. Weil wir dann schon so Anhaltspunkte hatten, wo wir hingehen konnten.[19]

So ließen ihr Ehemann und sie sich 1989 nach Freikauf beziehungsweise Familienzusammenführung ebenfalls in West-Berlin nieder.[20]

Manfred Gehrmanns Untersuchungsergebnisse zeigen, dass die Orientierung an solchen »Anlaufstellen« keine vereinzelte Erscheinung war, sondern ein Muster, das Ost-West-Umzüge zumindest in der ersten Phase des Ankommens kennzeichnete: Die Nähe zu Freunden und Verwandten war der mit Abstand

18 Monika Presgen (Pseudonym), Interview geführt von Agnès Pilleul-Arp, 12.12.2003, Stiftung Berliner Mauer. Besagten West-Berliner Freund kannte Monika Presgen gut, da er, solange sie noch in Ost-Berlin gelebt hatte, häufig bei ihr untergekommen war. Er war mit einer Ost-Berlinerin zusammen, die er oft besuchte, ohne eine eigene Bleibe in diesem Teil der Stadt zu haben.

19 Dabei ging es nicht allein um das Wohin nach der Übersiedlung. Gundula Boden bezeichnete es als »ausschlaggebend« für ihre Migrationsentscheidung, dass ihre Schwester bereits im Westen war und mit ihr die dortigen Lebensumstände besprach. Als »Ermutigung von potentiellen Nachfolgern zum Auswandern durch die Schilderung günstiger Aussichten im Zielland und das Versprechen von Starthilfen« fasst diesen Sachverhalt Gehrmann, Überwindung, S. 429. Für Gehrmann ist dies ein Argument, die deutsch-deutsche Migration als Kettenwanderung zu beschreiben, die sich nicht individualisiert, sondern in weiten Teilen innerhalb sozialer Netzwerke vollzogen habe. Zur Kettenwanderungsthese siehe ebd., S. 13–14, 19. Zur angenommenen Vernetzung von Ausreiseantragstellern in der DDR kritisch äußert sich Hürtgen, Ausreise, S. 123–124.

20 Gundula und Matthias Boden (Pseudonyme), Interview geführt von Julia Obertreis, 18.9.2002, Stiftung Berliner Mauer.

bedeutendste Grund für die Wahl des ersten Wohnorts in der Bundesrepublik.[21] Zu wissen, dass man bei ihnen zur Not unterkommen und sich, so Matthias Boden, »von dort aus dann weiterentwickeln« konnte, gab Sicherheit. Seine Familie fand letztlich rasch eine eigene Wohnung. Gleichwohl war es hilfreich, gleich bei Ankunft einen privaten Zufluchtsort zu haben. Sie hätten während ihrer Unterbringung im Aufnahmeheim Marienfelde die Tage überwiegend bei ihrer Schwester verbracht, berichtete Gundula Boden. Auch Gisela Heimpell profitierte von der Möglichkeit, durch ihre Freundin dem Heim- und Ämteralltag zeitweise zu entkommen.[22] Bei den Treffen bekam sie »vieles erzählt«, was sich ihre Bekannte mit einem Jahr Vorsprung im Westen an nützlichem Wissen angeeignet hatte.[23] So konnten Freunde und Verwandte als »Westexperten« Fremdheit als ein Sich-nicht-Auskennen mindern und die eigene Orientierungsphase abkürzen. Auch Fremdheit im Sinne von Nichtzugehörigkeit halfen sie zu verringern, indem sie Übergesiedelten Akzeptanz und Aufgeschlossenheit in einer teils als harsch und ablehnend erlebten Umgebung vermittelten. Gisela Heimpell kontrastierte in ihrer Erzählung die raue, aggressive Mentalität der West-Berliner mit der freundlichen Begrüßung durch ihre ostdeutschen Bekannten. Die allein mit Kind geflüchtete Monika Presgen fand gastfreundliche Aufnahme bei der Familie ihres West-Berliner Freundes, während sie in der Familie ihres Lebenspartners nicht erwünscht war.[24]

Die Strategie, sich bei der Wahl des Ankunftsorts an Verwandten und Bekannten zu orientieren, verrät etwas darüber, wie Übersiedler die Herausforderungen ihrer Migration einschätzten. Trotz Kenntnis der Sprache wollten viele von ihnen auf Berater und Helfer bei ihrem Einstieg in die bundesrepublikanische Gesellschaft nicht verzichten. Dass sie sich auf Erklärungen und praktische Unterstützung auf einer Reihe von Feldern – Behördenabläufe, Wohnungsmarkt,

21 Gehrmann, Überwindung, S. 440.

22 »Dadurch hatten wir immer zumindest an den Wochenenden«, stellte sie heraus, »dass wir mal raus konnten aus 'm Lager, diese Anlaufstellen da, die haben uns mit versorgt [...].«

23 Gisela Heimpell schilderte einige Erfahrungen, die ihre Freundin weitergab: »[Sie] hat jesacht, dass [sie] in ihrem Lehrerberuf also auch nicht hier tätich is, sie hätte auch noch ma Prüfung machen müssen [...]. Na ja, sacht sie, der Alltag is ähnlich, is doch viel Stress und dies und jenes. Und dann haben wir von unsern Geschichten so erzählt und von den Möglichkeiten [...].«

24 Monika Presgens Bekannter leistete auch materielle Überbrückungshilfe, indem er für die erste Zeit Geld überwies. Zu diesen Hilfestellungen von Freunden und Verwandten siehe Gehrmann, Überwindung, S. 429–438.

Karl-Ulrich Winkler, freigekaufter Autor und Musiker, West-Berlin, 2. Februar 1983.

Ausbildungsanforderungen, Berufschancen – angewiesen sahen, relativiert Gehrmanns Feststellung, DDR-Zuwanderer kämen »aus der gleichen Kultur«. Und obwohl sie in der Bundesrepublik soziale Absicherung erwarten konnten, bemühten sie sich, Startrisiken wie Geldnot oder Wohnungslosigkeit durch private Sicherheitsnetze zu minimieren. Dies verweist auf eine »Besonderheit des Verlassens der DDR«, die ein Scheitern im Westen fatal erscheinen ließ: die versperrte Möglichkeit der Rückkehr.[25] War die Ankunftsphase mit ihren organisatorischen Anforderungen und Orientierungsnotwendigkeiten erfolgreich bewältigt, wurde man sicherer und unabhängiger. Gehrmann belegt, dass sich bei der Wahl des zweiten Wohnorts die Gewichtung der Gründe verschob. Mehr als die Hälfte der Zuwanderer folgte nunmehr arbeitsmarktbezogenen Kriterien.[26] Bedeutsam blieb die Nähe zu Freunden und Familienangehörigen aber auch bei einem Wohnortwechsel. Sie ermöglichten eine soziale Anbindung an die neue Umgebung, die Schumann et al. als wichtigen Faktor einer Beheimatung herausstellen.[27]

In dieser Hinsicht benannte Gisela Heimpell einen weiteren Punkt, der bei ihrer Wohnortwahl eine Rolle gespielt hatte, nämlich geografische Nähe zur DDR. »Ich musste auch ’n Stück weiterdenken«, schilderte sie ihre Erwägungen, »dass meine Mutter nachkommen kann, nicht so weite Zugfahrten hat, weil sie eben da die Behinderung hat«.[28] Weiterhin nahestehende Menschen treffen zu können – auch jene, die die Wanderung (zunächst) nicht mitvollzogen –, galt als wesentliche Qualität des neuen Lebensumfelds, um heimisch zu werden. Gisela Heimpell ging bei ihrer Übersiedlung davon aus, dass man ihre Mutter als Invalidenrentnerin würde reisen lassen. Gesundheitlich stark eingeschränkt, durfte die 1925 Geborene jedoch keine weiten Strecken überwinden müssen, um die Tochter zu sehen – die ihre Mutter perspektivisch nicht nur auf Besuch, sondern dauerhaft bei sich haben wollte. Inwieweit Nähe zu den Dagebliebenen DDR-Zuwanderer bei ihrer Neuverortung im Westen leitete, ist quantitativ nicht

25 Gehrmann, Überwindung, S. 232 (beide Zitate).

26 Insgesamt 54,1 Prozent der Betreffenden orientierten sich an Arbeitsmarktkriterien (Arbeitsstelle/Ausbildungsplatz für mich: 35,8 Prozent; Arbeitsstelle/Ausbildungsplatz für meine(n) Partner/-in: 10,9 Prozent; günstige Arbeitsmarktsituation: 7,4 Prozent); siehe Gehrmann, Überwindung, S. 440 (der hier fälschlicherweise von 53,1 Prozent spricht). Für rund 14 Prozent der Befragten blieben vor Ort ansässige Bekannte und Verwandte ein ausschlaggebender Faktor.

27 Schumann, Private Wege, S. 303, 305.

28 Die Mutter war infolge einer Polio-Infektion (Kinderlähmung) gesundheitlich eingeschränkt.

Die Mauer an der Heidelberger Straße, Ecke Elsenstraße, West-Berlin, 1985.

belegbar. Doch finden sich in den Interviews, in Selbstberichten und Zeitungsartikeln Aussagen, die solche Überlegungen nicht als Ausnahme erscheinen lassen.[29] Ein Beispiel ist Klaus-Dieter Schierov. Ende September 1989 aus der Haft in die DDR entlassen, reiste er kurz nach dem Mauerfall nach West-Berlin ein. Gegen eine Weiterleitung nach Westdeutschland wehrte er sich vehement, weil er mit seiner Frau in der Nähe der bei Potsdam lebenden Mutter und Schwiegermutter bleiben wollte.[30] West-Berlin sei »näher dran gewesen« an ihrer »Familie und Freundschaften«, gab auch Monika Presgen als einen Beweggrund an.

29 Neben den im Folgenden Zitierten bestätigte Manfred R., dass es die Nähe zur DDR und den dort verbliebenen Angehörigen gewesen sei, die seine West-Berlin-Entscheidung »damals mit ausgelöst« hatte. »Wenn du's im Kopp kriegst, rennst du weg ...«, in: Kessler/Miermeister, Vom Großen Knast, S. 11–23, hier S. 22.

30 »[...] wir ham och noch ma klarjestellt, wir ham unsre Familie hier und wir bleibn hier, ick bin nich ins Zuchthaus jejangn [...], um denn irgendwo hingeschickt zu werdn, wo ick nich will«, so Schierov. Klaus-Dieter Schierov (Pseudonym), Interview geführt von Julia Obertreis, 13.12.2002, Stiftung Berliner Mauer.

Ein Motiv, geografische Nähe zur DDR zu suchen, konnten neben nahestehenden Menschen vertraute Gegenden und Landschaften sein. Eine Lehrerin und ein Ingenieur etwa ließen sich 1989 vor der Grenzöffnung in Bayern nieder, um möglichst dicht an »ihrer verlassenen Heimat« Thüringen zu sein.[31] »Dort bin ich meinem Zuhause am nächsten«, erläuterte der 1981 freigekaufte Ost-Berliner Karl-Ulrich Winkler seine Entscheidung für West-Berlin und bezog sich auf die Orte seiner Kindheit.[32] »Ich sah meine Schule, [...] die Turnhalle, den Sportplatz, das Haus, in dem ich gewohnt hatte, in dem meine Mutter immer noch wohnt, ja sogar die Fenster ihrer Wohnung«, notierte er nach einem Spaziergang, der Ausblicke Richtung Baumschulenweg ermöglicht hatte. Seinen neuen Wohnort Berlin-Neukölln erlebte der Liedermacher ambivalent: zwar dicht an allem, dem sein »tiefes Heimweh« galt, doch zugleich schmerzlich getrennt davon.[33] Diesen letzten Aspekt akzentuierte noch schärfer Jürgen Fuchs, der beschrieb, wie die gesuchte, aber nicht realisierbare Nähe zur Qual wurde. Um sich von den Grünauer Freunden im Osten räumlich nicht weit zu entfernen, hatte auch er sich in West-Berlin niedergelassen.[34] Den unter Bewachung der DDR-Staatssicherheit stehenden Mentor Robert Havemann oder andere Freunde in absehbarer Zeit wiederzutreffen, konnte der in den Westen Abgeschobene aber kaum hoffen.

Der starke Wunsch einiger Zuwanderer, sich in geografischer Nähe zur DDR anzusiedeln, zeigt, wie wichtig die Aufrechterhaltung von Beziehungen zu dort verbliebenen nahestehenden Personen im Prozess der Migration war. Neben dem sozial neu Eingebundenwerden im Westen, das Schumann et al. herausstellen, ist dies als weiterer wesentlicher Faktor einer gelingenden Beheimatung zu bewerten. Dies verdeutlichen ex negativo die Beispiele Karl-Ulrich Winklers und Jürgen Fuchs', die trotz räumlicher Nähe von Freunden und Verwandten abgeschnitten blieben.[35] Ihre Strategie, sich wegen der Nachbarschaft zu vertrauten Menschen und Orten in West-Berlin niederzulassen, erwies sich als zwiespältig. Wie nirgendwo sonst erschien das Zurückgelassene hier zum Greifen nahe, nur eine S-Bahn-Fahrt entfernt, und war zugleich unerreichbar – eine Besonderheit

31 Roman Arens: Sie dreht sich immer noch nach dem Stasi um, FR, 14.9.1989.

32 Dass in West-Berlin Freunde wohnten, bei denen er unterkommen konnte, war ein weiterer Grund. Winkler, Zur Klärung, S. 179 (Zitat).

33 Ebd., S. 190 (Zitate), 191; siehe auch S. 183.

34 Fuchs, Leben auf der Grenze (Brief an Havemann), Der Spiegel Nr. 20, 15.5.1979, S. 209.

35 Im Blick auf die Zurückgelassenen heißt es bei Winkler: »Zu euch gehöre ich doch, und ich wollte ja gar nicht weg.« Winkler, Zur Klärung, S. 186.

dieses Ankunftsortes. »West-Berlin könnte nur dann die Rettung sein, wenn ringsum Wasser wäre und nicht mein Zuhause«, lautete Fuchs' bitteres Fazit.[36]

Gisela Heimpell beschrieb in Bezug auf West-Berlin noch eine andere Art von Nähe zur DDR, die bei ihrer Wohnortwahl eine Rolle gespielt hatte. »[...] und die wissen zumindest, was Osten is«, führte sie aus, während andere »das gar nich jenau wussten, da gibt's noch 'ne DDR, [...] und Berlin, die sind 'ne geteilte Stadt, die wissen das also, da biste vielleicht noch eher aufjehobn«. Die Formulierung lässt erkennen, dass es ihr um Zugehörigkeit und Verständnis ging. »[...] da hab ich mir Berlin ausjesucht«, präzisierte sie an anderer Stelle, »weil ich dachte, die wissen jetzt noch mit so Leuten wie uns was anzufangen«. Gisela Heimpell unterschied hier ausdrücklich zwischen Westdeutschen und Ostdeutschen in der Annahme eines je eigenen Erfahrungshintergrunds. So konnten jene auf diese, wie sie meinte, nicht angemessen reagieren, wenn jegliches Wissen um die DDR fehlte. Einen Beleg dafür sah sie in einem Erlebnis in Bayern, wo sie 1986 kurte und von einem Ortsansässigen auf ihren unbekannten Dialekt angesprochen wurde.[37] Gisela empörte, dass ihr Gegenüber weder ihre Herkunft noch ihre Zugehörigkeit (als Deutsche) erfasste, sondern sie als Exotin unklarer Zuordnung erschien. Entsprechend wurde völlig übersehen, dass sie keine normale Urlauberin und ihre Anwesenheit hier nicht selbstverständlich war. In Bayern war man nicht in der Lage, sie zu »erkennen«: Dieses Erleben war ein bedeutsamer Bestandteil der Ankunftserzählung, was sich auch darin zeigt, dass Anja Boehring, die gleichfalls als Zeitzeugin interviewte Tochter Giselas, ihn übernahm.[38]

36 Ebd., S. 204. Vgl. dazu Jürgen Fuchs: Tagesnotizen. Gedichte, Reinbek bei Hamburg 1979, S. 60: »13.10.78 / Diese kleine Insel / Aus Flitter und Stein / Könnte die Rettung sein / Wenn ringsum Wasser wäre / Und nicht mein Zuhause.« Hinweis bei Jäger, Schriftsteller (Studie), S. 100.

37 »[...] ham se ja noch nie jehört, sacht er, ich versteh euch kaum, seid ihr auch Deutsche? [...]. Die guckten uns bloß entgeistert an und wussten von nichts«. Der Bedeutung von Sprache und Dialekt wird hier nicht weiter nachgegangen; siehe dazu Birgit Barden und Brigitte Großkopf: Sprachliche Akkommodation und soziale Integration. Sächsische Übersiedler und Übersiedlerinnen im rhein-moselfränkischen und alemannischen Sprachraum, Tübingen 1998.

38 »[...] und erstaunlicherweise waren wir in so einem ganz kleinen bayrischen Dorf«, lautete Anjas Fassung, »wo [...] wir erst mal klarmachen mussten, wir kommen zwar aus Halle, aber hätten normalerweise im Allgäu nie Urlaub machen können, wir sind ja schließlich keine Rentner, aber die haben sich damit nicht so beschäftigt, mit dem Thema.« Anja Boehring (Pseudonym), Interview geführt von Lydia Dollmann, 31.8. und 9.9.2010, Stiftung Berliner Mauer.

In Giselas und Anjas Darstellung deutet sich eine Erfahrung an, die Roswitha Breckner in ihrer Untersuchung zu rumänischen Migranten in der Bundesrepublik in noch ausgeprägterer Form beobachtet und als typisch qualifiziert: »Zum ›Schock‹ des Übergangs […] gehörte auch, dass Rumänien in Deutschland kulturell und zum Teil auch geografisch unbekannt war.« »Die Leute wissen gar nicht, was du bist«, brachte Breckners Interviewpartner Aurel Braşovean diese Erfahrung auf den Punkt. Dieses Nichtwissen verletzt in der Perspektive der Gewanderten, die sich oft intensiv mit dem Aufnahmeland beschäftigt haben, »Reziprozitätserwartungen« und »schafft eine strukturelle Ungleichheit, die das ›nicht Gewusste‹ implizit als ›nicht wissenswert‹ abwertet«.[39] Als Individuum mit eigener Geschichte wahrgenommen und verstanden zu werden, stellt sich so als schwierig dar. Demgegenüber erscheint die Ansiedlung in West-Berlin in Gisela Heimpells Erzählung als Strategie, Fremdheit im Sinne eines solchen Nichterkanntwerdens zu vermeiden. Sie wünschte sich eine Umgebung mit Nähe zur DDR, insofern die Existenz des ostdeutschen Staates, bestenfalls auch seine politischen Verhältnisse, im Bewusstsein sein sollten.[40]

Auch andere Übergesiedelte reflektierten den in der Bundesrepublik gewählten Wohnort unter diesem Gesichtspunkt. Sie machten deutlich, dass es für sie einen wichtigen Aspekt von Beheimatung darstellte, mit der eigenen Geschichte verstanden zu werden. »Und dann komme ich nach Köln und dachte, jetzt ist alles einfach, und dort wußte man nicht Bescheid«, hielt rückblickend Ellen Thiemann fest, die im Dezember 1975 mit ihrem Sohn ausreisen durfte. Als besonders belastend empfand die Journalistin, die in der DDR zweieinhalb Jahre inhaftiert gewesen war, den ignoranten Umgang der Ämter mit ihren Anliegen. »Ich denke mir, in Berlin hat man mehr Verständnis gehabt für die Leute, die gekommen sind.«[41] Walter Renar fühlte sich ähnlich wie Gisela Heimpell durch

39 Breckner, Migrationserfahrung, S. 259–260 (Zitate), 261.

40 So gesehen rechtfertigten die Erlebnisse in Bayern im Jan. 1986 ex post die im Sept. 1985 getroffene Ortsentscheidung, so dass sich in Gisela Heimpells Erzählung beides ineinanderschiebt: Berlin und Bayern werden unmittelbar miteinander verknüpft.

41 Flucht- und Ausreisebewegung, S. 362–363. Ellen Thiemann entschied sich wegen ihres dort ansässigen Zwillingsbruders und weiteren Verwandten zunächst für Köln. Zu ihren Eindrücken vgl. zudem das folgende Zitat: »Es war sicherlich in Westdeutschland sehr viel schwerer als hier in West-Berlin. Die Mentalität der Leute dort war so konträr zu den Leuten aus dem Osten, aus Ost-Berlin. Hier – wer in West-Berlin wohnt, ist mit der Mauer großgeworden, er hat sich irgendwann daran gewöhnt, ob es ihm recht war oder nicht. Aber in Köln – die Ämter, also das ist ein Wahnsinn gewesen, was sich dort abgespielt hat.« Ebd., S. 362.

auswärtige Erfahrungen als Wahlberliner bestätigt. Von den Menschen, die er auf Reisen im Bundesgebiet kennenlernte, berichtete er im Interview: »Die sind oft anders als hier in Berlin. Waren alle irgendwie – möchte nicht sagen verklemmt, aber auf mehr Distanz zu ehemaligen DDR-Leuten als hier in Berlin. Den Eindruck hab ich gehabt.«[42]

3. Schwierigkeiten beim Ankommen

Ostdeutschland auf der kognitiven Karte präsent zu halten, somit nachvollziehen zu können, woher man kam und warum man hier war: Inwieweit die Umgebungsgesellschaft dies leistete, war für DDR-Zuwanderer ein Kriterium für ein eher Fremd- oder eher Heimischsein.[43] West-Berlin beschrieben einige von ihnen dabei als Wohnort, der ehemaligen DDR-Bewohnern vergleichsweise große Chancen bot, auf Interesse und Verständnis zu stoßen.[44] Als weiteren Faktor, der das Ankommen im Westen prägte, benannte Gisela Heimpell Differenzerfahrungen.

> Ich kam mir ja erst mal in Gießen vor wie so 'n paar Jahrzehnte weiter von der Technik her, man steht plötzlich vor 'm Supermarkt, und die Türn gehn auf, darauf is man nich jefasst, das erschlägt einen ja, das is ja auch nervlich belastend, diese Anjebotsfülle, man hatte zwar nich viel Ausgangszeit, dass man hätte gucken können, aber man hat jeguckt, oh, was kostet der Schuh und so, es gab ja Schuhe für dreihundert DM, ich denke, is ja auch richtich teuer alles, was verdienste hier, man muss sich hier wahnsinnich sortieren, und im Kopp rattert das Tach und Nacht, diese ganzen Eindrücke zu verarbeiten, das erschlägt einen schon 'n Stück weit, die bürokratischen Hürden erschlagen einen auch, im Lager selbst [...].

Ob sie sich in West-Berlin »ein Stück aufgehoben gefühlt« habe, hatte die Ausgangsfrage der Interviewerin gelautet. Daraufhin beschrieb die Erzählerin eine Reihe zusammenhängender Erfahrungen, die nicht nur Berlin betrafen, sondern bereits ihre Ankunft in Gießen prägten und sich dann fortsetzten: Begegnungen

---

42 Walter Renar (Pseudonym), Interview geführt von N. N., 3.1.1990, Stiftung Berliner Mauer.

43 Breckner, Migrationserfahrung, S. 367 spricht in diesem Zusammenhang von der mehrheitsgesellschaftlichen »mental map«.

44 »Das Interesse am östlichen Teil Deutschlands ist schon in West-Berlin sehr gering«, bemerkte etwa Wolf Deinert, der sich dort niedergelassen hatte. »Je weiter ich von der Grenze ins westdeutsche Land komme, erlischt es fast völlig.« Deinert, Amerika, S. 57.

Reichhaltiges Lebensmittelangebot in der Eisenbahnmarkthalle in Kreuzberg, West-Berlin, 19. Juli 1975.

mit einer Lebensumgebung, die ihr in vielfacher Hinsicht unvertraut war. Ein relevantes Feld, wo sie dies deutlich spürte, waren die Konsummöglichkeiten des Westens.

Ähnliches berichteten andere Gewanderte, sowohl, was die Art der Differenzerfahrungen angeht, als auch die Zusammenhänge, in denen sie auftraten.[45] »Ja, erstmal war ich irgendwie tagelang völlig verwirrt, so von dieser Eindrucksvielfalt«, antwortete etwa die 1985 von Ost- nach West-Berlin ausgereiste Anke Onardt auf die Frage der Interviewerin nach einprägsamen Anfangserlebnissen.[46] »[W]eil ja«, so die Befragte weiter,

45 »Man ist aber völlig fremd, unwissend, wirkt [unleserlich] eigenartig und dumm, bzw. weltfremd. Noch heute fehlen mir häufig hier übliche Umgangsformen, Verhaltensregeln«, bekundete eine von Schumann et al. befragte Lehrerin aus Ost-Berlin (Fragebogen Nr. 743), hier zit. nach Gehrmann, Überwindung, S. 504.

46 Anke Onardt (Pseudonym), Interview geführt von Heidi Kaspras, 13.12.1989, Stiftung Berliner Mauer.

> also uns Westlern, also mich jetzt eingeschlossen, fällt das ja nicht mehr auf, wir haben gelernt, mit den vielen bunten Plakaten und so zu leben, und wir gucken nicht mehr hin, wir haben 'ne andere, man oder ich habe dann entwickelt eine andere Art von Wahrnehmung [...].[47]

Daneben machte Anke das Konsumieren zum Thema. Sie erzählte von der in den ersten eineinhalb Jahren nach ihrer Ankunft vorherrschenden Angst, »Geld auszugeben so in größeren Summen«. Ihre mittlerweile als übertrieben empfundene Sparsamkeit erklärte sich die Studentin mit ihrer damaligen Sorge, im Westen »wirklich baden gehen« zu können und »niemand hilft dir«. Außerdem meinte sie, dass sie in der DDR »irgendwie keine Umgangsweise mit Geld [hatte], weil Geld war keine – war keine Kategorie sozusagen [...]«.

Anke Onardt beschrieb hier spezifische Erfahrungen des Nichtvertrautseins mit der neuen Umgebung, die als Fremdheitserfahrungen gefasst werden können. Fremdheit als Unvertrautheit meint in Anlehnung an Horst Stenger nicht kennen, nicht wissen oder auch nicht verstehen. Sie entsteht in der Begegnung mit dem fremden Sinn einer anderen als der vertrauten Wirklichkeit und wird von Stenger als kulturelle Fremdheit bezeichnet.[48] Anschließbar an diesen Begriff sind Überlegungen Alfred Schütz'.[49] Schütz interessierte sich für die Situation, in der sich ein gewanderter Mensch unmittelbar nach dem Eintritt in eine andere Gesellschaft befindet. Diese Phase sah Schütz durch eine *Krisis* gekennzeichnet, die er auf ein Sich-nicht-mehr-Auskennen zurückführte und insofern als Wissens- und Orientierungskrise umriss. Eines selbstverständlichen, erprobten »Denkens wie üblich« verlustig gegangen, verfüge der Ankömmling nicht mehr über das nötige »Rezeptwissen«, um alltägliche Situationen routiniert zu meistern, das heißt das Verhalten der anderen zu verstehen und selbst verstanden zu werden. Situationsdefinitionen und Sinngebung werden zum Problem, wobei es nicht nur um das *Was*, um Inhalte, sondern mehr noch um das *Wie* des Wissens,

47 Vgl. die Schilderung von Lena K.: »Wenn ich an die ersten vier Wochen denke – ich stell mir vor, so muß es sein, wenn man unter Drogen ist, alles ist laut, bunt, grellfarbig, exotisch. So was habe ich vorher nie gesehen, so viel Licht, Leuchtreklame, Flimmer, Glimmer, Glitzer, einfach irre war das, sag ich dir. Jeder Tag war damals voll von Eindrücken, die mich fast erdrückt haben.« Viele Leute hier, in: Kessler/Miermeister, Vom Großen Knast, S. 75.

48 Stenger, Fremdheit, S. 18, 23–25.

49 Alfred Schütz: Der Fremde. Ein sozialpsychologischer Versuch (1944), in: Alfred Schütz: Gesammelte Aufsätze, Bd. 2, Den Haag 1972, S. 53–69.

seine Kontextualisierung oder, um mit Schütz zu sprechen, seine Relevanzstrukturen geht.[50]

Auch Stenger bezieht sich bei der Bestimmung von Fremdheit als Unvertrautheit auf Wissens- und Sinnstrukturen, und zwar vor allem auf implizite: Habitus, Vorlieben, Orientierungen und unausgesprochene Bezugsrahmen, die Interaktion und Kommunikation anleiten. Da gerade diese impliziten Wissens- und Sinnstrukturen schwer thematisierbar seien, erwiesen sie sich für den Fremden als nur mühevoll und beschränkt zugänglich. Andere Wissensbereiche dagegen widersetzten sich der Aneignung weniger; sie erschienen lernbar, so dass sie ihr Fremdsein nach einiger Zeit verlören und verfügbar würden.[51] Die Erfahrungen, die Gisela Heimpell und Anke Onardt umrissen, lassen sich im Ansatz als Wissens- und Orientierungskrise im Schütz'schen Sinne charakterisieren. Schaut man auf den Bereich Konsum, so zeigten sie eine ausgeprägte Bewertungs- und Verhaltensunsicherheit, weil sie das Ineinandergreifen verschiedener Faktoren (Preise, Einkünfte, Kredite, soziale Leistungsansprüche) und damit eigene Handlungsspielräume nicht einschätzen konnten. Hinzu kam die optisch-sinnlich ungewohnte Fülle an Waren, Werbung etc., die zu Hierarchisierung, Auswahl und Abgrenzung zwang, wofür aber zunächst Kriterien und Routinen fehlten.

Angesprochen hat Gisela Heimpell außerdem der Bereich Bürokratie. Wie sich eine Orientierungskrise hier ausprägen konnte, zeigen Ausführungen Monika Presgens.[52] Sie hob im Interview mehrfach auf »die Ämter« ab, die sie »überhaupt nicht kannte. Ja? Was wusste ich, was ein Sozialamt ist, keine Ahnung.« An anderer Stelle verwies sie auf die Mengen an »Papierkram, [...] wo ich überhaupt nicht wusste, was zu welchem wo hingehört, was das ist, wo ich hin soll.« Dass die zitierten drei Frauen Fremdheitserfahrungen vor allem im Zusammenhang mit Bürokratie und Konsum thematisierten, war kein Zufall. In der von Karl F. Schumann et al. durchgeführten Fragebogenerhebung benannten DDR-Zuwanderer Wissens- und Informationsdefizite, die auf Unvertrautheit hindeuteten, am zweithäufigsten für den Sektor Bürokratie/Verwaltung. Mangelndes Wissen

50 Stenger, Fremdheit, S. 20–21; Gehrmann, Überwindung, S. 245–247. Eine ausführliche Darstellung des Schütz'schen Konzeptes bietet Breckner, Migrationserfahrung, S. 67–75, die zugleich Kritik an der Vorstellung klar abgrenzbarer Zivilisations- und Kulturmuster vorbringt (S. 74–75); kritisch zu den Implikationen des Ansatzes von Schütz auch Helma Lutz: Biographieforschung im Lichte postkolonialer Theorien, in: Postkoloniale Soziologie. Empirische Befunde, theoretische Anschlüsse, politische Intervention, hg. von Julia Reuter und Paula-Irene Villa, Bielefeld 2010, S. 115–136, hier S. 121–122.

51 Stenger, Fremdheit, S. 21, 25.

52 Siehe auch die Beispiele bei Gehrmann, Überwindung, S. 448–449.

bezüglich Versicherungen sowie Banken und Kreditwesen beklagte je ein Sechstel der Befragten. »Eng mit dem Kreditwesen verzahnt, wurde ferner fehlendes Wissen über den Umgang mit Geld und Konsum sowie über das Rechtssystem genannt.«[53]

Bezüglich der Auswirkungen der als Orientierungskrise gefassten Erfahrungen hielt Gisela Heimpell fest, wie die Anforderung, beständig »sortieren« zu müssen, bei ihr zu einem dominanten Gefühl des Erschlagenseins führte.[54] Anke Onardt reagierte auf die Reizüberflutung, die die Plakatwände, Leuchtreklamen und Schaufensterauslagen für sie bedeuteten, beinahe ein Jahr lang mit Müdigkeit, Kopfschmerzen und Übelkeit. Dann erst war sie zum »Westler« geworden, hatte eine andere Wahrnehmungsart entwickelt und so, mit Stenger gesprochen, ihr Fremdsein in dieser Hinsicht verloren. Sie habe »dieses andere Sehen, so dies eher selektierende Sehen sozusagen gelernt«, stellte die Studentin fest.[55] Monika Presgen brachte die Bürokratie phasenweise an die Grenze ihrer psychischen Belastbarkeit.[56] Was die skizzierten *Krisis*-Erfahrungen während der ersten Phase des Ankommens im Westen bedeuteten, ist damit allerdings noch kaum umrissen: Welche Wechselwirkungen mit Vor- oder anderen parallelen Erfahrungen lassen sich eventuell ausmachen? Welches Gewicht hatten die Orientierungsschwierigkeiten und Überforderungsgefühle, wie kam man ihnen bei?

Auf mancherlei Eigenschaften und Anforderungen der neuen Umgebung nicht gefasst gewesen zu sein, stand Gisela Heimpell noch immer lebhaft vor Augen, als sie 26 Jahre nach ihrer Ausreise nach ihren damaligen Eindrücken gefragt wurde. Derart gewichtig und einprägsam war die anfängliche Fremdheit

53 Schumann, Private Wege, S. 49–52; am häufigsten, nämlich von einem Viertel der Befragten, wurde der Sektor Arbeit genannt. Dieselben Befunde referiert Gehrmann, Überwindung, S. 447–448, 449 (Zitat). Gehrmann skizziert weitere Schwierigkeiten, die DDR-Übersiedler in Bezug auf westdeutsche Behörden hatten, so Angst vor Bedürftigkeit und Unsicherheit hinsichtlich ihrer Leistungsansprüche.

54 »Das erschlägt einen«, formulierte sie in dem Zitat oben drei Mal.

55 »[...] dass ich also wusste, das Plakat haste jetzt fünfmal gesehen, da brauchste jetzt nich hinzugucken, dass ich immer sofort wusste [...], was da für Platz is, so 'ne ganze Wand lang über 60 bis 80 Meter, dass ich so mit einem Blick sehe, welches ich noch nich kenne«, führte Anke Onardt dazu aus.

56 »Und irgendwo, einen Tag, war ich so fertig mit den Nerven«, berichtete sie im Interview, »dann hat mich das auch so gepackt, da saß ich irgendwo auf einem Amt [...], und da saß eine mitleidige Frau [...], und irgendwo wollte die was von mir, und ich wusste nicht mehr und hatte meinen ganzen Papierkram und sagte ›Ich kann nicht mehr. Ich kann nicht mehr, suchen Sie sich Ihr Zeug raus, was Sie wollen.‹ Und auf einmal kamen mir wohl die Tränen [...].«

wohl auch deshalb, weil sie Teil eines umfassenderen Komplexes von Belastungen war. Denn dass sich bei der Neuberlinerin Unvertrautheit zu dem Gefühl verdichtete, überfordert (erschlagen) zu sein, hatte einen besonderen Grund. »[...] ich hatte ja auch damals 'ne kaputte Sehne«, führte Gisela Heimpell im Zusammenhang der Beanspruchungen durch die neue, fremde Umgebung aus, die in ihrem Fall mit gesundheitlichen Beschwerden zusammentrafen: den Folgen der Haft in Hohenleuben, wo sie einer Enteignung auch ihres Körpers ausgesetzt gewesen war. Ihre Sehne habe sie sich im Gefängnis »kaputtgearbeitet«, berichtete die Interviewte, daneben plagten sie in den ersten Monaten nach der Entlassung Hautausschläge, die die immer wieder konsultierten Ärzte auf während der Haft verabreichte hormonhaltige Medikamente zurückführten. Nicht zuletzt war eine zahnmedizinische Versorgung notwendig. »[...] damit warn wa parallel gut beschäfticht«, meinte Gisela Heimpell, »dass man das alles, na seine Gesundheit, die Malleschen mit den andern Erfordernissen in Einklang bringt, weil man war erst mal gut jestresst, muss ich sagn«. Die ehemalige Hallenserin ist ein Beispiel dafür, dass in der DDR erlittene Haft ein relevanter Faktor sein konnte: Die Hafterfahrung und ihre Folgen bedingten unter Umständen mit, wie spezifische Herausforderungen der Ankunftsphase – so auch Fremdheit im Sinne von Unvertrautheit – bewältigt werden konnten.

In der Forschung liegen zu solchen Wechselwirkungen keine Erkenntnisse vor. Karl F. Schumann arbeitet für die 1980er Jahre heraus, dass ehemalige politische Häftlinge aus der DDR sich in der Bundesrepublik im Allgemeinen gut einlebten und beruflich sogar besser gestellt waren als andere ostdeutsche Zuwanderer. Etwas mehr Haftentlassene als Übersiedler ohne Hafterfahrung gaben allerdings an, sich auch nach fünf Jahren im Westen noch nicht eingelebt zu haben. In welcher Hinsicht oder in welchen Bereichen ihnen ein Ankommen schwerer fiel, ist nicht bekannt.[57] Jan-Philipp Wölbern weist darauf hin, dass der »Aspekt der psychischen Haftfolgen« zu berücksichtigen wäre. Er geht in seiner Untersuchung zum Häftlingsfreikauf kurz darauf ein, ohne jedoch eine systema-

57 Schumann, Private Wege, S. 333–348, hier S. 348, 338. Walter Renar berichtete im Interview, dass er nach seiner Ankunft in West-Berlin wegen der Folgen seiner Inhaftierung acht Monate lang krankgeschrieben war, wodurch sich sein beruflicher Wiedereinstieg verzögerte. Er hatte psychische Probleme, u. a. Angstzustände. Auch Gisela Heimpell und ihr Ehemann waren zunächst mehrere Monate krankgeschrieben. Zu Haftfolgen, ohne auf Auswirkungen auf das Ankommen in der Bundesrepublik einzugehen, vgl. Stefan Priebe, Doris Denis und Martin Abraham (Hg.): Eingesperrt und nie mehr frei. Psychisches Leiden nach politischer Haft in der DDR, Darmstadt 1996.

tische Integrationsgeschichte ostdeutscher Haftentlassener bieten zu können – sie bleibt ein Desiderat.[58]

Auch Anke Onardt berichtete von schwierigen Erfahrungen in der DDR. Bevor sie im September 1985 gemeinsam mit Mutter und Schwester ausreisen durfte, hatte sie sich in der Schule über Jahre hinweg sozial isoliert und angefeindet gefühlt. Seit sie in der 9. Klasse auf die erweiterte Oberschule gewechselt war, erlebte sie den Leistungs- und Konformitätsdruck als »existentiell, weil ich keine Stützung hatte von außen, dass ich wirklich vier Jahre in mehr oder weniger panischer Angst verbracht habe«. Nach ihrem Abitur im August 1984 erhielt sie als Ausreiseantragstellerin nicht den gewünschten Studienplatz und nahm behelfsmäßig eine Stelle als Putzkraft in einem katholischen Krankenhaus an. Die Arbeit dort empfand die 19-Jährige, die eigentlich Germanistik studieren wollte, als Zeitverschwendung, von den Kollegen fühlte sie sich abgelehnt. So könnte man die Leiden, die sie als Reaktion auf die ungewohnte Reizfülle des Westens schilderte, auch in ihrem Fall in einem weiter zu fassenden Belastungszusammenhang sehen. In ihrer Erzählung legte die Interviewte jedoch an keiner Stelle nahe, dass es solche DDR-Vorerfahrungen waren, die ihren Zustand in der ersten Zeit in West-Berlin – »wirklich angegriffen [...], auch richtig angeknackst« gewesen zu sein – mit verursacht hatten. »Der Wechsel hat mich extrem aus der Bahn geworfen«, lautete ihre Diagnose, die sie derart explizit nicht im Interview, sondern im zuvor ausgefüllten Fragebogen formulierte. »Ich habe Monate gebraucht, um mich nur an den *Anblick* westdeutscher Großstädte zu gewöhnen«, hieß es dort weiter. »Das war aber nur der erste Schritt.«[59]

Die im Interview näher ausgeführten Sehüberforderungen waren also mehr als eine vorübergehende Irritation. Für die Erzählerin waren sie als ein erster, besonders frappierender Ausdruck dessen bedeutsam, was die Übersiedlung mit sich brachte: die auf verschiedenen Feldern des Alltags immer wieder erfahrene Notwendigkeit, sich zu adaptieren. So parallelisierte Anke Onardt in ihrem Bericht das Reklame- und Schaufensterszenario mit dem Erlebnis ihrer ersten U-Bahn-Fahrten, die »völlig spannend« gewesen seien – »weil ich dachte, hier biste im Westen und hier sind die Dealer und die Verbrecher und die Drogenabhängigen und die weiß ich nicht, die Luden, und alle wollen dir ans Leben oder an die Ehre oder so was«. Verbunden war diese Wahrnehmung mit dauernder Angst um die eigene Sicherheit. Zugleich verschärfte ihre Unsicherheit bezüg-

58 Wölbern, Häftlingsfreikauf, S. 488–494.
59 Fragebogen Nr. 100 [Hervorhebung i. O.].

lich vertretbarer Ausgaben bei Einkäufen und Anschaffungen ihre tiefgreifende »Verarmungsangst«. Doch so blieb es nicht: Wie für ihre Handhabung der zunächst überfordernden Umweltreize beschrieb Anke Onardt auch für die anderen schwierigen Bereiche Lern- und Gewöhnungserfolge.[60]

Anke erzählte ihre Ankunft im Westen als positive persönliche Entwicklung, die in vielfachem Lernen und daraus resultierendem Zugewinn an Souveränität bestand.[61] Aber die Veränderungen brauchten Zeit. Rund eineinhalb Jahre waren ihrem Bericht nach von Fremdheitserfahrungen bestimmt. Diese Erfahrungen gingen über Orientierungskrisen in abgrenzbaren Bereichen hinaus und beinhalteten, in der Einschätzung alltäglicher Situationen und eigener Handlungsmöglichkeiten beziehungsweise -notwendigkeiten unsicher zu sein. Fremdsein in diesem Sinne gewann besonderes Gewicht, weil ihre Unsicherheiten mit Angst besetzt waren – was noch einmal auf die Frage der Vorerfahrungen verweist.[62] Die Erzählerin selbst reflektierte, dass es nicht nur Fehlendes – Gewöhnung von Kindheit an –, sondern auch Mitgebrachtes war, das sie so empfinden ließ. Sie war geprägt von einem negativen, angsterzeugenden Bild der Bundesrepublik, wie es in der DDR etwa betreffs der hiesigen Kriminalitäts- und Drogenstatistik verbreitet wurde.[63] Erkennbar ist bei ihr außerdem ein ausgeprägtes Widerstreben, sich staatlicherseits helfen zu lassen, Unterstützungsleistungen in Form von

60 »[...] inzwischen lässt 's mich eben kalt, ich weiß, wie ich damit umgehen kann«, bemerkte sie zu den anfangs so beängstigend auf sie wirkenden Sex-, Drugs- and Crime-Figuren. Ebenso habe sich ihr Umgang mit Geld »so ausreguliert, also ich kann mir jetzt für 300 Mark Jacken kaufen, ohne 'n schlechtes Gewissen zu haben [...]. [...] Das hab ich hier eben erst gelernt [...].«

61 Eine ähnliche Narration beobachtet Mitzscherlich, Heimat, S. 215, bei von ihr Interviewten. Diese von ihr Modell Ankunft genannte Erzählung beschreibe einen »Prozess von Achievement«: Man hat etwas geschafft. Dabei sprechen die Betreffenden »nicht nur von gelungener Integration, sondern auch von überwundenen Krisen«.

62 Wie oben deutlich wurde, waren die Erfahrungen in der Schule und während ihrer Arbeitstätigkeit in den Jahren vor der Ausreise für Anke von großer Angst und Unsicherheit und dem Gefühl bestimmt gewesen, auf sich selbst zurückgeworfen zu sein.

63 Auch Lena K. gab an, mit »dem Kapitalismus« eine hohe Überfall- und Kriminalitätsrate, überhandnehmende Drogensucht und verbreitete Arbeitslosigkeit verbunden zu haben. Viele Leute hier, in: Kessler/Miermeister, Vom Großen Knast, S. 68. Eine ähnliche Prägung zeigt sich bei Willi Lager, der sein Negativbild des Westens allerdings dauerhaft bestätigt fand. Paradigmatisch dafür stand bei ihm der West-Berliner Bahnhof Zoo mit allem, was »da so passiert«. Dass »hier jeder machen kann, was er will«, kennzeichnete Lager als Nachteil der Bundesrepublik; er verstehe, dass man es so, mit Drogen und »Gammlern«, in der DDR nicht haben wolle. Willi Lager (Pseudonym), Interview geführt von Karl F. Schumann, o. D. (1989 oder 1990), Stiftung Berliner Mauer.

Arbeitslosengeld anzunehmen oder sich krankschreiben zu lassen. Stattdessen ging sie, obwohl »angeknackst«, sofort arbeiten. Dieses Verhalten korrespondiert mit Manfred Gehrmanns Beobachtung einer »in der DDR ansozialisierten Angst, als asozial und parasitär zu gelten, wenn man nicht arbeitet«.[64]

Daneben weist das Beispiel Anke Onardts auf einen weiteren Faktor, der für das Erleben der Ankunftsphase in der Bundesrepublik und damit die Ausprägung von Fremdheit eine Rolle spielte: das Alter in Verbindung mit der jeweiligen Lebensphase. So hatte die 20-jährige Anke nach ihrem Eintreffen nicht nur die Herausforderungen des Ost-West-Wechsels, sondern auch das »Abnabeln vom Elternhaus« zu bewältigen, was sich, wie sie meinte, wechselseitig potenzierte. Sie begann ein Studium, zog in eine Wohngemeinschaft; die Eltern waren da, beförderten aber mit ihren Vorstellungen eher ihre Überforderung – »dass ich doch mal nach Amerika gehen sollte und [...] mir eine eigene Wohnung suche, dass ich mir ein eigenes Auto nehme ...«. Sie habe sich »schon von der Situation irgendwie bedrängt gefühlt«, fasste Anke Onardt ihre damalige Lage zusammen, »also dass ich gedacht habe, au au, pass mal jetzt doch besser auf und so, du musst, du bist jetzt dafür verantwortlich ganz allein und so, du musst es packen [...].«[65]

Als Monika Presgen im Sommer 1977 in West-Berlin eintraf, war sie Anfang 30. Sie kam mit ihrem damals 9-jährigen Sohn, von dessen Vater sie kurz nach der Geburt geschieden worden war. Der Wunsch, die DDR zu verlassen, hatte sich bei der seit 1967 in Ost-Berlin Lebenden unabhängig von einem Partner ausgebildet. Doch traf es sich, dass sie, als der Gedanke Gestalt annahm, mit einem West-Berliner türkischer Herkunft zusammenkam. Nachdem mehrere Ausreiseanträge abgelehnt worden waren, erklärte sich ihr Freund bereit, Fluchthilfe zu leisten. Beim zweiten Versuch glückte es ihr und ihrem Sohn, in sein Auto zuzusteigen und sich über die Grenze nach Westdeutschland fahren zu lassen. So hatte sie, als sie ihrem Partner nach kurzem Aufenthalt in München hinterherzog, in

64 Gehrmann, Überwindung, S. 449.

65 An Anke Onardts Beispiel zeigt sich, dass es weiterführend ergiebig sein kann, Migrations- mit Lebenslaufforschung zu verbinden, vgl. das Plädoyer für eine solche Forschungsperspektive bei Matthias Wingens et al.: The Sociological Life Course Approach and Research on Migration and Integration, in: A Life-Course Perspective on Migration and Integration, hg. von Matthias Wingens et al., Dordrecht 2011, S. 1–26. Als Untersuchung zu DDR-Zuwanderern, die sich in die pädagogische Biografie- und Jugendforschung einordnet, liegt die Arbeit von Bernhard Stelmaszyk: Jugendliche Übersiedler zwischen Familien- und Gesellschaftsgeschichte, Opladen 1999, vor; vgl. v. a. den Ausblick (Jugend) Biographien im Spannungsfeld von Familien- und Gesellschaftsgeschichte, S. 315–323.

West-Berlin eigentlich einen Anlaufpunkt. Auch lebte dort ein ebenfalls türkischstämmiger guter Bekannter, an dem Monika Presgen ihre Berlin-Entscheidung wesentlich orientierte. Tatsächlich boten er und seine Familie ihr in der ersten Zeit sozialen Halt. Trotzdem fand sie sich, folgt man ihrer Interviewerzählung, bei den ihr begegnenden Anforderungen der neuen Umgebung weitgehend auf sich allein gestellt. Im Zusammenhang ihrer Bemühungen, den Start im Westen zu organisieren und sich durch den ihr undurchschaubaren Dschungel behördlicher Strukturen, Zuständigkeiten und Leistungspflichten zu schlagen, erwähnte sie ihren Freund nicht. Zwar war er eine zentrale soziale Bezugsperson für sie; jedoch übernahm er, selbst als sogenannter Gastarbeiter in die Stadt gekommen, nicht die Rolle, ihre vor allem im Hinblick auf Ämter und Behörden empfundene Fremdheit im Sinne von Unvertrautheit zu mindern.

Auch materiell und im Blick darauf, wo man angesichts großer Wohnungsknappheit unterkommen könnte, stellte der Partner offenbar keine Rückfalloption dar. So war Monika Presgen, die auch für ein Kind sorgen musste, in hohem Maße auf die Hilfe der Behörden angewiesen – was sie ihr Sich-nicht-Auskennen besonders bedrängend erleben ließ. Hinzu kam, dass sich ihr beruflicher Einstieg hinzog. Sie musste zunächst die Anerkennung ihrer Ausbildung als Kinderkrankenschwester durchsetzen. Anschließend absolvierte sie, da sie wegen ihres Sohnes nicht im Krankenhaus-Schichtdienst arbeiten wollte, eine Weiterbildung zur Erzieherin. Nach einem Dreivierteljahr im Westen war die alleinerziehende Mutter noch immer arbeitslos, bevor sie schließlich eine Stelle in einer Kindertagesstätte fand. »Als ich dann meine Wohnung hatte, hatte ich ja immer noch kein Geld«, beschrieb sie diese Durststrecke. In der neuen Umgebung anzukommen, indem man sich hier etablierte – ein bescheidenes Auskommen hatte, abgesichert war, die Wohnung einrichten, den Sohn einkleiden konnte –, gestaltete sich unter diesen Umständen schwierig. So packte ihre Mutter in Dresden »Ostpakete« mit Haushaltsutensilien, bis eigene Anschaffungen möglich waren. »Aber es war, es war schwer. Es war wirklich sehr sch..., ich hab fast zwei Jahre gebraucht, um mich hier heimisch zu fühlen«, hielt die Geflüchtete im Interview fest.

Das Beispiel Monika Presgen bestätigt einen Zusammenhang, den Heidi Kaspras und Karl F. Schumann im Blick auf Frauen, die allein mit Kind(ern) aus der DDR kamen, ausmachen. Die Soziologen erkennen als

> conditio sine qua non der erfolgreichen Übersiedlung alleinerziehender Mütter [...], daß ein Integrationshelfer wenigstens für die ersten Monate bereitsteht; anschließend kann man auf eigenen Füßen weitermachen. Wem diese Hilfestellung fehlte oder wem [...] der erhoffte Helfer rasch verloren ging, geriet in eine teilweise aussichtslose Situation, die ältere Frauen besonders hart traf.[66]

Monika Presgens Fall zeigt charakteristische, Fremdheit verschärfende Schwierigkeiten alleinerziehender Mütter ohne den Beistand eines Integrationshelfers deutlich; aussichtslos war ihre Lage nach der Ankunft im Westen allerdings nicht. Monika hatte den Vorteil, für den Arbeitsmarkt nicht zu alt zu sein und anschlussfähige Qualifikationen mitzubringen. Sie verfügte zudem über Eigenschaften, auf die allein sich die auf sich gestellten Frauen laut Kaspras und Schumann letztlich verlassen mussten: Tatkraft und Durchhaltevermögen. So erwog die Übergewechselte, wie sie berichtete, selbst in Momenten, in denen Orientierungslosigkeit und Überforderung sie verzweifeln ließen, niemals ernsthaft eine Rückkehr: »[...] und ich dachte, na, du musst dich ja auch hier durchbeißen, es geht ja nicht, du hast das jetzt angefangen, jetzt machst du es auch zu Ende, und letztendlich willst du das ja auch«.

Außer Orientierungskrisen und Überforderung konnten weitere Umstände eine Beheimatung behindern. »[...] ja klar, man is ja erst ma abgeschnitten von der Familie, man hat ja keine Familie, die is ja woanders, die is ja unerreichbar«, stellte Gisela Heimpell fest, »und uns war klar, dass se uns nicht wieder, noch nicht mal besuchsweise, nach 'm Osten lassen dürfen«. Das unwiderrufliche Getrenntsein von in der DDR verbliebenen Familienangehörigen als Konsequenz einer Ost-West-Migration rückt die »spezifische Form der Grenze« in den Blick, die, wie Roswitha Breckner herausarbeitet, Migrationen generell »konturiert«: Es ist die Qualität der Grenze, die »das jeweilige Migrationsfeld [strukturiert], indem spezifische Beziehungsmuster zwischen Herkunfts- und Aufenthaltskontext geschaffen werden«. Dazu zählen, je nachdem, wie »Durchlässigkeiten« reguliert werden, auch mögliche Rückbezüge und Bindungen beziehungsweise zwangsweise Trennungen. Diese Optionen oder Verhinderungen tragen neben anderem dazu bei, wie sich bestimmte »Migrationsverläufe und -erfahrungen« gestalten.[67]

Die Interviewte verwendete eine distanzierende man-Form, doch betraf der Sachverhalt sie persönlich stark: Die Passage steht im Zusammenhang der Frage nach dem Aufgehobensein in West-Berlin – ein Zustand, den das Getrenntsein von nahestehenden Familienangehörigen konterkarierte, zumal Gisela Heimpell in Halle nicht allein Mutter und Stiefvater, sondern auch ihre minderjährige Tochter hatte zurücklassen müssen. Alles entscheidend war angesichts dessen, wie es weiterging: dauernde Trennung oder wieder zusammenkommen? Was die beiden älteren Angehörigen, Mutter und Stiefvater, betraf, war die Freigekaufte

66 Schumann, Private Wege, S. 260.

67 Breckner, Migrationserfahrung, S. 12 (zit. Passagen und Begriffe), 389 (längeres Zitat), 391.

zuversichtlich, dass diese als (Invaliden-)Rentner reisen dürften.[68] Anders lagen die Dinge bei ihrer Tochter. Die bei Giselas Inhaftierung im Mai 1985 13-jährige Anja war bei den Großeltern geblieben und hatte nach der Übersiedlung ihrer Mutter einen Ausreiseantrag gestellt. So musste man auf Genehmigung im Zuge einer Familienzusammenführung hoffen, aber sicher war nichts: Die Haftentlassene hatte vor ihrer Überstellung nach Gießen keinerlei Zusagen bezüglich ihrer Tochter erhalten. »[...] ich wusste, dass sie noch mal für sich kämpfen musste, und in der DDR war ja gar nichts klar«, hielt sie im Interview fest.

Verschärft wurde die Unsicherheit dadurch, dass Gisela Heimpell den SED-Staat als Unrechtsregime am eigenen Leib und sich selbst als ohnmächtig erfahren hatte. »[...] man is vogelfrei«, folgerte sie aus der erlebten Überwachung, den Verhören und der willkürlichen Verfügung über sie nach der Verhaftung. Auch in Bezug auf ihre Tochter sah sie »alles offen, was wirklich denn passiert, wenn ich nich da bin, was passiert mit meinem Kind«. Diese Sorge prägte die ersten Wochen und Monate im Westen. Gisela Heimpell bemühte eine West-Berliner Rechtsanwältin, die aber zunächst nichts bewirken konnte. Erst ein Vierteljahr nach ihrer Ankunft durfte die damals 33-Jährige ihre Tochter in Ost-Berlin abholen. Erleichterung über die eigene Übersiedlung oder auch das Gefühl, ganz und gar hier sein zu wollen, konnten sich bis dahin nicht einstellen: »[...] da war ich schon 'n Stück weit verzweifelt, da hätte mir der sojenannte goldene Westen och nich geholfen, wenn mein Kind nich hätte nachkommen können in 'ner absehbaren Zeit«.

In gewisser Weise eine Parallele zu Gisela Heimpells Erfahrungen, aber in mancher Hinsicht auch einen Kontrast stellt der Fall Hildegard Ahlrichs dar. Die 1942 in Nordhausen (Harz) Geborene reiste am 22. März 1984 gemeinsam mit ihrem Ehemann aus. Auch für sie bedeutete dieser Schritt eine Trennung:

> Na ja, nun waren inzwischen, wie wir dann hier in West-Berlin waren, wie gesagt, habe lange Zeit darunter gelitten, ich fühlte mich hier überhaupt nicht wohl. Ich war, weil viele Leute, die dann hier im Westen waren, die waren so euphorisch – ja, jetzt sind wir frei, jetzt können wir reisen [...]. Aber ich war regelrecht krank. Meine schwangere Tochter war zurückgeblieben in Ost-Berlin.[69]

68 »[...] ich wusste, meine Mutter is Rentner, Invalidenrentner, mein Stiefvater is schon lange Rentner, für die gibt's keine Probleme, zu mir zu reisen«, führte Gisela Heimpell aus. Zu den Reisemöglichkeiten von Rentnern in der DDR siehe Schumann, Private Wege, S. 27; Gehrmann, Überwindung, S. 104–105.

69 Hildegard Ahlrich (Pseudonym), Interview geführt von Agnès Pilleul-Arp, 9.12.2002, Stiftung Berliner Mauer.

Die damals 20-jährige Inge Ahlrich hatte sich dem Ausreiseantrag ihrer Eltern nicht angeschlossen. Hildegard sah die Schwangere und junge Mutter zwar gut umsorgt, empfand es jedoch als stark belastend, an wichtigen Lebensereignissen der Tochter und dem Aufwachsen ihrer Enkelin nicht teilhaben zu können, weil Inge wie auch ihr Besuche von den DDR-Behörden verweigert wurden. Die einzige Ausnahme, eine 24-stündige Einreiseerlaubnis zu Inges Hochzeit 1985, machte die Sache nicht besser: »Und diese Trennung war wieder die gleiche wie an dem Tag, wo wir ausgereist sind«, erinnerte sich Hildegard Ahlrich im Interview. »Wir haben alle geheult, wir waren krank, ich dann also das kleine Mädchen das erste Mal gesehen, meine Enkeltochter, also es war eine derartig schlimme Zeit, dass man überhaupt nicht zur Ruhe kam.« Erst als Inge 1988 mit ihrer Familie nach West-Berlin ausreiste, änderte sich diese Situation.

»Heimisch zu sein« hat, wie Karl F. Schumann u. a. auf Basis der von ihnen durchgeführten Fragebogenerhebung eruieren, immer »mit einem Sich-Wohlfühlen zu tun, einer inneren Harmonie«. Begründet wird eine solche Zufriedenheit wesentlich »durch befriedigende soziale Kontakte am neuen Wohnort«.[70] Auch Beate Mitzscherlich betont »die im aktuellen Umfeld möglichen sozialen und kulturellen Beziehungen zwischen Menschen, die sozialen Netzwerke, in denen und mittels derer sie sich beheimaten können«.[71] Was die Gestalt dieser Beziehungen und Netzwerke angeht, erweisen sich nicht allein die von Schumann angeführten guten Kontakte zu Verwandten, Nachbarn und Kollegen vor Ort sowie neu gefundene Freunde als ausschlaggebend. Vielmehr muss einbezogen werden, inwieweit sich Beziehungen auch zu in der DDR verbliebenen Personen aufrechthalten ließen, durch Besuche oder indem die Betreffenden bald nachgeholt werden konnten.[72]

Das SED-Regime beeinflusste somit durch seine Kontakt- und Nachzugsverhinderungspolitik nicht unwesentlich, wie sich das Heimischwerden herübergewechselter Ostdeutscher gestaltete: Von den Zuwanderern, die an der erwähnten Fragebogenerhebung teilnahmen, gaben 98,8 Prozent an, »mindestens eine(n)

70 Schumann, Private Wege, S. 302–303.

71 Mitzscherlich, Heimat, S. 120.

72 Dieser Aspekt wurde oben im Zusammenhang der Neuverortungsstrategien von DDR-Zuwanderern im Westen bereits angerissen. Neben den skizzierten Fällen finden sich dafür weitere Beispiele unter den von Schumann et al. Befragten. Eine Invalidenrentnerin etwa, die 1983 bei einer Reise im Westen geblieben war, fühlte sich 1989 »am neuen Wohnort ›eher noch nicht heimisch‹: ›weil meine Kinder und Enkel in der DDR leben müssen‹.« Drei ihrer erwachsenen Kinder hatten bis dato noch nicht in die Bundesrepublik ausreisen dürfen. Gehrmann, Überwindung, S. 478 (Fragebogen Nr. 367).

Verwandte(n) ersten Grades in der DDR zurückgelassen« zu haben. Gut 80 Prozent notierten, sich um wenigstens eine Besuchsreise dorthin bemüht zu haben – doch lehnten die DDR-Behörden die meisten Anträge ab. Am stärksten von dieser Restriktion betroffen waren ehemals Inhaftierte, gefolgt von der Gruppe der Geflüchteten.[73] Auch Hildegard Ahlrich holte die nachtragende Politik des Regimes ein. Sie hatte den Gedanken an Flucht kurz nach der Heirat mit ihrem West-Berliner Bräutigam am 25. August 1961 verworfen, weil sie »nicht illegal da weggehen« wollte – aus Angst, ihre »Familie ewig lange nicht wieder[zu] sehen«. Nachdem sie letztlich doch einen Fluchtversuch unternommen hatte, gefasst und inhaftiert worden und rund zwei Jahrzehnte später ausgereist war, trat trotz ihres legalen Weggangs der befürchtete Fall ein. Ihr intensives Bemühen um eine Besuchserlaubnis wurde abgelehnt.

Wie sich eine belastende Trennung auf den Prozess der Beheimatung im Westen auswirkte und mit weiteren Lebensumständen interferierte, stellte sich fallweise unterschiedlich dar. Für Gisela Heimpell stand außer Frage, dass ihre Migration nicht bedeuten durfte, ihre minderjährige Tochter in der DDR zurückzulassen. Die Unvertrautheit der neuen Umgebung, die aus der Haft resultierenden Beschwerden und stärker noch als diese beiden Belastungen das Getrenntsein von ihr verhinderten zunächst jede Normalität. Bis Anja im Dezember 1985 eintraf, war unklar, wie das Leben hier sein würde, herrschte quasi Ausnahmezustand. Erst danach konnte es überhaupt um ein Ankommen gehen, ließ sich der Neubeginn unternehmen: »[...] und so peu à peu, Schritt für Schritt ham wa denn so langsam hier in das Leben jefundn mit Wohnung, mit Schulbeginn und mit Arbeitsaufnahme«, beschrieb die Interviewte diesen Vorgang. So waren die Beschwernisse der Anfangszeit, vor allem das Getrenntsein, ein retardierendes Moment, während es Gisela Heimpell anschließend, mit Tochter und später auch Eltern an ihrer Seite, gelang, sich in West-Berlin positiv zu verorten. 1989 jedenfalls, als der Umbruch in der DDR zu einer Revision der Migrationsentscheidung und des -zeitpunkts herausforderte, bilanzierte sie, hier ihre Heimat gefunden und ihrer Tochter eine bessere Zukunft eröffnet zu haben.[74]

73 Gehrmann, Überwindung, S. 514–515; zur Genehmigungspolitik des SED-Regimes bezüglich Besuchsreisen siehe auch S. 131–132. Das Bestreben von SED und Staatssicherheit, Rückverbindungen zu kappen, erläutert Eisenfeld, Strategien des MfS, S. 11–12. Eisenfeld selbst hatte mit dem Verband ehemaliger DDR-Bürger e. V., dem er angehörte, in den 1980er Jahren gegen Einreiseverbote der SED protestiert, vgl. Lutz-Peter Naumann: 100.000 aus der »DDR« können nicht nach Hause, Berliner Morgenpost, 16.6.1986.

74 »[...] und meine Tochter konnte auch in diesem Beruf Fuß fassen, was ihr ja damals leider nie möglich gewesn wäre«, erläuterte Gisela.

Bei Hildegard Ahlrich war der Verlauf ungünstiger. Zwar ging es bei ihr nicht darum, die bereits erwachsene Tochter nachzuholen; der gewünschte enge Kontakt aber wurde über Jahre verhindert. Hinzu kam eine Reihe weiterer Faktoren, die das Getrenntsein verschärften und dadurch ein Heimischwerden erschwerten. 1986 trennte ihr Mann sich nach 25 Ehejahren von ihr – ein Tiefschlag, der sie in Isolation und eine schwere Krise stürzte. »Wir hatten diese Wohnung, neu eingerichtet, da waren neue Möbel drin und er war weg«, berichtete die damals 44-Jährige im Interview. »Und ich saß dann da alleine. Und wie gesagt, ganz alleine, weil alle in Ost-Berlin waren.« Einen eigenen, neuen Freundeskreis hatte sie sich in den zwei Jahren seit der Übersiedlung nicht aufbauen können: »Dazu war die Zeit zu kurz.« An sozialer Einbindung mangelte es also allerseits. Während sich für ihren Ex-Mann viele Möglichkeiten auftaten, fehlten Hildegard Ahlrich positive Anknüpfungspunkte, die ihre Verluste auch nur im Ansatz hätten aufwiegen können.[75] Dies galt umso mehr, als sie für ihre Übersiedlung kein originäres, auf ihre eigenen Bedürfnisse bezogenes Motiv gehabt hatte. Vielmehr fügte sie sich dem Ausreisewunsch ihres Mannes, nicht zuletzt, um sein »Opfer«, als West-Berliner nach der Haftentlassung bei ihr im Osten geblieben zu sein, auszugleichen. Ihr selbst war es in der DDR gut gegangen, so dass ein »subjektiv gerichteter Vergleich« ihrer Existenz dort und hier ihre »Wanderungszufriedenheit« gerade nicht erhöhen konnte.[76]

Neben Fremdheit als Unvertrautheit und damit einhergehender Überforderung war also das Abgeschnittensein von in der DDR verbliebenen, nahestehenden Menschen ein Umstand, der einer Beheimatung im Westen abträglich sein konnte. Zu fragen bleibt, welche Rolle der Faktor Gender dabei spielte. Was Fremdheitserfahrungen im skizzierten Sinne angeht, legen Beobachtungen der Bremer Forscher zumindest nahe, dass Frauen stärker davon betroffen waren. Sie hatten, wie Schumann et al. feststellen, »häufiger als Männer die Aufgabe, den neuen Alltag für die Familie und die Kinder zu organisieren (Nr. 105). Sie mußten die Irritationen, die durch ungewohnte Bürokratien (Nr. 713), durch den Konsumterror (Nr. 395) oder ›den Kulturschock‹ (Nr. 153) entstanden, auffangen und zu verarbeiten helfen.«[77] Hinsichtlich der Bedeutung von Trennungserfahrungen ist nach bisherigen Erkenntnissen ebenfalls von einer Gen-

75 »Er hatte also in West-Berlin schon ein Auto, er hatte eine schöne Arbeit. Ihm ging es gut, er hatte seine Freunde«, beschrieb Hildegard Ahlrich die Situation ihres Ex-Mannes.

76 Schumann, Private Wege, S. 309.

77 Ebd., S. 293.

derspezifik auszugehen. Einige Betreffende machten sie auf diesem Feld selbst als etwas Bestimmendes aus:

> [...] er hatte, wie gesagt, genauso Sehnsucht nach seiner Tochter, [...] das hatte er auch. Aber Männer gehen damit anders um. [...] Frauen, ich habe, wie gesagt, gelitten, ich war krank. Und er hat also, die Freiheit, die er hier hatte, auch voll genutzt,

kontrastierte etwa Hildegard Ahlrich die vermutliche Befindlichkeit ihres Mannes mit ihrer eigenen. Dietz und Schumann bestätigen diese Annahme.

> Aus der Abtrennung d[...]er Mutter-Kind-Beziehungen, die durch das Wiedereinreiseverbot der DDR-Behörden entstand bzw. bestehen blieb, resultierten nicht selten Reuegefühle und Rückkehrwünsche. Im Gegensatz zu den Männern, für die das Zurücklassen von Kindern offenbar weniger problematisch war, [...] stellte der Verlust an Kontaktmöglichkeiten mit Kindern, die in der DDR blieben, für Frauen ein besonderes Erschwernis der Assimilation dar.[78]

Eine Erklärung für diesen geschlechtsspezifischen Unterschied bieten Schumann et al. nicht; sie muss auch hier offenbleiben und als Forschungsdesiderat benannt werden.

4. Das Beispiel Christian Vogtsberg: Erfahrungen von Nichtzugehörigkeit

Christian Vogtsberg, geboren 1948 in Berlin, übersiedelte im Sommer 1973 in den Westteil der Stadt, nachdem er aus DDR-Haft freigekauft worden war. Der in Berlin-Prenzlauer Berg Aufgewachsene hatte ab 1968 in Jena Philosophie studiert und sich in oppositionellen Studentenkreisen engagiert. Im Sommer 1971 wurde er, den Eintritt in die SED standhaft verweigernd, exmatrikuliert. Dadurch ohne jede berufliche Zukunft in der DDR, entschloss er sich 1972 zur Flucht. Der mit einem Freund und der Unterstützung von Fluchthelfern im Sommer

78 Ebd., S. 297. Dass Frauen unter der Trennung von nahestehenden Personen mehr litten als Männer, bestätigt als geschlechtsspezifischen Unterschied auch Gehrmann, Überwindung, S. 515; dort der Verweis auf ein weiteres illustrierendes Fallbeispiel, die Familie Katze.

über Bulgarien/Jugoslawien unternommene Versuch scheiterte. Es folgten vier Monate Haft in Bulgarien, Auslieferung an die DDR, Untersuchungshaft dort und im Dezember 1972 schließlich die Verurteilung zu einer zweijährigen Gefängnisstrafe. Nach seiner vorzeitigen Entlassung setzte Christian Vogtsberg sein Philosophiestudium an der Freien Universität Berlin fort.

Das erste Problem war die Suche nach einer Unterkunft. Zunächst bei einem Onkel einquartiert, fühlte der junge Mann sich dort schon bald nicht mehr willkommen. Auch faszinierte ihn »die Idee der WG, der Wohngemeinschaft«, so dass er sich auf entsprechende Anzeigen auf dem Campus bewarb. Die nachfolgenden Vorstellungsgespräche verschafften ihm allerdings weder ein Zimmer noch den angestrebten Zugang zu einem linken studentischen Milieu; sie wurden vielmehr zu einer enttäuschenden Ausschlusserfahrung. »Und [...] dann war das da so, dass da so 'ne Art ... Aufnahmekomitee war«, berichtete Vogtsberg in einem 2005 geführten Interview.[79]

> Zwei, drei Leute, die da: Aus 'm Osten aus 'm Gefängnis? Also, so ungefähr, und ich wurde dann in so 'ne Art Schublade gepackt, also ... offensichtlich rechtsradikal. [...] versucht sich anzupassen. Hat nichts zu suchen hier bei uns. ... Ja, das ist also das ... ich konnte mich gar nicht mit ... also richtig verständigen mit denen, ja.

Was Vogtsberg hier schilderte, lässt sich als Fremdheitserfahrung im Sinn von Nichtzugehörigkeit fassen. Diese beruht laut Boris Nieswand und Ulrich Vogel »auf einer diskursiv erzeugten Unterscheidung, die einem Anderen die Gemeinsamkeit mit einer Wir-Gruppe abspricht«. Die entsprechende Erfahrung bestimmt Horst Stenger als Ausgegrenztwerden, indem dem Fremden eine »Position jenseits der Grenzen des Eigenen« zugeschrieben oder zugewiesen wird: Er wird »aus den Gemeinsamkeitsannahmen *ausgeschlossen*«. Bedeutsam als Fremdheitserfahrung wird diese Exklusion laut Stenger jedoch nur, wenn ein weiteres Moment hinzutritt: In problematischer Weise nichtzugehörig fühlt sich der, der Gemeinsamkeit und Gleichwertigkeit erwartet hat, die Grenzziehung also als »*illegitime [...] Asymmetrie*« erlebt.[80] Christian Vogtsberg sah sich nicht weit entfernt von seinen Gesprächspartnern. Er und sein früherer Freundeskreis

---

79 Christian Vogtsberg (Pseudonym), Interview geführt von Elke Kimmel, 24.10.2005, Stiftung Berliner Mauer. Die im Folgenden angeführten Informationen und Zitate zu Vogtsberg sind diesem Interview entnommen, ohne dass dies jedes Mal erneut angemerkt wird.

80 Nieswand/Vogel, Dimensionen der Fremdheit, S. 148 (Zitat); Stenger, Fremdheit, S. 18 (Zitat), 20 (Zitat), 24 (Zitat) [Kursivierungen i. O.].

hätten sich mit der DDR »recht qualifiziert [...] beschäftigt«, meinte er, und »auch diesen ganzen Wortschatz drauf[gehabt]«, nur hätten seine Gegenüber dies »nicht so richtig erfasst«. Auch ein anderer Umstand, den er als Grund für die Distanzierung ausmachte, entbehrte subjektiv jeder Substanz: »Also, einmal sahen die ja nun etwas anders aus«, konstatierte Vogtsberg. Er selbst habe »diesen Kurzhaarschnitt« gehabt und den Bart zwar »wieder wachsen lassen, aber der war ja nun erst einmal [...] drei, vier Tage alt«. Geschuldet war beides der Haft. Während seiner 1968 beginnenden Studentenzeit hatte auch Vogtsberg zu den langhaarigen Bartträgern gehört, deren Äußeres Teil eines Gestus der Nichtanpassung war und sie von anderen Studierenden unterschied. Dass die potenziellen Mitbewohner ihn nun unter anderem wegen seines abweichenden Erscheinungsbilds nicht als einen der Ihren (an)erkannten, erschien vor diesem biografischen Hintergrund als bittere Ironie.

In einem anderen Kontext nahm Vogtsberg sein Anderssein hingegen als Ungenügen wahr: im Verhältnis zu Frauen. Hier gewann er den Eindruck, soziale Codes nicht ausreichend bedienen zu können, und erlebte dies als Gegenteil früherer Erfahrungen. In der Jenaer Zeit galten er und seine Clique in Sachen Mode und Lässigkeit geradezu als Avantgarde, im Westen gerieten sie ins Hintertreffen.[81] »Also, da waren wir diejenigen, die ja von nichts 'ne Ahnung hatten, ja. Aussahen wie die [...] Stoffpuppen, mit unsern Klamotten und [...] die Trends nicht kannten und bestimmte Begriffe und Wendungen [...].« Vogtsberg erfuhr sich als kulturell fremd in der von Stenger definierten Weise: Es mangelte ihm an Wissen, um pragmatischen Zwecken – sich so zu kleiden und zu geben, dass man dem anderen Geschlecht attraktiv erschien – zu genügen.

Eine vergleichbare Erfahrung habituellen Andersseins mit sozialen Auswirkungen berichtete Lena K. im Gespräch mit Horst-Günter Kessler und Jürgen Miermeister.[82] Die 1950 Geborene war Anfang der 1970er Jahre durch Heirat nach West-Berlin gekommen und hatte ebenfalls an der Freien Universität stu-

81 Zu seiner Jenaer Zeit führte Vogtsberg aus: »Also, die meisten Studenten so warn ja sehr brav und hatten kurze Haare, und also wir hatten lange Haare und Bärte, und die Mädels trugen Miniröcke und rauchten in der Öffentlichkeit und hatten offene Haare und so und keine Frisur.«

82 Vgl. Ralf Bohnsack: Differenzerfahrungen der Identität und des Habitus. Eine empirische Untersuchung auf der Basis der dokumentarischen Methode, in: Lebensformen im Widerstreit. Integrations- und Identitätskonflikte in pluralen Gesellschaften, hg. von Burkhard Liebsch und Jürgen Straub, Frankfurt am Main 2003, S. 136–160, hier S. 140, zu Konzept und Begrifflichkeiten. Die Untersuchung galt männlichen Jugendlichen aus türkischen Einwandererfamilien in Berlin.

diert. Auch sie hatte den Eindruck, Codes zu verletzen. »Offen, sehr direkt, mit Fragen, die aus der Sicht der Leute hier vielleicht ›intim‹ sind«, sei sie auf Menschen in der neuen Umgebung zugegangen, »genauso [...] wie in der DDR«. Ihre Gegenüber reagierten darauf, wie sie beobachtete, abweisend und verunsichert. Insbesondere den Kontakt zu Männern empfand sie als missverständnisbehaftet, sich selbst in ihren Absichten häufig fehlinterpretiert.[83] Ein weiteres Beispiel ist Manuela Wenau. 1955 in Potsdam geboren, gelangte sie 1973 nach gescheiterter Flucht und Haft zu Mutter und Bruder in die Bundesrepublik. Mit familiärer Unterstützung wurde die bei ihrer Übersiedlung 17-Jährige mit vielen »unbekannten Dingen« des veränderten Umfelds rasch vertraut. Jedoch ließ sie das Zusammentreffen mit Gleichaltrigen an der neuen Schule, einem Bremer Gymnasium, eine problematische Unterschiedlichkeit erfahren: Die offensiv legere Haltung gegenüber Lehrern irritierte die Jugendliche zutiefst. Sie hatte angesichts dessen Schwierigkeiten, sich mit ihren Mitschüler/-innen »zu verständigen«. Zudem überforderte sie die ihrer Wahrnehmung nach auf beständiges Reden und Diskutieren gerichtete Manier der neuen Umgebung.[84]

Der Umgang mit der empfundenen Zurückweisung gestaltete sich unterschiedlich. Vogtsberg reagierte, indem er sich auf »die Eigenen« zurückzog. »Also manchmal warn se auch freundlich, aber ich merkte immer, [...] dass da so 'ne Ablehnung ist. Und denn hab ich das aufgegeben«, beschloss er die Episode zur studentischen WG-Szene, um fortzufahren: »Also inzwischen hatten sich auch ... immer mehr eingefunden, die ich kannte aus der DDR. [...] und in dem Zusammenhang bin ich dann auch mit meinem Freund in eine kleinere Wohnung gezogen.«

Was Frauen betraf, blieb der Mittzwanziger zunächst ohne Freundin. »Natürlich bin ich dann bei irgendwelchen Ostmädels gelandet, die ... also dann im Westen waren. Also, das war dann [...] schwierig«, schilderte er seine damalige Situation. Beide Entwicklungen beschränkten seine soziale Anbindung an die neue Umgebung: Die Ehemaligenszene bot zwar Einbettung, bedeutete aber zugleich eine nicht selbst gewählte Begrenzung. Beziehungen zu Frauen blieben, da

83 Viele Leute hier, in: Kessler/Miermeister, Vom Großen Knast, S. 73. Sie ist wohl 1973 übergesiedelt, exakt ist das Datum dem Text nicht zu entnehmen. In Anlehnung an Alfred Schütz lässt sich Lena K.s Erfahrung so beschreiben, dass sie die Normalitätserwartungen ihrer Umgebung irritierte und hinsichtlich der herrschenden Maßstäbe und Wertkategorien ein abweichendes Verhalten zeigte. Stenger, Fremdheit, S. 20–21.

84 Wenau, Fehler meines Lebens, in: Finn/Julius, Von Deutschland, S. 87 (Zitate), 88.

auch die ostdeutschen sich »nach 'm Westen orientierten«, über Jahre hinweg sporadisch und heikel.

Bei Lena K. und Manuela Wenau ging es nicht um ein explizites Ausgeschlossensein. Als Kernproblem umrissen sie, infolge ihres Andersseins und mangelnder Vertrautheit mit hiesigen Gepflogenheiten selbst nicht richtig gedeutet zu werden sowie das Verhalten der anderen nicht zu verstehen.[85] Als kulturell Fremde waren die Frauen mit der Beobachtung konfrontiert, dass sie »der Wirklichkeit der Welt teilweise andere Bedeutungen« gaben als ihr Umfeld, »von anderen Voraussetzungen aus[gingen] und zu anderen Schlüssen und Bewertungen« kamen.[86] Beide fühlten sich in ihren Haltungen und Überzeugungen verunsichert. Selbstvergewisserung durch eine kritische Sicht der anderen gelang nur begrenzt, so dass die Frauen, verschärft durch die Wahrnehmung eigener Unzulänglichkeit nach Westmaßstäben, in eine belastende oder gar krisenhafte Lage gerieten: »Es hat mich viel Energie gekostet, diese Schulzeit zu überstehen«, stellte Manuela Wenau fest; aus Sorge, Freundschaften weiterhin entbehren zu müssen, vermied sie anschließend ein Studium an einer großen Universität. Lena K. beschrieb

> eine Zeit, wo ich mich abgekapselt, zurückgezogen habe und jegliches Selbstvertrauen verlor, in jeder Beziehung. [...] Ich dachte damals, ich weiß nichts, versteh nichts, kann mich nicht richtig ausdrücken, bin nicht hübsch, bin überhaupt keine richtige Westfrau, die verhalten sich ganz anders usw.[87]

Die Beispiele zeigen, wie die Erfahrung kultureller Fremdheit und das Empfinden, sozial ausgeschlossen zu sein, Hand in Hand gehen konnten.[88] Anders als bei dem *Krisis*-Erleben, das charakteristischerweise auf die Ankunftsphase be-

85 »Ich konnte in dieser Zeit niemanden finden, der mir hätte helfen können, das Leben von gleichaltrigen Jugendlichen hier zu verstehen«, äußerte Manuela Wenau, ebd., S. 88. Lena K. vermerkte, sie habe die Reaktionen auf ihre Person »anfangs überhaupt nicht verstehen« können. Viele Leute hier, in: Kessler/Miermeister, Vom Großen Knast, S. 73.

86 Stenger, Fremdheit, S. 25.

87 Viele Leute hier, in: Kessler/Miermeister, Vom Großen Knast, S. 73; Wenau, Fehler meines Lebens, in: Finn/Julius, Von Deutschland, S. 87–88.

88 Vgl. die Beobachtung Roswitha Breckners: »Kulturelle Differenzerfahrungen in der Gestaltung des Alltags sind somit in der Regel mit sozialen Differenzerfahrungen hinsichtlich der gesellschaftlichen Positionierung mehr oder weniger eng verbunden.« Roswitha Breckner: Migration – ein biographisches Risiko? Zum Zusammenhang von Migrationserfahrung und Biographie, in: Entstaatlichung und soziale Sicherheit: Verhandlungen des 31. Kongresses der Deutschen Gesellschaft für Soziologie in Leipzig 2002, Bd. 1, hg. von Jutta Allmendinger, Opladen 2003, S. 236–253, hier S. 240.

schränkt war, handelt es sich hier um einen weiterreichenden Erfahrungskomplex. Wie etwa Manuela Wenau deutlich machte, konnte man sich an manches »Fremdartige« schnell gewöhnen, während sich die »wirklichen Schwierigkeiten« erst in der längerfristigen Interaktion herauskristallisierten.[89] Das von ihr wie von Christian Vogtsberg und Lena K. umrissene Gefühl des Andersseins mit seinen sozialen Implikationen hatte das Potenzial, ein Ankommen im Sinne einer Einbindung in Beziehungen und damit ein Heimischwerden im Westen über Jahre hinweg zu beeinträchtigen. Zudem konnte man, wie Lena K. es schilderte, in eine Anpassungskrise geraten, in der das eigene Bezugs- und Wertesystem und die eigenen Fähigkeiten infrage gestellt waren.

Ähnlich gelagert sind Auskünfte Gewanderter zu einer weiteren Form von Fremdheitserfahrung, die ebenfalls einen länger währenden, sogar nie ganz aufhebbaren Charakter hatte. Ein Beispiel ist Reiner Fölz, der 1990 im Interview ausführte:

> Und och [...] der geheime Komplex, der eben ... so 'ne Art Minderwertigkeitskomplex, den man anerzogen gekriegt hat durch all die Jahre da sein, dass man det Defizit immer spürt. Die anderen waren schon da gewesen, die waren in dem Land, die haben det selber erlebt, die haben Erfahrungen selbst gemacht, die man alle nur gelesen haben kann, aber die man eben nie selber gemacht hat. Det is natürlich irgendwie 'ne quälende Sache.[90]

Der 1984 als 34-Jähriger aus Ost-Berlin Ausgereiste beschrieb sich hier in der Figur des klassischen Fremden: als Menschen, für den die »Situation des ›Hinzutretens‹« in eine »durch gemeinsame Sozialisation und Vergangenheit verbundene [...] Gruppe« bestimmend ist.[91] Fölz' Aussage steht im Zusammenhang von Reflexionen, inwieweit die DDR und das Leben dort für Übergesiedelte weiterhin bedeutsam blieben, ihr Dasein auch im Westen prägten. Dabei stellte er als einen Aspekt heraus, dass sein ostdeutsches Vorleben fast jedem Weggegangenen zwangsläufig ein Manko bescherte: In der Bundesrepublik war er immer ein Zuspätgekommener – ein Fremder wie gesagt, der »aufgrund seiner spezifischen

89 Wenau, Fehler meines Lebens, in: Finn/Julius, Von Deutschland, S. 87.
90 Reiner Fölz (Pseudonym), Interview geführt von Manfred Gehrmann, 8.1.1990, Stiftung Berliner Mauer.
91 Stenger, Fremdheit, S. 23. Zum Fremden, der nach Schütz »vom Standpunkt der Gruppe aus [...] ein Mensch ohne Geschichte« ist, siehe auch Gehrmann, Überwindung, S. 474 (Zitat FN).

biografisch-historischen Orientierungsgeschichte« sowie des Ausschlusses aus einer geteilten Vergangenheit die Differenz zu den anderen nie vollständig würde beseitigen können.[92]

»Man ist eben nicht organisch hier mit gewachsen, sondern man ist eben irgendwann als Fremdkörper hineingekommen«, erläuterte Fölz an anderer Stelle. Dass die ersten Westdeutschen, die er traf, »praktisch die ganzen Löcher, die man hat, die ganzen Lücken [...] ausfüllen« mussten, habe seinerseits zu übersteigerten Erwartungen und Fehlbewertungen geführt. Auch die 1985 29-jährig übergesiedelte Grit Eine interpretierte den Umstand, dass ihr hier »so 'n Stück Vorgeschichte fehlt[e]«, sozial: »Da kann ich eigentlich immer nur stehen und zuhören«, meinte sie 1990 im Blick auf ihr westdeutsches Umfeld, »da kann ich ja nicht mitreden, weil ich hab ja was anderes erlebt als die.«[93] Sowohl Reiner Fölz als auch Grit Eine taten sich aus verschiedenen Gründen schwer, im Westen Fuß zu fassen; enge persönliche Kontakte zu Bundesbürgern hatten sie auch nach fünf bis sechs Jahren kaum geknüpft. Sich selbst als strukturell fremd anzusehen, konnte dieses andauernde Distanzverhältnis zumindest teilweise erklären: Fremdsein bot den Betreffenden einen Deutungsrahmen, in dem sich schwierige Erfahrungen einfangen und reflektieren ließen. Auffallend ist bei Eine und Fölz, dass sie sich als Hinzugekommene defizitär erlebten. Über Lebensumgebung und Menschen hier niemals so viel wissen zu können wie Eingesessene, daher beiseite zu stehen, umrissen beide als Folge der fehlenden Gemeinsamkeiten. Reiner Fölz betrachtete sich zudem nicht nur gesellschaftlich, sondern auch biografisch als verspätet – insofern er für bestimmte Erfahrungen, soweit er sie noch machen könnte, im Vergleich zu anderen schlicht zu alt wäre.

»Man merkt hier, daß doch ein Film von dreißig Jahren Leben fehlt, den kann man nicht nachholen«, bemerkte ähnlich der Kunsthistoriker Diether Schmidt. Wie Fölz erwog er die Bedeutung des eigenen Lebensalters zum Zeitpunkt der Übersiedlung: »Je älter man ist, desto schwieriger wird's.«[94] Wer derart grundsätzlich fehlende sozialisatorische und biografische Gemeinsamkeiten hervor-

---

92 Breckner, Migrationserfahrung, S. 74.

93 Grit Eine (Pseudonym), Interview geführt von N. N., 4.1.1990, Stiftung Berliner Mauer. Zu Grit Eine siehe Gehrmann, Überwindung, S. 458-459; Schumann, Private Wege, S. 203, 223.

94 Schlagsahne auf dem Kuchen, in: Ahrends, Mein Leben, S. 93. Explizit nahm auch Grit Eine auf den Faktor Alter Bezug. Wenn man mit 20 komme, meinte sie, sei es vielleicht anders; aber bei ihr sei ja »schon unheimlich viel gelaufen, also ich bin fast 29 gewesen, als ich hierher gekommen bin«.

hob, deutete an, eine Neubeheimatung kaum vollumfänglich für möglich zu halten. Als Hinzugetretene/r würde man in Westdeutschland bis zu einem gewissen Grad immer unvertraut und unerkannt bleiben. Denn ebenso wenig wie einem selbst umfassendes Wissen und Verstehen möglich wäre, könnten Hiesige dies umgekehrt leisten.[95] Nicht reflektiert wurde von diesen Übergesiedelten, dass auch Westdeutsche voneinander abweichende Sozialisationserfahrungen haben konnten, wenn sie aus unterschiedlichen Milieus kamen, und diese Differenz insofern keine für DDR-Zuwanderer spezifische Herausforderung war. Überhaupt fällt die Vorstellung einer allen Westdeutschen gemeinsamen, monolithischen Erfahrungswelt auf, die hinter den zitierten Äußerungen stand und vernachlässigte, dass soziale Erfahrung auch in der Bundesrepublik von Heterogenität gekennzeichnet war.

Das Fremdheitserleben zeichnete sich in diesen Fällen dadurch aus, durch Wissenserwerb, Bemühen um Aneignung des anderen und wechselseitiges Kennenlernen nur eingeschränkt auflösbar zu sein. Der Akzent lag auf unterschiedlichen biografischen Prägungen und sich daraus ergebenden Verständigungsgrenzen, jedoch ist diese Differenzerfahrung analytisch von kultureller Fremdheit nicht streng zu trennen.[96] Einem inhaltlichen Feld allerdings waren alle bisher diskutierten Formen von Fremdheitserfahrung in bemerkenswerter Weise verbunden: politisch konnotierten Deutungen, die sich auf die Vergangenheit und das Verhalten der Gewanderten als »Ostler« sowie auf ihr Herkunftsland, die DDR, richteten. Als problematisch erlebten Betreffende wie Christian Vogtsberg

95 Selbst von seiner langjährigen Freundin, notierte der Diakon Martin Niethammer, könne er »natürlich nicht erwarten, daß sie begreift, was ich ihr aus der DDR erzähle. Wenn's verstanden wird, dann ist das schon okay, begreifen kann man's nur, wenn man das Leben drüben gelebt hat.« Was vermißt ein satter Mensch – den Hunger?, in: Ahrends, Mein Leben, S. 40–47, hier S. 46. Wolfgang Hegewald äußerte, es wäre ihm »eine ganz schwierige Vorstellung, wenn ich wirklich dieses Vorleben jemandem, mit dem ich zusammenlebe, erklären müßte, wie die Welt eines Tiefseefisches«. Die »waschechte Westfrau«, mit der er zusammen sei, kenne die DDR aber sehr gut, sei dort mehr gereist als er – insofern sah Hegewald die Problematik biografischer Differenzen abgeschwächter. Ein Zustand der Vogelfreiheit ..., in: ebd., S. 137–148, hier S. 143–144.

96 »Biografie, so lässt sich argumentieren, ist [...] dann von besonderer Relevanz, wenn zu vermuten ist, dass sie sich von anderen biografischen Mustern maßgeblich unterscheidet und damit für die Gegenwart (und auch für die Gegenwart Anderer) durch eine ›extrem verschiedene Vergangenheit‹ manifest wird.« Almut Zwengel und Gudrun Hentges: Einleitung, in: Migrations- und Integrationsforschung in der Diskussion. Biografie, Sprache und Bildung als zentrale Bezugspunkte, hg. von Gudrun Hentges, Volker Hinnenkamp und Almut Zwengel, Wiesbaden, 2., aktual. Aufl., 2010, S. 7–19, hier S. 8.

und andere insbesondere Reaktionen auf der politischen Linken.[97] »Aber die [...] waren nicht pro DDR, so auch nicht«, berichtete Vogtsberg über die FU-Studentenkreise Mitte der 1970er Jahre.

> Aber sie hatten irgend 'ne Meinung zur DDR, die so nicht mit dem übereinstimmte [...], dass da ... irgendwie so 'n Bursche da ... inhaftiert wird, der dann in 'ne WG will. Also das konnten die sich nicht zusammenreimen und ... kamen dann eben auf diese Lösung, dass ich irgendwie 'n Kuckucksei bin [...].

Weil sie seine Vorgeschichte nicht mit ihrem politischen Weltbild übereinbringen konnten, so seine Wahrnehmung, sahen die jungen Leute ihn nicht als ihresgleichen an: Vogtsberg betrachtete diese Diskrepanz als wesentlichen Grund für den erfahrenen Ausschluss.

Vergleichbares beobachtete Utz Rachowski. 1954 im Vogtland geboren und nach Haft und Freikauf seit 1980 in West-Berlin ansässig, studierte der angehende Autor ebenfalls geisteswissenschaftliche Fächer an der Freien Universität. »Da konnte man natürlich nicht kommen und sagen: ›Es gibt einen üblen Prügler, der ist Aufseher hundert Kilometer von Euch. Der lebt allerdings in der DDR und wird ›Roter Terror‹ genannt‹«, hielt Rachowski rückblickend fest.[98] Rot sei in den Augen seiner Kommilitonen gut gewesen, wer von Terror sprach ein Denunziant. Verbundenheit oder nur irgendeine Basis für den Austausch ergab sich angesichts dessen kaum. »Man konnte sich gar nicht verständlich machen«, kennzeichnete Rachowski in ähnlichen Worten wie Vogtsberg seine damalige Situation.[99] Der Schriftsteller begriff diese Differenzerfahrung mit einhergehenden Verstehensproblemen als Mischung aus kultureller Fremdheit und fehlenden biografischen Gemeinsamkeiten. Er fasste dies im Bild des Herausbrechens aus

---

97 Siehe dazu Anne Hahn und Frank Willmann (Hg.): Der weiße Strich. Vorgeschichte und Folgen einer Kunstaktion an der Berliner Mauer, Berlin 2011, S. 42–43, 50–52.

98 Rachowski studierte Kunstgeschichte und Philosophie; Rachowski, in: Bernig/Schmitz, Literaturlandschaft im Wandel, S. 165, 171 (Zitat). Zu Rachowski siehe auch Kap. II.2.

99 Rachowski, in: Bernig/Schmitz, Literaturlandschaft im Wandel, S. 171. Zu Vogtsberg siehe die eingangs dieses Kapitels zitierte Interviewpassage (»ich konnte mich gar nicht mit ... also richtig verständigen mit denen, ja«). Vgl. Walter Schmitz: Die Erfahrungen des Schriftstellers Utz Rachowski in drei deutschen Staaten, in: Schmitz/Bernig, Deutsch-deutsches Literaturexil, S. 520–554, hier S. 542: Rachowski seien im Westen »nicht mehr nur die Akteure des ›Kalten Krieges‹, die ihn als Zeugen für das Unrechtsregime DDR vereinnahmen wollen«, begegnet, sondern auch jene »Westlinken«, die von einem gegen das eigene Volk agierenden SED-Regime »gar nichts hören wollen«.

der eigenen Generation: Seine Erfahrungen wurden im Westen nicht geteilt oder sogar verneint. »Siehe Freie Universität Berlin, meine Generation war eine ganz andere. Das bezog sich auch auf das andere Geschlecht«, hielt Rachowski fest. Dass DDR-Gefängnisse ebenso schlimm wie solche in Peru seien, dass er die Stationierung von Waffen für notwendig hielt, habe er Frauen hier nicht vermitteln können. Den politischen Dissens sah Rachowski als Teil eines generellen Gaps, schärfer noch, als ihn Niethammer formulierte: Über das, was »einen eigentlich anging«, habe er mit einer »Wessifrau« nicht reden können, weil sie von nichts wusste, weder das Vogtland kannte noch je auf einer Messe in Leipzig gewesen war.[100]

Heimischwerden in dem Sinne, Zugang zu Gruppen zu finden und in soziale Beziehungen eingebunden zu werden, gestaltete sich für Rachowski ähnlich wie für Vogtsberg schwierig. Überdies litt er als politischer Schriftsteller unter einer Umgebung, für die das, was ihn bewegte – wie die Verhängung des Kriegsrechts in Polen 1981 –, eine Blindstelle war. Seinen Ort fand Rachowski daher ebenfalls ähnlich wie Vogtsberg vornehmlich unter den eigenen Leuten, in einem Freundeskreis, der sich für Biermann eingesetzt hatte und an den er nach seiner Ausbürgerung anschließen konnte. Zu »Westintellektuellen« hatte er dagegen »in den 80er Jahren eher wenige Kontakte«. Dass es in den politischen Einschätzungen und Prioritäten eine so tiefe Kluft gab, führte Rachowski neben der unterschiedlichen generationellen Prägung auf eine spezifische, insbesondere die Universitäten dominierende Konstellation zurück: »Die Maoisten und Trotzkisten waren damals [...] in den Geisteswissenschaften politisch absolut tonangebend.«[101] Mit dieser Entwicklung hatte sich in einem früheren Stadium auch Christian Vogtsberg konfrontiert gesehen und sie als ein Haupthindernis des eigenen Zugangs ausgemacht. Zur Hochzeit der K-Gruppen an die Freie Universität gekommen, erlebte er die Diskussionen dort als »unqualifiziert« und »haarsträubend«. Reibungspunkt und besonderes Ärgernis war ihm der verbreitete Dogmatismus, der seiner eigenen Auseinandersetzung mit »Anspruch und Wirklichkeit des Sozialismus in der DDR« diametral entgegenstand.[102]

100 Rachowski, in: Bernig/Schmitz, Literaturlandschaft im Wandel, S. 175.

101 Ebd., S. 176, 171 (Zitate).

102 Zur Geschichte der K-Gruppen siehe Andreas Kühn: Stalins Enkel, Maos Söhne. Die Lebenswelt der K-Gruppen in der Bundesrepublik der 70er Jahre, Frankfurt am Main 2005; Jürgen Schröder: Ideologischer Kampf vs. regionale Hegemonie. Ein Beitrag zur Untersuchung der »K-Gruppen«, Berlin 1990; Michael Steffen: Geschichten vom Trüffelschwein. Politik und Organisation des Kommunistischen Bundes 1971–1991, Berlin 2002.

Mit seiner Überzeugung, dass man Repression abbauen und »durch eigenes Engagement ersetz[en]« müsse, stieß Vogtsberg in diesen Kreisen auf taube Ohren. Einen übereinstimmenden Eindruck berichtete Peter Timm. Zwei Jahre jünger als Vogtsberg und ebenfalls in Ost-Berlin aufgewachsen, kam Timm im Sommer 1973 nach West-Berlin. Auch sein Weg hatte über Gefängnis und Freikauf in den Westen geführt. Die K-Gruppen an der Freien Universität erlebte der für Russisch Eingeschriebene in der Formierungsphase; ihren starr an Lehrmeinungen ausgerichteten Zugriff empfand auch er als »wenig hilfreich«:

> Ich war ja der Meinung, es hätte wenig Sinn, sich mit Theorie vollzuknallen, weil man so hier keine Wirklichkeit machen kann, sondern daß man mehr sinnvolle Aktionen, das eigene Leben betreffend, machen müßte, sein eigenes Lebens verändern müßte,

äußerte Timm im Gespräch gegenüber Kessler/Miermeister. Die Folge der konträren Haltungen waren »irre Auseinandersetzungen«.[103] Christian Vogtsberg stellte fest, er habe in dieser Szene »überhaupt nicht Fuß fassen können«, sich nicht eingebracht: Mit der »Universität war 'ne Katastrophe«, bilanzierte er seine Anfänge im Westen, nach denen die Interviewerin unter dem Aspekt »dort zu Hause sein« gefragt hatte.

Die Schwierigkeiten, die herübergekommene Ostdeutsche mit der hiesigen Linken hatten, reichten jedoch über dieses spezifische Milieu hinaus. Der 1944 geborene Andreas Eckardt, in Weimar ausgebildeter Architekt, war 1974 verhaftet und zwei Jahre später freigekauft worden. Nach kurzem Aufenthalt in Hamburg übersiedelte er nach West-Berlin, wo er sich bemühte, bei den politischen Parteien um Solidarität für von Verhaftung bedrohte Jenaer Freunde, so Jürgen Fuchs, zu werben. Die Resonanz seiner vor allem an die SPD gerichteten Appelle erfuhr Eckardt gerade dort als niederschmetternd: »Ich muß Ihnen aber sagen, bei der SPD haben wir überhaupt kein Verständnis gefunden«, führte er vor einer Enquete-Kommission des Deutschen Bundestags 1994 aus. Eckardt gewann den Eindruck, dass der Osten, dessen Realität er am eigenen Leib erfahren hatte, für diese Linken eine Art »Versuchsobjekt« war, das sie »weiterlaufen lassen«

103 »Da gingen Leute mit schwarzen Lederjacken und Halstüchern rein«. Von der FDJ zum Chaos-Theater, in: Kessler/Miermeister, Vom Großen Knast, S. 148–168, hier S. 148, 155 (Zitate). Timm fokussierte aus seinem eigenen Erleben heraus auf die K-Gruppen und thematisierte nicht, dass ähnliche Konflikte auch in anderen, undogmatischen Gruppierungen der Linken ausgetragen wurden.

wollten. Seine Erfahrungen minderten nicht sein politisches Engagement, doch brachten sie ihn in »Distanz zu diesen Parteiapparaten« und führten dazu, dass er in kleinen Gruppen oder allein aktiv wurde.[104]

Stefan Otto, geboren 1943 und promovierter Slawist, reiste 1980, nachdem er einen entsprechenden Antrag gestellt hatte, von Ost- nach West-Berlin aus. Dort traf er bei privaten Anlässen verschiedentlich mit Vertretern linker politischer Kreise zusammen, die sich als alternativ mit »sozialistische[r] Komponente« begriffen – und war unangenehm überrascht. Den Verhältnissen in der DDR begegneten diese westdeutschen Linken seiner Wahrnehmung nach mit Desinteresse und Kritiklosigkeit: um nicht dem politischen Gegner Argumente zu liefern, wie man Otto ähnlich wie Jürgen Fuchs und anderen sich sozialistisch verstehenden DDR-Dissidenten entgegenhielt.[105] Otto, der mit dem System dort gebrochen hatte und hier nicht selbstverständlich für linke Funktionäre (etwa der Sozialistischen Einheitspartei Westberlins angehörende Lehrer) eintrat, stieß auf Skepsis und Misstrauen. So geriet er notgedrungen in großen »Abstand zu diesen Gruppen«, eine Entwicklung, die er als persönliche Enttäuschung beschrieb: »Dort, wo man zunächst seine politische Heimat vermutet, wird man systematisch vor den Kopf gestoßen.« In der Folge sah Stefan Otto sich ins Abseits gedrängt; »auf ein langes, unbequemes Sitzen zwischen den Stühlen« müsse sich einrichten, wer nicht zu den Konservativen überlaufen wolle – und auf die Rolle als »Störenfried«, der man hier im Westen kaum entkommen könne.[106]

Sich mit den Gruppierungen und Milieus, die ihnen hier begegneten, nicht verbinden zu können oder zu wollen, bedeutete für die Betreffenden, dass ihnen politisch ein Resonanzboden fehlte und es (zunächst) schwierig für sie war, Engagement und Wirkung zu entfalten. Etwas Ähnliches beobachtete in allgemeiner Form, von sich selbst abstrahierend, Andreas Eckardt. Er meinte, die »Leute, die im Osten intellektuell nichts mehr zu sagen hatten« und in den Westen gingen, hätten dort zumeist »den Mund gehalten«. »Jedenfalls es gab keine politische Ecke, wo diese Leute sich irgendwie manifestieren konnten, und ich glaube, die sind einfach weggerutscht aus der deutschen Geschichte«, lautete sein Fazit.[107] Nach dem Umbruch von 1989/90 formuliert, beruhte seine

104 Flucht- und Ausreisebewegung, S. 345, 347, 382 (Zitate).

105 Otto, Deutschland, in: Finn/Julius, Von Deutschland, S. 73; biografische Angaben S. 253. Zu Fuchs s. o. Kap. II.3.

106 Otto, Deutschland, in: Finn/Julius, Von Deutschland, S. 74, 73 (Zitate), 75 (Störenfried).

107 Flucht- und Ausreisebewegung, S. 383. Vgl. dazu den rückblickend formulierten Befund

Einschätzung allerdings auf retrospektiven Empfindungen und ließ die Rolle von DDR-Flüchtlingen wie Rudi Dutschke und Bernd Rabehl in der 1968er-Bewegung außer Acht.[108]

Das Zusammentreffen mit Anhängern verschiedener politischer Gruppierungen und Parteien erzeugte bei einigen DDR-Übersiedlern, so lassen sich die referierten Beispiele resümieren, Gefühle von Nichtzugehörigkeit und insofern von Fremdsein: Betreffende erlebten, wie Christian Vogtsberg, den Ausschluss aus einer Wir-Gruppe, der sich ihnen ideologisch motiviert darstellte. Sie erfuhren, wie Stefan Otto, Ablehnung und Misstrauen und sahen sich in die Rolle eines Störenfrieds gedrängt. Sie begegneten Auffassungen, Organisationsformen und Diskussionsstilen, die sie, wie es Vogtsberg, Utz Rachowski und Peter Timm schilderten, als problematisch empfanden: Wie im Westen in Kreisen der äußersten Linken – von Maoisten, Trotzkisten und weiteren Vertretern des kommunistisch-sozialistischen Spektrums – Politik gemacht wurde, erschien den Herübergewechselten weitab von eigenen Prioritäten. Als kulturell fremd nahmen sie sich nicht vorrangig war, weil sie mit dieser Praxis unvertraut waren. Vielmehr ging es ihnen darum, das, was in der eigenen Auseinandersetzung mit Politik und Gesellschaft unter sozialistischen Vorzeichen an Überzeugungen gewachsen war, nicht einbringen zu können. Auf der Ebene politischen Engagements konnten diese Ostdeutschen im Westen in einem doppelten Sinn biografisch nicht anschließen: Sie waren aus dem, was sie für ihre Altersgruppe als drängend und prägend begriffen, »herausgebrochen«; überdies wurden zentrale Vorerfahrungen insbesondere der Haft in der DDR hier weder verstanden noch angemessen gewichtet.

Solche Erfahrungen mit Westlinken vertiefend und auf einer breiteren Quellengrundlage zu analysieren, wäre eine lohnende Aufgabe künftiger Forschung – zunächst im Hinblick auf die Generations-, Zeit- und Lagerspezifik,

---

von Erich Loest: »Wir – die Emigranten – haben im Westen keine Bedeutung erlangt. Wir dachten, dass wir als Kenner des Ostens und ausgewiesen durch unsere Biographie eine Rolle spielen könnten. Aber uns wollte niemand haben. [...] Wir sind keine Kraft geworden, und nach 1990 schon gar nicht.« Loest, in: Bernig/Schmitz, Literaturlandschaft im Wandel, S. 141.

108 Fundiert untersucht in Bezug auf die Genese von 1968 ist »die spezifische Rolle von DDR-Flüchtlingen in der Studentenbewegung am Ende der sechziger Jahre« jedoch noch nicht, so Wolfgang Kraushaar: Die Abhauer. Zur Rolle von DDR-Flüchtlingen in der 68er-Bewegung, in: Die DDR in Deutschland. Ein Rückblick auf 50 Jahre, hg. von Heiner Timmermann, Berlin 2001, S. 749 (Zitat FN)–761. Einen weiteren Beitrag zu diesem Thema, der ebenfalls stark auf Rudi Dutschke und auf Bernd Rabehl abhebt, liefert Stillke, Grenzgänger.

die in den Beobachtungen der zuletzt Zitierten anklingt: Als zwischen Ende der 1940er und Mitte der 50er Jahre Geborene trafen Timm, Vogtsberg und Rachowski auf Altersgenossen, die durch 1968 im Westen sozialisiert worden waren. Schwierigkeiten benannten die Betreffenden vor allem mit jenen, die sich auf der radikalen Linken verorteten und im Zuge des Zerfalls der Studentenbewegung in den entstehenden Kleinparteien und Splittergruppen organisierten.[109] Woraus genau entstanden über das hier Umrissene hinaus Missverständnisse und wechselseitige Abstoßungen? Wie lange blieben diese Prägungen und Zuordnungen wirksam, wie stellten sie sich für aus der DDR Gekommene innerhalb bestimmter Milieus (etwa an Universitäten) oder an einzelnen Orten (etwa in West-Berlin im Vergleich zu Frankfurt am Main) dar?[110]

In einem zweiten Schritt wäre der Fokus einer solchen Untersuchung auszuweiten. So gälte es im Blick auf die außerparlamentarische Politszene auch die sich ab Ende der 1970er Jahre formierende Friedens- und Umweltbewegung in den Blick zu nehmen, die unter anderem zahlreiche ehemalige K-Gruppen-Aktivisten aufnahm. Welche Probleme sahen Ostdeutsche, was Blindstellen bezüglich der DDR und ihrer Vorerfahrungen dort sowie, daraus resultierend, ihr Engagement hier betraf – Probleme, wie sie zum Beispiel Jürgen Fuchs beschrieb?[111] Schließlich wäre den Hinweisen auf einen Verständnis- und Solidaritätsmangel bei Vertretern politischer Parteien, das heißt Sozialdemokraten und Grünen, sowie von

109 Ein weiteres Beispiel ist der 1946 geborene Hannes Schönemann, der sich nach Inhaftierung, Freikauf und Ausreise 1985 als Regisseur in der westdeutschen Filmszene bewegte. Diese sei in seiner Generation »stark mit Leuten besetzt [gewesen], die ihre politische Herkunft in den sechziger und siebziger Jahren sehr weit links hatten, also vom Maoismus über KPD bis sonstwohin«. Seine Entscheidung, nach beruflichen Einschränkungen und Verfolgung durch die Staatssicherheit die DDR zu verlassen, wurde in diesem Umfeld als Verrat an seinem Land gewertet. Flucht- und Ausreisebewegung, S. 353, 375 (Zitat FN), 376.

110 Im Blick auf 1968 stellt Kraushaar, Die Abhauer, S. 749, 758, die besondere geopolitische Konstellation in West-Berlin und die Bedeutung der Freien Universität heraus. Einige generelle Beobachtungen zu Einstellungen westlicher Linker gegenüber der Linken im Osten formulieren Agnes Heller und Ference Fehér: Die Linke im Osten – die Linke im Westen. Ein Beitrag zur Morphologie einer problematischen Beziehung. Studie Nr. 10 (1986), S. 48 (Forschungsprojekt Krisen in den Systemen sowjetischen Typs). Wie in die Bundesrepublik übergesiedelte Ostdeutsche wahrgenommen wurden, die politisch interessiert waren und sich selbst als links verstanden, behandeln die Autoren nicht. Vgl. mit stärkerer zeitlicher Fokussierung auch Gerd Koenen: Die APO, ihre Erben und die DDR, in: Veen, Wechselwirkungen, S. 129–138.

111 Beckmann, Fuchs und Friedensbewegung, S. 429–431, 443–444, 453. Zu Fuchs s. o. Kap. II.3.

Vereinen und Verbänden dieses Spektrums vertiefend nachzugehen.[112] So äußerte Peter Timm Erstaunen, »daß sich linke Organisationen nicht um einen gekümmert haben«. Beschäftigt mit Emigranten aus dem faschistischen Griechenland oder diskriminierten »türkischen Ausländern«, sei eines »bei den Linken [immer] unter den Tisch gefallen [...]: Wie sollte oder kann man Leuten helfen, die aus der DDR kommen?« Die Orientierungsbedürfnisse und -schwierigkeiten, die auch diese Neuankömmlinge hatten, seien völlig verkannt worden.[113]

Unabhängig davon bildete die Begegnung mit linken politischen Gruppen und Milieus im Westen ein Feld, auf dem Übersiedelte verstärkt Fremdheit erfuhren beziehungsweise auf Beheimatungshindernisse stießen – nicht als Orientierungskrise und Überforderung wie auf den Feldern Konsum/Bürokratie, sondern als Schwierigkeit, Zugang, biografischen Anschluss, Verständnis und Wirkungsmöglichkeiten zu finden. Wen aber berührte diese Problematik überhaupt? Aus dem Umstand, dass ausschließlich Aussagen von Männern angeführt wurden, kann, da es sich lediglich um wenige Fälle handelt, keine Genderspezifik abgeleitet werden; inwieweit sich eventuell Unterschiede zu Wahrnehmungen und Erfahrungen von Frauen aus der DDR ergeben, wäre zu untersuchen. Davon abgesehen lassen sich versuchsweise einige Gemeinsamkeiten jener, die eine politische Beheimatung in der beschriebenen Weise als neuralgisch erlebten, ausmachen: Betrachtet man die herangezogenen Beispiele, waren Ostdeutsche betroffen, die sich als links verstanden und daher nach ihrer Übersiedlung auf dieser Seite des politischen Spektrums Anschluss suchten. Wie es DDR-Zuwanderern erging, die sich von vornherein Richtung Mitte-rechts orientierten oder sich, nach Abstoßung durch die Linke, dorthin (oder nach rechtsaußen) wandten, harrt noch einer differenzierten Untersuchung.

---

112 Notwendig wäre eine differenzierte und systematisierende Darstellung der Blindstellen, aber auch des Engagements westdeutscher Linker, so etwa der Grünen für Oppositionelle in der DDR, vgl. Potthoff, Koalition der Vernunft, S. 70–72. Siehe auch Hubertus Knabe: Die DDR-Opposition und ihre westdeutschen Unterstützer, in: Veen, Wechselwirkungen, S. 111–127.

113 Leute mit schwarzen Lederjacken, in: Kessler/Miermeister, Vom Großen Knast, S. 163 (Zitat), 164. Timms Eindruck illustriert ein Beitrag von Bernd Jaenicke und Birgit Fechner: Flüchtlinge in Berlin (West), in: Stattbuch Berlin 3. Ein Wegweiser durch das andere Berlin, hg. von der Arbeitsgruppe Stattbuch 3 Berlin, Berlin 1984, S. 80–81, in dem es hieß: »Die Flüchtlinge werden in der BRD und West-Berlin in vier Klassen unterteilt und entsprechend behandelt. Die erste Klasse: Umsiedler – größtenteils DDR-Bürger und einige Polen.« Als vierte Klasse sahen die Autoren »Asylbewerber (ohne Ostblockflüchtlinge)«; ihre rechtlich und infolge gekürzter Zuwendungen schwierige Lage, die Hilfe und Solidarität erfordere, wurde in dem Artikel vorgestellt.

Außer ihrem linken Selbstverständnis zeichneten sich die hier näher betrachteten Ex-DDR-Bewohner dadurch aus, dass sie sich vor ihrem Weggang intensiv politisch interessiert oder sogar engagiert hatten – in Opposition zum ostdeutschen Staat oder innerhalb seiner Strukturen. So standen Timm und Otto dem Sozialismus in der DDR zunächst nicht fern. Timm berichtete, »seit dem sechsten Lebensjahr Funktionär« bei den Jungen Pionieren und der Freien Deutschen Jugend (FDJ) gewesen zu sein, bis hin zu seiner Universitätszeit, in der er »vom ersten Semester an Funktionär für Sport und Wehrerziehung« war. Otto, vor seinem Ausreiseantrag Slawist an der Humboldt-Universität, war Mitglied der SED. Als Zwanzigjähriger vom »Gedankengebäude des Marxismus-Leninismus« fasziniert, umriss er seinen weiteren Werdegang als langen Prozess der Ernüchterung, ausgelöst durch die Ereignisse in Prag 1968. Am Ende standen Parteiaustritt und Übersiedlungsbegehren. Timm rieb sich am autoritären Stil der FDJ-Leitung, übte offen Kritik und geriet so ins Visier der Staatssicherheit, die ihn inhaftierte.[114] Demgegenüber war es für den damals 13-jährigen Christian Vogtsberg bereits 1961 »ziemlich klar, dass die DDR Mist ist, ja. Und da war die Mauer dann so der erste ... große Einschnitt.« Gleichwohl beschäftigte sich der Heranwachsende ausführlich mit dem Konzept Sozialismus. Die Jenaer Studienzeit war geprägt von politischen Diskussionen; gemeinsam arbeitete man an einer Schrift zum realen Sozialismus der SED. Auch Rachowski artikulierte sich früh systemkritisch. Er wurde als 17-Jähriger aus politischen Gründen der Schule verwiesen; rund acht Jahre später, 1979, verurteilte ihn das Regime wegen »staatsfeindlicher Hetze«, weil er eigene sowie verbotene Texte unter anderem Wolf Biermanns verbreitet hatte.[115]

Die Auseinandersetzung mit Politik sowie (kritikwürdigen versus wünschenswerten) gesellschaftlichen Verhältnissen war ein wichtiger Teil der Biografie dieser Übergesiedelten. Für ihre oppositionelle Haltung beziehungsweise eine persönliche Entwicklung, die sie in Distanz zum DDR-System brachte, hatten sie mit Ausgrenzung, Verfolgung und Haft bezahlt. Durch ihre politische Sozialisation sahen sie sich theoretisch geschult und kompetent, konzeptionell mitzudiskutieren. In westlinken Kreisen fand dies alles ihrem Eindruck nach keine Resonanz, wurde vielmehr von anderen Interessen und Konfliktlinien verdrängt, teils regelrecht überschrieben: Kritik an der DDR, ob explizit oder durch

114 Leute mit schwarzen Lederjacken, in: Kessler/Miermeister, Vom Großen Knast, S. 148 (Zitate), 149–150; Otto, Deutschland, in: Finn/Julius, Von Deutschland, S. 253–254, 71 (Zitat).

115 Rachowski, in: Bernig/Schmitz, Literaturlandschaft im Wandel, S. 165.

die Hafterfahrung der Betreffenden impliziert, erschien weder vordringlich noch opportun. Hinzu kam, dass diese Ostdeutschen mit positiven Erwartungen bezüglich einer linken westlichen Politik gekommen waren. Otto erinnerte sich, wie hoffnungsfroh er die sozialdemokratisch-liberale Entspannungspolitik beobachtet und sich allen Kräften, »die sie betrieben, eng verbunden« gefühlt hatte. Der Regisseur Hannes Schönemann bemerkte, die »linke Szene im Westen« sei von ihm »aus der DDR-Perspektive etwas vergöttert [...]« worden. Daraus ergab sich zusätzliche Fallhöhe: Beide konstatierten, dass ihre Vorstellungen auf ernüchternde Weise unzutreffend gewesen waren.[116]

Schließlich fällt auf, dass außer Stefan Otto alle Männer, um die es in diesem Abschnitt ging, in der DDR inhaftiert waren und freigekauft wurden. Was bedeutete diese Vorgeschichte? Vermutlich wurde der generelle Hauptstreitpunkt mit Westlinken, die Sicht auf die DDR und – damit verbunden – die Ideologie des Sozialismus, durch eine Hafterfahrung noch einmal verschärft. Gerade diese Ostdeutschen irritierten, zumal wenn sie sich als links verstanden, das politische Weltbild der Hiesigen, da eine passende Schublade für sie fehlte, was Abwehr erzeugen konnte. Für die Betreffenden war Ignoranz gegenüber den Verhältnissen in der DDR, ein Nicht-wissen-Wollen, besonders schwer erträglich. Doch bleiben solche Überlegungen skizzenhaft: Wie das Verhältnis zur westlichen Linken insgesamt mit seiner spezifischen Problematik ist auch die Bedeutung von Hafterfahrungen übergesiedelter Ostdeutscher in diesem Zusammenhang eine offene Forschungsfrage.

5. Wiederbeheimatung zwischen Ost- und Westbindung

Beheimatung geht mit einer hohen Sicherheit über das eigene Eingebundensein einher und fußt auf dem Gefühl, »am besten und richtigen Platz« zu sein.[117] Die gerade beschriebenen Erfahrungen Übergesiedelter stellten in beiderlei Hinsicht einen Abstrich dar. Zudem betraf die politische Randständigkeit oder Ortlosigkeit eine weitere wichtige Ebene: die eigenen Handlungsmöglichkeiten. Bei Beheimatung ginge es auch darum, in »historisch-konkreten politisch-kulturellen Systemen handlungsfähig zu bleiben bzw. zu werden«, konstatiert Beate Mitz-

116 Otto, Deutschland, in: Finn/Julius, Von Deutschland, S. 72; Flucht- und Ausreisebewegung, S. 375.
117 Mitzscherlich, Heimat, S. 104, 105 (Zitat).

scherlich.[118] Bezüglich ihrer Biografie, ihrer Themen und Prioritäten von westdeutschen Linken verkannt zu werden, schränkte die hier vorgestellten Ostdeutschen in dieser Hinsicht ein. Wie wirkte sich Fremdheit, die DDR-Zuwanderer als aus ihrem Anderssein und/oder politischen Deutungskonflikten resultierend erfuhren, längerfristig gesehen aus? Mit welchen Strategien und Konzepten begegneten die Betreffenden Beheimatungsschwierigkeiten?

Ältere Erfahrungen und das Gefühl des Fremdseins konnten eine Rückbesinnung auf den DDR-Kontext auslösen. Christian Vogtsberg hatte mit Anfang zwanzig als Student in Jena eine Gruppeneinbindung kennengelernt, die er als beglückend und prägend empfand. »Und dann haben wir da die ganze Nacht diskutiert und ... also das war dann wunderbar«, berichtete er über sein Zusammenkommen mit einem etwa 15-köpfigen Kreis oppositioneller Kommilitoninnen und Kommilitonen. »Und ... na ja, dachte dann: Das ist es jetzt!, ja. Also: Jetzt hast du die richtigen Leute gefunden! [...] Und ich bin dann da aufgenommen worden. [...] Das wurde dann zu einem ... ja, das ist dann ein existentielles Erlebnis, so was.«

Weil Vogtsberg in West-Berlin zu ähnlichen Gruppen keinen Zugang fand, orientierte er sich um auf seinesgleichen: »Ja, und ... dann war ich da in so 'ner DDR-Szenerie drin.« Die Verquickung von Verlusterfahrungen (vor allem hinsichtlich der Freunde und eines intensiven Austauschs mit ihnen), scheiternder Anbindung an die neue Umgebung und Wendung zum Herkunftskontext beschrieb der Interviewte mehrfach – nicht als einfache Kausalkette, sondern mit Blick auf Wechselwirkungen. So sah er sein ausbleibendes Engagement an der ungeliebten Universität zugleich dem Umstand geschuldet, dass »da was ganz anderes plötzlich sich in den Vordergrund schob«. Der Student bemerkte um die Jahreswende 1973/74, dass er wieder in die DDR einreisen konnte. Zeitgleich intensivierte sich der Kontakt zu Ehemaligen, die von Hamburg aus Fluchthilfe für Ostdeutsche betrieben und auch Vogtsberg unterstützt hatten. Er ließ sich in ihre Aktionen einbinden und war als Kurier in Ostdeutschland unterwegs. Auf diese Weise war er von da an sehr konkret »in diese Ex-DDR-Zusammenhänge dann gestellt«.

Peter Timms Erzählung offenbart eine teils ähnliche Konstellation. Auch er umriss gravierende Ankommensschwierigkeiten, die mit seiner DDR-Vorgeschichte zu tun hatten. »Ich wollte wissen«, erläuterte Timm, »wann und wodurch es mir nun mal besser gehen würde, weil es mir ja psychisch einfach schlecht ging, weil ich selbst keine Orientierung hier hatte, keine Freunde –

118 Ebd., S. 228.

Freundeskreis weit weg – und die Frage nach dem sogenannten Sinn des Lebens oder der sogenannten bewußten beruflichen Tätigkeit. Die mußte ich mir hier neu stellen.« Erschwert war ihm das Hineinfinden in die westdeutsche Gesellschaft dadurch, dass er Ost-Berlin eigentlich gar nicht hatte verlassen wollen, vielmehr in der Haft zur Ausreise gedrängt worden war. Mit seinem »DDR-Leben«, den »Freundschaftsbeziehungen«, Besuchen, Feten, Ostseetrips, verband er sehr positive Erinnerungen. Was sollte er im Westen?[119] Anders als bei Ausgereisten, die sich über Jahre von der DDR gelöst und eine starke Motivation zur Übersiedlung entwickelt hatten, war diese Frage in Peter Timms Falls ungeklärt.

In diesem Setting entfaltete die Möglichkeit der Einreise nach Ost-Berlin, die sich während des ersten Jahrs im Westen auftat, auch bei Timm eine gewisse Sogwirkung. Er hielt sich häufig im Ostteil der Stadt auf, um Freunde zu besuchen. Hinzu kam, dass sein Sohn aus früherer Ehe dort lebte, den er gleichfalls sah. »Es gab Zeiten, da war ich öfter drüben als hier«, bemerkte er rückblickend.

> Und da hab ich mir auch etwas abgeschnitten. Es liegt durchaus nicht nur am Westen, daß ich hier keinen Kontakt gekriegt habe, ich hab ihn selbst auch nicht gesucht. Ich hab mich unfähig gemacht, den zu finden, indem ich zu oft rübergefahren bin.[120]

Christian Vogtsbergs Diagnose fiel ähnlich aus. Dass er »in West-Berlin zunächst nicht richtig Fuß fassen« konnte, sah er seinem Pendeln zwischen einem Freundeskreis im Westen und einem im Osten geschuldet, das sich mehr als drei Jahre hinzog.[121] Wie lässt sich das, was diese beiden Männer beschrieben, theoretisch-analytisch fassen? In der Literatur zu DDR-Übersiedlern in der Bundesrepublik findet sich bisher nur ein Ansatz, unter dem eine andauernde Orientierung auf den Herkunftskontext verhandelt wird: das Konzept der Marginalität, das die Bremer Soziologen um Karl F. Schumann aus der amerikanischen Forschung aufgreifen und in seiner Anwendbarkeit auf ihren Untersuchungsgegenstand diskutieren.

---

119 Leute mit schwarzen Lederjacken, in: Kessler/Miermeister, Vom Großen Knast, S. 156 (Zitate), 152–153, 158 (Wortzitate).

120 Ebd., S. 162.

121 Hinzu kam, dass ihn in dieser Zeit seine Beteiligung an risikovollen Fluchthilfeaktionen, deren Ausgang er nicht immer erfuhr, psychisch extrem unter Druck setzte – den er nicht zuletzt mit Alkohol bekämpfte. Im Interview bemerkte Vogtsberg rückblickend, diese Jahre wie in Trance erlebt und nahezu vollständig aus dem Gedächtnis gestrichen zu haben.

Den *marginal man* verstehen Schumann und Gehrmann als Menschen auf der Grenze, der sich durch Teilhabe an zwei (konfligierenden) Kulturen auszeichnet.[122] Diese spezifische Position birgt sowohl Risiken als auch Chancen: Sie kann dazu führen, dass der Übergang von der einen in eine andere Gesellschaft nicht vollständig gelingt und die Person – mit »der eigenen Vergangenheit und den eigenen Traditionen« nie ganz brechend – hier wie da fremd bleibt. Andererseits lässt sich Marginalität positiv wenden, insofern Betreffende ein besonderes Vermögen besitzen, »die Perspektive von mehr als nur einer nationalen Kultur einzunehmen«.[123] Die Soziologen postulieren, dass das *marginal man*-Konzept auf DDR-Zuwanderer anwendbar ist und Erkenntnispotenzial enthält.[124] Zur Illustration zieht Gehrmann Berichte von in den 1950er Jahren Übergesiedelten heran, unter anderen den Carla G.s. Ihre Marginalität sieht der Autor beispielsweise darin manifestiert, dass sie »die deterministische marxistische Geschichtsphilosophie verinnerlicht« hatte und sich mit der bundesrepublikanischen Gesellschaft bewusst nicht identifizierte.[125]

Im Blick auf die hier interessierenden Beispiele Christian Vogtsberg und Peter Timm trägt der Marginalitätsansatz jedoch nicht weit. Sie waren nicht einer Identitätsproblematik ausgesetzt, die aus Wertekonflikten resultierte oder daraus, in Zwiespalt geraten zu sein, welcher durch Geschichte und Tradition

---

122 Die Soziologen beziehen sich auf Untersuchungen Robert E. Parks und Everett V. Stonequists aus den 1920/30er Jahren. Siehe Schumann, Private Wege, S. 47–48; Gehrmann, Überwindung, S. 233–240, hier v. a. S. 239. Die Fassung als »Mann auf der Grenze« geht zurück auf Michael Makropoulos: Der Mann auf der Grenze. Robert Ezra Park und die Chancen einer heterogenen Gesellschaft, Freibeuter 35 (1988), S. 8–22. Kritisch zu Parks Konzept Breckner, Migrationserfahrung, S. 84–85.

123 Gehrmann, Überwindung, S. 234, 249 (das erste Zitat ist eine dort referierte Formulierung Parks in einer Übersetzung Stonequists), 251 (zweites Zitat).

124 So sei zwischen DDR und Bundesrepublik eine Hierarchie zuungunsten der DDR und damit die Voraussetzung gegeben, dass Ostdeutsche sich im Westen in marginalen Situationen wiederfinden konnten, Schumann, Private Wege, S. 48; Gehrmann, Überwindung, S. 240. Makropoulos, Mann auf der Grenze, revidierte Fassung (http://www.michael-makropoulos.de/Der Mann auf der Grenze.pdf) (2.6.2020), S. 1–17, hier S. 9, weist allerdings darauf hin, dass mit dieser Figur nicht Randständigkeit und Außenseitertum, sondern eine Position *auf* der Grenze, eben »der kulturelle Mischling« gemeint sei.

125 Gehrmann, Überwindung, S. 247–251, 248 (Zitat); die Berichte stammen aus Grunert-Bronnen, Bürger der DDR. Völlig offen bleibt jedoch, was das für das Ankommen Carlas in der Bundesrepublik bedeutete, zumal sie ausdrücklich bekundete, nicht in die DDR zurückzuwollen.

verbundenen Gemeinschaft sie zugehörten und ihre Solidarität gelten sollte.[126] Die Schwierigkeit ihrer Situation lag eher darin, dass ihr Weggang aus der DDR sie in ein Vakuum versetzte: Enge soziale Bindungen hier fehlten, und es war unklar, wie sie biografisch weitermachen, das heißt den eigenen Lebensentwurf sinnvoll, etwa beruflich und durch politisches Engagement, fortschreiben konnten. Sowohl Timm als auch Vogtsberg knüpften daher lokal und sozial zunächst an die Vergangenheit an, wo sie sich biografisch als bedeutsam und verpflichtend erwies: Timm ging in Ost-Berlin »in die alten Kneipen«, lief bei sich »zu Hause« vorbei – »Nostalgiepflege«, wie er meinte. Vogtsberg nahm Verbindung zu seinen Fluchthelfern auf und bewegte sich auch in West-Berlin weitgehend unter Ehemaligen, die eine DDR-Vergangenheit teilten.[127]

Besser geeignet als hinsichtlich dieser beiden Beispiele scheint die Marginalitätsperspektive hingegen für eine Analyse der Erzählung Lena K.s. Auch diese offenbart eine allerdings etwas anders geartete Orientierung auf den Herkunftskontext: Sie habe »ein tiefes Gefühl für die DDR«, bekundete Lena K. nach rund zehn Jahren im Westen, »ich weiß nicht, wie ich es sonst sagen soll, weshalb ich diesen Staat oft verteidige, weshalb ich mich manchmal geradezu persönlich angegriffen fühle, wenn einer die DDR angreift«. Im Gespräch ging sie auf Unterschiede zwischen ost- und westdeutscher Gesellschaft ein, die sie hauptsächlich auf der Folie ihrer universitären Erfahrungen drüben und hüben formulierte. Die DDR schnitt gut ab: Dort werde dem Einzelnen von der Gruppe geholfen, herrsche ein direkter, offener Umgang miteinander, während man hier alleingelassen werde, Misstrauen, Konkurrenz und Selbstdarstellungszwängen ausgesetzt sei.[128] Sie selbst brachten diese Unterschiede, wie dargelegt, zunächst in Schwierigkeiten: Ihr DDR-geprägtes Anderssein verursachte eine Anpassungskrise, in der ihr »gesamtes Wertesystem« durcheinandergeriet. Diese Phase nach zwei Jahren zu überwinden, gelang nicht zuletzt durch positive Konnotierung ihres Andersseins: die Erkenntnis, dass ihr damaliger Mann sie liebte, weil sie »eben keine richtige Westfrau war«; und dass die »Qualität menschlichen Verhaltens, wie man es im Sozialismus lernt«, etwas war, das sie auszeichnete.

126 Gehrmann, Überwindung, S. 234–238, 249–250; Schumann, Weggang in den Westen, S. 101–103.

127 Leute mit schwarzen Lederjacken, in: Kessler/Miermeister, Vom Großen Knast, S. 162. Bei Vogtsberg ergab sich eine weitere Achse durch eine ehemalige Mitinhaftierte, mit der er im Chemnitzer Gefängnis »geklopft« hatte. Sie vermittelte den Kontakt zu einer Gruppe ehemaliger Theologiestudenten aus Jena und Greifswald, für die er ebenfalls in einigen Fällen Fluchthilfe leistete.

128 Viele Leute hier, in: Kessler/Miermeister, Vom Großen Knast, S. 77 (Zitat), 64, 74.

So hielt sich Lena K. etwa in Gesprächssituationen eine besondere Sensibilität für Ausgeschlossene zugute – die, wie sie ausdrücklich hoffte, auf ihre »DDR-Sozialisation zurückzuführen ist und nicht *nur* auf die elternhäusliche«.[129] Indem sie sich wesentlich von ihrem Herkunftskontext geprägt und dauerhaft bewusst an ihn gebunden sah, verweigerte die Ostdeutsche, wie in den Begriffen Schumanns und Gehrmanns zu formulieren wäre, eine vollständige Assimilation.[130] Auch konnte in ihrem Fall von einer umfassenden Identifikation mit der Bundesrepublik nicht die Rede sein. Zu fragen wäre, ob sich Faktoren ausmachen lassen, die eine dauerhafte Bindung an den Herkunfts- beziehungsweise eine distanzierte Haltung gegenüber dem Ankunftskontext bedingten oder zumindest begünstigten – etwa die Art des Übersiedlungsmotivs, das bei Lena K. gewissermaßen fehlte: Sie war ohne eigenen Grund allein wegen ihres Mannes gegangen. Gehrmann, der bei 17 Interviewten des Bremer Samples Marginalität feststellt, untersucht diese Fälle daraufhin nicht systematisierend.[131] Im Übrigen gilt es jedes Beispiel daraufhin zu betrachten, was eine solche Feststellung für das Ankommen und die Beheimatung des Einzelnen im Westen eigentlich bedeutete. Dass Marginalität in dieser Hinsicht nicht, wie Gehrmann anzunehmen scheint, per se ein Problembefund ist, zeigt wiederum der Fall Lena K. »Wieder dahingehen ... hab ich nie gedacht«, stellte sie im Blick auf die DDR fest. »Es wäre mir jetzt in vieler Hinsicht zu eng dort.« Ihr war in der Bundesrepublik eine persönliche Entwicklung möglich geworden, die sie nicht missen mochte: freies Denken, das Alternativen abwägt und dies auch ausspricht.[132] Das Gefühl, im Westen nicht am richtigen Platz zu sein, musste ein auf Unterschieden und DDR-Bindungen beharrendes Selbstverständnis als Ostdeutsche/r also keineswegs auslösen.[133]

129 Ebd., S. 82 (Zitat), 73 (Zitat), 84 (Zitat).

130 Zum Begriff der Assimilation siehe Schumann, Private Wege, S. 45–47.

131 Viele Leute hier, in: Kessler/Miermeister, Vom Großen Knast, S. 69. Gehrmann, Überwindung, S. 510. Gehrmanns These ebd., S. 259, dass »die Wahrscheinlichkeit einer Marginalitätsproblematik« in Fällen von Push-Motiven höher war als bei Vorliegen von Pull-Motiven, erscheint nicht überzeugend. Vielmehr zeigt Schumann, Private Wege, S. 289, dass jene Übersiedler, die Repressionen erlebt (und also Push-Motive) hatten, am wenigsten Zweifel an ihrer neuen Existenz im Westen hegten. Hingegen bereuten diesen Schritt solche Übersiedler/-innen anfangs am stärksten, die – wie Lena K. – wegen Heirat oder Familienzusammenführung weggegangen waren.

132 Viele Leute hier, in: Kessler/Miermeister, Vom Großen Knast, S. 77 (Zitat), 76.

133 Dass Heimat dort ist, »wo ich mich am zu mir passenden Platz fühle«, formuliert Mitzscherlich, Heimat, S. 104. Aus einer transnationalen bzw. globalen Perspektive argumentiert Nina Glick Schiller gegen die Vorstellung, man müsse mit *einer* Gesellschaft oder Kultur identifiziert und ihr assimiliert sein, um integriert sein zu können: »From

Christian Vogtsberg und Peter Timm hingegen empfanden ihre Fokussierung auf DDR-Orte und -Bindungen durchaus als Beheimatungshindernis: Eine Beziehung zur neuen Umgebung und Kontakte hier ließen sich dadurch schwer aufbauen. Erst als sich äußere Variablen änderten, orientierten beide sich neu. Für Vogtsberg ergab sich eine Verschiebung, als die DDR Ende 1976 eine Einreisesperre über ihn verhängte und seine Fluchthilfeaktivitäten nach vier Jahren endeten. Zeitgleich wandelte sich der Kreis seiner Freunde und Bekannten in West-Berlin, insofern eine Reihe von ihnen »nicht mehr zu [...] diesem DDR-Umfeld gehörten beziehungsweise sich davon gelöst hatten«. Einen regelrechten Wendepunkt in Form einer doppelten tiefen Zäsur brachte jedoch erst das Jahr 1985: Ein langjähriger Wegbegleiter Vogtsbergs aus der DDR, Mitinhaftierter und -bewohner, beging Suizid. Zugleich erschloss die Beziehung zu einer Westdeutschen ihm einen neuen sozialen Kosmos und damit die Möglichkeit, sich nun entschieden aus der Ehemaligensphäre zu lösen. Bestärkt wurde er darin durch seinen Eindruck, dass dieses ostdeutsche Milieu einem Erosionsprozess unterlag. Während nicht wenige sozial versackten, waren andere »mittlerweile im Leben angekommen«; Gruppen zerfielen, so dass schließlich nur »Einzelbindungen« übrig blieben.

Auch Timm erlebte eine Auflösung des sozialen Umfelds, in dem er sich nach seiner Ausreise in Ost-Berlin weiterhin bewegt hatte. Da die meisten seiner Freunde und Bekannten dort nach und nach ebenfalls in den Westen übersiedelten, fehlten ihm bald die Anlaufpunkte. Hinzu kam, dass er selbst sich nach eineinhalb Jahren noch einmal neu verortete. Durch einen Zufall (Autopanne) in Frankfurt am Main angelandet, entdeckte er die dortige Sponti-Szene, die ihm mit handfesten Aktionen etwa gegen Preiserhöhung im öffentlichen Nahverkehr mehr zusagte als die Linke West-Berlins. »Hier biste ja grad richtig«, habe er damals gedacht, »hier biste auch politisch richtig, denn die machen genau das, wogegen du auch bist«. Timm zog um und beschrieb rückblickend von da an einen Prozess des Ankommens: Er engagierte sich in der Szene, knüpfte Freundschaften. Als bei einigen die Idee aufkam, Theater zu machen, schloss er sich an. »Und aus diesem anfänglich lockeren Hobby-Theater, Laien-, Sponti-Theater, wurde dann eine richtige sehr gute Theatergruppe [...].«[134] Auf diese

our point of view, incorporation into German society is not necessarily accompanied by cultural assimilation. Secondly, incorporation in one society is neither empirically nor theoretically exclusive.« Nina Glick Schiller et al.: Paths of Migrant Incorporation in Germany, Transit 1 (2005) 1, S. 1–18, hier S. 1.

134 Leute mit schwarzen Lederjacken, in: Kessler/Miermeister, Vom Großen Knast, S. 162–

Weise löste der Wechsel nach Frankfurt eine Frage, die laut Mitzscherlich einen »Kernaspekt der psychologischen Konstruktion von Heimat« bildet: was der »Sinn des eigenen Da- bzw. Hierseins« ist. Timm ließ die Periode biografischer Orientierungslosigkeit hinter sich, indem er sich politisch beheimatete und eine erfüllende, beruflich zukunftsweisende Tätigkeit für sich fand. »Meine Erfahrung mit diesem Theater ist für mich sehr wichtig gewesen«, hielt er fest, »weil diese Phase selbstbestimmter Arbeit mit Gleichgesinnten der eigentliche Beginn meiner Westgeschichte ist.«[135]

Etwa drei Jahre dauerte es in Timms Fall, bis diese Entwicklung einsetzte. Vogtsberg indessen konstatierte, dass er bereits zwölf Jahre hier war, als er etwas »wie so 'ne zweite Ankunft im Westen« erlebte. Sein Schlüssel war ab 1985 die neue, in Lübeck lebende Partnerin, die ihm zum ersten Mal »wirklich [...] einen Zugang zu ... westdeutschen Menschen« eröffnete. Sowohl ihre Familie als auch ihr Freundeskreis nahmen ihn an, ohne ihn in Kategorien der Herkunft oder des Aussehens zu beurteilen: »Nicht unter dem Aspekt: Der ist aus 'm Osten!«, sondern als Cornelias Freund hätten die anderen ihn angesprochen. Die Verwandtschaft sortierte ihn trotz langer Haare und Bart nicht (wie sonst gewohnt) als Linksradikalen ein. Während das Umfeld West-Berlin und berufliches Fortkommen für Vogtsberg eine untergeordnete Rolle spielten, gelang Beheimatung nun über soziale Bindungen, die ihn Zugehörigkeit und Anerkennung erfahren ließen: »Und also ich hab mich da sehr, das war dann auch wie so 'ne ... Familie.« Ein zusätzliches Moment war die aktive Aneignung von Orten und Landschaften durch Besuche bei Cornelias weit verstreuten Freunden. »Hab da Rundreisen gemacht, was ich vorher alles nur ... ganz selten gemacht hatte«, berichtete Vogtsberg. »Ja, also ich hab dann den Westen erst dadurch so richtig kennen gelernt.«[136]

In Reiner Fölz' Fall dagegen entwickelten sich keine sozialen Beziehungen, die eine Bindung an die neue Umgebung ermöglicht hätten. Er habe »wenig mit Menschen hier bis jetzt zu tun gehabt, wenig Kontakt gehabt«, pflege kaum Freundschaften mit »Westlern«, äußerte der damals 40-Jährige sechs Jahre

---

163, 164 (Zitat), 166 (Zitat). Es handelte sich um Karl Napp's Chaos-Theater, vgl. Komischer Katzenjammer, Der Spiegel Nr. 50, 8.12.1980, S. 216.

135 Beate Mitzscherlich: Heimatverlust und -wiedergewinn, LEIDfaden. Fachmagazin für Krisen, Leid, Trauer 5 (2016) 3, S. 4–13, hier S. 12; Leute mit schwarzen Lederjacken, in: Kessler/Miermeister, Vom Großen Knast, S. 166.

136 Von Reisen als Strategie und Form der Beheimatung berichtete, wie in der Einleitung zitiert, auch Anke Onardt.

nach seiner Ausreise 1990. Zudem lagen die alten Verbindungen in Trümmern. Von gleichfalls übergesiedelten Freunden aus der DDR hatte Fölz sich entfremdet, weil er sie hier übereifrig um Job, Verdienst und Konsum bemüht sah – während sie von ihm, der künstlerisch arbeiten wollte, forderten, »richtig mal was [zu] machen«. Seine Ehefrau, mit der gemeinsam er Ost-Berlin verlassen hatte, trennte sich 1987 von ihm. Auch seine Studien- und Berufswünsche blieben auf der Strecke. In der DDR vom Vater in eine Ausbildung zum Schleifer gedrängt, hoffte Fölz, im Westen endlich seine »zeichnerische Fähigkeit« entwickeln und beruflich nutzen zu können – doch brachte der Wechsel in dieser für ihn wesentlichen Hinsicht gerade keine Wendung, sondern fatale Kontinuität: Seit seiner Ankunft kämpfte Fölz dagegen, vom Arbeitsamt in den verhassten Ausbildungsberuf vermittelt zu werden oder jeglichen Unterstützungsanspruch zu verlieren.

Beheimatung durch sozialen Rückhalt und Nähe zu vertrauten Menschen, Zufriedenheit mit dem eigenen Hiersein, weil sich ein zentrales biografisches Projekt realisieren lässt: Weder der eine noch der andere befördernde Umstand war bei Reiner Fölz gegeben. »Natürlich waren in den Jahren och Bitterkeit und Enttäuschung doch ziemlich groß gewesen«, resümierte er – und stellte im selben Atemzug fest, er habe nie in die DDR zurückgewollt, nie gesagt, »wäre ick bloß dageblieben«. Warum war es trotz aller Probleme im Westen richtig gewesen, den Ortswechsel zu vollziehen? In dem Anfang 1990 mit Manfred Gehrmann geführten Gespräch entwickelte er dazu eine komplexe Theorie. Ein Punkt war darzulegen, dass der Aufbruch teilweise utopischen Charakter gehabt hatte, es um das Streben nach einem idealen Ort gegangen war: »Der ist, vielleicht isset sowat, dass man nach irgend 'nem Paradies sucht, so wie früher die Leute, die nach Amerika ausgewandert sind«, erläuterte Fölz, »nach 'm besseren Teil uf dieser Welt«, wo »allet anders ist«. Negative Beobachtungen und Erfahrungen nach der Ankunft waren dann als Desillusionierung zu verstehen, als unvermeidliche Rückführung auf eine ambivalente Realität, ohne das neue Umfeld vollständig verwerfen zu müssen. Ein zweites Argument speiste sich aus der Annahme, dass Ost- und Westdeutschland zwei fundamental unterschiedliche Lebenswelten darstellten: Fölz interpretierte die DDR als museal, »ein Land aus einer anderen Zeit«, das seine Bewohner wie unter einer »Glasglocke« hielt, jeden gängelte, niemanden selber entscheiden und seinen Weg suchen ließ. Die Bundesrepublik dagegen war »die richtige Welt. Mit allem Zusammenkrachen, mit allen Spannungen, mit aller Vielfalt [...].«

Von einer solchen Dichotomie auszugehen, ermöglichte Fölz, seinem Wechsel von Ost nach West biografische Logik zu verleihen. Der Kontrast erklärte nicht nur, warum er der DDR, die ihre Bürger entmündigte und ihnen einen »fremdgelenkten Lebensplan« aufzwang, entkommen wollte.[137] Überdies gab das Denkmodell den Schwierigkeiten im Westen wie auch der oben beschriebenen Fremdheitserfahrung, in dieser Gesellschaft ein Hinzugetretener und Verspäteter zu sein, einen Sinn: »Ich habe gespürt, es ist hart, es ist bitter, aber det muss man erleben«, führte Fölz aus.

> [...] det ist 'ne notwendige Schule, durch die man gehen muss. Die hat man eben im Grunde immer hinausgezögert durch diese Käseglocke DDR, unter der man gewohnt hat, hat man det wirkliche Leben praktisch nie erlebt dann. Dann muss man, bitter isset zwar, aber man muss et nachholen.

So gesehen lässt sich Reiner Fölz' Narration im Sinne Mitzscherlichs als Beheimatungsstrategie auf einer reflexiven Ebene verstehen: als subjektive Sinnstiftung, die nicht nur begründet, warum man den einen Ort flieht, sondern auch, »wozu man selbst [den anderen] Ort braucht«.[138]

6. Ankunftsort West-Berlin: Charakteristika der neuen Heimat

Reiner Fölz entwarf ein Ost-West-Deutungsmodell, das ihm erlaubte, seine Übersiedlung als eine bereichernde, wenn auch schmerzvolle persönliche Entwicklung zu begreifen. West-Berlin, sein konkretes Lebensumfeld, beschrieb Fölz dennoch als eher unwirtlich: Die Gegend um das Schlesische Tor, wo er zunächst unterkam, erschien ihm trist; die Insellage beengte ihn. Behaglicher fühlte sich auch das Kontrastprogramm nicht an, eine sauerländische Kleinstadt, in der Fölz knapp drei Jahre lang wohnte. Zwar fand er die Landschaft dort schön, doch erschienen ihm die verschlossenen Menschen und ihr Dialekt so fremd, dass er nach West-Berlin zurückkehrte. Das folgende Teilkapitel greift einige der vorausgegangenen Beobachtungen zu Wiederbeheimatungsprozessen auf, um sie fokussiert auf den Ankunftsort zu vertiefen und zu ergänzen. Auch dafür werden Interviews aus dem Bestand der Stiftung Berliner Mauer genutzt. Ins Zentrum rückt die lokale Dimension der Ankunftsprozesse, die in dieser Untersuchung

137 So die Formulierung im Fragebogen Nr. 258.
138 Mitzscherlich, Heimat, S. 227.

besonders interessiert: Heimat als etwas selbst Gestaltetes, bei dem man zugleich auf einen sozialen Nahraum angewiesen ist, der reagiert, unterstützt, Anknüpfungspunkte und Projektionsflächen bietet.

West-Berlin war für einige Zugewanderte integraler Bestandteil ihrer Heimat. Als es um die Nähe zu Verwandten in der DDR als Kriterium der Neuverortung ging, war Klaus-Dieter Schierov als Beispiel angeführt worden. Er wollte im November 1989 unbedingt in West-Berlin bleiben, um seine Mutter sowie weitere bei Potsdam lebende Angehörige regelmäßig besuchen zu können. Zudem leiteten Kindheitserinnerungen seine Ortswahl. Bis zum Mauerbau hatte Schierovs Mutter als Putzhilfe in West-Berlin gearbeitet und den kleinen Sohn häufig dorthin mitgenommen. Auch Uwe S., aus Staaken stammend, plante, sich nach seiner Übersiedlung im Sommer 1989 in West-Berlin niederzulassen; hier hatte er zwei Geschwister und konnte die in Falkensee verbliebene Mutter pflegen.[139] Die etwa zur gleichen Zeit ausgereiste Renate C. begründete ihr West-Berlin-Votum damit, dass die Stadt ihr »ebenso Heimat« sei wie Potsdam, wo sie seit 1962 ansässig gewesen war.[140] Diese Aussagen spiegeln die Umbruchsituation des Jahres 1989, in der sich bessere Aussichten auf und schließlich reale Kontaktmöglichkeiten mit Dagebliebenen auftaten. Überdies deutet sich an, dass der oben diskutierte Neuverortungsfaktor Nähe zur DDR hier in spezifischer Weise ausgeprägt war: im Sinne eines Verflechtungsraums, den West-Berlin mit anliegenden Brandenburger Gemeinden sowie Ost-Berlin bildete. Für dessen Bewohner war West-Berlin keine Terra incognita, sondern mit familiären oder eigenen Erfahrungen und Erinnerungen besetzt. Sie fühlten sich »natürlich als Berliner«, folgerte der Berliner Senat mit Blick auf jene, die ihren »beständigen Lebensmittelpunkt« in der näheren Umgebung der Teilstadt gehabt hatten.[141]

Inwieweit dieser Umstand das Wanderungsverhalten von Brandenburgern über die Jahre bestimmte, ist nicht bekannt.[142] Etwas transparenter stellt sich die

139 Klaus-Dieter Schierov (Pseudonym), Interview geführt von Julia Obertreis, 13.12.2002, Stiftung Berliner Mauer. Kreibig (AH Berlin – Der Vorsitzende des Petitionsausschusses): Schreiben betr. Eingabe des Herrn Uwe S[...] wegen: Verbleib von Übersiedlern in Berlin (West), 20.7.1989, LAB, B Rep. 002, Nr. 17838.

140 Armin Tschoepe (Senatsverwaltung für Gesundheit und Soziales): Schreiben betr. Eingabe der Frau Renate C[...] über Verbleib einer Übersiedlerin aus Potsdam in Berlin, 4.9.1989, LAB, B Rep. 002, Nr. 17838.

141 Ingrid Stahmer (Senatorin für Gesundheit und Soziales): Mitteilung – z. K. – der Eingabe des Herrn U. Sch. über Verbleib von Übersiedlern in Berlin (West), 2.8.1989, LAB, B Rep. 002, Nr. 17838.

142 Literatur hierzu liegt nicht vor. So kennzeichnet Grundmann, Außen- und Binnen-

Lage für Ost-Berlin dar. Hier zeigt eine von Ines Schmidt veröffentlichte Übersicht zumindest für die Jahre 1981 bis 1987, dass durchschnittlich rund 53 Prozent der dort wohnhaften Ausreisewilligen tatsächlich Anträge für West-Berlin stellten – seit Mitte der 1980er Jahre mit steigender Tendenz.[143] 1989 kamen laut Presseberichten die Hälfte oder sogar zwei Drittel der in West-Berlin eintreffenden DDR-Zuwanderer aus Ost-Berlin.[144] Bekundungen eines (Gesamt-) Berliner Selbstverständnisses, die 1989 gehäuft, sporadisch auch früher dokumentiert sind, unterfüttern diesen Befund:[145] »Für mich war klar: Ich bin Berliner, ich komme aus Berlin, und ich gehe wieder nach Berlin. Ich ziehe gewissermaßen ein paar Straßen weiter«, erläuterte etwa der Anfang der 1980er Jahre

---

migration, S. 1425–1429, zwar »Quellgebiete« der Abwanderung, aber diese werden nicht zu Zielregionen in Beziehung gesetzt.

143 Der Anteil der Anträge auf Ausreise nach West-Berlin stieg von rund 47 Prozent im ersten Quartal 1984 auf rund 60 Prozent im vierten Quartal 1987. Schmidt, West-Migration, Tabelle 4 (Entwicklung der Übersiedlungsersuchen aus Berlin [Ost] – ohne Rentner – im Zeitraum 1981–1987). Der Berliner Sozialsenator hielt bereits im April 1984 fest, dass die DDR-Zuwanderer in der Aufnahmestelle Marienfelde »hauptsächlich aus Berlin (Ost)« und nur zu einem geringen Teil aus »Mitteldeutschland« (Verhältnis 2/3 zu 1/3) stammten. Der Senator für Gesundheit und Soziales: Schreiben betr. Übersiedlung von DDR-Bürgern nach Berlin (West), 9.4.1984, LAB, B Rep. 002, Nr. 17683. Dass »überdurchschnittlich viele Ost-Berliner nach West-Berlin übersiedelten, denen es damit möglich war, innerhalb der gleichen Stadt zu bleiben«, beobachtet auch Gehrmann, Überwindung, S. 443–444.

144 Marianne Heuwagen: Ostberliner Übersiedler wollen lieber in Westberlin bleiben, SZ, 12.8.1989; Otto-Jörg Weis: So etwas wie die Rekonstruktion der geteilten Stadt, FR, 30.10.1989.

145 Solche Aussagen finden sich verschiedentlich auch in den Zeitzeugeninterviews: »[...] bin halt ma 'n Berliner«, antwortete etwa Hans-Bernd Müller im Aug. 1989 im Lager Schöppingen auf die Frage, wohin er mit seiner Familie gehen wolle. Hans-Bernd Müller (Pseudonym), Interview geführt von Julia Obertreis, 30.9.2002, Stiftung Berliner Mauer. »[...] und denn fragt ja die Länderverteilung, wo man denn hinwill und so«, berichtete die im Nov. 1982 aus Ost-Berlin übergesiedelte Margrit Drodte von ihrer Zeit im Aufnahmelager Marienfelde. »Naja, sagten die, typisch. Die Berliner wollen meist alle wieder nach Berlin, ne?« Drodte, Jahrgang 1943, kannte West-Berlin durch viele Besuche (Kino, Waldbühne) sehr gut. Margrit Drodte (Pseudonym), Interview geführt von Roland Curth, vermutlich 1999, Stiftung Berliner Mauer. Wie für die Vorgenannten war es für Melanie Traut-Campe selbstverständlich, dass sie, im Aug. 1989 ebenfalls aus Ost-Berlin gekommen, im Westteil der Stadt blieb. »Und das war für uns ... ein bisschen – weil wir wollten unbedingt ... in Berlin sein. Also wir haben ... im Prinzip nur den Stadtbezirk gewechselt, aber ebend einen Riesenumweg deswegen gemacht«, hielt sie fest. Melanie Traut-Campe (Pseudonym), Interview geführt von Elke Kimmel, 2006, Stiftung Berliner Mauer.

aus dem Ostteil übergesiedelte Lehrer Bernd Schlacht 1985.[146] Er formulierte damit eine Beheimatungsstrategie – innerhalb eines Bezugsraumes zu bleiben, mit dem man sich identifizierte –, die für DDR-Bewohner in dieser Weise nur in Berlin-Brandenburg zu realisieren war. Originaltöne, die Journalisten 1989 einfingen, belegen ein entsprechendes großstädtisches Selbstbewusstsein (»Ick bin Berliner, ick geh doch nicht aufs Dorf«) und die hohe Wahrscheinlichkeit, als Ost-Berliner im Westteil über Kontakte zu verfügen. Fast sein gesamter Freundes- und Bekanntenkreis sei schon hier, berichtete zum Beispiel ein 26-jähriger Elektriker, der im Juli 1989 ausreisen konnte. Im Westteil der Stadt zu bleiben, stand auch für ihn außerhalb jeder Debatte: »Was ist denn das für 'ne Frage? Ich bin doch Berliner.«[147]

»[V]iel zu bieder und zu kleinstädtisch« sei ihr Aachen, der Wohnort ihrer früher übergesiedelten Mutter, im Vergleich zu West-Berlin erschienen, legte gleichfalls mit Akzent auf dem Urbanen die 1987 ausgereiste Jonna Perschke dar.[148] Außerdem hätte sie »gemerkt, wie schön das eben doch eine Stadt ist schon von der Sprache her«, äußerte die Interviewte und hob damit einen Aspekt hervor, den auch andere, vor allem herübergewechselte Künstler/-innen, reflektierten: die Ähnlichkeit der beiden Stadthälften. »Es ist nicht ganz die gleiche Sprache in Westberlin, aber die Nuancen sind derart gering, daß es sich nicht lohnt, sich damit aufzuhalten«, beobachtete die Schriftstellerin Katja Lange-Müller. Geboren 1951 in Berlin und 1984 in den Westteil ausgereist, sei sie »hier zu Hause«, was vielfache, über den Dialekt hinausreichende Schnittmengen beförderten:

> Westberlin ist fraglos als Berlin erkennbar, das ist ja der große Trick, deswegen sind viele in Westberlin hängengeblieben [...]; wenn du die Staffagen wegnimmst, wenn du die Häuser auswickelst, wenn du das Licht abschaltest, denkste, du bist im Osten.

146 BT – Ausschuss für innerdt. Bez.: PR Nr. 44, WP 10, 11.9.1985, ParlA, 3105, F 44, S. 67. Vgl. ebd. Bernd Schlachts Aussage: »Uns trieb es aber nach Berlin. Wir kommen von dort. Ich bin dort geboren.«

147 Otto-Jörg Weis: Dableiben – »det kann mir keener vabieten«, FR, 7.7.1989 (Zitat »aufs Dorf«); »Ick bin doch nicht vom Dorf, ick bin von hier«, wurde eine Ost-Berlinerin zitiert von Weis, So etwas wie die Rekonstruktion, FR, 30.10.1989. Bi [Autorenkürzel]: Die Sehnsucht nach mehr Konkurrenz und Leistungsdruck, Der Tagesspiegel, 18.8.1989 (Zitat).

148 Jonna Perschke (Pseudonym), Interview geführt von Lydia Dollmann, 11.11.2010, Stiftung Berliner Mauer.

»Es ist eine Stadt, die sehr ähnlich ist wie Berlin, Hauptstadt der DDR«, sagte analog die 1977 gekommene Sarah Kirsch über den westlichen Teil. »Die Leute sind ähnlich. Die Bausubstanz ist ähnlich.«[149] Auch der Schauspieler Manfred Krug, ebenfalls seit 1977 hier, hielt die beiden Halbstädte für einander »sympathisch ähnlich«. Daher, meinte Krug, sei gerade West-Berlin ein geeigneter Ort, ehemaligen DDR-Bewohnern den Übergang von Ost nach West zu erleichtern.[150] Die beiden Schriftstellerinnen bekräftigten das. »Es ist natürlich sehr viel vertrauter als, sagen wir mal, Stuttgart oder so«, charakterisierte Katja Lange-Müller West-Berlin, während Sarah Kirsch befand, es falle ihr »einfach leicht, hier zu sein«.[151]

Wo es um die Frage des Heimischseins oder -werdens ging, stellte West-Berlin für Ost-Berliner und Brandenburger aus den Randgemeinden also im Vergleich zu westdeutschen Orten ein besonderes Setting dar. Übersiedelte man dorthin, bewegte man sich zwar über eine Systemgrenze hinweg, blieb aber innerhalb eines Raumes, mit dessen Gestalt, Geschichte und Menschen man sich sowieso bereits verbunden fühlte.[152] Unabhängig davon betonten insbesondere Ost-Berliner, an viele lebensweltliche Übereinstimmungen anknüpfen zu können, die Vertrautheit schufen. Dass Ähnlichkeit zwischen früherem und neuem

149 Katja Lange-Müller: »Ich bin nicht ins Exil, ich bin in die Therapie gegangen«, in: Goyke/Sinakowski, Jetzt wohin?, S. 104–111, hier S. 108, 106. Gespräch Kirsch mit Schülern, S. 49. Entsprechend äußerten sich einige Teilnehmer/-innen der von Schumann et al. durchgeführten Erhebung, vgl. z. B. Fragebogen Nr. 243: »Keine großen Unterschiede zwischen Ort und Menschen in Berlin Ost und Berlin West«. Schumann, Private Wege, S. 304.

150 Mettke, Gleicher Abstand, Der Spiegel Nr. 29, 17.7.1978, S. 143. »Als Berlinerin fühle ich mich durchaus. Ich bin seit 1972 durchgängig in Berlin, und Berlin und Berlin, das hat schon was miteinander zu tun«, äußerte mit ähnlicher Tendenz die Tänzerin Anke Gerber. Im Westen nichts Neues, Südost Express. Kreuzberger Lokalzeitung 11 (1988), Nr. 115, S. 13–19, hier S. 16.

151 Es ist »woanders, und dennoch erinnert vieles«, erläuterte Katja Lange-Müller, Nicht ins Exil, in: Goyke/Sinakowski, Jetzt wohin?, S. 106. Sarah Kirsch verwies in diesem Zusammenhang auch auf ihre vielen hier ansässigen Freunde. Gespräch Kirsch mit Schülern, S. 50.

152 Neben Margrit Drodte berichtete dies auch Willi Lager. Er sei vor 1961 »laufend hier« gewesen, hätte in West-Berlin auch gearbeitet. »[...] mir war gar nichts fremd, ick kannte ja schon alles«, konstatierte er vor diesem Hintergrund hinsichtlich seiner Eindrücke nach der Ausreise. Willi Lager (Pseudonym), Interview geführt von Karl F. Schumann, o. D. (1989 oder 1990), Stiftung Berliner Mauer. Stefan R. erzählte von häufigen Besuchen im Westteil, die er als Kind mit den Eltern unternahm und die ihn stark beeindruckten. Entscheidung zur Flucht, in: Kessler/Miermeister, Vom Großen Knast, S. 33.

Wohnort Beheimatung befördert und von einigen Herüberwechselnden bewusst angestrebt wurde, beobachtet, über das Berliner Beispiel hinausreichend, auch Schumann.[153] Zudem gab es im Untersuchungszeitraum bis 1989 für jene, die sich für die Teilstadt entschieden, keinerlei Zuzugshindernisse. DDR-Zuwanderer, gleich woher sie kamen, stellten aus Sicht des Berliner Senats kein Problem dar, sondern waren im Gegenteil ausdrücklich erwünscht.[154] Man hoffte, mit ihrer Hilfe die demografische Bilanz der Stadt verbessern und notwendige Facharbeitskräfte gewinnen zu können, und betrieb um 1975 sowie erneut Mitte der 1980er Jahre sogar eine regelrechte Anwerbepolitik.[155]

Seit 1988 und vor allem mit der Flucht- und Ausreisebewegung des Jahres 1989 stiegen die Zahlen jedoch derart an, dass Politikerinnen und Politiker Alarm zu schlagen begannen.[156] Ab Sommer 1989 zeigten Äußerungen aus der Senatsverwaltung für Gesundheit und Soziales und Pressemeldungen an, dass West-Berlin eine deutlich rigidere Aufnahmepolitik als bisher anstrebte. In der Stadt bleiben sollten nurmehr jene Neuankömmlinge, die Verwandte ersten Grades vorwiesen, während man die übrigen in die Bundesländer weiterleiten wollte.[157] Zuzugswillige Ostdeutsche sahen sich damit einer Situation gegen-

153 Schumann, Private Wege, S. 303. Antworten auf den Fragebögen der von den Autoren durchgeführten Erhebung verweisen in diesem Zusammenhang z. B. auf »landschaftliche Lage« (Nr. 799) oder »Hafenstadt« (Nr. 638).

154 Bis Anfang der 1980er Jahre blieben die Zuzüge laut Auskunft des Berliner Sozialsenators teils hinter der im Königsteiner Schlüssel für West-Berlin vereinbarten Quote von acht Prozent zurück, siehe Ulf Fink (Senator für Gesundheit und Soziales): Schreiben betr. Vorwurf der Zurückweisung von DDR-Zuwanderern, 22.2.1985, LAB, B Rep. 002, Nr. 17 686. Für die 1970er Jahre wären die schlecht dokumentierten West-Berliner Zuzugszahlen jedoch näher zu prüfen. 1983 betrug die Quote der in die Teilstadt zuziehenden DDR-Zuwanderer bereits 19,9 Prozent (von 11 343 Zugängen ins Bundesgebiet insgesamt kamen 2260 Menschen nach West-Berlin), siehe Behrens: Vermerk betr. Kriminalitätsrate bei DDR-Zuwanderern, 28.3.1988, LAB, B Rep. 002, Nr. 17 838.

155 Ulf Fink (Senator für Gesundheit und Soziales): Schreiben betr. Vorwurf der Zurückweisung von DDR-Zuwanderern, 22.2.1985, LAB, B Rep. 002, Nr. 17 686.

156 Der Senator für Gesundheit und Soziales (Pressestelle): Mitteilung an die Presse zur aktuellen Situation bei den Aussiedlern und Zuwanderern, 4.8.1988, LAB, B Rep. 002, Nr. 17 870. Einen Überblick über die Entwicklung der Zuwanderungszahlen gibt Siegfried Grundmann: Bevölkerungsentwicklung in Ostdeutschland. Demographische Strukturen und räumliche Wandlungsprozesse seit 1945, Opladen 1998, S. 156–158.

157 Siehe z. B. Werner Kahl: Berliner verjagen?, Die Welt, 30.6.1989; mam [Autorenkürzel]: Übersiedler aus Ost-Berlin können bleiben, Berliner Morgenpost, 1.7.1989 (referiert eine diesbez. Mitteilung der Senatsverwaltung); ausführlich zur West-Berliner Zuwanderungspolitik in dieser Phase (einschließlich der vorübergehenden Ausnahmeregelung für Ost-Berliner) siehe Kap. V. 3.

über, wie sie zuletzt in den 1950er Jahren bestanden hatte: Ihr Bestreben, den eigenen Migrationsprozess auch dadurch zu gestalten, dass sie einen bestimmten Ansiedlungsort, West-Berlin, wählten, kollidierte mit einer abwehrenden Politik. Damals wie erneut 1989/90 stellte die Teilstadt ein Wanderungsziel dar, für das – anders, als es etwa beim Saarland oder in Nordrhein-Westfalen der Fall war – Hindernisse überwunden und Nachteile in Kauf genommen werden mussten.[158] Dass sich Betroffene mit Briefen und Petitionen gegen eine Weiterleitung wehrten und öffentlich auf ihrem Bleibenwollen beharrten, zeigt, welch hohen Stellenwert sie den Bedingungen, die nur hier gegeben waren, auch angesichts einer bröckelnden strukturellen »Integrationsfähigkeit Berlins« einräumten.[159] In West-Berlin waren die Übergangsquartiere aber spätestens ab Mitte 1989 überfüllt und der Wohnungs- wie der Arbeitsmarkt überlastet, auf den außerdem in hoher Zahl Aussiedler drängten.[160] Trotzdem strebte ein Großteil hauptsächlich der aus Ost-Berlin kommenden Übersiedler an, sich hier niederzulassen. »Berliner zu sein, ist etwas Besonderes«, der Lokalpatriotismus sei ungeteilt, konstatierte die Presse.[161]

Soweit aus den vorliegenden Zahlen erkennbar, waren es 1989 vor allem Ost-Berliner (sowie Ostdeutsche aus den Randgemeinden), die einen großen

158 Zum Bestreben des Berliner Senats insbes. Anfang der 1950er Jahre, möglichst viele der hier eintreffenden DDR-Flüchtlinge ausfliegen zu lassen, siehe Heidemeyer, Flucht und Zuwanderung, S. 133–136, 139–140, 144–151; als zeitgenössische Darstellung der krisenhaften Lage: Der Senat von Berlin: Flüchtlinge überfluten die Insel Berlin. Denkschrift des Senats von Berlin, Berlin 1953.

159 Vgl. z. B. Dietmar B.: Brief an Bundeskanzler Helmut Kohl, 29.6.1980; Uwe S.: Schreiben an das Durchgangslager Marienfelde, 5.7.1989; Armin Tschoepe (Senatsverwaltung für Gesundheit und Soziales): Schreiben betr. Eingabe der Frau Renate C[...] über Verbleib einer Übersiedlerin aus Potsdam in Berlin, 4.9.1989; Ingrid Stahmer (Senatorin für Gesundheit und Soziales): Mitteilung – zur Kenntnisnahme – über Eingabe der Eheleute Hildegard und Günther H., 28.7.1989 (Integrationsfähigkeit), alle LAB, B Rep. 002, Nr. 17 838.

160 AH Berlin – PLPR 11/10, 22.6.1989 (Aktuelle Stunde zum Thema Aus- und Übersiedler), S. 360 (B); Kreibig (AH Berlin): Schreiben betr. Eingabe des Herrn Uwe S[...] wegen: Verbleib von Übersiedlern in Berlin (West), 20.7.1989, LAB, B Rep. 002, Nr. 17 838; Zusammenrücken – ja, wo denn?, Der Spiegel Nr. 33, 14.8.1989, S. 27–32.

161 Birgit Loff: Übersiedlung in eine »große Notsituation«. Sozialsenatorin beklagt mangelhafte Ausstattung von West-Berliner Durchgangsheimen, FR, 10.8.1989; Heuwagen, Ostberliner lieber in Westberlin, SZ, 12.8.1989 (Zitat). Egal, ob er schnell einen Job kriege, ein Dach über dem Kopf finde oder im Durchgangsheim hängenbleibe: Natürlich werde er in West-Berlin bleiben, bekundete im Juli 1989 gegenüber einem Journalisten ein junger Ost-Berliner, selbst wenn man ihn zwischenzeitlich auf das Bundesgebiet verteile. Weis, Keener vabieten, FR, 7.7.1989.

Teil der Neuankömmlinge ausmachten und auffallend hartnäckig darauf beharrten zu bleiben. Warum West-Berlin ausgerechnet in dieser Phase schwieriger Eingliederungsbedingungen unter DDR-Zuwanderern allgemein beliebt war und nach zeitgenössischer Wahrnehmung geradezu zum »Traumziel« avancierte, ist damit jedoch nicht vollständig erklärt. In den Blick zu nehmen wäre die gesamte Zuwanderung aus der DDR, um die These zu prüfen, dass die Menschen vor allem in die Metropolregionen strömten, und vergleichend zu fragen, ob West-Berlin in einem solchen Muster weiterhin hervorsticht.[162]

Ein Anziehungspunkt war die deutlich sichtbare Ehemaligenszene in West-Berlin. »Wir wohnten dann beide [...] in Kreuzberg«, berichtete Christian Vogtsberg über das Zusammenziehen mit dem Freund, den er aus der Haft kannte. Sich auf Menschen zu orientieren, die selbst aus der DDR kamen, wie es Vogtsberg damals tat, fand gerade hier beste Voraussetzungen: In Kreuzberg existierte laut Manfred Gehrmann in Ansätzen die landesweit einzige »›Ehemaligenszene‹ in den achtziger Jahren«.[163] Er sei »immer nach Kreuzberg gefahrn in die Kneipen«, erzählte etwa der 1984 ausgereiste Musiker Bertram Kneiss, denn er »kannte viele, die in der Regenbogenfabrik gespielt haben, neunzig Prozent Ost, da wohnen heute noch ganz viele ausn Osten in diesen Höfen«. Ebenso hätten in der Lausitzer Straße »nur Leute aus Plauen und Umgebung« gelebt, »da gabs ganze Straßenzüge«.[164] Auch den Redakteuren der Kreuzberger Lokalzeitung *Südost Express* fiel auf, »wie viele Ex-Ostler hier leben«. Dass sie in einer Reportage dazu allerdings nur Künstlerinnen und Künstler porträtierten, war kein Zufall: »Die relativ günstigen Mieten in diesem Stadtteil zogen Angehörige der Boheme an«, konstatiert Gehrmann. Der *Südost Express* referierte eine ergänzende Beobachtung Bernd Eisenfelds; der im Verband ehemaliger DDR-Bürger Aktive bemerkte, in Kreuzberg landeten »mehr diejenigen, welche aus kirchlichen, sprich oppositionellen Kreisen der DDR kommen«.[165]

162 Ebd.; Loff, Übersiedlung in Notsituation, FR, 10.8.1989; Zusammenrücken – ja, wo denn?, Der Spiegel Nr. 33, 14.8.1989, S. 28 (Traumziel); »Das Faß läuft über«, Der Spiegel Nr. 38, 14.9.1989, S. 20–23, 26, hier S. 22.

163 Gehrmann, Überwindung, S. 444. Vogtsberg kam 1973 und konnte sich bereits damals auf einen Kreis aus der DDR stammender Freunde und Bekannter zurückziehen. Von welchem Zeitpunkt an man von einer Ehemaligenszene in Berlin-Kreuzberg sprechen kann, ist eine noch offene Frage.

164 Bertram Kneiss (Pseudonym), Interview geführt von Lydia Dollmann, 20.9.2010, Stiftung Berliner Mauer.

165 Im Westen, Südost Express Nr. 115 (1988), S. 14 (Zitat Eisenfeld; das erste Zitat entstammt dem Inhaltsverzeichnis). Eisenfeld, im Aug. 1975 selbst ausgereist, war in der

Gäste einer Kneipe in der Kreuzberger Bergmannstraße, die ein Treffpunkt übergesiedelter Ostdeutscher war, West-Berlin, 7. Oktober 1985.

Was bedeutete die Existenz einer solchen Szene für das Ankommen Nachziehender? Zunächst, dass eben Übergesiedelte hier häufig eine erste Anlaufstelle fanden – bei früher ausgereisten Freunden oder bei nicht persönlich bekannten Ehemaligen, deren Adresse ihnen von Dritten noch in der DDR zwecks Kontaktaufnahme vermittelt worden war.[166] War das Verhältnis enger, konnte man in den ersten Tagen dort wohnen, wie es Reiner Fölz beschrieb und auch Daniela Kneiss, Bertrams Frau, herausstellte: Am Wochenende aus Ost-Berlin entlassen, kam die vierköpfige Familie in Kreuzberg bei einem ein Jahr zuvor ausgereisten Ehepaar unter, bevor sie sich am Montag im Aufnahmeheim Marienfelde vorstellte. Darüber hinaus leisteten die Kontaktpersonen wichtige alltagspraktische Unterstützung. Ihre Bekannte Silvia habe »schon sehr vielen Leuten geholfen, die aus der DDR rüber kamen«, erzählte Daniela Kneiss, »und die wusste dann im Endeffekt auch schon, welche Ämter, welche Gänge und was alles gemacht werden musste«.[167] Die Ehemaligen trugen also dazu bei, Fremdheit im Sinne von Unvertrautheit zu vermindern, die bei den Ankömmlingen anfangs vor allem hinsichtlich der westdeutschen Bürokratie verbreitet war. In Kreuzberg bestand die Möglichkeit, solch Hilfestellung zu erhalten, engmaschiger als andernorts und ohne dass man dafür zwangsläufig auf eigene Freunde und Verwandte zurückgreifen musste.[168]

Zudem eröffnete das Vorhandensein einer Ehemaligenszene Optionen der sozialen Vernetzung: Es konnten sich Zirkel bilden, die aus ihrer Herkunft erwachsene Gemeinsamkeiten hatten, deren Mitglieder sich nach der Übersiedlung in einer ähnlichen Lage sahen – und Orte etablierten, wo sie regelmäßig zusammenkamen. Einen solchen Kreis, der im Café Mistral in der Gneisenaustraße ein Zuhause hatte, beschreibt Ulrich Schacht:

> Die sich hier treffen, heißen zum Beispiel Utz Rachowski, Michael Sallmann, Christian Kunert und Gerulf Pannach, Bernd Markowsky und Roland Jahn. Sie

---

zweiten Hälfte der 1980er Jahre Sprecher des Verbands eh. DDR-Bürger e. V. in West-Berlin, siehe »Ehemalige« helfen Übersiedlern. Ein Gespräch mit Bernd Eisenfeld, in: Gerig, Wir von drüben, S. 233–237; Gehrmann, Überwindung, S. 444 (Zitat).

166 Die mitgebrachten Adressen seien Teil einer »Kettenreaktion«, berichteten Insider dem Südost Express, insofern es »um Adressen bzw. Telefonnummern geht, die man von Leuten in der DDR bekommt, welche zu bereits ausgereisten Ostlern Kontakt haben«; Im Westen, Südost Express Nr. 115 (1988), S. 14.

167 Daniela Kneiss (Pseudonym), Interview geführt von Lydia Dollmann, 15.9.2010, Stiftung Berliner Mauer.

168 Vgl. Gehrmann, Überwindung, S. 445, 448–449.

> alle haben einst – als Poeten, Musiker, Liedermacher, Bildhauer, Maler und Fotografen – den Süden der volkseigenen Republik unsicher gemacht, [...] und nun stehen sie hier [...] wiederum ziemlich am Rande.[169]

Die Genannten stammten aus Thüringen und Sachsen, wirkten in Jena oder Leipzig und erfuhren ihre Ausreise im Kontext der Biermann-Ausbürgerung als zwangsweisen Rauswurf.[170] Markowsky, stärker noch Rachowski und Sallmann erlebten den Westen, »die Lebensgewohnheiten und die Art miteinander zu sprechen«, als fremd.[171] Als Künstlern wurde ihnen, anders als etwa einigen Schauspielern, so den gleichfalls nach West-Berlin ausgereisten Biermann-Petenten Manfred Krug, Armin Mueller-Stahl und Katharina Thalbach, keine Prominenz und damit einhergehende finanzielle Absicherung zuteil. Teil der Ehemaligenszene zu sein, hieß im Fall von Rachowski, Sallmann usw., eine Nische zu finden: unter gleichgesinnten Freunden und Bekannten, die Erfahrungen teilten und verstanden – darunter auch Jürgen Fuchs; und an Orten, wo man unter seinesgleichen nicht als anders auffiel, zum Beispiel im »Heimatvertriebenen«-Café Mistral, und »ungehemmt Sächsisch quatschen« durfte.[172]

In einem solchen Kreis konnte man sich bei künstlerischen Projekten wechselseitig unterstützen und nicht zuletzt gemeinsam politisch engagieren – hinsichtlich der Verhältnisse in der Bundesrepublik, aber auch der Lage Oppositioneller im Osten, für die sich insbesondere Jürgen Fuchs und Roland Jahn von West-Berlin aus einsetzten.[173] Lockerer waren die Verbindungen unter Ehemaligen, die Bertram Kneiss für die Kreuzberger Musikszene beschrieb, doch erleichterten

169 Ulrich Schacht: Sachsen überleben am Tisch des Café Mistral, Die Welt, 14.2.1987.

170 Markowsky war seit 1973 in Jena und gehörte dort der oppositionellen Szene an, siehe Neubert, Geschichte der Opposition, S. 240–241, 293–294. Zu Jahn und seinen Aktivitäten in Jena siehe ebd., S. 432–433, 486–487. Sallmann studierte in Leipzig und trat als Lyriker und Sänger auf, siehe Jäger, Schriftsteller (Autorenlexikon), S. 522. Rachowski, geboren in Plauen, war später ebenfalls in Leipzig, siehe ebd., S. 490. Kunert und Pannach waren Mitglieder der Leipziger Renft-Combo, siehe Neubert, Geschichte der Opposition, S. 244; https://www.jugendopposition.de/lexikon/personen/148254/biografie-christian-kunert (2.6.2020).

171 Im Westen, Südost Express Nr. 115 (1988), S. 19 (Markowsky); Rachowski, Erinnerungen, S. 75–76; Trauer worüber, wir selbst, Aug./Sept. 1983, S. 23 (Zitat), 24 (Sallmann).

172 Schacht, Sachsen überleben, Die Welt, 14.2.1987 (Zitat).

173 Ilko-Sascha Kowalczuk und Arno Polzin (Hg.): Fasse Dich kurz! Der grenzüberschreitende Telefonverkehr der Opposition in den 1980er Jahren und das Ministerium für Staatssicherheit, Göttingen 2014, S. 51, 54, 70, 75, 90–92, 137, 159, 231; Gehrmann, Überwindung, S. 172–173; Neubert, Geschichte der Opposition, S. 334, 482.

Der »Ehemaligen«-Treff Café Mistral in Kreuzberg, West-Berlin, 28. August 1984.

diese Kontakte gleichfalls eine Vernetzung. Zahlreich auf Musikerkollegen und -freunde aus der DDR zu stoßen, ermöglichte rasche soziale Anbindung – »die hab ich denn überall getroffen da immer«, hielt Kneiss fest. Auch in diesem Kontext fungierten bestimmte Orte als Anziehungs- und Manifestationspunkte der Ehemaligenszene, neben diversen Kneipen vor allem die Regenbogenfabrik, wie Kneiss hervorhob. Kreuzberg als relativ dicht von Ostdeutschen bewohnter Bezirk verfügte über mehrere solcher sozialen Kristallisationsorte.[174] Einige Lokalitäten, die einen Rahmen für Vergemeinschaftung untereinander boten, existierten auch in anderen West-Berliner Bezirken, zum Beispiel am Kurfürstendamm in Charlottenburg: »Kein Wunder, dass sich Ost-Berlins flüchtende Jugend in Nate's Café-Bar ein Stelldichein gibt«, berichtete die *Berliner Morgenpost* 1989, denn diese sei drüben bereits ein Begriff: Wer herüberkommen will, wüsste, »daß er hier ehemalige Freunde finden wird«.[175]

174 Ein weiteres Beispiel ist das Alex-Café in der Bergmannstraße 93. Peter Gärtner: Treffpunkt zur Integration ehemaliger DDR-Bürger, Volksblatt Berlin, 28.7.1985.

175 Eberhard Laib: Café »Du auch?« am Kudamm: Treffpunkt für junge DDR-Flüchtlinge, Berliner Morgenpost, 25.10.1989.

Mit der Ehemaligenszene, die sich in Kreuzberg entwickelt hatte, besaß West-Berlin als Setting einer Neuverortung und -beheimatung übergesiedelter Ostdeutscher spezielle Qualitäten und Möglichkeiten der sozialen Vernetzung. Einige der Übergesiedelten reflektierten die Wirkungen dieser Szene kritisch oder formulierten explizit, nicht (gänzlich) Teil davon werden zu wollen. Wo »die ganzen Ostler wohnen«, habe er »gar nich hinziehen« wollen, erklärte etwa Bertram Kneiss. Entgegen Ehefrau Daniela, die es nach Kreuzberg zog, meinte er, »nee, wir ziehen in Nachbarbezirk, das is och ok, [...] Neukölln is gut«. Bertram erschien die Ehemaligenszene teilweise zu selbstbezüglich und wenig offen für die Chancen eines Lebens im Westen. Manche hätten mit ihrer Ausreise nichts beginnen können, beobachtete er, »die kamen rüber und kamen irgendwie ... konnten nüscht anfangen so mit, mit dieser Situation« – während er »nach vorne gucken wollte, son bisschen seine seine Sachen äh ausleben und [...] machen und tun«.[176] Kneiss reichte es, nach Neukölln auszuweichen. Arnd Esbach dagegen entschied sich nach seiner Ausreise 1984, die Enklave West-Berlin ganz zu meiden, weil er nicht in einer Art geschütztem Biotop leben wollte. Er habe »wirklich in die Bundesrepublik« gewollt, erläuterte Esbach, hatte

> schon genug erfahren über die Sonderbedingungen, die es da [in West-Berlin] gibt, und über diese Ausreisecommunity, die es da gab, und ich wollte nicht in diese Community rein, ich wollte wirklich in [...] die Realität, in die sogenannte wirkliche westliche Welt.[177]

Esbach ging auf Rat eines Mitarbeiters im Gießener Aufnahmeverfahren schließlich nach Hamburg.

West-Berlin kennzeichnete Arnd Esbach mit Blick auf die dort bestehende Ehemaligenszene als Ort, der einen eigenen, anderen Charakter hatte als Orte in der Bundesrepublik, nicht Osten, aber auch nicht ganz Westen war. Einen ähnlichen Eindruck formulierte Martin Niethammer. »Es ist eben nicht die Bundesrepublik, es ist etwas Separates«, ein »Neutrum«, bemerkte der in der ersten Hälfte der 1970er Jahre Ausgereiste. »Der Andrang von Ostdeutschen, die sich

---

176 »Man hilft sich nicht nur, sondern zieht sich auch gegenseitig runter, indem über den Sinn der Ausreise diskutiert wird«, konstatierte ähnlich der Autor des Artikels Im Westen, Südost Express Nr. 115 (1988), S. 14.

177 Arnd Esbach (Pseudonym), Interview geführt von Lydia Dollmann, 14.10.2010, Stiftung Berliner Mauer.

da wie in einer Höhle einrichten und das alte Leben weiterführen und am Hiesigen gar nicht teilnehmen – das ist symptomatisch. Die igeln sich da ein.«[178]

Karl Bohley hob ebenso das Westuntypische dieses Ankunftsortes hervor: »Diese Stadt, die durch politische Osmose offenkundig von ihrer DDR-Umgebung mehr aufgenommen hat, als die Regierenden zugeben wollen, ›dieses West-Berlin [...] ist schon eine gute Klimakammer für Leute wie uns‹«, zitierte der *Spiegel* den 1977 aus der DDR Abgeschobenen.[179] Während Esbach sich angesichts dessen gegen West-Berlin entschied, kamen andere von der Teilstadt nicht los. Bohley hatte in den ersten Wochen experimentiert, sich »Frankfurt, Hamburg, Ludwigshafen, so 'n paar Kleinstädte« angeschaut, doch schreckte ihn die Wohlstandsfixiertheit der Einwohner. Niethammer hatte es »in Bremen versucht, in München, in Aachen, zuletzt [...] in einem Dorf im Harz«. – »Aber es ist mir nicht gelungen, da seßhaft zu werden. Die Städte gleichen sich, sind auch langweilig.«[180]

Mit West-Berlin arrangierte sich Niethammer trotzdem nur widerstrebend, weil er die Insellage »nicht vertrug«.[181] Andere DDR-Zuwanderer hingegen, namentlich Schriftsteller, knüpften an dessen Eigenschaft eines Dazwischen und die politische Geografie bewusst als ihrem Lebensgefühl entsprechend an. »Da wollte ich«, bekundete etwa Utz Rachowski, »die Teilung auch im Persönlichen beibehalten, die freie Wahl, das Wiederaufrichten der Identität hieß für mich: das geteilte Berlin«. »Nicht wenige wählen demnach Westberlin als Symbolort eines Lebens zwischen den Fronten«, beobachtet Walter Schmitz in seinem Überblick zur deutsch-deutschen »Literatur ›zwischen den Staaten‹«.[182] Eine solche Strategie verweist auf eine spezifische Bedeutung, die Orte für eine Beheimatung ha-

178 Was vermißt, Ahrends, Mein Leben, S. 44–45.

179 Mettke, Gleicher Abstand, Der Spiegel Nr. 29, 17.7.1978, S. 143. West-Berlin sei dem Deutschland, dem es als Schaufenster diene, sympathisch unähnlich, bekundete auch Manfred Krug gegenüber Mettke.

180 Ebd., S. 143; Was vermißt, Ahrends, Mein Leben, S. 45.

181 Ebd., S. 44.

182 Utz Rachowski: Nach Fellbach reisen, in: Utz Rachowski: Red' mir nicht von Minnigerode. Erzählungen und Aufsätze, Dresden 2006, S. 185–193, hier S. 186; zit. nach Schmitz, Literatur »zwischen den Staaten«, S. 75; dort auch das andere Zitat. Das Provisorische betont, allerdings ohne konkrete Belege, Wallace, Leben in der Fremde, S. 181: »Unfähig oder nicht bereit, sich in der Bundesrepublik zu integrieren, aber gleichermaßen nicht bereit oder nicht in der Lage, die Verbindung mit der DDR [...] völlig abzubrechen, wohnten sie [viele eh. DDR-Schriftsteller/-innen] vorübergehend in Westberlin und warteten.« Vgl. Bilke, Auf schreckliche Weise, S. 91–92, der »Westberlin als Refugium« für ausgebürgerte und -gereiste DDR-Künstler/-innen beschreibt.

ben können. Sie sind, wie Beate Mitzscherlich darlegt, in einigen Fällen nicht nur als Voraussetzung, sondern als Mittel der Identitätsentwicklung zu verstehen. In »welchem Maß sich Personen selbst entwerfen, indem sie Orte aufsuchen«, sei daher eine Forschungsfrage, der sich weiter nachzugehen lohne – und zwar keineswegs nur im Hinblick auf Intellektuelle, wie hier zu ergänzen wäre.[183]

Er könne sich »nicht vorstellen, in Bayern auf dem Dorf oder in einer westdeutschen Kleinstadt zu wohnen, weil in Berlin doch so ein anderes Flair ist«, äußerte beispielsweise der 1981 21-jährig freigekaufte Tierpfleger und Sozialarbeiter Manfred R. Sein Gespräch mit Kessler/Miermeister gibt Hinweise, dass die Wahl West-Berlins mit seinem Lebensentwurf korrespondierte und diesen beförderte. »Das ist für mich so die einzige Stadt, wo man in Deutschland wohnen kann, wie ich das meine«, stellte er fest und führte aus, Berlin sei »von der Freiheit und dem Spektrum der verschiedenartigsten Leute [...] doch was Einzigartiges«.[184] »... und eigentlich wollte ich auch halt in Berlin leben«, gab mit ähnlicher Stoßrichtung der Ende der 1980er Jahre freigekaufte, damals etwa 30-jährige Michael Giemeier an. »Aus DDR-Sicht super, quirlig und super ... groß. Und ... ja, summierte sich halt so 'n bisschen, und dann war ich ziemlich fest davon überzeugt, dass das der einzige Platz ist, wo es optimal sein kann«, meinte der frühere Theologiestudent.[185] West-Berlin erschien als der Ort, an dem man bestimmte Ideale des Zusammenlebens und Wohnens wie auch gesellschaftlicher Freizügigkeit und Vielfalt am besten verwirklichen konnte – oder sogar als einziger Ort, an dem dies überhaupt möglich wäre. Wie Manfred R. betonten auch andere Übersiedler die – atmosphärische, soziale, kulturelle – Singularität der Teilstadt, die sie auf ihr Abgegrenztsein »von der Realität in Westdeutschland« oder »das ständige Bewußtsein der politischen Sonderstellung« zurückführten.[186]

Sich hiervon angezogen zu fühlen und in West-Berlin den subjektiv richtigen Ort zu sehen, zeigt eine Beheimatungsstrategie, die nicht unbedingt spezifisch

183 Mitzscherlich, Heimat, S. 235 (Zitat), 236.

184 Wenn du's im Kopp kriegst, in: Kessler/Miermeister, Vom Großen Knast, S. 21–22.

185 Michael Giemeier (Pseudonym), Interview geführt von Koeppel, 2000, Stiftung Berliner Mauer.

186 Wenn du's im Kopp kriegst, in: Kessler/Miermeister, Vom Großen Knast, S. 22 (Zitat). Fragebogen Nr. 100 (Anke Onardt), Frage 69 (Zitat). Ein weiteres Beispiel ist der 1965 geborene, im April 1984 nach Westdeutschland ausgereiste und im Okt. nach Berlin-Kreuzberg umgezogene Holger Koslowski. Er gab an, dass ihn v. a. die dortige alternative Szene gereizt habe. Holger Koslowski (Pseudonym), Interview geführt von N. N., o. D. (1989 oder 1990), Stiftung Berliner Mauer.

für Ostdeutsche und ihre grenzüberschreitende Migration ist. Was die hierher strebenden »DDRler« mit der Stadt verbanden, würden »junge Aussteiger aus Westdeutschland, die aus ihren aufgeräumten Heimaten flüchten und sich zu Tausenden zur Berliner Szene amalgamieren«, kaum anders formulieren, vermutete der *Spiegel*-Journalist Jörg R. Mettke. Auch der Kreuzberger *Südost Express* nahm an, dass das Berlin-Bild »bei Ostlern genauso wie bei ›Wessis‹« griffe, und verwies auf dessen mediale Vermittlung vor allem über das Fernsehen.[187] Näher zu unterlegen wäre die Vermutung, dass diese Art des Angezogenseins von West-Berlin sowohl bei Ost- wie bei Westdeutschen altersspezifisch war.

Drei wesentliche Charakteristika West-Berlins als neuer Heimat wurden diskutiert: seine Eigenschaft, Teil einer Region und Stadt zu sein, das Bestehen einer Ehemaligenszene sowie die Besonderheit, als politisch, gesellschaftlich und kulturell von der Bundesrepublik abgegrenztes, eigenständiges Gebilde wahrgenommen zu werden – »eine dritte Form deutscher Nachkriegsexistenz«.[188] Dass damit Merkmale dieses Ortes, die für das Ankommen und die Beheimatung hier bedeutsam waren, nicht erschöpfend beschrieben sind, soll als Ausblick kurz skizziert werden. »Los, wir fahren über den Kudamm nachhause«, habe ihre Mutter jahrelang bei spätem Heimkommen gesagt, weil sie das »Nachtleben« noch einmal sehen wollte, erinnerte sich Anke Onardt. »[...] klar sind wa dann auch ma an 'n Kudamm, und ma aus jewesen«, berichtete Gisela Heimpell, »da ham wa halt das Nachtleben so 'n bisschen kennenjelernt, und man hat ja unwahrscheinlich viele Möglichkeiten in Berlin sich hier umzuschauen.«[189] Die Teilstadt und insbesondere ihr Aushängeschild, der Kurfürstendamm – ein so »starkes Symbol von Westen« fand sich schwerlich andernorts. Auch wenn man selbst nur begrenzten Anteil daran hatte: Was die westliche Gesellschaft an Glanz, Unterhaltung und Konsumästhetik zu bieten hatte, materialisierte sich

187 Mettke, Die nach mir kommen, Der Spiegel Nr. 34, 22.8.1983, S. 69; Im Westen, Südost Express Nr. 115 (1988), S. 14. Daneben war es ein wichtiger Grund für den Zuzug junger Männer nach West-Berlin, sich hier dem Dienst bei der Bundeswehr entziehen zu können, vgl. Stefanie Eisenhuth und Martin Sabrow: »West-Berlin«. Eine historiographische Herausforderung, Zeithistorische Forschungen 11 (2014) 2, S. 165–187, hier S. 168.

188 Diese Charakterisierung bei Mettke, Die nach mir kommen, Der Spiegel Nr. 34, 22.8.1983, S. 69.

189 Anke Onardt (Pseudonym), Interview geführt von Heidi Kaspras, 13.12.1989; Gisela Heimpell (Pseudonym), Interview geführt von Lydia Dollmann, 18.4.2011, beide Stiftung Berliner Mauer.

hier – »Traumpotential in besonderer Verdichtung«.[190] So zeigte sich das von ersten Eindrücken zunächst abgestoßene Ehepaar Müller bei diesem Anblick versöhnt: »[...] und da ham wa denn det Berlin jesehen, wat wa eigentlich erwartet ham, hach, Jott sei Dank, ne, war et allet da, was eigentlich erträumt, wir sind da schön den Kudamm, die janze, also allet [...].«[191]

Auf andere Qualitäten West-Berlins verweist eine Äußerung Manfred R.s. Er berichtete, in der Gießener Aufnahmestelle die Adresse eines Berliner Selbsthilfevereins erhalten zu haben, der ihn nach seiner Ankunft maßgeblich unterstützte. In der ersten Zeit wie viele Haftentlassene krankgeschrieben, profitierte Manfred vom Eingliederungswissen der Ehemaligen, erhielt über sie soziale Kontakte und Quartier.[192] Die Chance, derartige Hilfe zu bekommen, war in West-Berlin größer als in anderen Städten, denn beratend und sozialarbeiterisch tätige Vereinigungen und Organisationen existierten hier vergleichsweise zahlreich. Der 1981 freigekaufte Manfred R. könnte sich auf den Selbsthilfeverein ehemaliger DDR-Bürger bezogen haben, den Übersiedler aus Thüringen 1979 initiiert hatten.[193] 1985 kam als Betroffenenorganisation der Verband ehemaliger DDR-Bürger hinzu. Unter dem Vorsitz Siegfried Driemerts von 30 Ostdeutschen gegründet, nahm der Verein sich vor, Nachfolgenden praktisch zu helfen, sie zu beraten und den »Gedankenaustausch mit Menschen gleichen Schicksals« zu pflegen. Insbesondere zu Alleinstehenden wollte man »menschliche Kontakte« knüpfen. Gründungsort und anfänglicher Treffpunkt war das Alex-Café in der Kreuzberger Bergmannstraße. Das Angebot stieß auf Bedarf: Rund 500 ehemalige DDR-Bewohner hätten bei ihnen Hilfe gesucht, bilanzierte Driemert nach einem Jahr Arbeit. 1989 berichtete Verbandssprecher Bernd Eisenfeld, dass der Verein jährlich über 1000, häufig länger als eine Stunde dauernde, Beratungen durchführe.[194]

190 Andreas Ludwig: Gab es eine materielle Kultur West-Berlins?, Zeithistorische Forschungen 11 (2014) 2, S. 272–287, hier S. 277–278; Interview Anke Onardt (Zitat Symbol von Westen); Gerd Mattenklott: »Komm ins Offene, Freund!« Transit ins wilde Denken, Zeitschrift für Ideengeschichte 2 (2008) 4, S. 5–10, hier S. 5 (Zitat Traumpotential).

191 Hans-Bernd Müller (Pseudonym), Interview geführt von Julia Obertreis, 30.9.2002, Stiftung Berliner Mauer.

192 Wenn du's im Kopp kriegst, in: Kessler/Miermeister, Vom Großen Knast, S. 19.

193 Neubert, Geschichte der Opposition, S. 482.

194 Übersiedler-Verband, Berliner Morgenpost, 16.6.1985 (Zitate); Lutz-Peter Naumann: Übersiedler aus »DDR« gründen Selbsthilfe-Verband, Berliner Morgenpost, 19.6.1985; Lutz-Peter Naumann: 100 000 aus der »DDR« können nicht nach Hause, Berliner Morgenpost, 16.6.1986; »Ehemalige« helfen, in: Gerig, Wir von drüben, S. 234. Zu Selbst-

Gründung des Selbsthilfevereins ehemaliger DDR-Bürger e. V., West-Berlin, 17. Dezember 1979.

Daneben waren in der Teilstadt westdeutsche Vereinigungen wie das Christliche Jugenddorfwerk Deutschlands und der Deutsche Staatsbürgerinnen-Verband aktiv. Dieser übernahm 1984 die Vermittlung von Patenschaften, die eingesessene West-Berliner (auf Anregung des Regierenden Bürgermeisters Eberhard Diepgen) für Neuankömmlinge aus Ost-Berlin und der DDR übernehmen sollten.[195] Gleichfalls 1984 rief Nikola Greiff die Initiative Hilfe mit Herz ins Leben, getragen von CDU-nahen Politikerinnen und Bürgerinnen. Die Hamburger Flüchtlings-Starthilfe, ebenso dem bürgerschaftlichen Engagement von Frauen entspringend, unterhielt in West-Berlin einen Ableger – in der Aufnahmestelle Marienfelde, wo auch Evangelische Flüchtlingsseelsorge, Caritas, Arbeiterwohlfahrt und Deutscher Paritätischer Wohlfahrtsverband sich um aus der DDR Gekommene kümmerten.[196] Nicht allein über eine informelle, kiez-

hilfeorganisationen und Netzwerken von DDR-Zuwanderern allgemein sowie insbes. zum Verband ehemaliger DDR-Bürger e. V. siehe Schumann, Private Wege, S. 59–60.

195 Klaus Lehmann: Vermerk betr. Patenschaften für DDR-Zuwanderer, 27.4.1984, LAB, B Rep. 002, Nr. 17683.

196 Nikola Greiff: Einladungsschreiben, 25.4.1984, LAB, B Rep. 002, Nr. 17683; pjh [Au-

fokussierte Ehemaligenszene, sondern organisiert und institutionalisiert konnten DDR-Zuwanderer demnach in West-Berlin Unterstützung in Anspruch nehmen. Durch das hier ansässige Aufnahmeverfahren waren zudem Ansprechpartner und Helfer gebündelt vor Ort, die infolge höherer Fallzahlen und kontinuierlicher Befassung im Vergleich zu dezentralen Institutionen Kompetenz ausbauen und verstetigen konnten. Suchte man Beistand, etwa um mehr soziale Kontakte zu knüpfen, Probleme wie eine ausstehende Familienzusammenführung zu überwinden oder gezielt Hilfen für DDR-Zuwanderer in Anspruch zu nehmen, waren die Voraussetzungen dafür in West-Berlin gut.[197]

torenkürzel]: »Hilfe mit Herz« auf dem Weg in die Freiheit, Berliner Morgenpost, 1.6.1986; Flüchtlings-Starthilfe, 30 Jahre; Der Senator für Gesundheit und Soziales: Wegweiser für Flüchtlinge und Übersiedler aus der DDR und Berlin (Ost), Berlin, 3., überarb. Aufl. 1986.

197 Vgl. die Ausführungen mehrerer Sachverständiger vor dem BT – Ausschuss für innerdt. Bez.: PR Nr. 41, WP 10, 12.6.1985, ParlA, 3105, F 44, S. 10, 13–16.

V. Aufnahme unter veränderten Bedingungen – Kontroversen 1989/90

1. Ein neues Allzeithoch

Allein im Jahr des Mauerfalls kamen rund 344 000 Flüchtlinge und Übersiedler in die Bundesrepublik, bis Ende Juni 1990 noch einmal knapp 240 000.[1] Dies bedeutete gegenüber 1988, als knapp 40 000 Geflüchtete und Ausgereiste zu verzeichnen waren, einen sprunghaften Anstieg. Die überwiegende Zahl der Abwandernden traf 1989 ab August ein.[2] Zu einem »bis dahin nicht gekannten und seitdem nicht wieder erreichten Höhepunkt der Ost-West-Migration« wurde der November 1989. Nach der Grenzöffnung gingen die Zahlen der Zuziehenden zwar etwas zurück, verblieben aber, wie Siegfried Grundmann angibt, für die Zeitraum von Dezember 1989 bis März 1990 »auf einem Niveau von jeweils etwa 50 000 Personen«.[3] Im Mai begann die Zuwanderung im Vorfeld

1 Wendt, Die deutsch-deutschen Wanderungen, S. 390. Die Zahlen beziehen sich auf im Aufnahmeverfahren registrierte Flüchtlinge und mit Genehmigung Ausgereiste. Wolff, Migrationsverhältnisse, S. 783, gibt für das Jahr 1983 insgesamt ca. 388 400 Migrationsfälle an.

2 Grundmann, Außen- und Binnenmigration, S. 1424. Im Sommer 1989 lagen die Zahlen der Flüchtlinge und Ausreisenden bei etwa 10,5 bis 12,5 Tausend, im Aug. bei 21, im Okt. bei 57 Tausend Menschen. Wendt, Die deutsch-deutschen Wanderungen, S. 393.

3 Grundmann, Bevölkerungsentwicklung, S. 172 (Zitate). Im Nov. 1989 wechselten

der Währungsunion und in Erwartung der Vereinigung erkennbar nachzulassen und erreichte im Juni 1990 einen Umfang von rund 10 700 Menschen.[4]

Das Ausmaß dieser Zuwanderung übertraf sogar die Zahlen der Hochzeit der Fluchtbewegung in den 1950er Jahren. Damals hatte der Spitzenwert der Antragsteller im Notaufnahmeverfahren 1953 bei rund 330 000 gelegen.[5] Was die demografischen Daten der Herüberkommenden betraf, stellten sich diese 1989/90 aus Sicht der Bundesrepublik zwar positiv dar, ließen die Abwanderung jedoch für die DDR mittelfristig äußerst bedrohlich erscheinen.[6] »[H]ier flieht die Zukunft«, konstatieren Sabine Meck und ihre Mitautoren im Blick auf das überwiegend junge Alter der Zuwandernden. In dem Zeitraum von kurz vor der Grenzöffnung bis Ende Januar 1990 lag der »höchste und am stärksten steigende Anteil der Migranten [...] in der Altersgruppe zwischen dem 22. und 29. Lebensjahr«: Die Quote dieser Menschen »im besten Arbeitsalter« wuchs von 33,7 Prozent im Oktober/November 1989 auf 41,1 Prozent Anfang 1990 an.[7] Insbesondere unter jenen, die nicht mit Genehmigung ausreisten, sondern über Ungarn oder per Botschaftsbesetzung flohen, befanden sich, wie Anne Köhler und Richard Hilmer konstatieren, sehr viele sehr junge Menschen.[8]

Entsprechend lag die Erwerbsquote der Betreffenden, wie wiederum Köhler/Hilmer feststellen, mit 93 Prozent »weit über der der Gesamtbevölkerung ab 18 Jahren in der DDR«. Auffallend an der Übersiedlungsbewegung war außerdem ein sehr deutliches Überwiegen der Männer. Hier beobachten Köhler/Hilmer und Grundmann schon für den Herbst 1989 einen extrem hohen Anteil; im

133 429 Ostdeutsche in die Bundesrepublik. Wendt, Die deutsch-deutschen Wanderungen, S. 393. Die Zahlen für Jan. und Febr. 1990 gibt Wendt ebd. mit rund 73,7 und 63,8 Tausend etwas höher an als Grundmann.

4 Ebd. Juni 1990 war der letzte Monat, in dem DDR-Übersiedler offiziell registriert wurden.

5 Schumann, Private Wege, S. 20.

6 »Bei den Übersiedlern handelte es sich in der Regel um flexible, hochmotivierte und auch sehr integrationswillige Personen, die aus arbeitsmarktpolitischer Sicht sehr begehrt und willkommen waren«, bilanziert Hilmer aus bundesrepublikanischer Sicht. Flucht- und Ausreisebewegung, S. 329.

7 Sabine Meck, Hannelore Belitz-Demiriz und Peter Brenske: Soziodemographische Struktur und Einstellungen von DDR-Flüchtlingen/Übersiedlern. Eine empirische Analyse der innerdeutschen Migration im Zeitraum Oktober 1989 bis März 1990, in: Minderheiten in und Übersiedler aus der DDR, hg. von Dieter Voigt und Lothar Mertens, Berlin 1992, S. 9–38, hier S. 13.

8 Richard Hilmer und Anne Köhler: Der DDR läuft die Zukunft davon. Die Übersiedler-/Flüchtlingswelle im Sommer 1989, DA 22 (1989) 7, S. 1383–1393, hier S. 1384.

Dezember 1989/Januar 1990 lag dieser bei rund 69 Prozent und blieb weiterhin hoch.[9] Die (Aus-)Bildung und berufliche Qualifikation der übersiedelnden Ostdeutschen war gut; schaut man auf die, die im Oktober und November 1989 kamen, so besaßen rund 49 Prozent von ihnen einen Oberschulabschluss (10-klassige POS) und rund 70 Prozent eine abgeschlossene Lehre. Zu bemerken ist allerdings, dass der Anteil der mit einem Fachschul- oder Hochschulabschluss Höchstqualifizierten unter den Zuwandernden im Zeitverlauf erkennbar sank. Auf der anderen Seite war in dem von Meck/Belitz-Demiriz/Brenske untersuchten Zeitraum bis Ende März 1990 eine Zunahme der Facharbeiter und ungelernten Arbeiter zu registrieren. »Während vor der Wende die DDR überproportional häufig von ihren hochqualifizierten Bürgern verlassen wurde, so scheint gerade diese Gruppe jetzt vermehrt in der DDR zu verbleiben, um dort den Aufbau mitzugestalten«, folgern die Autoren.[10] Auch in einer weiteren Hinsicht lassen sich über die Zeit hinweg Veränderungen beobachten: Der Anteil der verheirateten Flüchtlinge und Übersiedler nahm von Oktober/November 1989 (57,6 Prozent) bis Februar/März 1990 (40,6 Prozent) ab. Überdies ist eine deutliche Zunahme jener (meist männlichen) Zuwandernden zu verzeichnen, die ohne Familie in die Bundesrepublik wechselten (von knapp 40 Prozent vor der Grenzöffnung auf knapp 70 Prozent im Frühjahr 1990). In diesem hochsignifikanten Aufwuchs bei den Alleinkommenden spiegelten sich laut Meck/Belitz-Demiriz/Brenske »viele Problemfälle«.[11]

Die Jahre 1989/90 waren nicht allein der auffallenden Zahlen wegen eine eigene Phase in der Geschichte der Flucht- und Übersiedlungsbewegung, die Verhältnisse in der DDR und damit auch die Beziehung der Bundesrepublik zur DDR brachen mit großer Dynamik auf. Die Flüchtlinge und Übersiedler waren Teil und Motor dieses Prozesses; das Koordinatensystem, innerhalb dessen ihre Zuwanderung bewertet wurde, verschob sich durch diese Entwicklungen grundlegend mit Konsequenzen für die Aufnahme.[12] Hinzu kam, dass die Jahre um 1990 auch jenseits der Zuwanderung aus der DDR migrationspolitisch erhebliche Herausforderungen bereithielten. Der Zuzug von Aussiedlern war

9 Ebd., S. 1384 (Zitat); bei dem Sample von Hilmer/Köhler lag in der Gruppe der Flüchtlinge der Männeranteil bei 75 Prozent. Grundmann, Außen- und Binnenmigration, S. 1424; Meck/Belitz-Demiriz/Brenske, Soziodemographische Struktur, S. 13.

10 Ebd., S. 16, 17 (Zitat). Vgl. auch Flucht- und Ausreisebewegung (Hilmer), S. 325.

11 Meck/Belitz-Demiriz/Brenske, Soziodemographische Struktur, S. 14 (Zitat), 15.

12 Andreas Wirsching: Abschied vom Provisorium. Geschichte der Bundesrepublik Deutschland 1982–1990, München 2006, S. 629–639.

1989 auf 377 000 Menschen angewachsen. Parallel dazu kamen 1989/90 über 300 000 Asylsuchende ins Land, deren Aufnahme kontrovers diskutiert wurde.[13] Angesichts dessen stellte sich Politik und Öffentlichkeit die Frage nach den Kapazitäten des Wohlfahrtsstaats mit besonderer Schärfe. Auch dieser Umstand prägte, neben der deutsch-deutschen Problematik, die Sicht auf die Zuwanderer aus der DDR. Die Entwicklung der öffentlichen Wahrnehmung angesichts dieser deutschland- und migrationspolitischen Dynamik gilt es im Folgenden nachzuvollziehen. Infrage steht außerdem, wie sich Prinzipien des politischen Umgangs mit DDR-Zuwanderern veränderten, die in der Staatsangehörigkeits- und der Aufnahmeregelung sowie den Eingliederungsgesetzen manifest waren. Untersucht werden die Haltungen der Regierungskoalition, der SPD und der Grünen gegenüber den Herüberwechselnden sowie der Prozess, der Mitte 1990 zur Beendigung des Aufnahmeverfahrens für DDR-Übersiedler führte.

2. Veränderte Sichtweisen auf DDR-Zuwanderer

Schon der erste Kontakt mit Bundesbürgern war in dieser Zeit von der medialen Euphorie geprägt, von der sich viele hatten anstecken lassen. Im August 1989 lud eine Bewohnerin des nordrhein-westfälischen Schöppingen den im dortigen Durchgangslager untergebrachten Hans-Bernd Müller mit seiner Familie in ihr Haus ein. Im Interview schilderte der Ungarn-Flüchtling elf Jahre später den Besuch, so auch die Reaktion des etwas später eintreffenden Ehemanns:

> [...] ach, sacht er, is ja toll, Mensch erzählen Se doch mal, wa? So Kaffee und Kuchen da und denn erzählt, und er hatte, meine Tochter hatte denn da Sachen von den Leuten jekriecht und so, die ham uns dann 'n janzen Beutel voll Obst einjepackt, und der Mann hat mir dann vierzich Mark jejeben, wa? So dann, Schöppingen warn wa – na ja, acht Tage, sieben, acht Tage, und in der Zeit is es immer wieder Westdeutsche mit uff det Jelände jekommen und ham die Leute direkt anjesprochen: Möchtet ihr hierbleiben, möchtet ihr arbeiten?[14]

Die Müllers waren in der zweiten Augusthälfte über Ungarn und Österreich in die Bundesrepublik gelangt. Die ihnen hier entgegengebrachte Anteilnahme, das Interesse an ihrem Schicksal, strich der Interviewte in der zitierten Passage nicht

13 Herbert, Geschichte der Ausländerpolitik, S. 274–276; Bade, Europa, S. 373.
14 Hans-Bernd Müller (Pseudonym), Interview geführt von Julia Obertreis, 30.9.2002, Stiftung Berliner Mauer.

nur inhaltlich, sondern auch dadurch heraus, dass er das Zusammentreffen mit den Einheimischen szenisch lebhaft-detailliert darstellte. Darüber hinaus kam er an anderen Stellen mehrfach auf die sich in Geschenken zeigende Hilfsbereitschaft der Bundesdeutschen zu sprechen.

In der Beschreibung drückt sich Müllers Überraschung aus, da er eine so positive Aufnahme nicht erwartet hatte. Vielmehr waren er und seine Familie über die Reaktionen auf sie als Flüchtlinge derart unsicher gewesen, dass sie sich aus dem Schöppinger Lager zunächst kaum hinauswagten. Woher diese Befangenheit rührte, erschließt sich im Fortgang der Erzählung. Der aus Berlin-Köpenick Stammende kam in Bezug auf das Verhalten der Bundesbürger mit negativen Erwartungen: Hier sei sich jeder selbst der Nächste. Zudem konnte er sich nicht vorstellen, dass Ostdeutschen, »fremden Menschen« aus einem anderen System, den »Erzfeinden«, überhaupt geholfen würde. Müller erlag hier, wie er selbst meinte, der Propaganda der SED. Aber auch ehemalige DDR-Bewohner, die bereits länger in Westdeutschland lebten, schätzten die hiesige Aufnahmebereitschaft damals skeptisch ein. Sie sei froh, »nicht jetzt in die Bundesrepublik zu kommen, wo nun so viele Menschen aus der DDR über Ungarn flüchten«, merkte etwa die Anfang August 1989 interviewte Sybille an. »Sie hätte dann vielleicht das Gefühl, nicht erwünscht zu sein.«[15] Für Hans-Bernd Müllers mit zeitlichem Abstand erfolgende Darstellung spielte noch ein anderer Aspekt eine Rolle. Der im Jahr 2002 Interviewte war sich in der Rückschau bewusst, dass das Wohlwollen, das er als Ungarn-Flüchtling erlebte, von den späteren Entwicklungen gleichsam überholt wurde; gerade deshalb betonte er es besonders. So spiegeln sowohl Müllers Ausführungen als auch der Kommentar Sybilles die spezifische Situation des Spätsommers 1989: Wie die Westdeutschen die verstärkt eintreffenden DDR-Flüchtlinge aufnehmen würden, war zeitgenössisch nicht eindeutig einschätzbar; retrospektiv erwies sich, dass zu dieser Zeit die Vorzeichen bereits – und noch – vergleichsweise positiv gestellt waren.

Tatsächlich eignet sich ein Blick auf das Meinungsklima im August 1989, um von hier aus Trends der sich 1989/90 mehrfach wandelnden Sicht auf DDR-Zuwanderer herauszuarbeiten. In diesem Monat begannen die Demoskopen, sich erstmals seit 1984 wieder intensiv mit diesem Gegenstand zu befassen. Die gestiegene Aufmerksamkeit korrespondierte mit der Relevanz, die Bundesbürger mit der DDR zusammenhängenden Erscheinungen mittlerweile zusprachen. DDR-Flüchtlinge rückten im August unter die fünf als am wichtigsten

15 Flögel, Alltagserfahrungen, S. 97.

empfundenen Themen. Vor Juni, erläuterte Klaus-Peter Siegloch dieses Ergebnis der Forschungsgruppe Wahlen, hatte das Thema Übersiedler und Flüchtlinge für die Bundesbürger »noch keine Rolle gespielt, obwohl auch zu diesem Zeitpunkt schon erheblich mehr Bürger legal die DDR verlassen hatten als im Jahr zuvor. Die Fluchtwelle über Ungarn hat das Thema offenbar erst richtig ins Bewusstsein gebracht.«[16] Siegloch bezog sich auf die 38 917 DDR-Bürger, die in der ersten Jahreshälfte 1989 ausreisen durften[17] – ohne dass die Medien von ihrer Ankunft nennenswert Notiz nahmen, während die Berichterstattung über die Ungarn-Flüchtlinge ab Juli Fahrt aufnahm.[18] »Das von den Medien vermittelte Bild sowie deren Wertung des Geschehens prägen damit in hohem Maße die Einstellungen und Meinungen der Bundesdeutschen«, konstatierten die Infratest-Meinungsforscher Anne Köhler und Richard Hilmer, die hinsichtlich eines Aufmerksamkeits- und Interessenanstiegs zu dem gleichen Ergebnis wie die Forschungsgruppe Wahlen gelangten.[19]

Die öffentliche Debatte im ersten Halbjahr 1989 konzentrierte sich noch auf Asylsuchende und Aussiedler. Hinsichtlich beider Gruppen ermittelten Umfragen eine verbreitet ablehnende Haltung. Eine Mehrheit der Bundesbürger nahm an, diese Migranten kämen in erster Linie aus wirtschaftlichen Gründen; die *Aufnahmebereitschaft* war begrenzt:[20] Lediglich 17 Prozent der von Emnid im März 1989 Befragten votierten dafür, alle Aussiedler aufzunehmen. Selbst Geflüchte-

---

16 Forschungsgruppe Wahlen: Politbarometer, ZDF, 21.8.1989, zit. nach BPA-Dok: Deutschland 1989, Bd. 11, S. 26 (Zitat), 27.

17 Jarausch, Rush, S. 19. Bis Okt. stieg die Zahl der behördlich genehmigten Ausreisen auf 101 947; ab Nov. wurde in der bundesdeutschen Statistik nicht mehr zwischen legalen und ungenehmigten Übertritten differenziert. Schumann, Private Wege, S. 25–26. Zwahr, Umbruch, S. 439, gibt mit rund 36 500 Ausgereisten im ersten Halbjahr 1989 eine etwas geringere Zahl als Jarausch an.

18 Kimmel, Vertraute Brüder, S. 40.

19 Hilmer/Köhler, DDR im Aufbruch, S. 1390. Die Autoren stellen die Ergebnisse einer Befragung vom 21.–28. Aug. 1989 vor.

20 Entsprechende Beobachtungen von Demoskopen referiert »Im Jahr 2000 ein türkischer Kanzler«. Einwanderungsland Bundesrepublik (I): Fremdenfurcht verändert die politische Landschaft, Der Spiegel Nr. 7, 13.2.1989, S. 26–50, hier v. a. S. 26–27, 35. (Hinweis zur Zitation: Dieser und weitere Artikel mit demoskopischen Daten sind im Quellenverzeichnis unter Meinungsumfragen aufgelistet und werden im Folgenden nach der Ersterwähnung mit Kurztiteln angeführt.) Die mehrheitliche Überzeugung, dass die meisten Asylsuchenden und Aussiedler vornehmlich aus wirtschaftlichen Gründen kommen, ermittelte eine Umfrage vom Dez. 1988, vgl. 1988 – schwarzes Jahr für CDU/CSU und Grüne. Spiegel-Umfrage über die politische Situation im Monat Dezember, Der Spiegel Nr. 52, 26.12.1988, S. 42–51, hier S. 50. Vgl. Cooper, Immigration and German Identity, S. 253, 299.

ten mit (belegbar) politischen Motiven wollte nur ein Drittel der Bundesbürger uneingeschränkte Aufnahme zugestehen. In derselben Umfrage erhob Emnid ausnahmsweise auch bereits Daten zu DDR-Übersiedlern, die in letztgenannter Hinsicht nicht wesentlich besser abschnitten: 28 Prozent Aufnahmebefürwortern standen 71 Prozent gegenüber, die die Zahl dieser Zuwanderer senken wollten. In puncto *Sympathiewerte* standen Ostdeutsche zwar besser da als Ankömmlinge aus anderen Regionen, doch hatten auch in ihrem Fall 21 Prozent der Befragten negative Skalenwerte gewählt. Was *Unterstützungsleistungen* des westdeutschen Staates anging, ergab eine Aus- und Übersiedler betreffende Frage nach der ihnen zuzugestehenden Altersversorgung ein eindeutiges Ergebnis: Das praktizierte Eingliederungsprinzip – Angehörige beider Gruppen zu behandeln, als hätten sie ihr Erwerbsleben in der Bundesrepublik verbracht – beurteilten 76 Prozent der Bundesbürger als falsch.[21] Der *Spiegel* interpretierte solche Befunde als Ausdruck einer um sich greifenden Angst um wohlfahrtsstaatliche Ressourcen einschließlich der Verfügbarkeit von Arbeit und Wohnraum, die die Journalisten insbesondere bei sozial prekär Gestellten verorteten und für den Aufschwung der politischen Rechten verantwortlich machten. Sah man, wie einige Beobachter, alle, die von außen kamen, von sich bedroht fühlenden Bundesbürgern immer unterschiedsloser als Fremde in einen Topf geworfen, dann waren DDR-Übersiedler Teil dieses Syndroms[22] – auch wenn sie in der ersten Jahreshälfte 1989 infolge nach wie vor relativ harmloser Zuzugszahlen noch nicht ins Zentrum der öffentlichen Debatte rückten.[23]

Im August 1989 waren die Zahlen angestiegen und die Situation auf dem Arbeits- und Wohnungsmarkt nun auch im Blick auf die aus der DDR Kommenden Thema. Wieder war es vor allem der *Spiegel*, der Engpässe drastisch zugespitzt darstellte und Stimmen von Politikern und Experten zusammentrug, die von erhebli-

21 Arbeitslose Ausländer abschieben? Spiegel-Umfrage über die Einstellung der Deutschen zu Asylanten, Aussiedlern und Gastarbeitern, Der Spiegel Nr. 16, 17.4.1989, S. 151–163, hier S. 154–155, 163.

22 Im Jahr 2000, S. 27–28, 31. Dass »immer häufiger alle Fremden zu einem Brei verrührt werden«, vermerkten als Kommentar eines Betreuers in einem Übergangswohnheim auch Franziska Augstein [u. a.]: Im neuen Deutschland. Sie kommen aus der DDR, hoffen auf Brüder und Schwestern zu treffen und finden sich wieder in einem fremden Land, Die Zeit Nr. 34, 18.8.1989.

23 Den Alltag Ausgereister konnte Ablehnung jedoch auch zu dieser Zeit betreffen, wie Irmtraut und Friedbert Mayer im Interview deutlich machten. Die im Juni 1989 in West-Berlin ansässig gewordenen Eheleute schilderten, dass ihre neuen Hausnachbarn sie auf anonymen Zetteln im Briefkasten als minderwertig beschimpften. Irmtraut Mayer (Pseudonym), Interview geführt von Julia Obertreis, 6.12.2003, Stiftung Berliner Mauer.

chen Friktionen Einheimischer bezüglich der ostdeutschen Neubürger sprachen. Aber auch Journalisten anderer Zeitungen beobachteten Unmut bei den Bundesdeutschen, während Demoskopen eine ausgeprägte *Problemwahrnehmung* nur teilweise bestätigten:[24] Zwar bezifferte Infratest den Anteil jener, die den Zuzug aus der DDR als ziemlich problematisch bewerteten oder ausdrücklich ablehnten, mit 56 Prozent, doch stimmten nur 24 Prozent der Aussage zu, die Übersiedler nähmen ihnen die Arbeit weg. Dieser Wert zeigte an, dass sich das Klima im Vergleich zu 1984, als zuletzt eine vergleichsweise große Zahl Ostdeutscher in die Bundesrepublik wechselte, geändert hatte: Damals hatten gut die Hälfte der Bundesbürger die Ankömmlinge als Arbeitsplatzkonkurrenten angesehen, wie auch Ressentiments stärker, dafür Hilfsbereitschaft schwächer ausfielen, als es im August 1989 der Fall war.[25] Eine Trendwende gegenüber den ersten Monaten dieses Jahres zeichnete sich insofern ab, als die Aufnahmebereitschaft erkennbar angestiegen war: Nach 36 Prozent im Mai waren es nunmehr 44 Prozent der von Emnid Befragten, die eine Aufnahme aller aus der DDR Übersiedelnden befürworteten.[26]

So ließen sich die Bundesbürger in ihren positiven und negativen Einstellungen gegenüber zuziehenden Ostdeutschen nun immerhin als nahezu hälftig gespalten beschreiben.[27] Eindeutiger fielen Antworten auf Fragen aus, die auf

24 Im Febr. 1989 waren rund 5000 Flüchtlinge und Ausgereiste aus der DDR in der Bundesrepublik angekommen, im Aug. belief sich ihre Zahl auf rund 21 000. Vgl. Wendt, Die deutsch-deutschen Wanderungen, S. 393; Zusammenrücken – ja, wo denn?, Der Spiegel Nr. 33, 14.8.1989, S. 27–32; siehe z. B. auch Miriam Moderow: Die meisten Berliner kommen aus dem Osten, taz, 19.8.1989.

25 Infratest Kommunikationsforschung: Die Übersiedler- und Flüchtlingswelle aus der DDR. August/September 1989. Einstellungen der bundesdeutschen Bevölkerung. Ein Bericht der Infratest-Kommunikationsforschung, München 1989, S. 4–7, 10–12, Ergebnisse hier nach Cooper, Immigration and German Identity, S. 286–288.

26 Schönhubers Zeit zu Ende? Spiegel-Umfrage über die politische Situation im Monat September, Der Spiegel Nr. 39, 25.9.1989, S. 44–53, hier S. 51 (dokumentiert wurden auch die in vorausgegangenen Monaten erhobenen Werte).

27 Das bestätigten von der Forschungsgruppe Wahlen erhobene Daten, wonach 49 Prozent der Westdeutschen begrüßten, »dass so viele Übersiedler und Flüchtlinge aus der DDR kommen«, während 46 Prozent dies nicht begrüßten. Forschungsgruppe Wahlen, Politbarometer, 21.8.1989, zit. nach BPA-Dok: Deutschland 1989, Bd. 11, S. 26. Ähnlich stellten sich in einer Ende Aug./Anfang Sept. 1989 durchgeführten Umfrage die Sympathiebekundungen dar: Gut jeder zweite Bundesbürger äußerte Sympathie »für Deutsche, die jetzt aus der DDR kommen«, 18 Prozent reagierten dagegen zurückhaltend (»Das würde ich nicht sagen«) und 31 Prozent unentschieden. Institut für Demoskopie Allensbach (IfD): Flüchtlinge aus der DDR werden mit Sympathie empfangen, allensbacher berichte (1989), Nr. 18, Allensbacher Archiv, S. 2.

den *Nachvollzug der Migrationsentscheidung und ihrer Motive* gerichtet waren. Das Handeln dieser DDR-Bewohner verstehen zu können, äußerten in der Infratest-Erhebung vom August 85 Prozent der Befragten, während nur elf Prozent dies verneinten. Als Beweggrund der Flucht oder Übersiedlung nahmen Bundesbürger an erster Stelle das Verlangen nach Freiheit an (85 Prozent); daneben sahen sie die nicht gegebene Reisefreiheit (75 Prozent) sowie Repression (73 Prozent) als zentrale Motive. Von der Sicht auf die bei vielen im Ruch von Sozialschmarotzern stehenden Aussiedler und Asylsuchenden war diese Wahrnehmung, die politisch-gesellschaftliche Wanderungsgründe akzentuierte, deutlich abgehoben – obgleich Bundesbürger die Bedeutung ökonomischer Faktoren als *Push* und *Pull* auch im Fall der DDR-Zuwanderer hoch veranschlagten.[28]

In den beiden Folgemonaten hielt der sich abzeichnende Positivtrend nicht nur an, sondern nahm erheblich zu. Dass alle Flüchtlinge und Übersiedler aus der DDR aufgenommen werden sollten, meinten laut Emnid nun 62 beziehungsweise 63 Prozent der Befragten – eine Haltung, die sich auch gegenüber Aussiedlern und politischen Flüchtlingen niederschlug, für die kurzzeitig ebenfalls eine erhöhte Aufnahmebereitschaft zu verzeichnen war.[29] Den Umfang staatlicher Hilfen für DDR-Bürger beurteilten 71 Prozent der Bundesbürger im September als genau richtig. Auch das bereits im August weitreichende Verständnis dafür, die DDR zu verlassen, stieg noch einmal an: 91 Prozent der Westdeutschen bekundeten, von Infratest in der zweiten Oktoberhälfte befragt, diese Entscheidung nachvollziehen zu können.[30] Den Hintergrund dieser Einschätzungen bildete die geradezu dramatische Entwicklung der Flucht- und Übersiedlungsbewegung im Herbst 1989: Am 11. September 1989 öffnete Ungarn seine Westgrenze; über 20 000 Ostdeutsche gelangten bis Ende des Monats auf diesem Weg – begleitet von intensiver medialer Berichterstattung – in die Bundesrepublik. Anfang Oktober trafen in Helmstedt und Hof die ersten Sonderzüge mit Ostdeutschen ein,

28 Infratest, Übersiedler- und Flüchtlingswelle (1989), S. 4, zit. nach Cooper, Immigration and German Identity, S. 286. IfD, Mit Sympathie empfangen (1989), S. 4. Zur Unterstellung gegenüber Aussiedlern und Asylsuchenden, Sozialleistungen kassieren zu wollen, vgl. Im Jahr 2000, S. 41.

29 Schönhubers Zeit, S. 51, 53. Cooper, Immigration and German Identity, S. 290. Im Sept. ermittelte die Forschungsgruppe Wahlen dementsprechend, dass mittlerweile 66 Prozent der Bundesbürger den Zuzug aus der DDR begrüßten. Vgl. Forschungsgruppe Wahlen: Politbarometer, ZDF, 18.9.1989, zit. nach BPA-Dok: Deutschland 1989, Bd. 12, S. 578–582.

30 Schönhubers Zeit, S. 51; Hilmer/Köhler, DDR im Aufbruch, S. 1392 (im Aug. 1989 hatten dies 85 Prozent geäußert).

die in den bundesrepublikanischen Botschaften in Warschau und Prag wochenlang auf ihre Ausreise gewartet hatten.[31]

Die starke öffentliche Anteilnahme, Hilfsbereitschaft und Spendenfreude, die ihre Ankunft auslöste, spiegelte sich in den Umfragen. Auf die Frage, wie sehr sie der Entschluss dieser Menschen, die Brücken abzubrechen, berühre, nannten Bundesbürger dem Institut für Demoskopie Allensbach zwischen 20. September und 3. Oktober hohe Werte.[32] Dass die Ankömmlinge ohne Weiteres bundesdeutsche Pässe bekommen hatten, befanden 54 Prozent der Befragten für gut, womit sie sich mehrheitlich gegen eine Anerkennung der DDR-Staatsbürgerschaft aussprachen, die im August von der politischen Linken noch einmal forciert in die Debatte gebracht worden war.[33] Bei aller Aufgeschlossenheit und allem emotionalen Engagement wurde der Zuzug jedoch auch in dieser Phase als nicht unproblematisch und mit einer gewissen verhaltenen Skepsis betrachtet. So lag der Anteil jener, die die Massenabwanderung aus der DDR als ziemlich problematisch ansahen oder ausdrücklich ablehnten, noch immer bei 40 Prozent der Befragten. Nachteile wurden vor allem auf dem Wohnungs- und Arbeitsmarkt befürchtet.[34]

Kurz darauf begann die Stimmung umzuschlagen. Zwar artikulierte sich im zeitlichen Umfeld des Mauerfalls noch recht breites Wohlwollen, doch wurden kritische und ablehnende Stimmen lauter.[35] »Alarmzeichen« wie »Unwohlsein,

---

31 IfD, Mit Sympathie empfangen (1989), S. 1; Michael Jach: Rita Süssmuth stockte vor Ergriffenheit die Stimme, Die Welt, 3.10.1989; 30. September 1989 – Die Prager Botschaftsflüchtlinge (https://www.bpb.de/politik/hintergrund-aktuell/69294/prag-30-september-1989-29-09-2009) (2.6.2020); Detjen, Existenzbedrohung, S. 68–69, 76.

32 Ihre Betroffenheit bemaßen sie auf einem von 0 bis 100 Grad reichenden Thermometer mit durchschnittlich 61 Grad, knapp jeder Zweite gab sogar Gradzahlen zwischen 70 und 100 an.

33 IfD: Große Anteilnahme an den DDR-Übersiedlern, allensbacher berichte (1989), Nr. 21, Allensbacher Archiv, S. 2, 1 (Zitat). Zur Debatte um die deutsche Staatsangehörigkeit s. u.

34 Hilmer/Köhler, DDR im Aufbruch, S. 1392. Entsprechend ergab eine Erhebung des Dortmunder Forsa-Instituts: 38 % wollen nicht noch mehr Flüchtlinge aus der DDR, Neue Presse, 4.10.1989, zit. nach BPA-Dok: Deutschland 1989, Bd. 12, S. 600. In einer Umfrage unter rund 500 Hamburgern sprachen sich 57 Prozent gegen Privilegien für DDR-Flüchtlinge aus. Forsa-Institut: Sind DDR-Flüchtlinge willkommen? Forsa-Institut befragte die Hamburger – Hilfsbereitschaft hier größer als im übrigen Bundesgebiet, Hamburger Morgenpost, 11.10.1989, zit. nach ebd., S. 608.

35 So sagten laut Infas 72 Prozent der Bundesbürger, DDR-Flüchtlinge seien willkommen, und sprachen sich 63 Prozent gegen eine Begrenzung des Zuzugs Ostdeutscher aus, siehe Infas: Wie sehen die Bundesbürger die Übersiedler aus der DDR? (Umfrage im Auftrag

Neid, Aggressionen und Antipathie« vernahm etwa Hannovers Oberbürgermeister Herbert Schmalstieg (SPD). »Jetzt muß es doch langsam genug sein, wie viele wollt ihr denn noch aufnehmen?«, bekam mittlerweile auch Aufnahmestellenleiter Erwin Wingenbach von Schöppinger Anwohnern zu hören, deren Spendenwilligkeit stark nachgelassen hatte.[36] Dass im Dezember, wie Emnid erhob, nach 63 Prozent im Oktober nur noch 44 Prozent der Befragten alle DDR-Übersiedler aufnehmen wollten, zeigte einen Rückgang der Offenheit an.[37] Von Emnid Mitte und Ende November publizierte Daten dokumentierten, dass Befürchtungen bezüglich der Ressourcen Arbeit und Wohnung kurzfristig weiter anwuchsen.[38] Verstärkt negative Erwartungen der Bundesbürger infolge des Zuzugs aus der DDR belegte im Dezember 1989 auch eine Untersuchung des Instituts für Demoskopie Allensbach.[39]

Ein weiterer Umschwung in der Sicht auf ostdeutsche Zuwanderer zeichnete sich bezüglich des Nachvollzugs der Migrationsentscheidung ab. Nach der Grenzöffnung sahen laut Infas 67 Prozent der Bundesbürger »keine triftigen Motive« mehr für ein Verlassen der DDR, während vor dem 9. November noch 58 Prozent Verständnis dafür gezeigt hatten. Vier Fünftel der Teilnehmenden einer Emnid-Umfrage erwarteten, dass die Zahl der Zuwanderer sich nun vermindern würde.[40] Genau dies aber war, wie sich rasch erwies, nicht der Fall, im

des Süddeutschen Rundfunks), ARD, 10.11.1989, zit. nach ebd., S. 652–653. Einen Stimmungswechsel konstatiert auch Wolff, Mauergesellschaft, S. 744–745.

36 »Die Katastrophe ist da«, Der Spiegel Nr. 46, 13.11.1989, S. 130–137, hier S. 134 (Zitat). Roland Kirbach: »Die Euphorie ist abgeklungen«. Die DDR-Flüchtlinge werden nicht mehr so freundlich empfangen, Die Zeit Nr. 46, 10.11.1989 (Zitat).

37 Schlechter SPD-Start ins Wahljahr, Der Spiegel Nr. 1, 1.1.1990, S. 34–40, hier S. 37.

38 Angesichts der Grenzöffnung gaben 43 Prozent der Befragten an, mit Nachteilen auf dem Arbeitsmarkt zu rechnen; wenige Wochen später meinten 57 Prozent, dass sich die Lage hier verschärfen werde. Bezüglich des Wohnungsmarktes fielen die Einschätzungen noch kritischer aus; hier steigerte sich der entsprechende Wert von 78 auf 81 Prozent. Vgl. Emnid: Umfrage angesichts der Öffnung der Grenze, West 3, 14.11.1989, hier zit. nach BPA-Dok: Deutschland 1989, Bd. 12, S. 678–679. Wer zurückfährt, ist willkommen. Spiegel-Umfrage in der Bundesrepublik über die Entwicklung in der DDR, über Besucher und Übersiedler, Der Spiegel Nr. 47, 20.11.1989, S. 16–17, hier S. 17.

39 Eine größere Wohnungsnot erwarteten 89 Prozent der Befragten, von mehr Arbeitslosen gingen 76 Prozent aus, und dass mehr Menschen auf Sozialhilfe angewiesen sein würden, nahmen 75 Prozent an. IfD: IfD-Umfrage 5030, Dezember 1989. Anhang zu IfD: »Für die Übersiedler aus der DDR wird zuviel getan.« Die Stimmung der Bundesbürger ist umgeschlagen. Vertraulicher Bericht, 31.3.1990, Allensbacher Archiv.

40 Ws. [Autorenkürzel]: Verständnis für Übersiedler stark gesunken (Umfrageergebnisse des Infas), Welt am Sonntag, 26.11.1989 (Zitat); Wer zurückfährt, S. 17.

Gegenteil: In der Zeit vom Mauerfall bis zum Jahresende kamen rund 120 000 Ostdeutsche in die Bundesrepublik.[41] Die Frage der Forschungsgruppe Wahlen, ob sie für die DDR-Zuwanderer Verständnis hätten, verneinten im Dezember 1989 ein Viertel der Probanden, die Hälfte äußerte sich zurückhaltend (teilweise), und lediglich jeder Vierte antwortete mit einem klaren Ja. Zurückgehende Aufnahmebereitschaft, Angst vor finanziellen und strukturellen Belastungen, schwindende Akzeptanz der Wanderungsgründe und wachsende Ablehnung ungerechtfertigt erscheinender oder zu attraktiv wirkender Hilfen:[42] All diese Negativtrends setzten sich in den folgenden Monaten verstärkt fort und kulminierten im Februar und März 1990 in einer regelrechten »Abwehrfront« Westdeutscher gegen Zuwanderer aus der DDR.[43]

»Es ist eine Schande, wie die DDR-Flüchtlinge mit Geschenken und Vorteilen überhäuft werden«, zitierte der *Spiegel* im Februar aus dem Brief eines Bürgers an den nordrhein-westfälischen Arbeits- und Sozialminister Hermann Heinemann. »Bisher hat man nichts davon gehört«, hieß es dort weiter, »daß auch Wohnungen für Einheimische ganz besonders nötig wären, dabei warten viele junge Familien auf eine preiswerte Wohnung«.[44] Wenn auch zugespitzt formuliert, war diese Haltung mittlerweile Mehrheitsmeinung. Im Februar 1990 bewerteten 71 Prozent der Bundesbürger die finanziellen Leistungen für DDR-Übersiedler als zu hoch, deren rentenmäßige Gleichstellung mit Bundesbürgern hielten 76 Prozent für falsch, und 77 Prozent traten dafür ein, die Zahl der Zuwandernden zu senken.[45] Die negative Stimmungslage registrierten auch Ost-

41 Wirsching, Abschied, S. 677. Allein in West-Berlin wurden in dieser Zeitspanne rund 19 150 Übersiedler registriert. Bi [Autorenkürzel]: Im letzten Jahr kamen 63 000 Aus- und Übersiedler. Sozialsenatorin warnt vor Illusionen über den »goldenen Westen«, Der Tagesspiegel, 5.1.1990.

42 Mittlerweile waren nur noch 48 Prozent (gegenüber 71 Prozent im Sept.) der Meinung, der Umfang der Vergünstigungen für Übersiedler sei gerade richtig. Forschungsgruppe Wahlen: Politbarometer, ZDF, 18.12.1989, zit. nach BPA-Dok: Deutschland 1989, Bd. 12, S. 721.

43 Übersiedler – die neuen Türken? Spiegel-Umfrage im Wahljahr 1990 (II): Die politische Situation im Monat Februar, Der Spiegel Nr. 9, 26.2.1990, S. 36–48, hier S. 36 (Zitat). Vgl. Cooper, Immigration and German Identity, S. 291.

44 »Der Zündstoff ist da«, Der Spiegel Nr. 8, 19.2.1990, S. 40.

45 Die neuen Türken, S. 36, 48. Das Dortmunder Forsa-Institut ermittelte in der Tendenz ähnliche, wenn auch etwas niedrigere Zahlen (68 Prozent der im Febr. Befragten sprachen sich gegen die weitere Aufnahme von DDR-Übersiedlern aus, 50 Prozent meinten, diese genössen ungerechtfertigte Vorteile), vgl. EB [Autorenkürzel]: Zwei Drittel der Bundesbürger gegen weitere DDR-Übersiedler, Bonner Rundschau, 1.3.1990.

deutsche, die bereits länger in der Bundesrepublik lebten. »Ich sage es immer noch nicht gerne«, bemerkte etwa der 1984 ausgereiste Reiner Fölz im Frühjahr 1990 mit Blick auf sein Herkommen aus der DDR. »Und jetzt schon gar nicht, wo es jetzt ... die Situation so ist.«[46] Die Motive der Wandernden veranschlagten die Bundesbürger, verglichen mit der Einschätzung im Herbst 1989, nun mit umgekehrter Gewichtung: Nicht mehr die Freiheit, sondern den höheren Lebensstandard im Westen hielten rund 60 Prozent der Probanden einer Allensbacher Erhebung inzwischen für das Wichtigere.[47] Im April 1990, nach der Volkskammerwahl, fand die vermutete Motivlage überwiegend kein Verständnis mehr, und die Befürchtung negativer Entwicklungen auf dem Arbeits- und Wohnungsmarkt nahm weiter zu.[48]

Neben den Meinungsumfragen gab es weitere Anzeichen, dass die Missbilligung der Zuwanderung Ostdeutscher seit Frühjahr 1990 drastisch zugenommen hatte. Landes- und Kommunalpolitiker warnten jetzt vor einer »gefährlichen Entsolidarisierung zwischen Übersiedlern und Einheimischen«. Verschiedentlich nahm die Ablehnung handfeste, teils aggressiv-tätliche Formen an: In Bremen besetzten Anwohner am 15. Februar aus Protest gegen die geplante Umwandlung in ein Aufnahmelager eine Turnhalle. »In einem neuerrichteten Übersiedlerheim in Godorf bei Köln«, berichtete der *Spiegel,* »legten Brandstifter Anfang des Monats gleich zweimal hintereinander Feuer. In Stuttgart brannten Übersiedlergegner ein Übergangsquartier bis auf die Grundmauern nieder.«[49] Nicht zuletzt vor diesem Hintergrund ließ sich die Bundesregierung von den Ländern Ende März dazu drängen, das Aufnahmeverfahren für Zuwandernde aus der DDR, mit dem ein Anspruch auf (provisorische) Unterbringung und finanzielle Überbrückungshilfen verbunden war, einzustellen – nicht sofort allerdings, sondern mit Stichtag der deutsch-deutschen Wirtschafts- und Wäh-

46 Reiner Fölz (Pseudonym), Interview geführt von Manfred Gehrmann, 8.1.1990, Stiftung Berliner Mauer.

47 IfD, Für Übersiedler wird zuviel getan (1990), S. 2.

48 Cooper, Immigration and German Identity, S. 291. Dass durch die Übersiedler aus der DDR die Arbeitslosigkeit stärker zunehmen werde, erwarteten 69 Prozent der Befragten; eine stärker zunehmende Wohnungsnot unter Bundesbürgern befürchteten 94 Prozent. Vgl. IfD, Für Übersiedler wird zuviel getan (1990), S. 5, 7–9.

49 Von Entsolidarisierung sprach der Vizepräsident des Deutschen Städtetags und Oberbürgermeister von Hannover Herbert Schmalstieg (SPD), vgl. bg [Autorenkürzel]: »... und schicken sie dann zurück in ihre Heimat«, taz, 17.2.1990 (Zitate). »Wieso kommen die noch?«, Der Spiegel Nr. 8, 19.2.1990, S. 29–32, hier S. 30. Der Autor berichtete außerdem von Protesten in Dortmund gegen die Belegung von Turnhallen mit Übersiedlern.

rungsunion am 1. Juli 1990. Überdies begann der Zuzug nach den Wahlen in der DDR am 18. März zurückzugehen.[50]

Die weitere Entwicklung des Meinungsklimas ist durch Umfragen nur noch sporadisch dokumentiert. Aber es wird deutlich, dass viele Bundesbürger nach der Märzwahl in der DDR keinen Grund mehr für eine besondere Behandlung von Übersiedlern sahen.[51] Eine große Mehrheit trat dafür ein, die Zuwanderung zu begrenzen (52 Prozent) beziehungsweise völlig zu unterbinden (19 Prozent).[52] Ab dem 1. Juli 1989, als das Aufnahmeverfahren endete, gab es offiziell keine Übersiedler aus der DDR mehr.[53] Damit trat ein, was die Bundesbürger mehrheitlich begrüßt und gewünscht hatten: Wer von Ost- nach Westdeutschland ging, musste nun, ohne »ungerechtfertigte Vorteile«, selbst sehen, wie er fertigwurde.[54]

---

50 Günter Bannas: Zahl der Übersiedler zurückgegangen, FAZ, 15.5.1990. Zur Aufgabe des Aufnahmeverfahrens s. u.

51 Gut die Hälfte der Bundesbürger sprach sich dafür aus, die Aufnahmelager früher zu schließen als von der Bundesregierung vorgesehen. Mit dem Argument verknüpft, »weil es nach der freien Wahl in der DDR keinen Grund mehr für eine besondere Behandlung von Übersiedlern gäbe und ›ohne diese Lager erst gar nicht so viele Leute hierher kommen (würden)‹«, fand das Plädoyer für sofortige Schließung sogar bei 71 Prozent der Befragten Zustimmung. IfD: DDR-Übersiedler und Meinungsklima. Vertraulicher Bericht, 3.5.1990, Allensbacher Archiv, S. 6–7, 8 (Zitat FN), 9.

52 Erich Wiegand: Aussiedler aus Osteuropa weniger gern gesehen. Einstellungsmuster gegenüber Gastarbeitern, Übersiedlern und Aussiedlern, Informationsdienst Soziale Indikatoren (ISI) (1991) 5, S. 10–14, hier S. 11–13. Vergleicht man die Aufnahmebereitschaft in Bezug auf verschiedene Migrantengruppen, erfährt die negative Sicht der DDR-Übersiedler eine gewisse Relativierung: Noch übertroffen wurde die Ablehnung von Immigration nämlich dann, wenn man nach Aussiedlern fragte (begrenzen: 62 Prozent; völlig unterbinden: 20 Prozent). Auch bei der Wahrnehmung von Nachteilen des jeweiligen Zuzugs schnitten die Aussiedler schlechter ab.

53 Die nach wie vor zahlreich von Ost nach West Umziehenden wurden nicht mehr als Übersiedler oder Zuwanderer deklariert, ihre zentrale statistische Erfassung aufgegeben. Möhring, Mobilität, S. 398.

54 Forsa-Institut: Umfrage: Mehrheit gegen Übersiedler, Stern Nr. 10, 1.3.1990, zit. nach BPA-Dok: Deutschland 1989, Bd. 64, S. 192.

3. Mediale und sozialhistorische Kontexte der Stimmungskonjunkturen

Die Meinungskonjunkturen im Westen hatten Rückwirkungen auf die Sicht der in die Bundesrepublik kommenden Ostdeutschen. Bei den Aufnehmenden lassen sich hinsichtlich einer eher positiven oder negativen Haltung gegenüber den Ankömmlingen einige prädisponierend wirkende Merkmale ausmachen. Eines ist die *politische Orientierung*. Während CDU/CSU- und SPD-Wähler in ihren Einstellungen nicht sonderlich voneinander abwichen, zeigen sich am rechten und linken Rand des politischen Spektrums – bei Anhängern der Republikaner und der Grünen – sowie bei FDP-Sympathisanten einige Besonderheiten. Am deutlichsten ist dies bei den Parteigängern der Rechten zu beobachten, die größere Vorbehalte äußerten als politisch anders orientierte Bundesbürger.[55] So ließen REP-Wähler sich von der verbreitet aufnahmefreundlichen Stimmung im September/Oktober 1989 nicht anstecken.[56] Auch als sich im Frühjahr 1990 problematische Einschätzungen allseitig durchgesetzt hatten, fiel die Wahrnehmung politisch rechts stehender Bundesbürger, verglichen mit dem Durchschnitt, noch immer weit kritischer aus.[57] Eine gegenteilige Tendenz ist bei den Anhängern der Grünen erkennbar. Sie äußerten sich bis in den Dezember 1989 hinein, als die Stimmung bereits ins Negative umzuschlagen begonnen hatte, aufgeschlossener gegenüber DDR-Zuwanderern; erst im Februar 1990 hatte sich dieser Unterschied weitgehend nivelliert.[58]

55 »Daß so viele Flüchtlinge und Übersiedler aus der DDR kommen« begrüßten im Aug. 1989 46 Prozent aller Bundesbürger und 66 Prozent der REP-Anhänger *nicht*; Forschungsgruppe Wahlen, Politbarometer, 21.8.1989, zit. nach BPA-Dok: Deutschland 1989, Bd. 11, S. 26. Sympathie für die DDR-Übersiedler zu empfinden, bekundeten Ende Aug./Anfang Sept. 1989 nur 30 Prozent der REP-Wähler gegenüber 51 Prozent der Gesamtbevölkerung. IfD, Mit Sympathie empfangen (1989), S. 4, 2.

56 Forschungsgruppe Wahlen, Politbarometer, 18.9.1989, zit. nach BPA-Dok: Deutschland 1989, Bd. 12, S. 582. (Unter den Anhängern der REP fürchteten fast doppelt so viele Nachteile wie im Durchschnitt der Bevölkerung.) Schönhubers Zeit, S. 53. 50 Prozent der REP-Anhänger, aber nur 18 Prozent der übrigen Befragten meinten, für DDR-Übersiedler wurde in den letzten Wochen zu viel getan. IfD, Große Anteilnahme (1989), S. 5. Gegenüber 32 Prozent der Gesamtbevölkerung vertraten 52 Prozent der REP-Wähler die Auffassung, man solle den »Strom von DDR-Bürgern, der jetzt zu uns kommt«, drosseln.

57 IfD, Für Übersiedler wird zuviel getan (1990), S. 2, 4. (Einen höheren Lebensstandard als ausschlaggebendes Wanderungsmotiv vermuteten 59 Prozent der Bundesbürger insgesamt und 78 Prozent der REP-Wähler; dass für die Übersiedler zu viel getan werde, meinten 85 Prozent der REP-Wähler gegenüber 61 Prozent der Gesamtbevölkerung.)

58 Während unter Wählern der CDU/CSU und SPD im Dez. 1989 die Ablehnung des Zu-

Der Umstand, dass hier staatlicherseits als Deutsche definierte Zuwanderer kamen, war für die Haltungen ihnen gegenüber offenbar nicht ausschlaggebend. Die Grünen traten dafür ein, Zugehörigkeit zu Volk oder Nation gerade nicht zur Grundlage solidarischen Handelns zu machen. Sie zeigten sich ostdeutschen Zuzüglern gegenüber aufnahmebereit, weil sie grundsätzlich migrationsfreundlich eingestellt waren. Die Republikaner setzten auf ethnische Homogenität der Gesellschaft, doch half den DDR-Zuwanderern ihre (ethnisch auslegbare) nationale Zugehörigkeit hier nichts, vielmehr wurden sie als Teil einer massiv und bedrohlich wahrgenommenen Zuwanderung von außen angesehen.[59] Die Einstellungen der FDP-Wähler, die sich in einiger Hinsicht ähnlich denen der Grünen als vergleichsweise aufgeschlossen darstellten, verweisen auf weitere prägende Merkmale. So repräsentierte die FDP neben bestimmten politischen Überzeugungen eine spezifische, in der Regel sozial bessergestellte Klientel. Und gerade *Bildung und berufliche Stellung* erwiesen sich, wie zwei Erhebungen 1990 belegten, als Faktoren, die eine zuwandererfreundliche Haltung begünstigten.[60]

Der ALLBUS 1990 etwa ergab, dass die Anteile der Befragten, die im Zuzug verschiedener Migrantengruppen einen Vorteil für die Bundesrepublik sahen, mit dem Bildungsniveau stiegen und entsprechend »die Anteile, die darin einen Nachteil sehen, mit steigendem Bildungsniveau ab[nehmen]«. Dieser Konnex galt sowohl im Blick auf DDR-Zuwanderer als auch auf Aussiedler und auf »Gastarbeiter«.[61] Eine Umfrage des ZUMA Mannheim bestätigte die Wirkung

---

zugs aus der DDR bereits knapp, bei REP-Wählern deutlich dominierte, fand sich unter Grünen-Anhängern noch eine aufnahmebereite Mehrheit, vgl. Schlechter SPD-Start, S. 35. Im Febr. 1990 konstatierte der Spiegel auf Grundlage einer Emnid-Umfrage, dass auch Grünen-Wähler sich »größtenteils in die Abwehrfront« gegen DDR-Übersiedler eingereiht hätten, siehe Die neuen Türken, S. 40.

59 Frank Decker und Viola Neu (Hg): Handbuch der deutschen Parteien, Wiesbaden, 2., überarb. und erw. Aufl. 2013, S. 378.

60 Einen Bildungseffekt, und zwar unabhängig vom Alter, dokumentierte über die beiden im Folgenden angeführten Erhebungen hinaus bereits die Umfrage des IfD: Viel Sympathie für die Flüchtlinge aus der DDR. Vertraulicher Bericht, 26.9.1989, Allensbacher Archiv, S. 2: »In allen Altersgruppen äußern die höher Gebildeten mehr Sympathien [für DDR-Flüchtlinge] als die Personen mit einfacher Schulbildung.« Einen Hinweis gleicher Richtung bieten Hilmer/Köhler, DDR im Aufbruch, S. 1392: »Daß uns die DDR-Flüchtlinge Arbeitsplätze wegnehmen«, befürchteten im Okt. 1989 »vorwiegend jüngere Bundesbürger mit formal niedriger Bildung bzw. ohne Berufsausbildung«.

61 ALLBUS: Allgemeine Bevölkerungsumfrage der Sozialwissenschaften. Wiegand, Aussiedler weniger gern gesehen, S. 11 (Zitat), 12. Eine ähnliche Beziehung gilt hinsichtlich der Befürwortung eines uneingeschränkten Zuzugs der verschiedenen Migrantengruppen, vgl. ebd., S. 13. Weitergehend zu prüfen wäre, welche Schnittmengen zwischen

des Bildungsgrads, hob zudem die Bedeutung des Berufs hervor und benannte zusätzliche einflussreiche Parameter: »Je niedriger die Bildung, je geringer die berufliche Position, je jünger an Lebensjahren und je kleiner der Wohnort«, desto eher sei eine Ablehnung von DDR-Zuwanderern zu beobachten. Genau dieselben Faktoren bestimmten auch die Wahrnehmung von Arbeitsmigranten in der Bundesrepublik. »Insoweit kann dieses Ergebnis als Bestätigung einer allgemeinen Diskriminierung von Fremden, egal woher kommend, gesehen werden«, lautet die Schlussfolgerung des Autors Jürgen H. P. Hoffmeyer-Zlotnik.[62]

Über die Parteizugehörigkeit hinaus beeinflussten vor allem drei Faktoren das Meinungsklima. Der Charakter der Fluchtbewegung im Sommer und Herbst 1989 und vor allem deren Darstellung in den Medien ließen eine bis dahin verbreitete kritisch-ablehnende Haltung gegenüber den Ankömmlingen vorübergehend in den Hintergrund treten. »Touched by the human drama of flight, most hosts cordially welcomed the fresh refugees.«[63] Ähnlich wie bereits 1984 resultierte eine distanzierte Einstellung zu den Übersiedlern unter anderem daraus, dass man sie als Konkurrenten auf dem Wohnungs- und Arbeitsmarkt betrachtete. Überdies geriet 1989/90 angesichts der zahlenmäßig massiveren Zuwanderung sehr viel schärfer als fünf Jahre zuvor die Inanspruchnahme staatlicher Leistungen durch die Neubürger in die Diskussion. Sie wurde als Gefährdung der eigenen wohlfahrtsstaatlichen Besitzstände gesehen. Daneben sorgten eine teils ebenfalls medial vermittelte Delegitimierung sowie Problematisierung der Zuwanderung aus der DDR für wachsende Ablehnung. Immer mehr Bundesbürger wandten sich auch deshalb gegen einen fortgesetzt starken Zuzug Ostdeutscher, weil sie deren Wanderungsgründe nicht länger für akzeptabel hielten beziehungsweise – durchaus im Zusammenhang damit stehend – die Herüberwechselnden in ihren sozialen Eigenschaften als schwierig ansahen: Die Wandernden erschienen zunehmend als »unechte« und als Problemflüchtlinge.

Nicht die legal nach Genehmigung ihres Ausreiseantrags in die Bundesrepublik überwechselnden DDR-Bewohner waren es, die 1989 Aufmerksamkeit und Hilfsbereitschaft auf sich zogen, sondern die Ungarn- und Botschaftsflüchtlinge

---

politischer Orientierung, Bildungsgrad und sozialer Stellung sich (etwa bei den REP-Wählern) ergeben.

62 ZUMA: Zentrum für Umfragen, Methoden und Analysen. Jürgen Hoffmeyer-Zlotnik: Die Einstellung der Bundesdeutschen gegenüber den »Fremden«, in: 25. Deutscher Soziologentag. Die Modernisierung moderner Gesellschaften, hg. von Wolfgang Glatzer, Opladen 1991, S. 492–494, hier S. 494. Außerdem merkt der Autor an, dass »FDP- und Grünen-Wählerschaft als Merkmal für Nicht-Diskriminierung« stehe.

63 Jarausch, Rush, S. 26; ähnlich Cooper, Immigration and German Identity, S. 289.

von Budapest, Warschau und Prag.[64] Ihr Schicksal fand Interesse bei den Medien und erwies sich durch die intensive Berichterstattung als besonders geeignet, Anteilnahme zu erzeugen.[65] Beispielsweise wurde der Durchbruch, der über 600 Ostdeutschen während des Paneuropäischen Picknicks am 19. August 1989 bei Sopron gelang, unmittelbar dokumentiert. Von der Massenflucht und ersten Gefühlsregungen Beteiligter auf österreichischem Boden erfuhren am selben Tag die Zuschauer der *Tagesschau*.[66] Flucht, zuvor in der Regel heimlich geplant, unangekündigt und gerade nicht unter den Augen der Öffentlichkeit unternommen, wurde im Sommer und Herbst 1989 so zu einem sichtbaren Geschehen, in das Leser, Hörer und Zuschauer hautnah einbezogen wurden. Dass dabei Akteure vor die Kameras und Mikrofone traten, die Deutsch sprachen wie ihr Publikum und keine Übersetzung benötigten, verstärkte den Eindruck von Authentizität.[67]

Ein weiteres Charakteristikum der Fluchtbewegung war die ihr innewohnende Dramatik und Dynamik, verbunden mit wechselvollen Emotionen der Beteiligten und tauglich, die Gefühle auch bei denen hochschlagen zu lassen, die die Ereignisse in der Zeitung, im Radio oder Fernsehen verfolgten. Auf Phasen angespannten Wartens und Ausharrens etwa in den bundesdeutschen Botschaften von Budapest und Prag – im September ein beherrschendes Thema der Medien – folgte der Wendepunkt: die Öffnung der ungarischen Grenze zu Österreich für DDR-Bürger in der Nacht vom 10. auf den 11. September und

64 Siehe Katarzyna Stokłosa: Die letzte Fluchtwelle aus der DDR im Jahr 1989. Aus den Berichten der westdeutschen Botschaften in Budapest, Prag und Warschau, Zeitschrift für Ostmitteleuropa-Forschung 64 (2015) 1, S. 40 – 80, die den Forschungsstand referiert.

65 Nach ersten noch eher vereinzelten Darstellungen im Juli 1989 wandten sich westdeutsche Journalistinnen und Journalisten dem Thema Ungarn-Flüchtlinge ab Aug. ausführlich zu. Presse-, Radio- und Fernsehredakteure trafen und begleiteten Fluchtwillige und Geflüchtete vor Ort. Sie berichteten von der Situation in der Budapester Vertretung, der schwieriger werdenden Lage in der Zeltstadt in Zugliget und scheiternden sowie gelingenden Versuchen, die Grenze zu Österreich zu überqueren. Kimmel, Ungarn-Flüchtlinge, S. 639 – 640, 642 – 645 (der Aufsatz ist mit leichten Veränderungen wiederabgedruckt als: Kimmel, Vertraute Brüder); Großmann, Fernsehen, Revolution, S. 121 – 128.

66 Kimmel, Ungarn-Flüchtlinge, S. 639 – 640; Tagesschau, ARD, 19.8.1989, hier nach Brücher, Westfernsehen, S. 78.

67 Die i. d. R. gegebene Unsichtbarkeit des Fluchtgeschehens bemerkt Kimmel, Ungarn-Flüchtlinge, S. 638. Großmann, Fernsehen, Revolution, S. 127, notiert angesichts von Amateuraufnahmen flüchtender Ostdeutscher, die in der Tagesschau vom 23.8.1989 ausgestrahlt wurden: »Die unscharfen Bilder von über zweihundert Menschen, die im Dämmerlicht über ein Feld gehen, um an dessen Ende in Jubel auszubrechen, gaben dem zumeist nicht sichtbaren Vorgang des Flüchtens eine visuelle Dimension.« Der Hinweis auf die Bedeutung der Sprache bei Brücher, Westfernsehen, S. 81.

die von Außenminister Hans-Dietrich Genscher den Prager Botschaftsbesetzern am 30. des Monats verkündete Ausreiseerlaubnis. Am Ende dieses spannungsvollen Plots stand – im Fall der aus Prag Kommenden mit der Fahrt durch die DDR in verriegelten Sonderzügen als retardierendem Element – die Ankunft in der Bundesrepublik.[68] Die Gefühlszustände der Flüchtenden und Ausreisenden, eingefangen in Bildern, zahlreichen Originaltönen und Interviews, entsprachen diesem Ab und Auf: Von Bangen, Hoffen und Verzweiflung war die Rede, ausgedrückt wurden Resignation, Ohnmachtsgefühle und Angst, endlich große Freude und Erleichterung.

Dramatisch und emotional aufgeladen waren neben diesen Verläufen einzelne Szenen des Flucht- und Abwanderungsgeschehens: eine gespannt wartende Menschenmenge im Lager Zugliget, die in Jubel ausbricht, als der ungarische Außenminister am Abend des 10. September die Möglichkeit zur Ausreise verkündet; Ostdeutsche, die entschlossen versuchen, auf das Gelände der Prager Botschaft zu gelangen, ihre Kinder über den hohen Zaun reichend. Überhaupt beförderte vermutlich nicht zuletzt die Altersstruktur dieser Abwandernden die Sympathie für sie. Hier waren vielfach Familien, Eltern sogar mit Kleinkindern auf dem Weg; und die Erwachsenen, die kamen, im Durchschnitt kaum dreißig Jahre alt, vermittelten den Aufbruchswillen und Optimismus einer jungen Generation.[69]

Verbinden ließ sich mit den Flüchtlingen und Ausreisenden vor der Maueröffnung im November 1989 schließlich noch eine dritte Beobachtung. Wer über die ungarisch-österreichische Grenze oder eine der bundesrepublikanischen Botschaften nach Westdeutschland kam, hatte in der Regel zuvor einiges auf sich genommen und das eine oder andere auszustehen: die Gefahr des Grenzübertritts zum Beispiel, bei dem das Verhalten der ungarischen Posten bis zur offiziellen Grenzöffnung ein Unsicherheitsfaktor blieb; Festnahmen und Verhöre; Bespitzelungen durch den auch in Ungarn präsenten DDR-Staatssicherheitsdienst; langes, ungewisses Warten in großer Enge unter unzureichenden hygienischen Bedingungen.[70] So ließen auch Entschlossenheit, Beharrungsvermögen und Mut

68 Stokłosa, Letzte Fluchtwelle, S. 47–48, 50–51, 54–55, 58–61, 63–64.

69 Großmann, Fernsehen, Revolution, S. 125–130, unter Verweis auf heute-Nachrichten (Spätausgabe), ZDF, 10.9.1989, sowie S. 142–143, 145, 148; Brücher, Westfernsehen, S. 80–83, der sich u. a. auf Tagesschau, ARD, 11.9.1989 und 1.10.1989 bezieht.

70 Brücher, Westfernsehen, S. 76, 78, 81–82; Kimmel, Vertraute Brüder, S. 41, 43, 45–48. Zu den historischen Entwicklungen vgl. Hans-Hermann Hertle: Chronik des Mauerfalls. Die dramatischen Ereignisse um den 9. November 1989, Berlin 1999, S. 61–63, 65, 67, 69.

Eintreffen eines Sonderzugs mit Prager Botschaftsflüchtlingen in Hof (Bayern), 1. Oktober 1989.

dieser Abwandernden ihre Migrationsentscheidung plausibel erscheinen. Die unter solchen Mühen kamen, hatten wohl gute Gründe, zu denen sie selbst die Stichworte und die Medien das entsprechende Labeling lieferten: »Frei eben« fühle er sich nun, bekannte etwa am 19. August ein junger Ostdeutscher, dem eben der Grenzwechsel nach Österreich geglückt war, vor laufender Kamera.[71] »Endlich Freiheit, wunderbar!«, äußerte am 1. Oktober ähnlich eine gerade in Hof Eingetroffene; »in diesen ersten Minuten bisher nie erlebter Freiheit spüren die Flüchtlinge, dass es auch für sie in Zukunft aufwärtsgehen kann«, hieß es im Kommentar dieses Fernsehberichts zur Ankunft der aus Prag Ausgereisten.[72] »In der rechten Hand eine schwarz-rot-goldene Fahne, in der linken einen Paß der

71 Tagesschau, ARD, 19.8.1989 (Bericht »Rübergemacht« während des Paneuropäisches Picknicks) (https://www.tagesschau.de/multimedia/video/video-29039.html) (2.6.2020).

72 Tagesschau, ARD, 1.10.1989 (https://www.tagesschau.de/multimedia/video/video565980.html) (2.6.2020).

Bundesrepublik Deutschland und im Gesicht – ja, was ist es? Stolz, Glück, Erleichterung, Freude? Es ist ein Schrei: Freiheit.« Mit diesen Sätzen leitete Eduard Neumaier am 15. September im *Rheinischen Merkur* seinen Bericht über die nach der ungarischen Grenzöffnung in Bayern ankommenden DDR-Bewohner ein, um im Folgenden noch einmal zu betonen: »Es geht um das Prinzip Freiheit.«[73]

Das mediale Freiheitspathos spiegelte sich nicht nur in den Ergebnissen demoskopischer Erhebungen, in denen Bundesbürger angaben, Freiheit für das stärkste Fluchtmotiv der Ostdeutschen zu halten.[74] Es bedeutete auch, dass der Weggang der DDR-Bewohner in Kontinuität des Topos Abstimmung mit den Füßen als Votum und Bestätigung für den Westen ausgelegt wurde – was in der DDR Verbleibende, dort um Reformen Bemühte als demütigend und kontraproduktiv empfanden.[75] Die Bundesbürger aber, so zeigten und inszenierten es viele Berichte und Fernsehbilder, freuten sich in dieser Phase gemeinsam mit den Geflüchteten und Ausgereisten, dass sie es geschafft hatten und nun hier, in Freiheit, waren.[76] »Nein, das sind [...] am Zaun keine Neugierigen: ausgestreckte Hände mit frischem Obst, Schokolade, Blumensträußen, Kinder geben Teddybären her, Eltern halten Tragetaschen mit warmer Kleidung«, beschrieb Michael Jach am 3. Oktober in der *Welt* die »[s]pontane Hilfsbereitschaft« Westdeutscher gegenüber den aus Warschau im Bahnhof Helmstedt eintreffenden DDR-Flüchtlin-

73 Eduard Neumaier: Das Gesicht der Freiheit. Was ein Strom von 12000 Flüchtlingen bedeutet: für die DDR, für Ungarn und für die Westdeutschen, Rheinischer Merkur, 15.9.1989.

74 S. o.

75 »Das penetrante Pathos bei der Begrüßung der Flüchtlinge (›Die ersten Schritte in der Freiheit‹)«, zitierte Die Zeit Stimmen aus der Ost-Berliner Gethsemanekirche, »nerve genauso wie das ständige Wiederholen bestimmter Bilder.« »Wenn immer wieder gezeigt wird, wie unsere Leute den Zaun der Prager Botschaft überklettern, dann mag euch das spannend vorkommen und auch gefallen; uns geht es an die Würde!« Fritz Pleitgen: Am Tropf der westlichen Medien. Auch Reformer in der DDR kritisieren den Einfluß von ZDF und ARD, Die Zeit Nr. 43, 20.10.1989.

76 In der Berichterstattung über die Ungarn- und Botschaftsflüchtlinge 1989 zeigen sich gewisse Parallelen zur medialen Darstellung der Ungarn-Flüchtlinge 1956: In »ergreifenden bis rührseligen Berichten der bundesdeutschen Tagespresse«, so Patrice Poutrus, seien der westdeutschen Leserschaft damals »die gefahrenreiche Flucht vor den sowjetischen Truppen, die schwierigen Lebensbedingungen in den österreichischen Flüchtlingslagern, aber auch die Probleme nach der Ankunft der ersten Flüchtlinge geschildert« worden. Empfangen wurden auch die Ungarn-Flüchtlinge mit großer Sympathie und Solidarität. Poutrus, Zuflucht im Nachkriegsdeutschland, S. 875–876 (Zitat), 874.

gen.[77] Hieran knüpften westdeutsche Medien 1989 an und inszenierten sich als Unterstützer im deutschen »Flüchtlingsdrama«: Mehrere große Zeitungen, so *Bild, Die Welt* und die *Passauer Neue Presse,* initiierten Hilfsaktionen, mit denen sie das Engagement der Bundesbürger beförderten und kanalisierten sowie die eigene gesellschaftliche Wirkmächtigkeit profilierten. Zahlreiche Politiker wiederum nutzten diese Aktionen als Foren, um sich mit eigenen Solidaritätsappellen an die westdeutsche Bevölkerung zu wenden.[78]

1989 wurden die Bundesbürger Zeugen einer in ihren verschiedenen Stationen sichtbaren Flucht- und Abwanderungsbewegung, reich an Wechselfällen und emotionaler Dramatik. Sie erlebten ein Ankommen der Geflüchteten und Ausgereisten, das als Ankunft in der Freiheit beschrieben und bejubelt wurde. Die Medien dokumentierten die Entwicklung in aufregenden und berührenden Szenen und riefen überdies in direkter Ansprache ihre Leser zu Hilfsbereitschaft auf. Diese Umstände trugen dazu bei, dass Bundesbürger den ostdeutschen Zuwanderern des Sommers und Herbstes viel Mitgefühl entgegenbrachten, das sich nicht allein in den oben zitierten demoskopischen Studiendaten, sondern in konkreter, über eine freudige Begrüßung hinausreichender Unterstützung niederschlug.[79] »Ordinary West Germans rediscovered feelings of collective solidarity

77 Jach, Rita Süssmuth, Die Welt, 3.10.1989. Vgl. mit ähnlichem Tenor Claus-Einar Langen: Staunend blicken die Kinder auf die vielen Schokoladetafeln. Viele freuen sich mit den Flüchtlingen, FAZ, 8.10.1989.

78 Bild-Leser helfen DDR-Flüchtlingen. Der Bundeskanzler unterstützt die Bild-Aktion. Von Bundeskanzler Dr. Helmut Kohl, Bild, 12.9.1989; Leser helfen DDR-Flüchtlingen. Von Wirtschaftsminister Helmut Haussmann (FDP), Bild, 13.9.1989; kritisch dazu Kimmel, Vertraute Brüder, S. 55. Welt-Aktion für Flüchtlinge aus der DDR, Die Welt, 9.9.1989: »Der SPD-Vorsitzende Hans-Jochen Vogel schreibt über die Welt-Aktion ›Deutsche helfen Deutschen‹: [...] Jeder einzelne von uns sollte vielmehr den Übersiedlern solidarisch begegnen, und zwar auch durch Spenden und persönliche Hilfsbereitschaft.« Zu derselben Aktion äußerten sich in der Welt außerdem u. a.: Bundestagspräsidentin Rita Süssmuth (15.9.1989), CDU-Generalsekretär Volker Rühe (21.9.1989), Bundesinnenminister Wolfgang Schäuble (23.9.1989), der CSU-Vorsitzende Theo Waigel (26.9.1989) sowie die Ministerpräsidenten verschiedener Bundesländer (Max Streibl, 2.10.1989; Walter Wallmann, 7.10.1989; Lothar Späth, 11.10.1989; Ernst Albrecht, 17.10.1989). Warmherzige Menschlichkeit, Passauer Neue Presse, 16.9.1989 (Helmut Kohl schreibt zu der Aktion »Arbeitsplätze für DDR-Flüchtlinge«); diese Aktion unterstützten in der Passauer Neuen Presse ebenfalls CSU-Generalsekretär Erwin Huber (Beispiel für unbürokratische Hilfe, 16.9.1989) und Bundesarbeits- und Sozialminister Norbert Blüm (Beispiel aufgegriffen, 28.9.1989).

79 Von praktischen Hilfen verschiedener Art berichten z. B. J. B. [Autorenkürzel]: Eine Hoffnung, Der Tagesspiegel, 2.9.1989 (viele Beweise spontaner Hilfsbereitschaft, in Aufnahmelagern gehen Spenden ein); Bi [Autorenkürzel]: Viele wollen Übersiedlern helfen –

that had long been submerged by the quest of individual prosperity«, lautet das Fazit Konrad Jarauschs.[80]

Als die Zuwanderung anhielt, kamen, so Jarausch weiter, seit langem bestehende Bedenken wegen eines engen Wohnungsmarkts und fehlender Arbeitsplätze wieder an die Oberfläche. Seit November 1989, argumentiert ähnlich Duncan Cooper, sei die Solidarität mit den Zuziehenden der Befürchtung gewichen, sie beuteten das westdeutsche Sozialsystem aus und würden zu staatlich begünstigten Konkurrenten um knappe Ressourcen.[81] Gestützt werden diese Beobachtungen nicht nur durch Befunde der Demoskopie, sondern auch durch Einschätzungen von Landes- und Kommunalpolitikern. In West-Berlin hatte der Senat bereits 1988 aus Sorge vor dem Unmut der Bürger darauf verzichtet, in Umsetzung des Sonderprogramms der Bundesregierung Wohnraum speziell für die verstärkt zuwandernden Aussiedler zu schaffen; stattdessen wurde ein allgemeines Wohnungsbauprogramm aufgelegt.[82] 1989, als die Stadt einen immer umfangreicheren Zuzug Ostdeutscher zu verzeichnen hatte, warnten Politiker und Verwaltungsmitarbeiter schon im August vor der entstehenden sozialen Reibungsfläche; die Presse berichtete von Bürgerprotesten.[83]

Bei einigen war es ihre persönliche wirtschaftlich-soziale Situation, die sie abwehrend reagieren ließ. So eruierte Emnid im Februar 1990, dass aus der inzwischen allseitig verbreiteten Ablehnung eine Gruppe noch hervorstach: »Die Aversion gegen den Zustrom aus dem anderen Deutschland ist bei der Minderheit, die ihre eigene Lage ›schlecht‹ oder ›sehr schlecht‹ nennt, noch weit stärker als bei den anderen Bundesbürgern.«[84] 60 Prozent der Westdeutschen

---

manche sich selbst, Der Tagesspiegel, 23.9.1989 (positive Resonanz auf eine Hilfsaktion der Berliner Sozialverwaltung; Wohnungs- und Zimmerangebote); Puthz: Telefon-Aktion voller Erfolg: Für 400 Übersiedler Arbeit, Berliner Morgenpost, 27.9.1989 (Arbeitsplatzangebote, Spenden).

80 Jarausch, Rush, S. 27.

81 Ebd., S. 26; Cooper, Immigration and German Identity, S. 289–290.

82 Eberhard Müller-Steineck (Senatsverwaltung für Gesundheit und Soziales): Protokoll der 3. Sitzung der ressortübergreifenden Arbeitsgruppe »Integration von Aussiedlern und Zuwanderern«, 19.8.1988, LAB, B Rep. 002, Nr. 17870.

83 Zusammenrücken – ja, wo denn?, Der Spiegel Nr. 33, 14.8.1989, S. 27–29; Gereiztheit und Ablehnung unter der West-Berliner Bevölkerung beobachtete auch Weis, So etwas wie die Rekonstruktion, FR, 30.10.1989.

84 Die neuen Türken, S. 40. Dazu Beispiele mit Zitaten von Sozialhilfeempfängern bei Hubert Beste: Dokumentation zur Aufnahme und Eingliederung der Aussiedler und DDR-Übersiedler im Saarland – Eine kritische Bestandsaufnahme, Saarbrücken (Ministerium für Frauen, Arbeit, Gesundheit und Soziales) 1991, S. 58.

hingegen beurteilten ihre eigene wirtschaftliche Situation Anfang 1990 als sehr gut oder gut, sogar 68 Prozent fällten dieses Urteil über die allgemeine Lage. Allerdings artikulierten Bundesbürger, wie eine Allensbach-Erhebung vom März 1990 zeigt, Erwartungen allgemeiner Verschlechterungen auf dem Arbeits- und Wohnungsmarkt, ohne dass dies eigenen Erfahrungen entsprach: Fast 70 Prozent der Befragten nahmen an, die Arbeitslosigkeit werde infolge der Übersiedlungsbewegung ansteigen; selbst betroffen, »weil die vorgesehene Arbeitsstelle mit einem Bürger aus der DDR besetzt wurde«, war aber nur ein Prozent der Bevölkerung. Eine zunehmende Wohnungsnot prognostizierten 94 Prozent der Bundesbürger; vier Prozent gaben an, bei der eigenen Wohnungssuche von Ostdeutschen aus dem Feld geschlagen worden zu sein, während immerhin ein Fünftel solche Fälle aus ihrem Umfeld kannten.[85]

Die Verhältnisse auf dem Wohnungsmarkt stellten sich in der Öffentlichkeit ohnehin als so problematisch dar, dass man schwerlich Positives erwarten konnte. Seit September 1989 thematisierten Politiker, Sachverständige und Journalisten vermehrt den Wohnraummangel, der sich schon in den Jahren zuvor abgezeichnet hatte und daraus resultierte, dass die Zahl neuerrichteter Wohnungen seit 1984 kontinuierlich zurückgegangen war.[86] »Gleich ob Asylanten, Aus- oder Umsiedler, jeder, der ins Land kommt, vergrößert den Druck auf den Wohnungs-

85 Die neuen Türken, S. 37. Eine stärker zunehmende Arbeitslosigkeit befürchteten 69 Prozent der Gesamtbevölkerung gegenüber 71 Prozent der Fach- und 75 Prozent der angelernten Arbeiter. IfD, Für Übersiedler wird zuviel getan (1990), S. 7 (Zitat), 9. Dass insbesondere (jüngere) Arbeiter »in den ebenfalls jüngeren, meist gut ausgebildeten DDR-Übersiedlern direkte Konkurrenten vermuten« und daher verstärkt die Sorge äußerten, die Ostdeutschen könnten Bundesbürgern Arbeitsplätze wegnehmen, hatte im Aug. 1989 eine Infratest-Erhebung ergeben. Die Ergebnisse referierte das Bundesministerium für innerdt. Bez.: Übersiedler aus der DDR 1989 – Die Einstellung der Bundesbürger (Pressemitteilung), zit. nach BPA-Dok: Deutschland 1989, Bd. 12, S. 423–426, hier S. 424.

86 Siehe z. B. ges. [Autorenkürzel]: Aufnahme-Kapazitäten im Land erschöpft. Freie Wohnungsunternehmen fordern Zuzugsbeschränkungen für DDR-Übersiedler – Vorerst keine Entschärfung, Stuttgarter Zeitung, 18.9.1989; Peter Reinhardt und Sigmar Heilmann: Interview mit Städtetag-Präsident Manfred Rommel: 60 Milliarden für sozialen Wohnungsbau. Stuttgarts OB hält Steuererhöhungen zur Lösung des Problems für notwendig, Mannheimer Morgen, 28.9.1989; Sönke Petersen: Rommel: Wir sind im nationalen Notstand. Wohin mit den Flüchtlingen? Die AZ sprach mit dem Städtetags-Chef, Abendzeitung, 5.10.1989; Eghard Mörbitz: Krisensitzung zur Wohnungsnot. Bonn sucht nach Wegen, Baumaßnahmen zu beschleunigen, FR, 14.10.1989. Zu den längerfristigen Entwicklungen auf dem Wohnungsmarkt siehe Roland Roth und Hellmut Wollmann (Hg.): Kommunalpolitik. Politisches Handeln in den Gemeinden, Wiesbaden 1994, S. 506–507.

markt«, zitierte etwa das *Deutsche Allgemeine Sonntagsblatt* im September den Geschäftsführer des Deutschen Mieterbundes Helmut Schlicht. Zwar waren zunächst vor allem die Zuziehenden von den Engpässen betroffen, doch dass es zunehmend »Konkurrenz um preiswerten Wohnraum« geben würde, galt als sicher, zudem konstatierte der Deutsche Mieterbund steigende Mieten.[87]

Anders verhielt es sich mit der Entwicklung auf dem Arbeitsmarkt. Verglichen mit 1984/85, als die Arbeitslosenzahlen das ungewohnt hohe Niveau von 2,2 bis 2,3 Millionen erreichten, war die Lage gut: Die »Arbeitslosenquote [sank] während der Hochkonjunktur der Jahre 1989 bis 1991 erstmals spürbar«.[88] Wenn viele Bundesbürger fürchteten, dass es durch die Zuwanderung wieder mehr Arbeitslose geben würde, konnten sie dabei in erster Linie an die Ankömmlinge selbst und deren Einpassungsschwierigkeiten denken – und an die Belastung der Sozialkassen, die ein Anstieg der Arbeitslosengeld-Auszahlungen bedeuten würde. Verstärkt besorgt, dass die Zuziehenden tatsächlich »Bundesdeutschen Arbeitsplätze wegnehmen«, zeigten sich jüngere Arbeitnehmer, unter ihnen vor allem Arbeiter. Sie vermuteten »in den ebenfalls jüngeren, meist gut ausgebildeten DDR-Übersiedlern direkte Konkurrenten«.[89] Besonders scharf stellte sich diese Konkurrenz dar, wenn man selbst nicht über eine qualifizierte Ausbildung verfügte oder bereits ins gesellschaftliche Abseits der Arbeitslosigkeit geraten war.

Hinzu kam die Art, wie bundesdeutsche Arbeitgeber auf die Übersiedler reagierten – sie war geeignet, Bedenken bezüglich der Chancen Einheimischer zusätzlich zu verstärken. »Im münsterländischen Schöppingen ist die schmale Auffahrt zur ehemaligen Natokaserne zum Job-Dorado für Bosse aus dem ganzen Bundesgebiet geworden [...]. Wer Glück hat und fündig wird, nimmt die frisch angeworbenen Arbeitskräfte gleich mit.«[90] Ähnliche Szenen ließen sich auch andern-

87 Thomas Kröter: Hinaus aufs flache Land, Deutsches Allgemeines Sonntagsblatt, 8.9.1989 (Zitat Schlicht); Charlotte Wiedemann: Der soziale Konkurrenzkampf verschärft sich, taz, 25.11.1989; for. [Autorenkürzel]: Haussmann: Flüchtlings-Zuzug kann verkraftet werden. Probleme sieht der Minister auf dem Wohnungs- und Arbeitsmarkt, SZ, 13.9.1989 (Zitat). Peter Berger: Wohnungsmangel – Streibl fordert Änderung des Asylrechtes, Welt am Sonntag, 12.11.1989.

88 Wirsching, Abschied, S. 237; zur gleichwohl zwiespältigen Wirtschaftsentwicklung in der zweiten Hälfte der 1980er Jahre siehe ebd., S. 223–242.

89 Bundesministerium für innerdt. Bez., Einstellung der Bundesbürger (1989), zit. nach BPA-Dok: Deutschland 1989, Bd. 12, S. 424 (Zitat).

90 Elisabeth Niejahr und Uli Schulte-Doinghaus: Helden der Arbeit. Die Übersiedler kommen mit großen Erwartungen in den Westen. Zu Recht: Viele Unternehmen setzen stark auf die Neulinge, Wirtschaftswoche/Der Volkswirt, 15.9.1989, zit. nach ebd., S. 797–801, hier S. 799.

orts, so in Gießen, beobachten.[91] Um die wachstumshinderliche Facharbeiterlücke zu füllen, griffen westdeutsche Unternehmer rasch zu, zumal das berufliche Profil der Neubürger »maßgeschneidert« war und sie, da nicht an Kündigungsfristen gebunden, sofort zur Verfügung standen. Auch den Bedarf an Handwerkern und Pflegekräften hoffte man mithilfe der ostdeutschen Neubürger zu decken.[92]

Dabei waren es nicht allein ihre günstige Altersstruktur und passende Ausbildung, die die Übergewechselten als ideale Arbeitnehmer – und erstzunehmende Konkurrenten – erscheinen ließen. Auch ihre »Sozialtugenden« und ihr vielbeschworenes »Arbeitsethos« machten sie für Arbeitgeber attraktiv: Pünktlichkeit, Einsatzfreude und Gewissenhaftigkeit sagte etwa der Präsident der Bundesanstalt für Arbeit, Heinrich Franke, den Neulingen nach. Dass sie überdies Biss hätten und keine Scheu vor Überstunden, mobil seien und bereit, unter Qualifikation zu arbeiten, waren angenommene Kennzeichen dieser Arbeitskräfte, die die Presse verbreitete.[93] Eine Bestätigung dieses Bildes ließ sich in den Untersuchungen Volker Ronges finden, die durch die Publikation des letzten Teils seiner 1984 begonnenen Panelstudie zur Integration von DDR-Zuwanderern im August 1989 erneut in den Blick rückten. Eigentlich auf Schwierigkeiten beim Aufbau sozialer Beziehungen abhebend, gewann Ronges Befund einer streberhaften Haltung der Ostdeutschen im Zusammenhang des Konkurrenz-Topos eigene Aussagekraft und Aktualität. Sie seien materialistisch-arbeitsam orientiert und anspruchslos, berichteten daher Journalisten dort, wo es um Eigenschaften der Übersiedler als Arbeitskräfte ging, die sie den Einheimischen in mancher Hinsicht überlegen machten.[94]

---

91 dpa: Firmen fragen direkt bei den Aufnahmelagern nach Arbeitskräften an, Der Tagesspiegel, 23.8.1989. Der Artikel berichtete auch von Neidern: Täglich erhalte der Gießener Arbeitsamtsdirektor »Post von arbeitslosen Bundesbürgern mit Beschimpfungen und Aufforderungen, die lästige Konkurrenz wieder zurückzuschicken«. Sibylle Thelen: Arbeitsplätze für Übersiedler? Wie Sand am Meer, Stuttgarter Zeitung, 7.9.1989; Christine Baumgartner: Werben vor der Nibelungenhalle. DDR-Flüchtlingen werden viele Arbeitsplätze angeboten, SZ, 13.9.1989.

92 Peter Gillies: Gefährden Aussiedler und DDR-Flüchtlinge den sozialen Besitzstand der Bundesbürger?, Welt am Sonntag, 3.9.1989; Peter Gillies: Kaum sind sie da, suchen sie Arbeit – und finden welche. Übersiedler zeigen den »Wessies«, wie man anpackt, Die Welt, 14.9.1989 (Zitat); Niejahr/Schulte-Doinghaus, Helden der Arbeit, Wirtschaftswoche, 15.9.1989; Thelen, Arbeitsplätze, SZ, 13.9.1989.

93 Gillies, Gefährden Aussiedler, Welt am Sonntag, 3.9.1989 (Zitat); Niejahr/Schulte-Doinghaus, Helden der Arbeit, Wirtschaftswoche, 15.9.1989; (Zitat); Gillies, Kaum sind sie da, Die Welt, 14.9.1989.

94 Pratsch/Ronge, Ganz normale Bundesbürger. Siehe z. B. Niejahr/Schulte-Doinghaus,

Dass neben den skizzierten Bedenken wegen überstrapazierter Ressourcen und geminderter eigener Chancen ein weiterer Aspekt für die Sicht auf die Zuwandernden eine Rolle spielte, lässt sich zumindest thesenhaft behaupten. Duncan Cooper verweist auf die starke Identifikation der Bundesbürger mit den wirtschaftlichen Leistungen ihres Landes und dem westdeutschen Sozialstaat. Vor diesem Hintergrund gedeutet, erzeugte der Zuzug Abwehr, weil durch die Kosten der Eingliederung und Mehrbelastung der Sicherungssysteme die Prosperität eventuell bedroht, »die sozialen Besitzstände gefährdet« waren.[95] Überdies kamen mit den Ostdeutschen Menschen in die Bundesrepublik, die reale finanzielle Ansprüche einlösen konnten, ohne sich diese erarbeitet oder verdient zu haben: Die Logik einer an Arbeit, an Beiträgen hier orientierten Anspruchsberechtigung galt für sie nicht. Daran störten sich Westdeutsche, wie die verbreitete Ablehnung der bei Übersiedlern aus der DDR praktizierten Einbindung in die Rentenversicherung zeigt. Und schließlich erhielten die Neubürger Hilfen, obwohl sie in den Augen mancher Eingesessener nichts auszustehen gehabt, sich nichts erkämpft hatten: Die Übersiedler »sollen sich hier gefälligst dem zugegeben harten kapitalistischen Wettbewerb stellen. Uns wurde auch nichts geschenkt«, schrieb ein Nordrhein-Westfale an Arbeitsminister Heinemann.[96] Dieses Fehlen einer Anspruchsgrundlage, wie es sich in solcher Lesart darstellte, wurde eklatant, wenn die Betreffenden nicht einmal mehr das mitbrachten, was Unterstützungs- und Eingliederungsleistungen an sie wenigstens ersatzweise rechtfertigen konnte: ein politisches Migrationsmotiv. Genau dies aber begann die westdeutsche Öffentlichkeit 1989/90 zunehmend infrage zu stellen.

Helden der Arbeit, Wirtschaftswoche, 15.9.1989 (Image des Strebers); Faß läuft über, Der Spiegel Nr. 38, 14.9.1989, S. 22 (mit Bezug auf Ronge: Unter den Übersiedlern seien »viele Gewinnertypen«, sie agierten als »Pioniere«). Traute Becker: DDR-Bürger im Westen: Mehr Wohlstand – aber meist weniger Freunde, Westfälische Rundschau, 10.11.1989. Arbeit, Luxus und kaum Freunde: ganz normale Bundesbürger? Kristina Pratsch und Volker Ronge bilanzieren die soziale Integration ehemaliger DDR-Bürger fünf Jahre nach ihrer Übersiedlung, FR, 30.11.1989.

95 Cooper, Immigration and German Identity, S. 292; Gillies, Gefährden Aussiedler, Welt am Sonntag, 3.9.1989 (Zitat: Aussage Professor Josef Schmidts, Bevölkerungswissenschaftler an der Universität Bamberg). Auch Jarausch, Rush, S. 26, beobachtet Neid insbes. unter den sozial Schlechtergestellten und eine neue Art von Wohlstandschauvinismus.

96 Nassehi, Polemik gegen den »Wirtschaftsflüchtling«, S. 103–135; Die neuen Türken, S. 48 (Ablehnung einer Gleichstellung bei den Renten, dazu s. o.); Zündstoff, Der Spiegel Nr. 8, 19.2.1990, S. 40.

»Sind das alles denn noch Flüchtlinge?«, fragten West-Berliner Bürger Sozialsenatorin Ingrid Stahmer brieflich und meinten »DDR-Bürger, die hier unsere Steuergelder kassieren«. Dass es in dieser Hinsicht Zweifel gab, offenbarten im August 1989 auch Stellungnahmen Ostdeutscher. »Was bedeutet es«, fragte sich die 1988 nach Hamburg übergesiedelte Schriftstellerin Monika Maron im *Spiegel*, »wenn Jürgen Engert in der ARD-Sendung ›Im Brennpunkt‹ einen Achtzehnjährigen so lange mit Fragen bedrängt, bis er endlich resümieren kann, daß es wirtschaftliche Gründe waren, die den jungen Mann zur Flucht bewogen haben.« Während die Bundesbürger täglich kaum etwas mehr beschäftige als Wirtschaftsnachrichten, bleibe der Betreffende »in dem Verdacht niederer Beweggründe vor dem Publikum sitzen«.[97] Maron verwies auf die allein von den Ostdeutschen getragenen Lasten der Nachkriegsgeschichte, während sich eine Gruppe Budapester Botschaftsflüchtlinge in einem offenen Brief direkt gegen falsche Etikettierungen wandte: »Das hier sind keine Wirtschaftsflüchtlinge, nein, wir alle haben weder gehungert, noch hatten wir materielle Nöte! Aber es fehlte uns die *Freiheit*!«[98] Auch Bundeskanzler Helmut Kohl warnte Anfang September vor Behauptungen, »wonach die meisten DDR-Flüchtlinge nur aus wirtschaftlichen Gründen eine Ausreise in die Bundesrepublik anstreben«.[99] Demoskopisch fassbar sind derartige Annahmen seitens der Bundesbürger in der ersten Jahreshälfte 1989 nicht. Die Meinungsforscher stellten entsprechende Fragen erst, als sich die allgemeine Stimmung gegenüber den Zuziehenden, während Kohl noch mahnte, schon zu bessern begann. Sichtbar wird so, dass eine gewisse Skepsis, von der die zitierten Aussagen zeugen, im September/Oktober mit dem Eintreffen der Ungarn- und Botschaftsflüchtlinge in den Hintergrund geriet, um ab November zunehmend wieder hervorzutreten.

97 Zusammenrücken – ja, wo denn?, Der Spiegel Nr. 33, 14.8.1989, S. 28 (Zitat). »Warum bin ich selbst gegangen?« Die DDR-Schriftstellerin Monika Maron über den Exodus ihrer Landsleute, ebd., S. 22, 23 (Zitat).

98 »Wir bitten nicht – wir fordern«, ebd., S. 24 [Kursivierung i. O.]. »Er sei kein Wirtschaftsflüchtling, der sich hier eine goldene Nase verdienen wolle«, betonte ebenso ein gerade in der Bundesrepublik eingetroffener Schlosser gegenüber dem Journalisten Roman Arens, Nach dem Stasi, FR, 14.9.1989.

99 ff. [Autorenkürzel]: Kohl nimmt Flüchtlinge in Schutz, FAZ, 4.9.1989; siehe auch Klaus Dreher: Kohl: DDR-Flüchtlinge sind keine Aussteiger. Der Kanzler wendet sich gegen »dümmliches Stammtisch-Gerede« über materielle Motive der Übersiedler, SZ, 12.9.1989. Ebenso verwahrte sich die Ministerin für innerdt. Bez. Dorothee Wilms in einem Journalistengespräch dagegen, dass die meisten Übersiedler wegen materieller Vorteile kämen; Rainer Nahrendorf: Den Schlüssel für die Problemlösung sieht Frau Wilms allein bei der DDR, Handelsblatt, 25.8.1989.

Die entscheidende Zäsur bildete hier der Mauerfall, mit dem ein von den Bundesbürgern bis dahin für zentral gehaltenes Migrationsmotiv für Ostdeutsche hinfällig wurde: Über Freizügigkeit und damit Reisefreiheit verfügten sie seitdem, ohne ihren Staat verlassen zu müssen.[100] Generell konnten die Entwicklungen in der DDR im letzten Jahresdrittel 1989 als sich abzeichnender Zusammenbruch des SED-Regimes gesehen werden, mit dem politische Gängelung und Repression als *Push* einer Migration entfielen.[101] »Wer heute von Ost nach West wandert, der flieht nicht vor Unterdrückern; den zieht es, durchaus verständlich, in die glitzernde Warenwelt des Westens«: Diese Auffassung kennzeichnete der *Spiegel* Anfang Januar 1990 als Konsens, der sich in der nach außen hin kontrovers geführten Debatte um Unterstützungsleistungen für Übersiedler auch in Bonn abzeichne.[102] Was mancher Politiker ganz offen kundtat – dass Ostdeutsche vorrangig »wegen Berufs-, Einkommens- und Konsumhoffnungen« in die Bundesrepublik kämen –, entsprach der Einschätzung der Wanderungsgründe, die sich im Frühjahr in der westdeutschen Bevölkerung durchgesetzt hatte.[103] Als weitere Bekräftigung einer solchen Sicht konnten Bundesbürger die Volkskammerwahl vom 18. März werten, die, wie das Institut Für Demoskopie Allensbach formulierte, »aller Welt klar gemacht hat, dass die Zeichen in der DDR nun konsequent auf Systemänderung und Wiedervereinigung stehen und damit politisch-weltanschauliche Gründe für den Wechsel [...] nicht mehr gegeben sind«.[104] Sah man die Herüberwechselnden vor diesem Hintergrund nicht

100 Außerdem war das Verlassen der DDR nun nicht mehr illegal und mit Gefahr und Aufwand verbunden. Auch so gesehen waren die Betreffenden keine Flüchtlinge mehr.

101 So etwa der Rücktritt Erich Honeckers am 18. Okt., der Rücktritt des SED-Zentralkomitees und Politbüros am 3. und die Zusammenkunft eines zentralen, Oppositionsvertreter einbeziehenden Runden Tisches am 7. Dez. 1989 (http://www.chronik-der-mauer.de) (2.6.2020).

102 »Da brennt die Sicherung durch«, Der Spiegel Nr. 4, 22.1.1990, S. 28–53, hier S. 53.

103 Dieter Spöri: Kurs in der Übersiedlerpolitik korrigieren. Zur Notwendigkeit, die Notaufnahmeverfahren sofort einzustellen, Sozialdemokratischer Pressedienst 45, 20.2.1990, Nr. 36, S. 3, zit. nach BPA-Dok: Deutschland 1990, Bd. 64, S. 430. Zur Einschätzung der Wanderungsgründe s. o. Der Spiegel bestärkte solche Wahrnehmungen mit Artikeln wie Faß läuft über, Der Spiegel Nr. 38, 14.9.1989, S. 22 (Übersiedler verfügten schnell über Konsumgüter, ein Eigenheim sei oft erklärtes Ziel).

104 IfD, Für Übersiedler wird zuviel getan (1990), S. 1. Dass nicht die fehlende Aussicht auf Demokratie in der DDR, sondern ein besserer Lebensstandard als Pull-Faktor die Ostdeutschen in die Bundesrepublik zog, legten auch Ergebnisse der Forschungsgruppe Übersiedler an der Universität Bochum (Sabine Meck u. a.) nahe, die wiederum der Spiegel referierte. Von 900 im Jan. 1990 befragten eh. DDR-Bürgern erhoffte sich knapp die Hälfte, so der Befund der Forscher, »in erster Linie ein Leben mit Gefriertruhe,

mehr als Flüchtlinge, sondern als normal Umziehende, die dem Ost-West-Wohlstandsgefälle entgehen wollten, dann fehlte ihnen die Legitimation für besondere Unterstützungsleistungen – wenn man es nicht sogar für ungerechtfertigt hielt, dass sie überhaupt kamen: eine Sicht, die sich im ersten Jahresdrittel 1990 in der verbreiteten Meinung niederschlug, für die Zuwanderer werde zu viel getan, und das mit Hilfen verbundene Aufnahmeverfahren sei sofort abzuschaffen.

Während sich in der westdeutschen Öffentlichkeit die Ansicht, dass anzuerkennende Migrationsgründe nicht länger vorlägen, mehr und mehr durchsetzte, fand zugleich eine Problematisierung der DDR-Zuwanderer hinsichtlich ihrer sozialen Eigenschaften statt. Zunächst waren es altbekannte Beobachtungen, die die Presse erneut verbreitete, wobei sich der *Spiegel*, wie schon 1984, besonders hervortat. Ein wachsender Teil der Nichtsesshaften in der Bundesrepublik bestehe aus DDR-Übersiedlern, meldete das Magazin etwa im September 1989 und benannte damit eine Problematik, die seit den 1970er Jahren immer wieder angesprochen worden war. Andere Zeitungen griffen das Thema Obdachlosigkeit ebenfalls auf.[105] Offen blieb dabei, was hinter dieser Vermehrung sozialer Problemfälle durch Übergesiedelte stand – warum einige nicht Fuß fassten – und welche Hilfen sinnvoll wären. Auch auf die in der Presse seit März 1988 diskutierte Praxis unter DDR-Zuwanderern, sich nach Ankunft krankschreiben zu lassen, kamen *Spiegel* und *Zeit* 1989 wiederum zu sprechen. Die Autoren berichteten von einer gezielten Inanspruchnahme des höheren Kranken- anstelle des Arbeitslosengeldes an der Schwelle zum Betrügerischen. Es war von »Abgreif-Qualitäten« der Übersiedler, ihrer Durchsetzungsfähigkeit »mit Ellenbogen und Tricks« und ihrem »Anspruchsdenken« die Rede, dem andererseits »eine gute Portion Minderwertigkeitskomplexe« gegenüberstünden.[106] Ende 1989 begann sich dieses zwischen zum Scheitern

Volkswagen und Farbfernseher sowie bessere Arbeitsbedingungen« – während vor der Grenzöffnung im Nov. 1989 zumeist Reise-, Meinungs- und Pressefreiheit an erster Stelle genannt worden waren; Wieso kommen die noch, Der Spiegel Nr. 8, 19.2.1990, S. 32.

105 Faß läuft über, Der Spiegel Nr. 38, 14.9.1989, S. 22. Vgl. die früheren Artikel Wie ein Sprung, Der Spiegel Nr. 14, 2.4.1984, S. 26; Welle in den Topf. Übersiedler aus dem Osten landen in der Bundesrepublik sehr oft als Nichtseßhafte auf der Straße, Der Spiegel Nr. 40, 3.10.1988, S. 112–114. Schwerer Start ins zweite Leben. Viele ehemalige DDR-Bürger haben große Schwierigkeiten, nach ihrer Übersiedlung in der Bundesrepublik Fuß zu fassen, Stern Nr. 35, 24.3.1989. sa [Autorenkürzel]: Übersiedeln in die Obdachlosigkeit. Caritas: Immer mehr Zuwanderer aus der DDR nicht seßhaft, FR, 2.5.1990.

106 Fast alle DDR-Übersiedler lassen sich zunächst krankschreiben, Der Tagesspiegel, 12.3.1988; Fast alle »DDR«-Übersiedler krank – Mißbrauch vermutet, Berliner Morgenpost, 12.3.1988; lo [Autorenkürzel]: DDR-Übersiedler wissen oft vor Ausreise, wer

prädestiniert und zu clever changierende, dabei immer nur auf einen Teil der Übergesiedelten oder einzelne Aspekte ihres Verhaltens bezogene Bild zu wandeln. Problematisch in jeder Hinsicht erschien unter den Neubürgern nun eine zahlenmäßig erhebliche Gruppe.

Vor dem Mauerfall, erläuterte Sibylle Thelen Mitte Januar 1990 in der *Stuttgarter Zeitung*, seien es die Ostdeutschen »mit Mut, Rückgrat und Ausdauer« gewesen, die einen Ausreiseantrag stellten oder die Flucht über Ungarn und die Tschechoslowakei wagten. »Jetzt kommen auch Menschen, die bereits in der DDR Schwierigkeiten hatten«, alleinstehende Männer ohne Ausbildung und zerrüttete Familien. Manche hätten schwere Alkoholprobleme, kämpften mit psychischen Leiden oder seien jüngst aus der Haft entlassen, zitierte Thelen einen im Stuttgarter Sozialamt für die Betreuung der Eintreffenden zuständigen Sachgebietsleiter.[107] Im Februar hatte sich dieser in der Presse vielfach wiedergegebene Eindruck bestätigt und verfestigt. Die sozialstrukturelle Zusammensetzung der sogenannten zweiten (nach dem 9. November 1989 einsetzenden) Übersiedlerwelle stellte sich insofern ungünstig dar, als sich darunter »eine relativ große Anzahl von Außenseitern und sozial randständigen Bürgern der DDR-Gesellschaft« befanden.[108] Konturiert wurde das vermeintlich schwierige Sozialverhalten dieses neuen Typs von Übersiedlern durch zahlreiche Presse-

krankschreibt, FR, 18.3.1988; Heiner Meyer: Krankschreibe-Skandal: Staatsanwalt soll handeln, Berliner Morgenpost, 18.3.1988; Zusammenrücken – ja, wo denn?, Der Spiegel Nr. 33, 14.8.1989, S. 32 (Übersiedler hätten reihenweise durch Krankschreibungen ihren Sozialetat aufgebessert; Zitat Ellenbogen); Da brennt Sicherung durch, Der Spiegel Nr. 4, 22.1.1990, S. 30 (Zitat Abgreif-Qualitäten); Augstein, Im neuen Deutschland, Die Zeit Nr. 34, 18.8.1989 (Zitate Anspruchsdenken, Minderwertigkeitskomplexe). Ohne Wertung berichtete über dieses Thema die Tageszeitung: »Übersiedlersyndrom«. Staatsanwaltschaft ermittelt gegen West-Berliner Ärzte, taz, 6.10.1989.

107 Sibylle Thelen: In den Notunterkünften herrscht trostlose Trägheit, Stuttgarter Zeitung, 13.1.1990. Im Dez. 1989 hatte die DDR rund 17 000 politische Häftlinge amnestiert und aus den Gefängnissen entlassen (https://www.bundesregierung.de/breg-de/aktuelles/amnestie-freilassung-der-ersten-politischen-haeftlinge-446456) (20.6.2020).

108 Beste, Dokumentation zur Aufnahme, S. 99, 100 (Zitat). Als Beispiele der Berichterstattung siehe Die Sau fliegen lassen. Behörden registrieren einen neuen Typ von Übersiedlern. Seit der Grenzöffnung kommen verstärkt gesellschaftliche Außenseiter, Der Spiegel Nr. 50, 11.12.1989, S. 95–97; Thelen, Trostlose Trägheit, Stuttgarter Zeitung, 13.1.1990; Günter Bannas: Notaufnahmelager bleiben vorerst, FAZ, 19.1.1990; Da brennt Sicherung durch, Der Spiegel Nr. 4, 22.1.1990, S. 28–53; Sabine Kobes: Im Lager fehlt das Wir-Gefühl, Die Welt, 9.2.1990; hap. [Autorenkürzel]: Köln: Zunehmende Gewalt bei Aus- und Übersiedlern, Bonner Rundschau, 13.2.1990; Klaus Brill: Schiffe, beladen mit Problemen, SZ, 15.2.1990; Wieso kommen die noch, Der Spiegel Nr. 8, 19.2.1990, S. 29–32.

artikel, die seit Anfang 1990 emotional anrührend von in der DDR zurückgelassenen Kindern und weiteren Familienangehörigen berichteten: »Abertausende von Vätern, Müttern und Ehepartnern« hätten »rübergemacht« und seien »im Westen untergetaucht«, ohne den Zurückbleibenden »eine Nachricht zu hinterlassen oder sie über ihren Aufenthaltsort zu informieren« – nicht wenige von ihnen, um sich als »Unterhaltsflüchtlinge« ihrer Alimentepflicht zu entziehen.[109]

Konkret wurde das Problempotenzial der zweiten Übersiedlerwelle zudem in den oft nur provisorisch hergerichteten, von Raumnot gekennzeichneten Unterkünften. In West-Berlin etwa sah sich das Landesamt für Gesundheit und Soziales bereits einen Tag nach der Maueröffnung mit seinen Möglichkeiten, Quartiere bereitzustellen, »an die Grenze des Machbaren« gelangt. Zur Unterbringung hergerichtet wurden nun Turnhallen und einige der Messehallen am Funkturm. Auch das Saarland richtete seine fünf Notaufnahmestellen für DDR-Übersiedler in Turnhallen ein.[110] In diesen ohnehin angespannten Verhältnissen führte die Einquartierung von Menschen mit besonderen sozialen Schwierigkeiten, wie Verwaltungsangestellte und Sozialarbeiter darlegten, immer häufiger zu teils gewalttätigen Konflikten: Die Beeinträchtigung von »Sicherheit und Ordnung« in den Unterkünften unter anderem durch »Alkoholexzesse« beklagte die Stadt Köln, »Schlägerei, Diebstahl, räuberische Erpressung« sowie »körperliche Belästigungen« von Heimbewohnerinnen und Betreuerinnen wurden im Saarland beobachtet. Hier ließ man, wie die Presse im Februar meldete, die zentrale Anlaufstelle in Lebach rund um die Uhr durch Polizei bewachen und verstärkte andernorts die Streifentätigkeit, um Auseinandersetzungen mit ört-

---

109 Karl Stankiewitz: Jeder Brief ein Drama. Schon 20.000 Anfragen beim Roten Kreuz, Kölner Stadt-Anzeiger, 12.1.1990 (Zitate). Vgl. auch Ulrike Hellwerth: Sag mir, wo die DDR-Väter sind. Der Suchdienst des Deutschen Roten Kreuzes fahndet in der BRD nach untergetauchten DDR-Männern, die sich durch den Weg gen Westen ihren Unterhaltsverpflichtungen entzogen haben, taz, 19.1.1990; Margot Dankwerth: Politikerin schlägt Alarm. 20.000 Männer aus der DDR ließen Familie im Stich, Bonn Express, 15.2.1990; Heinrich Thies: Vom »Verwandtenbesuch« kehrt Olivers Mutter nicht zurück. In vielen DDR-Kinderheimen leben von Übersiedlern zurückgelassene Kinder, Hannoversche Allgemeine Zeitung, 7.3.1990; Wie Sperrmüll. Tausende von Übersiedlern drücken sich vor der Unterhaltspflicht für ihre Kinder, Der Spiegel Nr. 11, 12.3.1990, S. 63–64; Mehrere hundert Kinder alleingelassen. Pfeifer: Rabeneltern werden gefunden, Neue Osnabrücker Zeitung, 2.6.1990.

110 Ingrid Stahmer (Senatorin für Gesundheit und Soziales): Protokoll über die Sondersitzung des Rats der Bürgermeister unter Beteiligung der Bezirksstadträte für Sozialwesen am Freitag, dem 10. November 1989 im Rathaus Schöneberg, 10.11.1989, LAB, B Rep. 002, Nr. 17 838; Beste, Dokumentation zur Aufnahme, S. 101–106.

lichen Rockerbanden sowie der Bewohner untereinander zu unterbinden. Dass »zeitweilig ›jede Nacht die Polizei‹ anrücken mußte«, wusste eine Mitarbeiterin des Arbeitersamariterbunds, wie der *Spiegel* festhielt, auch von einer Übersiedlerunterkunft in Bremen zu berichten.[111] Angesichts dessen wurden die Heime und Lager für DDR-Zuwanderer um Frühjahr 1990 zu Kristallisationspunkten negativer öffentlicher Aufmerksamkeit.[112]

Vor diesem Hintergrund lässt sich die Feststellung Michael Kubinas, DDR-Übersiedler seien generell nicht als soziale Problemgruppe hervorgetreten, nicht uneingeschränkt aufrechterhalten:[113] 1989/90 büßte diese Zuwanderergruppe infolge veränderter soziodemografischer Eigenschaften der Wandernden ihre soziale Unauffälligkeit ein – wobei die etwa 15 bis 20 Prozent der Zuziehenden, die von den Sozialverwaltungen als Problemfälle identifiziert wurden, die öffentliche Wahrnehmung dominierten.[114] Das Image der ostdeutschen Zuwanderer war damit auf einem Tiefpunkt angelangt. Nicht nur musste man laut Aussagen von Betreuern erwarten, dass die Eingliederung der sozial Auffälligen höchst aufwendig, damit teuer und häufig zum Scheitern verurteilt war.[115] Überdies hatte man es nun mit Gewanderten zu tun, die von der Vorstellung des »echten«, politischen Flüchtlings denkbar weit entfernt waren. Nicht einmal Umstände, in denen Migration zwar zur Verbesserung der ökonomischen Aussichten diente,

---

111 hap., Köln: Zunehmende Gewalt, Bonner Rundschau, 13.2.1990 (Zitat); rw. [Autorenkürzel]: Spannungen in Übergangswohnheimen. Das Saarland will Übersiedler in Lothringen unterbringen, FAZ, 16.2.1990 (Zitat); Jörg Bartel: Gewalt und Diebstahl in Aufnahmelagern. Saarland läßt 1.200 Übersiedler durch Polizei bewachen – Hilferuf der Städte, Neue Ruhr Zeitung, 15.2.1990 (Zitat); Die klappen uns weg, Der Spiegel Nr. 8, 19.2.1990, S. 34, 37, hier S. 34 (Zitat).

112 Darin liegt eine Parallele zu den 1950er Jahren, als in West-Berlin Probleme, die man insbes. bei jugendlichen DDR-Flüchtlingen diagnostizierte, in Vorfällen in den Aufnahmelagern manifest wurden, siehe z. B. die Berichterstattung zum Mädchenlager Gersdorfstraße 1952–1954. Enrico Heitzer: Flüchtlingslager in West-Berlin – Fallbeispiele, in: Verschwunden und vergessen. Flüchtlingslager in West-Berlin bis 1961, hg. von Bettina Effner, Enrico Heitzer und Tina Schaller, Erinnerungsstätte Notaufnahmelager Marienfelde (Broschüre zur Ausstellung) 2012, S. 49–59, hier S. 53. Zur problematischen Wahrnehmung von DDR-Übersiedlern im Frühjahr 1990 siehe auch Wolff, Mauergesellschaft, S. 914.

113 Kubina, Recht auf Freizügigkeit, S. 84, 87.

114 Wie oben dargelegt, stieg der Anteil jener meist männlichen Zuwanderer, die allein kamen, seit Ende 1989 deutlich an. Wie viele von ihnen tatsächlich sozial auffällig waren, ist nicht empirisch belegt.

115 Bartel, Gewalt und Diebstahl, Neue Ruhr Zeitung, 15.2.1990 (Schätzung prozentualer Anteil); hap., Köln, Zunehmende Gewalt, Bonner Rundschau, 13.2.1990.

aber immerhin Teil verantwortungsvoller Lebensgestaltung war, konnte man bei ihnen, wie es schien, noch annehmen. Vielmehr stellte sich ihre Wanderung nurmehr als bestenfalls unbedachte, nicht selten unlautere oder sogar kriminelle Ausweichbewegung dar – mit fatalen Folgen für ihre Integrationsaussichten in der neuen Gesellschaft.[116] Zu den enthusiastisch begrüßten Ungarn- und Botschaftsflüchtlingen, an die man ob ihres günstigen Sozialprofils mittlerweile fast wehmütig zurückdachte, bildeten diese Zuwanderer das Gegenbild: »Das sind nicht mehr die Leute, die sich noch die Mühe gaben, über Botschaftsmauern zu klettern«, äußerte der Sprecher des nordrhein-westfälischen Sozialministeriums Mitte Februar 1990 im Zusammenhang mit seinen »wachsenden Sorgen«.[117]

Die öffentliche Wahrnehmung der Zuwanderer aus der DDR unterlag 1989/90 somit erheblichen Schwankungen, die noch einmal in gedrängter Form rezeptionsbestimmende Faktoren zutage treten lassen. Ähnlich wie für die Zeit ab 1984 zeigte sich auch in dieser Phase: Zwischen dem Umstand, dass diese Migranten als Deutsche in die Bundesrepublik kamen, und der Art ihrer Rezeption wie Perzeption bestand keine eindeutige Verknüpfung. So war ihre über einige Monate im Spätsommer/Frühherbst 1989 überaus positive Aufnahme wie gezeigt nicht primär ihrer Eigenschaft als Landsleute geschuldet. Vielmehr stellen sich ihr medial sichtbar gemachtes Schicksal – durchlebte Gefahren und Entbehrungen – und die Überzeugung, es mit »echten«, nach Freiheit strebenden Flüchtlingen zu tun zu haben, als wahrnehmungsbestimmende Faktoren dar. Andererseits half ihr Status als Deutsche Übersiedelnden nichts gegen die seit dem 9. November 1989 bei Westdeutschen wachsende Ablehnung. Denn während sich bei und nach dem Mauerfall Wiedersehensfreude und Gefühle nationaler Zusammengehörigkeit artikulierten, bedeutete diese Entwicklung zugleich, dass die fortdauernde Abwanderung aus der DDR fundamental an Legitimation verlor. »Wieso kommen die noch?«, brachte der *Spiegel* diese sich verdichtende Stimmung auf den Punkt.[118] Durch das politische System der DDR und mangelnde Freizügigkeit bedingte Wanderungsgründe waren entfallen. Verschärft wurde die Delegitimierung im Frühjahr 1990 durch die Wahrnehmung, es bei den Wandernden verstärkt mit sozialen Problemfällen zu tun zu haben, die ihre Schwierigkeiten und ihr Fehlverhalten – Alkoholsucht, Aggression, Krimi-

116 Nach Einschätzung des DRK hätten diese neuen Übersiedler »ungeheure Schwierigkeiten«, sich sozial und beruflich zu integrieren; siehe Bannas, Zahl der Übersiedler, FAZ, 15.5.1990.

117 Bartel, Gewalt und Diebstahl, Neue Ruhr Zeitung, 15.2.1990.

118 Wieso kommen die noch, Der Spiegel Nr. 8, 19.2.1990, S. 29–32.

nalität – durch die Migration in den Westen transferierten. Gesteigerte mediale Aufmerksamkeit erfuhren 1990 die Aufnahmeeinrichtungen, wo die Situation infolge der Enge und Überfüllung der Unterkünfte und eines wenig strukturierten und abwechslungsreichen »Lageralltags« als besonders problematisch bewertet wurde. In den Blick zu nehmen ist 1989/90 schließlich die Zuwanderungssituation insgesamt, die sich Politik und Medien angesichts der Zahlen ins Land kommender Asylsuchender und Aussiedler dramatisch darstellte und bei den Bürgern die Sorge um eine Verknappung wohlfahrtsstaatlicher Ressourcen und das eigene Zukurzkommen verschärfte.[119]

4. Konflikte um Deutschland- und Sozialpolitik

> Es ist ganz selbstverständlich, daß jeder, der aus der DDR zu uns kommt, bei uns als Deutscher aufgenommen wird. [...] Wir werden ungeachtet irgendwelcher demoskopischer Daten alles tun, um die Eingliederung unserer Landsleute hier bestmöglich voranzubringen,

erklärte Bundeskanzler Helmut Kohl Anfang September 1989 vor dem Deutschen Bundestag.[120] Als selbstverständlich erachteten CDU/CSU-Politiker, wie Kohls beschwörender Tonfall zeigte, es angesichts des ambivalenten Meinungsklimas zu diesem Zeitpunkt jedoch gerade nicht, dass Bundesbürger die Übersiedelnden als zugehörig willkommen hießen und Hilfen für sie akzeptierten. Hingegen erschien es durchaus zweifelhaft, ob die westdeutsche Bevölkerung bereit wäre, die von der Union (und ebenso von der FDP) propagierten kategorialen Unterscheidungen zwischen Migrantengruppen weiterhin zu treffen. Die Bereiche Asylpolitik sowie Aus- und Übersiedler, beklagte Kohl Ende August in einer Fernsehsendung, würden in der Diskussion »fälschlicherweise miteinander verknüpft«[121] – ein Umstand, dem die Union 1989 forciert entgegenzuarbeiten versuchte, während sie bei der Asylgewährung zugleich auf Verschärfung setzte. Denn obwohl CDU und CSU seit 1986 aggressive Kampagnen gegen Asylmissbrauch initiiert und in

119 Cooper, Immigration and German Identity, S. 289–290, 292.
120 BT – PLPR 11/156, 5.9.1989, S. 11 741 (B), 11 742 (B).
121 Bade, Europa, S. 373, 414 (Skizze der Zuwanderungssituation Ende der 1980er Jahre mit Zahlen). [Bundeskanzler Dr. Helmut Kohl zu Fragen der Asylpolitik sowie der Aus- und Übersiedlerpolitik], ZDF, 23.8.1989, zit. nach BPA-Dok: Deutschland 1989, Bd. 11, S. 30 (Zitat), 31.

Wahlkämpfen eingesetzt hatten, sahen sie sich nun in die Defensive gedrängt: Die politische Rechte in Gestalt der Republikaner definierte sich hauptsächlich durch Antiausländerpolitik und hatte 1989 – so bei der Berliner Abgeordnetenhaus- und Hessischen Kommunalwahl – beachtliche Erfolge zu verzeichnen. Die CDU dagegen erlitt empfindliche Einbußen, die nicht unwesentlich auf die Abwanderung ihrer Klientel nach rechts zurückzuführen waren.[122]

Vor diesem Hintergrund galt es, die Republikaner auf dem Feld der Ausländer- und Asylpolitik nicht weiter punkten zu lassen, sondern gerade über diese Themen »rechtes Wählerpotential [zu] integrieren«. So forderten die Christsozialen bereits Anfang des Jahres »die Bundesregierung auf, energische Anstrengungen zur Vereinheitlichung des Asylrechts in Europa und zu einer Änderung des Art. 16 GG (Asylrecht) zu unternehmen«. Für die CDU erläuterte Wolfgang Schäuble auf dem 37. Bundesparteitag in Bremen Mitte September 1989, dass man sich solch grundsätzliche Änderungen erst für die nächste Legislaturperiode ab 1990 vornehme. Bereits jetzt angestrebt war eine weitere Verschärfung der Asylpraxis unter anderem durch schnellere Abschiebungen abgelehnter Bewerber. Außerdem beschlossen die Delegierten, in der Asylgesetzgebung für eine Drittstaatenregelung einzutreten.[123]

Seit April 1989 Bundesminister des Innern, erläuterte Schäuble, wie Gewanderte unterschiedlicher Herkunft, »Aussiedler und Übersiedler und Ausländer und Asylbewerber«, ins Verhältnis zu setzen seien: Obzwar als Menschen gleich an Würde, dürfe man sie keinesfalls »miteinander vermisch[en] und [...] vermeng[en]«. Als zentrales ordnungsstiftendes Prinzip benannte der Minister die Staatsangehörigkeit, die definierte, wer für wen verantwortlich war und damit den Staaten zugleich Pflichten auferlegte – im Falle der Bundesrepublik ganz spezielle: »Wer soll denn den Deutschen helfen, [...] wenn nicht wir im

122 Herbert, Geschichte der Ausländerpolitik, S. 270–272. Andreas Kießling: Die CSU. Machterhalt und Machterneuerung, Wiesbaden 2004, S. 160–261, 163. Die Wahl zum Berliner Abgeordnetenhaus fand am 29.1.1989, die Hessische Kommunalwahl am 12.3.1989 statt. Zum Aufstieg der politischen Rechten und dem Versuch der CSU, in Konkurrenz zu ihnen Asyl- und Ausländerthemen zu besetzen, siehe auch Klusmeyer/Papademetriou, Immigration Policy, S. 110–113.

123 Kießling, CSU, S. 161 (Zitate). Die Position wurde auf dem Kleinen Parteitag der CSU vom 19.2.1989 formuliert. CDU (Bundesgeschäftsstelle) (Hg.): Protokoll 37. Bundesparteitag 11.–13. September 1989 Bremen, Bonn 1989, S. 359, 357–358, 473 (Beschluss C1, 15.: »Asylbewerber, die bereits in einem anderen Staat Aufnahme gefunden haben, die sie vor Verfolgung oder Abschiebung schützt, müssen durch die Grenzbehörden zurückgewiesen werden können.«).

freien Teil unseres Vaterlandes?« Nicht zuletzt aus dieser Aufgabe ergab sich laut Schäuble, was im Blick auf andere Zuwanderer nötig war: Da Westdeutschland ein »dichtbesiedeltes Land« mit bereits hohem Ausländeranteil und die »Integrationsfähigkeit jeder Gesellschaft« begrenzt war, musste man den Zuzug Nichtdeutscher zügeln, den Anwerbestopp beibehalten.[124]

Die Schwierigkeit bestand darin, einer zuwanderungskritischen Öffentlichkeit zu vermitteln, dass Aus- und Übersiedler von anderen Migranten zu unterscheiden seien. Bezüglich der Aussiedler ließen sich die politisch gewünschten Differenzierungen, wie demoskopische Analysen nach der Berlin-Wahl nahelegten, kaum mehr transportieren: »Wissenschaftler der Mannheimer Forschungsgruppe Wahlen registrierten in benachteiligten Vierteln eine ›Konfusion des Ausländerbegriffs‹, der ›für die meisten Berliner, aber wohl auch für die meisten Westdeutschen die Aussiedler mit einschließt und eigentlich ›alles Fremde‹ meint‹.«[125] Was DDR-Zuwanderer betraf, war eine solche Ablehnung in der ersten Jahreshälfte 1989 aufgrund noch vergleichsweise niedriger Zuzugszahlen und vielleicht auch einer (etwa sprachlich) stärker wahrgenommenen Ähnlichkeit weniger manifest. Doch verließen sich Unions- und FDP-Politiker auch in ihrem Fall nicht darauf, dass eine Solidarität mit Co-Deutschen-Argumentation hinreichend wäre. Wie bereits nach der Ausreisewelle 1984 verwies man auf den demografischen und wirtschaftlichen Nutzen der Neuzugänge: Der kräftige Zuzug der Aus- und Übersiedler verbessere langfristig die Chancen für Wirtschaftswachstum und die Finanzierung der sozialen Sicherungssysteme, stellte Bundeswirtschaftsminister Helmut Haussmann (FDP) Mitte September heraus. Im bayerischen Sozialministerium verwies man auf die günstige Altersstruktur der überwiegend sehr jungen ostdeutschen Übersiedler und Flüchtlinge.[126]

124 CDU, Protokoll 37. Bundesparteitag, S. 355 (Zitate), 356 (Zitate). Zu Schäuble und seinen Ausführungen auf dem Parteitag siehe Martin Ohlert: Zwischen »Multikulturalismus« und »Leitkultur«: Integrationsleitbild und -politik der im 17. Deutschen Bundestag vertretenen Parteien, Wiesbaden 2015, S. 185–187. Ohlert hebt hervor, dass es Schäuble zugleich darum ging, die Ausländerpolitik der CDU liberal zu akzentuieren und für die rechtliche und gesellschaftliche Integration dauerhaft in Deutschland lebender Ausländer stärker einzutreten.

125 Im Jahr 2000, S. 27; vgl. dazu Herbert, Geschichte der Ausländerpolitik, S. 280.

126 for. [Autorenkürzel]: Haussmann: Flüchtlings-Zuzug kann verkraftet werden, SZ, 13.9.1989; Christian Schneider: »Keinem Bundesbürger wird etwas genommen«, SZ, 13.9.1989. Ähnlich äußerte sich der Berliner Wirtschaftssenator Elmar Pieroth (CDU), siehe Im Jahr 2000, S. 26 (die Aus- und Übersiedler verbesserten die Wirtschaftskraft Berlins). Auch Bundesarbeitsminister Norbert Blüm (CDU) stellt diese Zuwanderer als »Gewinn für unsere Gesellschaft« dar, nicht zuletzt da sie langfristig eine starke finan-

Wichtiger als Mitte der 1980er Jahre, als der Zuzug aus der DDR rasch wieder abflaute, erschien nun zudem, die Motive der Überwechselnden klarzustellen. Sie sollten nicht mit dem assoziiert werden, was gerade CDU-/CSU-Politiker Asylsuchenden in der »Missbrauchsdebatte« vorgeworfen hatten: ohne Not ins Land zu kommen, um hier von Sozialleistungen zu profitieren. Die meisten Übersiedler kämen »eben nicht wegen nackter materieller Vorteile«, sondern wollten »mehr Freiheit«, hielt etwa die Ministerin für innerdeutsche Beziehungen Dorothee Wilms dem entgegen. Vor allem Bundeskanzler Helmut Kohl betonte unablässig, die Ostdeutschen seien keine Wirtschaftsflüchtlinge.[127] Dass der Ortswechsel der Betreffenden sowieso grundsätzlich anders als bei sonstigen Migranten zu interpretieren sei, erläuterte Bundesinnenminister Friedrich Zimmermann in einem Schreiben vom 15. Februar, in dem er Übersiedler als offizielle, in Ministerien und Verwaltung für aus der DDR Gekommene zu verwendende Bezeichnung dekretierte. Zuwanderer dagegen sei zu vermeiden, da dieser Terminus »in allzu großer Nähe zu den Begriffen des ›Auswanderers‹ und des ›Einwanderers‹« liege, während Ostdeutsche gerade nicht »nationale Grenzen überschreiten, um in einem fremden Land eine neue Heimat zu finden«. Im Hinblick auf Aussiedler, den vorerst brisanteren Problemfall, plante die Bundesregierung im Frühjahr 1989 eine Informationskampagne, welche Einheimischen die neuen Mitbürger unter dem Motto »Es sind Deutsche« näherbringen sollte.[128] Allerdings erachteten die politischen Akteure, wie eine Gesetzesinitiative vom Sommer des Jahres unter Federführung des Bundesinnenministers zeigt, Aufklärung allein nicht (mehr) als ausreichend: Die Bundesregierung legte den Entwurf eines Gesetzes zur Anpassung von Eingliederungsleistungen vor. Die geplanten Änderungen waren durch die kritische öffentliche Wahrnehmung des Aussiedlerzuzugs sowie politischen Druck der Opposition und im Bundesrat motiviert, begriffen DDR-Übersiedler aber ein.[129]

---

zielle Entlastung der Rentenversicherung bewirkten. hls. [Autorenkürzel]: Aufrufe zur Solidarität mit den DDR-Flüchtlingen, FAZ, 4.9.1989.

127 Nahrendorf, Schlüssel für die Problemlösung, Handelsblatt, 25.8.1989; Beispiele für Äußerungen Kohls: hls, Aufrufe zur Solidarität, FAZ, 4.9.1989; ff., Kohl nimmt Flüchtlinge in Schutz, ebd.; BT – PLPR 11/156, 5.9.1989, S. 11 741 (B). Siehe auch oben FN 99.

128 Bezeichnung von Deutschen aus der DDR und Berlin (Ost): Übersiedler. Veröffentlichung eines Schreibens des Bundesministers des Innern (BMI), ibv Nr. 20, 17.5.1989, S. 895; Im Jahr 2000, S. 27.

129 Die SPD-Bundestagsfraktion hatte bereits Ende 1988 kritisiert, dass das von der Bundesregierung aufgelegte Sonderprogramm unzulänglich sei (s. o. Kap. III.3). Auch der

Am 9. Juni dem Bundesrat übersandt und am 31. August reformuliert vorgelegt, wurde der Entwurf am 14. September 1989 im Bundestag in erster Lesung diskutiert – zu einem Zeitpunkt, als die geplanten Maßnahmen angesichts der anwachsenden Zuwanderung Ostdeutscher auch hinsichtlich dieser Gruppe verstärkte Relevanz gewannen.[130] Der Entwurfstext begründete die vorgesehenen Veränderungen mit dem Umfang des Zuzugs vor allem der Aussiedler, der zu Problemen mit dem bisherigen Eingliederungsinstrumentarium führe, vornehmlich einem enormen Kostenzuwachs und immer höheren Verwaltungsaufwand.[131] In der Bundestagsdebatte hingegen stellte Schäuble einen anderen Aspekt heraus: Das neue Gesetz stelle einen Maßnahmenkatalog dar, mit dem die Regierung »dem Neid und der Mißgunst, die gegen unsere Landsleute, die zu uns kommen, geschürt werden, den Boden entziehen« wolle. Die Koalition reagierte demnach mit dem Entwurf auf Anzeichen, dass die Bevölkerung die gesetzlichen Behandlungsvorschriften für diese deutschen oder deutschstämmigen Migranten nicht länger akzeptierte.[132]

»Wir wollen mit diesem Gesetz unterstreichen«, so Schäuble, »daß Aus- und Übersiedler nicht besser, aber auch nicht schlechter« als Einheimische gestellt werden.[133] Der Umgang mit dem Prinzip der Eingliederung erhielt damit eine neue Wendung. In den Vordergrund trat das Postulat der Gleichbehandlung von Eingesessenen und Gewanderten in Anpassung an eine veränderte Wahrnehmung: Nicht als Ausgleich für spezifische Belastungen und Nachteile mit dem Ziel, Teilhabe zu ermöglichen, drohten die Eingliederungshilfen nunmehr

---

Bundesrat schätzte die Größenordnung der Maßnahmen Anfang 1989 als unzureichend ein und beklagte eine zu geringe Kostenerstattung des Bundes an die Länder für die Bereitstellung der Aufnahmestellen. Als besonders problematisch beurteilten sowohl Opposition als auch Ländervertreter Unterbringung und Wohnraumversorgung. Heinelt/Lohmann, Immigranten im Wohlfahrtsstaat, S. 77–78.

130 Die Bundesregierung: Entwurf eines Gesetzes zur Anpassung von Eingliederungsleistungen für Aussiedler und Übersiedler – Eingliederungsanpassungsgesetz (EinglAnpG), BR – DRS 330/89, 9.6.1989; Die Bundesregierung: Entwurf eines Gesetzes zur Anpassung von Eingliederungsleistungen für Aussiedler und Übersiedler – Eingliederungsanpassungsgesetz (EinglAnpG), BT – DRS 11/5110, 31.8.1989; BT – PLPR 11/158, 14.9.1989, S. 12002 (A)–12012 (A).

131 Die Bundesregierung, EinglAnpG, BT – DRS 11/5110, 31.8.1989, S. 1, 11–12.

132 BT – PLPR 11/158, 14.9.1989, S. 12002 (C). Entsprechend äußerte sich Schäuble auch in der Presse, vgl. Günter Bannas: Bonn will die Leistungen an Aussiedler durch ein Eingliederungsgeld ersetzen. Schäuble: Der Mißgunst den Boden entziehen, FAZ, 19.9.1989.

133 BT – PLPR 11/158, 14.9.1989, S. 12002 (C/D).

öffentlich gedeutet zu werden, sondern als Bevorzugung bestimmter Personengruppen – im Falle der Aussiedler verschärft durch den Umstand, dass sie verbreitet als nicht zugehörig angesehen wurden: »Während nämlich die Fremdheit der ›Gastarbeiter‹ und Asylbewerber durch ihre offenkundige Unterprivilegierung zumindest teilweise kompensiert wurde, entstand durch die Verbindung von Fremdheit und als ungerechtfertigt empfundener Privilegierung der Aussiedler auch ihnen gegenüber ein Klima der Ablehnung, ja Feindseligkeit.«[134]

Um die »Aufnahmebereitschaft« der Bevölkerung nicht weiter zu strapazieren, zielte die Regierung auf Leistungskürzungen und den Abbau von Vorteilen, die Aus- und Übersiedler etwa steuerlich und bei der Wohnraumversorgung genossen. Das Eingliederungsanpassungsgesetz, am 16. November 1989 mit den Stimmen der Union, FDP und SPD beschlossen, veränderte Bestimmungen vornehmlich des Arbeitsförderungsgesetzes sowie verschiedener Leistungsgesetze.[135] Die zentrale Neuerung bestand darin, dass Aus- und Übersiedler bei Arbeitslosigkeit kein Arbeitslosengeld mehr, sondern für zwölf Monate ein Eingliederungsgeld erhielten. Die Höhe des Eingliederungsgeldes wurde pauschal ermittelt, während das Arbeitslosengeld je nach beruflicher Qualifikation individuell bemessen worden war. Damit wurde ein bisheriger Grundsatz der Eingliederung, nämlich eine fiktive Erwerbslaufbahn anzusetzen, um der Migration geschuldete Defizite auszugleichen, eingeschränkt.[136] Des Weiteren beschränkte das neue Gesetz das von den Zugezogenen bezogene Kranken- und

---

134 Herbert, Geschichte der Ausländerpolitik, S. 277 (Zitat). Siehe auch die Darstellung der Intention des EinglAnpG in Fraktion der CDU/CSU im BT: Eingliederung der Aussiedler und Übersiedler verbessert, Pressedienst, 10.11.1989, zit. nach BPA-Dok: Deutschland 1989, Bd. 12, S. 490–491, hier S. 490: »Das Gesetz ist auf die Beachtung des *Gleichheitssatzes* ausgerichtet nach der Maxime, daß aus diesen Personenkreisen niemand mehr, aber auch niemand weniger Leistungen als andere Deutsche bekommen soll.« [Kursivierung BE].

135 BT – PLPR 11/158, 14.9.1989, S. 12003 (C) (Schäuble); BT – PLPR 11/176, 16.11.1989, S. 13435 (B).

136 Die Bundesregierung: EinglAnpG, BT – DRS 11/5110, 31.8.1989, S. 1–2, 12: »Geregelt war, daß Zeiten einer Beschäftigung [...] [im Herkunftsland] den Zeiten einer die Beitragspflicht begründenden Beschäftigung im Bundesgebiet [...] gleichstehen und somit u.a. den Anspruch auf Arbeitslosengeld begründeten.« Dies aber werde, wie es im überarbeiteten Entwurf der Bundesregierung vom Aug. 1989 hieß, »den heutigen politischen, wirtschaftlichen, arbeitsmarktlichen und finanziellen Verhältnissen nicht mehr gerecht«. Jürgen Haberland: Das Eingliederungsanpassungsgesetz. Änderungen im Recht der Eingliederung von Aussiedlern und Übersiedlern, ibv Nr. 17, 25.4.1990, S. 733–738, hier S. 733–734; Heinelt/Lohmann, Immigranten im Wohlfahrtsstaat, S. 87–90.

Mutterschaftsgeld auf die Höhe des Eingliederungsgeldes. Die Begünstigung, die Gewanderte bei der Vergabe von Sozialwohnungen dadurch erfahren hatten, dass für sie eine höhere Jahreseinkommensgrenze galt, wurde gestrichen. Nicht länger gewährt wurde den Betreffenden mit Inkrafttreten des Gesetzes am 1. Januar 1990 zudem ein besonderer Freibetrag bei der Ermittlung der Wohngeldberechtigung. Ebenso entfielen im Einkommenssteuergesetz vorgesehene Steuererleichterungen für Aus- und Übersiedler, die nach diesem Stichtag ihren Wohnsitz in der Bundesrepublik nahmen.[137]

Die rentenrechtlichen Regelungen für Aus- und Übersiedler indessen wurden 1989 im Grundsatz beibehalten. Das umfassende Gesetz zur Reform der gesetzlichen Rentenversicherung vom 18. Dezember, das auch Vorgaben für den Bereich des Fremdrentenrechts enthielt, ging weiterhin von dem bisherigen Eingliederungsprinzip aus: Die Betreffenden blieben so gestellt, »als ob sie vor ihrer Aufnahme im Bundesgebiet hier einer Erwerbstätigkeit nachgegangen wären und dabei den Verdienst eines hier tätigen Versicherten erzielt hätten«. Auch hier stellten »Detailregelungen« jedoch sicher, Besserstellung »im Vergleich zu einheimischen Versicherten« zu vermeiden. Dazu gehörte, Aus- und Übersiedlern künftig nur noch Beitragszeiten anzurechnen, die auch nach hiesigem Recht als solche gelten würden. Außerdem ergaben sich für die Berechnung der Renten, die über die Einordnung der Anwärter/-innen in nach Wirtschaftsbereichen aufgefächerte Leistungsgruppen erfolgte, nun weitaus differenziertere Abstufungsmöglichkeiten.[138] In Zukunft würden Aussiedler keine höheren Renten als einheimische Rentner in vergleichbaren Berufen erhalten, folgerte die CDU/CSU-Bundestagsfraktion in einer Pressemitteilung.[139]

Unsicherheit bestand allerdings seit Spätsommer 1989 in der Frage, ob angesichts der zahlenmäßig starken Zuwanderung aus der DDR steuernd und begrenzend einzugreifen wäre. An die Adresse sowohl der DDR-Regierung als auch

137 Haberland, Eingliederungsanpassungsgesetz, S. 735–737. Gesetz zur Anpassung von Eingliederungsleistungen für Aussiedler und Übersiedler vom 22. Dezember 1989 (Eingliederungsanpassungsgesetz – EinglAnpG), Bundesgesetzblatt Teil I, 29.12.1989, Nr. 61, S. 2398–2403, hier S. 2402–2403, Art. 10 (Änderung des Einkommenssteuergesetzes).

138 Gesetz zur Reform der gesetzlichen Rentenversicherung vom 18. Dezember 1989 (Rentenreformgesetz 1992 – RRG 1992), Bundesgesetzblatt Teil I, 28.12.1989, Nr. 60, S. 2261–2395; Haberland, Eingliederungsanpassungsgesetz, S. 738 (Zitate); Heinelt/Lohmann, Immigranten im Wohlfahrtsstaat, S. 94–95.

139 Fraktion der CDU/CSU im BT, Eingliederung verbessert, Pressedienst, 10.11.989, zit. nach BPA-Dok: Deutschland 1989, Bd. 12, S. 490–491.

der eigenen Opposition gerichtet, verlegten christdemokratische Politikerinnen und Politiker sich im August und September zunächst auf die erprobte Formel, die Bundesregierung locke niemanden in die Bundesrepublik, die Ursachen der Abwanderungsbewegung lägen vielmehr in der DDR.[140] Ab November bekundete der Kanzler verstärkt Respekt für die Haltung jener, die in der DDR bleiben wollten. Der Wille der Bundesregierung sei es dazu beizutragen, die Verhältnisse dort so lebenswert zu gestalten, dass Ostdeutsche »in ihrer angestammten Heimat ihr Leben führen« könnten.[141] De facto allerdings zeigten sich Kohl und sein Kabinett hinsichtlich der von der Regierung Modrow eingeforderten umfangreichen Wirtschaftshilfe im November und Dezember 1989 zurückhaltend. Die angebotene Unterstützung sollte ihrer Auffassung nach erst greifen, wenn ein »grundlegender Wandel des politischen und wirtschaftlichen Systems in der DDR verbindlich beschlossen und unumkehrbar in Gang gesetzt wird«.[142]

Was Vertreter der CDU/CSU und FDP hingegen grundsätzlich ablehnten, war, zwecks Einflussnahme auf die Zuwanderung aus der DDR die bundesrepublikanische Staatsangehörigkeitsregelung zu verändern oder das Aufnahmegesetz (Stichwort Freizügigkeit) als Hebel anzusetzen, wie es Oskar Lafontaine Ende des Jahres ins Spiel brachte. Entsprechend votierten christdemokratische und liberale Politiker gegen jede Art von Kontigentierung des Zuzugs durch

140 In dieser Weise äußerte sich die Ministerin für innerdt. Bez. Dorothee Wilms, siehe Nahrendorf, Schlüssel für die Problemlösung, Handelsblatt, 25.8.1989. Ähnlich hob Regierungssprecher Hans Klein hervor, die DDR habe den Übersiedlerstrom verursacht, nicht die Bundesregierung oder westliche Medien. hls., Aufrufe zur Solidarität, FAZ, 4.9.1989. Die Wanderungsentscheidung jedes Einzelnen zu akzeptieren, verdeutlichte Helmut Kohl diese Position Anfang Sept., hieße keineswegs, dass es »das Ziel einer vernünftigen Deutschlandpolitik sein [könne], möglichst viele aus der DDR aufzufordern, hierherzukommen«. BT – PLPR 11/156, 5.9.1989, S. 11 742 (B).

141 Kal. [Autorenkürzel]: Kanzler und Rau einig: Solidarität gefordert, Die Welt, 6.11.1989 (Zitat: Äußerung Kohls auf der Bundesversammlung des DRK in Köln); siehe auch ff. [Autorenkürzel], Kohl nimmt Flüchtlinge in Schutz, FAZ, 4.9.1989 (Kohl: Es müsse dafür gesorgt werden, dass »unsere Landsleute ihre eigene Zukunft in der Heimat finden«). Jarausch, Rush, S. 23.

142 Theo Waigel: »Argumentationspapier« über »Maßnahmen für die DDR« an die Mitglieder der CDU/CSU-Bundestagsfraktion vom 7.12.1989, hier zit. nach Ritter, Preis der Einheit, S. 22. Dort auch der Hinweis auf Kohls Feststellung im Rahmen seiner Regierungserklärung Mitte Nov.: »Ich bekräftige hiermit erneut: Wenn ein solcher Wandel jetzt verbindlich und unumkehrbar in Gang gesetzt wird, sind wir auch zu einer völlig neuen Dimension der Hilfe und Zusammenarbeit bereit.« BT – PLPR 11/176, 16.11.1989, S. 13 332 (C).

etwaige Vereinbarungen mit der DDR-Führung.[143] »Wir verletzen weder das Völkerrecht noch Rechte der DDR, wenn wir daran festhalten, daß es nur eine deutsche Staatsangehörigkeit gibt«, wiederholte Kanzleramtsminister Rudolf Seiters Mitte September die bekannte Rechtsposition.[144] Bestrebungen der SED-Regierung, die nach wie vor und nun insbesondere im Hinblick auf die aktuelle Problematik der Botschaftsflüchtlinge eine Anerkennung der Staatsbürgerschaft und damit Personalhoheit der DDR verlangte, wurde damit eine Absage erteilt.[145]

Überdies stand die Position der Koalition in Sachen Staatsangehörigkeit gegen die Auffassung wiederum Lafontaines sowie mancher Grünen-Politiker, die forderten, zuziehende Ostdeutsche wie Ausländer zu behandeln.[146] Die gesamtdeutsche Staatsangehörigkeit anzutasten, wäre den Überzeugungen und Intentionen der CDU/CSU 1989/90 in mehrfacher Hinsicht fundamental zuwidergelaufen. Zum einen hätte es konträr zu der oben dargestellten migrationspolitischen Argumentation gelegen, hätte man DDR-Zuwanderer aufgrund eines veränderten Status hier erst einbürgern müssen: Nur ihr fragloses Deutschsein und ihre automatische Mitgliedschaft erlaubten es, sie (zusammen mit den Aussiedlern) von allen anderen Migranten zu unterscheiden und die Bundesrepublik zum Nichteinwanderungsland zu erklären.[147] Zum anderen eröffnete die Fluchtbewegung aus der DDR in ihrer Verknüpfung mit dem Prinzip der gesamtdeutschen Staatsangehörigkeit der Regierungskoalition ungeahnte Möglichkeiten der Profilierung.

Die Regierung Kohl stand 1989 in der Öffentlichkeit nicht besonders gut da. Sie »wirkte ausgelaugt, ihr Vorrat an Gemeinsamkeiten schien [...] für die Zukunft erschöpft«, ein Regierungswechsel hin zu SPD und Grünen bei der Ende 1990 anstehenden Bundestagswahl war nicht unwahrscheinlich. Vor die-

143 Zu Lafontaines Initiative s. u.

144 BT – PLPR 11/158, 14.9.1989, S. 12036 (B/C).

145 In einer Empfehlung, die Alexander Schalck-Golodkowski für ein Gespräch Egon Krenz', seit 18.10.1989 Generalsekretär des ZK der SED, mit dem Vorsitzenden der FDP-Bundestagsfraktion Wolfgang Mischnick am 25.10.1989 schrieb, hieß es: Man habe seit Langem die Forderung erhoben, dass die Bundesrepublik die Staatsbürgerschaft der DDR voll respektiere. »Es wäre sicher der BRD-Regierung bei gutem Willen möglich, zumindest einige wesentliche praktische Unzuträglichkeiten der Nichtrespektierung der Personalhoheit der DDR auszuräumen (z. B. Verzicht auf die Aufnahme von Bürgern der DDR in BRD-Botschaften und Ausstellung von BRD-Reisedokumenten).« Roth, Bestandsaufnahme, S. 211.

146 Zu diesbezüglichen Vorstößen von AL-Politikern in West-Berlin s. u.

147 Zum Selbstverständnis als Nichteinwanderungsland und dem Einwanderungsdiskurs Ende der 1980er Jahr siehe Joppke, Immigration, S. 62, 95–96.

sem Hintergrund nutzten Koalitionspolitiker das Eintreffen der Ungarn- und Botschaftsflüchtlinge im Herbst 1989 als Gelegenheit, die SPD wegen ihrer Ostpolitik zu attackieren und den eigenen deutschlandpolitischen Kurs als bestätigt darzustellen.[148] Man müsse sich vergegenwärtigen, »wie Sie über viele Jahre hinweg diese Leute aus der gemeinsamen deutschen Staatsbürgerschaft ausbürgern wollten mit dem Ergebnis, daß wir ihnen einen solchen [bundesrepublikanischen] Paß nicht hätten geben können«, griff der CDU-Abgeordnete Volker Rühe während einer haushaltspolitischen Bundestagsdebatte Anfang September den SPD-Parteivorsitzenden Hans-Jochen Vogel an.[149] Die SPD habe von der »Freiheitsfrage«, deren Bedeutung die Fluchtbewegung offenbare, nichts verstanden, so Rühe weiter; die sozialdemokratische »Politik der exklusiven und freundschaftlichen Beziehungen zur SED unter gleichzeitiger Vernachlässigung der Kontakte zu Oppositionsgruppen und Dissidenten« sei gescheitert. Bundeskanzler Helmut Kohl äußerte sich in derselben Debatte mit ähnlichem Tenor.[150]

Neben dieser innenpolitisch-strategischen hatten Bezugnahmen auf die Abwanderung aus der DDR eine weitere Funktion: Die deutsche Frage ließ sich in einer bestimmten Richtung aktualisieren – zumal das Meinungsklima im Herbst 1989 wie gezeigt für eine Weile zugunsten der Zuwandernden umschlug.[151]

148 Ritter, Preis der Einheit, S. 18 (Zitat). Die in mehrfacher Hinsicht höchst schwierige Lage, der sich Kohl im ersten Halbjahr 1989 gegenübersah (sinkende Popularität, innerparteiliche »Putschversuche« etc.), erläutert auch Korte, Deutschlandpolitik in Kohls Kanzlerschaft, S. 464–465.

149 BT – PLPR 11/156, 5.9.1989, S. 11727 (B). Rühe war kurz zuvor von Kohl gefragt worden, ob er bereit sei, von Heiner Geißler das Amt des CDU-Generalsekretärs zu übernehmen; er wurde auf dem Bremer Parteitag vom 11. bis 13. Sept. 1989 gewählt. Korte, Deutschlandpolitik in Kohls Kanzlerschaft, S. 466, 468; zur hier besprochenen Bundestagsdebatte siehe kurz S. 467.

150 BT – PLPR 11/156, 5.9.1989, S. 11727 (C/D) (Zitat Rühe); 11741 (C/D) (Angriffe Kohls auf die SPD wegen ihrer Haltung in der Frage der Staatsbürgerschaft und ihrer [angeblichen] Bereitschaft, die Präambel des GG zu ändern). Mit ähnlicher Stoßrichtung formulierte neun Tage später auch der FDP-Vorsitzende Otto Graf Lambsdorff Kritik an der SPD, vgl. BT – PLPR 11/158, 14.9.1989, S. 12042 (B) (die SPD habe durch ihre Verhandlungen mit der DDR-Führung die Linie der gemeinsamen früheren Deutschlandpolitik »ein Stück verlassen« und der SED fälschlicherweise Reformfähigkeit attestiert). Rühes Kritik bezog sich nicht nur auf bisherige, sondern auch auf aktuelle Haltungen der SPD zum DDR-Regime. Hintergrund war ein im Sept. geplantes Treffen einer SPD-Delegation mit Volkskammerabgeordneten und SED-Vertretern, was Rühe scharf angriff, vgl. Rühe, SPD-Reise Verrat an den Flüchtlingen, Bild, 15.9.1989, hier zit. nach Chatzoudis, Deutschlandpolitik der SPD, S. 41, siehe auch S. 36–40.

151 Im Sommer 1989 entschloss sich Kohl, »den bevorstehenden Bundestagswahlkampf als Richtungsentscheidung zum Deutschlandthema« zu führen. Er habe darin »die Chance

Laut Rühe zeigte sich in der Flucht- und Übersiedlungsbewegung »der Wille aller Deutschen, frei zu sein und zusammenzuleben«. Der CDU-Abgeordnete Friedrich Vogel sprach Mitte September im Bundestag von einer »Renaissance der nationalen Identität«. Dass seitens der Bundesbürger eine »Welle der Hilfsbereitschaft« für die Neubürger zu beobachten war, deutete Rudolf Seiters als Beweis lebendiger »Zusammengehörigkeit in Deutschland«.[152] Deutlich wurde Bundeskanzler Kohl am 8. November 1989 in seinem Bericht zur Lage der Nation, in dem er das Recht auf Selbstbestimmung im Rahmen einer europäischen Friedensordnung »auch für alle Deutschen« einforderte. Mit Blick auf die Demonstrierenden in der DDR und auf die »Fluchtwelle« stellte Kohl fest: »Diese Ereignisse haben der ganzen Welt vor Augen geführt, daß die Teilung unseres Vaterlandes widernatürlich ist [...]. [...] Weniger denn je haben wir [...] Grund, uns auf Dauer mit der Zweistaatlichkeit Deutschlands abzufinden.« Überdies lieferten die Weggehenden in der Frage, wohin sich die politisch-gesellschaftliche Ordnung in Ostdeutschland, nun, da etwas in Bewegung geriet, entwickeln sollte, ein schlagkräftiges Argument: Die »Flucht von Zehntausenden«, so Kohl, sei

> vor aller Welt eine »Abstimmung mit den Füßen«, ein unübersehbares Bekenntnis zu Freiheit und Demokratie, zur Rechtsstaatlichkeit, zu einer Wirtschafts- und Gesellschaftsordnung, die den Menschen einen gerechten Anteil an den Früchten ihrer Arbeit sichert.[153]

In diesem Zusammenhang machte es einen Unterschied, ob man sich wie Kohl auf die Flüchtlinge bezog und ihre Entscheidung als Absage an jede Form von Sozialismus deutete – oder wie Hans-Jochen Vogel in der folgenden Aussprache

---

zum weiteren Machterhalt« erkannt. Korte, Deutschlandpolitik in Kohls Kanzlerschaft, S. 466.

152 BT – PLPR 11/156, 5.9.1989, S. 11728 (A) (Rühe); BT – PLPR 11/158, 14.9.1989, S. 12039 (D) (Vogel), 12035 (C), 12037 (C) (Seiters). Der Vorsitzende der CDU/CSU-Bundestagsfraktion Alfred Dregger hob Anfang Nov. hervor, der »Massenexodus überwiegend junger Menschen aus der DDR und ihre Aufnahme bei uns« hätten »aller Welt gezeigt«, dass es nur »eine – [...] unteilbare – deutsche Nation« gebe. BT – PLPR 11/173, 8.11.1989, S. 13027 (A). Eine Wiederbelebung der deutschen Frage durch die Fluchtbewegung aus der DDR konstatiert Jarausch, Rush, S. 29, 32.

153 BT – PLPR 11/173, 8.11.1989, S. 13011 (D), 13012 (C), 13010 (C). Zu Kohls Bericht zur Lage der Nation an diesem Tag siehe Korte, Deutschlandpolitik in Kohls Kanzlerschaft, S. 474.

auf die oppositionellen Kräfte in der DDR, die, wie der SPD-Vorsitzende meinte, für »einen ökologisch orientierten freiheitlichen und demokratischen Sozialismus eintraten«.[154] Führende FDP-Politiker verzichteten in der Debatte darauf, die Abwanderungsbewegung als Ausdruck eines aktuellen Votums pro staatliche Einheit und westliches System heranzuziehen. Die Frage einer Überwindung der deutschen Teilung stehe für die Ostdeutschen derzeit »nicht im Mittelpunkt ihrer Sorgen und Bemühungen«, legte der Vorsitzende der FDP-Bundestagsfraktion Wolfgang Mischnick dar. Das hieße nicht, dass sie gegen die Einheit seien; auch sei ein Reformprozess in der DDR ein Schritt in diese Richtung. Notwendig sei jedoch eine

> europäische Friedensordnung, in der die Bürger der DDR das Recht haben, in freier Selbstbestimmung nicht nur über ihr politisches und wirtschaftliches System selbst zu entscheiden, sondern auch über den staatlichen Verband, in dem sie leben wollen. Diese Entscheidung haben wir zu respektieren [...].[155]

Trotz der etwas unterschiedlichen Akzente waren sich CDU/CSU und FDP in der Sache einig und erhielten als Koalitionspartner »mit der deutschen Einheit ein großes gemeinsames Projekt«.[156] Die Flucht- und Übersiedlungsbewegung aus der DDR bot – begleitet von emotionalen Medienbildern – Handhabe, sowohl außen- als auch innenpolitisch national zu argumentieren. An der gesamtdeutschen Staatsangehörigkeit festgehalten zu haben, gewann als ein Bedingungsfaktor dieser Dynamik neue Bedeutung, was Kohl als Bestätigung der CDU/CSU-Linie des Beharrens auf Rechtspositionen gegenüber der DDR auslegte.[157] Auf das Zusammenkommen der Deutschen setzend, ließ sich nach dem Mauerfall die Freizügigkeit für DDR-Bewohner schwerlich einschränken. Die FDP stimmte darin, obschon sie hinsichtlich der Einheit zunächst weniger forciert ansetzte als Kohl, mit der Union überein. Auch wenn die DDR-Bürger allein

154 BT – PLPR 11/173, 8.11.1989, S. 13023 (D). Ähnlich hielt Jürgen Schmude in der Sitzung Anfang Sept. fest: »Uns Sozialdemokraten überrascht es nicht, dass engagierte kritische Bürger der DDR sich mit ihren Überlegungen dem demokratischen Sozialismus nahefühlen.« BT – PLPR 11/156, 5.9.1989, S. 11753 (D).

155 BT – PLPR 11/173, 8.11.1989, S. 13037 (A/B).

156 Ritter, Preis der Einheit, S. 19.

157 »Alle Empfehlungen, den politischen Status quo als endgültig anzuerkennen, haben sich als kurzlebig, als kurzsichtig erwiesen«, äußerte Kohl in der Bundestagsdebatte vom 8. Nov., siehe BT – PLPR 11/173, 8.11.1989, S. 13012 (C).

zu entscheiden hätten, »wie sie ihr Verhältnis zu uns bestimmen werden«, galt doch, wie Außenminister Hans-Dietrich Genscher in der Debatte vom 8. November ausführte: »Wir haben die Verantwortung, daß wir ihnen den Weg zu uns offenhalten [...]. Das schließt sowohl eine Änderung der Staatsbürgerschaft wie eine Streichung der Präambel unseres Grundgesetzes aus.«[158]

Um mäßigend auf die Abwanderung aus der DDR einzuwirken, deren Umfang sich die Koalition gegen Ende des Jahres 1989 nicht anders als SPD und Grüne deutlich geringer wünschte, blieben demnach vorerst nur Appelle: Der Schritt zur Ausreise sollte sehr sorgfältig überlegt sein, da Übergesiedelte für längere Zeit mit einem Leben in »unzulänglichen Wohnverhältnissen« rechnen müssten, lautete die Botschaft, die Innenminister Schäuble Mitte November an Ostdeutsche richtete.[159]

Demgegenüber nahm die SPD eine ambivalente Haltung ein. Die Bereitschaft, das Heimischwerden der Neuankömmlinge zu unterstützen, verband der Partei- und Fraktionsvorsitzende Hans-Jochen Vogel am 14. September 1989 im Bundestag mit einer Bedingung: »Die Hilfe, die jetzt notwendig ist, muß von der ganzen Gemeinschaft geleistet und darf nicht primär auf Kosten derer erbracht werden, die selbst schon lange auf eine Wohnung oder einen Arbeitsplatz warten.«[160] Damit schlug Vogel das Leitmotiv an, unter dem die SPD die Zuwanderung Ostdeutscher 1989/90 hauptsächlich thematisierte: die Frage sozialen Friedens und sozialer Gerechtigkeit. Was gerade diese Aufgabenstellungen so dringlich erscheinen ließ, waren Zugewinne der politischen Rechten, von der SPD mit großer Sorge registriert. Vieles »an Unmut, Ablehnung, ja Fremdenhaß« hätte vermieden werden können, kritisierte Gerlinde Hämmerle, wenn die Bundesregierung rechtzeitig erkannt hätte, welche Probleme aus dem verstärkten Zuzug bis dato vor allem von Aussiedlern resultierten.[161] Die SPD-Abgeordnete kommentierte den von Schäuble eingebrachten Entwurf des Eingliederungsanpassungsgesetzes, das sie als Schritt in die richtige Richtung wertete: Die SPD begrüßte die Intention des Gesetzes, die »Integration [der Aus- und Übersied-

158 BT – PLPR 11/173, 8.11.1989, S. 13049 (B).

159 fy. [Autorenkürzel]: Schäuble appelliert an Übersiedler, FAZ, 10.11.1989. Den rhetorischen Schwenk in Bonn beobachtet auch Jarausch, Rush, S. 28.

160 BT – PLPR 11/158, 14.9.1989, S. 12037 (D), 12038 (A) (Zitat).

161 Ebd., S. 12004 (A/B). Hämmerle war Mitglied des Innenausschusses des BT. Auf die Gefahr, dass der »Übersiedlerzustrom bei uns soziale Spannungen verursachen und [...] zum Erstarken rechtsextremer Kräfte führen könnte«, verwies in der Bundestagsdebatte Anfang Nov. auch Vogel. BT-PLPR 11/173, 8.11.1989, S. 13021 (C).

ler] ohne Bevorzugung gegenüber der einheimischen Bevölkerung zu vollziehen«. Obwohl die Sozialdemokraten Bedenken hinsichtlich möglicher Folgen der Leistungsanpassungen hatten – vor allem fürchteten sie eine steigende Belastung der Kommunen durch Sozialhilfeausgaben –, stimmten sie dem Entwurf daher am 16. November 1989 zu.[162]

Die SPD ging mit Union und FDP also darin konform, das Prinzip der Eingliederung verstärkt auf die Gleichbehandlung mit Eingesessenen auszurichten. Auch die individuellen Folgen dieser Neujustierung trugen die Sozialdemokraten mit. Keineswegs stimmten sie jedoch mit der vornehmlich von der CDU/CSU verfolgten Strategie überein, Aus- und Übersiedlern den Ruch der Bevorzugung zu nehmen, um so die Solidarität der Einheimischen mit ihnen als Deutschen zu erhalten. Der »alleinige Aufruf zur Solidarität überstrapaziert die Menschen«, stellte Hämmerle Mitte November fest. Während Vertreter der Regierungskoalition lediglich einräumten, dass die Zuwanderer auf einen engen Wohnungsmarkt träfen und es Versorgungsschwierigkeiten geben könnte, verwiesen Sozialdemokraten auf Defizite in vielen Gesellschaftsbereichen, die der Zuzug im Sinne einer »Konkurrenz der Nöte« gravierend vergrößere. Durch »eine Politik der Zweidrittelgesellschaft«, spitzte Horst Ehmke am 8. November diese Diagnose zu, habe die Regierungskoalition

> die sozial schwächeren Schichten in unserem Land systematisch benachteiligt: in der Sozialpolitik, in der Wohnungspolitik, in der Gesundheitspolitik, in der Hochschulpolitik. In diese bestehende soziale Not kommen nun Hunderttausende von Zuwanderern, die die Lage verschärfen.[163]

Mit Zweidrittelgesellschaft griff der stellvertretende SPD-Fraktionsvorsitzende einen Begriff auf, der Mitte der 1980er Jahre angesichts einer zunehmenden sozialen Polarisierung und neuen Armut geprägt worden war: Langzeitarbeitslose hatten am allgemeinen Wohlstand nicht mehr teil; immer mehr Menschen, die nicht zu den traditionellen Armutsgruppen (Alte, Witwen, Kranke) zählten,

162 BT – PLPR 11/158, 14.9.1989, S. 12004 (D)–12005 (B) (Hämmerle); 12009 (B)–12011 (B) (Ottmar Schreiner, der sich als SPD-Sozialexperte kritischer zu den geplanten Änderungen äußerte als seine Parteikollegen). BT – PLPR 11/176, 16.11.1989, S. 13428 (D), 13429 (Zitat [B]), 13430 (A) (Hämmerle), 13435 (B) (Abstimmung).

163 BT – PLPR 11/176, 16.11.1989, S. 13429 (B) (Zitate Hämmerle); BT-PLPR 11/173, 8.11.1989, S. 13054 (A) (Zitat Ehmke).

waren auf den Bezug von Sozialhilfe angewiesen: jüngere Männer, alleinerziehende Frauen, kinderreiche Familien.[164]

Der Koalition warf die SPD vor, seit ihrem Regierungsantritt 1982 Sozialabbau betrieben zu haben. Kritikwürdig erschienen die beobachteten Tendenzen zur Segregation mittlerweile auch deshalb, weil die Rechte von dieser Entwicklung zu profitieren schien: Jene, die »weggedriftet sind«, seien Opfer der Zweidrittelgesellschaft, legte die SPD-Bundesgeschäftsführerin Anke Fuchs Ende Oktober 1989 dar, als sie die Ergebnisse einer Studie ihrer Partei zur Wählerschaft der Republikaner vorstellte. Diese Schlechtergestellten seien es auch, die die »Lasten der Zuwanderung durch Aus- und Übersiedler« stärker zu tragen hätten als Wohlhabende. Die SPD erklärte, für eine »humane Integration der Aus- und Übersiedler« eintreten zu wollen.[165] Doch musste ihrer Ansicht nach – da sich hier zugleich gesamtgesellschaftliche Aufgaben stellten – viel mehr getan werden als allein Unterstützungsleistungen für Gewanderte anzupassen wie mit dem im November beschlossenen Gesetz. Gerlinde Hämmerle verband das Votum ihrer Partei für den von Schäuble vorgelegten Entwurf mit der Forderung nach »einem stark beschleunigte[n] Programm für den sozialen Wohnungsbau« und »massive[n] Maßnahmen zur Beseitigung der Langzeitarbeitslosigkeit«.[166] Anke Fuchs verlangte im Kontext der Frage, wie gegen die Republikaner vorzugehen sei, ein Gesamtkonzept für die Zuwanderung auszuarbeiten. Dieses müsse

---

164 Zum Begriff der Zweidrittelgesellschaft und neuen Armut siehe Wirsching, Abschied, S. 330–334, hier v. a. S. 332–333.

165 SPD wünscht Zuwanderer-Gesamtkonzept. Anke Fuchs ruft zu sozialer Entspannung auf – Offensive gegen die Republikaner, Stuttgarter Zeitung, 25.10.1989. Auf eine Polarisierung zugunsten der politischen Rechten hob gleichfalls Renate Schmidt ab: Die Übersiedler sollen nicht bevorzugt werden, Münchener Abendzeitung, 26.9.1989. Nur wenn Belastungen gleichmäßig verteilt würden, betonte die SPD-Politikerin, könne eine »Atmosphäre von Neid und Mißgunst vermieden werden, in der rechtsextremes Gedankengut wächst«. Zum Vorwurf des Sozialabbaus siehe Wirsching, Abschied, S. 337; Wirsching konstatiert allerdings, dass »von einem Ausstieg aus dem bundesrepublikanischen Sozialstaat« keineswegs die Rede sein könne, vielmehr »die Kontinuitäten betont werden« müssten.

166 BT – PLPR 11/158, 14.9.1989, S. 12005 (B). Der SPD-Bundestagsabg. und Sozialpolitiker Ottmar Schreiner kritisierte anlässlich der Diskussion über den Gesetzentwurf scharf, dass die Bundesregierung die arbeitsmarktpolitischen Instrumente der Bundesanstalt für Arbeit stark beschnitten habe, etwa in diesem Jahr deutlich weniger Mittel für die Finanzierung von Arbeitsbeschaffungsmaßnahmen zur Verfügung stünden als noch 1988. Ebd., S. 12010 (B). Auch Vogel erklärte, dass am dringendsten eine massive Verstärkung des Wohnungsbaus für *alle* Wohnungssuchenden sei. BT – PLPR 11/156, 5.9.1989, S. 11718 (C) [Kursivierung BE].

»nach Art einer ›sozialen Entspannungspolitik‹ sowohl Aussagen über Wohnungsbau wie über Kindergartenplätze, Lehrereinstellung und über Sozialwesen« enthalten. Die Notwendigkeit eines solchen »Gesamtkonzeptes, das außer den Übersiedlern auch alle anderen Kategorien von Zuwanderern umfasst«, betonte in der Bundestagsdebatte vom 8. November gleichfalls Hans-Jochen Vogel mit der Begründung: »Es geht um die Bewahrung des sozialen Friedens in der Bundesrepublik [...].«[167]

Gerade dies erforderte nach Auffassung sozialdemokratischer Politikerinnen und Politiker allerdings, nicht nur *mehr* für die Gesamtbevölkerung zu tun – den durch Zuwanderung steigenden Bedarf an Infrastruktur genauer abzuschätzen, mehr Ressourcen bereitzustellen und sie gerechter zu verteilen; es erforderte auch, *weniger* für Aus- und Übersiedler zu tun, das heißt einen deutlichen Schritt weiterzugehen, als das Eingliederungsanpassungsgesetz es vorsah. In den Beratungen brachte die SPD an, dass sie eine zügige Beendigung des Lastenausgleichs bis Ende 1991, außerdem eine weitergehende Überprüfung von im Bundesvertriebenengesetz festgeschriebenen Vergünstigungen wünschte.[168] In der Presse plädierten Anke Fuchs, der niedersächsische SPD-Oppositionsführer Gerhard Schröder und die stellvertretende Vorsitzende der SPD-Bundestagsfraktion Renate Schmidt dafür, die Bestimmungen des Bundesvertriebenengesetzes auslaufen zu lassen. Die an den Status als Aussiedler oder Sowjetzonenflüchtling gebundenen und als Ausgleich für Kriegsfolgelasten gedachten Erleichterungen hielten sie für nicht mehr zeitgemäß.[169]

---

167 SPD wünscht Zuwanderer-Gesamtkonzept, Stuttgarter Zeitung, 25.10.1989; BT – PLPR 11/173, 8.11.1989, S. 13025 (B/C), 13026 (A). Vogel sprach ebenso wie seine Parteikolleginnen von Wohnungsversorgung und beschäftigungspolitischen Maßnahmen, auch davon, dass der Umfang von Leistungen geprüft werden müsse, ohne weitergehend konkret zu werden.

168 BT – PLPR 11/176, 16.11.1989, S. 13429 (D), 13432 (B). Das Lastenausgleichsgesetz von 1952 war darauf ausgelegt, Deutschen, die von materiellen Verlusten infolge des Zweiten Weltkriegs und durch Flucht und Vertreibung betroffen waren, eine finanzielle Entschädigung zu bieten. Vgl. Albers, Eingliederung von Aussiedlern, S. 143–144.

169 SPD wünscht Zuwanderer-Gesamtkonzept, Stuttgarter Zeitung, 25.10.1989; Schmidt, Übersiedler sollen nicht bevorzugt werden, Münchener Abenzeitung, 26.9.1989. Das »antiquierte« Vertriebenengesetz habe vor 30 Jahren Sinn ergeben, sei heute aber »längst überholt«, bemerkte Schmidt. »Das Bundesvertriebenen- und Flüchtlingsgesetz und das Lastenausgleichsgesetz«, bekundete auch der SPD-Abg. Horst Sielaff im BT, »können nicht die Funktion haben, die die Schöpfer Anfang der 50er Jahre diesen Gesetzen zudachten«. BT – PLPR 11/176, 16.11.1989, S. 13432 (B/C). Unklar blieb allerdings, wie weit die am BVFG vorzunehmenden Änderungen reichen sollten; als

Überdies sprachen sich SPD-Vertreter im Herbst 1989 generell gegen eine Bevorzugung der aus der DDR Kommenden gegenüber Eingesessenen aus: Ostdeutsche Zuwanderer würden als hochmotiviert bezeichnet und gegen einheimische Arbeitslose ausgespielt, deren Qualifizierung hier nicht gelänge, beklagte der nordrhein-westfälische Minister für Arbeit, Gesundheit und Soziales Hermann Heinemann anlässlich einer arbeitsmarktpolitischen Bundestagsdebatte Ende September. Hiesige Arbeitslose müsse es mit Bitterkeit erfüllen, wurde Heinemann Mitte Oktober in der Presse zitiert, wenn Übersiedlern aus der DDR »Arbeitsplätze auf dem goldenen Tablett serviert« würden. Eine »Verhätschelung« der jetzt ankommenden Übersiedler, warnte Heinemann, müsse irgendwann »böses Blut machen« und sei einem vernünftigen Miteinander abträglich.[170]

In Niedersachsen schlug Gerhard Schröder Anfang November 1989 in die gleiche Kerbe, als er sich gegen eine Bevorzugung von Übersiedlern bei der Bereitstellung von Wohnungen mit dem Hinweis wandte, bei allem Wohlwollen gegenüber Flüchtlingen dürfe man die soziale Not unter Bundesbürgern nicht vergessen. »Wer später kommt, muß sich hinten anstellen«, lautete Schröders Diktum.[171] Die Zuwanderer erschienen in dieser Perspektive nicht länger als Menschen, deren ihrer Migration geschuldete Startnachteile in der neuen Gesellschaft durch staatliche Unterstützung ausgeglichen werden sollten. Mit den Einheimischen gleichgestellt zu sein hieß nun vielmehr, ihnen gegenüber keinen Vorteil zu erhalten. In diesen modifizierten Anforderungen an Gleichstellung zeigt sich ein veränderter Blick auf die eigene Gesellschaft, die verstärkt selbst als integrationsbedürftig wahrgenommen wurde – wobei die zuziehenden Ostdeutschen etwa auf dem Arbeitsmarkt gerade nicht als die Konkurrenzschwächeren angesehen wurden, die besondere Hilfe benötigten. Für die SPD hatte diese Sicht einen wichtigen strategischen Aspekt: Sie konnte sich 1989, indem sie Eingliederungsaufgaben neu und stärker gesamtgesellschaftlich definierte, politisch profilieren. Durch die Art, wie sie Übersiedler und die Bewältigung ihrer Zuwanderung thematisierten, besetzten SPD-Politiker Sozialthemen; sie nutzten Bezugnahmen, um die Politik der Bundesregierung auf diesen Feldern

Beispiel für eine abzuschaffende Regelung nannte Schmidt die Vererbung des Vertriebenenstatus.

170 BT – PLPR 11/161, 28.9.1989, S. 12 172 (B/C/D); Ulrich Horn: Sozialminister: Übersiedler aus der DDR nicht bevorzugen. Heinemann erinnert an Arbeitslose und bedürftige Familien, Westdeutsche Allgemeine Zeitung, 17.10.1989.

171 Ini [Autorenkürzel]: Schröder: Flüchtlinge hinten anstellen, Hannoversche Allgemeine Zeitung, 8.11.1989.

zu kritisieren (deren Vertreter die Zuziehenden ihrerseits als Beleg für Erfolge, so einer gelungenen Arbeitsmarktpolitik, heranzogen).[172] Sich in Zeiten starker und öffentlich kritisch verfolgter Immigration zum Anwalt der Schwachen unter den Eingesessenen zu machen, versprach durch Volksnähe Zuwächse in der Wählergunst.

Im zeitlichen Umfeld des Mauerfalls und in den folgenden Wochen wurden innerhalb der SPD zunehmend unterschiedliche Problemdiagnosen und Strategien bezüglich der Übersiedler aus der DDR erkennbar. Hannovers Oberbürgermeister Herbert Schmalstieg geriet mit der Forderung in die Kritik, Gespräche mit der DDR-Regierung anzustreben, um die sich abzeichnende »Völkerwanderung in geordnete Bahnen zu lenken«. Innenminister Schäuble wies diesen Vorstoß scharf zurück, weil jede Andeutung von Begrenzungsabsichten geeignet sei, in der DDR eine Ausreisepanik auszulösen. Schmalstieg war daran gelegen, auf die drängender werdenden Schwierigkeiten vieler Städte aufmerksam zu machen, DDR-Zuwanderer provisorisch unterzubringen und dauerhaft mit Wohnraum zu versorgen. Wie bereits Bremen könnte auch Hannover sich bald genötigt sehen, einen vorübergehenden Aufnahmestopp zu verhängen, meinte Schmalstieg. Eine weitere Sorge des Oberbürgermeisters galt der sich rapide verschlechternden Stimmung in der Bevölkerung.[173]

Hans-Jochen Vogel setzte nach dem 9. November mit doppelter Blickrichtung an: Was die Menschen in der DDR betraf, müssten verstärkt Voraussetzungen geschaffen werden, die sie zum Bleiben ermutigten. Er schlug die Bildung eines Runden Tisches vor, der Bundes- und Landespolitiker sowie unter anderem Vertreter der Wohlfahrtsverbände, Gewerkschaften und Kirchen zusammenbringen sollte, um die Aufnahme der mittlerweile fast 300 000 DDR-Zuwanderer zu gestalten.[174] »Die Deutschlandpolitik steht vor neuen praktischen Aufgaben«,

---

172 Otto Graf Lambsdorff (FDP) etwa meinte, die »Aufnahmefähigkeit und Aufnahmebereitschaft« gegenüber den DDR-Zuwanderern zeige, »daß das ständige Oppositionsgerede von Massenarbeitslosigkeit zum guten Teil Demagogie ist«. BT – PLPR 11/158, 14.9.1989, S. 12 043 (A). Auch im Bayerischen Sozialministerium hielt man die Arbeitsmarktaussichten der Betreffenden angesichts vieler freier Arbeitsplätze für günstig. Schneider, Keinem Bundesbürger etwas genommen, SZ, 13.9.1989.

173 Erste Rufe nach Aufnahmestopp. SPD-Politiker will Zahl der DDR-Übersiedler begrenzen, FR, 10.11.1989; fy., Schäuble appelliert, FAZ, 10.11.1989; Theo Schumacher: Städtetag warnt vor Spannungen mit Übersiedlern, Neue Ruhr Zeitung, 10.11.1989. Schmalstiegs Vorstoß und die Reaktionen erwähnt Michael Richter: Die Friedliche Revolution. Aufbruch zur Demokratie in Sachsen 1989/90, Bd. 1, Göttingen 2009, S. 740.

174 mes [Autorenkürzel]: SPD-Chef Vogel für Runden Tisch. Krisen-Konferenz soll sich des Übersiedlerstroms annehmen, SZ, 10.11.1989. Siehe dazu Chatzoudis, Deutsch-

hieß es dazu in einem Entschließungsantrag der SPD-Bundestagsfraktion vom 15. November 1989. »Es geht um die Unterstützung der Demokratisierungs- und Reformprozesses in der DDR und um die soziale Eingliederung der Übersiedler bei uns.« Helmut Kohl lehnte einen Runden Tisch ab.[175]

Der saarländische Ministerpräsident Oskar Lafontaine setzte hingegen im November und Dezember 1989 einen bewusst nicht konsensorientierten Akzent. Schon als Schmalstiegs Äußerungen diskutiert wurden, pflichtete Lafontaine diesem in puncto Kapazitäten bei: Zuwanderungswilligen müsse die Grenze hiesiger Aufnahmefähigkeit sowie möglicher Hilfeleistungen deutlich gemacht werden, verlangte der stellvertretende SPD-Parteivorsitzende. Ende November ging Lafontaine einen Schritt weiter. »Ist es richtig«, fragte er rhetorisch in einem Interview mit der *Süddeutschen Zeitung,*

> daß wir allen Bürgern der DDR, allen Bürgern Polens, die deutscher Abstammung sind, oder den anderen, die in der Sowjetunion, Rumänien und anderen Staaten Osteuropas leben – daß wir all denen den Zugriff auf die sozialen Sicherungssysteme der Bundesrepublik einräumen, Kranken- und Arbeitslosengeld, Renten. Ich meine, die Antwort, die historisch gewachsen ist und die wir bisher gegeben haben, ist nicht mehr aufrechtzuerhalten.

An einer einheitlichen Staatsbürgerschaft für alle Deutschen könne wegen der mit ihr einhergehenden Kosten nicht festgehalten werden, lautete die Schlussfolgerung Lafontaines.[176] Mit ähnlichen Äußerungen hatte er bereits 1985, als es ihm um die deutsch-deutschen Beziehungen ging, für Unruhe gesorgt. Nun

---

landpolitik der SPD, S. 67–68. Den Vorschlag des Runden Tisches vertrat in der Aussprache über Kohls Regierungserklärung Mitte Nov. Willy Brandt und hob dabei auf das jetzt erforderliche hohe »Maß an nationaler Gesamtverantwortung« ab. BT – PLPR 11/176, 16.11.1989, S. 13 339 (C/D), 13 340 (A) (Zitat).

175 Antrag der Fraktion der SPD. Zur Öffnung der deutsch-deutschen Grenze und zur Deutschlandpolitik, BT – DRS 11/5691, 15.11.1989. Die SPD forderte nach dem Mauerfall sofortige wirtschaftliche und humanitäre Hilfe für die DDR, ohne daran Bedingungen zu knüpfen. Kohl bekräftigte, dass zunächst ein unumkehrbarer »Wandel des politischen und wirtschaftlichen Systems« einzuleiten sei. BT – PLPR 11/176, 16.11.1989, S. 13 332 (C). Siehe Chatzoudis, Deutschlandpolitik der SPD, S. 69; dort S. 68 auch zu den Hintergründen von Kohls Verweigerung eines Runden Tisches.

176 Rufe nach Aufnahmestopp, FR, 10.11.1989; »Nicht das Weggehen prämieren, sondern das Dableiben« (Interview Oskar Lafontaines mit Martin E. Süskind), SZ, 25./26.11.1989 (Zitat). Siehe zu dieser Position Lafontaines auch mes [Autorenkürzel]: Gegen einheitliche Staatsbürgerschaft, SZ, 25.11.1989.

verband er die Frage der Staatsangehörigkeit, der kontroverse Aufmerksamkeit sicher war, mit seinem Hauptthema, den durch die Zuwanderung aus dem Osten verursachten sozialen Belastungen. Diese Problematik, die SPD-Vertreter schon seit September im Zusammenhang mit DDR-Übersiedlern diskutierten, wendete Lafontaine jetzt forciert deutschlandpolitisch: Die finanziellen Leistungen, die die Bundesrepublik erbringe, führte er im Interview aus, sollten »nicht Prämien für das Weggehen sein, sondern Prämien für das Dableiben«.

In der Presse und auch bei der SPD-Parteiführung, die seit dem Mauerfall intensiv um die Konzeption ihrer Deutschlandpolitik rang, löste Lafontaines Vorstoß Widerspruch und Abwehr aus.[177] »Hingegen sehen wir zu Änderungen der rechtlichen Gegebenheiten [...] hinsichtlich der Staatsangehörigkeit nach wie vor keine Veranlassung«, hatte Vogel noch am 8. November im Bundestag festgestellt. Dabei sollte es bleiben: Übersiedler seien deutsche Staatsangehörige und machten von einem grundgesetzlichen Recht Gebrauch, verlautbarte der Parteivorstand nach einer Präsidiumssitzung am 27. November; die SPD habe nicht die Absicht, diese Rechtslage zu ändern.[178] In dieser Frage auf Kurs gebracht, wich Lafontaine von seiner Kernargumentation im Folgenden jedoch keineswegs ab. Derzeit entscheidend in der Deutschlandpolitik sei nicht, ob man pro Konföderation oder pro Wiedervereinigung votiere, erläuterte der Ministerpräsident etwa in einem am 9. Dezember abgedruckten Zeitungsinterview; das vorrangige Problem seien vielmehr die mit Aus- und Übersiedlern überfüllten Turnhallen und Container. Konträr zur Auffassung von Christdemokraten und Liberalen, die die Abwanderungsbewegung als Ausdruck und Motor einer nationalen Dynamik deuteten, interpretierte Lafontaine sie als Träger einer hochproblematischen sozialen Dynamik: Der westliche Sozialstaat, der die Wandernden anzog und sie einzugliedern hatte, war in seiner Leistungsfähigkeit bedroht, während in der DDR infolge des Ausblutens ein Zusammenbruch der Sicherungssysteme zu befürchten stand. Jeder Übersiedler schwäche den dortigen Generationenvertrag, führte Lafontaine aus. Ermöglicht wurde dieser negative Umschichtungs-

177 Scharfe innerparteiliche Auseinandersetzungen um die Deutschlandpolitik hatte die SPD bereits im Sept. 1989 geführt. Nach einer zwischenzeitlichen Konsolidierung des diesbezüglichen Kurses brachen die Kontroversen in der nach dem 9.11.1989 völlig veränderten Konstellation erneut auf, vgl. Chatzoudis, Deutschlandpolitik der SPD, S. 36–50, 54–57, 70–76. Ebd., S. 84–85, zu Lafontaines Vorstoß und den Reaktionen.

178 BT – PLPR 11/173, 8.11.1989, S. 13024 (A). SPD (Parteivorstand): Mitteilung für die Presse [Zur Diskussion über Fragen der Übersiedlung aus der DDR], Presseservice der SPD, 27.11.1989, zit. nach BPA-Dok: Deutschland 1989, Bd. 12, S. 943. Vgl. Chatzoudis, Deutschlandpolitik der SPD, S. 85; Sturm, Uneinig in die Einheit, S. 231–232.

prozess durch den Mauerfall, auf den man so gesehen nicht primär mit Vereinigungsplänen antworten konnte: Die SPD als Partei der sozialen Gerechtigkeit müsse in den sozialen Folgen der Öffnung des Eisernen Vorhangs das wichtigste Problem der Deutschlandpolitik sehen, forderte Lafontaine.[179]

Indem der SPD-Politiker die sozialen Implikationen der Übersiedlungsbewegung aus der DDR herausstrich, suchte er seine Partei gegenüber der Bundesregierung zu profilieren, die deutschlandpolitisch erfolgreich vorgeprescht war. Kohl präsentierte auf der Bundestagssitzung vom 28. November 1989 überzeugend einen 10-Punkte-Plan, die SPD dagegen geriet ins Hintertreffen:

> Während Vogel sich auf »konföderative Elemente« beschränkte und den Gedanken an ein vereinigtes Deutschland nur einmal im Zusammenhang mit der Einheit Europas aussprach, war die Rede Kohls rhetorisch zwingender und wesentlich deutlicher auf das Ziel der deutschen Vereinigung ausgerichtet.

Zudem bekundete der außenpolitische Sprecher der SPD-Bundestagsfraktion Karsten Voigt in Reaktion auf Kohl spontan den Willen seiner Partei zur Zusammenarbeit, was die Medien »vor allem die Übereinstimmung der SPD« mit dem Programm des Bundeskanzlers herausstellen ließ.[180] Lafontaine nutzte das Übersiedlerthema, um auf einen konfrontativeren Kurs gegenüber Kohl zu gehen und für die SPD eine eigene, unterscheidbare deutschlandpolitische Agenda zu formulieren. Zudem konnte er sich mit seiner Auslegung der Problematik, die

179 »Jeder Übersiedler verschärft die Probleme« (Interview Oskar Lafontaines mit Michael Grabenströer), FR, 9.12.1989; diese Positionen zusammenfassend Michael Grabenströer: Lafontaine: Übersiedler nicht mehr belohnen. »Deutsch-Nationale Euphorie« verurteilt, FR, 9.12.1989. Siehe mit ähnlichem Tenor Oskar Lafontaine: Zur Frage der Sozialleistungen für DDR-Übersiedler in der Bundesrepublik Deutschland, WDR 2, 4.12.1989, zit. nach BPA-Dok: Deutschland 1989, Bd. 12, S. 944–945 (Ergebnis von Kohls Deutschlandpolitik sei, dass die DDR zum Altersheim werde, während sich hier die sozialen Probleme so verschärften, dass ihrer niemand mehr Herr werden könne). Siehe auch SPD (Parteivorstand): Mitteilung für die Presse [Lafontaine zur gestiegenen Zahl der Arbeitslosen], Presseservice der SPD, 6.12.1989, zit. nach ebd., S. 948 (es müssten Lösungen geboten werden, mit denen die sozialen Folgen, die aus dem Fall des Eisernen Vorhangs erwachsen, bewältigt werden können).

180 Zu Kohls 10-Punkte-Plan siehe Karl-Rudolf Korte: Die Deutschlandpolitik der Regierung Kohl seit Herbst 1989, in: Henke, Revolution, S. 419–440, hier S. 427–429. Zu den Einlassungen Vogels und Kohls am 28.11.1989 siehe Chatzoudis, Deutschlandpolitik der SPD, S. 79–81, 80–81 (Zitate). Siehe ausführlich zur Reaktion der SPD auf das 10-Punkte-Programm Sturm, Uneinig in die Einheit, S. 217–230.

den Sorgen vieler Kommunen wie auch der zunehmend ablehnenden Stimmung in der Bevölkerung entsprach, im Hinblick auf die saarländischen Landtagswahlen Ende Januar 1990 positionieren.[181]

Um die befürchtete Negativdynamik in der Folge des Mauerfalls zu stoppen, verlangte Lafontaine umfassende Hilfen für die DDR. Zudem gelte es, wie er gegenüber dem *Handelsblatt* ausführte, die Sozialsysteme Ost- und Westdeutschlands kompatibel zu machen und »über entsprechende Vereinbarungen« auszugleichen. Zu einer Neujustierung des *Push* und *Pull* musste seiner Ansicht nach überdies gehören, das Konzept der Eingliederung Übergesiedelter in der Bundesrepublik zu überdenken: Der Umfang von »Sonderleistungen« sowie der »Leistungen der sozialen Sicherungssysteme« war zu reduzieren – nicht nur, um einen Ost-West-Wechsel weniger attraktiv zu machen, sondern auch, um den westlichen Sozialstaat vor übermäßigem Zugriff zu schützen.[182] Mit der Befürchtung einer »Überlastung des sozialen Netzes« war Lafontaine nicht allein. »Das Ziel der deutschen Einheit darf nicht den Blick dafür verstellen, welche Sorgen und Nöte die Bundesbürger haben«, erklärte am 9./10. Dezember der stellvertretende SPD-Vorsitzende Rudolf Dreßler. Er hob wie Lafontaine auf die Praxis ab, das Grundprinzip der westdeutschen Sozialversicherungen, ihre Finanzierung durch die Gemeinschaft der Beitragszahler, auf die Gewanderten nicht anzuwenden und diese allein qua ihres Status als DDR-Übersiedler teilhaben zu lassen. Wie lange könne man von den Beitragszahlern noch Zustimmung erwarten, fragte der Sozialexperte der Bundestagsfraktion auf einer Tagung der rheinland-pfälzischen SPD-Arbeitnehmerschaft Harxheim, »wenn immer mehr Personen Leistungen in Anspruch nehmen, die in diesem Teil Deutschlands dazu keinen Beitrag geleistet haben«. Die Bevölkerung empfinde dies »in wachsendem Maße als sozial ungerecht«, erklärte Lafontaine in dem zwei Tage später

181 »[...] in November 1989, well before his bid for chancellor, Oskar Lafontaine was already refashioning this newly prominent national issue into a social one«, kennzeichnet Schanetzky, German Reunification, S. 208, Lafontaines Strategie. Siehe ähnlich Andreas Rödder: Die deutsche Frage vor dem Einigungsvertrag: Parteien, Intellektuelle, Massenmedien in der Bundesrepublik, Historisch-politische Mitteilungen 15 (2008), S. 295–309, hier S. 302. Chatzoudis, Deutschlandpolitik der SPD, S. 86, 99 (mit dem Hinweis auf Lafontaines scharfe öffentliche Kritik an Kohls 10-Punkte-Programm sowie seinem Kalkül auch im Blick auf die saarländischen Landtagswahlen).

182 Peter Thelen: Gespräch mit dem saarländischen Ministerpräsidenten Oskar Lafontaine – Keine Wiederbelebung des Gesetzes aus dem Jahr 1950, Handelsblatt, 12.12.1989.

erschienenen *Handelsblatt*-Interview.[183] Namentlich Dreßler zielte darauf, über die mit dem Eingliederungsanpassungsgesetz vorgenommenen Änderungen hinaus vor allem rentenrechtlich neue Regelungen für Aus- und Übersiedler zu schaffen. Auch die SPD-Bundestagsabgeordnete Margitta Terborg meinte, man könne vom Beitragsprinzip nicht länger absehen, wenn eine »richtig verstandene Gleichbehandlung von Alt- und Neubürgern« angestrebt sei. Schließlich erwerbe man Rentenanwartschaften nicht mit der Staatsbürgerschaft.[184]

Lafontaine wiederum schien sich, beobachtet man seine öffentlichkeitswirksamen Vorstöße, nicht auf die Stellschraube Leistungskürzungen verlassen zu wollen. Nach seinem Vorstoß Ende November, die gesamtdeutsche Staatsbürgerschaft aufzugeben, unterbreitete er Anfang Dezember einen weiteren Vorschlag zur Erschwerung des Zugangs für Ostdeutsche. Er brachte die Variante ins Spiel, das Aufnahmegesetz von 1950 als Hebel zur Begrenzung des Zuzugs aus der DDR einzusetzen.[185] Der Umstand, dass die Aufnahme Ostdeutscher in der Bundesrepublik seit rund 40 Jahren sowie aktuell auf Grundlage dieses Gesetzes erfolgte, war – wie Reaktionen der Presse und verschiedener Politiker zeigten – öffentlich kaum bekannt.[186] Die mittlerweile etablierte Praxis hatte sich von

183 sch. [Autorenkürzel]: Gesetz von 1950 ausgegraben. Lafontaine erwägt juristische Schritte gegen Übersiedler, FR, 11.12.1989; Thelen, Gespräch mit Lafontaine, Handelsblatt, 12.12.1989.

184 In einer Stellungnahme Mitte Dez. 1989 begrüßte Dreßler, dass Bundesarbeitsminister Norbert Blüm (CDU) den »Gedanken eines Sozialversicherungsabkommens für die DDR nun öffentlich« erwäge. Denn das bei Aus- und Übersiedlern praktizierte Eingliederungsprinzip passe nur auf ein »System, das geschlossene Grenzen hat«. Rudolf Dreßler: Zu sozialpolitischen Fragen im innerdeutschen Bereich, Deutschlandfunk, 14.12.1989, zit. nach BPA-Dok: Deutschland 1989, Bd. 12, S. 965–967. Margitta Terborg: Praktische Deutschlandpolitik wird zum schwierigen Geschäft. Neu- und Altbürger müssen gleich behandelt werden, Sozialdemokratischer Pressedienst 44, 15.12.1989, Nr. 241, S. 1, 2 (Zitat), dort auch das folgende Zitat.

185 Ein entsprechender Vermerk des saarländischen Justizministeriums wurde wohl am 7.12.1989 an die Mitglieder des Parteipräsidiums, die SPD-Ministerpräsidenten und drei führende Fraktionsmitglieder versandt. Chatzoudis, Deutschlandpolitik der SPD, S. 96; Sturm, Uneinig in die Einheit, S. 234.

186 So war die Rede davon, dass Lafontaine ein altes Gesetz ausgegraben habe, vgl. sch., Gesetz von 1950 ausgegraben, FR, 11.12.1989. Die SZ erläuterte ihren Lesern, was es mit diesem Gesetz überhaupt auf sich hatte, vgl. Agence Press: Gesetz von 1950 schränkt Aufnahme ein, SZ, 12.12.1989. Der innenpolitische Sprecher der FDP-Bundestagsfraktion Burkhard Hirsch stellte in Reaktion auf Lafontaine klar: »Ein Gesetz aus dem Jahre 1950, durch das der Zuzug von Deutschen aus der DDR eingeschränkt werden kann, gibt es [...] tatsächlich.« Dieses Gesetz stamme aus der »schwierigen Zeit unmittelbar nach der Währungsreform« und müsse »unverzüglich aufgehoben« werden. Frak-

dieser normativen Grundlage weit entfernt, und es war fraglich, ob die im Gesetz angelegten Möglichkeiten zur Freizügigkeitsbegrenzung mit dem Argument, jetzt Übersiedelnde seien *keine* politischen Flüchtlinge mehr, greifen könnten, um ihnen die Aufenthaltserlaubnis zu verweigern.[187]

Für Lafontaine war das Aufnahmegesetz als Instrument interessant, seine Forderung, dass nur wer Arbeit und Wohnung nachweisen könne sich hier niederlassen dürfe, juristisch zu unterlegen.[188] Ein »Wiederausgraben« war seine Bezugnahme insofern tatsächlich, als er auf den ursprünglich mit dem Aufnahmegesetz verbundenen und inzwischen gänzlich in den Hintergrund getretenen Zweck rekurrierte, den Zuzug zu regulieren. Ebenso wie seine Forderungen bezüglich der Staatsangehörigkeitsregelung stand jedoch auch dieser Versuch, juristische Auflagen zu aktualisieren, gegen den Trend der Zeit. Neben empörten Erwiderungen seitens Union und FDP erntete Lafontaine eine harsche Absage in den eigenen Reihen. Dem auf der SPD-Präsidiumssitzung am 10. Dezember verabschiedeten Votum, auf die Errichtung jeglicher administrativer Hürden gegen Übersiedler verzichten zu wollen, schloss sich Lafontaine schließlich an.[189]

Die unterschiedlichen Einstellungen innerhalb der SPD zur Frage der Staatsangehörigkeit (und der Notaufnahme), die sich Ende 1989 offenbarten, spiegelten die Uneinigkeit bezüglich der Herstellung eines geeinten deutschen Staates.

tion der FDP im BT: Hirsch: Lafontaine macht kleinmütige Figur, FDP tagesdienst, 11.12.1989, zit. nach BPA-Dok: Deutschland 1989, Bd. 12, S. 951.

187 Vgl. als (polemische) Richtigstellung Rupert Scholz: Auf zum letzten Gefecht: Rot-grün und der Sozialismus. Oskar Lafontaines Bemühungen um Aussperrung von Deutschen verstoßen gegen das Grundgesetz, Die Welt, 11.12.1989. Lafontaine: Einschränkungen für Übersiedler, Der Spiegel Nr. 50, 11.12.1989, S. 14 (Zitat).

188 Etwa zeitgleich zu dem Rekurs auf das Notaufnahmegesetz von 1950 äußerte Lafontaine, dass es für DDR-Bürgerinnen und -Bürger inzwischen zumutbar sein dürfe, »erst dann in die Bundesrepublik umzusiedeln, wenn die Frage von Wohnung und Arbeitsplatz geklärt ist«. SPD: Mitteilung für die Presse, Presseservice der SPD, 6.12.1989, Nr. 753/89, zit. nach BPA-Dok: Deutschland 1989, Bd. 12, S. 948. Das von Lafontaine beauftragte Rechtsgutachten zum Aufnahmegesetz nahm auf die ausreichende Lebensgrundlage als Voraussetzung der Aufnahme Bezug und postulierte, übersiedelnde Ostdeutsche müssten demnach die Aussicht auf Wohnung und Arbeit nachweisen. Thelen, Gespräch mit Lafontaine, Handelsblatt, 12.12.1989.

189 Günter Bannas: Heftige Kritik an Vorschlägen Lafontaines. Die Freizügigkeit der Übersiedler/Mißinterpretation, FAZ, 12.12.1989. Helmut Lölhöffel: SPD-Spitze pfeift Lafontaine zurück. Vogel erzwingt öffentliche Richtigstellung zum Übersiedler-Gutachten, FR, 12.12.1989; Axel Schützsack: Exodus in die Einheit. Die Massenflucht aus der DDR 1989, Melle 1990, S. 47–48. Zu den Reaktionen Vogels und Engholms vgl. auch Sturm, Uneinig in die Einheit, S. 234–235.

Die gesamtdeutsche Staatsangehörigkeit zu verwerfen bedeutete, sich genau in dem Augenblick gegen ein Institut zu wenden, das *für* die nationale Zusammengehörigkeit der Deutschen stand, als eine Annäherung, vielleicht sogar die Einheit, plötzlich greifbar schienen. Ein solcher Akzent stand polar zu einer patriotisch-nationalen Haltung, wie sie 1989 in der SPD am entschlossensten Brandt, aber auch Vogel, Hamburgs früherer Erster Bürgermeister Klaus von Dohnanyi und andere vertraten. Lafontaine dagegen sprach für die eher auf der Parteilinken versammelten Skeptiker, die den Nationalstaat für historisch überholt hielten.[190] Am Ende des Jahres fand die SPD zu einer Linie, die Lafontaines Position zur Eingliederungsproblematik aufnahm, obgleich seine Zuzugsbegrenzungsvorstöße abgeschmettert worden waren. Nunmehr eindeutig für eine Vereinigung der beiden deutschen Staaten eintretend, formulierten die Sozialdemokraten in der Berliner Erklärung, dass die »vor allem auf die Nachkriegssituation zugeschnittenen Gesetze überprüft werden« müssten.[191]

Bei den Grünen wurde die Problematik anders verhandelt. Am 5. September 1989 nahm im Deutschen Bundestag ihre Fraktionssprecherin Jutta Oesterle-Schwerin Stellung. »Um es ganz unmißverständlich zu sagen: Die Grünen sind ohne Wenn und Aber für die Aufnahme der DDR-Flüchtlinge in der Bundesrepublik.«[192] Sie hatte Anlass zur Klarstellung. Erst rund drei Wochen zuvor hatte der Geschäftsführende Ausschuss der Alternativen Liste (AL) Berlin innerparteilich wie in der Öffentlichkeit für Aufregung gesorgt. In einer Presseerklärung sprachen sich Harald Wolf und Peter Lohauß dafür aus, DDR-Bürger in der Bundesrepublik wie Nicht-EG-Ausländer zu behandeln, ihnen also zwar eine Einreise ohne Visum zu gestatten, jedoch keinen automatischen Anspruch auf einen bundesrepublikanischen Pass einzuräumen. Eine solche Politik, so die beiden AL-Politiker, würde der Masse der DDR-Bürger mehr bringen »als die hohle Bonner Wiedervereinigungs-Rhetorik mit ihren international destabilisierenden und innenpolitisch in beiden deutschen Staaten fatalen Folgen«. Nach Auffassung Wolfs und Lohauß' beförderte die Abwanderung negative Entwick-

190 Mike Schmeitzner: Die SPD und die deutsche Frage 1989/90, in: Henke, Revolution, S. 402–418, hier S. 412, 414; Rödder, Deutsche Frage, S. 299–302.

191 Chatzoudis, Deutschlandpolitik der SPD, S. 96–99 (Zitat). Zu der Berliner Erklärung und dem Parteitag der SPD Ende Dez. 1989 siehe ausführlich Sturm, Uneinig in die Einheit, S. 237–253.

192 Jutta Osterle-Schwerin war seit Febr. 1989 Mitglied im Fraktionsvorstand und (neben Helmut Lippelt und Antje Vollmer) eine der drei Fraktionssprecher/-innen der Grünen. Vierhaus/Herbst, Biographisches Handbuch, S. 616; BT – PLPR 11/156, 5.9.1989, S. 11733 (C) (Zitat).

lungen: Mit ihr besaß die DDR-Führung ein »Ventil zur Kanalisierung des innenpolitischen Unmuts«, während die Opposition fortlaufend geschwächt werde. Auch einer Liberalisierung der Reisebestimmungen stand die Aussicht eines dann erst recht zu erwartenden »Massenexodus« entgegen.[193] Und selbst wenn in Ostdeutschland eine Demokratisierung einsetzte, erläuterte Lohauß seine Position im *taz*-Interview, bliebe bei der jetzigen Staatsangehörigkeitsregelung der Wechsel in den Westen die dominierende Option: Nach hiesigem Wohlstand strebend, würden die Abwandernden weiterhin die »individuelle Vereinigung in der Bundesrepublik« vollziehen, anstatt sich in der DDR für die Umgestaltung der Verhältnisse einzusetzen. Den deutschlandpolitischen Vorstellungen der Grünen stand dieses Szenario diametral entgegen. Sie wollten »kein wiedervereinigtes Deutschland in der Mitte Europas, sondern zwei deutsche Staaten«, betonte Lohauß, einer davon eine reformierte, nichtkapitalistische DDR.[194]

Wohl wissend, dass keine Aussicht auf eine Grundgesetzänderung bestand, stellten Wolf und Lohauß die gesamtdeutsche Staatsangehörigkeit gleichwohl zur Disposition, um »die Perspektive der Zweistaatlichkeit verstärkt in die Diskussion« zu bringen.[195] Was die Übersiedlungsbewegung anging, setzten sie damit gegenüber der Koalition und Mehrheit der SPD einen deutlich anderen Akzent: Zwar warfen auch sie der SED ein Demokratiedefizit vor, doch stellten sie zugleich die weitreichende Verantwortung der Bundesregierung heraus, insoweit diese nicht oder irreführend steuernd eingriff. So kritisierte die Fraktionssprecherin Antje Vollmer in der Bundestagsdebatte vom 8. November 1989, dass Außenminister Genscher durch seine Handhabung der Prager Ausreiseaktion »ein falsches Signal über die Aufnahmebereitschaft hier gegeben und somit eine Sogwirkung verstärkt« habe. Entgegen dem Befreiungspathos der Balkonszene bleibe »der Weg über die Prager Botschaft [...] ein Weg der Resignation [...] und des Nichtvertrauens auf die emanzipatorische Kraft in der DDR«.[196] Mit innen-

193 dpa: AL will DDR-Bürger wie Schweizer behandeln, Berliner Morgenpost, 12.8.1989 (Zitat). Die Lüge beenden, taz, 12.8.1989 (Zitat).

194 »Bleibt drüben« (Interview Peter Lohauß' mit Vera Gaserow), taz, 19.8.1989. Zum Vorstoß der Berliner AL siehe kurz Wick, Die Mauer, S. 253–254; Wolff, Mauergesellschaft, S. 896.

195 Wick, Die Mauer, S. 253–254.

196 Ebd., S. 252. Die Vorwürfe hinsichtlich des Umgangs mit der Abwanderungsbewegung entsprachen dem in dieser Phase bei den Grünen verbreiteten Vorgehen, ihre Hauptkritik verstärkt auf die Bundesregierung und weniger an die Adresse der DDR zu richten. Ebd., S. 251, 255. BT – PLPR 11/173, 8.11.1989, S. 13032 (C).

politischer Stoßrichtung wandte sich der arbeitsmarktpolitische Sprecher der Berliner AL-Fraktion Benedikt Hopmann gegen die »Heim-ins-halbe-Reich«-Politik der Bundesregierung. Die derzeitige Praxis garantiere den Zuziehenden zwar einen deutschen Pass, jedoch nicht ausreichend Wohnungen und Arbeitsplätze, und Immigranten anderer Herkunft hätten »keine Chancen mehr«. In dieser negativen Bewertung der Abwanderung hinsichtlich ihrer Auswirkungen in Ost- und Westdeutschland waren sich die Grünen weitgehend einig.[197] Wie man sich aber zu den Übersiedelnden selbst stellen sollte, blieb innerparteilich umstritten.

»Die richtige Forderung nach Zweistaatlichkeit verwandelt Peter Lohauß mittels der Verweigerung bundesdeutscher Pässe für DDRler in den Mauerbau von links«, befand Ende August Udo Knapp in der *taz*. Der 1960 aus Ostdeutschland geflohene Mitarbeiter der Grünen-Bundestagsfraktion sprach sich nicht nur gegen die Strategie aus, per Aufnahmestopp den Druck auf die DDR zu erhöhen. Er betonte auch, dass die Übersiedler eben keine Ausländer seien: »[...] sie gehören historisch einfach irgendwie in unseren sogenannten deutschen Laden. Da werden wir einfach zusammenrücken müssen.« Für die Berliner AL-Fraktion relativierte der Abgeordnete Michael Cramer die von Lohauß und Wolf formulierte Position, die nicht als Mehrheitsmeinung gelten könne. Verantwortlich für die momentane Situation sei »einzig und allein die Regierung der DDR«, stellte Cramer expliziter als viele seiner Parteikollegen heraus und pochte darauf, eine sonst gültige Erkenntnis auch hier anzuwenden: Flüchtlinge verließen ihr Land, weil die Verhältnisse dort unerträglich seien; solange es nicht gelinge, die Verhältnisse zu ändern, müsse man die Menschen aufnehmen.[198] Mit solchen Feststellungen wandten sich Knapp und Cramer gegen eine Argumentation, die Ostdeutschen überzeugende Wanderungsgründe absprach. Lohauß etwa verband seine Forderung nach Neuregelung der Staatsangehörigkeit mit der Feststellung, die Bundesrepublik »für jedes politische Asyl offenhalten zu wollen«, das demnach auch DDR-Bürger beantragen könnten. Für »diejenigen, die endlich mal

197 Rt. [Autorenkürzel]: AL: DDR-Bewohner sollen um Asyl bitten, FAZ, 29.8.1989. Der sozialpolitische Sprecher der Grünen, Willi Hoss, kritisierte westdeutsche Arbeitgeber, die bereits an den Sammelstellen DDR-Flüchtlingen Arbeitsverträge aufdrängten – dies sei ungerecht gegenüber hiesigen Erwerbslosen. hls., Aufrufe zur Solidarität, FAZ, 4.9.1989.

198 Udo Knapp: »Reiß den Stacheldraht aus dem Kopf«, taz, 24.8.1989; »Wir müssen die Flüchtlinge aufnehmen« (Interview Michael Cramers mit Miriam Moderow), taz, 23.8.1989.

keinen Trabi fahren wollen, sondern ein schönes Auto, hätte das zur Folge, daß sie nicht mehr übersiedeln können«, erläuterte der AL-Politiker.[199]

Damit traf er, wie Michael Cramer monierte, genau jene Unterscheidung zwischen Wirtschaftsflüchtlingen und politischen Flüchtlingen, welche die Grünen eigentlich bekämpften. Zugleich legte Lohauß nahe, ein Gutteil der DDR-Zuwanderer falle in die erstgenannte Kategorie.[200] Ohne dass er den Begriff Wirtschaftsflüchtling ausdrücklich verwendete, klang in seinen Formulierungen etwas an, was ähnlich sein Parteikollege Dirk Schneider Mitte der 1980er Jahre vorgetragen hatte. Wie damals ließ sich die Annahme ökonomischer Motive seitens der DDR-Zuwanderer auch jetzt dazu verwenden, die von der CDU/CSU propagierte Unterscheidung zwischen erwünschten deutschen und abzuwehrenden ausländischen Zuziehenden infrage zu stellen. Zudem erlaubte es der Rekurs auf materielle Wanderungsgründe, die Freiheitsrhetorik mit nun verstärkt nationaler Wendung, wie man sie auf Seiten der Regierungsparteien beobachtete, zu unterlaufen. Nicht zuletzt erschien ein politisches Migrationsmotiv, nun, da etwas in Bewegung geraten war und erst recht nach dem 9. November 1989, weniger zwingend: Angesichts »der rasanten Entwicklung in der DDR könne man politische Gründe für die Ausreise kaum noch ernsthaft vorbringen«. Auch schaffe jeder weitere Übersiedler nur Probleme, bemerkte kurz nach dem Mauerfall Jürgen Maier, Mitglied im Bundesvorstand der Grünen. Er persönlich habe keinerlei Verständnis mehr für die Abwandernden.[201]

Über solche Missbilligung hinaus brachten die Wandernden des Herbstes 1989 jene Linken, die an einer Alternative zum westlichen System festhalten wollten, in Deutungsnot: Immerhin flohen diese Ostdeutschen vor dem Sozialismus zumindest in seiner real existierenden Variante und, so der Journalist Reinhard Mohr rückblickend, »[s]chlimmer noch: Sie flohen in genau jenen Kapitalismus, den wir theoretisch schon tausendmal totgesagt hatten«.[202] In

199 Bleibt drüben, taz, 19.8.1989.

200 Die Flüchtlinge aufnehmen, taz, 23.8.1989.

201 Zu den Äußerungen Schneiders s.o. Kap. III.5; Rufe nach Aufnahmestopp, FR, 10.11.1989 (Zitat Maier).

202 Reinhard Mohr: Jubel? Wir sind so frei!, Spiegel Online, 25.10.2009 (http://www.spiegel.de/kultur/gesellschaft/wendejahr-1989-jubel-wir-sind-so-frei-a-656203.html) (2.6.2020). Ähnlich bereits zeitgenössisch Reinhard Mohr: Boat People und Pantoffelrevolutionäre. Zu den Reaktionen westdeutscher Linker auf die DDR-Flüchtlinge, taz, 11.10.1989. Vgl. auch Hermann Rudolph: Unsere kleine Wiedervereinigung, SZ, 5.9.1989: Für die Grün-Alternativen »dementieren die Flüchtlinge, so scheint es, jene Hoffnung auf den dritten Weg des Sozialismus, an den sie sich [...] klammern«.

einer Presseerklärung Ende September versuchte die Sprecherin im Grünen-Bundesvorstand Verena Krieger dieser Abstimmung mit den Füßen etwas entgegenzusetzen. Die bittere Erfahrung, dass der »Kapitalismus wenig mit dem vom Westfernsehen propagierten Bild gemeinsam habe«, stehe den Gewanderten noch bevor, skizzierte die Politikerin ein in diesem Kontext häufig angeführtes Enttäuschungsszenario. Insgesamt fiel es den Grünen (wie überhaupt vielen Linken) 1989 zunehmend schwer, die zahlreichen Ost-West-Wechsel nachzuvollziehen und zu billigen, denn die Abwanderungsbewegung bedrohte, was man sich in der neuen, dynamischen Situation wünschte: demokratische Reformen in der DDR, die die Menschen *dort* ins Werk setzen.[203]

Eine einheitliche Haltung aber, die man zur Grundlage politischer Forderungen machen konnte, ließ sich nur mühsam finden. Nicht zuletzt ging es darum, was von jedem einzelnen Übersiedlungswilligen verlangt oder ihm vorgeschrieben werden durfte – angesichts der eigenen, dem Anspruch nach humanitären flüchtlingspolitischen Grundsätze, die man beständig einklagte. Dass diese von deutschlandpolitischen Erwägungen nicht verdrängt werden sollten, erklärte schließlich sowohl die AL-Fraktion im Berliner Abgeordnetenhaus als auch die Bundestagsfraktion der Grünen zum Konsens: Es dürfe nicht der Eindruck entstehen, als wäre der »Einsatz gegen weitverbreitete Fremdenfeindlichkeit ausgerechnet bei Aus- und Übersiedlern geringer«, hieß es aus West-Berlin. Die Aufnahme der aus der DDR Kommenden sei für Grüne »ein selbstverständliches Gebot der Humanität«, stellte im Bundestag Anfang September Jutta Oesterle-Schwerin fest.[204]

Es blieb allerdings, diese Position mit der eigenen deutschlandpolitischen Linie zu vermitteln, die angesichts divergierender Einstellungen in der Partei überhaupt erst zu formulieren war. Die grüne Bundestagsfraktion gab dazu, nachdem sie sich auf einer Klausurtagung mit dem Thema Übersiedler/-innen und DDR beschäftigt hatte, am 21. September 1989 eine Presseerklärung ab: Wer immer aus Ostdeutschland in die Bundesrepublik übersiedele, sei ihnen

203 Bürgerliche Rechte und Freiheiten sowie bessere Einkaufsmöglichkeiten erhoffend, erwarte die Neubürger die Kehrseite der Freiheit: »hohe Mieten bezahlen zu können und obdachlos zu werden«. Die Grünen (Bundesvorstand): Vorstandssprecherin der Grünen warnt vor Rückfall in den Antikommunismus der 50er Jahre [Presseerklärung], 24.9.1989, zit. nach BPA-Dok: Deutschland 1989, Bd. 11, S. 65; Wick, Die Mauer, S. 252.

204 Alternative streiten über deutsche Staatsangehörigkeit. Bonner Grüne werfen ihren Parteifreunden in Berlin einen »Mauerbau von links« vor, Stuttgarter Zeitung, 29.8.1989; BT – PLPR 11/156, 5.9.1989, S. 11 733 (C).

herzlich willkommen, bekundeten die Grünen unter Punkt eins, um im zweiten Satz ihrer Besorgnis Ausdruck zu geben, dass jedes Potenzial für Veränderungen in der DDR dadurch abzufließen drohe. Außerdem bekräftigten sie, ein Fortbestehen deutscher Zweistaatlichkeit zu befürworten, da ihrer Ansicht nach eine Politik der Vereinigung einer Demokratisierung der DDR entgegenstand.[205] In einem Entschließungsantrag vom 29. September wurden die Fraktionsangehörigen insofern konkreter, als sie sich nun explizit der Frage der deutschen Staatsangehörigkeit annahmen. Sie forderten, den diesen Sachverhalt ungeregelt lassenden Grundlagenvertrag von 1972 dahingehend fortzuschreiben, *zwei* deutsche Staatsangehörigkeiten festzulegen (wobei die grundgesetzliche Problematik nicht behandelt wurde). Ziel dieser Veränderung sollte sein, den Handlungsspielraum der DDR, indem sie Souveränität gewann, in einer bestimmten Richtung zu vergrößern: ihr die Teilnahme an den in Osteuropa »laufenden Reform- und Demokratisierungsprozessen zu ermöglichen«, indem man sie zu einem vollwertigen Vertragspartner mit allseits anerkannten staatlichen Hoheitsrechten machte. Zugleich sah der Antrag vor, Bundes- und DDR-Bürgern den Erwerb der jeweils anderen Staatsangehörigkeit zu ermöglichen, ohne die eigene aufgeben zu müssen. Als Doppelstaater/-innen könnten diese Deutschen dann, aus der Einbindung in nur einen Staat gelöst, leichter Brücken schlagen.[206]

Die Grünen im Bundestag traten für die Aufgabe der gesamtdeutschen Staatsangehörigkeit aus ähnlichen Gründen ein wie die West-Berliner AL-Politiker. Es ging ihnen um die Betonung der deutschen Zweistaatlichkeit, Bewegungsspielraum für eine sich reformierende DDR und das Untergraben einer nationalen politischen Logik.

> Solange es drüben ein totalitäres Regime gab, hatte die Nichtanerkennung der DDR und ihrer Staatsbürgerschaft eine scheindemokratische Rechtfertigung [...]. Jetzt aber gibt es eine Reformbewegung, die vehement auf ihrem Eigensinn [...] beharrt und die ihren eigenen Raum dafür braucht,

205 Fraktion Die Grünen im BT: Erklärung der Fraktion zu den deutsch-deutschen Beziehungen, Pressedienst, 21.9.1989, zit. nach BPA-Dok: Deutschland 1989, Bd. 11, S. 59.

206 Antrag der Abg. Frau Hensel, Dr. Lippelt (Hannover) und der Fraktion Die Grünen. Doppelstaatsangehörigkeit für Bürger und Bürgerinnen der Bundesrepublik Deutschland und der Deutschen Demokratischen Republik, BT – PLPR 11/5275, 29.9.1989, Zitat S. 2; erwähnt bei Wick, Die Mauer, S. 252.

verteidigte Antje Vollmer am 8. November im Bundestag die Position ihrer Fraktion.[207] Ein zugleich migrationspolitisches Instrument zur Abwehr Zuzugswilliger sollte die Anerkennung einer eigenen DDR-Staatsbürgerschaft jedoch nicht sein. Sie wollten Ostdeutsche nicht »als DDR-Staatsbürgerinnen bzw. -bürger zurückschicken«, hatte die Abgeordnete Sieglinde Frieß schon in der Bundestagsdebatte vom 5. September herausgestellt. »Nein, auf keinen Fall« die »AL-Lösung«, bekräftigte auf Nachfrage eines CDU-Abgeordneten ihr Fraktionskollege Wilhelm Knabe.[208] Deutschlandpolitisch war mit dem Eintreten gegen Einheitsforderungen bei gleichzeitiger Unterstützung der DDR-Opposition eine Linie umrissen, auf die sich nach dem Mauerfall die unterschiedlichen Strömungen innerhalb der Partei weitgehend festlegen konnten (bevor der Konsens im Winter 1989/90 bereits wieder auseinanderbrach).[209] Die kontroverse Sicht der diesen Zielen zuwiderlaufenden Übersiedlungsbewegung stellten die Grünen dadurch still, dass sie die Aufnahme der Ostdeutschen dem Primat ihrer Grundsätze »einer Immigranten- und Flüchtlingspolitik« unterstellten: Diesen widerspräche die »Vorstellung des Zurückschickens« in jeder Hinsicht, betonte Sieglinde Frieß.[210]

Die Grünen werteten die Zuwanderung aus der DDR jedoch nicht allein im Hinblick auf die ost-, sondern auch die westdeutschen Verhältnisse als problematisch. In diesem Zusammenhang hoben sie ähnlich wie SPD-Politiker auf die verschärfte Konkurrenz unter gesellschaftlich Benachteiligten und die Frage sozialer Gerechtigkeit ab. Für die rund 11 000 West-Berliner »Dauer-Obdachlosen« seien die Chancen auf Unterkunft durch den Zuzug »auf Null gesunken«, äußerte etwa der baupolitische Sprecher der AL Michael Haberkorn gegenüber dem *Spiegel*.[211] Vor diesem Hintergrund wollten die Grünen eine Bevorzugung der Übersiedler (sowie der Aussiedler) abstellen, die sie gleich der SPD als Ursache sozialer Konflikte und damit als wichtiges Moment »in dem neuen Prozess der Veränderung der parteipolitischen Landschaft« ansahen. Trotzdem votierten die grünen Bundestagsabgeordneten gegen das von der Regierungskoalition eingebrachte und der SPD mitgetragene Eingliederungsanpassungsgesetz, weil es, wie German Meneses Vogl als Mitglied des Innenausschusses ausführte, der Problemlage nicht gerecht werde. Primär gelte es die Wohnsituation zu verbes-

207 BT – PLPR 11/173, 8.11.1989, S. 13 031 (D), 13 032 (A).
208 BT – PLPR 11/156, 5.9.1989, S. 11 757 (D).
209 Wick, Die Mauer, S. 256.
210 BT – PLPR 11/156, 5.9.1989, S. 11 757 (D).
211 Faß läuft über, Der Spiegel Nr. 38, 14.9.1989, S. 22.

sern, und zwar nicht allein für Aus- und Übersiedler, sondern ebenso für andere Bedürftige (»RentnerInnen, AusländerInnen, Erwerbslose«).[212] Solidarität müsse »gegenüber allen [...] schwachen Gruppen in der Gesellschaft ausgeübt werden«. Die Grünen nutzten die Debatte, um »Gleichbehandlung« über das Verhältnis von Aus-/Übersiedlern und Einheimischen hinaus universal einzuklagen »für alle in dieser Republik lebenden Menschen, ungeachtet der Nationalität, Herkunft und kulturellen Bekenntnissen und ungeachtet der Kriterien einer Deutschstämmigkeit«.[213]

Wie schon Mitte der 1980er Jahre kritisierten Grünen-Politiker die Eingliederung sowie gesetzlich garantierte Aufnahme der Aus- und Übersiedler unter dem Aspekt, dass diese inklusive Praxis mit unhaltbarer Begründung bestimmten Personengruppen vorbehalten blieb. Noch immer verweigere sich die CDU dem Gedanken, »Eingliederungsmaßnahmen in Form eines Gesetzes für Flüchtlinge aus der Dritten Welt vorzuschlagen oder endlich in die Diskussion über ein Einwanderungsgesetz einzusteigen«, kritisierte Meneses Vogl im September.[214] So verkörperten diese Gewanderten in den Augen westdeutscher Linker ein Stück gesellschaftliche Ungerechtigkeit nicht nur, weil sie die Konkurrenz der Schwachen steigerten, sondern auch, weil bei ihnen funktionierte, was sonst angeblich nicht möglich war: »Daß plötzlich, wo die DDR-BürgerInnen anklopfen, sogar noch Kabinen mit Arbeitsplatzgarantie und Sozialversorgung auf ihre Belegung warten, hätte eine Chance sein können, über die »Grenzen der Belastbarkeit« nachzudenken«, beklagte Vera Gaserow in Anspielung auf die »Das Boot ist voll«-Parole Anfang Oktober in der *taz*.[215] Ein Eingliederungskonzept für alle einschließlich Finanzierung hatten auch die Grünen 1989 allerdings nicht anzubieten. Anfang 1990 gerieten die Themen Einwanderung und Asyl sowohl in der öffentlichen Wahrnehmung als auch auf der politischen Agenda in den Hintergrund: Beherrschend wurden nun die anhaltende Übersiedlungsbewegung aus der DDR und die Frage, wie und wann sich die deutsche Einheit herstellen ließ.[216]

---

212 BT – PLPR 11/158, 14.9.1989, S. 12006 (D) (Zitate), 12007 (A).
213 BT – PLPR 11/176, 16.11.1989, S. 13431 (C) (Zitat), 13432 (A) (Zitat).
214 BT – PLPR 11/158, 14.9.1989, S. 12007 (B).
215 Vera Gaserow: Blumen und Stacheldraht. Das Elend mit dem »Flüchtlingselend«, taz, 2.10.1989.
216 Cooper, Immigration and German Identity, S. 255.

5. Abschied vom Aufnahmeverfahren

Anfang 1990 stellte sich den politischen Akteuren in der Bundesrepublik die innerdeutsche Situation trotz Aussicht auf Vereinigung in vielerlei Hinsicht problematisch dar. Eines der drängendsten Probleme bildeten die Übersiedler: Ihre Zahl blieb ungebrochen hoch. Allein in den ersten acht Tagen des neuen Jahres seien über 12 000 Ostdeutsche übergewechselt, berichtete Bundesinnenminister Wolfgang Schäuble am 10. Januar dem Kabinett. Im Durchschnitt kämen derzeit mehr als 2000 Menschen täglich. Umstände und Entwicklung in der DDR boten kaum Anlass, diesbezüglich auf baldige Entspannung zu hoffen. Immer deutlicher zeichnete sich ab, dass die dortige Wirtschaft »komplett ruiniert war und vor dem Bankrott stand«. Überdies zog die Regierung hinsichtlich ihrer Reformwilligkeit und -fähigkeit, wie Kanzleramtsminister Rudolf Seiters am 18. des Monats im Bundestag ausführte, neues Misstrauen auf sich, was ausbleibenden Zukunftsoptimismus und in der Folge eine anhaltend starke Abwanderung befürchten ließ. Kurz vor dem ökonomischen Kollaps stehend und in politisch heikler Lage, stand die DDR im Begriff, »demographisch ›auszubluten‹«.[217] An medizinischem Personal mangelte es schon jetzt, in die sozialen Sicherungssysteme riss der Weggang der Jungen große Löcher, beim avisierten politischen und wirtschaftlichen Auf- und Umbau würden sie fehlen. Diese Entwicklung konnte schlimmstenfalls die gesamte Demokratiebewegung ausbremsen. In der Bundesrepublik standen zunehmende soziale Konflikte zwischen Eingesessenen und Neubürgern zu befürchten. Die Dynamik der Übersiedlungsbewegung, die zunächst aus Sicht der Union ein wichtiges Moment gewesen war, um die deutsche Frage auf die politische Tagesordnung zu setzen, drohte aus dem Ruder zu laufen. »Fast flehentlich« forderte Bundeskanzler Helmut Kohl die DDR-Bewohner laut *Spiegel* in der zweiten Januarwoche »immer wieder auf, ihre Heimat nicht zu verlassen«, Oppositionsführer Hans-Jochen Vogel formulierte die gleiche »dringende Bitte«.[218]

---

217 »Sie fühlen sich betupft«. Bonn rechnet mit 500 000 neuen Übersiedlern, Der Spiegel Nr. 3, 15.1.1990, S. 16–18, hier S. 16 (Schäuble); Wirsching, Abschied, S. 676–677 (Zitate). BT – PLPR 11/188, 18.1.1990, S. 14 509 (A) (Seiters). Auch Kohl sprach in seiner Regierungserklärung Mitte Febr. von »den zunehmenden Problemen insbesondere durch den anhaltend großen Zustrom von Übersiedlern« – zu diesem Zeitpunkt bereits rund 85 000 seit Jahresbeginn – und einer zugespitzten, von Destabilisierung bedrohten Lage in der DDR. BT – PLPR 11/197, 15.2.1990, S. 15 105 (B).

218 Auf die Problematik »weglaufender« Ärzte und Krankenschwestern hatte der grüne Bundestagsabg. Wilhelm Knabe bereits im Nov. 1989 hingewiesen. BT – PLPR 11/173,

Opposition und Regierungskoalition entwickelten in der Frage, wie mit den Übersiedlern umzugehen sei, unterschiedliche Strategien. Innerhalb der SPD machte man sich in Teilen die Position Oskar Lafontaines zu eigen. Der stellvertretende Parteivorsitzende hatte auf dem Berliner Parteitag im Dezember 1989 mit seinem Plädoyer, das politische Handeln von der »Idee der sozialen Gerechtigkeit« leiten zu lassen, viele Genossen begeistert und damit auch die Frage der Kanzlerkandidatur für sich entschieden. Ende Januar 1990 absolvierte er für die SPD sehr erfolgreiche Landtagswahlen im Saarland, die er durch seinen Wahlkampf »zu einem Plebiszit für seine Deutschlandpolitik« gemacht hatte.[219] SPD-Politiker bekannten sich zunehmend zu einigen der Forderungen, die Lafontaine im vergangenen Winter unter dem Motto Anreize beseitigen formuliert hatte. Nicht aufgegriffen wurden etwaige Einschränkungen der Ost-West-Freizügigkeit. Bezüglich der Gestaltung der sozialen Sicherungssysteme drängte die SPD auf Veränderungen, die aber, ging man sie nicht rasch und entschlossen an, besser im Zuge des Einigungsprozesses und dann umfassend vorzunehmen wären.[220] Was Sozialdemokraten wie der Fraktionsvorsitzende im baden-württembergischen Landtag Dieter Spöri verstärkt als Sofortmaßnahme einklagten, war, die Bevorzugung der DDR-Übersiedler aufzugeben. Mit dieser Stoßrichtung verlangte Spöri Mitte Januar, die Notaufnahme von in der Bundesrepublik eintreffenden DDR-Bürgern einzustellen. Betreffende müssten sich, wie es Umzügler etwa von Hamburg nach Mannheim selbstverständlich täten, »auf eigene Kosten und

---

8.11.1989, S. 13047 (C). »Sie fühlen sich betupft«, Der Spiegel Nr. 3, 15.1.1990, S. 16 (Zitat Kohl, in diesem Kontext Verweis auf soziale Konflikte); BT – PLPR 11/188, 18.1.1990, S. 14537 (C) (Vogel).

219 »Aber vor allem muß doch auch für uns hier in der Bundesrepublik die Idee der sozialen Gerechtigkeit stehen.« Diese sei immer vorrangig gegenüber der »Idee, wie zukünftig Staaten zu schaffen seien«. Chatzoudis, Deutschlandpolitik der SPD, S. 105 (Zitat FN), 106. Durch das Ergebnis der Wahlen vom 28.1.1990, die der SPD 54,4 Prozent der Stimmen brachten, »konnte sich Lafontaine – scheinbar – bestätigt fühlen«. Wirsching, Abschied, S. 680 (Zitat Text und FN).

220 Hans-Jochen Vogel drängte Ende Jan. 1990 darauf, eine »grenzüberschreitende Solidargemeinschaft« herzustellen, die alle bisherigen, »durch frühere Unfreiheit in der DDR« bedingten Regelungen für Übersiedler ablösen sollte. Kg. [Autorenkürzel]: Koalition will Verlockungen beseitigen. Arbeitsgruppe soll Sozialleistungen an Übersiedler prüfen, FAZ, 17.1.1990. Rudolf Dreßler forderte zeitgleich, die Rentenansprüche Ostdeutscher in der Bundesrepublik neu zu regeln, siehe BT – PLPR 11/188, 18.1.1990, S. 14531 (D). Den späteren Vorschlag der Regierungskoalition, zunächst (nur) bei den Renten ehemaliger Mitarbeiter der DDR-Staatssicherheit anzusetzen, kritisierte Dreßler als unzureichend, s. u.

selbst um Wohnung oder Unterkunft kümmern«.[221] Diesen Wunsch nach Abschaffung des Aufnahmeverfahrens machte die SPD im Folgenden zu einer ihrer Hauptforderungen in der Übersiedlerpolitik, die sie am 7. Februar 1990 in Form eines Entschließungsantrags in den Bundestag einbrachte.[222]

Der Fokus richtete sich dabei nicht auf das Verfahren selbst, sondern auf die mit der Aufnahme verbundenen Ersthilfen: die Auszahlung von 200 D-Mark Überbrückungsgeld an erwachsene sowie minderjährige Übergesiedelte, um die Anfangszeit bis zum Erhalt von Sozialhilfe, Arbeitslosengeld oder Gehalt bestreiten zu können; die Pflicht der Länder, die Ankömmlinge so lange in Übergangsquartieren unterzubringen, bis sie Wohnraum gefunden hatten; die Erstattung von Fahrtkosten (von der Erstaufnahmestelle zum Übergangswohnheim; von dort zum neuen Wohnort). Darüber hinaus listete der SPD-Antrag weitere abzuschaffende Leistungen auf. Benannt waren Einrichtungsdarlehen, die DDR-Zuwanderer bis zu einer Höhe von 10 000 D-Mark von der Lastenausgleichsbank über ihre Hausbank zinsverbilligt beziehen konnten.[223] Bei anderen Punkten indes blieb unscharf, inwieweit die aufgeführten Hilfen im Zuge der seit 1989 teilweise bereits veränderten Praxis tatsächlich noch geleistet wurden. So hatte Innenminister Schäuble in Bezug auf das im Antrag erwähnte Lastenausgleichsgesetz Ende Januar 1990 darauf hingewiesen, dass Leistungen, die einen Schaden in der DDR voraussetzten, nunmehr entfielen.[224]

Der SPD kam es darauf an, die »Regelungen für die Aufnahme von Übersiedlern aus der DDR und die ihnen zu gewährenden Leistungen« grundsätzlich als historisch überholt und ungerechtfertigt anzuprangern. In diesem Sinne wurde in dem Entschließungsantrag wie in der begleitenden öffentlichen Debatte auch das Aufnahmeverfahren thematisiert.[225] Es rückte (anders als bei Lafontaine

221 lsw. [Autorenkürzel]: Spöri: Keine Notaufnahme mehr für DDR-Übersiedler, Stuttgarter Zeitung, 13.1.1990.

222 Antrag der Fraktion der SPD. Neuregelungen für Übersiedlerinnen und Übersiedler, BT – DRS 11/6381, 7.2.1990.

223 Ebd., S. 1.

224 Wolfgang Schäuble: Maßnahmen der Bundesregierung für Aus- und Übersiedler. Erklärung des Bundesministers des Innern, Bulletin des Presse- und Informationsamtes der Bundesregierung Nr. 12, 23.1.1990, zit. nach BPA-Dok: Deutschland 1990, Bd. 64, S. 377–378. Vgl. bereits Günter Bannas: Die Bundesregierung beschwichtigt: Das Tor bleibt offen. Schäuble: Öffentliche Debatte über Sozialleistungen für Aus- und Übersiedler ist unverantwortlich, FAZ, 18.1.1990, mit der Aussage Schäubles, dass Leistungen aus dem Lastenausgleichsgesetz seit Jahresbeginn entfielen.

225 Antrag SPD Neuregelungen Übersiedler, BT – DRS 11/6381, 7.2.1990, S. 2 (Zitat). Zur öffentlichen Debatte vgl. z. B. Bannas, Notaufnahmelager bleiben, FAZ, 19.1.1989;

wenige Monate zuvor) nicht unter dem Gesichtspunkt seines Potenzials in den Blick, Freizügigkeit an Auflagen binden und so zum Zweck der Migrationssteuerung beschränken zu können. Vielmehr drehte es sich um die mit dem Verfahren verbundenen Hilfen als Teil des für Übersiedler entwickelten Eingliederungsinstrumentariums. Auch was als Anachronismus der Aufnahme zu beanstanden war, stellte sich den Sozialdemokraten mittlerweile gänzlich anders dar als kritischen Beobachtern des Verfahrens bis Mitte der 1980er Jahre: Um etwaige Zumutungen gegenüber mühsam ihrem Staat Entronnenen konnte es angesichts offener Grenzen nicht länger gehen. Der Punkt war nun, dass aus Sicht der SPD überhaupt niemand aus der DDR mehr die Voraussetzungen besaß, berechtigt in den Genuss der mit der Aufnahme verbundenen Hilfestellungen zu gelangen – ein Einwand, der, da er fundamental bei der Frage des Status der Betreffenden ansetzte, eigentlich für alle DDR-Flüchtlinge betreffenden Leistungsgesetze galt.[226]

In der Plenardebatte vom 15. Februar 1990, in der der SPD-Antrag verhandelt wurde, erläuterte Gerlinde Hämmerle den dahinterstehenden Gedankengang. Sie argumentierte in Bezug auf das Aufnahmeverfahren für DDR-Übersiedler ähnlich, wie sie es hinsichtlich des BVFG tat, für das die SPD zeitgleich ebenfalls eine rasche Abschlussgesetzgebung beantragt hatte.[227] In diesem Kontext stand in derselben Bundestagssitzung vornehmlich der Status der Aussiedler zur Diskussion. Angesichts der politischen Entwicklungen in Osteuropa, so die Bundestagsabgeordnete, sei der bis dato angenommene Vertreibungsdruck weitgehend entfallen; dementsprechend sei der durch diesen Druck definierte Status des Vertriebenen, der spezifische Unterstützungsleistungen in der Bundesrepublik vermittelte, zu streichen.[228] Für übersiedelnde Ostdeutsche gelte, führte

Günter Bannas: SPD: Notaufnahme-Verfahren abschaffen. Koalition widerspricht, FAZ, 8.2.1990; Helmut Lölhöffel: SPD will Übersiedler gleichbehandeln. Regierungskoalition lehnt Antrag auf Abschaffung des Notaufnahmeverfahrens ab, FR, 8.2.1990.

226 Die Zeiten, in denen DDR-Bewohner ihr Land »nur unter Bedingungen verlassen konnten, die einer politischen Verfolgung nahe kamen«, seien vorbei, argumentierte der Antrag SPD Neuregelungen Übersiedler, BT – DRS 11/6381, 7.2.1990, S. 2.

227 Antrag der Fraktion der SPD. Beendigung des Neuerwerbs des Vertriebenenstatus und bundeseinheitliche Anwendung des Staatsangehörigkeitsrechts, BT – DRS 11/6311, 24.1.1990.

228 BT – PLPR 11/197, 15.2.1990, S. 15 196 (C/D). Das BVFG sei »kein Aussiedlergesetz, sondern ein Vertriebenengesetz«, verdeutlichte Fraktionskollege Dieter Wiefelspütz, »das auch die Aussiedler nur als Nachzügler der Vertreibung in einer bestimmten geschichtlichen Situation ansieht« – die nun wesentlich verändert sei. Ebd., S. 15 216 (B). Zu der veränderten Einschätzung des Vertreibungsdrucks siehe Heinelt/Lohmann, Immigranten im Wohlfahrtsstaat, S. 80 – 82.

Hämmerle parallel dazu aus, dass in der DDR politische Repression und daraus erwachsende Zwangslagen nicht mehr existierten, sie also keine Flüchtlinge seien und an diesen Status geknüpfte Hilfen erhalten könnten. »Die Voraussetzung für das Notaufnahmegesetz ist [...] der Flüchtling. Den Flüchtling aus der DDR gibt es aber seit dem 9. November 1989 nicht mehr.«[229]

Weil Repression als Fluchtgrund wegfiel und ein Weggang nicht mehr bedeutete, Hab und Gut zurückzulassen, betrachteten SPD-Politiker die dadurch begründeten Sonderleistungen als hinfällig. Daher wurde ihrer Ansicht nach eine veränderte Praxis notwendig, um dem verfassungsrechtlich verankerten Gleichbehandlungsgrundsatz Rechnung zu tragen. Alle durch Unfreiheit begründeten Regelungen müssten fallen, forderte der Parteivorsitzende Hans-Jochen Vogel Ende Januar 1990: »Mit dem Fall der Mauer, der Öffnung der Grenzen und der damit verbundenen Herstellung der vollen Freizügigkeit sowie den weiteren Veränderungen [...] in der DDR«, hieß es in dem SPD-Antrag vom 7. Februar, »ist die Rechtfertigung für Sonderleistungen entfallen.«[230] Der Ortswechsel allein, die Migration, reichte als Begründung für besondere Unterstützung nicht aus. Mit dieser Argumentation schlossen Vogel und andere Sozialdemokraten an das vor allem von Oskar Lafontaine vorgetragene Postulat sozialer Gerechtigkeit an, die es in dieser Umbruchszeit auch und gerade im Blick auf die Bundesbürger einzulösen gelte.[231] Während sich die SPD zum Ziel der deutschen Einheit bekannte, konnte sie zugleich Bundeskanzler Kohl für seine ungerechte Umverteilungspolitik kritisieren und sich als die Partei profilieren, die »die soziale Problematik der deutschen Einigung« im Blick hatte.[232]

Neben ihrer grundsätzlichen Kritik am Umgang mit DDR-Übersiedlern trugen SPD-Politikerinnen und -Politiker weitere Argumente für Veränderungen vor. Eines davon betraf die Funktionslogik und Finanzierung der praktizierten Eingliederung. Waren die Zuwandernden nämlich keine grenzüberwindenden

229 BT – PLPR 11/197, 15.2.1990, S. 15 197 (B).

230 BT – PLPR 11/188, 18.1.1990, S. 14 538 (B/D) (Vogel). Antrag SPD Neuregelungen Übersiedler, BT – DRS 11/6381, 7.2.1990, S. 2 (Zitat).

231 Neue Regelungen für Übersiedler einzuführen, führte Vogel aus, sei ein »Gebot [...] des Gleichbehandlungssatzes, und ein Gebot der sozialen Gerechtigkeit«. BT – PLPR 11/188, 18.1.1990, S. 14 538 (D). Lafontaine wurde von Vogel nun als derjenige herausgestellt, dem das Verdienst zukomme, auf die »schlimme[n] Folgen«, die eine Missachtung dieses Gerechtigkeitsgebots haben würde, »rechtzeitig und immer wieder hingewiesen zu haben«. Ebd.

232 Vgl. den Redebeitrag Vogels während der Aussprache zu Kohls Regierungserklärung. BT – PLPR 11/197, 15.2.1990, S. 15 112 (D), 15 113 (A) (Zitat).

Flüchtlinge mehr, sondern Berufs-, Einkommens- und Konsumchancen wahrnehmende Akteure in einem schrankenlosen Raum, erwies sich dieses Prinzip laut SPD als Fass ohne Boden und absurd. »Auf eine ökonomisch motivierte Zuwanderung ist es bei offenen Grenzen nicht anwendbar«, stellte Dieter Spöri zum Aufnahmeverfahren fest. Der infolge des krassen, kaum rasch zu beseitigenden Wohlstandsgefälles voraussichtlich anhaltende Wanderungsdruck dürfe »nicht durch Milliardenausgaben in Notunterkünfte« noch befördert werden. Ähnlich erklärte Rudolf Dreßler, »das Integrationsprinzip, also der Grundsatz, daß die von den Betroffenen in ihrer früheren Heimat erworbenen Rentenansprüche in ihre neue bundesrepublikanische Rentenbiographie eingegliedert [...] werden«, habe seinen Sinn »nur bei geschlossenen Grenzen«.[233] Getreu Lafontaines Losung, nicht das Weggehen, sondern das Dableiben zu prämieren, plädierten die Politiker überdies dafür, bei der Eingliederung Geld zu sparen, das gezielt für Verbesserungen der Lage in der DDR eingesetzt werden könnte.[234] Nicht zuletzt würde die Abschaffung der mit der Aufnahme verbundenen Hilfestellungen zuzugsmindernd wirken. Ein Mensch entschließe sich leichter zur Übersiedlung, brachte etwa Gerlinde Hämmerle vor, »wenn er weiß, daß er auf Biegen und Brechen [...] untergebracht werden muß, als wenn er weiß, daß er in eigener Verantwortung sein Lebensumfeld regeln muß«.[235]

Dass eine Erschwernis an dieser Stelle einen solchen Effekt hätte, glaubten die Grünen im Bundestag nicht. Trotzdem befürworteten sie ebenfalls eine Aufgabe des Aufnahmeverfahrens und waren darüber hinaus in wesentlichen Punkten mit der SPD einer Meinung. Wie bereits im Herbst 1989 deutlich geworden war, trat die Partei für eine Gleichbehandlung Einheimischer und Zugewanderter ein, um die durch Letztere verstärkte soziale Konkurrenz schwächerer Gruppen der Bevölkerung nicht weiter zu steigern. Angewandt auf die Praxis der Aufnahme bedeutete das, wie die Bundestagsabgeordnete Marieluise Beck-Oberdorf erläuterte, dass für Ostdeutsche ein Ortswechsel nicht durch staatliche Assistenz einfacher gemacht werden dürfe als für Westdeutsche. In der Frage des Fremd-

233 Da brennt Sicherung durch, Der Spiegel Nr. 4, 22.1.1990, S. 50 (»In vielen Bereichen trägt die gegenwärtige Rechtslage Züge des Absurden.«); Spöri, Kurs in Übersiedlerpolitik korrigieren, Sozialdemokratischer Pressedienst 45, 20.2.1990, Nr. 36, S. 3, zit. nach BPA-Dok: Deutschland 1990, Bd. 64, S. 430; BT – PLPR 11/188, 18.1.1990, S. 14531 (D) (Dreßler).

234 lsw., Spöri: Keine Notaufnahme mehr, Stuttgarter Zeitung, 13.1.1990. Vgl. auch entsprechende Ausführungen Horst Ehmkes, BT – PLPR 11/188, 18.1.1990, S. 14513 (B).

235 BT – PLPR 11/197, 15.2.1990, S. 15201 (A).

rentenrechts sprachen sich die Grünen explizit dafür aus, dass herrschende Eingliederungs- durch ein Exportprinzip zu ersetzen: Die DDR-Sozialversicherung müsse »für ihre Mitglieder zuständig bzw. verantwortlich bleiben, auch für diejenigen, die hierher übersiedeln«, so Beck-Oberdorf.[236] Wie bei der SPD verband sich aus Sicht der Grünen die Kritik an der Eingliederung der Übersiedler über das Thema soziale Gerechtigkeit mit weiterreichenden Fragen. Die geübte Praxis bot Anlass, die Bundesregierung mit doppelter Stoßrichtung – sowohl deutschland- als auch migrationspolitisch – zu attackieren und andere Akzentsetzungen einzufordern. So verfehlte nach Auffassung der Grünen die Beschäftigung mit ostdeutschen Zuwanderern schon im Ansatz das aktuell primäre »Wunschziel«: Dies war eben nicht deren soziale Einbindung in der Bundesrepublik, sondern die »wirtschaftliche und soziale Unterstützung der DDR«.[237] Dass man also dort Geld einsparen sollte, um es hierfür einzusetzen, vertraten die Grünen ebenso wie die SPD.[238] Gemeinsam rügte man Kohl als viel zu zögerlich bezüglich eines finanziell großzügigen Soforthilfeprogramms für Ostdeutschland. Die Grünen werteten die Zurückhaltung der Koalition gegenüber der Regierung Modrow als »Erpressungsspiel« mit dem Ziel, die DDR überstürzt und alternativlos in die kapitalistische Marktwirtschaft zu zwingen. Antje Vollmer brandmarkte Kohls deutschlandpolitische Intentionen als eine Art Imperialismus in Gestalt einer »ökonomischen Vorwärtsstrategie«.[239]

So galt die Aufnahme und Eingliederung der Übersiedler den Grünen als Ausweis einer irrigen Deutschlandpolitik, die es versäumte, in der DDR Perspektiven für das Bleiben zu schaffen. Wie schon in der zweiten Jahreshälfte 1989

236 BT – PLPR 11/197, 15.2.1990, S. 15 202 (D), 15 193 (C) (Zitat).

237 Bonn soll wegen Aus- und Übersiedlern die Notbremse ziehen. SPD und Grüne rufen nach Abbau von Sozialleistungen/Für Abschaffung des Vertriebenengesetzes/CDU rügt Tür-zu-Politik, FR, 25.1.1990. Zur migrationspolitischen Stoßrichtung der Argumentation s. u.

238 Auch die Grünen, erläuterte Beck-Oberdorf, hätten eine Gleichstellung der DDR-Übersiedler mit Bundesbürgern vorgeschlagen, was bedeute, »ihre finanzielle Situation hier zu verschlechtern«. Die so gewonnenen Mittel gelte es vollumfänglich in der DDR einzusetzen, um deren weiteres Ausbluten zu unterbinden. BT – PLPR 11/197, 15.2.1990, S. 15 202 (B). Vgl. auch den Bericht von HB [Autorenkürzel]: Übersiedler als Einwanderer, Handelsblatt, 25.1.1990: Die Grünen verlangten einerseits eine Aufhebung von BVFG und Fremdrentengesetz, andererseits forderten sie, die Sozialsysteme der DDR mit Geldern der Bundesregierung zu unterstützen und so den massenhaften Weggang jüngerer Menschen auszugleichen.

239 BT – PLPR 11/197, 15.2.1990, S. 15 202 (A) (Zitat Beck-Oberdorf); BT – PLPR 11/188, 18.1.1990, S. 14 519 (A/B) (Zitat Vollmer).

problematisierten sie jedoch noch einen anderen Aspekt: Sie stellten die Eingliederung Ostdeutscher in den Kontext von Migrationspolitik und kritisierten das Prinzip, Unterstützung an die Statuszuschreibung Deutscher zu binden.[240] Es bedürfe »einer sozial flankierten Einwanderungspolitik«, die weder bei der Gewährung von Zutritt zum Gebiet der Bundesrepublik noch von Hilfen nationalen Gesichtspunkten folge, insistierte Marieluise Beck-Oberdorf Mitte Februar im Bundestag. Die Kriterien für den Umgang mit den Gewanderten sollten fallbezogene sein. So könne man Aussiedler weiterhin aufnehmen, wenn man »verfolgungsbedingte Zwangslagen« berücksichtige.[241] Ostdeutsche hingegen würden im Zuge einer solchen an individuellen Fluchtgründen orientierten Einwanderungspolitik eigentlich keine Aufnahme mehr finden. Ihre Freizügigkeit einzuschränken, stand für die Grünen im Frühjahr 1990, wie Beck-Oberdorf festhielt, allerdings nicht mehr zur Debatte.[242]

Innerhalb der Regierungskoalition, für die eine Limitierung der Ost-West-Freizügigkeit von vornherein keine Option gewesen war, sorgte die Übersiedlerproblematik zunehmend für Unruhe und Unstimmigkeiten. Welche Möglichkeiten zur Abschwächung der Zuwanderung gab es, wenn man bezüglich des Zugangs der Übersiedlungswilligen nicht intervenieren wollte?[243] Die Koalition

240 Es müsse »Schluss sein mit einer deutschtümelnden Sozialpolitik«, verlangten am 24.1.1990 die Abg. Marieluise Beck-Oberdorf und Willi Hoss, beide Mitglieder im sozialpolitischen Ausschuss des BT. Anstelle des BVFG, das gegenstandslos geworden sei, wünschten die Grünen »ein Einwanderungsgesetz mit flankierenden sozialpolitischen Regelungen« für alle Einwanderungswilligen. Bonn soll Notbremse ziehen, FR, 25.1.1990.

241 BT – PLPR 11/197, 15.2.1990, S. 15 203 (A), (B) (Zitate).

242 Ebd., S. 15 202 (D). Es sei vollkommen klar, so Beck-Oberdorf, dass sie nicht die Freizügigkeit zwischen DDR und Bundesrepublik einschränken wollten; dafür gebe es auch keinerlei rechtliche Möglichkeit. Wofür die Grünen jedoch eintraten, war die Anerkennung einer DDR-Staatsbürgerschaft, die für sie im Zusammenhang eines Bekenntnisses zur Zweistaatlichkeit stand – was wiederum einer überstürzten, allein bundesrepublikanisch dominierten Vereinigung entgegenstehen sollte. Damit allerdings hätte sich die Rechtslage hinsichtlich des Zugangs Ostdeutscher zur Bundesrepublik entscheidend verändert. Vgl. die bei HB, Übersiedler als Einwanderer, Handelsblatt, 25.1.1990 referierten Statements; außerdem BT – PLPR 11/188, 18.1.1990, S. 14 535 (A/B) (Votum Hoss' für das Prinzip der Zweistaatlichkeit). Zu dem Eintreten der Grünen für die Existenz zweier deutscher Staaten und seinen Hintergründen siehe Wick, Die Mauer, S. 263–264, 266, 270. Seit Anfang Febr. 1990 begann sich unter den Realos ein Kurswechsel durchzusetzen, der sie die deutsche Einheit nun alternativlos sehen ließ. Ebd., S. 273–274.

243 Dass es keine Änderungen am Staatsangehörigkeitsrecht geben würde, bekräftigte Bundesinnenminister Schäuble Ende Jan. 1990 noch einmal ausdrücklich. Bannas, Die

S-Bahnhof Friedrichstraße, Ost-Berlin, 1990.

setzte vorrangig darauf, Wanderungsgründe in der DDR zu minimieren: das innerdeutsche sozio-ökonomische Gefälle über Anpassungen und Investitionen dort abzubauen, die Demokratisierung voranzubringen und die Einheit als greifbar darzustellen. Am 6. Februar 1990 kündigte Helmut Kohl an, der Regierung der DDR eine Währungsunion anbieten zu wollen.[244] Die damit verbundenen Absichten legte der Bundeskanzler in seiner Regierungserklärung vom 15. des Monats dar: »Es geht jetzt darum, ein klares Signal der Hoffnung und Ermuti-

Bundesregierung beschwichtigt, FAZ, 18.1.1990. Die Formel vom offenen Tor wiederholte Schäuble mehrfach, siehe z. B. Der Bundesminister des Innern teilt mit: [Das Tor zur Bundesrepublik bleibt offen], Pressedienst des Bundesministeriums des Innern, 17.1.1989, zit. nach BPA-Dok: Deutschland 1990, Bd. 64, S. 3; Schäuble, Maßnahmen der Bundesregierung, Bulletin des Presse- und Informationsamtes der Bundesregierung Nr. 12, 23.1.1990, zit. nach ebd., S. 377–378.

244 Zur Genese des Konzeptes einer Währungsunion und ihrer Verkündung durch Helmut Kohl als Ad-hoc-Maßnahme ohne Zwischenstufen entgegen starken Bedenken aus finanzwissenschaftlicher und volkswirtschaftlicher Sicht siehe Wirsching, Abschied, S. 674–677.

gung für die Menschen in der DDR zu setzen.« Dafür sei die Bundesrepublik bereit, ihren »stärksten, wirtschaftlichen Aktivposten einzubringen: die Deutsche Mark«.[245]

Zusammen mit der Einführung der westdeutschen Währung war eine Wirtschaftsgemeinschaft geplant, was für Ostdeutschland bedeutete, ad hoc auf Marktwirtschaft umzustellen. Beide Maßnahmen, »Währungsunion und erweitertes Wirtschaftsgebiet«, sollten, wie Bundesfinanzminister Theo Waigel verdeutlichte, in einem Zuge und auf einen Schlag erfolgen: »Die Würfel für die Einheit sind gefallen. Es bleibt keine Zeit mehr für langjährige Anpassungsprozesse.« Dass dieses Vorgehen von Wirtschaftsexperten als höchst riskant bewertet wurde, verschwiegen weder Waigel noch Kohl. Es sei aber vor allem »die politische Lage in unserem Land«, die es als handlungsleitend zu berücksichtigen gelte, stellte der Bundeskanzler heraus. So sei in der DDR eine rasche Destabilisierung zu befürchten, während hier »die zunehmenden Probleme [...] durch den anhaltend großen Zustrom von Übersiedlern deutlich« würden. »Sie müssen wissen: Es lohnt sich, in der DDR zu bleiben«, betonte auch Waigel; Stufenpläne böten »keine erfolgversprechende Perspektive mehr«.[246] Die Ankündigung der angestrebten Union beschleunigte den Einigungsprozess laut Tim Schanetzky enorm und verweist auf ein Forschungsdesiderat: Die spezifische Dynamik, die die Übersiedler nach Westdeutschland brachten, sei im Hinblick auf ihre politischen Folgen noch nicht systematisch untersucht, aber beachtenswert, um die rasche Realisierung der Einheit überhaupt zu verstehen.[247]

Auch nicht geringe Hilfen, die bereits vor einer erst mit einer demokratisch gewählten DDR-Regierung umsetzbaren Wirtschafts- und Währungsunion zu realisieren waren, hatte die Koalition vorgesehen.[248] Unstimmigkeit bestand jedoch darüber, inwieweit und wie rasch das Eingliederungsinstrumentarium für Übersiedler ab- und umgebaut werden sollte und welche Wirkung das haben

245 BT – PLPR 11/197, 15.2.1990, S. 15 106 (A/B). »Wenn wir verhindern wollten, dass die Leipziger zur D-Mark kommen, mußte die D-Mark zu den Leipzigern kommen«, schrieb Kohl dazu später. Helmut Kohl: Ich wollte Deutschlands Einheit, Berlin 1996, S. 232.

246 BT – PLPR 11/197, 15.2.1990, S. 15 129 (B/C) (Zitate Waigel), 15 105 (D/B) (Zitate Kohl). Dass diese Form der Währungsunion eine nicht ökonomisch, sondern »rein politisch motivierte Lösung« darstellte, konstatiert Wirsching, Abschied, S. 678 (Zitat Fn), 679. Zu den Hintergründen siehe auch Ritter, Preis der Einheit, S. 31.

247 Schanetzky, German Reunification, S. 202–203.

248 BT – PLPR 11/197, 15.2.1990, S. 15 105 (B/C). In seiner Regierungserklärung umriss Kohl geplante Maßnahmen.

würde. Dass die Koalition sich Eingriffen inzwischen nicht mehr völlig verschließen wollte, zeigte die Einrichtung einer Arbeitsgruppe unter Leitung Norbert Blüms. Am 16. Januar 1990 in einem Koalitionsgespräch beim Bundeskanzler initiiert, nahm sie zunächst das Rentenrecht ins Visier.[249] Blüm machte jedoch rasch klar, dass er im Grundsatz an der derzeitigen Praxis festhalten wollte: »Wir werden das Gesetz modifizieren. Aber wir stehen zu dem Eingliederungsprinzip. Das ist ein Solidaritätsprinzip«, unterstrich der Bundesarbeitsminister am 18. Januar im Bundestag. Die Überzeugung der SPD, dass infolge der gewandelten Lage in der DDR die Voraussetzungen dieses Solidaritätsprinzips infrage gestellt waren, teilte Blüm nicht. Vor allem aber wandte er sich gegen den Gedanken, dass Rentenzahlungen in der Bundesrepublik einen relevanten Anreiz für übersiedlungswillige DDR-Bewohner darstellten. Der CDU-Politiker sah die Abwanderungsbewegung allein aus den Verhältnissen der DDR heraus und immer noch politisch motiviert: »Das ist [...] das Thema Freiheit, Rechtsstaat, soziale Marktwirtschaft.« Blüm trug seinen Standpunkt in scharfer Abgrenzung zur Position der SPD vor; insbesondere griff er Lafontaine an, der sich »mit seinem sozialpolitischen Gerede«, das die SED aus der Verantwortung nehme, zu deren »Erfüllungsgehilfe[n]« mache.[250]

Die hier in Polemik gekleidete Sorge, dass »die Unentschiedenen« angesichts einer möglichen »Abriegelung« des Sozialstaats »ihre Koffer packen und sich schnellstmöglich auf die Reise begeben«, teilte Wolfgang Schäuble. Er verwies regelmäßig auf das Eingliederungsanpassungsgesetz, das bereits wesentliche Kürzungen installiert habe, so dass übersiedlerspezifische Hilfen kaum mehr existierten.[251] Auch der FDP-Bundesvorsitzende Otto Graf Lambsdorff sprach sich für eine Beibehaltung des Eingliederungsprinzips aus und warnte, jede »Ankündigung der Beschneidung von Hilfen« würde Torschlusspanik aus-

249 Kg., Verlockungen beseitigen, FAZ, 17.1.1990; Kg.: Koalition will Leistungen an Übersiedler kürzen. Pläne nehmen konkrete Formen an, FAZ, 2.2.1990.

250 BT – PLPR 11/188, 18.1.1990, S. 14529 (A) (Zitat), 14528 (A) (Zitat), 14530 (C) (Zitat).

251 Ebd., S. 14527 (A) (Zitat Blüm); Bannas, Die Bundesregierung beschwichtigt. Bannas zitierte sowohl Schäuble als auch Bundesaußenminister Genscher mit der Warnung vor Panikreaktionen in der DDR; Schäuble, Maßnahmen der Bundesregierung, Bulletin des Presse- und Informationsamtes der Bundesregierung Nr. 12, 23.1.1990, zit. nach BPA-Dok: Deutschland 1990, Bd. 64, S. 377–378: »Im Übrigen spricht alles dafür, daß die als Starthilfe gewährten Eingliederungsleistungen nicht die Ursache für die Übersiedlung in der Bundesrepublik Deutschland sind.«

lösen.[252] Gegenwind kam hingegen aus den Reihen der CSU. So plädierte der Bundestagsabgeordnete Gerhard Scheu für ein neues Konzept: Die Altersgelder für Übersiedler sollten so gestaltet werden, dass sie über dem Sozialhilfesatz, aber unterhalb der westdeutschen Durchschnittsrente lagen. Überdies wurde Lafontaines Forderung ventiliert, die Übersiedlung an die Auflage zu binden, sich zuvor Wohnung und Arbeitsplatz zu beschaffen.[253] Wachsende Unruhe beobachteten Journalisten unter Angehörigen der CDU-Bundestagsfraktion. Angesichts des Saarwahl-Ergebnisses und zunehmend günstiger Umfragewerte der SPD befürchteten Abgeordnete, die Christdemokraten könnten ins Hintertreffen geraten, wenn sie keine sichtbaren Einschnitte bei den Leistungen für Übersiedler durchsetzten. Kohl und Schäuble hingegen beharrten darauf, sich weiterhin in Abgrenzung zur SPD als »politische Kraft der deutschen Einheit« und nicht als »Partei des Sozialneids« zu profilieren.[254]

Was den Bereich Renten betraf, diskutierte Blüms Arbeitsgruppe verschiedene Reformmodelle. Als Gesetzentwurf ausgearbeitet wurde aber nur eine Modifizierung, die lediglich eine Empfängergruppe betraf. »An einer Stelle werden wir rabiat kürzen«, hatte Blüm bereits am 18. Januar im Bundestag bekanntgegeben. »Für Stasi-Leute keine Rente in der Bundesrepublik!«[255] Auch wenn man das Fremdrentenrecht nicht umgestalten wollte, ließ sich anhand dieser begrenzten Maßnahme, die überdies das öffentliche Gerechtigkeitsempfinden ansprechen konnte, Tatkraft demonstrieren. So erklärte der CDU-Abgeordnete Alfons Müller in der Bundestagssitzung vom 15. Februar, die geplante Neuerung »sei weniger ein Spargesetz als vielmehr ein Gesetz hin zu mehr Gerechtigkeit«. Sei-

---

252 Kg., Verlockungen beseitigen, FAZ, 17.1.1990; BT – PLPR 11/188, 18.1.1990, S. 14 523 (B) (Zitat Lambsdorff).

253 Thomas Linke: CSU drängt, Leistungen an Übersiedler zu kürzen, Die Welt, 17.1.1990. Vgl. auch Da brennt Sicherung durch, Der Spiegel Nr. 4, 22.1.1990, S. 30 (Äußerung Scheus, das ganze Recht müsse auf eine neue Grundlage gestellt werden).

254 Heinz-Joachim Melder: Kohl und Schäuble auf der historischen Wolke. CDU/CSU-Fraktion will Leistungen für Aussiedler kürzen – Kanzler und Minister dagegen, Hannoversche Allgemeine Zeitung, 8.2.1990. Laut einer Umfrage des Spiegels hatte sich nach Lafontaines Landtagswahlerfolg der Anteil jener, die von einer für die CDU/CSU günstigen Stimmung sprachen, von 42 auf 20 Prozent verringert. Wird Lafontaine Kanzler? Spiegel-Umfrage im Wahljahr 1990 (I): Die politische Situation im Januar, Der Spiegel Nr. 6, 5.2.1990, S. 38 – 47, hier S. 38; vgl. auch S. 40 mit vergleichenden Daten zur Popularität der beiden demnächst zur Wahl stehenden Kanzlerkandidaten Lafontaine und Kohl, die Ersteren vorn zeigten.

255 Kg., Leistungen an Übersiedler kürzen, FAZ, 2.2.1990 (diskutierte Modelle); BT – PLPR 11/188, 18.1.1990, S. 14 528 (C) (Zitat Blüm).

tens der SPD kritisierte Rudolf Dreßler das Vorhaben als »klägliche und sinnlose Ersatzhandlung«, zumal es das Fremdrentengesetz auf absehbare Zeit sowieso nicht mehr geben werde. Der FDP-Sozialpolitiker Dieter-Julius Cronenberg räumte ein, dass sich die Veränderungen tatsächlich nur auf eine Übergangszeit bis zur Vereinigung richteten, verteidigte sie aber als sinnvoll, um Handlanger der Unrechtsregimes nicht hier noch rentenrechtlich zu begünstigen. Im Ergebnis wurde der Gesetzentwurf nicht mehr realisiert.[256] In derselben Sitzung wurde auch der Entschließungsantrag vom 7. Februar diskutiert, mit dem die SPD einen Vorstoß in Richtung Neuregelungen für Übersiedlerinnen und Übersiedler unternommen hatte. In Reaktion darauf bekräftigte Bundesinnenminister Schäuble seine Haltung, es seien jedenfalls *nicht* die ohnehin bereits beschnittenen materiellen Leistungen für Übersiedler in der Bundesrepublik, die DDR-Bewohner zum Wechsel animierten. Wenn die SPD den Eindruck erwecke, durch weitere Kappungen den Zuzug mindern zu können, sei dies irreführend und schüre hierzulande nur »Neid und Mißgunst«.[257]

Ausdrücklich erteilte Schäuble auch dem Anliegen eine Absage, das Aufnahmeverfahren für DDR-Zuwanderer abzuschaffen. Er war in dieser Frage gleichfalls der Ansicht, dass eine Einstellung den gewünschten abschreckenden Effekt nicht hätte – Ostdeutsche also selbst dann weiterhin in großer Zahl kämen, wenn sie hier zunächst Obdachlosenunterkünfte erwarteten. Zudem seien Zeitpunkt und Prioritäten falsch. Allein die deutsche Einheit könne das Problem der Übersiedler stilllegen, an ihrer Herstellung gelte es derzeit mit allen Kapazitäten zu arbeiten. Dass er außerdem befürchtete, mit einer Aufgabe des Aufnahmeverfahrens – ähnlich wie durch übermäßige Einschnitte bei den Eingliederungshilfen – eine Ausreisepanik auslösen, hatte Schäuble in Stellungnahmen seit Mitte Januar 1990 mehrfach deutlich gemacht. An eine Schließung der Aufnahmelager sei erst zu denken, wenn die Zahl der Übersiedler zurückgegangen sei.[258] Schäuble

256 Gesetzentwurf der Fraktionen der CDU/CSU und FDP. Entwurf eines Gesetzes zur Änderung des Fremdrentenrechts, BT – DRS 11/6452, 14.2.1990; BT – PLPR 11/197, 15.2.1990, S. 15 188 (C) (Zitat Müller), (D) (Zitat Dreßler), 15 190 (C/D) (Cronenberg), 15 187 (D), 15 195 (Überweisung an Ausschuss für Arbeit und Sozialordnung, für innerdt. Bez., Innen-, Rechts- und Haushaltsausschuss).

257 Ebd., S. 15 207 (C/D) (Zitat).

258 Bannas, Die Bundesregierung beschwichtigt, FAZ, 18.1.1990; Bannas, Notaufnahmelager bleiben, FAZ, 19.1.1989; Bannas, Notaufnahme-Verfahren abschaffen, FAZ, 8.2.1990; Wolfgang Schäuble: [Zu deutschlandpolitischen Aspekten], Deutschlandfunk, 24.1.1990, zit. nach BPA-Dok: Deutschland 1990, Bd. 64, S. 392–395; Wolfgang Schäuble: [Zu Fragen der Deutschlandpolitik], WDR 3, 10.2.1990, zit. nach ebd., S. 410.

verwies überdies auf die seines Erachtens unentbehrliche Funktion des Aufnahmeverfahrens, die Übersiedelnden und damit die mit dem Zuzug einhergehenden Belastungen gleichmäßig auf die Bundesländer zu verteilen. In diesem Sinne habe am 26. Januar 1990 auch eine unter seinem Vorsitz tagende Bund-Länder-Arbeitsgruppe votiert: Ziel sei zwar, referierte Schäuble den gemeinsamen Beschluss von zehn Bundesländern und drei kommunalen Spitzenverbänden, das Aufnahmeverfahren so schnell wie möglich zu beenden, doch wolle man gegenwärtig noch nicht darauf verzichten. Über mögliche Kürzungen bei den von den Ländern getragenen Hilfen für Über- und Aussiedler werde weiter beraten.[259]

Wie in der Frage der Sozialleistungen vertrat der Bundesinnenminister hinsichtlich des Aufnahmeverfahrens und der mit ihm verbundenen Starthilfen eine unnachgiebige Position – auch hier gegen Bedenken in der eigenen Fraktion. Zusammen mit Kohl folgte Schäuble der Linie, sozialpolitische Debatten im Zuge des ohnehin komplizierten und ökonomisch risikovollen Einigungsprozesses kleinzuhalten. Die entscheidende, neue Grundlagen schaffende Zäsur würde die Herstellung der staatlichen Einheit sein. Veränderungen in puncto Statusdefinition, Eingliederung und Aufnahme der Über- und Aussiedler noch vor diesem Zeitpunkt zu forcieren, lenke von dieser Hauptaufgabe ab und schwäche die nationale Dynamik.[260] Am 9. November 1989, korrigierte der FDP-Bundestagsabgeordnete Wolfgang Lüder die Äußerung Gerlinde Hämmerles, sei die Nachkriegszeit nicht zu Ende gewesen, sondern es habe deren Schlussphase begonnen – »und die kurze Strecke, die wir jetzt noch vor uns haben, wird noch verdammt viele Anstrengungen [...] erfordern«. Mit der 2+4-Konferenz und weiteren Verhandlungen stehe Dringenderes als eine Korrektur der Aus- und Übersiedlergesetzgebung an. Der SPD-Antrag gehe »an den Anforderungen dieses Jahres, dieser Tage, dieser Wochen vorbei«, lautete daher Lüders Fazit Mitte Februar 1990.[261]

Allerdings wuchs das Unbehagen auch im konservativen Lager. Anfang März meldeten die Zeitungen unvermindert hohe Zuzugszahlen aus der DDR. Allein seit Jahresbeginn seien rund 115 000 Menschen eingetroffen, notierte etwa die

259 BT – PLPR 11/197, 15.2.1990, S. 15 208 (B)–15 209 (C), 15 210 (D)–15 211 (A); Schäuble, Maßnahmen der Bundesregierung, Bulletin des Presse- und Informationsamtes der Bundesregierung Nr. 12, 23.1.1990, zit. nach BPA-Dok: Deutschland 1990, Bd. 64, S. 377–378.

260 Vgl. neben anderen entsprechenden Äußerungen mj. [Autorenkürzel]: Schäuble: Erst Einheit beendet DDR-Zustrom, Die Welt, 17.2.1990.

261 BT – PLPR 11/197, 15.2.1990, S. 15 203 (D) (Zitat), 15 204 (B).

Bonner Rundschau. Angesichts der wachsenden Unterbringungsprobleme beschloss die Bundesregierung, für die Errichtung von 70 000 zusätzlichen Plätzen in Übergangswohnheimen 500 Millionen D-Mark zur Verfügung zu stellen.[262] Trotzdem mehrten sich neben der Kritik der Opposition im Bundestag warnende Stimmen seitens der Länder, Städte und Gemeinden, die über Parteigrenzen hinweg Korrekturen in der Übersiedlerpolitik forderten. So waren die Oberbürgermeister Hannovers und Stuttgarts, Herbert Schmalstieg (SPD) und Manfred Rommel (CDU), sich einig, dass die Belastungsgrenzen der Kommunen erreicht waren. Sie hielten es für unvertretbar, für DDR-Zuwanderer weiterhin, wie es das Aufnahmeverfahren vorsah, Unterkünfte bereitzuhalten, für die man Turnhallen und andere öffentliche Einrichtungen zweckentfremden musste. »Das bringt fürchterliche Spannungen in der Bürgerschaft mit sich, einen großen Vertrauensverlust in die Verwaltung, und denen, die kommen, ist nicht geholfen«, meinte Rommel. Dass man auch nach Abschaffung des Aufnahmeverfahrens gegenüber Ostdeutschen ohne Quartier zur Obdachlosenfürsorge verpflichtet wäre, bewertete er als eher theoretisches Problem: Wenn einfach keine Kapazitäten vorhanden seien, müsse man die Betreffenden für eine Nacht unterbringen und dann eben zurückschicken. Rommel und Schmalstieg sprachen als Vertreter des Deutschen Städtetags und kündigten einen Richtungswechsel an: Während sich das Städtetag-Präsidium Ende Januar 1990 noch für eine Aufrechterhaltung des Verfahrens ausgesprochen hatte, um die Zuwandernden auf die Länder verteilen zu können, trat es nun für ein schnelles Ende der Aufnahme ein.[263]

Auf Länderebene gab es vergleichbare Anzeichen für eine schwindende Übereinstimmung mit der Übersiedlerpolitik der Bundesregierung. Niedersachsens Ministerpräsident Ernst Albrecht (CDU) plädierte Ende Februar 1990 ausdrücklich für die Schließung »aller Übergangswohnheime und Aufnahmelager« nach der Volkskammerwahl in der DDR sowie für Streichung der Sonderhilfen. Sein Parteikollege Lothar Späth, Ministerpräsident in Baden-Württemberg, dachte öffentlich über die Auszahlung von Prämien nach, um Ostdeutsche (wie

262 EB, Bundesbürger gegen weitere Übersiedler, Bonner Rundschau, 1.3.1990.

263 Harald Günter: Rommel plädiert für Ende der Notaufnahme, Die Welt, 10.3.1990 (Zitat Rommel); bg, und schicken sie dann zurück, taz, 17.2.1990; Hannovers Oberbürgermeister Schmalstieg: »Städte werden mit der Zuwandererwelle nicht mehr fertig«, lautete der Untertitel. Günter Bannas: Stärkerer Druck auf Bonn. Länder und Gemeinden fordern Abschaffung der Notaufnahme, FAZ, 8.3.1990.

einige Jahre zuvor die »Gastarbeiter«) zur Rückkehr zu bewegen.[264] Dass sich hinsichtlich der Notwendigkeit, mit Übersiedelnden anders umzugehen als bisher, tatsächlich ein relativ breiter Konsens herausgebildet hatte, offenbarten im März 1990 mehrere in den Bundesrat eingebrachte Initiativen. Am 6. des Monats wurde ein Entwurf bekannt, der auf einen grundlegenden Kurswechsel zielte. Angestoßen vom Saarland und von Bremen und Schleswig-Holstein mitgetragen, schlossen sich dieser Vorlage im Folgenden auch Nordrhein-Westfalen und West-Berlin an. Demgegenüber zeigten sich unionsregierte Länder zunächst noch zurückhaltend. Späth und der bayerische Sozialminister Gebhard Glück warnten vor Veränderungen, die Lasten vom Bund auf die Kommunen verlagerten. Schließlich unterbreitete jedoch auch Bayern im Bundesrat einen Antrag zur Leistungsanpassung für Übersiedler.[265] In der Diskussion am 16. März zeigte sich, wie weit die Gemeinsamkeiten reichten und wo weiterhin Differenzen bestanden. Beide Vorstöße bezogen sich sowohl auf die Übersiedler- als auch auf die Aussiedlerpolitik, wobei die SPD-regierten Länder im Vergleich zu Bayern weitergehende und schnellere Eingriffe forderten.

Berlin, Bremen, Nordrhein-Westfalen, das Saarland und Schleswig-Holstein legten neben einem Entschließungsantrag zwei Gesetzesanträge vor.[266] Darin waren eine Aufhebung des Aufnahmegesetzes und eine Streichung der Überbrückungshilfe und Einrichtungsdarlehen vorgeschlagen. Zudem sollten das Flüchtlingshilfegesetz aufgegeben und das Fremdrentenrecht überprüft werden – was nach Auffassung Oskar Lafontaines eine Regelung bedeutete, »nach

264 EB, Bundesbürger gegen weitere Übersiedler, Bonner Rundschau, 1.3.1990. »Sozialer Sprengstoff« Übersiedler. Städtetag rechnet mit bis zu zwei Millionen Aus- und Übersiedlern in diesem Jahr/Späth denkt an Rückkehrprämien, taz, 1.3.1990.

265 Kurswechsel in der Politik gegenüber den Übersiedlern nimmt Gestalt an. Mit Bundesratsinitiative will Saarland die Notaufnahme abschaffen/CDU zögert, Die Welt, 7.3.1990; Bannas, Druck auf Bonn, FAZ, 8.3.1990; Keine Hilfe für Übersiedler. Übersiedeln soll erschwert werden/BRD-Politiker initiieren Gesetzesvorlage mit Leistungskürzungen, taz (Ost), 8.3.1990.

266 Antrag der Länder Berlin, Bremen, Nordrhein-Westfalen, Saarland und Schleswig-Holstein. Entschließung des Bundesrates zur Neukonzeption der Aus- und Übersiedlerpolitik, BR – DRS 183/90, 7.3.1990. Gesetzesantrag der Länder Berlin, Bremen, Nordrhein-Westfalen, Saarland und Schleswig-Holstein. Entwurf eines Gesetzes zur Aufhebung des Gesetzes über die Aufnahme von Deutschen in das Bundesgebiet (Aufnahme-Aufhebungsgesetz), BR – DRS 184/90, 7.3.1990. Gesetzesantrag der Länder Berlin, Bremen, Nordrhein-Westfalen, Saarland und Schleswig-Holstein. Entwurf eines Gesetzes zur Änderung des Gesetzes über die Angelegenheiten der Vertriebenen und Flüchtlinge und des Gesetzes über den Lastenausgleich, BR – DRS 185/90, 7.3.1990.

der die Renten aus der Bundesrepublik in die DDR überwiesen werden und umgekehrt«; die unterschiedlich hohen Rentenniveaus gelte es langfristig anzugleichen.[267] Bayerns Initiative begründete Gebhard Glück.[268] Was den Zeitpunkt der Entscheidung betraf, nach bereits länger währender Unzufriedenheit mit der Bundespolitik nun den Weg über den Bundesrat zu gehen, verwies er auf die Volkskammerwahl am 18. März: Mit ihr ende die SED-Herrschaft in der DDR endgültig, womit bei dann »gleichem persönlichen Rechtsstatus« jede Voraussetzung einer Bevorzugung Ostdeutscher entfalle. Den Antrag seines Bundeslandes erläuterte Glück dahingehend, dass »schon vor der mittelfristig notwendigen Aufgabe des geltenden Eingliederungsprinzips« sichergestellt werden sollte, »Anreize im Sozialbereich für Aus- und Übersiedler« zu beseitigen. Über bisherige Anpassungen hinaus seien sämtliche Eingliederungsleistungen zu überprüfen und möglichst abzuschaffen. Konkret waren damit etwa Vergünstigungen bei der Vergabe öffentlicher Aufträge und die Förderung landwirtschaftlicher Nebenerwerbsstellen gemeint. In Sachen Fremdrentenrecht plädierte Glück wie Lafontaine jetzt dafür, ein Rentenexportprinzip einzuführen. Eine Änderung des Aufnahmegesetzes mit dem Ziel, die Unterstützungs- und Unterbringungsverpflichtungen der Länder aufzuheben, sollte nachgereicht werden.[269]

Selbst wenn die Entwürfe hinsichtlich des Umfangs der Maßnahmenkataloge und einer eher schrittweisen oder sofortigen Umsetzung differierten, zeichnete sich im Kern Übereinstimmung ab: Das Eingliederungsanpassungsgesetz reichte nicht aus; ein weitergehender Abbau der Hilfen für DDR-Zuwanderer einschließlich ihrer beitragsunabhängigen Einbindung in die sozialen Sicherungssysteme war nötig – und er gehörte *jetzt* auf die politische Agenda. Das Aufnahmeverfahren sollte abgeschafft werden. In diesem Sinne äußerte sich im Bundesrat auch der niedersächsische Ministerpräsident Ernst Albrecht. Er wies insbesondere ein praktisches Argument Schäubles zurück. Das »Verteilungsverfahren«, das der Notaufnahme zugutegehalten werde, funktioniere offenbar nicht, wie sich daran erweise, dass die für Niedersachsen vereinbarte Quote 8,5 Prozent betrage, man derzeit aber 20 Prozent der Übersiedler aufnehme.[270] Auch für den West-Berliner

267 BR – DRS 183/90, 7.3.1990, S. 4; BR – PLPR 610, 16.3.1990, S. 101 (C/D), 102 (A) (Zitat Lafontaine).

268 Antrag des Freistaates Bayern. Entschließung des Bundesrates zur Leistungsanpassung für Aus- und Übersiedler, BR – DRS 161/90, 28.2.1990.

269 BR – PLPR 610, 16.3.1990, S. 103 (A) (Zitat), (B), (C) (Zitat), (D).

270 Ebd., S. 105 (B/D). Die jetzt noch aus der DDR kämen seien ebenso zu behandeln »wie jemand, der im Bundesgebiet umziehen will«, hatte Albrecht schon zuvor bekundet, siehe EB, Bundesbürger gegen weitere Übersiedler, Bonner Rundschau, 1.3.1990.

Senat war die Verteilfunktion Anfang März 1990 nicht länger ein Grund, an der Aufnahme festzuhalten, obwohl das Verfahren gerade unter dem Gesichtspunkt, die Niederlassungsregion bestimmen zu können, zuvor eine Renaissance in der Teilstadt erfahren hatte. Der Senat hatte in den vergangenen Monaten vergeblich versucht, auf dieser gesetzlichen Grundlage den Migrationsdruck von Berlin abzulenken.[271]

Angesichts des überproportional starken Zuzugs und der daraus resultierenden Probleme, erklärte die Sozialverwaltung, werde der Entscheid für Berlin mittlerweile an Voraussetzungen gebunden: Bleiben dürften jene Ostdeutschen, die hier enge Verwandte oder Ehepartner hatten oder bereits in stabilen Verhältnissen lebten.[272] West-Berlin unternahm damit den Versuch, die dem Aufnahmeverfahren innewohnende Möglichkeit der Migrationssteuerung, die in den Jahrzehnten begrenzter Zuwanderung bedeutungslos gewesen war, wiederzubeleben. Die Initiative stützte sich auf einen Erlass des Bundesinnenministers von Mitte Juni 1989. Von Sozialsenatorin Ingrid Stahmer gebeten, eine Entlastung ihrer Stadt zu bewirken, hatte Schäuble dekretiert, West-Berlin nur noch dann als Aufnahmeland festzulegen, wenn familiäre Bindungen bestünden oder die Betreffenden keine staatliche Hilfe benötigten. In Verbindung damit kündigte Schäuble an, die Aufnahmequote West-Berlins (vorbehaltlich einer Vereinbarung der Länder über die Abänderung des Verteilerschlüssels) von acht auf drei bis vier Prozent abzusenken.[273] Wie Lafontaines Wiederentdeckung des Aufnahmegesetzes erregte dieser West-Berliner Vorstoß im Sommer 1989 jedoch einen Sturm des Protests. Nicht nur, dass entferntere Verwandtschaftsbeziehungen (etwa des Neffen zum Onkel) keine Berlin-Zuweisung begründeten und daher auseinandergerissen werden könnten, kritisierten Journalisten und die

271 mam [Autorenkürzel]: Übersiedler aus Ost-Berlin können bleiben, Berliner Morgenpost, 1.7.1989.

272 Ebd.; Heuwagen, Ostberliner lieber in Westberlin, SZ, 12.8.1989.

273 Grundsätze für die Aufnahme in der Fassung vom 19. Dezember 1986, abgedr. bei Haberland, Eingliederung (Textsammlung), S. 95–96; Hönig (Bundesministerium des Innern): Schreiben betr. Durchführung des Aufnahmegesetzes nach § 1 AufnG; hier: Aufnahme von Übersiedlern durch das Land Berlin, 13.12.1989, LAB, B Rep. 002, Nr. 17 838 (mit Anlage: Bezugserlass: Hönig [Bundesministerium des Innern]: Schreiben betr. Durchführung des Aufnahmeverfahrens nach § 1 AufnG; hier: Übernahme von Übersiedlern durch das Land Berlin, 16.6.1989); v.B. [Autorenkürzel]: »Berlin nimmt keine Übersiedler mehr auf«, Volksblatt Berlin, 29.11.1989; AH Berlin – PLPR 10/11, 22.6.1989, S. 356 (D) (Bericht des SPD-Fraktionsvorsitzenden im Berliner Abgeordnetenhaus Ditmar Staffelt).

CDU-Opposition. Auch die Aussicht, Ost-Berlinern die Ansiedlung im Westteil »ihrer« Stadt zu verwehren, rief heftigen Widerspruch hervor. Nach einigem Lavieren entschied der Senat daher, »im Wege der Härtefallregelung besondere Beziehungen ehemaliger Bewohner von Berlin (Ost) zu dieser Stadt positiv zu berücksichtigen«.[274]

Dem Ziel, die Zahl der in West-Berlin ansässig werdenden Ostdeutschen zu verringern, kam man auf diese Weise nicht näher. Angesichts weiter steigender Zuzugszahlen – allein in der zweiten Novemberhälfte kamen rund 12 240 Übersiedler über die Sektorengrenze und 2680 als sogenannte Bindungsfälle aus Westdeutschland in die Stadt – beschloss der Senat, eine noch rigorosere Aufnahmepolitik durchzusetzen. Ingrid Stahmer drang Ende des Monats bei Innenminister Schäuble darauf, Berlins Aufnahmeverpflichtung auf Fälle engster Verwandtschaft zu beschränken. Zudem teilte die Sozialsenatorin mit, dass man von den bisher eingeräumten Ausnahmen nun absehen müsse. Insbesondere sehe der Senat sich nicht mehr in der Lage, alle aus Ost-Berlin und der näheren Umgebung stammenden Übersiedler aufzunehmen.[275] Wie es Ministerpräsident Albrecht im März 1990 für Niedersachsen feststellte, gelang es West-Berlin bis Ende November 1989 aber nicht, die Ansiedlungszahlen im Rahmen des Aufnahmeverfahrens über die Verteilfunktion in dem gewünschten Maße zu steuern. Der Versuch erwies sich überdies als ausgesprochen konfliktträchtig und mit hohem Aufwand behaftet, da die Länderzuweisung keine eingeführte, akzeptierte Praxis

274 Siehe z. B. Werner Kahl: Berliner verjagen?, Die Welt, 30.6.1989; Weis, Keener vabieten, FR, 7.7.1989; Heuwagen, Ostberliner lieber in Westberlin, SZ, 12.8.1989. Auch der Vorsitzende der CDU-Fraktion im Abgeordnetenhaus Eberhard Diepgen ging auf die Thematik ein, vgl. AH Berlin – PLPR 11/13, 14.9.1989, S. 476 (B) (Zitat FN). Diepgen rief zur solidarischen Aufnahme der Übersiedler auf und betonte: »Es zeigt sich jetzt, daß ein Berliner aus Pankow trotz der Mauer natürlich Berliner ist und auch bleiben möchte. Potsdam und Babelsberg sind das natürliche Umfeld auch für die Zuwanderung in unsere Stadt, und nicht Sri Lanka oder Pakistan.« Kreibig (AH Berlin): Schreiben betr. Eingabe des Herrn Uwe S[...] wegen: Verbleib von Übersiedlern in Berlin, 20.7.1989, LAB, B Rep. 002, Nr. 17 838 (Zitat Entscheidung des Senats).

275 Freimark (Senatsverwaltung für Gesundheit und Soziales): Schreiben an den Bundesminister des Innern betr. Durchführung des Aufnahmeverfahrens nach § 1 Aufnahmegesetz, hier: § 6 des Aufnahmegesetzes, 28.11.1989, LAB, B Rep. 002, Nr. 17 838; Michael Ludwig Müller: Senat begrenzt Übersiedlung aus Ost-Berlin, Berliner Morgenpost, 29.11.1989. Laut Stahmer hatten Ost-Berliner mehr als zwei Drittel der eintreffenden Ostdeutschen ausgemacht und wesentlich dazu beigetragen, dass die Teilstadt die im Sommer vereinbarte Quote mit derzeit 7,2 Prozent noch immer deutlich überschritt. Diepgen wandte sich wiederum öffentlich gegen eine begrenzende Praxis, vgl. ebd.

war und im Fall bleibewilliger Ost-Berliner ihrem Zusammengehörigkeitsgefühl zuwiderlief.[276]

Die Anfang Dezember 1989 greifende verschärfte Aufnahmeregelung brachte immerhin insofern Entlastung, als der Bund seitdem für zwei Drittel der neu nach West-Berlin Gekommenen ein anderes Bundesland als Erstwohnsitz bestimmte.[277] Trotz dieses Effekts rang sich der Senat Anfang März 1990 dazu durch, die Verteilfunktion als nicht mehr ausschlaggebend, vielmehr das Aufnahmeverfahren als grundsätzlich entbehrlich und mit seinen Hilfen sogar als unangebracht zu betrachten. In ihrer Begründung des Beschlusses, der saarländischen Bundesratsinitiative zur Aufhebung des Aufnahmegesetzes beizutreten, übernahm Sozialsenatorin Ingrid Stahmer die mittlerweile gängige Argumentation: Das Aufnahmeverfahren entbehre infolge der Entwicklungen seit Herbst 1989 jeder politischen Legitimation; in der DDR bestehe »kein Vertreibungsdruck mehr«, der Aufnahmegrund politische Verfolgung sei obsolet. Stahmer verband ihre Erläuterungen mit der Auskunft, dass West-Berlin für Unterbringung und Betreuung der Übersiedler sowie Sozialhilfezahlungen an sie 1989 rund 300 Millionen D-Mark ausgegeben habe.[278]

Spätestens im März 1990, so lassen sich die Debatten zusammenfassen, hatte sich die Perspektive, die Lafontaine seit November 1989 in der Übersiedlerpolitik zunächst mit ambivalentem Echo vertreten hatte, weitgehend durchgesetzt. Im Vordergrund standen nun die sozialen und finanziellen Lasten des Zuzugs, die selbst angesichts eines dynamisch auf die Einheit zusteuernden Prozesses als nicht länger erträglich wahrgenommen wurden. Das bestehende Aufnahme- und Eingliederungsinstrumentarium verursachte hohe Kosten, suggerierte Zuwanderungswilligen Kapazitäten, wo keine waren, und erzwang zudem, so die verbreitete Meinung, Investitionen an der falschen Stelle. Gefördert werden müssten stattdessen der Verbleib in der DDR und der wirtschaftliche Wiederaufbau dort, hob Stahmer einmal mehr hervor.[279]

---

276 Bi [Autorenkürzel]: Viele Übersiedler wollen Weiterleitung vermeiden, Der Tagesspiegel, 2.12.1989. Einige der Betreffenden wehrten sich mit Eingaben und Briefen, vgl. Kap. IV.6 dieser Arbeit.

277 Bi [Autorenkürzel]: Im letzten Jahr kamen 63.000 Aus- und Übersiedler, Der Tagesspiegel, 5.1.1990.

278 kd [Autorenkürzel]: Notaufnahme soll aufgehoben werden. Senat schließt sich Bundesratsinitiative des Saarlands an, taz, 7.3.1990 (Zitat). Auch Berlin plädiert für eine Aufhebung des Notaufnahmeverfahrens, Der Tagesspiegel, 7.3.1990.

279 Ebd.

Flankiert war diese Sicht von der Einschätzung, dass nicht erst mit der Herstellung der Einheit der Begründungskontext für Aufnahme und Eingliederung – Kriegsfolgen, Teilung, Repression – entfiele, sondern dies bereits mit Mauerfall, Demokratisierung und Wahlen in der DDR geschehen sei. Für eine Fortführung des Aufnahmeverfahrens sprach angesichts dessen nicht einmal mehr sein migrationssteuerndes Potenzial. Dass es die Zuwanderung in geordnete, die Länder gleichmäßig beanspruchende Bahnen lenken half, war selbst für West-Berlin, das von der Quotenregelung zuletzt profitiert hatte, kein Grund mehr. Bonns Haltung in dieser Sache hätten sowohl die Sozialdemokraten Lafontaine und Wedemeier als auch die Unionspolitiker Albrecht und Glück kritisiert, resümierte die *Frankfurter Allgemeine Zeitung* die Bundesratssitzung vom 16. März. »Nicht eine Landesregierung nahm zugunsten der Bundesregierung Stellung.«[280] Parallel äußerten verstärkt Bundespolitiker Bedenken bezüglich des Aufnahmeverfahrens, auch Angehörige der Koalitionsparteien: Die Unterbringung in Notaufnahmelagern und Übergangswohnheimen sei einzustellen, erklärte etwa der deutschlandpolitische Sprecher der Unionsfraktion Eduard Lintner unter Verweis auf die mittlerweile gegebene »volle Freizügigkeit«. Für die CSU-Landesgruppe im Bundestag forderte Gerhard Scheu, der die Politik der Regierung bereits im Januar kritisiert hatte, eine rasche Beendigung des Aufnahmeverfahrens. Der SPD-Sozialpolitiker Rudolf Dreßler erneuerte den Vorwurf, die Bundesregierung schaffe Anreize zur Übersiedlung.[281] Allein der FDP-Bundestagsabgeordnete Wolfgang Lüder vertrat explizit Schäubles Kurs.[282]

280 Günter Bannas: Die Notaufnahme für Übersiedler aus der DDR wird am 1. Juli aufgehoben. Gesetzentwurf im Kabinett verabschiedet/Druck der Länder/Weiter große Zahlen/Seit Jahresbeginn 145.000, FAZ, 21.3.1990. Klaus Wedemeier war Bürgermeister und Präsident des Senats von Bremen.

281 Eduard Lintner: Zu der Diskussion über die Abschaffung des Notaufnahmeverfahrens für Übersiedler aus der DDR, Pressedienst, 7.3.1990, zit. nach BPA-Dok: Deutschland 1990, Bd. 64, S. 436. Gerhard Scheu: [Zu Fragen um die Beendigung des Notaufnahmeverfahrens für DDR-Übersiedler], Deutschlandfunk, 16.3.1990, zit. nach ebd., S. 457–458. SPD will DDR-ÜbersiedlerInnen zurückschicken, taz, 16.3.1990 (Zitat Dreßler).

282 Erst wenn die angestrebte Wirtschafts- und Währungsunion die Lebensverhältnisse der Menschen in der DDR so nachhaltig verbessert habe, dass ein förmliches Aufnahmeverfahren nicht mehr nötig sei, könne man eine Gesetzesänderung vornehmen. BT – PLPR 11/206, 25.4.1990, S. 16 194* (B) (zu Protokoll gegebene Reden zu Punkt 9a und 9b der Tagesordnung: Gesetz zur Aufhebung des Aufnahmegesetzes; Gesetz zur Regelung des Aufnahmeverfahrens für Aussiedler). Vgl. auch Wolfgang Lüder: Leistungen für Übersiedler nicht zu kürzen, FDP tagesdienst Nr. 339, 14.3.1990, zit. nach BPA-Dok: Deutschland 1990, Bd. 64, S. 445–446.

Angesichts der parteiübergreifenden Kritik an ihren Standpunkten entschlossen sich Kohl und Schäuble, nicht länger zu insistieren. Am 20. März 1990, kurz nach der Volkskammerwahl in der DDR, legte Schäuble dem Kabinett einen auf Einstellung des Verfahrens zielenden Gesetzentwurf vor. Als Termin für das Ende der Aufnahme war der 1. Juli vorgesehen, der Tag, an dem die Wirtschafts- und Währungsunion in Kraft treten sollte. Zwar würden sich die Verhältnisse in Ostdeutschland zu diesem Zeitpunkt noch nicht fundamental verändert haben, aber mit der Wahl und der Union gebe es, wie Schäuble erläuterte, ausreichend positive Signale.[283] Neben der Beendigung des Aufnahmeverfahrens sah der vom Kabinett beschlossene und anschließend leicht modifizierte Entwurf vor, »spezifische [...] Leistungen [...] nach dem Flüchtlingshilfegesetz und [...] vergleichbare Leistungen aus dem Härtefonds des Lastenausgleichs« zu streichen.[284] Er passierte bei Enthaltung der SPD (die im Prinzip zustimmte, sich aber an der Terminierung stieß) und den Gegenstimmen der Grünen am 31. Mai 1990 den Bundestag.[285] Über den Stichtag des Inkrafttretens war es mit einigen Landesregierungen, die auf sofortige Aufgabe des Verfahrens pochten, noch einmal zum Streit gekommen.[286] Zeitlicher Spielraum für Auseinandersetzungen und die ge-

283 Bannas, Notaufnahme wird aufgehoben, FAZ, 21.3.1990; Die Bundesregierung: Entwurf eines Gesetzes zur Aufhebung des Aufnahmegesetzes, BR – DRS 216/90, 20.3.1990; [Interview mit Wolfgang Schäuble], Deutschlandfunk, 21.3.1990, zit. nach BPA-Dok: Deutschland 1990, Bd. 64, S. 465–467.

284 Die Vorlage durchlief verschiedene Ausschüsse und Anfang April im ersten Durchgang den Bundesrat, der Änderungsvorschläge unterbreitete, siehe BR – PLPR 611, 6.4.1990, S. 150 (D)–158 (B). Auf dieser Grundlage reformulierte die Bundesregierung ihren Entwurf als BT – DRS 11/6910, 11.4.1990, S. 1–5, hier S. 4 (Zitat). Mit dem Aufnahmegesetz vom 22.8.1950 sollte auch die Verordnung zur Durchführung dieses Gesetzes vom 11.6.1951 aufgehoben werden, ebd., S. 3.

285 BT – PLPR 11/214, 31.5.1990, S. 16 851 (B). Ebd., S. 16 850 (D)–16 851 (B) die zweite Beratung; die erste hatte am 25.4.1990 stattgefunden, siehe BT – PLPR 11/206, S. 16 188 (A)–16 188 (C). Bei dieser Gelegenheit erklärte Gerlinde Hämmerle (SPD), den Termin für zu spät zu halten. Ebd., S. 16 192* (A) (Redebeiträge als Anlage). German Meneses Vogl (Grüne) qualifizierte den Entwurf als »längst überfällig, aber auch vollkommen unzureichend und halbherzig« ab. Ebd., S. 16 194* (B).

286 Durch die 100-Tage-Frist würden Ostdeutsche »praktisch zur Übersiedlung herausgefordert«, empörte sich der nordrhein-westfälische Minister für Arbeit, Soziales und Gesundheit Hermann Heinemann (SPD), siehe Bonn stoppt Notaufnahme für DDR-Bürger zum 1. Juli, Westfälische Rundschau, 21.3.1990. Dieselbe Sorge formulierten die Berliner Sozialsenatorin Ingrid Stahmer (SPD) und Hessens Ministerpräsident Walter Wallmann (CDU). Manche Bundesländer hatten bereits eigenmächtig Tatsachen geschaffen: Bremen und das Saarland beschlossen am 19. bzw. 20.3.1990, die Aufnahme einzustellen und Übergesiedelten keine Unterkünfte mehr anzubieten, siehe Schluß mit

wünschte Beschleunigung blieb bis zum 1. Juli jedoch kaum; am 22. Juni 1990 stimmte auch der Bundesrat dem Gesetz zu.[287]

Mit dessen Inkrafttreten gab es noch vor dem Zusammenschluss der beiden deutschen Staaten nicht länger Übersiedler aus der DDR. Wer jetzt von Ost nach West ging, vollzog einen Umzug, der staatlicherseits weder begleitet noch in besonderer Weise registriert wurde. »Seit der Währungsunion sind die Übersiedlerzahlen, mit denen vorher so eifrig Politik gemacht wurde, aus den Schlagzeilen verschwunden«, monierten die Grünen im Bundestag Ende Oktober 1990. Dass seit Juli wohl über 100 000 Menschen aus Ostdeutschland abgewandert seien und die »formelle Einheit bei fortgesetzter sozialer Spaltung« dem keinen Abbruch tue, bliebe unbemerkt. Statistisch wurden die Überwechselnden nun der Binnenmigration zugeschlagen.[288]

1989/90 gerieten die Paradigmen, die den Umgang mit DDR-Zuwanderern seit 1949/50 beziehungsweise seit 1961 bestimmt hatten, in die Diskussion: die gesamtdeutsch gefasste Staatsangehörigkeit, die Aufnahme der Betreffenden in einem geregelten Verfahren und das auf die Herstellung von Chancengleichheit zielende Prinzip der Eingliederung. Die im Grundgesetz verankerte Staatsangehörigkeitsregelung wurden seitens der SPD von Oskar Lafontaine sowie von einigen Politikern der West-Berliner Alternativen Liste durch die Forderung infrage gestellt, die DDR-Staatsangehörigkeit anzuerkennen. Dabei ging es um die Problematisierung eines massenhaften und seit dem Mauerfall gänzlich ungehinderten Zugangs ostdeutscher Migranten zur Bundesrepublik, was als schädlich für die Entwicklung in der DDR wie in der Bundesrepublik aufgefasst wurde. Erstmals seit den 1950er Jahren gab es wieder auf Migrationssteuerung und -begrenzung gerichtete Bestrebungen. Überdies akzentuierten die betreffenden Politiker in deutschlandpolitischer Hinsicht die Zweistaatlichkeit. Derartige Vorstöße, die auf die Errichtung von Migrationshindernissen zielten, ließen sich jedoch nicht einmal innerparteilich durchsetzen. So scheiterte Lafontaine mit seinem Vorschlag, das Aufnahmegesetz von 1950 dafür zu nutzen, eine Übersiedlung von Ost nach West an Auflagen zu binden.

lustig, Der Spiegel Nr. 13, 26.3.1990, S. 125–127, hier S. 126; Keine Notaufnahme mehr in Bremen, taz (Nord), 20.3.1990; Ferdos Forudastan: Bonn macht Notaufnahmelager dicht, taz, 21.3.1990.

287 BR – PLPR 615, 22.6.1990, S. 363 (A). In seiner finalen Fassung ist das Gesetz abgedr. in Bundesgesetzblatt Teil I, Nr. 30, 28.6.1990, S. 1142.

288 Fraktion Die Grünen im BT: Grüne/Bündnis 90 fordern Klarheit über Übersiedlerzahlen aus Ex-DDR, Pressedienst Nr. 859/90, 28.10.1990, zit. nach BPA-Dok: Deutschland 1990, Bd. 64, S. 35A.

In anderer Hinsicht jedoch verlegte sich die SPD seit Anfang 1990 darauf, steuerungspolitisch beim Aufnahmeverfahren anzusetzen. Mit Unterbringungsverpflichtungen der Länder und Ersthilfen verbunden, war das Verfahren Teil des für DDR-Zuwanderer entwickelten Eingliederungsinstrumentariums, das nach Auffassung der SPD nun in allen seinen Entschädigung, Ausgleich und Sonderhilfen beinhaltenden Regelungen zur Disposition stand. Hinter dieser Forderung stand ein verändertes Verständnis von Eingliederung. Sich das Postulat gesamtgesellschaftlich einzulösender sozialer Gerechtigkeit auf die Fahne schreibend, vertraten SPD-Politikerinnen und -politiker 1989 die Ansicht, dass sich beim Umgang mit DDR-Zuwanderern die Gewichtungen verschoben hatten. Aus ihrer Sicht ging es nicht länger um den Ausgleich von Nachteilen, sondern um die Vermeidung von Bevorzugung; Chancengleichheit sei also primär für die Eingesessenen einzulösen. Nach dem Mauerfall kam hinzu, dass aus Sicht der SPD der hilfebegründende Status des Flüchtlings, der unter Mühen ein antagonistisches politisches System hinter sich ließ, für DDR-Bewohner generell hinfällig geworden war. Von SPD-Sozialpolitikern sowie den Grünen wurde deshalb der Verzicht auf das Beitragsprinzip in der Rentenversicherung als nicht mehr haltbar angesehen. Die Eingliederung ostdeutscher Übergesiedelter auf der Grundlage fiktiver Erwerbsbiografien erschien gegenüber westdeutschen Beitragszahlern nicht länger vertretbar, bot Anreiz zum Wechsel und drohte bei offenen Grenzen das etablierte System zu überlasten.

Schluss: Das Spezifische deutsch-deutscher Migration

Fluchten und Übersiedlungen aus der DDR in die Bundesrepublik stellten migrationsgeschichtlich einen Sonderfall dar. Die Spezifik lag darin, dass diese Wandernden zwar eine Grenze überschritten, juristisch gesehen jedoch eine Binnenbewegung vollzogen. Gemäß den Festlegungen des Grundgesetzes waren DDR-Bewohner als Mitglieder derselben nationalen Gemeinschaft zu verstehen. Rechtlich drückte sich dies in der Gewährung von Freizügigkeit aus, die bei Nichtbinnenwanderungen in der Regel nicht uneingeschränkt eingeräumt wird. Zugleich wechselten die Betreffenden zwischen zwei nach unterschiedlichen Prinzipien organisierten Gesellschaften und zwei Staaten, die, stets aufeinander bezogen, in einem verwobenen, dabei konfliktträchtigen und konkurrierenden Verhältnis standen. Überdies waren diese Staaten in die zwei weltpolitisch rivalisierenden Blöcke eingebunden, so dass mit dem Schritt von Ost nach West ein Systemwechsel verbunden war. Aufgrund dieser Konstellation stand die innerdeutsche Flucht und Abwanderung von Anfang an in einem doppelten Kontext. Sie war sowohl Bezugspunkt der Deutschland- und auf den Ostblock bezogenen Politik als auch Gegenstand von Migrationspolitik in dem Sinne, den Zuzug von außen zu steuern und zu kontrollieren sowie die Eingliederung der Angekommenen in die Gesellschaft zu gestalten. Wie sich vor diesem Hintergrund der rechtlich-politische Rahmen sowie die öffentliche Wahrnehmung und gesellschaftliche Aufnahme der ostdeutschen Zuwanderer entwickelten und welche Erfahrungen des Ankommens sie machten, war Gegenstand der vorliegenden Untersuchung.

Rechtliche Regelungen und politische Kategorisierungen

Im Vergleich zu anderen Migranten in der Bundesrepublik gelten DDR-Zuwanderer in der Forschung als privilegiert. Ihr Vorteil lag darin, dass sie nach westdeutschem Recht die deutsche Staatsangehörigkeit in Anspruch nehmen konnten und so unmittelbar und vollumfänglich zu Angehörigen des bundesrepublikanischen Staates mit allen Rechten wurden. Das Grundgesetz definierte als Deutsche (unter anderem) all jene, die die deutsche Staatsangehörigkeit besaßen, welche wiederum als eine gesamtdeutsche, das Gebiet der DDR einbegreifende, gefasst wurde. Die Frage der Staatsangehörigkeit entwickelte sich, zumal nachdem die DDR 1967 eine eigene Staatsbürgerschaft für ihre Bürger gesetzlich festgeschrieben hatte, in der Beziehung der beiden deutschen Staaten zu einem Streitfall. Die DDR-Regierung konnte ihr Bestreben, eigene Staatsangehörigkeiten für die DDR und die Bundesrepublik festzulegen, in den Verhandlungen über den Grundlagenvertrag 1972 nicht durchsetzen. Doch blieb dieses Thema für die ostdeutsche Seite von enormer Bedeutung. Als gewichtigste der Geraer Forderungen trugen Vertreter der DDR-Regierung die Staatsangehörigkeitsfrage wieder und wieder vor. Sie suggerierten, Entwicklungen in den bilateralen Beziehungen und DDR-seitige Zugeständnisse auf zentralen Feldern wie dem Reiseverkehr hingen entscheidend von einem westlichen Entgegenkommen in dieser Frage ab – was umgekehrt nahelegte, dass die SED gerade diesbezügliche Konzessionen honorieren würde.

Hinzu kam, dass sich in den 1980er Jahren bei den im Deutschen Bundestag vertretenen Parteien die Vorstellungen bezüglich der deutschen Nation und der Priorität des Ziels einer deutschen Vereinigung verändert hatten und stark auseinandergingen. 1983 zog mit den Grünen eine neue Partei in das Parlament ein, deren Mitglieder aus der Friedens-, Umwelt- und Frauenbewegung kamen.[1] Einen geeinten deutschen Nationalstaat lehnten sie (soweit sie nicht zu den Nationalneutralisten zählten) als Anachronismus und Gefahr für Europa ab. Hingegen forderten Grüne wie die Sprecherin der Bundestagsfraktion Antje Vollmer

1 Wirsching, Abschied, S. 117.

1985, die DDR und ihre Staatsbürgerschaft anzuerkennen. Damit war eine von den deutschlandpolitischen Grundpositionen der übrigen Bundestagsparteien fundamental abweichende Haltung markiert, die mit dem Einheitspostulat zugleich die Konstruktion einer gesamtdeutschen Staatsangehörigkeit infrage stellte. Auch in der SPD verloren das Ziel eines vereinigten deutschen Staates und das Festhalten an einer gesamtdeutschen Staatsangehörigkeit an Relevanz. In der überwiegenden Mehrheit aber wollten SPD-Politiker den verfassungsrechtlichen Konsens nicht aufkündigen. Was sie im Zuge der sozialdemokratischen Zweiten Ostpolitik in den 1980er Jahren anstrebten, war, der SED zur Dialogbeförderung ein Entgegenkommen in Sachen Staatsangehörigkeit zu vermitteln. Die SPD gab damit – im Unterschied zu der von der Regierungskoalition unter Helmut Kohl verfolgten deutschlandpolitischen Strategie – ein Signal, die Teilung bis auf Weiteres akzeptieren zu wollen.

So entwickelte sich Mitte der 1980er Jahre ansatzweise eine Bereitschaft, mit der deutschen Staatsangehörigkeit die für übersiedlungswillige Ostdeutsche zentrale Regelung, ihre offene Tür zur Bundesrepublik, zur Disposition oder zumindest politisch in den Hintergrund zu stellen. Das Motiv hinter solchen Erwägungen war, Bundesrepublik und DDR in ein anderes Verhältnis zu bringen, ein Bestreben, das sich seitens der Grünen wie der SPD aus friedens- und sicherheitspolitischen Erwägungen speiste. Angesichts der nuklearen Bedrohung schienen Ost- und Westdeutschland zu einer Schicksalsgemeinschaft zusammenzuwachsen. Unter Hintanstellung der Systemgegensätze sollten die beiden Staaten zu Vorreitern einer die Blöcke überwindenden und Abrüstung ermöglichenden europäischen Friedensordnung werden. In diesem Sinne war die DDR völkerrechtlich anzuerkennen, damit die beiden deutschen Staaten auf der Basis eines »normalen«, gleichrangigen Verhältnisses ihre Verantwortung für Europa wahrnehmen konnten.

Aus der Bereitwilligkeit, die DDR-Staatsbürgerschaft zu respektieren oder sogar anzuerkennen und dadurch die Zweistaatlichkeit zu akzentuieren, ist jedoch nicht zu folgern, dass Ostdeutsche aus einer gedachten Gemeinschaft verstärkt herausrückten. Wie allerdings Zugang und Einbürgerung Übergesiedelter geregelt werden sollten, wenn man die gesamtdeutsche Staatsangehörigkeit aufgab, blieb ungeklärt – die Frage der Zuwanderung stand außerhalb des Fokus der diesbezüglichen Debatten. Während die bestehende Regelung nach 1961 an Bedeutung verloren hatte, weil DDR-Bewohner ihr Recht auf Niederlassung in der Bundesrepublik kaum mehr wahrnehmen konnten, wurde die Frage 1989 wieder virulent: Viele Tausend Ostdeutsche nutzten die Möglichkeit zum Wechsel in den Westen. Vor diesem Hintergrund brachten Oskar Lafontaine und Vertreter der West-Berliner Alternativen Liste die Forderung nach Anerkennung der DDR-Staatsbürgerschaft im Herbst 1989 erneut ins Spiel, jetzt allerdings mit der Intention der Migrationssteuerung. Das zu errichtende Hindernis sollte sowohl einem Ausbluten der DDR als auch den durch die Zuwanderung entstehenden sozialen Belastungen in der Bundesrepublik entgegenwirken. Zugleich richtete sich diese Forderung gegen die aufbrechende nationale Dynamik, die Lafontaine nicht befördern wollte und die die Grünen-Politiker als einen Reformprozess in der DDR bedrohend einschätzten.[2] Doch fanden solche Impulse weder in der Öffentlichkeit noch innerhalb ihrer Parteien nennenswerten Nachhall.

In gewisser Hinsicht in Konkurrenz zur bedingungslosen Staatsbürgerschaft stand das für DDR-Zuwanderer etablierte Aufnahmeverfahren, fußend auf dem Notaufnahmegesetz von 1950. Das Gesetz band ihren Aufenthalt in der Bundesrepublik und West-Berlin an eine Erlaubnis, die, wie es hieß, denjenigen nicht verweigert werden durfte, »die wegen einer drohenden Gefahr für Leib und Leben, für die persönliche Freiheit oder aus sonstigen zwingenden Gründen« weggegangen waren. Damit wurde die Freizügigkeit der DDR-Bewohner de facto eingeschränkt. Ähnlich wie im Asylrecht wurde durch die Festlegung des Notaufnahmegesetzes der Fluchtgrund – der im Kern ein politischer beziehungsweise systembedingter sein sollte – zur Voraussetzung für die Aufnahme. Die Gesetzgeber intendierten 1950, den wachsenden Flüchtlingsstrom aus der DDR einzudämmen. Zugleich ermöglichte das Gesetz der Regierung, gegenüber der Öffentlichkeit politische Abwanderungsgründe zu betonen und die Migrationen als Systementscheidung für den Westen darzustellen, was der Bundesrepublik Legitimation verschaffte. Auch Unterstützungsleistungen ließen sich für »echte« politische Flüchtlinge besser begründen. Das Notaufnahmegesetz unterwarf ostdeutsche Zuwanderer einer steuernden Migrationspolitik, der es allerdings an Konsequenz gebrach, weil keine Antragsteller in die DDR zurückgeschickt wurden. Zusätzlich problematisierten Gerichtsurteile die Einschränkung der Freizügigkeit für Ostdeutsche.

Zwanzig Jahre später war der steuernde Aspekt zu einer Absurdität geworden. Die Situation hatte sich nach 1961 grundlegend verändert: Seitens der Bundesrepublik galt es nun, Freizügigkeit für die eingemauerten DDR-Bewohner einzuklagen, und inwieweit es der sozialliberalen Regierung in den 1970er Jahren gelang, Haftentlassungen und Ausreisen in den Westen zu bewerkstelligen, war aus Sicht der christdemokratischen Opposition ein Gradmesser für den Erfolg

2 Sturm, Uneinig in die Einheit, S. 235.

der neuen Ostpolitik. Das Aufnahmeverfahren wurde trotz Kritik beibehalten, weil es nach Einschätzung der Regierung Freizügigkeit und staatsbürgerliche Rechte de facto nicht tangierte und nach wie vor vielfältige Funktionen erfüllte, auf die man nicht verzichten wollte. Dazu gehörte nicht zuletzt das Screening der Ankömmlinge durch westalliierte und deutsche Geheimdienste. Außerdem erfolgte hier die Verteilung auf die Bundesländer. Insbesondere maßen Politik und Verwaltung der Möglichkeit, die Neubürger gezielt über Behördengänge zu informieren sowie hinsichtlich der Arbeits- und Wohnungssuche und bereitstehender Hilfsangebote zu beraten, großes Gewicht bei.

Angesichts der massenhaften Zuwanderung aus der DDR 1989 versuchten einige politische Akteure, das Gesetz als Zuzugshindernis zu reaktivieren, was misslang. Interessant für den rot-grünen Senat in West-Berlin war 1989 die Möglichkeit, den Wohnsitz der Zuwanderer zu bestimmen. Auf dieser Grundlage versuchte die Berliner Sozialverwaltung, Übersiedler ohne enge Bindungen in der Stadt in andere Bundesländer weiterzuleiten. Das Vorhaben, erwachsen aus der Sorge, West-Berlin könne den starken Zuzug nicht länger bewältigen, stieß jedoch auf Gegenwehr Betroffener, was zeigt, wie bedeutsam es für sie war, nach der Migration in einem vertrauten Raum zu bleiben. Nachdem die öffentliche Meinung gegenüber den Zuwanderern sich zusehends negativ zeigte, schloss sich der Senat im März 1990 schließlich einer Initiative des Saarlands an, die Aufhebung des Verfahrens zu bewirken. Dem Druck der Länder und dem öffentlichen Meinungsklima gab der Bund nach. Zum 1. Juli 1990 wurde das Aufnahmeverfahren eingestellt. Die Regierungskoalition hatte die Übersiedler aus der DDR als wichtige Triebkraft der deutschen Einheit instrumentalisiert: Angesichts der anhaltenden Abwanderung schien deren rasche Herstellung alternativlos. In der SPD hingegen wollte man nach dem Ende der DDR das Weggehen nicht länger prämieren. Länger an den mit dem Aufnahmeverfahren verbundenen Hilfen für Übergesiedelte festzuhalten, darin waren sich SPD und Grüne einig, war sowohl in Richtung DDR als auch für die Wähler hier angesichts der sozialen Kosten das falsche Signal.

1990 wurde das Aufnahmeverfahren unter dem Gesichtspunkt diskutiert, dass es Übergesiedelten ein staatlich unterstütztes Ankommen bot und so gesehen zu den Eingliederungsmaßnahmen gezählt werden konnte, die den Weg in die westdeutsche Gesellschaft ebneten. Das Instrumentarium für die Eingliederung ostdeutscher Zuwanderer war wesentlich in den 1950er und 60er Jahren entwickelt worden. Ziel war es, Chancengleichheit mit den übrigen Bundesbürgern herzustellen. Eine zentrale Regelung, das Bundesvertriebenen- und Flüchtlingsgesetz, band – ähnlich wie das Notaufnahmegesetz die Aufenthaltserlaubnis – Unterstützung an einen bestimmten Status: den des Sowjetzonenflüchtlings. Gefordert war ein politischer Fluchtgrund. Durch diese Anforderung stellte der Gesetzgeber die staatlichen Hilfen und Erleichterungen für DDR-Zuwanderer in einen speziellen Zusammenhang. Es ging nicht darum, bei irgendeinem Ortswechsel zu assistieren; vielmehr übernahm die Bundesrepublik die Verantwortung für Folgen des Zweiten Weltkriegs, indem Menschen geholfen wurde, die kommunistischer Herrschaft unterworfen und insofern von der deutschen Teilung besonders hart betroffen waren.

Die einschränkende Definition bewirkte, dass ein erheblicher Teil der DDR-Zuwanderer von Hilfen ausgeschlossen war. Doch verlor das Prinzip, nur den »echten«, politischen Flüchtling zu unterstützen, schon vor dem Mauerbau an Bedeutung. Überschaut man, welche Leistungen und Erleichterungen ostdeutsche Übersiedler Mitte der 1980er Jahre in der Bundesrepublik in Anspruch nehmen konnten, zeigt sich, dass nur ein Bruchteil an die Voraussetzung Sowjetzonenflüchtling laut Bundesvertriebenengesetz geknüpft war. Als das bestehende Eingliederungsinstrumentarium anlässlich des Eintreffens der 1984er Ausreisewelle einer Revision unterzogen wurde, war die frühere Verknüpfung staatlicher Leistungsgewährung mit dezidiert politischen Gründen des Weggangs kein Thema. Nun stand die Frage im Vordergrund, ob die Unterstützung ausreichend war, um allen Neubürgern bildungsmäßige und berufliche Teilhabe zu ermöglichen. Ihre Eingliederungsprobleme beschäftigten in der zweiten Hälfte der 1980er Jahre die Kultusministerkonferenz und immer wieder auch Bundestag und Bundesregierung.

Das differenzierte Eingliederungsinstrumentarium für DDR-Zuwanderer war in den 1980er Jahren neben der Staatsangehörigkeit eine zweite wesentliche Komponente der Privilegierung im Vergleich zu anderen Migranten. Die Zielsetzung dieses Programms mit dem Leitbegriff der Chancengleichheit erschließt sich, wenn man Erläuterungen Michael Bommes' zur Aufnahme von Aussiedlern nachvollzieht. Er beschreibt ein Prinzip, das auch auf DDR-Zuwanderer Anwendung fand: Bommes argumentiert, dass der Wohlfahrtsstaat die abweichenden Biografien der Migranten gleichsam reparierte. Abweichend waren ihre Lebensläufe, weil Bildungs- und Ausbildungswege nicht dem entsprachen, was man in der Bundesrepublik kannte und erwartete; und auch, weil sich das an Eigentum und sozialer Absicherung Akkumulierte nicht ohne Abstriche in das Leben nach der Wanderung transferieren ließ.[3] Besonders augenfällig ist das Prinzip der Re-

3 Bommes, Migration und Lebenslauf, S. 9, 12, 14–15, 19–20; Mitgliedschaftsrollen (s. u.) erläutert Bommes ebd., S. 11–12.

paratur im Bereich der Sozialversicherungen. Hier wurden DDR-Zuwanderer so behandelt, als hätten sie ihr gesamtes Berufsleben in der Bundesrepublik verbracht, vom sonst gültigen Beitragsprinzip wurde in ihrem Fall abgesehen. Damit sie erfolgreich Mitgliedschaftsrollen (Bommes) übernehmen konnten, war es darüber hinaus wichtig, Fördermöglichkeiten in (Aus-)Bildung und Beruf zur Anpassung ihrer Fähigkeiten und Fertigkeiten bereitzustellen.

Angesichts der zunehmenden Immigration von Aussiedlern, Asylsuchenden und Übersiedlern aus der DDR hatte die äußere politische Rechte 1989 beachtliche Erfolge zu verzeichnen. Ihre Wähler schienen sie vornehmlich unter sozial prekär gestellten Menschen zu finden. Vor diesem Hintergrund veränderten sich sowohl die Praxis als auch das Verständnis von Eingliederung. Die Regierungskoalition reagierte auf den unter Bundesbürgern beobachteten Sozialneid, indem sie – zunächst vornehmlich für Aussiedler – verschiedene Leistungen kürzte. Die SPD trug das entsprechende Eingliederungsanpassungsgesetz mit. Darüber hinaus forderte sie angesichts der gewandelten Umstände, jegliche Bevorzugung der Aus- und Übersiedler gegenüber Altbundesbürgern abzubauen. Die Lastenausgleichsgesetze und das Bundesvertriebenengesetz, die Entschädigungen beziehungsweise besondere Hilfen und Erleichterungen vorsahen, sollten rasch aufgehoben werden. In Gestalt des Vertriebenen und des Sowjetzonenflüchtlings von einem Kriegsfolgenschicksal auszugehen, kennzeichneten SPD-Vertreter als anachronistisch. Chancengleichheit wurde nun primär dahingehend ausgelegt, dass die Zuwanderer gegenüber Eingesessenen nicht bessergestellt werden sollten.

1989/90 zeigt sich in Bezug auf DDR-Zuwanderer etwas Ähnliches, was Amanda Klekowski von Koppenfels für den politischen Umgang mit Aussiedlern herausarbeitet. Dass diesen bis Anfang der 1990er Jahre in der Bundesrepublik umfassend Zuflucht und ein breiter Katalog inklusionsfördernder Hilfen geboten wurden, begründete sich nicht per se aus ihrer angenommenen deutschen Ethnizität. Vielmehr zielten die Eingliederungsgesetze darauf, solche Deutschen zu unterstützen, die aus kommunistischen Regimen kamen und von diesen diskriminiert worden waren.[4] Für die 1989/90 in die Bundesrepublik kommenden Ostdeutschen gilt, dass ihre Deutscheneigenschaft angesichts der Umbrüche in der DDR und darüber hinaus im Ost-West-Verhältnis – wie auch einer als regelrechte Migrationskrise erlebten innenpolitischen Situation – nicht mehr hinreichte, staatliche Unterstützung in bisherigem Maßstab aufrechtzuerhalten.

4 Klekowski von Koppenfels, Politically Minded, S. 7, 10–11, 19, 26.

Dass die Nachkriegskontexte, in denen die Hilfen entwickelt und durch die sie legitimiert worden waren, hinfällig geworden seien, betonte die Opposition, die sich über soziale Themen zu profilieren suchte, stärker als die Regierungskoalition. Mit ähnlicher Stoßrichtung argumentierten Sozialdemokraten 1990 für die Abschaffung des Aufnahmeverfahrens für DDR-Zuwanderer. So machte die SPD in ihrem entsprechenden Entschließungsantrag vom Februar 1990 deutlich, dass kein Bewohner der DDR nach dem Mauerfall am 9. November 1989 noch den Status eines Flüchtlings in Anspruch nehmen könne. Die Verknüpfung des gewollten sozialen Ausgleichs mit Statuszuschreibungen, die unter der Bedingung einer geschlossenen Grenze und des Ost-West-Systemgegensatzes in den Hintergrund getreten war, gewann neue Virulenz. Bezüglich der DDR-Zuwanderer wie parallel der Aussiedler zeigte sich, dass dieser Ausgleich der politischen Ausgestaltung unterlag.[5]

Ein Aspekt in den migrationspolitischen Debatten der 1980er Jahre war die Bedeutung des Deutschseins der Aussiedler und der Zuwanderer aus der DDR. Als 1984 erstmals nach langer Zeit wieder zahlreiche Ostdeutsche eintrafen, bestanden Politiker der CDU/CSU und FDP darauf, dass diese als Landsleute Solidarität verdienten. Gerichtet war dieser Appell an eine einwanderungskritische Öffentlichkeit, die die Ankömmlinge in Teilen als unliebsame Konkurrenten um Arbeitsplätze und Wohnungen wahrnahm. Als Deutsche waren die Gewanderten Mitglieder derselben nationalen Gemeinschaft, weshalb ihnen, argumentierte die Regierungskoalition, Hilfe zustand, wie auch ihr Hiersein selbstverständlich als legitim anzusehen war. Einige Unionspolitiker legten nahe, dass Ostdeutsche unter dem Begriff Migration, der ein Von-außen-Kommen meine, von vornherein nicht zu fassen und aus diesbezüglichen Debatten herauszuhalten seien. Demgegenüber hoben die Grünen darauf ab, dass sich an den partiell negativen Reaktionen auf die ostdeutschen Zuwanderer das Scheitern eines auf ethnischen Kriterien beruhenden Solidaritätsgebotes erweise. Stattdessen sollte sich die Aufnahme von Immigranten an universalen, menschenrechtlichen Grundsätzen ausrichten. Auch in der SPD kritisierten einige die Aussiedlerpolitik der Regierung scharf. Sie privilegiere Menschen allein aufgrund ihrer (behaupteten) Zugehörigkeit zum deutschen Volk und begrüße ihren massenhaften Zuzug, während Asylsuchende diskreditiert und zurückgewiesen würden. Zuwanderer aus der DDR kamen in diesen Diskussionen Ende der 1980er Jahre nur

5 Heinelt/Lohmann, Immigranten im Wohlfahrtsstaat, S. 12, 43.

am Rand vor, doch waren sie Teil der Gleichung Deutschsein ist Solidaritäts- und Aufnahmegrund, die die Opposition in der polarisierten Einwanderungs- und Asyldebatte grundsätzlich infrage stellte.

Öffentliche Wahrnehmungen und gesellschaftliche Aufnahme

Die Aufmerksamkeit, die aus der DDR geflohene oder übergesiedelte Menschen seitens der westdeutschen Öffentlichkeit und Politik erfuhren, war ausgeprägten Konjunkturen unterworfen. In den 1970er und beginnenden 80er Jahren, als vergleichsweise wenige und überwiegend ältere Ostdeutsche kamen, waren sie aus der öffentlichen Wahrnehmung weitgehend herausgerückt. Auf breiteres Interesse stießen lediglich noch einzelne spektakuläre Fluchten. Auch politischer Handlungsbedarf schien nicht gegeben. Angesichts der geringen Zuzugszahlen und der erreichten wirtschaftlichen Prosperität wurden DDR-Zuwanderer im Gegensatz zu den 1950er Jahren nicht mehr als sozial-, arbeitsmarkt- und wohnungsbaupolitische Herausforderung wahrgenommen.[6] So finden sich in dieser Phase nur wenige Beispiele einer Thematisierung. Kontinuierlich und in prägnanten Einzelfalldarstellungen machte die *Zeit* unter der Überschrift »Barbara bittet« DDR-Flüchtlinge und Übersiedler sichtbar. Da der Zweck dieser Texte Spendeneinwerbung war, erschienen die Betreffenden zwar als Hilfsbedürftige – doch nur in der Hinsicht, einen ersten Trittstein, Hilfe zur Selbsthilfe zu benötigen, bevor sie bald wieder auf eigenen Beinen stehen würden.

Negative mediale Aufmerksamkeit fanden in den 1970er Jahren hingegen hin und wieder solche Übergesiedelte, die in der DDR inhaftiert gewesen waren. Dies war anlässlich einer vom Staatsrat der DDR im Oktober 1972 beschlossenen Amnestie der Fall, als westdeutsche Zeitungen von Straftaten Haftentlassener berichteten. Dabei ging es nicht allein um die Schlagzeilenträchtigkeit von Überfällen und Gewaltverbrechen. Vielmehr ließ sich die Sorge um Kriminelle, wie Nachfragen der CDU/CSU-Opposition im Bundestag demonstrierten, in ein generelles Inzweifelziehen der sozialliberalen Ostpolitik ummünzen, die im zeitlichen Umfeld der Bundestagswahl am 19. November und der Unterzeichnung

6 Heidemeyer, Schutzwall, S. 103–104. Dass die wissenschaftliche Forschung zu Ankommen, Eingliederung und Integration der DDR-Zuwanderer in der Bundesrepublik etwa seit Mitte der 1960er Jahre gleichfalls weitgehend zum Erliegen gekommen war, entspricht diesen Beobachtungen. Vgl. den Forschungsüberblick bei Schumann, Private Wege, S. 40–42.

des Grundlagenvertrags am 21. Dezember 1972 umstritten war. Infrage stand, ob sich die Regierung unter den neuen Vorzeichen in Form von Freikauf und humanitären Bemühungen so effektiv, wie sie es behauptete, für DDR-Inhaftierte einsetzen konnte. Der Rekurs auf Übergesiedelte, denen politische Haftgründe und damit die Legitimation ihres überdies teuer bezahlten Hierseins abgesprochen wurden, wurde zum Argument im deutschlandpolitischen Schlagabtausch.

Darüber hinaus zeichneten Presseartikel und Publikationen DDR-Haftentlassene als sozial Gefährdete. Geschult am Blick auf die Aussiedler, deren beruflich-soziale Etablierung als schwierig galt, beurteilte man auch die Aussichten dieser speziellen Gruppe ostdeutscher Zuwanderer skeptisch. Insbesondere ihren überproportional hohen Anteil unter Nichtsesshaften wertete man als alarmierend. Fokussiert auf dieses Thema entstand Ende der 1970er Jahre erstmals innerhalb des Untersuchungszeitraums eine problematisierende Eingliederungs-Diskussion bezüglich DDR-Zuwanderern. Sie kreiste zum einen darum, inwieweit man es mit sozial vorbelasteten und von falschen Vorstellungen geleiteten Neubürgern zu tun hatte. Zum anderen stand infrage, ob ihnen die Bundesrepublik, die politische Überlegenheit gegenüber der DDR beanspruchte und für den Wechsel dieser Personen viel Geld gezahlt hatte, als Ankunftsgesellschaft genug bot. Zu einem regelrechten Problemdiskurs, der eine systematische Untersuchung angeregt oder gesellschaftlich-politischen Handlungsbedarf erzeugt hätte, verdichteten sich die sporadisch aufflackernden kritischen Diagnosen jedoch nicht.

Eine auffällige Ausnahme in der Phase geringen öffentlichen Interesses bildete die Exildebatte um die ab 1976 ausgereisten oder ausgebürgerten Künstlerinnen und Künstler. Sie waren in erheblichem Ausmaß mit Erwartungen und Rollenzuschreibungen hinsichtlich ihrer öffentlichen Positionierung konfrontiert. Presseartikel loteten anhand des Exilbegriffs aus, inwieweit sie in der westdeutschen Gesellschaft bereits angekommen waren oder sich noch in (selbsterklärter) Distanz befanden. Weil der Begriff eine Auseinandersetzung mit Fremdsein, Heimat und nationaler Zugehörigkeit ermöglichte, ließen sich die Ankömmlinge zudem als Deutschlandexperten befragen. Vor allem die Schriftstellerinnen und Schriftsteller unter ihnen wurden als Intellektuelle angesprochen, von denen man sich Auskunft über den Stand des deutsch-deutschen Verhältnisses, Nähe, Ferne und verbliebene Gemeinsamkeiten erhoffte. Die Ausgereisten bezogen sich auf den Exilbegriff, um sich zu ihrer neuen Lebensumgebung in Beziehung zu setzen, politisch oder emotional, indem sie erlittene Verluste und Fremdheitserfahrungen beschrieben. Auf diese Weise trafen sie im Umkehrschluss auch eine Aussage über die DDR. Die entschiedene Zurückweisung des Exilbegriffs konnte eine Parteinahme für die Bundesrepublik als demokratischem Rechtsstaat bedeuten und sich gegen die wahrgenommene Tendenz richten, Menschenrechte zugunsten von Ost-West-Friedensbestrebungen zu vernachlässigen. Sich in der Bundesrepublik im Exil zu beschreiben oder nicht, hing zudem davon ab, ob man hinsichtlich der Zeit in der DDR Kontinuität oder einen Bruch betonen wollte. Einige sahen sich zwangsweise in die Fremde versetzt, denn abgeschnitten vom Zuhause und den Freunden wurden biografisch bedeutsame Pläne und Ziele hinfällig. Gleichzeitig wendet sich der Exilbegriff gegen die Interpretation der Ausreise als Befreiung. Einige Schriftstellerinnen und Schriftsteller hingegen stellten die Kontinuität ihres künstlerischen Arbeitens heraus. Damit suchten sie sich auch einer Vereinnahmung für die eine oder die andere Seite zu entziehen. Aus demselben Beweggrund wollten sie nicht als Dissidenten bezeichnet werden und spielten die Bedeutung ihrer Ausreise herunter.

Mit ihrer Zurückhaltung gerieten sie jedoch zwischen die Fronten zweier gegensätzlicher Lager, die sich im Zuge der Rezeption sowjetischer Dissidenten Mitte der 1970er Jahre herausgebildet hatten. Sozialliberaler Regierung, linken Intellektuellen und Entspannungsbefürwortern auf der einen Seite standen CDU/CSU-Opposition, antikommunistische Konservative und Entspannungsgegner auf der anderen gegenüber. Diese erwarteten, dass die Ausgereisten sich als Dissidenten eindeutig kritisch gegen die DDR stellten. Jene warnten beständig vor Äußerungen, die den Mitte-rechts-Kräften in die Hände spielten und einen Ost-West-Dialog torpedierten. Diese Lagerlogik betraf auch Ausgebürgerte und Übergesiedelte, die sich ausdrücklich als Dissidenten verstanden. Waren sie antikommunistisch eingestellt, sahen sie sich wegen ihres Redens über die DDR als Kalte Krieger und Störer gebrandmarkt. Sozialdemokratische und linke Milieus in der Bundesrepublik erlebten sie als unwissend und gleichgültig gegenüber ihren persönlichen Erfahrungen und den Verhältnissen in Ostdeutschland. In der Rolle des Querulanten fanden sich auch jene wieder, die sich weiterhin als Sozialisten verstanden. So wird in den Debatten um Exil und Dissidenz eine zentrale Konfliktlinie sichtbar: An der Frage, ob Entspannung oder Menschenrechte das prioritäre, handlungsleitende Anliegen sein sollten, schieden sich die Haltungen.

Auch Ausgereiste ohne Künstler- und Intellektuellenstatus sahen sich im Westen bestimmten (Rollen-)Erwartungen ausgesetzt. Sie galten ebenfalls als Experten für ein Ausloten der Differenz zwischen Ost und West. Einige reagierten darauf ähnlich wie manche Künstlerinnen und Künstler mit Zurückhaltung. Sie fürchteten, gegen die DDR vereinnahmt und falsch verstanden zu werden. Als ihr Anliegen wird hingegen deutlich, die eigene Geschichte nicht nur in Bezug auf den Westen zu erzählen: Es war wichtig, Erfahrungen in der DDR und insbesondere das Zustandekommen des Migrationsentschlusses zu berichten, um der biografischen Bedeutung dieser Entwicklungen zum Beispiel als Prozess individueller Emanzipation und unter dem Aspekt des Souveränitätsgewinns gerecht zu werden.

Am Beispiel der Mitte der 1980er Jahre Ausgereisten lässt sich die Aufnahmebereitschaft in Westdeutschland sondieren. Presseartikel, Meinungsumfragen, Erfahrungsberichte und die Bremer Fragebogenerhebung zeigen, dass sie nicht uneingeschränkt positiv ausfiel. Zwar gab es viel spontane Hilfsbereitschaft, aber auch Skepsis, Vorbehalte und Ablehnung, die sich im Verhalten der eingesessenen Bevölkerung niederschlugen. Einige der Neubürger berichteten von Anwürfen, die sie als Nutznießer staatlicher Leistungen, Konkurrenten um Wohnung und Arbeit sowie als Spione diffamierten. Nach Diskriminierungserfahrungen gefragt, formulierten einige das Erleben von Ausgrenzung und Herabsetzung, etwa als Ausländer bezeichnet oder in Wissen und Fähigkeiten als nicht gleichwertig angesehen worden zu sein. Andererseits scheinen nur rund elf Prozent der Übergesiedelten von Diskriminierung betroffen gewesen zu sein. Jenseits offener Ausgrenzung wurden allerdings Desinteresse, Unverständnis und Unkenntnis in Bezug auf die DDR und dortige Lebensbedingungen als Ankommenshindernis beschrieben. Demoskopiebefunde zeigen, dass die DDR nicht wenigen Westdeutschen tatsächlich fern, fremd und für immer mehr schon Ausland geworden war. Eine generalisierende Aussage, übergesiedelte Ostdeutsche seien nicht mehr als zugehörig angesehen worden, stützen solche Ergebnisse jedoch nicht; zu ambivalent stellt sich die Gemengelage auf die Bundesrepublik bezogenen und gesamtdeutschen Bewusstseins dar. Zudem liefert die geringe Zahl jener, die eine Ausgrenzung als nicht Zugehörige erlebten, gerade kein Indiz für die Brüchigkeit der deutsch-deutschen Bindungen.

Zu fragen ist überdies, inwieweit sich nationales Selbstverständnis und Aufnahmebereitschaft gegenüber DDR-Zuwanderern überhaupt wechselseitig bedingten. Denn auch im spezifischen deutsch-deutschen Fall erweisen sich die Zahl der Immigranten und aktuelle sozioökonomische Entwicklungen als prägende Faktoren. So stellten sich um 1984 die strukturellen Bedingungen der Aufnahme und Eingliederung von DDR-Zuwanderern anders als in den 1970er Jahren dar. 1980/81 war in der Bundesrepublik eine Wirtschaftskrise aufgebrochen, welche die Arbeitslosigkeit steigen ließ. Zeitgleich diskutierte die Öffentlichkeit intensiv, ob die in der Bundesrepublik lebenden »Gastarbeiter« in ihre Herkunftsländer zurückkehren sollten, wofür sich in Meinungsumfragen eine große Mehrheit der Bürger aussprach. Besorgnis und Ablehnung lösten zudem Asylbewerber aus, deren Zahl seit 1979/80 anstieg, so dass sich die sozialliberale Koalition 1981 zu einer »eindeutigen Begrenzungspolitik« entschloss.[7] Kurz darauf trafen mit den Ostdeutschen in nicht unbeachtlicher Zahl neue Zuwanderer ein, viele von ihnen im arbeitsfähigen Alter und gut ausgebildet. Ein Teil der Bundesdeutschen sah sie als Konkurrenten um die knappen Ressourcen Arbeit und Wohnraum, gleich ob sie als Deutsche galten: Mochten die Betreffenden auch zu derselben nationalen Gemeinschaft gehören, sollten sie in den Augen mancher Westdeutschen doch besser nicht hier sein – anders als von vielen Politikern vor allem der CDU/CSU beschworen, war Co-Nationalität keine Garantie für Solidarität.

Die sogenannte Ausreisewelle des Jahres 1984 veränderte die Wahrnehmung von Zuwandernden aus der DDR, denen jetzt verstärkt öffentliche und politische Aufmerksamkeit zuteilwurde. Geschuldet war dies nicht allein dem ungewohnten Umfang, sondern auch dem soziodemografischen Profil des Zuzugs. Seit über zwanzig Jahren repräsentierten die Übersiedler erstmals wieder einen Querschnitt der DDR-Bevölkerung mit zu beschulenden Kindern, auszubildenden Jugendlichen und Erwachsenen im erwerbsfähigen Alter. Infolgedessen markiert das Jahr 1984 in der politischen Beschäftigung mit der Zuwanderung eine Zäsur. Bundes- und Landespolitiker sahen in ihr nun ein relevantes und umfangreicher als bisher abzusteckendes Handlungsfeld. Es ging nicht mehr nur darum, die Obhutspflicht der Bundesrepublik in Bezug auf Ostdeutsche gegenüber dem SED-Regime abzustecken oder anhand von Anzahl und Befindlichkeit der Übersiedelnden den Stand der deutsch-deutschen Beziehungen zu beurteilen. Bedeutsam wurde vielmehr die Frage, wie gut der Wechsel von Ost nach West, der jetzt vor allem als Wechsel zwischen zwei unterschiedlichen Gesellschaftssystemen verstanden wurde, gelang und die Betreffenden sich integrierten.

1989/90 wurden Flucht und Ausreise aus der DDR, nach einem Abflauen des Interesses, erneut zum beherrschenden Thema. Charakteristisch in dieser Phase waren die raschen und tiefgreifenden Wechsel in der öffentlichen Stimmung. Politisch erhielt die Zuwanderung eine Brisanz, die sie seit dem Mauerbau verloren hatte. Sie ließ sich, wie Lafontaine demonstrierte, als wahlkampftaugliches Argument in der innenpolitischen Auseinandersetzung verwenden. Das außenpolitische Potenzial nutzte die Regierung Kohl, indem sie die Übersiedlungsbewegung als diplomatisches Druckmittel für die Herstellung der deutschen Einheit einsetzte.[8]

---

7 Herbert, Geschichte der Ausländerpolitik, S. 247. Ihren Höhepunkt erreichte die Wirtschaftskrise 1985.

8 »Die massenhafte Übersiedlung in die Bundesrepublik war seit Beginn des Jahres 1990

Abhängig von den politischen und medialen Konjunkturen lassen sich 1989/90 Veränderungen in der Aufnahmebereitschaft feststellen. Während diese sich im Frühjahr 1989 verhalten darstellte, ist im Folgenden ein Umschwung der öffentlichen Meinung hin zu einer positiven und empathischen Sicht der Ankommenden erkennbar. Ursache hierfür war wesentlich die mediale Berichterstattung, die die Fluchtbewegung als dramatisches, emotional anrührendes Geschehen darstellte. Etwa ab November 1989 begann die Stimmung jedoch zu kippen. Immer weniger konnten Bundesbürger die Entscheidung zur Abwanderung nach dem Mauerfall noch nachvollziehen. Staatliche Leistungen für die Übersiedelnden empfanden sie zunehmend als unangebracht und sahen die Ressourcen des Wohlfahrtsstaats angesichts des anhaltend starken Zuzugs an der Belastungsgrenze. Weil die Wandernden den Status von Flüchtlingen infolge der geöffneten Grenze und der veränderten politischen Situation in der DDR in den Augen der Öffentlichkeit eingebüßt hatten, verlor ihr Hiersein an Legitimation. Im März 1990 waren Westdeutsche gegenüber den Ankömmlingen mehrheitlich ablehnend eingestellt, eine Haltung, die in einigen Fällen bis zu Protesten und Gewalt gegen Unterkünfte führte. Dass hier Deutsche kamen, konnte keine Solidarität mehr begründen.

Erfahrungen des Ankommens

Im Westen heimisch zu sein war kein Zustand, der sich nach der Flucht oder Übersiedlung unmittelbar und von selbst einstellte. Stattdessen beschrieben mehrere Gewanderte ihr Ankommen als längeren Prozess, bei dem sie mit Fremdheitserfahrungen konfrontiert waren. Innerhalb dieses Prozesses lässt sich eine erste Phase mit spezifischen Herausforderungen identifizieren. In den Wochen und Monaten nach der Ankunft erlebten einige Zuwanderer eine Krisis, insofern ihnen Alltagswissen und Orientierungsschemata fehlten. Insbesondere

ein international wirksames Argument zugunsten der von einigen Verbündeten der BRD (Frankreich, Großbritannien) zunächst nicht gewünschten Vereinigung der beiden deutschen Staaten […].« Grundmann, Bevölkerungsentwicklung, S. 172. »[…] im Lichte der Übersiedlerbewegung«, notierte Wolfgang Schäuble rückblickend, »setzte sich überall in Europa und auch in der Welt […] die Einsicht durch, daß diese Einheit unvermeidlich sei […]. Genscher und mit ihm die FDP sahen wohl wie ich, daß die Übersiedlerzahlen ein wichtiges Argument waren, um den Weg zur Einheit außenpolitisch abzusichern.« Wolfgang Schäuble: Der Vertrag. Wie ich über die deutsche Einheit verhandelte, Stuttgart 1991, S. 70–72, hier zit. nach Grundmann, Bevölkerungsentwicklung, S. 172.

in bestimmten Bereichen, ausgeprägt etwa beim Konsum, aber auch im Umgang mit der Bürokratie, fehlten ihnen Auswahl- und Hierarchisierungsroutinen, wenn die mitgebrachten nicht mehr funktionierten.

Ob und inwieweit sich dieses Nichtkennen, Nichtverstehen oder Sich-nicht-verhalten-Können als längere Belastung erwies, hing von verschiedenen Faktoren ab. Haft in der DDR konnte aufgrund der gesundheitlichen Folgen Unvertrautheit zu einem erheblichen Stressfaktor anwachsen lassen. Ein höheres Risiko, in einen Zustand der Überforderung zu geraten, hatten außerdem alleinerziehende Frauen, denen in der ersten Zeit Integrationshelfer fehlten. Auch das vom SED-Regime gezeichnete negative Bild einer von Kriminalität und mangelnder sozialer Absicherung geprägten Bundesrepublik konnte Unsicherheiten im Bereich Konsum/Geld bis hin zur Existenzangst verschärfen. Diese Art von Fremdheit war jedoch zumeist keine, die über einen langen Zeitraum hinweg oder gar andauernd bestehen blieb.[9] Demgegenüber gab es andere einer Beheimatung hinderliche Umstände und Erfahrungen, die länger Wirksamkeit entfalteten. Dazu gehörte es, von in der DDR verbliebenen Angehörigen abgeschnitten zu sein, was sich bei Frauen und Männern unterschiedlich ausprägen konnte.

Zu den Erfahrungen, die ein Heimischwerden womöglich längerfristig beeinträchtigten, zählte darüber hinaus Nichtzugehörigkeit. Sie konnte sich als Fremdheit in dem Sinn darstellen, eine Position außerhalb einer Wir-Gruppe zugewiesen zu bekommen. Außerdem prägte sie sich dadurch aus, dass man sich als habituell anders oder in Bereichen, die für die soziale Interaktion wichtig waren, als kulturell fremd wahrnahm, beispielsweise meinte, bestimmte Codes nicht zu beherrschen. Ausschlaggebend für eine Beheimatung waren dabei die sozialen Konsequenzen. Dazu gehörte die Erfahrung, Gleichaltrigen, insbesondere des anderen Geschlechts, nicht auf Augenhöhe begegnen zu können und unattraktiv zu sein, weshalb einige eine Phase starker Verunsicherung durchlebten. Einige Übersiedler deuteten die beobachteten Diskrepanzen biografisch, indem sie sich als Hinzugetretene ohne gemeinsame Geschichte mit den übrigen ansahen oder konstatierten, aus dem sie prägenden, handlungsleitenden Zusammenhang (ihrer Generation) herausgefallen zu sein. In der Folge konnten sie ihrer Wahrneh-

9 Ähnliche Ergebnisse auch bei Flögel und Gehrmann. Flögel, Alltagserfahrungen, S. 210–211; vgl. auch Torsten Flögel: DDR-ZuwanderInnen in der Bundesrepublik. Eine qualitative Studie, PP-Aktuell 11 (1992) 1/2, S. 58–70, hier S. 62. Gehrmann, Überwindung, S. 461, berichtet über Frau Vidal, die sich nach drei Jahren im Westen angekommen sah: »[...] und da hatte ich so das Gefühl, dass ich jetzt weiß, also, dass ich irgendwie so durchblicke alles so.«

mung nach weder die anderen umfassend verstehen noch von ihnen verstanden werden.

Deutungskonflikte zwischen Übersiedlern und Westbürgern ergaben sich häufig in Bezug auf die DDR und den Sozialismus. Herübergewechselte, die sich als links und zugleich DDR-, SED- und sozialismuskritisch verstanden, gewannen den Eindruck, in das politische Weltbild westdeutscher Linker nicht zu passen. Sie erlebten Unverständnis und Zurückweisung, sahen sich in die Rolle von Störern gedrängt und scheiterten daran, eigene Erfahrungen und Haltungen zu vermitteln. Dieses als ignorant empfundene Verhalten Westlinker löste Enttäuschung, bei einigen auch einen Rückzug aus bestimmten politischen Milieus oder Gruppierungen aus. Dadurch wurden einige im Westen politisch heimatlos: Ihnen fehlte in der Folge ein Forum, um zu diskutieren, sich einzubringen und Wirksamkeit zu entfalten. Einer Beheimatung hinderlich war dies nicht allein, weil Betreffende sich als nichtzugehörig erfuhren. Auch ihre Handlungsfähigkeit, die Mitzscherlich als relevanten Aspekt benennt, war dadurch eingeschränkt. Dies wog umso schwerer, wenn politisches Interesse und Engagement ein bedeutsames Moment in ihrer Biografie darstellte, an das sie im Westen nicht anschließen konnten.

Im Zusammenhang mit Fremdheit und Beheimatung rückt die Bedeutung des Ankunftsorts für diese Erfahrungen und Prozesse in den Blick. Das Beispiel West-Berlin zeigt, welche Eigenschaften eines Ortes aus der Sicht Gewanderter eine Rolle spielten, um Fremdheit zu vermeiden und sich erfolgreich zu beheimaten. Ein wichtiger Faktor waren Freunde und Bekannte als Anlaufstellen. Bedeutsam war für einige außerdem geografische Nähe zur DDR, um die Bindung zu dort verbliebenen nahestehenden Menschen durch Besuche aufrechterhalten zu können. Neben diesen allgemeinen wies West-Berlin einige spezifische Qualitäten als Ankunftsort auf. Eine Besonderheit war, dass die Halbstadt als Teil eines eigenen, West- und Ostberlin sowie das anliegende Brandenburg umfassenden Migrationsraums zu kennzeichnen ist. Zuziehende Ostdeutsche konnten, obgleich sie in ein anderes politisches System und eine andere Gesellschaft wechselten, an Vertrautes anschließen. Bei einigen war die Familiengeschichte mit West-Berlin verknüpft, andere kannten die Teilstadt bereits durch eigene Besuche. Insbesondere übergesiedelte Ost-Berliner betonten die Ähnlichkeit der beiden Stadthälften, etwa hinsichtlich Dialekt und Architektur. Äußerungen zugezogener Ostdeutscher zeigen außerdem, dass sie die zeitgenössisch verbreitete Auffassung einer Sonderrolle West-Berlins zwischen DDR und Bundesrepublik teilten – was manchen die Halbstadt besonders attraktiv erscheinen ließ, während andere sich von ihrem Inselcharakter eingeengt fühlten. Ein weiteres Merkmal der Teilstadt war schließlich die Existenz einer Ehemaligenszene, die in außergewöhnlicher Weise Austausch und Vernetzung ermöglichte, soziale Kontakte über die eigenen Leute hinaus aber auch erschweren konnte.

Weiterführende Perspektiven

Die Grundlagen für die Aufnahme von DDR-Zuwanderern wurden zwischen 1972 und 1990 zwar kaum verändert, gerieten jedoch stark abhängig von den politischen, wirtschaftlichen und sozialen Lagen teils kontrovers in die Diskussion. Die Untersuchung hat gezeigt, dass ostdeutsche Migranten dabei nicht isoliert, sondern in engem Zusammenhang mit den Diskursen um »Gastarbeiter«, Asylsuchende und Aussiedler betrachtet werden sollten. So werden Wechselwirkungen erkennbar, die sich vertiefend analysieren ließen. Für Aussiedler und DDR-Zuwanderer etwa wäre vergleichend nachzuvollziehen, wie in Bezug auf die einen formulierte Problemdiagnosen und sich daraus ergebender Handlungsdruck auf die anderen übertragen wurden und sich jeweils neue Impulse für die Aufnahme ergaben. Im Verhältnis zu den gleichzeitig ankommenden Asylsuchenden ergab sich auf beiden politischen Flügeln eine stärkere Konturierung der Standpunkte: Während die Konservativen wieder zunehmend auf Blutsbande als Grund für die Aufnahme setzten, verstand die Linke diese als Pflicht, die aus den für alle Menschen gleich geltenden Menschenrechten resultierte. Die abwägende, vergleichende und die verschiedenen Menschengruppen auch gegeneinander ins Feld führende Diskussion hat bis heute nachwirkende Folgen.

Deutlich wurde zudem, dass es innerhalb des Untersuchungszeitraums beständig neu zu analysieren gilt, was es bedeutete, dass DDR-Zuwanderer als Deutsche in die Bundesrepublik kamen. Frank Wolff fasst den gesellschaftshistorischen Zustand dieser Zeit als Mauergesellschaft, in der »die durchgrenzte deutsche Gesellschaft aushandeln musste, ob und wie sie noch zusammengehörte«. Migration versteht er als geeignetes Querschnittsthema, um diese Prozesse zu ergründen, was auch diese Untersuchung erweist:[10] Sie lässt sich insbesondere mit den Beobachtungen zur Exil- und Dissidenten-Debatte sowie zur Rezeption der DDR-Zuwanderer 1984 und 1989 als Beitrag zu einer Geschichte der Mauergesellschaft lesen.

10 Wolff, Mauergesellschaft, S. 13 (Zitat), 15.

Darüber hinaus wird in Ansätzen erstmals eine Erfahrungsgeschichte des Ankommens ostdeutscher Migranten im Westen vorgelegt. Durch die Einbeziehung unterschiedlicher biografischer Quellen, vor allem der Interviews, war es möglich, subjektives Erleben und Verarbeitungsprozesse der Gewanderten qualitativ zu erfassen. Daraus ergeben sich weiterführende Fragen und Anregungen, so für Forschungen zur Transformationsphase nach Herstellung der deutschen Einheit. Zu prüfen wäre, ob hier deutlich gewordene Erfahrungen vergleichbar mit jenen sind, die Ostdeutsche in den Jahren seit 1990 machten.[11] Ein Anknüpfungspunkt ist die beobachtete Krisis mit dem Verlust von Orientierungsmaßstäben und Handlungsroutinen und daraus resultierender Überforderung – eine Verunsicherung, wie sie ähnlich, nur umfassender Ostdeutsche, die 1990 Kinder oder Jugendliche waren, bei ihren Eltern beschreiben.[12] Eine weitere Parallele könnte das Gefühl politischer Heimatlosigkeit aus der Erfahrung heraus sein, mit den eigenen Vorstellungen und Wünschen keinen Widerhall zu finden. Ilko-Sascha Kowalczuk stellt fest, dass politisch engagierte Ostdeutsche westdeutsche Linke, wie hier für die 1970/80er Jahre dargelegt, auch nach 1990 als ignorant und bevormundend erlebten.[13]

Eine Vergleichsperspektive eröffnet sich noch in anderer Hinsicht. Die Untersuchung von Beheimatungsprozessen und ihren Hindernissen erlaubt, die Spezifik der deutsch-deutschen Migration und der Integration im Ankunftsland nicht nur rechtlich-politisch, sondern auch erfahrungsgeschichtlich zu fassen. Roswitha Breckner stellt heraus, dass es bezüglich bestimmter Erfahrungen in Migrationsprozessen über unterschiedliche Formen von Migration hinweg Übereinstimmungen gebe. Eine wichtige Gemeinsamkeit liege darin, Diskontinuität in den eigenen Orientierungsmustern und sozialen Zugehörigkeiten zu erleben.[14] Insofern DDR-Zuwanderer im Westen Fremdheitserfahrungen in Form von Unvertrautheit und Nichtzugehörigkeit machten, waren sie demzufolge typische Migranten. Andererseits zeigt sich in der Begrenztheit dieser Erfahrungen –

---

11 Naika Foroutan und Daniel Kubiak: Ausgeschlossen und abgewertet: Muslime und Ostdeutsche, Blätter für neue deutsche und internationale Politik 63 (2018) 7, S. 94–102.

12 Vgl. die Berichte in Michael Hacker et al. (Hg.): Dritte Generation Ost. Wer wir sind, was wir wollen, Berlin, 3. Aufl. 2015, z. B. S. 213.

13 Ob das Verhältnis zu Vertretern anderer politischer Richtungen einfacher war, wäre zu untersuchen. Laut Kowalczuk war die Haltung, die eigene politische Praxis als alleingültiges Vorbild anzusehen, in Westdeutschland über die Linke hinaus verbreitet. Ilko-Sascha Kowalczuk: Die Übernahme. Wie Ostdeutschland Teil der Bundesrepublik wurde, München, 62019, S. 101–103.

14 Breckner, Migrationserfahrung, S. 16, 147–148, 410, 417.

orientierungslos nur in einigen Gesellschaftsbereichen zu sein, Zugehörigkeit zumeist nicht dauerhaft infrage gestellt zu sehen – das Besondere dieses Falles. Um diese These zu fundieren und Migrationserfahrungen weitergehend zu vergleichen, müssten Ergebnisse der Migrationsforschung systematischer herangezogen werden, als es in diesem Rahmen möglich war.[15] Eine sinnvolle Fortschreibung in biografietheoretischer Perspektive wäre in diesem Zusammenhang, mit Roswitha Breckner in Bezug auf DDR-Zuwanderer zu fragen, wie Biografien vor dem Hintergrund von Migrationsprozessen gestaltet werden.[16] Über die Frage der Spezifik hinaus leistet diese Untersuchung einen Beitrag, wie das Sichhineinbewegen in eine neue Gesellschaft im Zuge einer Migration analysiert werden kann. Mithilfe des Begriffs der *Replatzierung* konnten verschiedene Faktoren und Prozesse, die hierbei eine Rolle spielen, in ihren Wechselwirkungen erfasst werden. Ohne alle Dimensionen abzubilden, gelingt es so, das, was oft verkürzend »Integration« genannt und mit Anpassungsforderungen an die Gewanderten verbunden wird, als komplexes Geschehen zu zeigen.

Am Beispiel West-Berlins wird deutlich, welche Bedeutung der Ankunftsort für eine Neubeheimatung hat, ein Aspekt, den die Forschung zu DDR-Zuwanderern bisher nicht beachtete.[17] Aus den Beobachtungen dazu ergeben sich Anregungen für die Berlin-Forschung. Eingehender in den Blick zu nehmen wäre etwa die Kreuzberger Ehemaligenszene hinsichtlich der Herkunftsorte und des sozialen Profils ihrer Angehörigen sowie Wohnquartieren, Treffpunkten und Aktivitäten im Bezirk. Hierüber nahezu nichts zu wissen, markiert einen weißen Fleck auch der neueren Stadtgeschichtsforschung, die DDR-Zuwanderer als Teil einer Ost-West-Berliner Beziehungsgeschichte noch kaum entdeckt hat.[18] Die Wanderungsbewegungen innerhalb des Großraums Berlin demografisch genauer zu fassen, auch Motive und Erwartungen der Betreffenden schärfer zu konturieren, fügt sich in die analytische Perspektive einer Verflechtungsgeschichte, die Stefanie Eisenhuth und Martin Sabrow als weiterführend aufzeigen. Die Erkenntnisse

15 Vgl. Naika Foroutan: Die postmigrantische Gesellschaft. Ein Versprechen der pluralen Demokratie, Bielefeld 2019.

16 Breckner, Migrationserfahrung, S. 11–12.

17 Untersuchungen zu anderen Migranten und ihren Anbindungsprozessen an die neue Umgebung hingegen berücksichtigen die Kategorie Ort, vgl. z. B. Clare Rishbeth und Mark Powell: Place Attachment and Memory: Landscapes of Belonging as Experienced Post-migration, Landscape Research 38 (2013) 2, S. 160–178.

18 So fehlt dieser Aspekt in Hanno Hochmuth: Kiezgeschichte. Friedrichshain und Kreuzberg im geteilten Berlin, Göttingen 2017.

zu den Beheimatungsstrategien übergesiedelter Ostdeutscher bestärken außerdem den Ansatz, West-Berlin als »ein ›drittes Deutschland‹«, einen »eigenen Erfahrungsraum zwischen Ost und West« zu konzipieren.[19]

Epilog: 1989 als Zäsur

> [...] als wenn mir eener mit 'n Hammer uff 'n Kopp jekloppt hat ... ich hab jesacht: Det kann doch wohl nich wahr sein, jetz renn ick durch janz Europa, mein janzes Leben lang muss ick diesen Mist, und jetzt hab ick endlich ma den Mut, um wat zu machen und wat zu unternehmen, um aus diesem Schlamassel rauszukommen, und jetz kommen mir die janzen Penner hinterher. Ick war so wat von enttäuscht, so wat von erbost, wütend, zornich, det war allet 'n Thema.

Mit diesen Worten beschrieb der Ungarn-Flüchtling Hans-Bernd Müller, wie er 1989 die Maueröffnung erlebte.[20] Müller hatte, als er sich im August mit seiner Familie zur Flucht entschloss, eine Gelegenheit wahrgenommen. Sie brachen den Sommerurlaub auf Rügen ab und besorgten sich Ungarn-Visa. Hintergrund dieser Entscheidung war das Gefühl, in der DDR die Möglichkeiten hinsichtlich Lebensstil und Konsum ausgereizt zu haben und reisen zu wollen.

Die Umstände des Weggangs jedoch, eine, wie Müller schilderte, gefahrvolle Flucht zu bewältigen, verliehen dem Unterfangen eine schwerwiegende, auch politische Bedeutung. Sie waren »Republikflüchtlinge« und »Vaterlandsverräter«. Mehrfach betonte Müller, wie gefährlich es gewesen sei, in Ungarn mit dem dort erhaltenen bundesdeutschen Pass unterwegs zu sein, da man aufgegriffen, abgeschoben und inhaftiert werden konnte. Diese Situation bestanden zu haben, war für Müller biografisch bedeutsam. Zudem erwuchs daraus für ihn in der Bundesrepublik der Status, ein politischer Flüchtling zu sein. Der Mauerfall verschüttete in seinen Augen auf einen Schlag all das Besondere, das seinen Weg – das Leben in der DDR, sein Weggehen und Hiersein – ausmachte. Hier zu sein war, da das nun alle konnten, nicht länger eine Leistung. Und schlimmer noch: Hätte man selbst nur ein wenig länger gewartet, wäre der Ost-West-Wechsel sehr viel einfacher zu haben gewesen – oder vielleicht sogar gänzlich überflüssig geworden.

19 Eisenhuth/Sabrow, West-Berlin, S. 183, 184 (Zitat).

20 Hans-Bernd Müller (Pseudonym), Interview geführt von Julia Obertreis, 30.9.2002, Stiftung Berliner Mauer.

Aufhebung der Grenze zwischen den Bezirken Treptow (Ost-Berlin) und Kreuzberg (West-Berlin) an der Puschkinallee / Schlesische Straße, 11. November 1989.

So gaben die politischen Umbrüche des Jahres 1989 Anstoß für eine Revision. Sie forderten dazu heraus, das eigene Selbstverständnis als Flüchtling oder Übersiedler grundsätzlich zu hinterfragen. Zudem lösten die Ereignisse eine Bilanzierung der Migration hinsichtlich der Gründe und Ergebnisse aus, die es noch einmal abzuwägen und unter Umständen gesamtbiografisch neu zu bewerten galt. »[...] Sie können sich sicher vorstellen, dass ich ... mich nicht gefreut hab, als die Grenze aufging«, formuliert ähnlich Müller auch Anna Schäfer, die im Juni 1989 nach einer fünfjährigen Antragsphase hatte ausreisen dürfen. »Ich hab gedacht«, so Schäfer, »da haben wir uns so gequält und ... wir haben alles bis auf unser Existenzminimum heruntergeschraubt, und jetzt geht einfach ... so mir nichts, dir nichts diese Grenze auf, ja.«[21] Beide Interviews zeigen das Bemühen, das Unternommene und Erlebte biografisch neu einzuordnen. Seine Gefühle

21 Anna Schäfer (Pseudonym), Interview geführt von Elke Kimmel, 25.10.2005, Stiftung Berliner Mauer.

beim erfolgreichen Bestehen der Flucht könne ihm niemand nehmen, das sei es ihm wert gewesen, lautete der Schluss, den Müller für sich zog. Anna Schäfer blieb zweifelnder:

> Ich habe zehn Jahre gebraucht vom Stellen des ... Ausreise-Antrags bis ich ... im Westen, wenn man so sagen kann, im Westen Fuß gefasst hatte. Es waren zehn Jahre meines Lebens und ich frag mich oft: Welchen Sinn haben die gehabt? Ich bin zu der Erkenntnis gekommen, wir haben Zeichen gesetzt für Veränderung, dass es so gekommen ist wie es gekommen ist. Das brauch ich als Trost für mich ...

Anhang

Ungedruckte und gedruckte Quellen

Archivalische Quellen

Landesarchiv Berlin (LAB)

B Rep. 002
Der Regierende Bürgermeister von Berlin/Senatskanzlei

Parlamentsarchiv des Deutschen Bundestags (ParlA)

Bestand 3105
Deutscher Bundestag – Ausschuss für innerdeutsche Beziehungen:
Stenographische Protokolle (BT – Ausschuss für innerdt. Bez.: PR)

Presse- und Informationsamt der Bundesregierung,
Zentrales Informationssystem (BPA-Dok)

Deutschland 1989, Bd. 11 und 12
Deutschland 1990, Bd. 64

Gedruckte Quellen

Abgeordnetenhaus von Berlin: Drucksachen (AH Berlin – DRS).

Abgeordnetenhaus von Berlin: Stenographische Protokolle (AH Berlin – PLPR).

Ahrends, Martin (Hg.): Mein Leben, Teil zwei. Ehemalige DDR-Bürger in der Bundesrepublik, Köln 1989.

Auerbach, Thomas, Wolfgang Hinkeldey, Marian Kirstein, Gerd Lehmann, Bernd Markowsky und Michael Sallmann: DDR – konkret. Geschichten und Berichte aus einem real existierenden Land, Berlin 1978.

Bernig, Jörg und Walter Schmitz (Hg.): Literaturlandschaft im Wandel. Gespräche zur literarischen Kultur in Sachsen und Ostdeutschland 1990 bis 2005, Dresden 2006.

Beste, Hubert: Dokumentation zur Aufnahme und Eingliederung der Aussiedler und DDR-Übersiedler im Saarland – Eine kritische Bestandsaufnahme, Saarbrücken (Ministerium für Frauen, Arbeit, Gesundheit und Soziales) 1991.

Bezeichnung von Deutschen aus der DDR und Berlin (Ost): Übersiedler. Veröffentlichung eines Schreibens des Bundesministers des Innern (BMI), ibv Nr. 20, 17.5.1989, S. 895.

Biermann, Wolf: Deutsches Miserere (1977), in: Wolf Biermann: Alle Lieder, Köln 1991, S. 286–291.

Der Bundesminister des Innern (Hg.): Bestandsaufnahme der Eingliederungshilfen von Bund und Ländern für Aussiedler und für Zuwanderer aus der DDR und Berlin (Ost) – mit einer Analyse des Bedarfs, Bonn, 31.3.1988.

Der Bundesminister des Innern (Hg.): betrifft: Eingliederung der Vertriebenen, Flüchtlinge und Kriegsgeschädigten in der Bundesrepublik Deutschland, Bonn 1982.

Bundesrat: Drucksachen (BR – DRS).

Bundesrat: Stenographische Protokolle (BR – PLPR).

Deutscher Bundestag: Drucksachen (BT – DRS).

Deutscher Bundestag: Stenographische Protokolle (BT – PLPR).

CDU (Bundesgeschäftsstelle) (Hg.): Protokoll 37. Bundesparteitag 11.–13. September 1989 Bremen, Bonn 1989.

Deinert, Wolf: Brief vom 12.3.1988, The Germanic Review 3 (1990), S. 118–120.

Deinert, Wolf: Meine Heimat, Jossa 1980.

Dreier, Horst und Fabian Wittreck (Hg.): Grundgesetz. Textausg. mit sämtl. Änderungen und anderen Texten zum deutschen und europäischen Verfassungsrecht, Tübingen, 4., durchges. und aktual. Aufl. 2009.

Finn, Gerhard und Liselotte Julius (Hg.): Von Deutschland nach Deutschland. Zur Erfahrung der inneren Übersiedlung, Köln 1983.
Die Flucht- und Ausreisebewegung in verschiedenen Phasen der DDR-Geschichte. Protokoll der 69. Sitzung, in: Materialien der Enquete-Kommission »Aufarbeitung und Folgen der SED-Diktatur in Deutschland«, Bd. VII/1, hg. vom Deutschen Bundestag, Baden-Baden 1995, S. 314–449 (Berichte von Zeitzeugen).
Flüchtlings-Starthilfe e.V.: 30 Jahre Flüchtlings-Starthilfe e.V. in Hamburg. Bericht mit Rückblick, Hamburg 1983.
Fuchs, Jürgen: Einmischung in eigene Angelegenheiten. Über Krieg und verlogenen Frieden, Reinbek bei Hamburg 1984.
Fuchs, Jürgen: Tagesnotizen. Gedichte, Reinbek bei Hamburg 1979.
Gerig, Uwe: Wir von drüben. Zwanzig Schicksale im geteilten Deutschland, Asendorf 1989.
Gesetz über die Angelegenheiten der Vertriebenen und Flüchtlinge vom 19. Mai 1953, Bundesgesetzblatt Teil I, 22.5.1953, Nr. 22, S. 203–221.
Gesetz zur Anpassung von Eingliederungsleistungen für Aussiedler und Übersiedler vom 22. Dezember 1989, Bundesgesetzblatt Teil I, 29.12.1989, Nr. 61, S. 2398–2403.
Gesetz zur Aufhebung des Aufnahmegesetzes vom 26. Juni 1990, Bundesgesetzblatt Teil I, 28.6.1990, Nr. 30, S. 1142.
Gesetz über die Notaufnahme von Deutschen in das Bundesgebiet vom 22. August 1950, Bundesgesetzblatt Teil I, 26.8.1950, Nr. 36, S. 367–368.
Gesetz zur Reform der gesetzlichen Rentenversicherung vom 18. Dezember 1989, Bundesgesetzblatt Teil I, 28.12.1989, Nr. 60, S. 2261–2395.
Erstes Gesetz zur Bereinigung des Verwaltungsverfahrensrechts vom 18. Februar 1986, Bundesgesetzblatt Teil I, 21.2.1986, Nr. 8, S. 265–274.
Sechstes Gesetz zur Änderung des Bundesvertriebenengesetzes vom 2. Dezember 1985, Bundesgesetzblatt Teil I, 12.12.1985, Nr. 58, S. 2138–2139.
Gespräch mit Sarah Kirsch (Hans Ester und Dick von Stekelenburg, 3.5.1979), in: Sarah Kirsch: Erklärung einiger Dinge. Dokumente und Bilder, Reinbek bei Hamburg 1981, S. 66–81.
Ein Gespräch mit Schülern, in: Sarah Kirsch: Erklärung einiger Dinge (Dokumente & Bilder), Ebenhausen bei München 1978, S. 5–51.
Goyke, Frank und Andreas Sinakowski (Hg.): Jetzt wohin? Deutsche Literatur im deutschen Exil. Gespräche und Texte, Berlin 1990.

Grunert-Bronnen, Barbara (Hg.): Ich bin Bürger der DDR und lebe in der Bundesrepublik. 12 Interviews. Mit einem Nachwort von Uwe Johnson, München 1970.

Hornstein, Erika von: Flüchtlingsgeschichten. 43 Berichte aus den frühen Jahren der DDR. Mit Photographien von René Burri, Nördlingen 1985.

Kessler, Horst-Günter und Jürgen Miermeister: Vom »Großen Knast« ins »Paradies«? DDR-Bürger in der Bundesrepublik. Lebensgeschichten, Reinbek bei Hamburg 1983.

Kohl, Helmut: Sonderprogramm der Bundesregierung zur Eingliederung der Aussiedler, Bulletin des Presse- und Informationsamtes der Bundesregierung Nr. 105, 2.9.1988, S. 961–962.

Kunert, Günter: Deutsch-deutsches Exil (Nachwort), in: Aus fremder Heimat. Zur Exil-Situation heutiger Literatur, hg. von Günter Kunert, München 1988, S. 100–110.

Kunze, Reiner: Wo Freiheit ist ... Gespräche 1977–1993, Frankfurt am Main 1994.

Kunze, Reiner: Konsequenz leben – Schriftsteller sein im geteilten Deutschland, in: Reiner Kunze: Das weiße Gedicht. Essays, Frankfurt am Main 1989, S. 89–117.

Liebermann, Doris: Landschaften der Lüge – Gespräch mit Jürgen Fuchs, in: Im Dialog mit der Wirklichkeit. Annäherungen an Leben und Werk von Jürgen Fuchs, hg. von Ernest Kuczyński, Halle (Saale) 2014, S. 20–43.

Loest, Erich: Als wir in den Westen kamen. Gedanken eines literarischen Grenzgängers, Leipzig 1997.

Mytze, Andreas W. (Hg.): Dissidenten?, europäische ideen (1982) 54/55.

Österreich, Tina [d.i. Dagmar Suckert]: Luftwurzeln. Ein »Umzug« von Deutschland nach Deutschland, Böblingen 1987.

Österreich, Tina: Ich war RF. Ein Bericht, Stuttgart 1977.

Rachowski, Utz: Erinnerungen an eine Jugend. Essays/Akten/Tagebuch, Chemnitz 1995.

Rachowski, Utz: Nach Fellbach reisen, in: Utz Rachowski: Red' mir nicht von Minnigerode. Erzählungen und Aufsätze, Dresden 2006, S. 185–193.

Schädlich, Hans-Joachim: Deutsche im deutschen Exil?, Kassel 1988.

Selbstauskunft. Sarah Kirsch im Gespräch, in: Peter-Huchel-Preis. Ein Jahrbuch 1993: Sarah Kirsch. Texte – Dokumente – Materialien, hg. von Wolfgang Heidenreich, Baden-Baden 1993, S. 42–66.

Der Senat von Berlin: Flüchtlinge überfluten die Insel Berlin. Denkschrift des Senats von Berlin, Berlin 1953.

Der Senator für Gesundheit und Soziales: Wegweiser für Flüchtlinge und Übersiedler aus der DDR und Berlin (Ost), Berlin, 3., überarb. Aufl. 1986.

Terborg, Margitta: Praktische Deutschlandpolitik wird zum schwierigen Geschäft. Neu- und Altbürger müssen gleich behandelt werden, Sozialdemokratischer Pressedienst 44, 15.12.1989, Nr. 241, S. 1–2.

Walther, Rudi: Wider den »befugten Aufenthalt«. Das Bundesnotaufnahmeverfahren sollte geändert werden, Sozialdemokratischer Pressedienst 33, 26.6.1978, Nr. 119, S. 5–6.

Winkler, Karl: Zur Klärung eines Sachverhalts, Berlin 1990 (zuerst erschienen unter dem Titel Made in GDR. Jugendszenen aus Ost-Berlin, Berlin [West] 1983).

Zimmermann, Friedrich: Solidarität und Hilfe für deutsche Aussiedler und Flüchtlinge, Bulletin des Presse- und Informationsamtes der Bundesregierung Nr. 144, 25.11.1986, S. 1207.

Zeitungs-/Zeitschriftenartikel und Medienberichte

Systematisch ausgewertete Periodika

Der Spiegel
Die Zeit

Weitere zitierte Periodika

Abendzeitung
Badische Zeitung
Bayernkurier
Berliner Morgenpost
Bild
Bonn Express
Bonner Rundschau
Deutsches Allgemeines Sonntagsblatt
Deutschland-Magazin
Flensburger Tageblatt
Frankfurter Allgemeine Zeitung
Frankfurter Rundschau
Hamburger Morgenpost
Handelsblatt
Hannoversche Allgemeine Zeitung
Kölner Stadtanzeiger
Mannheimer Morgen
Münchener Abendzeitung
Neue Osnabrücker Zeitung
Neue Presse
Neue Ruhr Zeitung
Neues Deutschland
Oberhessische Presse
Ostpreußenblatt

pardon
Passauer Neue Presse
Rheinischer Merkur
Schwäbische Zeitung
Stuttgarter Zeitung
Stern
Süddeutsche Zeitung
Südost Express. Kreuzberger Lokalzeitung
Der Tagesspiegel
Die Tageszeitung
Unsere Zeit
Volksblatt Berlin
Die Welt
Welt am Sonntag
Westdeutsche Allgemeine Zeitung
Westfälische Rundschau
wir selbst. Zeitschrift für nationale Identität und internationale Solidarität
Wirtschaftswoche
ZEITmagazin
zitty

Fernsehberichte

Tagesschau, ARD, 19.8.1989 (Bericht »Rübergemacht« während des Paneuropäischen Picknicks) (https://www.tagesschau.de/multimedia/video/video-29039.html).
Tagesschau, ARD, 1.10.1989 (https://www.tagesschau.de/multimedia/video/video565980.html).

Interviews

Stiftung Berliner Mauer
(Alle Namen sind Pseudonyme.)

Ahlrich, Hildegard, Interview geführt von Agnès Pilleul-Arp, 9.12.2002
Boden, Gundula und Matthias, Interview geführt von Julia Obertreis, 18.9.2002
Boehring, Anja, Interview geführt von Lydia Dollmann, 31.8. und 9.9.2010
Drodte, Margrit, Interview geführt von Roland Curth, vermutlich 1999
Eine, Grit, Interview geführt von N. N., 4.1.1990
Esbach, Arnd, Interview geführt von Lydia Dollmann, 14.10.2010
Fölz, Reiner, Interview geführt von Manfred Gehrmann, 8.1.1990
Giemeier, Michael, Interview geführt von Koeppel, 2000
Heimpell, Gisela, Interview geführt von Lydia Dollmann, 18.4.2011
Kneiss, Bertram, Interview geführt von Lydia Dollmann, 20.9.2010

Kneiss, Daniela, Interview geführt von Lydia Dollmann, 15.9.2010
Koslowski, Holger, Interview geführt von N. N., o. D. (1989 oder 1990)
Lager, Willi, Interview geführt von Karl F. Schumann, o. D. (1989 oder 1990)
Mayer, Irmtraut, Interview geführt von Julia Obertreis, 6.12.2003
Müller, Hans-Bernd, Interview geführt von Julia Obertreis, 30.9.2002
Onardt, Anke, Interview geführt von Heidi Kaspras, 13.12.1989
Perschke, Jonna, Interview geführt von Lydia Dollmann, 11.11.2010
Presgen, Monika, Interview geführt von Agnès Pilleul-Arp, 12.12.2003
Renar, Walter, Interview geführt von N. N., 3.1.1990
Schäfer, Anna, Interview geführt von Elke Kimmel, 25.10.2005
Schierov, Klaus-Dieter, Interview geführt von Julia Obertreis, 13.12.2002
Traut-Campe, Melanie, Interview geführt von Elke Kimmel, 2006
Vogtsberg, Christian, Interview geführt von Elke Kimmel, 24.10.2005

Fragebogenerhebung

Stiftung Berliner Mauer

Schumann, Karl F. et al.: Ehemalige DDR-Bürger in der Bundesrepublik. Eine repräsentative Befragung. 937 Fragebögen, Forschungsprojekt »Soziale und berufliche Integration von DDR-Zuwanderern«, Sonderforschungsbereich 186 der Universität Bremen, 1989.

Meinungsumfragen

1988 – schwarzes Jahr für CDU/CSU und Grüne. Spiegel-Umfrage über die politische Situation im Monat Dezember, Der Spiegel Nr. 52, 26.12.1988, S. 42–51.
Arbeitslose Ausländer abschieben? Spiegel-Umfrage über die Einstellung der Deutschen zu Asylanten, Aussiedlern und Gastarbeitern, Der Spiegel Nr. 16, 17.4.1989, S. 151–163.
Bundesministerium für innerdeutsche Beziehungen: Übersiedler aus der DDR 1989 – Die Einstellung der Bundesbürger (Pressemitteilung), zit. nach BPA-Dok: Deutschland 1989, Bd. 12, S. 423–426.
EB [Autorenkürzel]: Zwei Drittel der Bundesbürger gegen weitere DDR-Übersiedler, Bonner Rundschau, 1.3.1990.

Emnid: Umfrage angesichts der Öffnung der Grenze, West 3, 14.11.1989, zit. nach BPA-Dok: Deutschland 1989, Bd. 12, S. 678–679.

Forsa-Institut: 38 % wollen nicht noch mehr Flüchtlinge aus der DDR, Neue Presse, 4.10.1989, zit. nach BPA-Dok: Deutschland 1989, Bd. 12, S. 600.

Forsa-Institut: Sind DDR-Flüchtlinge willkommen? Forsa-Institut befragte die Hamburger – Hilfsbereitschaft hier größer als im übrigen Bundesgebiet, Hamburger Morgenpost, 11.10.1989, zit. nach BPA-Dok: Deutschland 1989, Bd. 12, S. 608.

Forsa-Institut: Umfrage: Mehrheit gegen Übersiedler, Stern Nr. 10, 1.3.1990, zit. nach BPA-Dok: Deutschland 1989, Bd. 64, S. 192.

Forschungsgruppe Wahlen: Politbarometer, ZDF, 21.8.1989, zit. nach BPA-Dok: Deutschland 1989, Bd. 11, S. 26–27.

Forschungsgruppe Wahlen: Politbarometer, ZDF, 18.9.1989, zit. nach BPA-Dok: Deutschland 1989, Bd. 12, S. 578–582

Forschungsgruppe Wahlen: Politbarometer, ZDF, 18.12.1989, zit. nach BPA-Dok: Deutschland 1989, Bd. 12, S. 719–722.

Infas: Wie sehen die Bundesbürger die Übersiedler aus der DDR? (Umfrage im Auftrag des Süddeutschen Rundfunks), ARD, 10.11.1989, zit. nach BPA-Dok: Deutschland 1989, Bd. 12, S. 652–653.

Infratest Kommunikationsforschung: Die Übersiedler- und Flüchtlingswelle aus der DDR. August/September 1989. Einstellungen der bundesdeutschen Bevölkerung. Ein Bericht der Infratest-Kommunikationsforschung, München 1989.

Institut für Demoskopie Allensbach: Große Anteilnahme an den DDR-Übersiedlern, allensbacher berichte (1989), Nr. 21, Allensbacher Archiv.

Institut für Demoskopie Allensbach: Wie willkommen sind die DDR-Aussiedler bei uns?, allensbacher berichte (1984), Nr. 20, Allensbacher Archiv.

Institut für Demoskopie Allensbach: DDR-Übersiedler und Meinungsklima. Vertraulicher Bericht, 3.5.1990, Allensbacher Archiv.

Institut für Demoskopie Allensbach: Flüchtlinge aus der DDR werden mit Sympathie empfangen, allensbacher berichte (1989), Nr. 18, Allensbacher Archiv.

Institut für Demoskopie Allensbach: IfD-Umfrage 5030, Dezember 1989. Anhang zu Institut für Demoskopie Allensbach: »Für die Übersiedler aus der DDR wird zuviel getan.« Die Stimmung der Bundesbürger ist umgeschlagen. Vertraulicher Bericht, 31.3.1990, Allensbacher Archiv.

Institut für Demoskopie Allensbach: Viel Sympathie für die Flüchtlinge aus der DDR. Vertraulicher Bericht, 26.9.1989, Allensbacher Archiv.

Institut für Demoskopie Allensbach: »Für die Übersiedler aus der DDR wird zuviel getan.« Die Stimmung der Bundesbürger ist umgeschlagen. Vertraulicher Bericht, 31.3.1990, Allensbacher Archiv.
»Im Jahr 2000 ein türkischer Kanzler«. Einwanderungsland Bundesrepublik (I): Fremdenfurcht verändert die politische Landschaft, Der Spiegel Nr. 7, 13.2.1989, S. 26–50.
Schönhubers Zeit zu Ende? Spiegel-Umfrage über die politische Situation im Monat September, Der Spiegel Nr. 39, 25.9.1989, S. 44–53.
Schlechter SPD-Start ins Wahljahr, Der Spiegel Nr. 1, 1.1.1990, S. 34–40.
Übersiedler – die neuen Türken? Spiegel-Umfrage im Wahljahr 1990 (II): Die politische Situation im Monat Februar, Der Spiegel Nr. 9, 26.2.1990, S. 36–48.
Wer zurückfährt, ist willkommen. Spiegel-Umfrage in der Bundesrepublik über die Entwicklung in der DDR, über Besucher und Übersiedler, Der Spiegel Nr. 47, 20.11.1989, S. 16–17.
Wird Lafontaine Kanzler? Spiegel-Umfrage im Wahljahr 1990 (I): Die politische Situation im Januar, Der Spiegel Nr. 6, 5.2.1990, S. 38–47.
Ws. [Autorenkürzel]: Verständnis für Übersiedler stark gesunken, Welt am Sonntag, 26.11.1989.

Sekundärliteratur

30. September 1989 – Die Prager Botschaftsflüchtlinge (https://www.bpb.de/politik/hintergrund-aktuell/69294/prag-30-september-1989-29-09-2009).
Ackermann, Ulrike: Sündenfall der Intellektuellen. Ein deutsch-französischer Streit von 1945 bis heute, Stuttgart 2000.
Ackermann, Ulrike: Sündenfall der Intellektuellen. Französische und deutsche Wahrnehmungen der Dissidenz, Die politische Meinung 8 (2007) 453, S. 72–78.
Ackermann, Volker: Der »echte« Flüchtling. Deutsche Vertriebene und Flüchtlinge aus der DDR 1945–1961, Osnabrück 1995.
Ackermann, Volker: Integration von Aussiedlern und Flüchtlingen in der Bundesrepublik Deutschland und der DDR in der Nachkriegszeit. Ein Überblick, in: Integration von Aussiedlern. Eine Herausforderung für die Weiterbildung, hg. von Hans-Peter Baumeister, Weinheim 1991, S. 78–90.
Ackermann, Volker: Integration: Begriff, Leitbilder, Probleme, in: Neue Heimat im Westen. Vertriebene, Flüchtlinge, Aussiedler, hg. von Klaus J. Bade, Münster 1990, S. 14–36.

Ackermann, Volker: Integration – Begriff, Leitbilder, Probleme, in: Zur Integration der Flüchtlinge und Vertriebenen im deutschen Südwesten, hg. von Mathias Beer, Sigmaringen 1994, S. 11–26.
Ahrends, Martin: Vorwort, in: Mein Leben, Teil zwei. Ehemalige DDR-Bürger in der Bundesrepublik, hg. von Martin Ahrends, Köln 1989, S. 9–13.
Albers, Willi: Die soziale und wirtschaftliche Eingliederung von Aussiedlern und Übersiedlern, Wirtschaftsdienst 70 (1990) 3, S. 139–145.
Allen, Keith R.: Interrogation Nation: Refugees and Spies in Cold War Germany, Lanham 2017.
D'Amato, Gianni: Vom Ausländer zum Bürger. Der Streit um die politische Integration von Einwanderern in Deutschland, Frankreich und der Schweiz, Münster 2001.
Amos, Heike: Die SED-Deutschlandpolitik 1961 bis 1989. Ziele, Aktivitäten und Konflikte, Göttingen 2015.
Ataç, Ilker und Sieglinde Rosenberger: Einleitung, in: Politik der Inklusion und Exklusion, hg. von Ilker Ataç und Sieglinde Rosenberger, Göttingen 2012, S. 9–17.
Bade, Klaus J.: Europa in Bewegung. Migration vom späten 18. Jahrhundert bis zur Gegenwart, München, durchges. Sonderausg. 2002.
Bade, Klaus J.: Zur Karriere und Funktion abschätziger Begriffe in der deutschen Asylpolitik, APuZ 25, 15.6.2015, S. 3–8.
Ballenthien, Jana und Corinne Büching: Insecure Belongings: A Family of Ethnic Germans from the Former Soviet Union in Germany, Forum Qualitative Sozialforschung 10 (2009) 3, Art. 21 (http://www.qualitative-research.net/index.php/fqs/article/view/1373/2866).
Baraulina, Tatjana: Staatsbürgerschaft als Ressource. Eine Fallstudie zur kommunalen Integrationspolitik, in: Grenzen der Gesellschaft? Migration und sozialstruktureller Wandel in der Zuwanderungsregion Europa, hg. von Anne Walter, Margarete Menz und Sabina de Carlo, Göttingen 2006, S. 179–200.
Barden, Birgit und Brigitte Großkopf: Sprachliche Akkommodation und soziale Integration. Sächsische Übersiedler und Übersiedlerinnen im rhein-moselfränkischen und alemannischen Sprachraum, Tübingen 1998.
Beckmann, Lukas: Jürgen Fuchs und die westdeutsche Friedensbewegung, in: Im Dialog mit der Wirklichkeit. Annäherungen an Leben und Werk von Jürgen Fuchs, hg. von Ernest Kuczyński, Halle (Saale) 2014, S. 437–454.
Berbig, Roland et al. (Hg.): In Sachen Biermann. Protokolle, Berichte und Briefe zu den Folgen einer Ausbürgerung, Berlin 1994.

Bernhardt, Rudolf und Norbert Achterberg: Deutschland nach 30 Jahren Grundgesetz. Berichte und Diskussionen auf der Tagung der Vereinigung der Deutschen Staatsrechtslehrer in Berlin vom 3.–6. Oktober 1979, Berlin 1980.

Bernig, Jörg: Diesseits der Theorie. Siegmar Fausts literarisches Exil, in: Deutsch-deutsches Literaturexil. Schriftstellerinnen und Schriftsteller aus der DDR in der Bundesrepublik, hg. von Walter Schmitz und Jörg Bernig, Dresden 2009, S. 249–259.

Bernig, Jörg: Heimatverlust. Zu Ulrich Schachts literarischem Werk, in: ebd., S. 282–309.

Bethlehem, Siegfried: Heimatvertreibung, DDR-Flucht, Gastarbeiterzuwanderung. Wanderungsströme und Wanderungspolitik in der Bundesrepublik Deutschland, Stuttgart 1982.

Bilke, Jörg Bernhard: Unerwünschte Erinnerungen. Gefängnisliteratur 1945/49 bis 1989, in: Materialien der Enquete-Kommission »Aufarbeitung von Geschichte und Folgen der SED-Diktatur in Deutschland«, Bd. III/2, hg. vom Deutschen Bundestag, Baden-Baden 1995, S. 796–825.

Bilke, Jörg Bernhard: Die Fleischtöpfe der herrschenden Klasse oder Warum ich nicht im Politbüro sitze, europäische ideen (1982) 54/55, S. 13–16.

Bilke, Jörg Bernhard: Auf schreckliche Weise in der Fremde? DDR-Autoren im »westdeutschen Exil«, Der Monat 31 (1979) 2, S. 85–96.

Bispinck, Henrik: Kulturelite im Blick der Stasi. Die Nachwehen der Biermann-Ausbürgerung im Spiegel der ZAIG-Berichte des Jahres 1977, DA online (2012) 10 (http://www.bpb.de/geschichte/zeitgeschichte/deutschlandarchiv/140052/aufarbeitung-10-2012).

Bleek, Wilhelm: Mentalitätsgeschichte der deutschen Vereinigung, in: Die Bundesrepublik Deutschland – Eine Erfolgsgeschichte?, hg. von Christina Oehrl, Sandra Sophia Schmidt und Thomas Terbeck, Münster 2000, S. 147–154.

Bohnsack, Ralf: Differenzerfahrungen der Identität und des Habitus. Eine empirische Untersuchung auf der Basis der dokumentarischen Methode, in: Lebensformen im Widerstreit. Integrations- und Identitätskonflikte in pluralen Gesellschaften, hg. von Burkhard Liebsch und Jürgen Straub, Frankfurt am Main 2003, S. 136–160.

Boll, Friedhelm und Stéphane Sirot: Deutsche und französische Intellektuelle und der Fall Solschenizyn, in: Deutschland – Frankreich – Rußland: Begegnungen und Konfrontationen, hg. von Ilja Mieck und Pierre Guillen, München 2000, S. 323–343.

Bommes, Michael: Migration in der modernen Gesellschaft, IMIS-Beiträge 38/2011, S. 53–72.

Bommes, Michael: Migration und Lebenslauf: Aussiedler im nationalen Wohlfahrtsstaat, Sozialwissenschaften und Berufspraxis 23 (2001) 1, S. 9–28.

Bommes, Michael: Migration und nationaler Wohlfahrtsstaat. Ein differenzierungstheoretischer Entwurf, Opladen 1999.

Braun, Stephan und Ute Vogt (Hg.): Die Wochenzeitschrift »Junge Freiheit«. Kritische Analysen zu Programmatik, Inhalten, Autoren und Kunden, Wiesbaden 2007.

Breckner, Roswitha: Migration – ein biographisches Risiko? Zum Zusammenhang von Migrationserfahrung und Biographie, in: Entstaatlichung und soziale Sicherheit: Verhandlungen des 31. Kongresses der Deutschen Gesellschaft für Soziologie in Leipzig 2002, Bd. 1, hg. von Jutta Allmendinger, Opladen 2003, S. 236–253.

Breckner, Roswitha: Migrationserfahrung – Fremdheit – Biografie. Zum Umgang mit polarisierten Welten in Ost-West-Europa, Wiesbaden, 2. Aufl. 2009.

Brubaker, Rogers: Migration, Membership, and the Modern Nation State: Internal and External Dimensions of the Politics of Belonging, Journal of Interdisciplinary History XLI (2010) 1, S. 61–78.

Brubaker, Rogers: Staats-Bürger. Deutschland und Frankreich im historischen Vergleich, Hamburg 1994.

Brücher, Lars: Das Westfernsehen und der revolutionäre Umbruch in der DDR, Magisterarbeit, Universität Bielefeld 2000 (http://www.lars-bruecher.de/ddr_westmedien.htm).

Bundesarbeitgeberverband Chemie e.V. (Hg.): Aussiedler, Übersiedler und Ausländer: drei Arbeitnehmergruppen und ihre Integration in die Betriebe, Heidelberg 1990.

Bunzel, Wolfgang: »... dankbar daß ich entkam«. Sarah Kirschs Autorexistenz im Spannungsfeld von DDR-Bezug und »Exil«-Erfahrung, Germanistische Mitteilungen (2003) 57, S. 7–27.

Chatzoudis, Georgios: Die Deutschlandpolitik der SPD in der zweiten Hälfte des Jahres 1989, Bonn 2005.

Chotjewitz-Häfner, Renate und Carsten Gansel (Hg.): Verfeindete Einzelgänger. Schriftsteller streiten über Politik und Moral, Berlin 1997.

Cooper, Duncan: Immigration and German Identity in the Federal Republic of Germany from 1945–2006, Münster 2012.

Creuzberger, Stefan: Westintegration und Neue Ostpolitik. Die Außenpolitik der Bonner Republik, Berlin 2009.

Decker, Frank und Viola Neu (Hg): Handbuch der deutschen Parteien, Wiesbaden, 2., überarb. und erw. Aufl. 2013.

Dehli, Martin: Dissidenten. Die Geschichte eines Begriffs weltanschaulicher Pluralisierung, Archiv für Begriffsgeschichte Bd. 43 (2001), S. 173–198.

Detjen, Marion: Permanente Existenzbedrohung: Abwanderung, Flucht, Ausreise, in: Revolution und Vereinigung 1989/90. Als in Deutschland die Realität die Phantasie überholte, hg. von Klaus-Dietmar Henke, München 2009, S. 67–80.

Dickel, Doris: Einwanderungs- und Asylpolitik der Vereinigten Staaten von Amerika, Frankreichs und der Bundesrepublik Deutschland. Eine vergleichende Studie der 1980er und 1990er Jahre, Opladen 2002.

Dietz, Gerhard-Uhland und Heidi Kaspras: Biographische Konstruktionen und Bilanzierungen bei Zuwanderern aus der DDR, in: Biographien in Deutschland. Soziologische Rekonstruktionen gelebter Gesellschaftsgeschichte, hg. von Wolfram Fischer-Rosenthal und Peter Alheit, Opladen 1995, S. 310–327.

Diewald, Martin: Lebenslaufregime: Begriff, Funktion und Hypothesen zum Wandel, in: Neue Lebenslaufregimes – neue Konzepte der Bildung Erwachsener?, hg. von Axel Bolder et al., Wiesbaden 2010, S. 25–41.

Dinkel, Jürgen: »Dritte Welt« – Begriffe und Semantiken, Version: 1.0, Docupedia-Zeitgeschichte, 6.10.2014 (http://docupedia.de/zg/dinkel_dritte_welt_v1_de_2014).

Dorn, Anne: Die Schriftstellertreffen in Berlin, Den Haag und Köln, in: Verfeindete Einzelgänger. Schriftsteller streiten über Politik und Moral, hg. von Renate Chotjewitz-Häfner und Carsten Gansel, Berlin 1997, S. 58–67.

Dutschke, Rudi und Manfred Wilke (Hg.): Die Sowjetunion, Solschenizyn und die westliche Linke, Reinbek bei Hamburg 1975.

Ehrhardt, Holger: Unbehagen. Exilerfahrung im Werk von Jürgen Fuchs, in: Deutsch-deutsches Literaturexil. Schriftstellerinnen und Schriftsteller aus der DDR in der Bundesrepublik, hg. von Walter Schmitz und Jörg Bernig, Dresden 2009, S. 254–269.

Eisenfeld, Bernd: Gründe und Motive von Flüchtlingen und Ausreiseantragstellern in der DDR, DA 37 (2004) 1, S. 89–105.

Eisenfeld, Bernd: Strategien des Ministeriums für Staatssicherheit zur Steuerung der Ausreisebewegung, in: Ausreisen oder Dableiben? Regulierungsstrategien der Staatssicherheit, hg. von dem Bundesbeauftragten für die Unterlagen des Staatssicherheitsdienstes der ehemaligen Deutschen Demokratischen Republik, Berlin, 2. Aufl. 1998, S. 6–19.

Eisenhuth, Stefanie und Martin Sabrow: »West-Berlin«. Eine historiographische Herausforderung, Zeithistorische Forschungen 11 (2014) 2, S. 165–187.

Emmerich, Wolfgang: Kleine Literaturgeschichte der DDR, Leipzig, erw. Neuausg. 1997.

Emmerich, Wolfgang: Kleine Typologie der Weggegangenen, in: DDR-Literatur. Eine Archivexpedition, hg. von Ulrich von Bülow und Sabine Wolf, Berlin 2014, S. 36–52.

Faist, Thomas und Christian Ulbricht: Von Integration zu Teilhabe? Anmerkungen zum Verhältnis von Vergemeinschaftung und Vergesellschaftung. COMCAD Arbeitspapiere Nr. 130, Bielefeld 2015 (https://www.uni-bielefeld.de/soz/ab6/ag_faist/downloads/WP_130.pdf).

Finn, Gerhard und Liselotte Julius: Einführung, in: Von Deutschland nach Deutschland. Zur Erfahrung der inneren Übersiedlung, hg. von Gerhard Finn und Liselotte Julius, Köln 1983, S. 9–10.

Fischer, Frank: »Im deutschen Interesse« – Die Ostpolitik der SPD von 1969 bis 1989, Husum 2001.

Flögel, Torsten: Alltagserfahrungen und Identitätskonflikte von DDR-Zuwanderern in der Bundesrepublik. Eine Analyse acht problemzentrierter Interviews zur Bedeutung des gesellschaftlichen Wechsels, unveröffentl. Diplomarbeit, Universität Hamburg 1990.

Flögel, Torsten: DDR-ZuwanderInnen in der Bundesrepublik. Eine qualitative Studie, PP-Aktuell 11 (1992) 1/2, S. 58–70.

Die Flucht- und Ausreisebewegung in verschiedenen Phasen der DDR-Geschichte. Protokoll der 69. Sitzung, in: Materialien der Enquete-Kommission »Aufarbeitung und Folgen der SED-Diktatur in Deutschland«, Bd. VII/1, hg. vom Deutschen Bundestag, Baden-Baden 1995, S. 314–449 (Vorträge).

Foroutan, Naika: Die postmigrantische Gesellschaft. Ein Versprechen der pluralen Demokratie, Bielefeld 2019.

Foroutan, Naika und Daniel Kubiak: Ausgeschlossen und abgewertet: Muslime und Ostdeutsche, Blätter für neue deutsche und internationale Politik 63 (2018) 7, S. 94–102.

Fritz, Wolfgang: Zum Aufnahmegesetz – Beseitigung der Not und was jetzt?, Recht im Amt (1988), S. 85–87.

Fritz, Wolfgang: Erläuterungen zum Gesetz über die Aufnahme von Deutschen in das Bundesgebiet (Aufnahmegesetz – AufnG), Das Deutsche Bundesrecht, 569. Lieferung, Januar 1987, S. 3–12.

Garton Ash, Timothy: Im Namen Europas. Deutschland und der geteilte Kontinent, München 1993.

Gatrell, Peter: The Making of the Modern Refugee, Oxford 2013.

Gehrmann, Manfred: Die Überwindung des »Eisernen Vorhangs«. Die Abwanderung aus der DDR in die BRD und nach West-Berlin 1949–1989 als innerdeutsches Migranten-Netzwerk, Berlin 2009.

Geisel, Sieglinde: Dissidenz – Ein Anachronismus?, Neue Zürcher Zeitung (NZZ), 10.11.2003 (http://www.nzz.ch/article96A8X-1.328153).

Geppert, Dominik: Störmanöver. Das »Manifest der Opposition« und die Schließung des Ost-Berliner »Spiegel«-Büros im Januar 1978, Berlin 1996.

Gewande, Wolf-Dieter: Anerkennung von Übersiedlerzeugnissen. Berufliche Bildung und berufliche Qualifikation in der Deutschen Demokratischen Republik, Bonn 1989.

Gieseke, Jens und Andrea Bahr: Die Staatssicherheit und die Grünen. Zwischen SED-Westpolitik und Ost-West-Kontakten, Berlin 2016.

Glaab, Manuela: Geteilte Wahrnehmungswelten. Zur Präsenz der deutschen Nachbarn im Bewußtsein der Bevölkerung, in: Deutsche Vergangenheiten – eine gemeinsame Herausforderung. Der schwierige Umgang mit der doppelten Nachkriegsgeschichte, hg. von Christoph Kleßmann, Hans Misselwitz und Günter Wichert, Berlin 1999, S. 206–220.

Glick Schiller, Nina et al.: Paths of Migrant Incorporation in Germany, Transit 1 (2005) 1, S. 1–18.

Götz, Christian: Verpasste Chancen. 12 Interviews mit ehemaligen Bewohnern der DDR, Gewerkschaftliche Monatshefte 21 (1970) 9, S. 560–563.

Gosewinkel, Dieter: Einbürgern und Ausschließen. Die Nationalisierung der Staatsangehörigkeit vom Deutschen Bund bis zur Bundesrepublik Deutschland, Göttingen 2001.

Gosewinkel, Dieter: Schutz und Freiheit? Staatsbürgerschaft im Europa des 20. und 21. Jahrhunderts, Berlin 2016.

Granzow, René: Gehen oder Bleiben? Literatur und Schriftsteller der DDR zwischen Ost und West, Berlin 2008.

Grau, Andreas: Gegen den Strom: Die Reaktion der CDU/CSU-Opposition auf die Ost- und Deutschlandpolitik der sozialliberalen Koalition 1969–1973, Düsseldorf 2005.

Greverus, Ina-Maria: Wem gehört die Heimat?, in: Wem gehört die Heimat? Beiträge der politischen Psychologie zu einem umstrittenen Phänomen, hg. von Wilfried Belschner et al., Opladen 1995, S. 23–40.

Greverus, Ina-Maria: Auf der Suche nach Heimat, München 1979.

Großmann, Thomas: Fernsehen, Revolution und das Ende der DDR, Göttingen 2015.

Grundmann, Siegfried: Außen- und Binnenmigration der DDR 1989. Versuch einer Bilanz, DA 22 (1990) 9, S. 1422–1432.

Grundmann, Siegfried: Bevölkerungsentwicklung in Ostdeutschland. Demographische Strukturen und räumliche Wandlungsprozesse seit 1945, Opladen 1998.

Grünbaum, Robert: Wolf Biermann 1976: Die Ausbürgerung und ihre Folgen, Erfurt 2006.

Grunert-Bronnen, Barbara: Zu den Interviews, in: Ich bin Bürger der DDR und lebe in der Bundesrepublik. 12 Interviews. Mit einem Nachwort von Uwe Johnson, hg. von Barbara Grunert-Bronnen, München 1970, S. 7–9.

Haberland, Jürgen: Die Eingliederung von Aussiedlern und Übersiedlern, ibv Nr. 24, 14.6.1989, S. 1195–1204.

Haberland, Jürgen: Eingliederung von Aussiedlern und Zuwanderern. Sammlung von Texten, die für die Eingliederung von Aussiedlern aus den osteuropäischen Staaten und von Zuwanderern aus der DDR und Berlin (Ost) von Bedeutung sind, Leverkusen 1978.

Haberland, Jürgen: Eingliederung von Aussiedlern und Zuwanderern. Sammlung von Texten, die für die Eingliederung von Aussiedlern aus den osteuropäischen Staaten und von Zuwanderern aus der DDR und Berlin (Ost) von Bedeutung sind, Leverkusen, 4., überarb. und erw. Aufl. 1988.

Haberland, Jürgen: Das Eingliederungsanpassungsgesetz. Änderungen im Recht der Eingliederung von Aussiedlern und Übersiedlern, ibv Nr. 17, 25.4.1990, S. 733–738.

Haberland, Jürgen: Eingliederungshilfen für Zuwanderer aus der DDR und aus Berlin (Ost), Zeitschrift für Sozialhilfe und Sozialgesetzbuch 23 (1988) 8, S. 344–353.

Hacker, Michael et al. (Hg.): Dritte Generation Ost. Wer wir sind, was wir wollen, Berlin, 3. Aufl. 2015.

Hahn, Anne und Frank Willmann (Hg.): Der weiße Strich. Vorgeschichte und Folgen einer Kunstaktion an der Berliner Mauer, Berlin 2011.

Hahn, Sylvia: Historische Migrationsforschung, Frankfurt am Main 2012.

Hailbronner, Kay: Ausländerrecht und Verfassung, Neue Juristische Wochenschrift 36 (1983), S. 2105–2113.

Harpprecht, Klaus: Die Gräfin. Marion Dönhoff. Eine Biografie, Reinbek bei Hamburg 2008.

Hauschild, Sonja: Propheten oder Störenfriede? Sowjetische Dissidenten in der Bundesrepublik Deutschland und Frankreich und ihre Rezeption bei den Intellektuellen (1974–1977), Diplomarbeit, Virtuelle Fachbibliothek Osteuropa 2007 (https://epub.ub. uni-muenchen.de/1359/).

Hecker, Helmuth: Die Behandlung von Staatsangehörigkeitsfragen im Deutschen Bundestag seit 1949, Baden-Baden 1990.

Hegewald, Wolfgang: Zwei deutsche Fremdwörter, Ostragehege. Zeitschrift für Literatur und Kunst 3 (1996) 6, S. 5.

Heidemeyer, Helge: Flucht und Zuwanderung aus der SBZ/DDR 1945/1949–1961, Düsseldorf 1994.

Heidemeyer, Helge: Das Notaufnahmeverfahren für die Zuwanderer aus der SBZ/DDR 1945/49–1961, in: Migration steuern und verwalten. Deutschland vom späten 19. Jahrhundert bis zur Gegenwart, hg. von Jochen Oltmer, Göttingen 2003, S. 323–341.

Heidemeyer, Helge: »Antifaschistischer Schutzwall« oder »Bankrotterklärung des Ulbricht-Regimes«. Grenzsicherung und Grenzüberschreitung im doppelten Deutschland, in: Das doppelte Deutschland. 40 Jahre Systemkonkurrenz, hg. von Udo Wengst und Hermann Wentker, Berlin 2008, S. 87–109.

Heine, Heinrich: Nachtgedanken, in: Heinrich Heine: Sämtliche Gedichte in zeitlicher Folge, Frankfurt am Main, 5. Aufl. 1997, S. 446.

Heinelt, Hubert und Anne Lohmann: Immigranten im Wohlfahrtsstaat. Rechtspositionen und Lebensverhältnisse, Opladen 1992.

Heitzer, Enrico: Flüchtlingslager in West-Berlin – Fallbeispiele, in: Verschwunden und vergessen. Flüchtlingslager in West-Berlin bis 1961, hg. von Bettina Effner, Enrico Heitzer und Tina Schaller, Erinnerungsstätte Notaufnahmelager Marienfelde (Broschüre zur Ausstellung) 2012, S. 49–59.

Heller, Agnes und Ference Fehér: Die Linke im Osten – die Linke im Westen. Ein Beitrag zur Morphologie einer problematischen Beziehung, Studie Nr. 10 (1986).

Henke, Klaus-Dietmar (Hg.): Revolution und Vereinigung 1989/90. Als in Deutschland die Realität die Phantasie überholte, München 2009.

Herbert, Ulrich: Geschichte der Ausländerpolitik in Deutschland. Saisonarbeiter, Zwangsarbeiter, Gastarbeiter, Flüchtlinge, München 2001.

Herdegen, Gerhard: Perspektiven und Begrenzungen. Eine Bestandsaufnahme der öffentlichen Meinung zur deutschen Frage, Teil 1: Nation und deutsche Teilung, DA 20 (1987) 12, S. 1259–1273.

Herdegen, Gerhard: Perspektiven und Begrenzungen. Eine Bestandsaufnahme der öffentlichen Meinung zur deutschen Frage, Teil 2: Kleine Schritte und fundamentale Fragen, DA 21 (1988) 4, S. 391–403.

Hertle, Hans-Hermann: Chronik des Mauerfalls. Die dramatischen Ereignisse um den 9. November 1989, Berlin 1999.

Herzberg, Guntolf und Kurt Seifert: Rudolf Bahro – Glaube an das Veränderbare. Eine Biografie, Berlin 2002.

Heß, Jürgen C.: Westdeutsche Suche nach nationaler Identität (1986), in: Demokratisches Engagement. Beiträge aus drei Jahrzehnten, hg. von Jürgen C. Heß und Herman J. Angeveld, Münster 2003, S. 137–189.

Hilmer, Richard und Anne Köhler: Die DDR im Aufbruch: Was halten die Bundesdeutschen Ende Oktober 1989 von Flüchtlingswelle und Reformen? DA 22 (1989) 12, S. 1389–1393.

Hilmer, Richard und Anne Köhler: Der DDR läuft die Zukunft davon. Die Übersiedler-/Flüchtlingswelle im Sommer 1989, DA 22 (1989) 7, S. 1383–1393.

Hinken, Günter: Die Rolle der Staatsangehörigkeit bei der Konzeption des Grundgesetzes, in: Einwanderung und Einbürgerung in Deutschland. Jahrbuch Migration – Yearbook Migration 1997/98, hg. von Dietrich Thränhardt, Münster 1998, S. 179–264.

Hinst, Klaus: Das Verhältnis zwischen Westdeutschen und Flüchtlingen. Eine empirische Untersuchung, Bern 1968.

Hochmuth, Hanno: Kiezgeschichte. Friedrichshain und Kreuzberg im geteilten Berlin, Göttingen 2017.

Hofbauer, Hans, Maria Billmeier und Ingeborg Warnhagen: Die berufliche Eingliederung von Übersiedlern aus der DDR und Berlin (Ost), MittAB 18 (1985) 3, S. 340–355.

Hoffmeyer-Zlotnik, Jürgen: Die Einstellung der Bundesdeutschen gegenüber den »Fremden«, in: 25. Deutscher Soziologentag. Die Modernisierung moderner Gesellschaften, hg. von Wolfgang Glatzer, Opladen 1991, S. 492–494.

Hormel, Ulrike und Judith Jording: Kultur/Nation, in: Handbuch Migrationspädagogik, hg. von Paul Mecheril, Weinheim 2016, S. 211–225.

Hornstein, Erika von: Vorwort zur Erstausgabe (1960), in: Erika von Hornstein: Flüchtlingsgeschichten. 43 Berichte aus den frühen Jahren der DDR. Mit Photographien von René Burri, Nördlingen 1985, S. 441–447.

Hürtgen, Renate: Ausreise per Antrag: Der lange Weg nach drüben. Eine Studie über Herrschaft und Alltag in der DDR-Provinz, Göttingen 2014.

Hüttmann, Jens: Medien und Bevölkerung in der Bundesrepublik angesichts der DDR-Krise, in: Revolution und Vereinigung 1989/90. Als in Deutschland die Realität die Phantasie überholte, hg. von Klaus-Dietmar Henke, München 2009, S. 374–385.

Hur, Joon-Young: Die Integration ostdeutscher Flüchtlinge in der Bundesrepublik Deutschland durch Beruf und Qualifikation, Frankfurt am Main 2011.

Jäger, Andrea: »In einer Fremde Die meine Sprache spricht«. Ausbürgerungen und Übersiedlungen von DDR-Schriftstellern in den 70er Jahren, in: Deutsch-deutscher Literaturaustausch in den 1970er Jahren, hg. von Monika Estermann und Edgar Lersch, Wiesbaden-Erbenheim 2007, S. 130–139.

Jäger, Andrea: »... von Literatur als einem autonomen Feld«. Über Hans Joachim Schädlichs politische Wortmeldungen, Text + Kritik. Zeitschrift für Literatur (1995) 125, S. 78–84.

Jäger, Andrea: Schriftsteller aus der DDR. Ausbürgerungen und Übersiedlungen von 1961 bis 1989. Autorenlexikon, Frankfurt am Main 1995.

Jäger, Andrea: Schriftsteller aus der DDR. Ausbürgerungen und Übersiedlungen von 1961 bis 1989. Studie, Frankfurt am Main 1995.

Jaenicke, Bernd und Birgit Fechner: Flüchtlinge in Berlin (West), in: Stattbuch Berlin 3. Ein Wegweiser durch das andere Berlin, hg. von der Arbeitsgruppe Stattbuch 3 Berlin, Berlin 1984, S. 80–81.

Jarausch, Konrad H.: The Rush to German Unity, New York 1994.

Jaschke, Hans-Gerd: Nationalismus und Ethnopluralismus. Zum Wiederaufleben von Ideen der »Konservativen Revolution«, APuZ B 3–4, 10.1.1992, S. 3–10.

Joachimsthaler, Jürgen: Reiner Kunze, in: Deutsch-deutsches Literaturexil. Schriftstellerinnen und Schriftsteller aus der DDR in der Bundesrepublik, hg. von Walter Schmitz und Jörg Bernig, Dresden 2009, S. 401–425.

Johnson, Uwe: Versuch, eine Mentalität zu erklären, in: Ich bin Bürger der DDR und lebe in der Bundesrepublik. 12 Interviews. Mit einem Nachwort von Uwe Johnson, hg. von Barbara Grunert-Bronnen, München 1970, S. 119–129.

Joppke, Christian: Immigration and the Nation-State. The United States, Germany and Great Britain, Oxford 1999.

Julius, Liselotte: Nachdenken über Deutschland. Entfremdung und Identitätsfindung als deutsches Problem, in: Von Deutschland nach Deutschland. Zur Erfahrung der inneren Übersiedlung, hg. von Gerhard Finn und Liselotte Julius, Köln 1983, S. 227–250.

Jung, Matthias, Thomas Nier und Karin Böke: Ausländer und Migranten im Spiegel der Presse. Ein diskurshistorisches Wörterbuch zur Einwanderung seit 1945, Wiesbaden 2000.

Kämper, Gabriele: Von der Selbstbewussten Nation zum nationalen Selbstbewusstsein. Die Neue intellektuelle Rechte bewegt sich auf rhetorischen Pfaden in die Mitte der Gesellschaft, WerkstattGeschichte 13 (2004) 37, S. 64–79.

Katterbach, Rainer: Reale und neurotische Ängste bei Flüchtlingen und Umsiedlern aus der DDR, in: Neurotische und reale Angst: Der Beitrag der Psychoanalyse zur Erkennung, Therapie und Bewältigung von Angst in der klinischen Versorgung und im psycho-sozialen Feld, hg. von Ulrich Rüger, Göttingen 1984, S. 251–258.

Kessler, Horst-Günter und Jürgen Miermeister: Über deutsch-deutsche Ferne, Paradiese und Karrieren, in: Horst-Günter Kessler und Jürgen Miermeister: Vom »Großen Knast« ins »Paradies«? DDR-Bürger in der Bundesrepublik. Lebensgeschichten, Reinbek bei Hamburg 1983, S. 8–10.

Kiani, Shida: Wiedererfindung der Nation nach dem Nationalsozialismus? Konfliktlinien und Positionen in der westdeutschen Nachkriegspolitik, Wiesbaden 2013.

Kießling, Andreas: Die CSU. Machterhalt und Machterneuerung, Wiesbaden 2004.

Kimmel, Elke: Vertraute Brüder – entfernte Verwandte? Die bundesdeutsche Presseberichterstattung über die DDR-Flüchtlinge in Ungarn vom Juli bis September 1989, in: Die Ostdeutschen in den Medien: Das Bild von den Anderen nach 1990, hg. von Thomas Ahbe, Rainer Gries und Wolfgang Schmale, Leipzig 2009, S. 37–58.

Kimmel, Elke: Die ostdeutschen Ungarn-Flüchtlinge des Sommers 1989 in der westdeutschen Presse, DA 40 (2007) 4, S. 638–647.

Kimmel, Elke: »... war ihm nicht zuzumuten, länger in der SBZ zu bleiben«. DDR-Flüchtlinge im Notaufnahmelager Marienfelde, Berlin 2009.

Kimminich, Otto: Fluchthilfe und Flucht aus der DDR in die Bundesrepublik Deutschland. Staats- und völkerrechtliche Beurteilung von Maßnahmen der Bundesrepublik Deutschland nach den Vereinbarungen mit der DDR, insbesondere nach dem Grundvertrag und dessen Beurteilung durch das Bundesverfassungsgericht, Hamburg 1974.

Klee, Ernst: Pennbrüder und Stadtstreicher. Nichtseßhaften-Report, Frankfurt am Main 1976.

Klekowski von Koppenfels, Amanda: Politically Minded. The Case of Aussiedler as an Ideologically defined Category, in: Sozialwissenschaftlicher Fachinformationsdienst soFiD, Migration und ethnische Minderheiten (2002) 1, S. 7–28.

Klusmeyer, Douglas B. und Demetrios G. Papademetriou: Immigration Policy in the Federal Republic of Germany. Negotiating Membership and Remaking the Nation, Oxford 2009.

Knabe, Hubertus: Die DDR-Opposition und ihre westdeutschen Unterstützer, in: Wechselwirkungen Ost-West. Dissidenz, Opposition und Zivilgesellschaft 1975–1989, hg. von Hans-Joachim Veen, Ulrich Mählert und Peter März, Köln 2007, S. 111–127.

Köhler, Anne und Richard Hilmer: Ein Jahr danach: Wie sehen die Bundesdeutschen die Übersiedlerfrage heute?, DA 19 (1986) 1, S. 41–46.

Köhler, Anne und Volker Ronge: Ein Test auf die Wiedervereinigung? Die Reaktion der Bundesdeutschen auf die Übersiedlerwelle aus der DDR vom Frühjahr 1984, DA 18 (1985) 1, S. 52–59.

Koenen, Gerd: Die APO, ihre Erben und die DDR, in: Wechselwirkungen Ost-West. Dissidenz, Opposition und Zivilgesellschaft 1975–1989, hg. von Hans-Joachim Veen, Ulrich Mählert und Peter März, Köln 2007, S. 129–138.

Kohl, Helmut: Ich wollte Deutschlands Einheit, Berlin 1996.

Kolb, Holger: Migrationsverhältnisse, nationale Souveränität und europäische Integration. Deutschland zwischen Normalisierung und Europäisierung, in: Handbuch Staat und Migration in Deutschland seit dem 17. Jahrhundert, hg. von Jochen Oltmer, Berlin 2016, S. 1021–1050.

Koller, Barbara: Integration in die Arbeitswelt im Westen. Zur beruflichen Eingliederung von Übersiedlern aus der ehemaligen DDR, MittAB 25 (1992) 2, S. 168–191.

Kollmeier, Kathrin: Rezension zu Peter Gatrell: The Making of the Modern Refugee, Oxford 2015, H-Soz-Kult, 16.10.2015 (https://www.hsozkult.de/publicationreview/id/rezbuecher-24703).

Korte, Karl-Rudolf: Deutschlandpolitik in Helmut Kohls Kanzlerschaft. Regierungsstil und Entscheidungen 1982–1989, Stuttgart 1998.

Korte, Karl-Rudolf: Die Deutschlandpolitik der Regierung Kohl seit Herbst 1989, in: Revolution und Vereinigung 1989/90. Als in Deutschland die Realität die Phantasie überholte, hg. von Klaus-Dietmar Henke, München 2009, S. 419–440.

Korte, Karl-Rudolf: Der Standort der Deutschen. Akzentverlagerungen der deutschen Frage in der Bundesrepublik Deutschland seit den siebziger Jahren, Köln 1990.

Kowalczuk, Ilko-Sascha: Endspiel. Die Revolution von 1989 in der DDR, München 2009.

Kowalczuk, Ilko-Sascha: Die Übernahme. Wie Ostdeutschland Teil der Bundesrepublik wurde, München, 6. Aufl. 2019.

Kowalczuk, Ilko-Sascha und Arno Polzin (Hg.): Fasse Dich kurz! Der grenzüberschreitende Telefonverkehr der Opposition in den 1980er Jahren und das Ministerium für Staatssicherheit, Göttingen 2014.

Kraushaar, Wolfgang: Die Abhauer. Zur Rolle von DDR-Flüchtlingen in der 68er-Bewegung, in: Die DDR in Deutschland. Ein Rückblick auf 50 Jahre, hg. von Heiner Timmermann, Berlin 2001, S. 749–761.

Krüger, Michael et al. (Hg.): Vaterland, Muttersprache. Deutsche Schriftsteller und ihr Staat von 1945 bis heute, Berlin 1980.

Kubina, Michael: Das Recht auf Freizügigkeit. Die Aufnahmepolitik Westdeutschlands gegenüber den DDR-Zuwanderern, Zeitschrift des Forschungsverbundes SED-Staat (ZdF) 28/2010, S. 75–89.

Kubina, Michael: Vom Sowjetzonenflüchtling zum DDR-Übersiedler, Horch und Guck: Zeitschrift zur kritischen Aufarbeitung der SED-Diktatur 19 (2010) 67, S. 4–7.

Kuczyński, Ernest (Hg.): Im Dialog mit der Wirklichkeit. Annäherungen an Leben und Werk von Jürgen Fuchs, Halle (Saale) 2014.

Kusber, Jan: Ostverträge 1970/72. Überwindung oder Zementierung der Teilung Europas?, in: Deutschland in der Welt. Weichenstellungen in der Geschichte der Bundesrepublik, hg. von Andreas Rödder und Wolfgang Elz, Göttingen 2010, S. 47–65.

Kühn, Andreas: Stalins Enkel, Maos Söhne. Die Lebenswelt der K-Gruppen in der Bundesrepublik der 70er Jahre, Frankfurt am Main 2005.

Laak, Jeannette van: Einrichten im Übergang. Das Aufnahmelager Gießen (1946–1990), Frankfurt am Main 2017.

Lattmann, Dieter: Grenzgänger in der Landessprache, in: Verfeindete Einzelgänger. Schriftsteller streiten über Politik und Moral, hg. von Renate Chotjewitz-Häfner und Carsten Gansel, Berlin 1997, S. 48–54.

Lemma »Exil«, in: Meyers Großes Universallexikon in 15 Bden., Mannheim 1981, Bd. 4, S. 553.

Limbach, Eric C.: Unsettled Germans: The Reception and Resettlement of East German Refugees in West-Germany, 1949–1961, Michigan State University 2011.

Ludwig, Andreas: Gab es eine materielle Kultur West-Berlins?, Zeithistorische Forschungen 11 (2014) 2, S. 272–287.

Lutz, Annabelle: Dissidenten und Bürgerbewegung. Ein Vergleich zwischen DDR und Tschechoslowakei, Frankfurt am Main 1999.

Lutz, Helma: Biographieforschung im Lichte postkolonialer Theorien, in: Postkoloniale Soziologie. Empirische Befunde, theoretische Anschlüsse, politische Intervention, hg. von Julia Reuter und Paula-Irene Villa, Bielefeld 2010, S. 115–136.

Mackert, Jürgen: Die Steuerung staatlicher Inklusion: Staatsbürgerschaftsregime im Vergleich, in: Governance und gesellschaftliche Integration, Bd. 2, hg. von Stefan Lange und Uwe Schimank, Wiesbaden 2004, S. 111–127.

Makropoulos, Michael: Der Mann auf der Grenze. Robert Ezra Park und die Chancen einer heterogenen Gesellschaft, Freibeuter 35 (1988), S. 8–22. Gleichnamige revidierte Fassung veröffentlicht auf Makropoulos' Website (http://www.michael-makropoulos.de/Der Mann auf der Grenze.pdf).

Mattenklott, Gerd: »Komm ins Offene, Freund!« Transit ins wilde Denken, Zeitschrift für Ideengeschichte 2 (2008) 4, S. 5–10.

Mayer, Wolfgang: Flucht und Ausreise. Botschaftsbesetzungen als wirksame Form des Widerstands und Mittel gegen die politische Verfolgung in der DDR, Berlin 2002.

Meck, Sabine, Hannelore Belitz-Demiriz und Peter Brenske: Soziodemographische Struktur und Einstellungen von DDR-Flüchtlingen/Übersiedlern. Eine empirische Analyse der innerdeutschen Migration im Zeitraum Oktober 1989 bis März 1990, in: Minderheiten in und Übersiedler aus der DDR, hg. von Dieter Voigt und Lothar Mertens, Berlin 1992, S. 9–38.

Melis, Damian van und Henrik Bispinck (Hg.): »Republikflucht«. Flucht und Abwanderung aus der SBZ/DDR 1945 bis 1961, München 2006.

Merten, Detlef: § 94 Freizügigkeit, in: Handbuch der Grundrechte in Deutschland und Europa, Bd. IV, hg. von Detlef Merten und Hans-Jürgen Papier, Heidelberg 2011, S. 417–511.

Miethe, Ingrid: Neue Wege in der Biografieforschung. Der Ansatz der theorieorientierten Fallrekonstruktion, Zeitschrift für Qualitative Forschung 15 (2014) 1–2, S. 163–179.

Mitzscherlich, Beate: »Heimat ist etwas, was ich mache«. Eine psychologische Untersuchung zum individuellen Prozeß von Beheimatung, Pfaffenweiler 1997.

Mitzscherlich, Beate: Heimatverlust und -wiedergewinn, LEIDfaden. Fachmagazin für Krisen, Leid, Trauer 5 (2016) 3, S. 4–13.

Möhring, Maren: Mobilität und Migration in und zwischen Ost und West, in: Geteilte Geschichte. Ost- und Westdeutschland 1970–2000, hg. von Frank Bösch, Göttingen 2015, S. 369–410.

Münch, Ingo von: Die deutsche Staatsangehörigkeit. Vergangenheit – Gegenwart – Zukunft, Göttingen 2007.

Nail, Norbert: Zwischen Verlegenheit und Manipulation. Bezeichnungen für Deutsche, die die Deutsche Demokratische Republik verlassen haben, Muttersprache: Vierteljahresschrift für deutsche Sprache 85 (1975), S. 273–277.

Nassehi, Armin: »Die arbeiten nichts«. Eine kleine Polemik gegen den »Wirtschaftsflüchtling«, Kursbuch 183 Wohin flüchten? (2015), S. 101–110.

Nieswand, Boris und Ulrich Vogel: Dimensionen der Fremdheit. Eine empirische Analyse anhand qualitativer Interviews mit Angehörigen einer Migrantengruppe, Soziale Probleme. Zeitschrift für soziale Probleme und soziale Kontrolle 11 (2000) 1/2, S. 140–176.

Neubert, Ehrhart: Geschichte der Opposition in der DDR 1949–1989, Bonn 1997.

Obertreis, Julia und Anke Stephan: Erinnerung, Identität und »Fakten«. Die Methodik der Oral History und die Erforschung (post)sozialistischer Gesellschaften (Einleitung), in: Erinnerungen nach der Wende. Oral History und (post)sozialistische Gesellschaften, hg. von Julia Obertreis und Anke Stephan, Essen 2009, S. 9–36.

Ohlert, Martin: Zwischen »Multikulturalismus« und »Leitkultur«: Integrationsleitbild und -politik der im 17. Deutschen Bundestag vertretenen Parteien, Wiesbaden 2015.

Oltmer, Jochen: Einleitung: Staat im Prozess der Aushandlung von Migration, in: Handbuch Staat und Migration in Deutschland seit dem 17. Jahrhundert, hg. von Jochen Oltmer, Berlin 2016, S. 1–42.

Oltmer, Jochen (Hg.): Handbuch Staat und Migration in Deutschland seit dem 17. Jahrhundert, Berlin 2016.

Panagiotidis, Jannis: Staat, Zivilgesellschaft und Aussiedlermigration 1950–1989, in: Handbuch Staat und Migration in Deutschland seit dem 17. Jahrhundert, hg. von Jochen Oltmer, Berlin 2016, S. 895–929.

Parssinen, Terry: Die vergessene Verschwörung. Hans Oster und der militärische Widerstand gegen Hitler, München 2008.

Pfeiffer, Thomas: Publikationen und Verlage, in: Handbuch Rechtsradikalismus: Personen – Organisationen – Netzwerke vom Neonazismus bis in die Mitte der Gesellschaft, hg. von Thomas Grumke und Bernd Wagner, Opladen 2002, S. 105–116.

Pietzsch, Henning: Jugend zwischen Kirche und Staat. Geschichte der kirchlichen Jugendarbeit in Jena 1970–1989, Köln 2005.

Potthoff, Heinrich: Die »Koalition der Vernunft«. Deutschlandpolitik in den 80er Jahren, München 1995.

Potthoff, Heinrich: Im Schatten der Mauer – Deutschlandpolitik 1961–1990, Berlin 1999.

Poutrus, Patrice G.: Zuflucht im Nachkriegsdeutschland. Politik und Praxis der Flüchtlingsaufnahme in Bundesrepublik und DDR von den späten 1940er

Jahren bis zur Grundgesetzänderung im vereinten Deutschland, in: Handbuch Staat und Migration in Deutschland seit dem 17. Jahrhundert, hg. von Jochen Oltmer, Berlin 2016, S. 853–894.

Pratsch, Kristina und Volker Ronge: Arbeit finden sie leichter als Freunde. DDR-Übersiedler der 84er Welle nach einem Jahr im Westen, DA 18 (1985) 7, S. 716–725.

Pratsch, Kristina und Volker Ronge: Ganz normale Bundesbürger? Zur Integration von DDR-Übersiedlern nach fünf Jahren im Westen, DA 22 (1989) 8, S. 904–912.

Pratsch, Kristina und Volker Ronge: So einer wartet nicht aufs Arbeitsamt. Die Integration der DDR-Übersiedler in die westdeutsche Gesellschaft, DA 18 (1985) 2, S. 158–169.

Priebe, Stefan, Doris Denis und Martin Abraham (Hg.): Eingesperrt und nie mehr frei. Psychisches Leiden nach politischer Haft in der DDR, Darmstadt 1996.

Raschka, Johannes: Justizpolitik im SED-Staat. Anpassung und Wandel des Strafrechts während der Amtszeit Honeckers, Köln 2000.

Richter, Michael: Die Friedliche Revolution. Aufbruch zur Demokratie in Sachsen 1989/90, Bd. 1, Göttingen 2009.

Rishbeth, Clare und Mark Powell: Place Attachment and Memory: Landscapes of Belonging as Experienced Post-migration, Landscape Research 38 (2013) 2, S. 160–178.

Ritter, Gerhard A.: Der Preis der deutschen Einheit. Die Wiedervereinigung und die Krise des Sozialstaats, München, 2., erw. Aufl. 2007.

Rödder, Andreas: Deutschland einig Vaterland. Die Geschichte der Wiedervereinigung, München 2009.

Rödder, Andreas: Die deutsche Frage vor dem Einigungsvertrag: Parteien, Intellektuelle, Massenmedien in der Bundesrepublik, Historisch-politische Mitteilungen 15 (2008), S. 295–309.

Röper, Erich: Die Bundesrepublik kann die Staatsangehörigkeit nicht definieren – Das Bundesverfassungsgericht verbietet eine Verfügung über Deutschland als Ganzes, Die öffentliche Verwaltung 12/1988, S. 488–490.

Röper, Erich: Deutsche und andere Deutsche?, Der Staat 26 (1987), S. 31–56 .

Röper, Erich: Die Mauer in westdeutschen Köpfen, DA, 10.2.2015 (http://bpb.de/200452), S. 3–10.

Ronge, Volker: Von drüben nach hüben. DDR-Bürger im Westen, Wuppertal 1985.

Ronge, Volker: Die Einheit ist erst der Anfang. Soziologische Lehren aus der Übersiedlerbewegung für die deutsch-deutsche Integration, Wuppertal 1991.

Ronge, Volker: Ein Test auf die Wiedervereinigung? Die Reaktion der Bundesbürger, in: Volker Ronge: Von drüben nach hüben. DDR-Bürger im Westen, Wuppertal 1985, S. 31–46.

Ronge, Volker: Übersiedler, in: Handbuch zur deutschen Einheit, hg. von Werner Weidenfeld und Karl-Rudolf Korte, Frankfurt am Main 1993, S. 643–647.

Roos, Peter (Hg.): Exil. Die Ausbürgerung Wolf Biermanns aus der DDR. Eine Dokumentation, Köln 1977.

Rosenthal, Gabriele: Erlebte und erzählte Lebensgeschichte. Gestalt und Struktur biographischer Selbstbeschreibungen, Frankfurt am Main 1995.

Rosenthal, Gabriele: Interpretative Sozialforschung. Eine Einführung, Weinheim, 5., überarb. und erg. Aufl. 2015.

Roßmann: Andreas: Emigranten im eigenen Land? Schriftsteller führen »Flüchtlingsgespräche« in West-Berlin, DA 17 (1984) 4, S. 349–350.

Roth, Margit: Innerdeutsche Bestandsaufnahme der Bundesrepublik 1969–1989. Neue Deutung, Wiesbaden 2014.

Roth, Roland und Hellmut Wollmann (Hg.): Kommunalpolitik. Politisches Handeln in den Gemeinden, Wiesbaden 1994.

Rudolph, Bernd: Der Massenexodus der Deutschen. Anmerkungen zur öffentlichen Stimmungslage, Materialien zur politischen Bildung (1990) 1, S. 14–18.

Rüfner, Wolfgang und Constantin Goschler: Ausgleich von Kriegs- und Diktaturfolgen, soziales Entschädigungsrecht, in: 1949–1957. Bundesrepublik Deutschland. Bewältigung der Kriegsfolgen, Rückkehr zur sozialpolitischen Normalität, hg. von Günther Schulz, Baden-Baden 2006, S. 687–802.

Rupp, Hans Karl: Politische Geschichte der Bundesrepublik, München, 4., erw. und überarb. Aufl. 2009.

Sarraj-Herzberg, Asma: Arbeitsverbot für Geflüchtete, 29.9.2014 (https://heimatkunde.boell.de/2014/09/29/arbeitsverbot-fuer-gefluechtete).

Schäfer, Karl Heinz: Die Flüchtlinge und Übersiedler aus der DDR und aus Osteuropa sowie Ost-Mitteleuropa in der Bundesrepublik Deutschland, AWR-Bulletin: Vierteljahresschrift für Flüchtlingsfragen 25 (1987) 2, S. 86–96.

Schanetzky, Tim: German Reunification and the Dynamics of Migration, in: From Revolution to Uncertainty. The Year 1990 in Central and Eastern Europe, hg. von Joachim von Puttkamer, Włodzimierz Borodziej und Stanislav Holubec, London und New York 2020, S. 202–211.

Scheer, Udo: Vision und Wirklichkeit. Die Opposition in Jena in den siebziger und achtziger Jahren, Berlin 1999.

Schmeitzner, Mike: Die SPD und die deutsche Frage 1989/90, in: Revolution und Vereinigung 1989/90. Als in Deutschland die Realität die Phantasie überholte, hg. von Klaus-Dietmar Henke, München 2009, S. 402–418.

Schmidt, Ines: Die West-Migration aus Berlin (Ost) – Von der Übersiedlung zur Binnenwanderung, Berlin 1992.

Schmidt, Roman Léandre: Lettre International. Geschichte einer europäischen Zeitschrift, Paderborn 2017.

Schmidt, Werner: Ausgebürgert, in: Ausgebürgert. Künstler aus der DDR 1949–1989, hg. von Werner Schmidt, Berlin 1990, S. 11–15.

Schmidt-Eenboom, Erich: Das Notaufnahmelager Marienfelde und die westlichen Nachrichtendienste, Zeitschrift für Geschichtswissenschaft 64 (2016) 2, S. 113–128.

Schmitz, Walter: Die Erfahrungen des Schriftstellers Utz Rachowski in drei deutschen Staaten, in: Deutsch-deutsches Literaturexil. Schriftstellerinnen und Schriftsteller aus der DDR in der Bundesrepublik, hg. von Walter Schmitz und Jörg Bernig, Dresden 2009, S. 520–554.

Schmitz, Walter: Literatur »zwischen den Staaten«. Deutsch-deutsche Exilerfahrung nach 1945, in: ebd., S. 15–106.

Schmitz, Walter und Jörg Bernig (Hg.): Deutsch-deutsches Literaturexil. Schriftstellerinnen und Schriftsteller aus der DDR in der Bundesrepublik, Dresden 2009.

Schneider, Christian: Der unsichtbare Dritte, in: Identität und Macht. Das Ende der Dissidenz, hg. von Christian Schneider et al., Gießen 2002, S. 11–44.

Schneider, Michael: Was hat den linken Blick nach Osten getrübt?, in: Verfeindete Einzelgänger. Schriftsteller streiten über Politik und Moral, hg. von Renate Chotjewitz-Häfner und Carsten Gansel, Berlin 1997, S. 31–42.

Schönwälder, Karen: Migration und Ausländerpolitik in der Bundesrepublik Deutschland: öffentliche Debatten und politische Entscheidungen, in: Migrationen 1500–2005, hg. von Rosemarie Beier-de Haan, Wolfratshausen 2005, S. 106–119.

Schröder, Hans Joachim: Interviewliteratur in der DDR. Materialien und Ergebnisse aus Forschungsprojekten des Institutes [für kulturwissenschaftliche Deutschlandstudien an der Universität Bremen (FB 10)], November 1995, Heft 7.

Schröder, Hans Joachim: Interviewliteratur zum Leben in der DDR. Zur literarischen, biographischen und sozialgeschichtlichen Bedeutung einer dokumentarischen Gattung, Tübingen 2001.

Schröder, Jürgen: Ideologischer Kampf vs. regionale Hegemonie. Ein Beitrag zur Untersuchung der »K-Gruppen«, Berlin 1990.

Schütz, Alfred: Der Fremde. Ein sozialpsychologischer Versuch (1944), in: Alfred Schütz: Gesammelte Aufsätze, Bd. 2, Den Haag 1972, S. 53–69.

Schütze, Fritz: Biographieforschung und narratives Interview (1983), in: Oral History. Basistexte, hg. von Julia Obertreis, Stuttgart 2012, S. 99–111.

Schützsack, Axel: Exodus in die Einheit. Die Massenflucht aus der DDR 1989, Melle 1990.

Schumann, Karl F. et al.: Private Wege der Wiedervereinigung. Die deutsche Ost-West-Migration vor der Wende, Weinheim 1996.

Schumann, Karl F.: Weggang in den Westen und Marginalität, in: Grenzöffnung, Migration, Kriminalität, hg. von Arno Pilgram, Baden-Baden 1993, S. 101–113.

Schwab, Siegfried: Deutsche unter Deutschen: Aus- und Übersiedler in der Bundesrepublik, Pfaffenweiler 1990.

Schwartze, Dieter: Die Staatsangehörigkeit der Deutschen. Eine Untersuchung über den staatsangehörigkeitsrechtlichen Status der in der BRD und in der DDR lebenden deutschen Staatsangehörigen unter Einbeziehung der Bewohner Berlins, Marburg 1975.

Schwenger, Hannes: Jahre mit Jürgen Fuchs. Ein Gedächtnisprotokoll, in: Im Dialog mit der Wirklichkeit. Annäherungen an Leben und Werk von Jürgen Fuchs, hg. von Ernest Kuczyński, Halle (Saale) 2014, S. 66–76.

Schwilk, Heimo und Ulrich Schacht (Hg.): Die selbstbewußte Nation. »Anschwellender Bocksgesang« und weitere Beiträge zu einer deutschen Debatte, Frankfurt am Main, 2. Aufl. 1994.

Serke, Jürgen: Wolf Biermann. Ein sozialistischer Sisyphos, in: Jürgen Serke: Das neue Exil. Die verbannten Dichter, Frankfurt am Main 1985, S. 34–53.

Serke, Jürgen: Jürgen Fuchs, in: ebd., S. 69–83.

Siehr, Angelika: Die Deutschenrechte des Grundgesetzes. Bürgerrechte im Spannungsfeld von Menschenrechtsidee und Staatsmitgliedschaft, Berlin 2001.

Silkenbeumer, Mirja und Andreas Wernet: Biographische Identität und Objektive Hermeneutik: methodologische Überlegungen zum narrativen Interview, in: Subjekt – Identität – Person? Reflexionen zur Biographieforschung, hg. von Birgit Griese, Wiesbaden 2010, S. 171–196.

Stammen, Theo: Exil und Emigration als universalhistorisches Problem, Zeitschrift für Ideengeschichte 2 (2008) II/1, S. 53–68.

Steffen, Michael: Geschichten vom Trüffelschwein. Politik und Organisation des Kommunistischen Bundes 1971–1991, Berlin 2002.

Stelmaszyk, Bernhard: Jugendliche Übersiedler zwischen Familien- und Gesellschaftsgeschichte, Opladen 1999.

Stenger, Horst: Soziale und kulturelle Fremdheit. Zur Differenzierung von Fremdheitserfahrungen am Beispiel ostdeutscher Wissenschaftler, Zeitschrift für Soziologie 27 (1998) 1, S. 18–38.

Stephan, Anke: Erinnertes Leben. Autobiographien, Memoiren und Oral-History Interviews als historische Quellen, in: Virtuelle Fachbibliothek Osteuropa, Digitales Handbuch zur Geschichte und Kultur Russlands und Osteuropas. Themen und Methoden, 2004 (https://epub.ub.uni-muenchen.de/627/).

Stillke, Cordelia: Grenzgänger: die »Ost-Westler« als Schlüsselgruppe der Rebellion, Mittelweg 36 10 (2001) 2, S. 30–48.

Stokłosa, Katarzyna: Die letzte Fluchtwelle aus der DDR im Jahr 1989. Aus den Berichten der westdeutschen Botschaften in Budapest, Prag und Warschau, Zeitschrift für Ostmitteleuropa-Forschung 64 (2015) 1, S. 40–80.

Sturm, Daniel Friedrich: Uneinig in die Einheit. Die Sozialdemokratie und die Vereinigung Deutschlands 1989/90, Bonn 2006.

Tietze, Klaudia: Einwanderung und die deutschen Parteien. Akzeptanz und Abwehr von Migranten im Widerstreit in der Programmatik von SPD, FDP, den Grünen und CDU/CSU, Berlin 2008.

Troebst, Stefan: Die westliche Osteuropaforschung 1975–1989. Drei Skizzen, in: Wechselwirkungen Ost-West. Dissidenz, Opposition und Zivilgesellschaft 1975–1989, hg. von Hans-Joachim Veen, Ulrich Mählert und Peter März, Köln 2007, S. 173–182.

Veen, Hans-Joachim, Ulrich Mählert und Peter März (Hg.): Wechselwirkungen Ost-West. Dissidenz, Opposition und Zivilgesellschaft 1975–1989, Köln 2007.

Vieregg, Axel: »Entzauberung«. Exil als Metapher in Peter Huchels später Lyrik, in: Deutsch-deutsches Literaturexil. Schriftstellerinnen und Schriftsteller aus der DDR in der Bundesrepublik, hg. von Walter Schmitz und Jörg Bernig, Dresden 2009, S. 227–248.

Vierhaus, Rudolf und Ludolf Herbst (Hg.): Biographisches Handbuch der Mitglieder des Deutschen Bundestages 1949–2002, Bd. 2, München 2002.

Wallace, Ian: Ein Leben in der Fremde? DDR-Schriftsteller im Westen 1976–1989, in: Literatur und politische Aktualität, hg. von Elrud Ibsch und Ferdinand van Ingen, Amsterdam 1993, S. 179–192.

Wehr, Laura: Vergessene Migrationsgeschichte/n? Die Ausreise aus der DDR in der Erinnerung von Übersiedler-Eltern und -Kindern, DA, 14.12.2016 (http://www.bpb.de/238655).

Wehr, Laura: Ihre Verbindung wird gehalten?! Die Ausreise aus der DDR als transnationales Familienprojekt, in: Spektrum Migration. Zugänge zur Vielfalt des Alltags, hg. von Matthias Klückmann und Felicia Sparacio, Tübingen 2015, S. 235–252.

Weidenfeld, Werner und Manuela Glaab: Das Zusammengehörigkeitsgefühl der Deutschen – Einstellungen der westdeutschen Bevölkerung 1945/49–1990, in: Materialien der Enquete-Kommission »Aufarbeitung von Geschichte und Folgen der SED-Diktatur in Deutschland«, Bd. V/3, hg. vom Deutschen Bundestag, Baden-Baden 1995, S. 2798–2962.

Weidenfeld, Werner und Karl-Rudolf Korte: Die Deutschen. Profil einer Nation, Stuttgart 1991.

Wendt, Hartmut: Die deutsch-deutschen Wanderungen. Bilanz einer 40-jährigen Geschichte von Flucht und Ausreise, DA 24 (1991) 4, S. 386–395.

Wengeler, Martin: Argumentation im Einwanderungsdiskurs. Ein Vergleich der Zeiträume 1970–1973 und 1980–1983, in: Die Sprache des Migrationsdiskurses. Das Reden über »Ausländer« in Medien, Politik und Alltag, hg. von Matthias Jung, Martin Wengeler und Karin Böke, Opladen 1997, S. 121–149.

Werz, Nikolaus: Abwanderung aus den neuen Bundesländern von 1989 bis 2000, APuZ B 39–40, 21.9.2001, S. 23–31.

Wick, Regina: Die Mauer muss weg – Die DDR soll bleiben. Die Deutschlandpolitik der Grünen von 1979 bis 1990, Stuttgart 2012.

Wiegand, Erich: Aussiedler aus Osteuropa weniger gern gesehen. Einstellungsmuster gegenüber Gastarbeitern, Übersiedlern und Aussiedlern, Informationsdienst Soziale Indikatoren (ISI) (1991) 5, S. 10–14.

Wilke, Manfred: Das Schutzkomiteee Freiheit und Sozialismus, in: Im Dialog mit der Wirklichkeit. Annäherungen an Leben und Werk von Jürgen Fuchs, hg. von Ernest Kuczyński, Halle (Saale) 2014, S. 409–428.

Wilke, Manfred: Solschenizyn und der Westen, in: Wechselwirkungen Ost-West. Dissidenz, Opposition und Zivilgesellschaft 1975–1989, hg. von Hans-Joachim Veen, Ulrich Mählert und Peter März, Köln 2007, S. 149–171.

Williams, Rhys W.: »Ich bin kein Emigrant, ich bin kein Dissident.« Sarah Kirsch und die DDR, in: Deutsch-deutsches Literaturexil. Schriftstellerinnen und Schriftsteller aus der DDR in der Bundesrepublik, hg. von Walter Schmitz und Jörg Bernig, Dresden 2009, S. 385–400.

Winckler, Lutz: Vorwort, in: Mein Deutschland findet sich in keinem Atlas. Schriftsteller aus beiden deutschen Staaten über ihr nationales Selbstverständnis, hg. von Françoise Barthélemy und Lutz Winckler, Frankfurt am Main 1990, S. 7–15.

Wingens, Matthias et al.: The Sociological Life Course Approach and Research on Migration and Integration, in: A Life-Course Perspective on Migration and Integration, hg. von Matthias Wingens et al., Dordrecht 2011, S. 1–26.

Wirsching, Andreas: Abschied vom Provisorium. Geschichte der Bundesrepublik Deutschland 1982–1990, München 2006.

Wölbern, Jan-Philipp: Der Häftlingsfreikauf aus der DDR 1962/63–1989. Zwischen Menschenhandel und humanitären Aktionen, Göttingen 2014.

Wolff, Frank: Die Mauergesellschaft. Kalter Krieg, Menschrechte und die deutsch-deutsche Migration 1961–1989, Berlin 2019.

Wolff, Frank: Deutsch-deutsche Migrationsverhältnisse: Strategien staatlicher Regulierung 1945–1989, in: Handbuch Staat und Migration in Deutschland seit dem 17. Jahrhundert, hg. von Jochen Oltmer, Berlin 2016, S. 773–814.

Zwahr, Hartmut: Umbruch durch Ausbruch und Aufbruch: Die DDR auf dem Höhepunkt der Staatskrise 1989. Mit Exkursen zu Ausreise und Flucht sowie einer ostdeutschen Generationsübersicht, in: Sozialgeschichte der DDR, hg. von Hartmut Kaelble, Jürgen Kocka und Hartmut Zwahr, Stuttgart 1994, S. 426–465.

Zwengel, Almut und Gudrun Hentges: Einleitung, in: Migrations- und Integrationsforschung in der Diskussion. Biografie, Sprache und Bildung als zentrale Bezugspunkte, hg. von Gudrun Hentges, Volker Hinnenkamp und Almut Zwengel, Wiesbaden, 2., aktual. Aufl. 2010, S. 7–19.

Abkürzungsverzeichnis

Abg.	Abgeordnete(r)
abgedr.	abgedruckt
ADOS	Adressendokumentation Ost
AG	Arbeitsgemeinschaft
AH	Abgeordnetenhaus
aktual.	aktualisiert
AL	Alternative Liste
ALLBUS	Allgemeine Bevölkerungsumfrage der Sozialwissenschaften
ÄndG	Änderungsgesetz
Anm.	Anmerkung
APO	Außerparlamentarische Opposition
ARD	Arbeitsgemeinschaft der öffentlich-rechtlichen Rundfunkanstalten der Bundesrepublik Deutschland

Art.	Artikel
ASMK	Konferenz der Ministerinnen und Minister und Senatorinnen und Senatoren für Arbeit und Soziales der Länder
Aufl.	Auflage
AufnG	Aufnahmegesetz
Aug.	August
Ausg.	Ausgabe
BAföG	Bundesausbildungsförderungsgesetz
Bd.	Band
berufl.	beruflich
betr.	betreffend
biograf.	biografisch
BNAV	Bundesnotaufnahmeverfahren
BPA	Bundespresseamt
BR	Bundesrat
BRD	Bundesrepublik Deutschland
BT	Deutscher Bundestag
BVFG	Bundesvertriebenen- und Flüchtlingsgesetz
BVG	Berliner Verkehrsbetriebe
bzw.	beziehungsweise
ca.	circa
CDU	Christlich Demokratische Union Deutschlands
ČSSR	Čekoslovenská Socialistická Republika (Tschechoslowakische Sozialistische Republik)
CSU	Christlich-Soziale Union in Bayern e. V.
DDR	Deutsche Demokratische Republik
Dez.	Dezember
d. i.	das ist
DKP	Deutsche Kommunistische Partei
Dok	Dokumentation
Dok.	Dokument
dpa	Deutsche Presse-Agentur
DRK	Deutsches Rotes Kreuz
durchges.	durchgesehen
ebd.	ebenda
EG	Europäische Gemeinschaft
eh.	ehemalig
EinglAnpG	Eingliederungsanpassungsgesetz

erg.	ergänzt
etc.	et cetera
e. V.	eingetragener Verein
F	Film
FDJ	Freie Deutsche Jugend
FDP	Freie Demokratische Partei
Febr.	Februar
FKK	Freikörperkultur
FN	Fußnote
FU	Freie Universität Berlin
GDR	German Democratic Republic (Deutsche Demokratische Republik)
GG	Grundgesetz
GULAG	Glavnoe Upravlenije Lagerej (Hauptverwaltung der Lager)
Hg.	Herausgeber/-in
hg.	herausgegeben
i. d. F.	in der Fassung
i. d. R.	in der Regel
IfD	Institut für Demoskopie Allensbach
IMIS	Institut für Migrationsforschung und Interkulturelle Studien, Osnabrück
innerdt. Bez.	innerdeutsche Beziehungen
insbes.	insbesondere
i. O.	im Original
IPOS	Institut für praxisorientierte Sozialforschung, Mannheim
i. S.	im Sinne
Jan.	Januar
Kap.	Kapitel
LAB	Landesarchiv Berlin
LPG	Landwirtschaftliche Produktionsgenossenschaft
MfS	Ministerium für Staatssicherheit der DDR
mündl.	mündlich
NATO	North Atlantic Treaty Organization (Nordatlantische Vertragsorganisation)
NGO	Non Governmental Organization (Nichtregierungsorganisation)
nichtöffentl.	nichtöffentlich
N. N.	Nomen nescio

Nov.	November
Nr.	Nummer
NS	Nationalsozialismus
OB	Oberbürgermeister
o. D.	ohne Datum
Okt.	Oktober
o. P.	ohne Paginierung
parl.	parlamentarisch
ParlA	Parlamentsarchiv des Deutschen Bundestags
PLPR	Plenarprotokoll
POS	polytechnische Oberschule
PR	Protokoll
RAF	Rote Armee Fraktion
RBm	Regierender Bürgermeister
REP	Die Republikaner
Rep.	Repositur
RF	Republikflüchtling
RRG	Rentenreformgesetz
S.	Seite
sämtl.	sämtlich
SBZ	Sowjetische Besatzungszone
SED	Sozialistische Einheitspartei Deutschlands
Sept.	September
SEW	Sozialistische Einheitspartei Westberlins
s. o.	siehe oben
sog.	sogenannt
SPD	Sozialdemokratische Partei Deutschlands
stellvertr.	stellvertretend
StS	Staatssekretär
s. u.	siehe unten
TOP	Tagesordnungspunkt
u. a.	unter anderem/und andere
UdSSR	Union der Sozialistischen Sowjetrepubliken
überarb.	überarbeitet
VEB	Volkseigener Betrieb
vgl.	vergleiche
VS	Verband deutscher Schriftstellerinnen und Schriftsteller
vs.	versus

WDR	Westdeutscher Rundfunk
WG	Wohngemeinschaft
WP	Wahlperiode
z. B.	zum Beispiel
ZAIG	Zentrale Auswertungs- und Informationsgruppe
ZDF	Zweites Deutsches Fernsehen
zit.	zitiert
ZK	Zentralkomitee
z. K.	zur Kenntnis
z. T.	zum Teil
ZUMA	Zentrum für Umfragen, Methoden und Analysen, Mannheim

Zeitungs- und Zeitschriftenkürzel

APuZ	Aus Politik und Zeitgeschichte
AWR-Bulletin	Association for the Study ot the World Refugee Problem-Bulletin
DA	Deutschland Archiv
FAZ	Frankfurter Allgemeine Zeitung
FR	Frankfurter Rundschau
ibv	Informationen für die Beratungs- und Vermittlungsdienste der Bundesagentur für Arbeit: Zeitschrift für berufskundliche Information und Dokumentation
ISI	Informationsdienst Soziale Indikatoren
JF	Junge Freiheit
MittAB	Mitteilungen aus der Arbeitsmarkt- und Berufsforschung
ND	Neues Deutschland
SZ	Süddeutsche Zeitung
taz	Die Tageszeitung

Bildnachweis

Obwohl die Autorin und die Stiftung Berliner Mauer sich intensiv bemüht haben, ist es nicht in allen Fällen gelungen, die Urheber beziehungsweise die Inhaber der Bildrechte zu ermitteln. Wenn Sie Rechte an einer Fotografie geltend zu machen haben, wenden Sie sich bitte an die Stiftung Berliner Mauer.

Seite 10: bpk-Bildagentur / Herbert Höltgen
Seite 55: Robert-Havemann-Gesellschaft / Johanna Gustlbaur
Seite 91: Bundesstiftung Aufarbeitung / Harald Schmitt, Bild Sv136 fin
Seite 133: Bundesstiftung Aufarbeitung / Klaus Mehner, Bild 77_0914_POL-Freikauf_29
Seite 178: Landesarchiv Berlin, F Rep. 290 (02), Nr. 0259497 / Foto: Karl-Heinz Schubert
Seite 201: Bundesstiftung Aufarbeitung / Klaus Mehner, Bild 80_0710_POL_Flucht_03
Seite 225: Bundesstiftung Aufarbeitung / Klaus Mehner, Bild 83_0202_POL_DDR-Dissi_07
Seite 227: Chris John Dewitt
Seite 232: FHXB Friedrichshain-Kreuzberg Museum / Jürgen Henschel
Seite 279: Bundesstiftung Aufarbeitung / Klaus Mehner, Bild 85_1007_FRZ_Ex-DDRBg_01
Seite 282: FHXB Friedrichshain-Kreuzberg Museum / Jürgen Henschel
Seite 288: Bundesstiftung Aufarbeitung / Klaus Mehner, Bild 79_1217_POL_SVHeV_13
Seite 310: Frankfurter Allgemeine Zeitung / Mirko Krizanovic
Seite 365: Bundesstiftung Aufarbeitung / Ostkreuz, Harald Hauswald, Bild 900000hh535
Seite 401: bpk-Bildagentur / Klaus Lehnartz

Personenregister

Bei den mit * markierten Namen handelt es sich um Pseudonyme.

Dank

Dieses Buch ist die geringfügig überarbeitete und leicht gekürzte Fassung meiner Dissertation, die ich 2019 am Fachbereich Geschichts- und Kulturwissenschaften der Justus-Liebig-Universität Gießen verteidigt habe. Möglich wurde meine Arbeit, weil ich Förderung und Unterstützung erhielt. Sehr herzlich bedanken möchte ich mich an erster Stelle bei meinem Doktorvater Professor Dr. Dirk van Laak. Er hatte ein offenes Ohr für meine Forschungsidee, gab wichtige konzeptuelle Hinweise und begleitete die Dissertation über die Jahre stets gesprächsbereit und ermutigend. Ein herzlicher Dank gilt auch meiner Zweitgutachterin Professorin Dr. Ingrid Miethe. Sie hat mir insbesondere für die Analyse der Zeitzeugeninterviews als zentraler Quelle meiner Untersuchung hilfreiche inhaltliche und methodische Anregungen gegeben. Professor Karl F. Schumann danke ich sehr, dass er die Interviews und Fragebögen der Bremer Übersiedler-Studie zur Verfügung stellte und meiner Arbeit von Anfang an großes Interesse und Wohlwollen entgegenbrachte. Für die finanzielle Förderung des Forschungsprojekts »Im Westen angekommen? Die Integration von DDR-Zuwanderern als historischer Prozess«, in dem meine Untersuchung angesiedelt war, danke ich vielmals der VolkswagenStiftung. Sie initiierte überdies durch mehrere Veranstaltungen und Symposien einen fachlichen Austausch mit Kolleginnen und Kollegen, den ich als sehr anregend empfand.

Kooperationspartner des Forschungsprojekts war neben der Universität Gießen die Stiftung Berliner Mauer, deren Direktor Professor Dr. Axel Klausmeier großer Dank für seine Unterstützung gebührt. Ich konnte mich als Leiterin der Erinnerungsstätte Notaufnahmelager Marienfelde vertreten lassen und meinen Arbeitsschwerpunkt auf die Forschung verlagern. Dr. Andrea Genest, der Koordinatorin des Projekts, gilt mein herzlicher Dank, weil sie mir bei Fragen und Zweifeln eine hilfreiche und anregende Gesprächspartnerin war. Ana Lena Werner und Joana Poethke halfen als studentische Mitarbeiterinnen bei der Beschaffung von Quellen und Literatur, wofür ich ihnen vielmals danke, wie auch den Mitarbeiterinnen und Mitarbeitern des Landesarchivs Berlin für ihre kompetente und freundliche Unterstützung bei meinen Recherchen. Dem Leiter der Abteilung Forschung und Dokumentation der Stiftung Berliner Mauer Dr. Gerhard Sälter danke ich sehr für sein sachkundiges und engagiertes Fachlektorat, Margret Kowalke-Paz für ihr sorgfältiges Sprachlektorat. In großer herzlicher Dankbarkeit verbunden bin ich Thorsten Platz, der die Entstehung meiner Arbeit mit unerschöpflicher Geduld und Anteilnahme, motivierendem Zuspruch und fröhlichem Optimismus begleitet und befördert hat.

Danken möchte ich schließlich den Zeitzeuginnen und Zeitzeugen, die in Interviews von ihrer Flucht oder Übersiedlung aus der DDR berichteten und so die Geschichte der Ost-West-Migration um eine zentrale erfahrungsgeschichtliche Dimension bereichern.

Zur Autorin

Bettina Effner, Jahrgang 1971, studierte Geschichtswissenschaften und Germanistik in Münster und Berlin. Seit 2006 ist sie Leiterin der Erinnerungsstätte Notaufnahmelager Marienfelde, deren Dauerausstellung »Flucht im geteilten Deutschland« sie mit kuratierte, seit 2018 Stellvertretende Direktorin der Stiftung Berliner Mauer. Von 2013 bis 2017 arbeitete Bettina Effner an dem von der VolkswagenStiftung geförderten Forschungsprojekt »Im Westen angekommen? Die Integration von DDR-Zuwanderern als historischer Prozess« mit, aus dem 2019 ihre Dissertation hervorging.